四庫存目標注

伍

顧廷龍題

杜澤遜 撰
程遠芬 編索引

上海古籍出版社

四庫存目標注卷五十

滕州　杜澤遜　撰

集部一

楚辭類

天問天對解一卷　宋楊萬里撰　四六九五

浙江范懋柱家天一閣藏本(總目)。○《浙江省第五次范懋柱家呈送書目》:「《天問天對解》一卷,宋楊萬里輯,一本。」○《浙江採集遺書總録》:「《天問天對解》一册,刊本,宋廬陵楊萬里輯。」○《提要》云:「已載入《誠齋集》中,此其别行本也。」○明崇禎十年古香齋刻本,半葉九行,行二十字,白口,四周單邊。清華大學藏。崔富章《四庫提要補正》云:「扉頁鐫『新刻宋楊誠齋先生天問解,雲在樓藏板,古香齋梓行』。首張燮《刻楊氏天解序》,次崇禎丁丑陳朝輔《刻天解引》,次《天解原序》。」〇清初毛昇、林學本刻本，作《楊誠齋先生天問天對解》一卷。半葉九行，行二十字，白口，四周單邊。南圖藏。〇民國六年南昌刻本，收入胡思敬輯《豫章叢書》。北圖、上圖等藏。

楚辭集解八卷蒙引二卷考異一卷　明汪瑗撰　**四六九六**

兩淮鹽政採進本(總目)。〇《兩淮鹽政李呈送書目》：「《楚詞集解》十卷，明汪瑗，六本。」〇浙江圖書館藏明萬曆四十三年汪文英刻本，題「新安汪瑗玉卿集解」。半葉十行，行二十字，白口，左右雙邊。各卷無卷次，卷數作墨丁。各卷標題「楚辭集解」，唯《天問》標題作「楚辭」，題「朱子集註」。《天問》末有萬曆四十三年乙卯季春朔旦汪文英跋，謂《天問》爲近屬輩藏匿，不得已，取其父汪瑗批朱子《集注》充之。全書前有萬曆乙卯焦竑序云：「子文英欲梓之。」計其卷數，《集解》十六卷《蒙引》二卷《考異》一卷《大序》一卷《小序》一卷。卷端鈐唐少村戴笠持書小像印，上有題詞云：「先知我名，現見吾影，委辦諸書，專選善本。唐少村小影。」又鈐「碧玉壺蔣鴻鑑校書讀書之印」、「四明墨海樓蔣氏鈐記」等印。《存目叢書》據以影印。南大、武大、湖南師大亦有是刻。北圖、上圖、川圖等藏是刻《天問》有目無書。按：北圖有明汪仲弘撰《楚辭補注》二卷，萬曆四十六年刻本，版心鐫「天問注補」。或即汪文英所謂「近屬輩藏匿」者乎？〇日本内閣文庫藏日本寫本。

離騷草木疏補四卷　明屠本畯撰　**四六九七**

浙江范懋柱家天一閣藏本(總目)。〇《浙江省第五次范懋柱家呈送書目》：「《離騷草木疏補》四卷，明屠本畯著，一本。」○《浙江採集遺書總録》：「《離騒草木疏補》四卷，刊本，宋吴仁傑原本，明屠本畯删補。」○北京大學藏明萬曆刻本，卷一題「宋河南吴仁傑斗南疏，明甬東屠本畯田叔補」。半葉九行，行二十字，白口，四周單邊。前有萬曆二十一年癸巳七月屠隆序，萬曆癸巳正月屠本畯序，萬曆二年甲戌黎民表序。鈐「星鳳堂」印。《存目叢書》據以影印。重慶圖亦有是刻。

四六九八　楚騒協韻十卷附讀騒大旨一卷　明屠本畯撰

浙江范懋柱家天一閣藏本（總目）。○《浙江省第五次范懋柱家呈送書目》：「《楚騒協韻》十卷附《讀騒大旨》一卷，明屠本畯著，一本。」○《浙江採集遺書總録》：「《楚騒協韻》十卷，刊本，明屠本畯撰。」○上海圖書館藏明隆慶六年刻本，卷一題「明甬東屠畯田汞重協，明東䎱黄姬水淳父校正」。半葉九行，行十八字，白口，四周單邊。前有隆慶六年壬申沈九疇序，黄姬水序，又《讀騒大旨》一卷。卷末記刻工：吴中章莒書、袁宸刻。鈐有「曾在孫翔熊處」、「鄞蝸寄廬孫氏藏書」等印記。《存目叢書》據以影印。臺灣「中央圖書館」亦藏是刻。

四六九九　楚辭聽直八卷合論一卷　明黄文焕撰

兩江總督採進本（總目）。○北京師大藏明崇禎十六年刻清順治十四年續刻本，卷一首行題「楚辭卷一」，次行題「閩黄文焕聽直」。《合論》首行題「楚辭聽直」，次行題「黄文焕維章著」，三行題「聽直合論」。半葉八行，行二十一字，白口，四周單邊。前有崇禎十六年癸未自序云：「群謀梓行，則淮上諸門人也。……又歷次年梓始就。」《合論》前有自序云：「是書之成蓋閱稔十有七矣，由辛巳佽事於箋品,迄丁酉已事於《合論》。」封面刻「本衙藏板」。《存目叢書》據以影印。首都圖、中科院圖、復旦等亦有是刻。○北京大學藏鈔本八册,李盛鐸故物。

四七〇〇

楚辭評林八卷　明沈雲翔編

内府藏本(總目)。○《武英殿第二次書目》:「《楚詞評林》四本。」○首都圖書館藏清吴郡八詠樓刻本,卷一首行題「楚辭卷之一」,次行題「朱子集註」。半葉九行,行十五字,白口,四周單邊。眉上鐫評。前有崇禎十年丁丑鹿城沈雲翔《楚辭引》云:「爰授梨棗,兼彙品隲。」目録後有識語云:「楚辭行世者,向惟七十二家評本稱善。然尚有未盡,如宋蘇子繇、國朝汪南溟、王遵巖、余同麓等十餘家,在所遺漏,兹復輯入,彙成八十二家,搜羅校訂,自謂騷壇無憾也。」《存目叢書》據以影印。清華、復旦等亦有是刻。崔富章《四庫提要補正》云「上海圖書館藏一部,清王夢鱗批校」。○杭州大學藏清初秀水曹溶聽雨齋重刻二色套印本八册。○衢縣文管會藏乾隆五十三年文奎堂修版重印聽雨齋本(以上二本見崔富章《四庫提要補正》)。

四七〇一

天問補註一卷　國朝毛奇齡撰

浙江巡撫採進本(總目)。○首都圖書館藏清康熙書留草堂刻《西河合集》本,半葉十行,行二十字,白口,四周單邊。前有順治戊戌春自序。《存目叢書》據以影印。北圖、上圖等亦有是刻。人民大學有乾隆十年奇齡孫毛健、毛偉印《西河合集》本。又乾隆三十九年陸體元修版重印《西河合集》本,上圖、復旦等藏。

楚辭燈四卷　國朝林雲銘撰　　**四七〇二**

内府藏本(總目)。○《武英殿第二次書目》:「《楚辭燈》四本。」○遼寧大學藏清康熙三十六年挹奎樓刻本,附有《楚懷襄二王在位事蹟考》一卷。正文卷端題「晉安林雲銘西仲論述,男沅芷之較」。半葉八行,行二十字,白口,四周單邊。前有康熙三十六年孟春望日林雲銘於西泠挹奎樓序。卷一有某氏眉批。鈐「李品一」印。《存目叢書》據以影印。上圖、津圖等多有是刻。○日本寬政十年(清嘉慶三年)尾張風月孫助等刻本,天一閣文管所、日本内閣文庫藏。○清二南堂刻本,佚名録竹亭批語。中共中央黨校藏。○清三讓堂刻本,南大藏。○清光裕堂刻本,封面刻「光裕堂梓行」。福建師大藏。○清菁華堂刻本,封面刻「菁華堂梓行」。廈門市圖藏。○清經國堂刻本,封面刻「經國堂藏板」。浙圖藏。○清芸香堂刻本,封面刻「芸香堂藏板」。福建省圖藏。○清萃英居士刻本,封面刻「萃英居士藏板」。福建省圖藏(以上五本見崔富章《四庫提要補正》)。○清同治四年孔氏嶽雪樓鈔本,清孔昭仁校並跋。南京圖書館藏。○日本東京青木嵩山堂刻本,武漢大學藏。○日本河内堂刻本,四川省圖藏二部存三卷。○清光緒四川燕翼堂刻本,四川省圖藏。○民國六年上海中華書局石印本,題《楚辭易讀》。四川省圖藏。

離騷經註一卷九歌註一卷　國朝李光地撰　　**四七〇三**

安徽巡撫採進本(總目)。○《福建省呈送第三次書目》:「《離騷經註》一卷《九歌註》一卷《參同契章句》一卷《陰符經註》一卷,一本。」○北京大學藏清康熙五十八年清謹軒刻《安溪李文貞公解義三種》本，前有康熙五十八年受業汪瀠總序，次三種目次，目次後題：「後學蕭山秦立總山、長洲何煌心友、受業宿遷徐用錫壇長、晉江陳萬策對初、吴縣金鳳翔來雍、常熟陳汝楫季方、長洲蔣杲子遵同校字。」半葉十一行，行二十字，白口，四周單邊。《存目叢書》據以影印。北圖、上圖等亦有是刻。○清乾隆元年李清植刻嘉慶六年補刻印《李文貞公全集》本，上圖、復旦等藏。○清道光九年李維迪刻《榕村全書》本，北圖、上圖等藏。○清同治中真州張氏廣東刻民國二年重修《榕園叢書》丙集本，北圖、上圖等藏。○中國社科院文學所藏清鈔本，《離騷經》一卷《九歌》一卷《陰符經》一卷。

離騷經解一卷　國朝方楘如撰　**四七〇四**

浙江巡撫採進本（總目）。○《提要》云：「原附刻《集虚齋學古文》後。」○中國社會科學院近代史所藏清乾隆十九年佩古堂刻《集虚齋學古文》附本，作《離騷經解略》一卷。半葉十一行，行二十五字，白口，左右雙邊。《存目叢書》據以影印。湖北圖、浙大、齊齊哈爾圖、浙江遂昌縣圖亦有是刻。○清光緒十年淳安縣署重刻《集虚齋學古文》附本（見《楚辭書目五種》）。

離騷解一卷　國朝顧成天撰　**四七〇五**

江蘇巡撫採進本（總目）。○《江蘇省第一次書目》：「《東浦草堂各刻九種》二本。」○《江蘇採輯遺書目録》：「《離騷解》一册」、「《楚辭九歌解》一册」、「《讀騷別論》一册」，「清翰林院侍講南匯顧成天著」，「刊本」。○上海圖書館藏清乾隆六年刻本，《離騷解》一卷《楚辭九歌解》一卷《讀騷列論》一卷。半葉九行，行二十一字，黑口，左右雙邊。《離騷解》前有乾隆六年辛酉新秋七十一叟小庢自叙云：「舊有《九歌解》已梓行正世，此篇向欲訂之而未逮。」《九歌解》題「顧成天小厓著，黄之雋唐堂閲，受業葉源宿河校對」，前有雍正二年甲辰嚴文在序，乾隆六年辛酉林令旭序，甲午周彝序，康熙五十二年癸巳黄之雋序，康熙四十九年庚寅自序。《讀騷列論》附《九歌解》後，行款版式全同。鈐「南匯顧克紹耐圃敬觀」印。《存目叢書》據以影印。

楚辭九歌解一卷　國朝顧成天撰 **四七〇六**

江蘇巡撫採進本（總目）。○夏承燾藏舊鈔本，包括《楚辭九歌解》三十二葉、《讀騷附論》十一葉，共四十三葉一册。半葉七行，行二十三字，棉紙，疑爲顧氏原鈔本。陶秋英傳鈔夏承燾藏舊鈔本。（見《楚辭書目五種》）餘參前條。

讀騷別論一卷　國朝顧成天撰 **四七〇七**

江蘇巡撫採進本（總目）。○按：「別」字殿本《四庫總目》作「列」，與乾隆六年刻本合，此蓋形誤。餘參前兩條。

離騷中正無卷數　國朝林仲懿撰 **四七〇八**

副都御史黄登賢家藏本（總目）。○《都察院副都御史黄交出書目》：「《離騷中正》，清林仲懿注，一本。」○《山東巡撫第二次呈進書目》：「《離騷中正》一本。」○山東大學藏清乾隆十年世錦堂刻本，不分卷，正文凡五十九葉。前有《讀騷管見》六葉。正文題「後學林仲懿註評」，下鈐「林仲懿印」白文方印。《讀騷管見》末署「霞山林仲懿山甫氏識」，並鈐「金山林氏世家」朱文方印。半葉八行，行二十一字，白口，四周雙邊。卷末有「乾隆十年乙丑中冬梓」一行。封面刻「世錦堂藏板」五字。蓋猶林氏家藏原印本，當時刷印無多，故外間罕傳也。《存目叢書》據以影印。

屈騷心印五卷　國朝夏大霖撰　　**四七〇九**

浙江巡撫採進本(總目)。○《浙江省第十次呈送書目》：「《屈騷心印》五卷，國朝夏大霖著，一本。」○《浙江採集遺書總録》：「《屈騷心印》五卷，刊本，國朝開化夏大霖輯。」○清華大學藏清乾隆三十九年一本堂刻本，卷一題「太末夏大霖用雨氏疏註，胞弟大贊參氏、大襄克成氏、嚴陵毛雲孫謨遠氏同參，男景頤慕以氏閲梓」。半葉十一行，行二十五字，白口，四周雙邊。版心刻「一本堂」。前有雍正十二年毛雲孫序，乾隆九年夏大霖自述。末有男景頤刻書跋。《存目叢書》據以影印。中科院圖、中國社科院文學所、人民大學、湖南圖亦有是刻。

楚辭新註八卷　國朝屈復撰　　**四七一〇**

陝西巡撫採進本(總目)。○《陝西省呈送書目》：「《楚辭新註》。」○清華大學藏清乾隆三年弱水草堂刻本，作《楚辭新集註》八卷，附林雲銘《楚懷襄二王在位事蹟考》一卷。半葉九行，行二十字，白口，四周雙邊。封面刻「弱水草堂藏板」。人民大學藏是刻，封面改刻「乾隆戊午年」、「受業門人同梓」。正文首行題「楚辭卷一」，次題「蒲城屈復新集註，曾孫來泰録，宗姪汝州啟賢編，受業同邑王垣校」。前有自序云：「始戊午正月，三月而畢。」《存目叢書》據以影印。北圖、社科院文學所等亦有是刻。浙圖、中山大學又有清乾隆三年居易堂印本，卷端題「楚辭」，封面題「楚辭新注」、「居易堂藏板」。半葉九行，行二十字，白口，四周雙邊。實亦同版。○清道光十五年朝邑劉氏刊《青照堂叢書》本二册，浙圖藏。○清道光十七年弱水草堂刻本，封面刻「道光丁酉重梓」、「弱水草堂藏板」。○南圖藏，四册（以上二本見崔富章《楚辭書目五種續編》）。○傅增湘藏清鈔本，鈐「陸巡之印」、「阮元芑印」二印（見《藏園訂補邵亭書目》）。○南京圖書館藏清鈔本，作《新録楚辭全集》八卷。○民國二十五年排印《關中叢書》第七集本，北圖、上圖等藏。

四七一　楚辭章句七卷　國朝劉夢鵬撰

山東巡撫採進本（總目）。○《湖北巡撫呈送第三次書目》：「《楚詞章句》五本。」○清華大學藏清乾隆五十四年藜青堂刻本，作《屈子章句》七卷。卷一題「浠川劉夢鵬雲翼氏訂，男光鏌、光鑑，姪光鑾、光銘仝校」。半葉八行，行二十字，白口，左右雙邊。前有乾隆五十四年己酉謝錫位序，乾隆二十五年自序。版心刻「藜青堂」三字。《存目叢書》據以影印。姜亮夫先生藏是刻一帙，封面上横刻「乾隆己酉年鐫」，又刻「藜青堂藏板」（見《楚辭書目五種》）。東北師大有乾隆五十四年務本源刻本，封面刻「務本源藏板」。又藏清嘉慶五年藜青堂刻本，封面刻「嘉慶五年新鐫」、「藜青堂藏板」。經劉奉文先生檢視，實爲同一版本，版式、行款、字體均同，書口下均刻「藜青堂」三字，唯封面不同耳。

四庫存目標注卷五十一

滕州　杜澤遜　撰

集部二

别集類一

董子文集一卷　漢董仲舒撰　**四七一二**

編修朱筠家藏本(總目)。○《提要》云:「明正德己亥,巡按御史盧雍行部至景州,爲仲舒故里。因修復廣川書院,祀仲舒,並裒其逸文,以成是集。」○明正德五年桂連西齋活字印本,作《董仲舒集》一卷,半葉十二行,行二十四字。序目後有「正德庚午桂連西齋印行」一行。鈐「季振宜藏書」、「謙牧堂藏書記」等印。見《藏園群書經眼録》。《天禄琳琅書目後編》、臺灣《故宫博物院善本舊籍總目》均作刊本,恐未確。○明正德十年盧雍景州刻本,作《董仲舒集》一卷。題「漢膠西相廣川董仲舒撰」，半葉九行，行十八字，白口，左右雙邊。前有李東陽《景州重陽董子書院記》云：「正德乙亥，御史吳郡盧君雍按行至景，求其族姓墳墓無復存者，惟書院遺址在榛莽間，乃屬河間知府陸君楝、知景州徐政，俾經營之。又刻其遺書，以惠學者。」天一閣遺書，後歸北平圖書館，現存臺北「故宫博物院」。《藏園群書經眼録》、王重民《善本提要》著録。○明萬曆十一年南城翁少麓刻《漢魏諸名家集》本，作《董仲舒集》一卷。北圖、北大、清華、上圖等藏。○明萬曆天啟間新安汪士賢刻《漢魏六朝二十一名家集》本，作《董仲舒集》一卷。北大、社科院文學所藏。《藏園訂補郘亭書目》云「從正德盧雍本出」。○明天啟崇禎間刻《七十二家集》本，作《董膠西集》二卷附録一卷。北圖、北京故宫藏。○明刻《漢魏六朝諸家文集》本，作《董仲舒集》一卷。北圖、南圖、川圖等藏。北圖本傳增湘「用景祐本《漢書》、宋刊《古文苑》校過」(《藏園訂補郘亭書目》)。○明崇禎十五年采隱山居刻《增定漢魏六朝别解》本，作《董膠西集》一卷。中科院圖書館藏。○明婁東張溥刻《漢魏六朝百三名家集》本，作《董膠西集》一卷。北大、上圖、南圖等藏。○清光緒五年定州王氏謙德堂刻《畿輔叢書》本，作《董子文集》一卷。○民國二十六年商務印書館據《畿輔叢書》本排印，收入《叢書集成初編》。

諸葛丞相集四卷　國朝朱璘編　四七一三

内府藏本(總目)。○《武英殿第一次書目》：「《諸葛丞相集》六本。」○北京大學藏清康熙三十七年萬卷堂刻本，題「漢丞相諸葛亮著，古虞朱璘纂輯，男瑞圖、鵬圖校梓」。半葉九行，行十九字，白口，四周雙邊。版心刻「萬卷堂藏板」。前有康熙三十七年戊寅南陽知府朱璘序云：「余因彙其集而重訂之。」卷内鈐「巴陵方氏碧琳琅館藏書」、「方功惠藏書印」、「方家書庫」等印記。《存目叢書》據以影印。人民大學《善本書目》著録是刻云封面鐫「康熙戊寅年新鐫」、「萬卷堂藏板」。華東師大、東北師大、福建師大等亦有是刻。○山東師大藏清景萊書室刻本四卷首一卷，四册。題「古虞朱璘青巖原刻，楚醴景萊書室校刊」。半葉九行，行二十四字，白口，四周雙邊。

陶詩析義二卷　明黄文焕撰　　**四七一四**

福建巡撫採進本（總目）。○《福建省呈送第五次書目》：「《陶詩析義》二本。」○《提要》云：「別本或作四卷，又附以文焕自作《赭留集》一卷。」○南京圖書館藏明末刻本，作《陶元亮詩》四卷，題「閩黄文焕析義」。半葉八行，行二十一字，白口，四周單邊。前有自序。末有康熙□申蕭夢松手跋。卷内鈐「蕭夢松印」、「靜君」、「蕭齋藏書」、「夢中丘壑物外文章」、「閩中蓼亭蕭夢松靜君氏鑑藏」、「松雪古夢」、「九仙西裏人家」等印記。《存目叢書》據以影印。清華、社科院文學所、川圖亦有是刻。○《國學圖書館現存書目》著録「《陶元亮詩集析義》四卷，明閩縣黄文焕析義，舊鈔本，丁書，四册」。當在今南京圖書館。○《四庫全書附存目録》佚名墨批：「光緒二年七世孫倬照重刊本。」○清翻刻清康熙寶墨堂本，作《陶元亮詩集》四卷一册。四川圖藏。

陶詩箋五卷　國朝邱嘉穗撰　　**四七一五**

户部尚書王際華家藏本（總目）。○湖北省圖書館藏清康熙刻本，作《東山草堂陶詩箋》五卷首一卷，題「閩上杭邱嘉穗實亭評註」。半葉十行，行二十二字，黑口，四周雙邊。前有康熙五十三年自序。《存目叢書》據以影印。○清光緒八年漢陽邱氏刻《東山草堂全集》本。中科院圖、首圖、民大、湖北圖藏。

陶詩彙註四卷　國朝吴瞻泰撰　四七一六

江蘇周厚堉家藏本（總目）。○《江蘇省第一次書目》：「《陶詩彙註》二本。」○《江蘇採輯遺書目録》：「《陶詩彙註》四卷，晉彭澤令潯陽陶潛撰，明吴瞻泰註。」○北京大學藏清康熙四十四年程崟刻本，題「歙吴瞻泰東巖輯，門人程崟夔震較」。半葉十行，行十九字，白口，四周單邊。寫刻甚精。前有康熙四十三年甲申宋犖序，康熙四十四年乙酉吴瞻泰序。據吴序，此係門人程崟刻。封面鐫「拜經堂藏板」。正文四卷，又首末各一卷。首一卷爲吴仁傑、王質所撰年譜二種。末一卷爲詩話。《存目叢書》據以影印。上圖藏一部有清鄭午生録錢陸燦等批。上圖又一部有清陳本禮校並録諸家批跋。遼圖藏一部有清胡嗣瑗批校。上海辭書出版社藏一部有狷甫録查慎行批校。○民國三年刻《雲南叢書初編》本，四卷首一卷末一卷，吴瞻泰撰，許印芳增訂。有光緒丙申許印芳序。北圖、南圖等藏。

漫叟拾遺一卷　選録唐元結之文，不著編輯者名氏　四七一七

浙江范懋柱家天一閣藏本（總目）。○《浙江省第五次范懋柱家呈送書目》：「《漫叟拾遺》一卷，唐元結著，明竹岡居士輯。」○《浙江採集遺書總録》：「《漫叟拾遺》一册，寫本，唐道州刺史長沙元結撰。」○北京圖書館藏明鈔本一册，半葉八行，行十五字，藍格，白口，四周雙邊。首葉鈐「翰林院印」滿漢文大官印，又鈐「衡平」、「如菴氏」、「階生衡平」諸印。書衣有衡平題籤：「漫叟拾遺一册」，上注：「庫抄。」下注：「内缺一頁，當檢全集補録之。甲申四月六日重校記。」下鈐「衡平」印。衡平，字如菴，一字階生，滿人。此蓋即天一閣進呈四庫館原本。《存目叢書》據以影印。

李詩鈔述註十六卷　明林兆珂撰　　**四七一八**

福建巡撫採進本（總目）。○《福建省呈送第六次書目》：「《李詩鈔述註》。」○《提要》云：「兆珂守衡州時，曾刻《杜詩鈔述註》。兹其守安慶時所刊。」○蘇州圖書館藏明萬曆二十七年刻本，題「莆林兆珂孟鳴父纂述」。半葉八行，行二十字，白口，四周單邊。目録缺前三葉，無序跋。據王重民《善本提要》著録北京大學藏方功惠舊藏是刻，有萬曆二十七年林國光序，萬曆二十六年黄履康序，萬曆二十七年吴𤸇生後跋。此本皆佚去，非善本也。《存目叢書》據以影印。中科院圖、川圖等亦有是刻。

杜律註二卷　舊本題元虞集撰　　**四七一九**

内府藏本（總目）。○《武英殿第二次書目》：「《杜律虞註》四本。」○明宣德九年江陰朱熊刻本，作《杜工部七言律詩》二卷，半葉八行，行十八字，白口，四周雙邊。有楊士奇序，楊榮序，宣德九年十月既望禮部尚書胡濙序，皆爲朱熊刻本作。北大、上圖藏。浙圖有殘本。《存目叢書》影印北大藏明刻本，書名卷數行款同，佚去序及目録首半葉，卷下末二葉亦殘損。題「元虞集伯生註」。鈐「古潭州袁卧雪廬收藏」印，白綿紙。似即朱熊刻本。待核。○北京圖書館藏明正統石璞刻本，作《虞邵庵分類杜詩註》不分卷二册，半葉十行，行二十六字，黑口，四周雙邊。前有序，尾爲賈人割去，序首云「江西提刑臨清石公仲玉鋟梓以行」。《明史》卷一百六十《石璞傳》云：「石璞，字仲玉，臨漳人，永樂九年舉於鄉，正統初歷任江西按察使。」知係臨漳石璞正統初刻於江西者。傅增湘舊藏，《藏園群書題記》有跋，誤爲天順刊。《藏園群書經眼録》、《藏園訂補郘亭書目》已改爲正統刻本。○臺灣「中央圖書館」藏明成化七年朝鮮刻本，作《虞註杜律》二卷，半葉十行，行二十字，白口，四周雙邊。前有楊士奇序，楊榮序，正統八年林靖序，宣德九年胡濙序，黄淮序。書末有成化七年孟秋日通訓大夫藝文館直提學知制教兼經筵侍講官春秋館編修官承文院參校上洛金紐跋，據此跋知係朝鮮清州牧使權至功刻本。五孔綫裝。(參該館《善本書志初稿》、《善本序跋集録》)遼寧省圖亦有是刻。按：據正統八年八月衡陽縣知縣鐔江林靖序「向蒙郡守鄒侯錫虞太史註《杜律》一帙，字板間失訛謄，僭不自揣，捐俸重刊」云云，知衡陽知縣林靖嘗有刻本，今未見著録。○臺灣「中央圖書館」藏朝鮮鈔本二卷一册。正文首題「虞註杜律卷之一」，半葉十行，行十九字，白口，四周雙邊。前有楊榮序。後有鈔者識語：「壬寅八月初二日畢書。」卷内鈐「趙鼎植印」白文方印。○延邊朝鮮自治州圖書館藏朝鮮鈔本，作《虞註杜律》二卷。○北京圖書館藏明刻本，作《杜工部七言律詩》不分卷一册，半葉十行，行二十字，黑口，四周雙邊。○北京圖書館藏明刻本，作《杜工部七言律詩註》二卷二册，半葉八行，行十八字，白口，四周雙邊。○臺灣「中央圖書館」藏明正德三年羅汝聲刻本二卷二册，正文首題「杜工部七言律詩卷上」，下題「虞集伯生註」。半葉十一行，行二十一字，白口，雙白魚尾，四周單邊。上魚尾下方刻「杜律虞註上（或下）」。版心下方有刻工：黄旻、黄文迪、文迪、黄瓊、黄龍、黄昃等。前有正德三年戊辰歲七月吉日新安鄭莊序云：「羅君汝聲，嘗以孝友尚義名於鄉，其於子美，素所羨慕，特發其囊篋所蓄，命工繡梓。」又楊士奇序，楊榮序，宣德九年胡濴序，此三序皆爲江陰朱熊刻本作。書末有永嘉黄淮後序。又徐玄植手跋：「歲在乙酉，北兵勦邑，書籍無不散佚，予偶得此於塗遇之手，因珍藏之。」附鈐印記。乙酉似指順治二年。卷内鈐「稺登私記」、「徐玄植印」、「壽孫」、「韓繩大印」、「价藩」、「韓繩大一名熙字价藩讀書印」、「甲子丙寅韓德鈞錢潤文夫婦兩度攜書避難記」、「百耐眼福」等印記（參該館《善本書志初稿》、《善本序跋集録》）。上圖亦有是刻。○明雲根書屋刻《須溪批點選註杜工部詩》二十二卷附刻本，作《增虞伯生注杜工部詩》一卷，半葉十一行，行十八字，白口，四周單邊，版心上方有「雲根書屋之記」篆書六字。《藏園訂補郘亭書目》著録，云「約正德間刊本」。北圖、南圖、浙圖、社科院文學所、成都杜甫草堂均有是刻。○北京圖書館藏明方升刻《劉須溪杜選》七卷附刻本，作《增虞伯生七言杜選》一卷，半葉十行，行十八字，黑口，四周單邊。○明嘉靖三年張祜刻本，作《杜工部七言律詩》一卷，半葉九行，行十九字，白口，四周單邊。北大、天一閣文管所藏。○明嘉靖七年穆相刻《杜律註解》本，作《杜律七言註解》二卷。半葉九行，行二十字，白口，四周單邊。津圖、上圖、湖南省圖藏。○天津圖書館藏明嘉靖二十六年郟縣退省堂刻《杜律二註》本，作《杜律七言註解》一卷。半葉九行，行二十字，白口，四周單邊。○明龔雷刻《杜律五七言》本，作《杜工部七言律詩》二卷。半葉八行，行十八字，白口，四周雙邊。北圖、清華藏。上圖本有清許蓤批點，清趙宗建跋。○江西省圖書館藏明鄧秀夫刻本，作《杜工部七言律詩》二卷。半葉九行，行十九字，白口，四周單邊。○臺灣「中央圖書館」藏明萬曆吳登籍校刻本二卷二册，正文首題「杜工部七言律詩卷上」，次題「元虞伯生註，明吳登籍校」。半葉九行，行二十字，白口，四周雙邊。版心上方書名「杜律虞註」，版心下方有刻工：黃德時刊、德義、闌。有楊士奇序。一九七四年臺灣大通書局《杜詩叢刊》據以影印。考刻工黃德時見李國慶《明代刊工姓名索引》附《歙邑仇村黃氏世系表》，生嘉靖三十八年，卒萬曆三十三年。曾參加刊刻萬曆八年刻《壇經》、萬曆十年程氏刻《仲尉先生集》、萬曆十七年吳氏刻《書言故事大全》、萬曆二十年新安程榮刻《漢魏叢書》等。知此本乃萬曆間新安刊版，吳登籍亦當爲新安人。北圖、上圖、津圖、天一閣文管所、安徽圖均有是刻。○開封圖書館藏明王同倫刻本，作《杜工部七言律詩》，存卷上。半葉八行，行十八字，白口，四周雙邊。○重慶圖書館藏明東泉張氏刻本，作《杜律虞註》二卷。○臺灣「中央圖書館」藏明桐花館刻本不分卷二册，正文首題「杜律」，次題「元虞伯生註」。半葉八行，行十六字，白口，四周雙邊。版心上方刻書名「杜律虞註」，下方刻「桐花館」。鈐「吳士玉印」、「荆山」、「安山謝希曾審定」、「仁齋眼福」、「篁菴氏」、「覃谿鑑藏」等印記(參該館《善本書志初稿》)。《中國古籍善本書目》著録北京圖書館藏明萬曆五年蘇民懷桐花館刻本《杜律》二卷，當係一版，蓋臺灣「中央圖書館」本有所缺佚也。○江西省圖書館藏明萬曆十六年書林鄭雲竹刻本，作《翰林攷正杜律七言虞註大成》二卷。半葉九行，行二十字，白口，四周雙邊。○明萬曆十六年吴懷保七松居刻本，作《杜律七言註解》四卷附《詩法家數》一卷。半葉九行，行二十字，白口，四周單邊。此與元趙汸《杜律五言註解》三卷合刻，臺灣「中央圖書館」藏一帙，封面葉上方横刻「吴氏家藏板」，右欄大字刻「杜律趙註」，左欄大字刻「杜律虞註」，中欄刻「内附詩法，萬曆戊子冬梓」。《杜律七言註解》卷四末葉有「戊子冬日商山吴氏七松居家藏板」二行，並附刻吴懷保二印記（參該館《善本書志初稿》）。一九七四年臺灣大通書局《杜詩叢刊》據是刻影印。北圖、川圖均藏是刻。山東省圖本有清静緣齋主人跋。○明刻本，作《杜律七言註解》一卷，半葉九行，行二十字，白口，四周單邊。北師大、山東省圖藏。○明刻本，作《杜律七言註解》一卷，半葉九行，行二十字，白口，四周單邊。中央戲劇學院藏。○明萬曆刻本，作《杜工部七言律詩》二卷一册，元虞集註，明馮惟訥删。半葉九行，行十九字，白口，四周單邊。前有嘉靖十五年丙申馮惟訥序，後有萬曆四十三年乙卯其孫馮珣跋。佚名批點。成都杜甫草堂藏。《杜集書目提要》及《中國古籍善本書目》徵求意見稿著録爲「明萬曆四十三年刻本」。○清康熙高兆遺安草堂刻本，作《杜工部七言律詩》二卷，清龔文照手批。半葉八行，行十九字，白口，左右雙邊。南京師大藏。○清康熙二十四年吴源起刻本，作《杜工部七言律詩》二卷四册。北師大藏。○清查弘道亦山草堂刻《趙虞選註杜工部五七言近體合刻》本，作《虞伯生選杜律七言註》三卷，元虞集註，清查弘道、金集補註。半葉十行，行二十二字，小字雙行，行三十三字，細黑口，四周單邊。寫刻本。遼圖、北師大、中山大學藏。○中山大學藏清鈔本，作《杜工部七言律詩》二卷二册。〇福建省圖書館藏清鈔本,作《杜律註》二卷二册,元虞集註,清高兆校。半葉九行,行二十三四字不等,無格。〇清嘉慶十四年澄江水心齋據敦本堂本翻刻《趙虞選註杜律》本。査弘道、金集補,三卷。〇清同治十二年刻《趙虞選註杜律》本。〇朝鮮光武壬寅(一九〇二年)池松旭重刻本。〇北京圖書館藏日本大正二年(一九一三年)據朝鮮池松旭本排印本二册。(以上四本參見《杜集書録》)〇日本刻本,作《虞註杜律》二卷,臺灣東海大學藏。〇《杜律演義》二卷,元張性撰,明嘉靖十六年王齊刻本。臺灣「中央圖書館」藏一部,題「京口張性伯成演,汝南王齊元修校」。半葉十一行,行二十一字,註文低一格,行二十四字,白口,四周單邊。版心下刻「櫟亭」二字。有眉欄刻注,每行二字。卷内鈐「吴郡沈寀祖家藏圖書」、「朝宗」、「吴興劉氏嘉業堂藏」等印記。前有嘉靖十六年丁酉王齊序,明天順元年丁丑黎近序,曾昂夫《元進士張伯成先生傳》,吴伯慶《哭張先生詩》,宣德四年吴鞏刊版告語及助刊人名。書後有嘉靖丁酉曹亨跋,利民瞻跋嘉靖丁酉吴夢麟跋。王齊序云:「涯翁《麓堂詩話》謂《杜律》非虞註,乃張註,宣德初已刊,恨未之見也。予應聘關中,道出洛下,謁王喬洞,見於鐵門學究,朽蝕幾不可讀矣。涯翁平生所思,一朝獲之,始信爲伯成之《演義》焉,是故校評翻刻。」黎近序云:「近時江陰諸處以爲虞文靖公註而刻板盛行,謬矣。吾臨川故有刻本,且首載曾昂夫、吴伯慶所著伯成傳並挽詞,叙述所以作《演義》甚悉,奈何以之加誣虞公哉。」曹亨跋云:「今鏡師出宰任丘,以政學鳴於時,暇取《杜律演義》批評校刻,與天下共而藝之。」知所謂虞集注《杜工部七言律詩》實爲張性《杜律演義》之誤題,嘉靖十六年汝南王齊鏡堂據舊本批評重刻於任丘縣署。唯流傳未廣，仍不能糾正訛傳也。上圖、浙圖亦藏是刻。一九七四年臺灣大通書局《杜詩叢刊》據是刻影印。

讀杜愚得十八卷　明單復撰　四七二〇

通行本（總目）。○北京圖書館藏明天順元年朱熊梅月軒刻本十八卷十六册。正文首題「讀杜詩愚得卷之一」，次行題「古剡單復陽元讀」。半葉十二行，行二十四字，黑口，四周雙邊。前有洪武十五年單復自序，楊士奇序，後有宣德九年黄淮跋，天順元年朱熊跋。據楊士奇序、黄淮跋，知是書係楊士奇以張從善所録本託付江陰朱善繼、善慶兄弟刊刻者，楊序云「刻完求序」，知當時確已刊成。朱熊，字維吉，善慶之子。朱熊跋云：「江陰朱維吉者，見先君竹泉翁所刊《讀杜愚得》版字湮没，不便觀覽，因命二子世寧、世昌躬録考對，辨正次第，由是蒙昧一新，樂與四方共之。天順元年春貿工重刻於文林孝義門之梅月軒。」據此可知天順元年朱熊梅月軒本係重刻宣德門朱善繼、善慶兄弟刻本。臺灣「中央圖書館」《善本書志初稿》著録「明宣德九年江陰朱氏刊本」十八卷十册，鈐「崑山鄭氏珍藏」、「魏氏圖書」、「方功惠藏書印」、「巴陵方氏碧琳瑯館珍藏古刻善本之印」、「柳橋」、「方功惠印」、「碧琳琅館藏書之印」、「方家書庫」、「張乃熊印」、「芹伯」、「莚圃收藏」等印記。又有「元本」印記，則書賈僞鈐也。此本一九七四年臺北大通書局《杜詩叢刊》據以影印，取校《中國版刻圖録》所收北圖梅月軒本，知係同版。唯該館藏本佚去朱熊跋，故誤定爲宣德原版。○明天順元年朱熊梅月軒刻弘治十四年重修本。宣德九年黄淮跋之末，後半葉有「弘治辛酉八月重脩」識語。臺灣「中央圖書館」藏一部，佚去天順元年朱熊重刻跋，故誤定爲「明宣德九年江陰朱氏刊弘治辛酉(十四年)修補本」。北圖有殘帙，存卷一、卷九、卷十、卷十五至卷十八，鈐「長樂鄭振鐸西諦藏書」、「長樂鄭氏藏書之印」等印記。北大藏是刻，僅存楊士奇序、黄淮跋，《存目叢書》據以影印。重慶市圖、雲南大學亦有是刻。○明刻本，作《讀杜詩愚得》十八卷，半葉十二行，行二十四字，黑口，四周雙邊，間左右雙邊。北圖、北大、常熟市文管會、成都杜甫草堂藏。○明邵廉刻本，佚去卷九，半葉十二行，行二十四字，白口，左右雙邊或四周單邊。遼圖藏。○明隆慶刻小字本，見《中國書店書目》(參《杜集書録》)。○朝鮮銅活字本，存卷一至五。遼寧省圖藏。○《杜律單注》十卷，明嘉靖景姚堂刻本，卷一題「鵲湖陳明輯，錢塘楊祐校」。卷二校者爲「海虞施雨」。半葉八行，行二十二字，白口，四周單邊。版心下刻「景姚堂」。督刊：邢仁。《杜集書目提要》著録，云「注釋與《讀杜詩愚得》悉同，唯書眉輯有評語，多未標姓名，偶有標劉云者，乃劉辰翁評。」北圖、北大、科圖、南開等藏。黄裳《前塵夢影新録》亦記一部，皮紙，包背裝，鈐「濟南王士禛印」。○按：單復里籍，《提要》云「會稽人」，又引《千頃堂書目》云「嵊縣人」。今檢天順元年刻本題「古剡單復陽元讀」，剡縣，漢置，在今嵊縣西南十二里，吴賀齊爲令，移理今嵊縣治，宋改名嵊縣，則以《千頃目》作嵊縣人爲是。

杜詩通十六卷本義四卷　明張綖註　四七二一

安徽巡撫採進本(總目)。○《安徽省呈送書目》：「《杜詩通》六本。」○北京大學藏明隆慶六年張守中刻本，僅《杜工部詩通》十六卷，卷一首葉題「高郵張綖，男守中校刊」。半葉十行，行二十二字，白口，四周單邊。前有隆慶六年壬申侯一元序，後有隆慶壬申男守中跋云：「歲壬申不肖以職事分巡浙東，歷台郡學，乃託進士張鳴鸞、侯一麟正其魯魚之誤，捐俸鋟梓。」又隆慶壬申張鳴鸞跋。版心上方刻書名「杜詩通」，下方有刻工：瑞安許倫梓、蘇州郭昌言鋟梓、蘇州錢世英刊、永嘉王堂刊、蘇楊國器、蘇顧令祥、王鎬刊、龔林、余賜、六旺、吳詔、張富、余三、龔旺、陸旺、龔八、蘇昌其（澤遜按：蘇蓋指蘇州，昌其蓋爲郭昌其之省，蘇州郭昌言之昆季也）。刻印頗精。《存目叢書》據以影印。北圖、上圖、中科院圖、武漢大學、成都杜甫草堂等亦有是刻。○《杜律本義》四卷，明嘉靖十九年高郵張氏刻本，四册，臺灣「中央圖書館」藏。正文首行題「杜工部七言律詩卷之一」，次行題「高郵張綖本義」。半葉十行，行二十字，白口，雙白魚尾，四周單邊。版心上方刻書名「杜律本義」，下方有刻工：王良舉、夏憲、余文曉、王玉、王良相、夏景陽、夏官、余寶珠、余寶、王良弼、范奈、陳六、王良萬、余得珠、楊伯瑀等。前有嘉靖十八年己亥張綖引，後有嘉靖十九年庚子張繪跋。據隆慶六年張守中重刻跋，知此本刻於光州。鈐「長興王氏季歡彝罍夫婦印記」、「長興王氏詒莊樓藏」、「雲藍」、「王修鑒藏書畫」、「季歡」等印（參該館《善本書志初稿》）。○臺灣「中央圖書館」藏明隆慶六年張守中刻本，《杜工部詩通》十六卷、《杜律本義》四卷俱全，共十二册。一九七四年臺灣大通書局《杜詩叢刊》據以影印。《杜工部詩通》較北大本多侯一麟小叙一篇。《杜律本義》正文首行題「杜工部七言律詩卷之一」，次行題「高郵張綖本義」。半葉十行，行二十二字，白口，四周單邊。版心上刻書名「杜詩本義」，下有刻工：蘇州郭昌言、瑞安許倫刊、王鎬刊、王堂刊。前有嘉靖十八年已亥張綖引,後有隆慶六年壬申男守中跋云:「庚子刻在光,燬之,兹不肖駐節東甌,觀風之暇,邀通判萬子木,以俸資再刻於郡齋。」知二種均張守中分巡浙東時刻於温州。《本義》有原封面葉,刻「高郵張南湖先生註」、「杜律本義」、「永思堂藏板」。書中鈐「永思堂」朱文方印,知係張氏原印本。又鈐「木樨香館范氏藏書」、「石湖詩孫」、「吴興劉氏嘉業堂藏書記」等印。○臺灣「中央圖書館」藏清乾隆七年周其永鈔本,僅《杜律本義》不分卷一册,正文首題「杜詩七律」,下題「高郵張綖本義,海上周其永涵千氏鈔時壬戌秋七月」。半葉十行,行二十九字。前有嘉靖十八年張綖序,目録分四卷,目録首葉標題下署「大匏居士手鈔時乾隆壬戌秋七月」。卷内鈐「上海李氏古香閣珍藏」、「其永」、「涵千」、「海上釣鼇客」、「南吴下士」等印(參該館《善本書志初稿》)。

杜律意註二卷　明趙統撰　四七二二

陝西巡撫採進本(總目)。○《陝西省呈送書目》:「《驪山集》十四卷附《杜律意註》二卷。」○陝西省圖書館藏清刻本,趙統《驪山集》之一。題「新豐趙統伯一意註」。半葉十行,行二十字,白口,四周雙邊。版心上刻「驪山集」。前有萬曆七年自叙,凡例。原定爲萬曆七年刊,觀其「曆」字作「歴」,字體亦不似萬曆本,旻、寧均不避,當是清乾隆刻本。《存目叢書》據以影印。

杜詩鈔述註十六卷　明林兆珂撰　四七二三

福建巡撫採進本(總目)。○《福建省呈送第六次書目》:「《杜詩鈔述註》。」○福建省圖書館藏明萬曆林氏刻本十六卷十六册,卷一題「莆田林兆珂孟鳴父纂述,仍孫徐質時垣氏重校」。餘卷無仍孫重校一行。半葉八行，行二十字，白口，四周單邊。前有柯壽愷序，自序，門人鄧應奎序。鈐「康修其藏書記」印。《存目叢書》據以影印。該館另藏一部六册，鈐「沈氏祖牟藏書」印。清華、西北大學、福建師大等亦有是刻。清華藏本卷一首葉係鈔配，僅題「莆田林兆珂孟鳴父纂述」，無「仍孫徐質時垣氏重校」九字，扉頁題「林孟鳴先生述註」、「杜詩鈔」、「因因堂藏板」。

杜律意箋二卷　明顔廷榘撰　四七二四

福建巡撫採進本(總目)。○《福建省呈送第六次書目》：「《杜律意箋》。」○北京大學藏明刻本，卷上首葉題「魯國顔廷榘範卿箋」，半葉九行，行十七字，白口，四周單邊。眉欄鐫評。前有顔廷榘《上杜律意箋狀》，開首自稱「岷王府左長史致仕前江西九江府通判永春顔廷榘」。次行文云：「奉欽差巡撫福建等處地方兼提督軍務都察院副都御史朱　牌行永春縣將發來《杜律意箋》查支勘動銀刊刻完刷印送閲及用過銀數報查。」版心刻工：「鄭侯、李文、陳五、楊林、洪四、楊淋、李庁、楊震。」卷内鈐「佐伯文庫」、「方功惠藏」、「碧琳琅館珍藏」、「巴陵方氏藏書印」、「柳橋讀過」等印記。《存目叢書》據以影印。按：順治十七年顔堯揆重刻本有萬曆三十一年六月既望奉勅提督軍務兼巡撫福建地方朱運昌序云：「余撫閩之明年，君不遠千里命駕訪余，且以《意箋》屬余爲序。乃檄永春令陳見龍梓之。又明年君復冒暑肩輿至，故遂述其大都如此。」然則此本係萬曆三十年永春令陳見龍刻本，其刊成當在萬曆三十一年。○北京圖書館藏清順治十七年顔堯揆邵陵縣署重刻本，題「魯國顔廷榘範卿甫箋，孫堯揆孝叙甫重梓」。半葉八行，行十九字，白口，無魚尾，四周雙邊。版心上刻「杜律意箋」。前有昆明朱運昌序,顔廷榘《上杜律意箋狀》。後有萬曆三十一年七月十日何喬遠跋。又康熙六年丁未仲秋廷榘之孫堯揆小識云:「順治丁亥冬遭亂,城邑焚燬,版悉付之祖龍矣。堯揆於已亥年出宰邵陵,……於公暇時手鈔釐定八卷(澤遜按:此連文集言之),召梓人並重刻,竟年工始竣。壬寅量移涿鹿,橐無長物,惟圖書梨棗而已。甲辰帶《杜箋》入都下,質諸名公卿。」據此,則重刊於邵陵縣署者,竣工於已亥之次年,即順治十七年庚子。康熙元年壬寅移任涿鹿,以版自隨。康熙三年甲辰入都,復帶印本質正於公卿。至康熙六年加刻跋文,印行於世。卷内鈐「程銓之印」、「子衡」、「國立北平圖書館珍藏」等印。臺灣「中央圖書館」亦藏是刻二卷二册,前有萬曆癸卯(三十一年)六月既望賜進士第中憲大夫奉勅提督軍務兼巡撫福建地方都察院右僉都御史昆明朱運昌序(北圖本署款殘闕不完,故不明年月),顔廷榘狀,後有何喬遠跋。佚去顔堯揆康熙六年小識,故該館誤定爲「明末顔堯揆刊本」。一九六四年臺灣大通書局《杜詩叢刊》即據以影印。〇福建省圖書館藏舊鈔本二卷二册,鈐「郭氏珍藏」、「郭白陽」、「閩郭白昜藏書」、「莫等閒齋」印記。

杜詩分類五卷　明傅振商撰　　**四七二五**

内府藏本(總目)。〇《武英殿第二次書目》:「《杜詩分類》五本。」〇首都圖書館藏明萬曆四十一年刻本,題「天中星垣傅振商君雨父重輯」。半葉十行,行二十字,白口,四周雙邊。前有萬曆四十一年癸丑孟冬巡撫直隸帶管四府學校監察御史前翰林院庶吉士汝南傅振商叙,有云:「因屬殺青,以公同好。」後有周光夔跋云:「汝南傅公君雨直指畿南,畀夔重梓杜詩,去注釋而從其類,意固深矣。」版心刻工：魏良刊、陳志刊、張德坤、邢文明、張洪儒。卷内鈐「元澂之印」、「秋蟾」、「馬宛山」、「馬元澂印」等印記。《存目叢書》據以影印。北圖、清華、浙圖、湖北圖等亦有是刻。○明萬曆四十一年傅振商刻清順治八年杜漺重修本，題「天中星垣傅振商君雨父重輯，東海琅槐杜漺子濂甫重梓」。行款版式及刻工同萬曆四十一年刻本。王重民《善本提要》著録北大藏一部，鈐「明善堂珍藏書畫印記」、「安樂堂藏書記」等印，僅有萬曆四十一年傅振商序。臺灣「中央圖書館」藏一部，清王鳴盛批點，亦僅有傅振商序，一九六四年臺灣大通書局《杜詩叢刊》據以影印。蓋順治八年真定梁清標序、梁清寬跋多被撤去，以充明刻。故王重民僅稱「明萬曆間刻本」，該館《善本書志初稿》則定爲「明東海杜漺重刊本」，皆未確。上圖、成都杜甫草堂亦有是刻。《杜集書目提要》引《成都杜甫紀念館館藏杜集目録》云該館藏本「首爲傅振商序，次爲重刻序、跋」，蓋猶完好無缺也。○清順治十六年還讀齋刻本，作《杜詩分類全集》五卷，題「中州張縉彦坦公、古燕谷應泰霖蒼輯定，海寧後學高爾達、錢塘後學汪淇右子較閲」。半葉十二行，行二十五字，白口，左右雙邊。版心下刻「還讀齋」。前有順治十六年谷應泰序，順治十五年張縉彦序，傅振商序，順治八年梁清標《重刻原序》，順治八年梁清寬《重刻原跋》。梁清標序云：「傅公刻《分類集》……既久，漸多殘缺，濱州杜使君司李吾郡，慨然補輯，頓還其舊。」張縉彦序云：「真定梁玉立、敷五二先生，篤嗜杜詩，示余《分類》一編，乃傅星垣先生所纂。余愛之，攜至西湖，谷霖蒼公見之，愛亦如余，屬高子爾達梓而傳之。」（參《杜集書目提要》）。清華、浙圖、成都杜甫草堂等皆有是刻。上圖藏本有清朱芸跋。○明萬曆四十六年刻本，半葉十行，行二十字，白口，四周雙邊。版心下有刻工：魁、卞、先。故宫、歷博、遼圖、南圖藏(見《中國古籍善本書目》徵求意見稿)。歷博藏本有傅振商序，周光燮跋。

杜詩解八卷　明楊德周撰　四七二六

浙江巡撫採進本(總目)。○《浙江省第二次書目》：「《杜詩解》八卷，明楊德周著，四本。」○《浙江採集遺書總録》：「《杜詩解》八卷，寫本，明高唐州知州鄞縣楊德周撰。」○未見傳本。楊德周另有《杜注水中鹽》五卷，清初刻本，北京圖書館藏。

杜律註評二卷　明陳與郊撰　四七二七

浙江巡撫採進本(總目)。○《浙江省第十次呈送書目》：「《杜律註評》二卷，明陳與郊輯，一本。」○《浙江採集遺書總録》：「《杜律詩評》二卷，刊本，明陳禹郊輯。」

杜詩説十二卷　國朝黄生撰　四七二八

内府藏本(總目)。○人民大學藏清康熙三十五年一木堂刻本，作《杜工部詩説》十二卷，題「天都後學黄生説」。半葉九行，行二十一字，黑口，左右雙邊。封面刻「一木堂梓」。前有康熙三十五年丙子自序，訂刻姓氏，凡例，又《杜詩概説》五葉。鈐「詩卷長留天地間」等印。《存目叢書》據以影印。北大、中科院圖、上圖等亦有是刻。

讀書堂杜詩註解二十卷　國朝張溍撰　四七二九

直隸總督採進本(總目)。○《直隸省呈送書目》：「《杜詩註解》十二本。」○遼寧大學藏清康熙三十七年張氏讀書堂刻本，作《讀書堂杜工部詩集注解》二十卷《文集註解》二卷《杜工部編年詩史譜目》一卷。題「滏陽張溍上若評註，男榕端樸園、椰璟子孚、橋恒子久校訂」。半葉九行，行二十二字，上黑口，左右雙邊。版心下刻「讀書堂」三字。前有康熙三十七年戊寅宋犖序云：「公既殁，公子閣學公奉簡命視學江南，將出是書雕板行，以序屬余。」又康熙三十六年丁丑男榕端《先大夫批注杜集卷末遺筆》。又舊序，世系等。鈐「衡陽常氏潭印閣藏書之圖記」等印。《存目叢書》據以影印。人民大學藏是刻封面鐫「讀書堂藏板」。北大、華東師大等亦有是刻。○清道光二十一年六世孫張籛重刻本，内容行款同前本，封面刻「道光辛丑重刊」。增入道光二年玄孫張璇序，道光二十一年張籛序。據張璇序，此本係據張榕端校本重刻。日本京都大學人文所藏。○清同治十一年吴棠望三益齋刻《杜詩鏡詮》二十卷，附有張溍《讀書堂杜工部文集註解》二卷。後來各本《鏡詮》多附張溍《杜工部文集註解》。

杜詩會稡二十四卷　國朝張遠撰　　**四七三〇**

内府藏本（總目）。○《浙江省第十二次呈送書目》：「《杜詩會稡》二十四卷，國朝張遠著，十二本。」○《浙江採集遺書總録》：「《杜詩會稡》二十四卷，刊本，國朝蕭山張遠輯。」○《武英殿第一次書目》：「《杜詩會稡》十二本。」○北京大學藏清康熙刻本，題「蕭山張遠邇可箋」。半葉九行，行二十字，白口，四周單邊。前有康熙二十四年乙丑中秋後十日太倉王掞序，康熙二十七年戊辰元旦自叙，凡例。又世系、本傳、年譜、墓誌銘。卷内鈐「筠陽朱氏小滄溟館藏書圖記」朱文方印。《存目叢書》據以影印。青海圖書館藏是刻有清沈大成批點題跋並録王士禛批校。上圖、武漢市圖等亦有是刻。浙大藏一部缺卷七卷八卷十一卷十二,有鎖恒録清厲鶚等批。山東大學藏是刻封面刻「杜詩會稡箋註」、「蕭山張邇可註,甬上仇滄柱選」、「有文堂梓行」,並鈐「有文堂珍藏」朱文方印,又鈐朱文告白:「杭城錢塘學前對門有文堂老店書坊發兑。」《藏園訂補郘亭書目》著録「清康熙間文蔚堂刊本」,《徐家匯藏書樓所藏古籍目録稿》著録「清文蔚堂刻本」,疑係文蔚堂印本。

杜詩論文五十六卷　國朝吴見思撰　四七三一

内府藏本(總目)。〇《武英殿第二次書目》:「《杜詩論文》十本。」〇中央民族大學藏清康熙十一年常州岱淵堂刻本,卷一題「吴興祚伯成定,武進吴見思齊賢注,宜興潘眉元伯評,武進董元愷舜民參」。半葉九行,行二十二字,白口,左右雙邊。前有康熙十一年壬子龔鼎孳序,康熙十一年吴興祚序,董元愷序,潘眉序,陳玉璂序,吴見思序,康熙十一年吴見思《凡例》。據吴見思序,知係潘眉捐資刊刻。《凡例》首二行下方有小牌記:「岱淵堂校定本。」卷内鈐「沈纘之印」等印記。二函十册。《存目叢書》據以影印。成都杜甫草堂藏是刻封面鐫「天德堂藏板」。湖南省圖藏是刻有佚名録朱鶴齡、王士禛、徐昂發、查慎行批校。北圖藏一部存卷一至卷三十四、卷四十三至卷四十九,清方育盛手跋並録方拱乾批注及跋。清華、上圖、山東圖等亦有是刻。一九七四年臺灣大通書局影印岱淵堂本,正文末葉有「康熙壬子年三月常州岱淵堂梓」二行,封面刻「吴郡寶翰樓」。中央民大本正文末葉佚去後半，故無「康熙壬子」云云二行。

杜詩闡三十三卷　國朝盧元昌撰　**四七三二**

江蘇周厚堉家藏本（總目）。○《江蘇省第一次書目》：「《杜詩闡》八本。」○《江蘇採輯遺書目録》：「《杜詩闡》，清盧元昌註。」○《武英殿第二次書目》：「《杜詩闡》十本。」○吉林省圖書館藏清康熙刻本，題「同學王日藻却非氏閱，華亭盧元昌文子氏述，武林弟璉漢華氏訂」。半葉十行，行二十二字，黑口，四周單邊。前有魯超序。又康熙二十一年壬戌自序云：「今日得授梓也，亦曰吾生之憂患多矣。」知付刻在康熙二十一年。卷一目録後有刻工：馬均梁梓。卷内鈐「祖烶書畫」印。《存目叢書》據以影印。首都圖、清華、中科院圖、上圖、上師大、黑龍江圖、青海圖、湖北圖均有是刻。《清華大學善本書目稿》著録爲「清康熙聽玉堂刻本」。○清康熙二十五年書林王萬育、孫敬南刻本，版式行款同前本，唯版匡明顯加寬，字體較前本整飭。各卷卷端删去「同學王日藻」、「武林弟璉」二行，故第二行、第四行空白，僅餘第三行「華亭盧元昌文子氏述」一行，唯卷一「述」字改爲「著」。又刻工馬均梁亦照翻不改。封面上方横刻「康熙二十五年盧文子著」，中間大字「思美廬杜詩闡全集」，左刻「左鈔選即出」、「書林王萬育、孫敬南梓行」。知係王、孫二氏據康熙二十一年本覆刻。一九七四年臺灣大通書局《杜集叢刊》據以影印，其底本鈐「倭劫殘餘」、「張繼藏書」二印。中科院亦藏是刻。

杜律疏八卷　國朝紀容舒撰　**四七三三**

洗馬劉權之家藏本（總目）。○北京圖書館分館藏清鈔本，正文標題《杜律詳解》。半葉九行，行二十四字,無格。前有壬辰紀昀序,謂王明録之成帙,私題《杜律詳解》,容舒命吏別繕淨本,改題《杜律疏》。知係一書。《存目叢書》據以影印。○《杜集書録》謂中科院圖書館有鈔本。

讀杜心解六卷　國朝浦起龍撰　四七三四

通行本(總目)。○稿本二十四卷,北京市文物局藏。○稿本六卷,南京圖書館藏。○遼寧大學藏清雍正二年至三年浦氏寧我齋刻本六卷首二卷,題「無錫前磵浦起龍二田講解,弟起麟三玉參讀」。半葉十行,行二十二字,白口,左右雙邊。版心下刻「寧我齋」。卷首下末有「姪芳體蘭潔校刊」一行。各卷末多有篆文雙行牌記,卷一末牌記:「雍正甲辰三月前磵浦氏刊定。」卷六末牌記:「雍正乙巳六月前磵浦氏刊定。」寫刻頗精。《存目叢書》據以影印。人民大學藏是刻,卷首下末刻:「姪芳體蘭潔校刊。張廷俊文英寫,何允安子厚刻。」山東師大、南大、華東師大等館藏是刻封面鐫「靜寄東軒藏板」。南開大學藏是刻有清佚名録王士禄、王士禛、李因篤批校。成都杜甫草堂藏是刻有清昇寅、寶珣録清王士禛、何焯批。温州市圖藏是刻有清吴鴻翔録清李光地、查瑩等批校。復旦藏是刻有清朱方藹批、清朱琰跋。山東省圖藏是刻有清李尚美批校並録李徵批校。安徽師大藏是刻有清徐榮批。湖北省圖藏是刻有清秦應逵批。又藏一部有清徐恕録清魯一同批點。成都杜甫草堂又藏一部有清柚甫批校題識並録魯一同、潘彝批。中共中央黨校藏一部有清棱伽山民題識批校。○清道光蘇州文淵堂覆刻寧我齋本,川圖藏。○清翻刻寧我齋本,川圖藏。○清道光重慶善成堂刻本,川圖藏。○一九六一年中華書局排印標點本。一九七七年中華書局重印本。

類箋王右丞集十卷附文集四卷　明顧起經撰　　四七三五

浙江范懋柱家天一閣藏本(總目)。○《浙江省第五次范懋柱家呈送書目》:「《王右丞集》十四卷,唐王維著,十本。」○《浙江採集遺書總録》:「《王右丞集》十四卷,刊本,唐王維撰,宋劉辰翁註。」○中國科學院圖書館藏明嘉靖三十五年無錫顧氏奇字齋刻本,作《類箋唐王右丞詩集》十卷《文集》四卷《集外編》一卷《年譜》一卷《唐諸家同詠集》一卷《贈題集》一卷《歷朝諸家評王右丞詩畫鈔》一卷。正文卷一題「唐藍田王維譔,宋廬陵劉辰翁評,明勾吴顧起經註」。半葉九行,行十八字,細黑口,左右雙邊。版心上刻「奇字齋」三字,下記寫工刻工。前有顧起經小引,小引後有「嘉靖三十四年涂月白分錫武陵家塾刻」一行。《年譜》後有牌記:「丙辰孟陬月得辛日錫山武陵顧伯子圖籍之宇刊」一行。《凡例、正訛》末有「丙辰春孟月晦栞」識語。《詩集目録》後列校閱名氏,名氏後有「歲丙辰中春上旬顧氏奇石清漣山院栞」一行。《文集目録》後有《無錫顧氏奇字齋開局氏里》:「寫勘:吴應龍、沈恒(俱長洲人)、陸廷相(無錫人)。雕梓:應鍾(金華人)、章亨、李焕、袁宸、顧廉(俱蘇州人)、陳節(武進人)、陳汶(江陰人)、何瑞、何朝忠、王誥、何應元、何應亨、何鈿、何鑰、張邦本、何鑑、何鎡、王惟宷、何鈐、何應貞、何大節、陸信、何昇、余汝霆(俱無錫人)。裝潢:劉觀(蘇州人)、趙經、楊金(俱無錫人)。程限:自嘉靖三十四年十二月望授鍰,至三十五年六月朔完局。冠龍山外史謹記。」《文集》後有丙辰顧起經跋。《存目叢書》據以影印。湖南省圖藏是刻有清弘瞻批校並圈點。北圖藏一部有鄭振鐸跋,見《西諦書跋》。北大、上圖等亦有是刻。○清乾隆三十八年至四十三年四庫館鈔《摛藻堂四庫全書薈要》本,作《王右丞集》十四卷《外編附録》三卷,臺北「故宮」藏。一九八六年至一九八八年臺北世界書局影印《摛藻堂四庫全書薈要》本。按:《四庫全書薈要》所收有出於《四庫全書》之外者,此即一例。

樊紹述集註二卷　國朝孫之騄撰　四七三六

浙江巡撫採進本(總目)。○《浙江省第六次呈送書目》:「《樊紹述集注》二卷,國朝孫之騄著,一本。」○《浙江採集遺書總録》:「《樊紹述集注》二卷,刊本,唐諫議大夫南陽樊宗師撰,國朝孫之騄注。」○《兩江第一次書目》:「《唐樊紹述集》,唐樊宗師撰,清仁和孫之騄輯注,一本。」○浙江圖書館藏清初刻《晴川八識》本,前有自序,無年月,玄字缺筆。《存目叢書》據以影印。上海辭書出版社亦有是刻。南圖、華東師大有單本。○南京圖書館藏清鈔本一册,八千卷樓舊藏。○中山大學藏清鈔本二册,書名作《樊紹述集》。○北京圖書館藏清鈔本,作《樊紹述集》二卷一册。○中共中央黨校藏清鈔本,作《樊紹述集》二卷二册,佚名校。○臺灣「中央圖書館」藏清東武李氏研録山房鈔本,作《樊紹述集》二卷,題「仁和孫之騄一字晴川輯」。半葉十一行,行二十字,白口,左右雙邊。版心下雙行記「東武李氏研録山房校鈔書籍」。○民國十三年序紹興樊氏緜桐書屋刻《樊諫議集七家注》本,北圖、上圖、浙圖等藏。《浙浙省文獻展覽會專號》又著録浙圖藏民國五年樊氏家刻本,仁和孫康侯(峻)硃藍筆校過。民國五年本似即七家注本。○民國文明書局石印本,南圖藏。

香山詩鈔二十卷　國朝楊大鶴編 **四七三七**

内府藏本(總目)。○《武英殿第二次書目》:「《香山詩鈔》六本。」○北京圖書館分館藏清康熙四十年刻本,題「太原白居易樂天著,武進楊大鶴芝田選」。白葉十行,行十九字,白口,左右雙邊。前有康熙四十年楊大鶴序,凡例。封面刻「康熙新鐫」。山東圖、津圖、南圖、浙圖等亦有是刻。

玉川子詩集註五卷　國朝孫之騄撰 **四七三八**

浙江巡撫採進本(總目)。○《浙江省第六次呈送書目》:「《玉川子詩註》五卷,國朝孫之騄著,四本。」○《浙江採集遺書總録》:「《玉川子詩注》五卷,刊本,唐盧仝撰,國朝孫之騄箋注。」○《安徽省呈送書目》:「《玉川子詩註》五本。」○浙江圖書館藏清初刻《晴川八識》本,作《玉川子詩集》五卷,題「仁和孫之騄晴川註」。半葉十行,行二十二字,黑口,左右雙邊。前有沈繹祖序,玉川先生傳。《存目叢書》據以影印。湖南省圖藏是刻有清黃鉞跋。上海辭書出版社亦有是刻。○民國十二年盧永祥刻本,北圖分館、南圖、浙大藏。人民大學、山東省圖有藍印本。

西崑發微三卷　國朝吴喬撰 **四七三九**

江蘇巡撫採進本(總目)。○常熟市圖書館藏清康熙盛德容刻本,卷上題「崑山吴喬修齡甫著,門人盛德容、安國校」。半葉十行,行二十一字,白口,左右雙邊。前有徐元文序,丙辰(康熙十五年)十一月朱鶴齡《李義山無題詩註序》,甲午(順治十一年)夏吴喬序,附《圍爐詩話》二則。徐序云:「戊申之春,方與修齡共泛舟苕溪,熟聞其緒論。後十餘年,門人得其師之學最多者盛子表民校而刻之,因爲之序如此。」戊申爲康熙七年,則盛德容刻是書在康熙十七年之後。《中國古籍善本書目》著録爲「康熙七年盛德容刻本」,未確。《存目叢書》據以影印。○清嘉慶十三年張海鵬刻本,收入《借月山房彙鈔》第十六卷,中科院圖、浙圖藏。民國九年上海博古齋影印張刻《借月山房彙鈔》本。○南京圖書館藏清鄭傳緒鈔本。○民國四年張鈞衡刻本,收入《適園叢書》第七集。○民國二十六年商務印書館據《借月山房彙鈔》本排印,收入《叢書集成初編》。

李長吉歌詩彙解五卷　國朝王琦撰　四七四〇

浙江巡撫採進本(總目)。○《浙江省第三次書目》:「《李長吉歌詩註》四卷,國朝王琦輯,四本。」○《浙江採集遺書總録》:「《李長吉歌詩注》四卷,刊本,唐李賀撰,國朝王琦注。」○北京大學藏清乾隆寶笏樓刻本,正文四卷,卷一首題「李長吉歌詩卷之一」,次行題「錢塘王琦琢崖彙解」,三行題「思謙蕴山較」。半葉十行,行二十字,白口,左右雙邊。前有乾隆二十五年王琦序,末署「西泠王琦琢崖氏記於平安里居之寶笏樓」。正文前有《卷首》一卷,後有《外集》一卷。封面刻「王琢崖彙解」、「李長吉歌詩」、「寶笏樓藏板」。《存目叢書》據以影印。清華、上圖、浙大等亦有是刻。川圖藏本有清莫友芝批點。○清光緒四年宏達堂刻本,南大、川圖藏。中共中央黨校藏一部有佚名過録明姚佺等批語。○清宣統元年掃葉山房石印本,浙大藏。○清宣統元年上海文瑞樓石印本,川圖藏。○民國崇新書局石印寶笏樓本,川圖藏。○一九五九年中華書局上海編輯所據寶笏樓本斷句出版,原書脱誤略有訂正,收入《三家評注李長吉歌詩》。○一九七七年上海人民出版社出版蔣凡、儲大泓標點本，收入《李賀詩歌集註》。〇一九七八年上海古籍出版社據前本訂正若干標點錯誤重新出版，仍收入《李賀詩歌集註》。

四七四一

豐溪存稿一卷　舊本題唐呂從慶撰

安徽巡撫採進本（總目）。〇《安徽省呈送書目》：「《豐溪存稿》一本。」〇首都圖書館藏清乾隆呂積初刻本，題「唐呂從慶世膺父著，裔孫積初旭臨校字」。半葉十行，行十九字，白口，左右雙邊。前有裔孫積初序，乾隆元年正月望日史鴻逵序。後有乾隆元年正月裔孫積初跋，又附《豐溪八景》詩。後有乾隆庚申（五年）八月既望積祚跋云：「家伯兄鑣《豐溪存稿》。」又陶湘刻本保存乾隆戊寅趙青藜序亦云「其裔孫旭臨氏鑣刻庋祠」。知係呂積初授梓者。《四庫提要》云「乾隆庚申裔孫積祚所刊」，是未細閱積祚跋而致誤。《存目叢書》據以影印。〇清嘉慶間三十二世孫爾培刻本。陶湘刻本保存嘉慶七年孟夏洪亮吉序云：「今年春余來主洋山書院，呂氏之從遊者數人。暇日璽培兄弟輯豐溪處士詩共得四十五篇，謀復付之梓。」又嘉慶十八年癸酉秋日梁溪顧皋題後云：「洪溪本稍殘蝕，此本係叟三十二世孫璽培重刊，尤新好也。」〇清道光刻本，南圖、東北師大藏。〇清同治間呂鳳岐、呂賢彬刻本，北圖分館、浙圖、山東省圖、安徽博物館、南圖藏。陶湘刻本保存宣統三年呂美璟識語云：「同治間家鳳岐太史、賢彬太守曾經刻板。」〇宣統三年呂美璟荊門官署活字印本，遼寧省圖藏。陶刻本宣統三年呂美璟識語云：「客秋權篆荊門，因梓人有活字一副，遂立意排印二百部，以廣流傳，後有餘資，再鐫梨棗。」澤遜按：吾國活字不發達，非由國人不知其便捷價廉也，乃因活板不能久存故也。古人鏤金鐫石，冀其長存，雕板實脱胎於牌刻，觀念相沿，故稱壽梓，稱壽之梨棗。活板既不能壽，自成權宜之計，「後有餘資，再鐫梨棗」，此之謂也。○民國十七年戊辰陶湘涉園據鈔校本重刻，收入《託跋廛叢刻》。題「唐吕從慶世賡父著，三十八世孫美璟校梓」。半葉十四行，行二十五字，黑口，左右雙邊。目録末有宣統三年吕美璟識語，又有「歲在戊辰秋七月武進陶氏涉園重琹」一行。寫刻精雅。

四七四二　譚藏用詩集一卷集外詩一卷　舊本題唐譚用之撰

江蘇巡撫採進本(總目)。○《江蘇省第二次書目》：「《譚用之詩集》一本。」○《江蘇採輯遺書目録》：「《譚用之詩集》三卷，譚用之著，鈔本。」○《提要》云：「此集前題『姑蘇吴岫家藏本，悉依宋鈔』十一字。後有譚氏子孫札一通，稱集本元人鈔宋版，鈔書家珍藏，罕行於世云云。」

四七四三　范文正公尺牘三卷　宋范仲淹撰

浙江巡撫採進本(總目)。○北京圖書館藏元至元元年范文英歲寒堂刻本，作《文正公尺牘》三卷。半葉十二行，行二十二字，白口，左右雙邊。末有刻書識語四行：「先文正公尺牘舊刊於郡庠，歲久漫漶，今重命工鋟梓，刊置家塾之歲寒堂，期與子孫世傳之。至元再元丁丑正月甲子日八世孫文英百拜謹識。」《存目叢書》據以影印。元天曆至正間褒賢世家家塾歲寒堂刻《范文正文集》本當即同版，北圖、上圖、河南圖等藏。○明嘉靖范維元等刻《范文正公集》本，半葉十二行，行二十一字，白口，左右雙邊。北圖、北師大、南圖、山東師大等藏。

曾樂軒集一卷　宋張維撰　**四七四四**

兵部侍郎紀昀家藏本（總目）。○清乾隆四十六年葛鳴陽北京刻《復古編》附刻本，北大、人大、上圖、南開、湖北省圖等藏。

別本公是集六卷　宋劉敞撰　清吴允嘉輯　**四七四五**

山東巡撫採進本（總目）。○《山東巡撫呈送第一次書目》：「《公是文集》四本。」○《兩淮商人馬裕家呈送書目》：「《公是集》六卷，宋劉敞，一本。」○《浙江省第四次鮑士恭呈送書目》：「《公是集》，宋劉敞著，三本。」○《浙江採集遺書總録》：「《公是集》三册，寫本，宋翰林學士新喻劉敞撰。」○《國子監學正汪交出書目》：「《公是先生集》三本。」○福建省圖書館藏清鈔《兩宋名賢小集》本，作《公是集》六卷。○北京圖書館藏明藍格鈔本，作《公是先生集録》不分卷四册。○重慶圖書館藏清鈔《兩宋名賢小集》本，作《公是集》六卷。○又藏清彭氏知聖道齋鈔本，作《劉原父公是先生集》不分卷三册，清彭元瑞校並跋。○又藏清鈔本，作《公是先生文集》不分卷四册，清鮑廷博校。○又藏清鈔本，作《劉原父公是先生集》不分卷四册。○又藏清鈔本，作《公是先生集》十卷二册。○南京圖書館藏清鈔本，作《劉原父公是先生集》不分卷。○上海圖書館藏清鈔本，作《劉原父公是先生集》不分卷。

陳副使詩一卷　宋陳洎撰　**四七四六**

浙江巡撫採進本（總目）。○福建省圖書館藏《兩宋名賢小集》本，作《陳副使遺稿》一卷。○重慶圖書館藏清鈔《兩宋名賢小集》本，作《副使遺稿》一卷。○清乾隆五至六年嘉善曹庭棟二六書堂刻《宋百家詩存》本，在弓二，作《陳副使遺稿》一卷。○中山大學藏清紅格鈔本，作《陳副使遺稿》一卷，與《春卿遺稿》合一册。○清光緒三十年李盛鐸鈔本，作《陳副使遺稿》一卷《附録》一卷共一册，紅格紙。北圖藏。○李盛鐸木犀軒鈔本，作《陳副使遺稿》一卷《附録》一卷共一册。北大藏。

居士集五十卷　宋歐陽修撰　　**四七四七**

內府藏本（總目）。○《武英殿第一次書目》：「《歐陽文忠公居士集》五本。」○《武英殿第二次書目》：「《六一居士文集》八本。」○北京圖書館藏宋紹興衢州刻本，半葉七行，行十四字，注雙行，行二十四字，白口，左右雙邊。版心下記刻工：楊端、林彥、周昌、李明、周實、王正、洪其、范宜、徐昌、王子正、周彥、周先、宋杲等。殘存目録、卷三至十五、卷二十九至三十三、卷三十七至四十七，共二十九卷十二册，蝴蝶裝。卷端有陳曾壽畫松一幅並題記。目録後有朱益藩題記。卷尾有陳寶琛識語：「庚午三月既望閩縣陳寶琛觀。」又傅增湘跋，朱文鈞跋。諸跋已收入《藏園群書題記》，唯傅跋稍有出入，如原跋云「目録筆致清勁，别爲一格，然亦同時付梓也」，《題記》改末句爲「然亦宋刊也」，自較穩妥。又「參之群目，證以《考異》」，《題記》「群目」作「《郡目》」，恐以原跋作「群目」爲是。《存目叢書》據是刻影印。○明洪武六年永豐縣學刻本，存卷十一至三十共二十卷二册。半葉十一行，行二十三字，細黑口，四周單邊。北京圖書館藏。○明洪武六年永豐縣學刻嘉靖二十四年重修本，浙圖藏。○明初刻本，作《歐陽文忠公集》五十卷，半葉十二行，行二十一字，細黑口，左右雙邊。北圖藏。又明初刻遞修本，北圖藏。〇臺灣「中央圖書館」《善本書志初稿》著録「明洪武初年永豐知縣蔡玘刊本」，五十卷二十四册。正文首題「歐陽文忠公集卷第一」，次行題「臨江後學曾魯得之考異」。各卷尾題或作「歐陽文忠公文集幾卷終」，或作「居士集卷第幾」。尾題前後偶有編校人「熙寧五年秋七月男發等編定」或「時柔兆攝提格縣人陳斐允章校勘刊謬」等。前有危素《歐陽氏文集目録後記》，謂《居士集》五十卷爲歐公親定，周必大用諸本校定重刻，迨必大病亟，始得寫本於李參政光家，必大子綸屬舊客訂定編入，所謂恕本是也，然未及精校。寫本後歸軍器監簿曾天麟家，藏諸曾氏且四世，曾氏孫魯始取他本校勘，以寫本爲據，篇次卷第則壹以吉本爲定。龍舒蔡玘來知永豐縣，以公鄉邑，首出禀禄，倡率好義者取曾氏所較，刻諸學宫。版心下刻工：于孟龍、孟龍、付彦成、貴全、劉侍者、侍者、吴原禮、原禮、林現、詹現、周中可、葉松、付名仲、名仲、黄子高、黄子、子高、范彦從、連彦傳、連彦、江子、杜必敬、熊汝敬、汝敬、徐子中、子中、員生、陳四、劉宗、蔣佛林、佛林、蔣佛、潘晉、王通、余長壽、肖寄、章毫、子記、陳士達、士達、雙平、張名遠、劉宣、虞亮、劉伏、虞子、張六、黄子名、子名、彦正、張永茂、六晏、六彦、黄保、魏名、魏海、羅雄、黄志道、志道、伯美、周壽、劉本、陳和、虞孟和、孟和、陸付、姜原良、原良、范通、劉子和、子和、黄洪、周同、以善、黄軒、付資、劉貫、劉保、劉景中、景中、薛和尚、魏右、延生、孟得、劉八、子德、林安、丘老、魏六、安林、羅六、孟涼、陳魯、虞后、景舟、如后、郭名遠、士通、孟享等。鈐「莚圃收藏」印。島田翰《古文舊書考》著録是刻，謂爲洪武十九年丙寅永豐縣令蔡玘鏤板。蓋島田所據爲卷尾或題「時柔兆攝提格縣人陳斐允章校勘刊謬」語。《南廱志·經籍考》：「《歐陽居士文集》五十卷。洪武辛亥永豐尹蔡玘參互考訂，重鋟梓以廣其傳，至洪武六年癸亥乃成，番陽李均度、臨川危素皆序之。」然則蔡玘刊是集於永豐縣在洪武四年至六年。島田所定年份未確。又《藏園群書經眼録》著録明刻《新刊歐陽文忠公集》五十卷，存卷一至三十五，卷端題「臨川後學曾魯得之考異，番陽後學李均度校正」，半葉十一行，行二十三字，黑口，四周雙邊。前有洪武六年癸丑番陽李均度序，洪武六年俞允中序。傅氏謂「審其字體刀法，亦類正、嘉間慎獨齋本」。唯此本行款版式當出洪武永豐刻本之舊，故序文考校皆出當時諸公，然則《藏園訂補郘亭書目》、《中國古籍善本書目》定十一行本《居士集》爲洪武四年至六年永豐縣刻本，似更妥。臺灣「中央圖書館」及島田翰所見十二行本當出永豐縣刻本之後。○明初刻本，作《新刻歐陽文忠公集》五十卷。洪軺校。上海圖書館藏。○明正德元年日新書堂刻本，作《新刊歐陽文忠公集》五十卷，半葉十一行，行二十三字，黑口，四周雙邊。津圖藏。○明刻本，作《新刊歐陽文忠公集》五十卷，半葉十一行，行二十三字，黑口，四周雙邊。北大、上圖、安徽圖、湖北圖藏。北圖有兩殘本，一存卷一至三十四，一存卷一卷二、卷二十六至五十。《北京圖書館古籍善本書目》著録爲「明正德元年日新書堂刻本」。按：以上諸明本均明曾魯考異，屬洪武四年至六年永豐縣刻本系統。○明嘉靖二十二年李冕刻本，作《歐陽文集》五十卷，附宋胡柯《年譜》一卷。半葉十行，行二十字，白口，四周雙邊。北圖、南圖、川圖、廣東中山圖等藏。北圖有三部，其一有傅增湘校並跋。臺灣「中央圖書館」《善本書志初稿》著録巴陵方功惠舊藏是刻一部，有嘉靖二十二年唐龍序云：「浙江按察司副使歐陽子冲菴清，裔出廬陵，迺念《文忠公全集》雖旁行於世，而卷帙浩繁，迺取其中《六一居士集》授處州守李子冕翻刻之。」知此本出自《全集》，與曾魯考異本非同一系統。刻工：蔡和、余一、葉雄、葉再生、陳友、程友、余環、余還、蔡三、葉尾郎、熊伕照、葉妥、朱高、大富、祖友、危福、蔡立、熊楚、危高、陳金、官一、葉陶、黄五、葉再興、黄道、羅貴、夫富、葉伯、華福、黄三、羅富、余天青、朱三、余天壽、吴甲郎、劉旦、官成、葉友、葉再友、金郎、王延生、詹賓、詹兵、余四、羅興、范三等。○《提要》云：「又一本爲明代朝鮮所刊，校正亦極精審。」

歐陽遺粹十卷　明郭雲鵬編　　**四七四八**

編修勵守謙家藏本（總目）。○山東省圖書館藏明嘉靖二十六年郭雲鵬寶善堂刻本，附《歐陽先生文粹》後。正文首行及目録均名《歐陽先生遺粹》。半葉十一行，行二十一字，白口，左右雙邊。末有嘉靖二十六年丁未中元日東吴郭雲鵬跋，後有篆文雙行牌記：「嘉靖丁未中元布印。」另一牌記殘去（據人民大學《善本書目》此牌記爲「吴郭雲鵬選輯付梓」）。鈐「貞吉齋」等印。《存目叢書》據以影印。北圖藏一部有清錢陸燦批點並跋，近人鄧邦述跋。南圖藏一部有清戈培、王振聲校並跋，趙宗建題款。南圖又一部有丁丙跋。

老泉文鈔無卷數　明郭祥鵬編　　**四七四九**

編修勵守謙家藏本（總目）。○北京圖書館藏明嘉靖二年施山刻本，作《老泉文妙》三卷三册，半葉九行，行二十字，黑口，四周雙邊。《藏園訂補郘亭書目》著録，作《老泉文玅》，云「版心陰文記書名，有嘉靖二年施山後跋，言弘治郭祥鵬選權書、衡論、幾策三種，刊之眉州」。按：《總目》書名「尠」字誤爲「鈔」。《提要》云「其文章之妙，豈止於此」，知館臣所見本尚不誤。又《提要》云「箋策二篇」，箋乃幾之訛。

東坡外集八十六卷　不著編輯者名氏　四七五〇

江蘇巡撫採進本（總目）。○《江蘇省第一次書目》：「《東坡外集》八本。」○《江蘇採輯遺書目録》：「《東坡外集》八十六卷，翰林學士眉山蘇軾著，刊本。」○浙江圖書館藏明萬曆三十六年康丕揚刻本，作《重編東坡先生外集》八十六卷。半葉十行，行二十字，白口，四周雙邊。版心刻工：朱大、熊盤、洪仁、施元、李明、鄭澄、范盛、盛名、葉元、肖夆、穆國珍等。前有毛九苞《刻蘇長公外集後序》云：「直指康臺奉璽書董治兩淮鹺政，……暇日出所藏先生外集鈔本二種，屬苞讐校，捐贖鋟刻之維揚府署。」據毛序知尚有焦竑、康丕揚二序，此本佚去。鈐「墻東鐘氏」、「天垣秘書之章」、「遂初堂圖書記」等印記。《存目叢書》據以影印。北圖、上圖、南圖等亦有是刻。

黄樓集二卷　明魯點編　胡廷宴補　四七五一

兩淮馬裕家藏本（總目）。○《兩淮商人馬裕家呈送書目》：「《黄樓集》二卷，明魯點編，一本。」○《浙江省第三次書目》：「《黄樓集》二卷，明魯點輯，一本。」○《浙江採集遺書總録》：「《黄樓集》二卷，寫本，明臨沮魯點輯。」

東坡守膠西集四卷　明閻士選編　四七五二

浙江巡撫採進本（總目）。○《浙江續購書》：「《東坡守膠西集》二本。」○《浙江採集遺書總録》：「《東坡守膠西集》四卷，刊本，明萊州府知府揚州閻士選輯。」〇北京大學藏明刻本，作《蘇文忠公膠西集》四卷，題「明萊郡守廣陵閻士選評釋，萊郡丞西寧譚訢、萊郡判南平黄應台、青郡司理晉陵王胤昌、萊郡司理天水徐盈科同評」。半葉九行，行二十一字，白口，四周雙邊。分文集前卷、文集後卷、詩集前卷、七言後卷。前有閻士選序，目録，年譜摘略。按：乾隆《萊州府志》：閻士選萬曆三十二年至三十五年任萊州知府。則是本之刻在萬曆三十三年前後。《存目叢書》據以影印。

蘇文奇賞五十卷　明陳仁錫編　**四七五三**

江蘇周厚堉家藏本（總目）。〇《江蘇省第一次書目》：「《蘇文奇賞》十二本。」〇《江蘇採輯遺書目録》：「《蘇文奇賞》五十卷，明長洲陳仁錫選，刊本。」〇遼寧省圖書館藏明崇禎四年陳仁錫刻本，題「明太史長洲陳仁錫明卿父選評」。半葉十行，行二十字，白口，左右雙邊。眉上鐫評。前有崇禎四年辛未仲冬既望陳仁錫序云：「重九甜家園，爰付剞劂。」《存目叢書》據以影印。中科院圖、川圖等亦有是刻。

東坡禪喜集十四卷　明凌濛初編　**四七五四**

浙江巡撫採進本（總目）。〇《浙江省第十二次呈送書目》：「《東坡禪喜集》，明凌濛初著，四本。」〇《浙江採集遺書總録》：「《東坡禪喜集》四册，刊本，明烏程凌濛初編。」〇南京圖書館藏明天啟元年凌濛初刻套印本，題「真寔居士馮夢禎批點，即空居士凌濛初輯增」。半葉八行，行十八字，白口，四周單邊，眉上鐫評。前有陳繼儒序，後有天啟元年凌濛初跋。鈐「程日榮印」、「葵園」、「泉唐嘉惠堂丁氏收藏善本書圖記」、「四庫坿存」等印記。《存目叢書》據以影印。北圖、上圖、浙圖等多有是刻。○凌本之前有《東坡先生禪喜集》二卷，萬曆刻本，北圖藏。《東坡先生禪喜集》四卷，萬曆二十六年刻本，安徽博物館藏。《新刻東坡先生禪喜集》九卷，明潭邑書林熊玉屏刻本，南圖、吉林省圖藏。《東坡禪喜集》十四卷，明徐長孺輯，明刻本，東北師大藏。○民國二十二年商務印書館排印本一册。川圖藏。

四七五五　東坡養生集十二卷　國朝王如錫編

内府藏本（總目）。○《武英殿第一次書目》：「《東坡養生集》六本。」○北京大學藏明崇禎八年刻本，卷一題「江左王如錫編」。半葉九行，行十八字，白口，四周單邊。前有乙亥（崇禎八年）冬杪南都盛賓序，崇禎乙亥江左王如錫自序。卷一末刻有「箬庵藏書」四字，箬庵爲王如錫號。卷内鈐「查瑩之印」、「韞輝」、「查映山讀書記」、「子祥心賞」等印。《存目叢書》據以影印。浙圖、無錫市圖亦有是刻。○清康熙三年刻本十二册，華東師大藏。又山東師大藏清刻本。未知異同。

四七五六　蘇詩摘律六卷　舊本題長垣縣知縣無錫劉宏集註

内府藏本（總目）。○《武英殿第二次書目》：「《蘇詩摘律》六本。」○北京圖書館藏明天順五年劉弘、王璽刻本，卷一題「長垣縣知縣無錫劉弘集註」。半葉十行，行二十字，黑口，四周雙邊。前有天順五年六月上日直隸大名府開州長垣縣知縣前鄉貢進士常之無錫鶴叟劉弘超遠序云：「時進士邑人王璽大用教諭吉水，曾進迪常，吟壇羿家也，見而悦之，重屬爲士君子共焉。遂相與僦工鐫刻以傳。」《存目叢書》據以影印。上圖亦有是刻。按：《提要》云「不詳時代」。《江蘇藝文志·無錫卷》云：劉弘，字超遠，號梅堂，正統九年舉人，歷仕長垣知縣、天順推官、東平知州。《毗陵人品記》、萬曆《無錫縣志》有傳。

四七五七

吕次儒集一卷　宋吕南公撰

編修汪如藻家藏本（總目）。○《國子監學正汪交出書目》：「《吕次儒集》一本。」

四七五八

支離子集一卷（一名竹堂集）　宋道士黄希旦撰

浙江鮑士恭家藏本（總目）。○《浙江省第四次鮑士恭呈送書目》：「《支離子集》一卷，宋黄希旦著，一本。」○《浙江採集遺書總録》：「《支離子集》一卷，寫本，宋道士黄希旦撰。」○北京大學藏清初鈔本一卷，正文首題「支離子詩」。半葉十二行，行二十四字，無格。前有淳祐辛未元旦烏山方澄孫序，淳祐己酉首夏朔日盱江陳宗禮序，大德乙巳夏六月朔空碧子危徹孫序，至正二十二年十一月八日豐城朱守智序，目録。末附《九天彌羅真人支離子傳》。鈐「曹溶私印」、「潔躬」、「明善堂覽書畫印記」、「安樂堂藏書記」等印，李盛鐸故物。《存目叢書》據以影印。○上海圖書館藏清初鈔《宋人小集三十二種》本，作《支離子詩》一卷。○北京大學藏清趙氏小山堂鈔《南宋群賢小集》本，作《支離集鈔》一卷。○上海圖書館藏清鈔《南宋群賢詩六十家》本，作《支離集鈔》一卷。○臺灣「中央圖書館」藏清古鹽范希仁也趣軒鈔《宋人小集》本，作《支離集》六卷。

四七五九
山谷刀筆二十卷　宋黄庭堅撰

編修汪如藻家藏本(總目)。〇《國子監學正汪交出書目》：「《山谷刀筆》六本。」〇《兩江第一次書目》：「《山谷刀筆》，宋黄庭堅著，四本。」〇《兩淮鹽政李呈送書目》：「《山谷刀筆》二十卷，宋黄庭堅，八本。」〇《武英殿第一次書目》：「《山谷老人刀筆》八本。」〇北京圖書館藏元刻本，作《山谷老人刀筆》二十卷八册，首《山谷老人傳》，次《目録》，次正文。半葉十二行，行十九字，黑口，雙黑魚尾，左右雙邊。卷十六至二十爲鈔配，餘卷亦有鈔配之葉，鈔寫甚工。是本字體刀法似東山書院本《夢溪筆談》。《存目叢書》據以影印。北圖另藏是刻一部十册。〇明弘治十二年張汝舟刻本，作《山谷老人刀筆》二十卷，半葉十二行，行十九字，白口，雙黑魚尾，左右雙邊。有弘治十二年己未三月上旬南京翰林院侍講學士郡人張元禎引云：「麗水劉侍御景熙行部江西，屬吾張貳守汝舟再刻之。」此引多被撤去，蓋此本行款字體皆類宋本，撤序以充宋刻也(萬曆本尚多存此引)。北圖、北大、上圖、中國社科院文學所、山西文物局、吉林省圖、臺灣「中央圖書館」藏。〇明刻本，作《山谷老人刀筆》二十卷，半葉十二行，行十九字，白口，左右雙邊。北圖、上圖、浙圖等藏。〇明刻本，作《山谷老人刀筆》二十卷，半葉十行，行二十字，黑口，四周雙邊。吉林省圖、甘肅省圖藏。〇臺灣「中央圖書館」藏明萬曆七年江西布政司刻本，作《山谷老人刀筆》二十卷。半葉十行，行二十字，白口，四周雙邊。版心下記寫工刻工。寫工：吴文充、余宣、涂文、章藻、錢世傑。刻工：熊層二、鄒天卿、鄒卿、撫州王勝二刊、鄒安、熊本、晏詩、晏言、熊鳳、熊俊、熊念、徐啓、熊層四、蘇州夏邦彦刊、姜俸、晏明、郭彬、祝求、郭思隆、鄒國相、熊淮、余文一、余文、文一、陳雲、陳文、曹位、鄒天明、天明、張時曉、姜伯勝、姜伯、姜勝、鄒達、鄒傑、鄒天爵、鄒天、鄒爵、楊作、陳應元、陳元、晏禮、晏誥、周正、王卓、王桌、文八、熊仁、詩六、盧世清、張繼寅、蘇州盧鑑刻，鄒王、郭拱、萬子雲等。前有弘治十二年張元禎引。卷十二尾題前刻「南昌府儒學訓導王應昌、生員喻應元同校，江藩令史吴文充繕寫」。鈐「吴興周氏珍藏善本」、「海陽菉生審藏」印記。該館又藏是刻一部，卷二十末校寫銜名前有「萬曆己卯一陽月江西布政司重刊」一行。鈐「潘氏桐西書屋之印」、「潘茉坡圖書印」、「茉坡藏書」、「曾藏汪閬源家」等印（參該館《善本書志初稿》）。北圖、北大、上圖、首都圖、遼圖、貴州博亦有是刻。○北京大學藏明藍格鈔本，作《山谷老人刀筆》二十卷四册，半葉十行，行二十六字。前有山谷老人傳、目録、弘治己未張元禎引。鈐「鏡川」、「皇明進士錦帶里范之箴書記」、「烏臺總憲」等印記。又墨筆題記：「支氏天目堂藏書，梅坡。」「支氏梅坡閱。」《木犀軒藏書書録》著録。○重慶圖書館藏清曹硯史鈔本，作《山谷老人刀筆》二十卷，半葉八行，行二十字。清王芑孫題識。○清道光中浦江周氏刻《紛欣閣叢書》本，作《山谷老人刀筆》二十卷，題「浦江周心如校刊」。半葉十行，行二十二字，版心下刻「紛欣閣」三字。北圖、中科院圖、上圖等藏。○清光緒愛廬校刻本，南圖藏。

精華録八卷　舊本題宋任淵編　**四七六〇**

浙江鮑士恭家藏本（總目）。○《浙江省第四次鮑士恭呈送書目》：「《精華録》八卷，宋黄庭堅著，一本。」○《浙江採集遺書總録》：「《精華録》八卷，寫本，宋知太平州分寧黄庭堅撰。」○北京圖書館藏明弘治十六年朱承爵刻本，作《黃太史精華録》八卷，題「天社任淵選」。半葉九行，行十五字，白口，四周單邊。前有任淵序。後有朱承爵跋云：「愚輯其辭而完刻之。」無年月。卷八末有「邑人朱君美繕寫」一行。卷内鈐「王時敏」、「烟客」、「錢燕喜印」、「蘇畊虞書畫記」、「武功郡穆氏珍藏之章」、「壽平」、「正叔」、「王原祁」、「麓臺」、「楊灝之印」、「繼梁」、「譚而成曾過眼」、「張繼曾印」、「鐵琴銅劍樓」等印。《存目叢書》據以影印。上圖藏一部有清王士禛批並跋，鮑桂星、盧蔭溥跋，王億年、李雨樵、楊籙之題記。臺灣「中央圖書館」藏一部有民國六年元旦袁克文題記。重慶市圖有一部。○上海圖書館藏清初鈔本，作《黃太史精華録》八卷。清朱筠、翁方綱校。清翁同書、翁曾源、朱璘跋。○上海圖書館藏清翁氏借一瓻館鈔本，作《黃太史精華録》八卷，清翁同書、翁曾源跋。○原北平圖書館藏清小雲社鈔本，作《黃太史精華録》八卷一册，鈐「月潭朱氏」、「群雅書堂珍藏」、「西簃秘笈」等印。王重民《善本提要》著録。現存臺北「故宫」。

山谷禪喜集二卷　明陶元柱編　四七六一

内府藏本(總目)。○《武英殿第二次書目》：「《山谷禪喜集》二本。」

后山詩集十二卷　宋陳師道撰　四七六二

江蘇巡撫採進本(總目)。○《江蘇省第一次書目》：「《後山詩集》二本。」○《江蘇採輯遺書目》：「《後山詩正集》六卷《逸詩》五卷《詩餘》一卷，秘書省正字彭城陳師道著。」○《提要》云：「此本爲雍正乙巳嘉善陳唐所刊。正集六卷，仍魏衍所編之舊。逸詩五卷、詩餘一卷，則唐蒐輯諸書，補所未備者也。」○清華大學藏清雍正三年陳唐活字印本，作《後山居士詩集》六卷《逸詩》五卷《詩餘》一卷。半葉九行，行二十一字，黑口，左右雙邊。前六卷題「門人魏衍編」，《逸詩》、《詩餘》題「後學陳唐編」。前有政和丙申王雲序，政和五年魏衍記、本傳。目録後有清武水胡然識語。是本字體頗類當時寫刻本，蓋一時風氣影響及於活字也。鈐「啟淑信印」印記。《存目叢書》據以影印。北圖、北京市文物局亦有是本。

襄陽遺集一卷　明范明泰編　**四七六三**

兩淮馬裕家藏本（總目）。○《浙江採集遺書總録》：「《米襄陽志林》十三卷附《襄陽遺集》一卷《海嶽名言》一卷《寶章待訪録》一卷《研史》一卷，刊本，明嘉興范明泰輯。」○明萬曆三十二年范氏清苑堂刻《米襄陽志林》附刻本，北大、上圖、南圖、蘇州圖等藏。○明萬曆三十二年范氏刻舞蛟軒重修本，北圖、南圖、杭大等藏。《存目叢書》據南圖是刻影印，見《米襄陽志林》條。

斜川集十卷　舊本題宋蘇過撰　**四七六四**

江蘇蔣曾瑩家藏本（總目）。○《江蘇省第一次書目》：「《斜川集》四本。」○《江蘇採輯遺書目録》：「《斜川集》十卷，通判眉山蘇過著，刊本。」○《江西巡撫海第四次呈送書目》：「《斜川集》一套四本。」○《提要》云：「此集乃近時坊間所刊，其本但有邊闌，而不界每行之烏絲。此本染紙作古色，每頁補畫烏絲，而僞鐫虞山汲古閣毛子晉圖書一印，印於卷末。蓋欲以宋版炫俗。」又云：「劉過《龍洲集》中所載之詩，與此盡同。蓋作僞者因二人同名爲過，而鈔出冒題爲《斜川集》，刊以漁利耳。」〇清活字印本,作《斜川詩集》十卷,題「宋蘇過叔黨著」。半葉十一行,行二十二字,大黑口,左右雙邊。寫刻字體頗爲雋雅,無直格,當即館臣所稱但有邊闌而不界每行之烏絲者也。湖南邵陽師範學校藏一部,存卷一至七,有清曾星垞跋。上圖藏一部有清吴騫校並跋。上圖又藏一部有清陳鱣校並跋。上圖又藏一部有葉德輝跋。臺灣「中央圖書館」藏一部有鄧邦述跋。北大、中科院圖、復旦亦有是本。其内容即取自《龍洲集》卷一至十之詩。〇清鈔本,作《斜川詩集》十卷,四川師大藏。亦僞本。〇清鈔本,作《斜川詩集》十卷,葉德輝批校並跋。廣東中山大學藏。僞本。〇清乾隆五十三年趙懷玉亦有生齋刻本,作《斜川集》六卷《訂誤》一卷《附録》二卷,半葉十行,行二十一字,白口,左右雙邊。有趙懷玉序,吴長元跋。北圖、復旦、津圖、南圖、湖北圖等藏。上圖藏一部有清鮑廷博校,清貝墉跋。乾隆四十七年壬寅二月二十九日仁和吴長元跋云:「歲在癸巳,朝廷開館纂修《四庫全書》,特詔儒臣從《永樂大典》中搜羅遺籍,時山左周編修永年於各韻下得先生詩文散片,共若干首。予妹壻余編修集於孫中翰溶齋偶見稿本,亟以告予。予驚喜過望,借歸録副。從《宋文鑑》、《東坡全集》、《播芳大全》諸書考訂訛舛,增補闕遺,釐爲六卷。又採他書所載遺聞軼事,輒録附焉。友人鮑以文氏,嗜奇好古,即以録本寄之。」乾隆五十三年正月趙懷玉序云:「偶語鮑君以文,則以文已先屬其友人仁和吴君麗煌録寄。喜極欲狂,亟索校閱,有可據引者,條疏於下。乾隆丁未四月付梓,中間作輟,涉冬而後蕆事。商榷讎勘,以文一人而已。」〇上海圖書館藏清乾隆五十三年趙懷玉亦有生齋刻嘉慶十六年唐仲冕增刻本,作《斜川集》六卷《訂誤》一卷《附録》

二卷《補遺》二卷《續鈔》一卷《附録》一卷。封面刻「斜川集」、「乾隆戊申武進趙氏亦有生齋校刊真本」。有趙懷玉序，吴長元跋。補遺前有嘉慶十五年六月十四日法式善《斜川集補遺序》云：「乾隆四十七年，仁和吴君長元鈔得《斜川集》零篇於孫中翰寓齋，寄其鄉人鮑氏，屬刻行於知不足齋。是時味辛適在杭，篤愛斯集，遂獨任剞劂役。商榷體例，訂證訛誤，釐成六卷，鮑氏與有力焉。越廿年太歲在戊辰，詔修《唐文》，充總纂，檢《永樂大典》，偶睹《志隱篇》、《叔父所居六首》，昔吴君作跋致憾缺略者，屬草録歸，較趙刻，復得遺詩五十三首、文十五篇，勒爲二卷。」次《蘇叔黨先生像》。補遺卷端題「日講起居注官唐文館總纂左春坊左庶子法式善録」。續鈔末有唐仲冕刻跋：「右《斜川集補遺》二卷《續鈔》一卷，梧門先生得之《永樂大典》中，適余上計入都，屬令攜回吴中，依味辛司馬所刻全集板式刻之，合爲完璧。時嘉慶庚午黄鍾月陶山唐仲冕識於蘇州郡廨之木蘭堂。」《附録》一卷末有嘉慶十六年二月趙懷玉跋云：「陶山知余之貧而無力也，自任剞劂之事，而板則仍依舊式，刻成歸余。」是本有清鮑廷博、傅以禮手校並跋。鈐有「鮑以文藏書記」、「大興傅氏」、「以禮審定」、「節子辛酉以後所得書」、「黄裳私印」等印記。《續修四庫全書》據以影印。○清乾隆至道光間鮑氏知不足齋刻《知不足齋叢書》本，在第二十六集，作《斜川集》六卷《附録》二卷《訂誤》一卷，法式善《補遺》已散附各卷。耿文光《萬卷精華樓藏書記》卷一百十二著録此本云：「此本仍分六卷。所增之詩分散於各卷之後，詩仍三卷。文亦三卷，與趙本次第不同。此本先賦，次表，次啟，爲一卷；次書，次序，次碑，次行狀墓誌，爲一卷；次論，次記，次箴銘贊，次説，次祭文上梁文祝文，次書後並跋，爲一卷。趙本賦箴銘贊表狀叙記論書後一卷，題跋説書啟文一卷，碑志行狀一卷。」澤遜按：此本半葉九行，行二十一字，黑口，左右雙邊。每卷首尾葉版心下刻「知不足齋叢書」。有趙懷玉序，吴長元跋，嘉慶十五年法式善《補遺序》。補遺刻於嘉慶十六年，此本之刻當在嘉慶十六年或稍後。邵懿辰、莫友芝、傅增湘及《中國叢書綜録》等均謂此本刻於乾隆五十二年丁未或五十三年戊申，是誤趙懷玉本與《知不足齋叢書》本爲一版矣。據阮元《揅經室二集》卷五《知不足齋鮑君傳》，《知不足齋叢書》第二十六集刊成於嘉慶十八年，則《斜川集》鮑刻必在嘉慶十六年至十八年無疑。余另有跋詳述之。○北京圖書館藏清鈔本，篇目與《知不足齋叢書》本同（曾棗莊《斜川集校注前言》）。○北京圖書館藏清鈔本，編次紊亂，似爲輯佚手稿，收一四八篇，較之諸本，有七篇爲衆本所無（曾棗莊《斜川集校注前言》）。祝尚書《宋人别集叙録》稱是本有周永年手校。○臺灣「中央圖書館」藏清乾隆間濟南周氏林汲山房鈔本，作《斜川集》六卷二册。半葉十行，行二十一字，無格。每篇詩文均另葉抄起，無葉碼。鈐「劉喜海」、「燕庭」印。有鄧邦述兩跋。甲子九月二十一日跋略謂「亦有生齋刻以行世，余得原刊本，爲貝簡香千墨弆物，而鮑以文校贈之者。此鈔本兩册有劉燕庭藏印，塙非贋本。頃避兵歇浦，取以對校，此本則五言多出二十四題凡四十一首，疑趙氏所據吴君麗煌之鈔本雖同出一源，而互有詳略。此本雖亦小加編次，而與味辛先生迥不相侔」。乙丑春跋則云「封面有林汲山房傳鈔字」。（參該館《善本題跋真跡》、《善本書志初稿》）。○臺灣「中央圖書館」又藏清乾隆四十六年大興朱筠椒花吟舫鈔本不分卷二册，半葉十行，行二十一字，無格。前有黑格紙二葉，書朱錫庚跋，版心下刻「椒花吟舫」。道光四年朱錫庚跋有云：「是本先大夫於乾隆辛丑之春募人繕寫。是夏先大夫見背。」是本鈐有「朱錫庚印」、「少河」、「唐栖朱氏結一廬圖書記」、「韓應陛鑒藏宋元名鈔名校各善本于讀有用書齋印記」、「甲子丙寅韓德均錢潤文夫婦兩度攜書避難記」、「密韻樓」、「逅圃收藏」等印記。（參該館《善本題跋真跡》、《善本書志初稿》）〇《皕宋樓藏書志》卷七十八著録「鮑以文手鈔本」，作《斜川集》八卷，有壬寅二月二十九日太初吴長元跋，與趙懷玉刻本之吴長元跋互有詳略。是本現存日本東京靜嘉堂文庫。〇清阮元進呈鈔本，《宛委別藏》之一，作《斜川集》六卷，臺灣「故宫」藏。一九八一年臺灣商務印書館影印《宛委別藏》本。一九八八年江蘇古籍出版社影印《宛委別藏》本。祝尚書《宋人別集叙録》謂此本無法式善所補詩文，編次與《知不足齋叢書》本異，而與趙氏本同。〇清道光七年眉州三蘇祠刻本，附入《三蘇全集》，作《斜川集》六卷，出《知不足齋叢書》本。北圖、北大、山大等藏。〇清尚卿居鈔本，作《斜川集》六卷，浙圖藏。〇清鈔本，作《斜川詩集》十卷，葉德輝跋。上圖藏。〇民國二十四年商務印書館據《知不足齋叢書》本排印，收入《叢書集成初編》。〇民國中華書局據《知不足齋叢書》本排印，收入《四部備要》。〇一九九六年巴蜀書社排印《斜川集校注》，舒大剛、蔣宗許、李家生、李良生校注，編年校注，增輯佚文，剔除重複及誤輯，附録相關資料。

雙峯存稿六卷　舊本題宋進士舒邦佐平叔撰　**四七六五**

江西巡撫採進本（總目）。〇《江西巡撫海第二次呈送書目》：「《雙峰存稿》二本。」〇遼寧省圖書館藏明崇禎舒日敬刻本六卷,正文首題「雙峯先生存稿卷之一」,次題「宋進士舒邦佐平叔著,裔孫日敬元直、學孟肖輿輯」。半葉七行,行十八字,白口,四周單邊。前有崇禎六年癸酉舒日敬序云:「既藏家廟,且公海内。」當刻於是年。版心刻工:鄒希美刊。卷内鈐「汪漁亭藏閲書」、「朖倩汲古所及」等印。《存目叢書》據以影印。○清雍正九年刻本,作《雙峰先生存稿》六卷。江西省圖藏。○北京圖書館藏清初鈔本,作《雙峰舒先生文集》九卷一册。半葉十一行,行二十字,無格。○重慶圖書館藏清初鈔本,作《雙峰先生文集》九卷。清查慎行校補並跋。《拜經樓藏書題跋記》、《藝風藏書續記》著録。○清道光二十九年分巡杭嘉湖道裔孫舒化民刻本,作《雙峰猥稿》九卷首一卷末一卷。北圖、上圖、日本京都大學人文所藏。《藏園訂補郘亭書目》、《現存宋人著述總録》、《宋人别集叙録》著録。○咸豐八年舒氏重刻本,同道光本。首都圖、上圖藏。《現存宋人著述總録》著録。

别本海陵集一卷　宋周麟之撰　四七六六

浙江巡撫採進本(總目)。○《兩淮鹽政李呈送書目》:「《海陵集》一卷,宋周麟之,一本。」

李忠定集選四十四卷　宋李綱撰　四七六七

福建巡撫採進本(總目)。○《福建省呈送第三次書目》:「《李忠定集》四十四卷十六本。」○《兩江第一次書目》:「《李忠定公集選》,宋李綱著,十二本。」○《江蘇採輯遺書目録》:「《李忠定公文集奏議文移》十五卷《詩文》二十二卷,太師邵武李綱著。」○首都圖書館藏明崇禎刻本,作《宋李忠定公奏議選》十五卷《文集選》二十九卷首四卷。正文首題「宋李忠定公奏議選卷之一」,次題「宋李綱伯紀著，明皖桐左光先羅生選，宗人李春熙皡如輯，筠州戴國士初士較，宗裔李嗣玄評定」。半葉十行，行二十字，白口，四周單邊。前有巡按福建監察御史廣陵李嗣京《宋李忠定公全集序》云：「往從西昌孝廉戴初士知公裔太學生嗣玄刻集于家，余幸得以按部，過公里，敢尚論泚筆，附姓名集中。」又崇禎十二年己卯五月五日建寧知縣左光先《合刻李忠定公全集序》，崇禎己卯李嗣玄序，李嗣玄《凡例》。據李嗣玄序知係李嗣玄選，知縣左光先捐貲刊刻，時崇禎十二年己卯。寫工刻工：蕭嘉生寫、刘君允刻。《存目叢書》據以影印。北圖、北大、人民大學、上圖、南圖等多有是刻。○明崇禎刻清康熙乾隆修補本。北大、人民大學、山東省圖等藏。○按：《提要》云「萬曆中閩人李嗣元所選」。萬曆當作崇禎。又云「兵燹版佚，國朝康熙己酉建寧李榮芳又重刊之，稱購得三舊本，皆有殘闕，合之乃成完帙」。此當係修補版事。明清易代之際，謊稱兵燹版佚、重行刊刻者甚多，未可盡信，此其一也。

林泉結契五卷　宋王質撰　清宋犖輯　**四七六八**

編修汪如藻家藏本（總目）。○《國子監學正汪交出書目》：「《林泉結契》一本。」○清道光十一年六安晁氏木活字印《學海類編》本。北圖、上圖等藏。民國九年商務印書館影印晁氏木活字《學海類編》本。○四川圖書館藏清鈔本，半葉九行，行二十一字，無格。末有宋犖跋云：「此集即在《紹陶録》中，惜辭調不甚高雅。余以其有玩物適情之趣，特手録之，名之曰《林泉結契》。」鈐「大關唐氏怡蘭堂藏書」印。《存目叢書》據以影印。○傅增湘藏舊寫本，鈐「休寧汪季青家藏書籍」、「古香樓」

等印(《藏園群書經眼録》)。〇南京大學藏清鈔《兩宋名賢小集》丙集本。〇臺灣「中央圖書館」藏清鈔《兩宋名賢小集》本。〇重慶圖書館藏清鈔《兩宋名賢小集》本。〇民國二十六年商務印書館據《學海類編》本排印，收入《叢書集成初編》。

北山律式二卷附王炎詩一卷晁沖之詩一卷　宋程俱撰　宋葉夢得選　附宋王炎、晁沖之撰　四七六九

浙江鮑士恭家藏本(總目)。〇《浙江省第四次鮑士恭呈送書目》：「《北山律式》二卷，宋程俱著，一本。」〇《浙江採集遺書總録》：「《北山律式》二卷，寫本，宋左朝請大夫徽猷閣待制開化程俱撰。」〇《都察院副都御史黄交出書目》：「《晁具茨集》，宋晁沖之著，一本。」〇《安徽省呈送書目》：「《晁具茨集》一本。」〇《北山律式》二卷，南京大學藏清鈔《兩宋名賢小集》本。〇《北山律式》二卷，北京圖書館藏清金氏文瑞樓鈔《宋人小集》本。〇《北山律式》二卷，山西臨猗縣圖書館藏清鈔《南宋群賢小集補遺》本。〇《北山律式》二卷，臺灣「中央圖書館」藏清鈔《兩宋名賢小集》本。李鹿山故物。〇王炎《雙溪類稿》二十七卷，已入《四庫全書》。上海圖書館藏《重刻雙溪類稿》二十七卷，明萬曆二十四年王孟達刻本，係四庫底本。〇《具茨晁先生詩集》一卷，首都圖書館藏明嘉靖三十三年晁氏寶文堂刻本，正文首行題「具茨晁先生詩集」，下注「江西詩派」，次行題「澶淵晁沖之叔用」。半葉十行，行二十字，白口，四周單邊，版心上刻「晁氏寶文堂」五字，多已殘去。前有紹興十一年俞汝礪序。後有識語：「慶元己未校官黄汝嘉刊。嘉靖甲寅裔孫瑮東吳重刊。」《存目叢書》據以影印。北圖藏一部有馬思贊、章綬銜印記，附馬氏手劄及章氏二跋，周叔弢故物，《藏園訂補郘亭書目》、《自莊嚴堪善本書目》著録。北大、南圖等亦有是刻。○《具茨晁先生詩集》一卷，山東大學藏舊鈔本。半葉十行，行二十字，無格。書口有「晁氏寶文堂」五字。卷末有題記：「延祐元年秋日莫曰光影宋本鈔。永樂二年孟夏望後二日范涼靡重書一過。」卷内鈐「弇州山人珍藏」、「天籟閣」、「項墨林父秘笈之印」、「錢曾」、「述古堂圖書記」、「張蓉鏡印」等印記。以上題記印鑒皆書賈僞作。又鈐「丁福保四十後讀書記」、「丁福保印」。蓋清末民初鈔本。原定永樂二年鈔本，《中國古籍善本書目》著録，誤。○《具茨晁先生詩集》一卷，清刻本，半葉十行，行二十字，白口，四周單邊。北圖、上圖、復旦、吉大等藏。黄裳《前塵夢影新録》著録嘉靖寶文堂刻本，云「余後更得一本，與此全同，然非一刻，清初翻刻本也。竹紙印，有『南昌彭氏』、『遇者善讀』、『知聖道齋』等三印」。蓋即是刻。○《具茨晁先生詩集》一卷，北京圖書館藏清鈔本，半葉十行，行二十字，無格。○《具茨晁先生詩集》一卷，中山圖書館藏清鈔本，半葉十行，行二十字，無格。○《具茨晁先生詩集》一卷，中山大學藏清鈔本，半葉八行，行十九字，無格。○《具茨先生晁冲之叔用詩集注抄》一卷，浙江圖書館藏清鈔本，王修校並跋。○《晁具茨先生詩集》十五卷，清乾隆刻巾箱本，半葉七行，行十七字，黑口，四周單邊。故宫、武漢圖書館、廣東社科院藏。（行款據《中國古籍善本書目》徵求意見稿）○《晁具茨先生詩集》十五卷，清張慧華、程覃叔鈔本，清翁心存、翁同書跋。湖南省圖藏。○《晁具茨先生詩集》十五卷，清嘉慶阮元進呈精鈔本，《宛委别藏》之一，臺北「故宫」藏。一九八一年臺灣商務印書館影印《宛委别藏》本。一九八八年江蘇古籍出版社影印《宛委别藏》本。○山東大學藏清刻本,作《晁具茨先生詩集》十五卷,半葉八行,行十七字,注雙行,行十七字,黑口,四周單邊。版心僅卷、葉數。寫刻本,字體瘦削。目録題「澶淵晁冲之叔用」。前有俞汝礪序,後有佚名跋。扉有民國二十六年劉次簫手跋,謂「西亭先生即朱睦㮮,以此知爲明萬曆間刻本。」然此本佚名跋云:「涪陵孫君壽諸梓,陵陽俞君爲之序,迄今六百年矣。」自紹興十一年下推六百年,爲乾隆六年,知此本之刻不早於乾隆六年。卷内玄、弘均不避,未知刊刻年月。山東大學另藏一部:字體版式行款同,但非一版。鈐「滄葦」、「季振宜印」,書估僞造也。○《晁具茨先生詩集》十五卷,清道光二十七年番禺潘仕成刻本,《海山仙館叢書》之一。半葉九行,行二十一字,黑口,左右雙邊。版心下刻「海山仙館叢書」。民國二十八年商務印書館據以排印,收入《叢書集成初編》。○清同治七年刻本十五卷二册,南開大學藏。

別本汪文定集十三卷　宋汪應辰撰　四七七〇

江蘇巡撫採進本(總目)。○《江蘇省第一次書目》:「《汪文定集》四本。」○《江蘇採輯遺書目録》:「《汪文定集》十三卷《行述附録》一卷,端明殿學士玉山汪應辰著,刊本。」○《國子監學正汪交出書目》:「《汪文定公集》三本。」○《浙江採集遺書總録》:「《汪文定公集》十四卷,寫本,宋學士玉山汪應辰撰。」○廣東中山圖書館藏明嘉靖二十五年夏浚刻本,作《汪文定公集》十三卷。前有嘉靖二十五年丙午夏浚《刻汪文定公集叙》。刻工:王廷生刊、仕昂刊、蔡六、蔡和刊、陸旺刊、六旺刊、蔡榮、王元明刊、蔡友刊、蔡仕賢、王元名刊、范爫員刊、天得、蔡仕榮、蔡賢刊。《存目叢書》據以影印。北圖、上圖、重慶圖亦有是刻。○《中國古籍善本書目》著録明萬曆夏九州等刻本，作《汪文定公集》十三卷《附録》一卷。半葉九行，行十八字，白口，四周單邊。上海圖書館藏。臺灣「中央圖書館」藏一部，行款版式同，正文首題「汪文定公集卷之一」，次題「玉山後學董思王求母、夏九州伯功、徐自定慧侯、王元祉祚長較集」。前有嘉靖二十五年夏浚叙，叙末署款後有「邑人鄭鼎臣良甫抄録」九字。鈐有「劉承幹字貞一號翰怡」、「吴興劉氏嘉業堂藏書印」等印記。該館《善本書志初稿》定爲嘉靖二十五年夏浚刻本，未確。依行款及署名觀之，即夏九州等刻本。唯「校」字作「較」，避明熹宗諱，則當刻於天啟、崇禎間。未見原書，據其《書志初稿》推測如是。○北京圖書館藏清鈔本二册，書名卷數同前本，半葉十行，行二十字，無格。清翁心存校並跋。○又藏清鈔本四册，書名卷數行款同。○清乾隆武英殿活字印《武英殿聚珍版書》本，作《文定集》二十四卷。北圖、上圖、津圖等藏。○清乾隆四庫館鈔《四庫全書》本，作《文定集》二十四卷。以上二十四卷本係四庫館臣「以浙江所購程本與《永樂大典》互相比較，除其重複，增所未備」而成。文淵閣《四庫全書》有臺灣商務印書館影印本、上海古籍出版社影印本。○清光緒二十年福建補刻《武英殿聚珍版書》本，作《文定集》二十四卷，附《拾遺》一卷，清陸心源輯，傅以禮録文。○清光緒二十五年廣雅書局刻《武英殿聚珍版書》本，作《文定集》二十四卷，附陸心源《拾遺》一卷。○民國二十四年商務印書館據光緒重刻《武英殿聚珍版書》本排印，收入《叢書集成初編》，作《文定集》二十四卷《拾遺》一卷。

延平文集三卷附録二卷　宋李侗撰　四七七一

編修汪如藻家藏本（總目）。○《國子監學正汪交出書目》：「《李延平先生文集》一本。」○《江蘇省第一次書目》：「《李延平集》一本。」○《江蘇採輯遺書目録》：「《延平集》五卷，劍浦李侗著。」○《兩江第一次書目》：「《李延平集》，儀封張伯行著，一本。」○《浙江採集遺書總録》：「《李延平集》五卷，刊本，宋延平李侗撰，門人朱熹編定。」○南京大學藏清順治李孔文刻本，作《李延平先生文集》五卷，題「宋門人元晦朱熹編，宋後學趙師夏校，明後學琴川周木校，同邑後學林潤芝彙輯，裔孫光熙緝甫氏、光龍蟠卿氏仝定，二十代裔長孫孔文重訂梓，同男顯參攷」。半葉九行，行二十字，白口，四周雙邊。前有像、贊，嘉定甲戌趙師夏序，弘治乙卯周木序，順治十一年周亮工序，李佐聖序，孔興訓序，李芷序，何棅序，盛交泰序，順治十年癸巳林潤芝小引，順治十一年甲午孔興燮序，林潤芝凡例，年譜，目録，世系，重校名氏。鈐「帶經堂陳氏藏書印」、「陳封洋印」、「篤生」等印記。《存目叢書》據以影印。莆田縣圖書館亦有是刻。○清同治五年福州正誼書院刻《正誼堂全書》本，作《李延平先生文集》四卷。北圖、上圖等多處藏。○民國二十四年商務印書館據《正誼堂全書》本排印，收入《叢書集成初編》。

別本蘆川歸來集六卷　宋張元幹撰　四七七二

編修汪如藻家藏本（總目）。○《國子監學正汪交出書目》：「《蘆川歸來集》二本。」○《浙江省第四次鮑士恭呈送書目》：「《蘆川歸來集》六卷，宋張元幹著，一本。」○《浙江採集遺書總録》：「《蘆川歸來集》六卷，知不足齋寫本，宋長樂張元幹撰。」○南京圖書館藏清鈔本，内容與《提要》合。前有丁丙手跋云：「四庫館題曰別本，入之《存目》。」半葉九行，行十六字，無格。鈐「汪魚亭藏閲書」印記。○北京圖書館藏清鈔本二册，分十六卷，殘存卷六、卷七、卷十二至十四、卷十六共六卷。半葉九行，行十六字，無格。鈐「檇李曹溶」、「蔣香生秦漢十印齋收藏記」等印。《涵芬樓燼餘書館》著録影宋鈔本即此帙。○清乾隆四庫館鈔《四庫全書》本十卷附録一卷。《提要》云：「考《永樂大典》所載，則所佚諸篇釐然具在，今裒集成帙，與鈔本互相勘校，删其重複，補其殘闕，定爲十卷。」又云：「禪家疏文、道家青詞，今從芟削。」又云：「鈔本末有《幽嵓尊祖録》一卷，併附録焉。」《文淵閣四庫全書》有臺灣商務印書館、上海古籍出版社影印本。○復旦大學藏清顧氏藝海樓鈔本十卷。○《皕宋樓藏書志》著録「文瀾閣傳鈔本」十卷。○《善本書室藏書志》著録「舊鈔本」十卷，《江蘇第一圖書館覆校善本書目》云「依閣鈔本」，知亦從文瀾閣《四庫全書》傳鈔。當在今南京圖書館。○臺灣「中央圖書館」藏清孔氏嶽雪樓鈔本十卷。○《郘亭書目》云「路小洲有鈔本十一卷附録一卷」。○一九七八年上海古籍出版社排印本。祝尚書《宋人別集叙録》云：「是本以遠碧樓劉氏藏傳鈔《四庫》本爲底本，參校曹溶原藏殘鈔本及雙照樓影宋本《蘆川詞》等，對庫本有所增補，仍不收疏文、青詞。然因底本係傳鈔，今校以文淵閣庫本，間有訛誤，且卷末脱張廣跋。」

陳文恭公集十三卷　舊本題宋陳康伯撰　四七七三

浙江鮑士恭家藏本（總目）。○《浙江省第四次鮑士恭呈送書目》：「《陳文正公集》十三卷，宋陳相等著,一本。」○《浙江採集遺書總録》:「《陳文正公集》十三卷,刊本,宋丞相弋陽陳康伯撰。」○《江西巡撫海第一次呈送書目》:「《陳文正集》一本。」○江西省圖書館藏清康熙二十九年刻本,作《陳文正公文集》十三卷,卷一題「世孫以範編次、士選參訂」。半葉九行,行二十四字,白口,四周雙邊。版心下刻「裔孫乃桂補正」。封面刻「康熙庚午重修」、「榮錦堂藏板」。前有乾道七年朱熹序(《四庫提要》指爲僞作)。後有康熙二十九年裔孫特言跋。《存目叢書》據以影印。○按:館臣所見鮑士恭進呈刊本,據《提要》即裔孫以範編次本,書名作《陳文正公集》。考《宋史》卷三百八十四《陳康伯傳》:乾道元年卒,謚文恭。慶元初,改謚文正。《四庫提要》但言「謚文恭」,又云「事蹟具《宋史》本傳」。知館臣檢閱未終篇,不知改謚之事,因而擅改書名爲《陳文恭公集》。吴慰祖校訂《四庫採進書目》於《鮑士恭呈送書目》亦改「文正」爲「文恭」,沿《四庫總目》之誤。唯《鮑目》云「宋陳相等著」,未確,吴氏已改正。

志道集一卷　舊本題宋顧禧撰　　四七七四

浙江鮑士恭家藏本(總目)。○《浙江省第四次鮑士恭呈送書目》:「《志道集》一卷,宋顧禧著。」○《浙江採集遺書總録》:「《志道集》一卷,寫本,宋吴中顧禧撰。」○北京師範大學藏清乾隆四十七年翁方綱蘇齋刻《蘇詩補注》附刻本,《蘇齋叢書》之一。題「宋古吴顧禧景繁著」,半葉十二行,行二十四字,大黑口,左右雙邊,無直格。《存目叢書》據以影印。北大、上圖、南圖等亦有是刻。民國十三年上海博古齋影印《蘇齋叢書》本。○清咸豐元年南海伍崇曜刻《蘇詩補注》附刻本,《粤雅堂叢書》第六集之一。北圖、上圖等多處藏。○清光緒三十三年刻本,北圖藏。○民國二十六年商務印書館《叢書集成初編》據《粵雅堂叢書》本影印本。

千慮策二卷　宋楊萬里撰　**四七七五**

江西巡撫採進本（總目）。○《江西巡撫海續購書目》：「《千慮策》二本。」○日本安政四年（清咸豐七年）京都梅英堂等刻本三卷。北師大、北大、遼圖、安徽圖雲南大學等藏。

錦繡論二卷　舊本題宋楊萬里撰　**四七七六**

永樂大典本（總目）。○臺灣「中央圖書館」藏明刻本，作《誠齋先生錦繡策》四卷二册。半葉十行，行二十五字，大黑口，雙黑魚尾，四周雙邊。各策前均有評。（詳該館《善本書志初稿》）○日本木活字本，書名卷數同前本，四册。華東師大藏。○北京大學藏明萬曆二年李廷楫刻本，作《新刊廬陵誠齋楊萬里先生錦繡策》不分卷。題「宛陵跂巖李廷楫濟卿校正」。半葉十一行，行二十四字，白口，四周單邊。前有天順三年吴節序，後有天順三年勞鉞序。凡策論二十五篇。《存目叢書》據以影印。北圖、河北大學亦有是刻。《藏園訂補郘亭書目》著録是刻云「有萬曆二年詹淮序」，北大本佚去。○清雍正七年東山惠迪堂刻本，作《宋廬陵誠齋楊先生錦繡策》不分卷。上圖、中科院圖書館藏。○清乾隆五十九年忠節堂刻本，作《誠齋文節先生錦繡策》二卷。上圖、江西圖藏。（以上二本參《現存宋人著述總録》）

分類誠齋文膾後集十二卷　不著編輯者名氏　**四七七七**

副都御史黄登賢家藏本（總目）。○《都察院副都御史黄交出書目》：「《分類誠齋文膾後集》八本。」

〇《皕宋樓藏書志》著録宋刻本，作《批點分類誠齋先生文膾前集》十二卷《後集》十二卷，「宋麻沙刊本，每葉二十四行，每行二十字，大黑口」。有開慶己未方逢辰序。〇北京圖書館藏元刻本，書名卷數同前本，半葉十二行，行二十字，細黑口，左右雙邊。前有開慶己未（元年）清明節嚴陵蛟峰方逢辰君錫序云：「建安李誠父取先生片言隻字之有助於舉子者，門分條析，爲前後集。」知是書爲南宋理宗時建安李誠父編。卷内鈐「滀溪後裔」、「林汲山房藏書」、「藉書園本」、「東官莫伯驥所藏經籍印」、「東官莫氏五十萬卷樓劫後珠還之一」、「東莞莫伯驥号天一藏」、「莫培樾印」等印記。《存目叢書》據以影印。又藏元刻殘本，存前集卷一至四、卷七至十二、後集卷一至二、卷四至五、卷八至十共十七卷，行款版式同。上圖有元刻本存前集。臺灣「中央圖書館」、臺灣「故宫博物院」亦有元刊巾箱本，行款版式同北圖本，未知是否同版。〇明初刻本，書名卷數行款版式同北圖元刻本。北圖藏。臺灣「中央圖書館」《善本書志初稿》著録「明初期覆元坊刊巾箱本」，行款版式同北圖元刻本。〇明刻本，存《批點分類誠齋先生文膾後集》十二卷，半葉十二行，行二十字，黑口，左右雙邊。吴士鑑跋。浙圖藏。〇臺灣「中央圖書館」藏明隆慶六年杭州翁文溪刻本，書名卷數同前各本。半葉十行，行二十三字，白口，左右雙邊。有宋方逢辰序，成化十九年癸卯春上元莆田鄭瑗序，成化十九年二月既望應天府鄉進士建陽蕭鋭序，卷末有成化十四年戊戌七月既望毘陵後學段瑜後序。後集總目末有雙行長方牌記：「隆慶壬申仲春杭城朝天門翁文溪梓行。」段瑜後序之後有單行長方牌記：「隆慶壬申翁文溪梓行。」卷内鈐「吴興劉氏嘉業堂藏書記」、「劉承幹字貞一號翰怡」等印記（參該館《善本書志初稿》）。按：段瑜序云：「成化丁酉，瑜始得觀於吾郡潘君汝廉所。板刻既廢，迄今無傳，將圖重刻。適無錫華、鄒、錢三族之彥見而悅之，遂以原本摹刻，爭先出資，以速其成。華氏八人：元平、文熙、文吉、文輝、文潤、文高、文煥、文明。鄒氏三人：永章、永明、光大。錢氏一人，則孟濬也。」知成化十四年七月無錫有摹刻本。建陽蕭銳序云：「成化丁酉，忝領應天府鄉薦，寓居金臺，偶見刻本於書肆中，乃不吝厚價售其一本。比近即付書林丁廷會氏翻刻，嘉與天下學者共之。正興工間，進士莆田鄭公仲璧鈔本與其序文亦至，復得參互考證以全其美。」知成化十九年二月有書林丁廷會翻刻本，鄭瑗序即爲丁廷會刻本作。此隆慶六年翁文溪刻本所載鄭瑗序云：「因書林翁氏將梓行其書。」余謂「翁氏」本當作「丁氏」，翁文溪改之以就己，此亦坊本常見之事。北圖、浙圖、江西省圖亦有是刻。○嚴紹璗《日本藏宋人文集善本鈎沉》著録日本内閣文庫藏明萬曆元年饒錦溪刻本六册，書名卷數同前各本。

蘂閣集一卷　舊本題宋辛棄疾撰　　四七七八

兩淮馬裕家藏本（總目）。○《兩淮商人馬裕家呈送書目》：「《蕊閣集》一卷，宋辛棄疾，一本。」○北京圖書館藏清趙氏小山堂刻本二卷，題「宋辛稼軒輯」。半葉十行，行二十字，白口，四周單邊。左欄外下方有「小山堂鈔本」五字。首葉鈐「汪魚亭藏閲書」、「振綺堂兵燹後收藏書」等印記。《存目叢書》據以影印。

別本攻媿文集三十二卷詩集十卷　宋樓鑰撰　　四七七九

兵部侍郎紀昀家藏本（總目）。○《侍讀紀交出書目》：「《攻媿文集》十本。」○臺灣「中央圖書館」

藏明末期鈔本，作《攻媿先生文集》十二卷《詩集》十卷，十二册。半葉十行，行十八字，無格。題「四明樓鑰大防」。卷内鈐「玄冰室珍藏記」、「剛伐邑齋藏書」、「滇生乃普」、「湘潭袁氏滄州藏書」、「紀曉嵐圖書印」等印記（詳該館《善本書志初稿》）。按：此本出紀昀家，文集十二卷，與《存目》所載紀昀呈本三十二卷不同，詩集十卷則合。頗疑《存目》衍「三」字。

四七八〇　朱子大同集十三卷　宋陳利用編　明林希元增輯

江蘇巡撫採進本（總目）。○《江蘇省第二次書目》：「《朱子大同集》五本。」○《江蘇採輯遺書目録》：「《朱子大同集》十三卷，陳利用編。」○北京圖書館藏元至正十二年都璋刻明修本，作《朱文公大同集》十卷附《年譜》一卷，宋陳利用編，元都璋撰年譜。半葉十一行，行二十一字，細黑口，左右雙邊。年譜配清鈔本。○北京圖書館藏明刻本，書名卷數同前本，半葉十一行，行二十一字，細黑口，四周雙邊。○臺灣「中央圖書館」藏舊鈔本一册，書名卷數同前二本。題「學生縣學司書兼奉文公祠陳利用編」。半葉十一行，行二十一字，黑格，黑口，左右雙邊。鈐「金侃私印」、「亦陶」、「古婁韓氏應陛載陽父子珍藏善本書籍印記」、「松江讀有用書齋金山守山閣兩後人韓德均錢潤文夫婦之印」、「莚圃收藏」等印記（詳該館《善本書志初稿》）。

四七八一　晦菴文鈔續集四卷　明崔銑編

安徽巡撫採進本（總目）。○《安徽省呈送書目》：「《晦菴文鈔續集》四本。」○吉林大學藏明嘉靖十九年張光祖刻本，作《晦菴文鈔》十卷，其前六卷爲明吴訥《晦菴文鈔》，後四卷爲崔銑《續集》。後四卷題「明禮部侍郎安陽崔銑選編，文林郎巡按陝西四川道監察御史潁川張光祖會集，大中大夫布政司左參政蒲州張邦教、中憲大夫按察司提督學校副使餘姚龔輝校正」。半葉九行，行十八字，白口，左右雙邊。有嘉靖十九年六月二日胡纘宗《晦菴文鈔續集序》。卷内鈐「巴陵方氏功惠柳橋甫印」、「碧琳琅館珍藏」等印記。《存目叢書》據以影印。北圖、北師大、浙大等亦有是刻。

朱子文集大全類編一百一十卷　國朝朱玉編　四七八二

兵部侍郎紀昀家藏本（總目）。○蘇州大學圖書館藏清雍正八年朱玉刻本，半葉十一行，行二十四字，黑口，四周單邊。前有康熙壬寅（六十一年）九月望日建安嫡長派十六代孫玉引言，引言首葉佚去。各册封面刻「考亭書院藏版」。第二册封面有書牌：「紫陽書院原本，建安長支孫玉重刻」篆文二行。書末有「朱文公建陽嘉禾墓堂圖」及乾隆十五年識語，知係乾隆十五年修版重印本。卷内鈐「秀水暴書亭朱珍藏印」、「鴻博世家」、「應槐私印」、「西圃藏書」、「朱應槐」、「文恪後人」等印記。《存目叢書》據以影印。原缺首册，用北京師大同版本配補。全書實一百十七卷。北圖、華東師大等亦有是刻。上圖、山東大學、福建師大、蘇州大學有乾隆十五年春亭書院印本。上圖、北師大、中科院圖、祁縣圖有乾隆十五年采芝山房印本。

別本象山文集六卷　宋陸九淵撰　舊本題九淵門人傅子雲編　四七八三

江西巡撫採進本（總目）。○《江西巡撫海第二次呈送書目》：「《象山全集》十六本。」○《國子監學正汪交出書目》：「《陸象山先生全集》四本。」○《武英殿第一次書目》：「《陸象山文集》六本。」

○北京大學藏明萬曆四十三年金陵周希旦刻本,作《象山先生全集》六卷。卷一題「宋文安公金谿陸九淵子靜著,宋門人傅子雲季魯編次,明後學傅文兆維行校閱,金陵周希旦元宰梓行」。半葉十行,行二十字,白口,四周單邊。前有正德辛巳王守仁序,嘉靖四十年王宗沐序,萬曆四十三年乙卯夏金谿傅文兆《重刻象山先生全集叙》云:「友人周希旦氏,孝友人也,慕先生之高致,乃求全集而刻之金陵,以廣其傳。」《存目叢書》據以影印。重慶圖、山東文登圖亦有是刻。

別本緣督集十二卷　宋曾丰撰　　四七八四

浙江鮑士恭家藏本(總目)。○《浙江省第四次鮑士恭呈送書目》:「《緣督集》十二卷,宋曾丰著,四本。」○《浙江採集遺書總録》:「《緣督集》十二卷,刊本,宋朝散大夫樂安曾丰撰。」○《江蘇省第一次書目》:「《緣督集》四本。」○《江蘇採輯遺書目録》:「《緣督集》十二卷,朝散大夫樂安曾丰著,刊本。」○北京圖書館藏明萬曆十一年詹事講刻本,作《撙齋先生緣督集》十二卷。卷一題「宋賜紫金魚袋樂安曾丰幼度著,參知政事門人西山真德秀奏行,明廉州府學教授十世孫自明輯,臨淮教諭十二世孫繼武編,邑人後學詹事講明甫校刊」。半葉十行,行二十字,白口,四周單邊。前有虞集序,正統九年黄陽序。後有萬曆十一年癸未宣城黄錡《選刻撙齋曾先生緣督集後序》云:「會先生之鄉有我詹侯,由進士來令吾宣,載其本笥中,乃屬不佞釐正而摘其粹者,付之梓人。刻既成,復以序見屬。」知係萬曆十一年宣城知縣詹事講刻於任所者。鈐「菉斐軒藏書記」、「冰香樓」、「古愚」等印。《存目叢書》據以影印。北京大學亦有是刻,王重民《善本提要》著録。○清咸豐元年裔孫步蟾善和培德堂刻本，作《緣督集》十二卷，日本京都大學人文所藏。傅增湘藏一部，《藏園訂補郘亭書目》著録。○清乾隆四庫館鈔《四庫全書》本二十卷，係從《永樂大典》輯出，並以萬曆詹事講本補其未備而成。臺灣商務印書館影印《文淵閣四庫全書》本。上海古籍出版社影印《文淵閣四庫全書》本。○北京圖書館藏清乾隆翰林院鈔本二十卷四册，半葉八行，行二十一字，紅格，白口，四周雙邊。《藏園訂補郘亭書目》著録云「鈐翰林院大官印」。○《四庫簡明目録標注》：「振綺堂有明鈔本四册四十卷，缺二十七以下四卷。」○《皕宋樓藏書志》：「《摶齋先生緣督集》四十卷，舊鈔本，丁月河舊藏。《四庫》所收從《永樂大典》録出，此則原本也。缺卷二十七至卷三十。」此本現藏日本靜嘉堂文庫。○南京圖書館藏清鈔本，作《摶齋先生緣督集》四十卷《補遺》一卷，六册。原缺卷二十七至卷三十，餘卷有缺葉。《善本書室藏書志》著録。○上海圖書館藏清鈔本四十卷，書名同前本，缺卷二十四至卷三十四。半葉十行，行二十字，無格。

止齋論祖五卷　宋陳傅良撰　**四七八五**

浙江鮑士恭家藏本（總目）。○《浙江省第四次鮑士恭呈送書目》：「《止齋論祖》五卷，宋陳傅良著，二本。」○《浙江採集遺書總録》：「《止齋論祖》五卷，刊本，宋寶謨閣待制瑞安陳傅良撰。」○《兩淮商人馬裕家呈送書目》：「《論祖》五卷，宋陳傅良，二本。」○北京圖書館藏明成化四年王塤刻本，作《蛟峯批點止齋論祖》不分卷，二册，宋陳傅良撰，方逢辰批點。半葉十行，行二十四字，黑口，四周雙邊。○北圖又藏明餘慶堂刻本，書名同前本，不分卷，一册。半葉十二行，行二十六字,黑口,四周雙邊或左右雙邊。○南京圖書館藏明成化六年朱暟刻本,作《蛟峯批點止齋論祖》,分甲乙丙丁四卷,前有《蛟峯批點止齋論訣》一卷。甲乙丙丁四卷均題「永嘉止齋陳先生傅良君舉著述,嚴陵蛟峯方先生逢辰君錫批點,知嚴州府事淮南朱暟景文重刊」。半葉十行,行二十五字,黑口,四周雙邊。前有戊辰傅參之序。後有成化六年庚寅淮南冰孽子書後云:「尋以權守嚴郡,欲成初志。特用校正壽梓。」卷内鈐「半隱園」、「嘉惠堂藏書記」、「八千卷樓丁氏藏書印」、「嘉惠堂丁氏藏書之印」、「光緒癸巳泉唐嘉惠堂丁氏所得」等印記。《存目叢書》據以影印。○北京大學藏明正德九年鮑雄刻小字本,書名卷數同前本。半葉十二行,行二十二字,白口,四周雙邊。○北京圖書館藏明劉弘毅慎獨齋刻本,作《新刊蛟峯批點止齋論祖》二卷四册,半葉十行,行二十字,下黑口,四周雙邊。○日本内閣文庫藏明嘉靖十九年刻本,作《新刊蛟峯批點止齋論祖》二卷。半葉十行,行二十字,黑口,四周雙邊。

南塘四六一卷　宋趙汝談撰　四七八六

浙江巡撫採進本(總目)。○原北平圖書館藏宋刻本,作《南塘先生四六》一卷二册,與《格齋四六》同函。題「古汴趙汝談」。半葉十行,行十九字,細黑口,四周雙邊。刻印甚精。卷内鈐「海虞毛表奏叔圖書記」、「乾學」、「徐健菴」、「學部圖書之印」、「京師圖書館收藏之印」等印記。現存臺北「故宫」。○北京大學藏清鈔本,半葉十行,行十九字,無格。原未題撰人。某氏手批:「《南塘四六》一卷,宋趙汝談撰,《四庫全書存目》卷八。」每葉書口均殘損。○北京圖書館藏清鈔《五家四六》本,無大題，不著撰人，驗其內容，即趙汝談書。半葉十行，行十九字，無格。鈐「完顏希賢晴雪堂圖書印」朱文方印。《存目叢書》據以影印。○南京圖書館藏清鈔本，與《巽齋四六》合一册。《善本書室藏書志》著録。

別本後樂集十卷附録二卷　宋衛涇撰　**四七八七**

江蘇巡撫採進本（總目）。

騷略三卷　宋高似孫撰　**四七八八**

浙江汪啟淑家藏本（總目）。○《浙江省第四次汪啟淑家呈送書目》：「《騷略》三卷，宋高似孫著，一本。」○《浙江採集遺書總録》：「《騷略》三卷，刊本，宋高似孫撰。」○北京圖書館藏宋咸淳刻《百川學海》本，半葉十二行，行二十字，細黑口，左右雙邊。○民國十六年陶湘影刻宋咸淳刻《百川學海》本，北圖、上圖等藏。○明弘治十四年華珵刻《百川學海》本，半葉十二行，行二十字，白口，左右雙邊。北圖、上圖等藏。民國十年上海博古齋影印華珵刻《百川學海》本。○明嘉靖十五年鄭氏宗文堂刻《百川學海》本，半葉十四行，行二十八字，白口，左右雙邊。北圖、北大藏。○南京圖書館藏明鈔《百川學海》本。○北京圖書館藏清汪氏裘杼樓鈔本，與《獻醜集》、《耕禄稿》合一册。半葉九行，行二十字，白口，左右雙邊，版心下有「裘杼樓」三字。鈐「嘉蔭簃藏書印」朱文方印。《存目叢書》據以影印。○民國十二年南城李之鼎宜秋館刻本，收入《宋人集》丁編。北圖、上圖等藏。○民國二十一年張壽鏞約園刻《四明叢書》第一集本，北圖、上圖等藏。○民國二十八年商務印書館據

《百川學海》本排印，收入《叢書集成初編》。

棠湖詩稿一卷　舊本題宋岳珂撰　**四七八九**

浙江鮑士恭家藏本(總目)。○《浙江省第四次鮑士恭呈送書目》：「《棠湖詩稿》一卷，宋岳珂著，一本。」○《浙江採集遺書總録》：「《棠村詩稿》一卷，十六世孫元聲等重刊本，宋淮東總領湯陰岳珂撰。」○天津圖書館藏宋臨安陳宅書籍鋪刻本，首行題「棠湖詩稾」，下爲墨丁，次行題「相臺岳珂肅之」。半葉十行，行十八字，白口，左右雙邊。卷尾有「臨安府棚北大街陳宅書籍鋪印行」雙行小字識語。鈐有「毛晉私印」、「子晉」、「汲古主人」、「子晉之印」、「毛氏子晉」、「書香千載」、「毛扆之印」、「斧季」、「宋本」、「甲」、「福胙」、「周暹」、「叔弢」等印記。末有道光辛巳錢儀吉跋，己未錢駿祥跋，傅增湘跋，己未鄧邦述跋。儀吉跋乃駿祥手録。《存目叢書》據以影印。是本民國八年嘉興錢氏嘗影印行世，北圖、北大等藏。○北京圖書館藏清初毛氏汲古閣影宋鈔本，半葉十行，行十八字，白口，左右雙邊。○上海圖書館藏清初毛氏汲古閣影鈔南宋六十家小集》本，作《棠湖詩》一卷。民國十年上海古書流通處影印《汲古閣影鈔南宋六十家小集》本。○北圖藏清影宋鈔本，半葉十行，行十八字，白口，左右雙邊。鄧邦述手跋。○日本靜嘉堂文庫藏舊鈔本一册，清鮑廷博校。陸心源皕宋樓故物。○清吴騫拜經樓刻本一册，南圖藏。民國十一年上海博古齋影印清乾隆嘉慶間吴騫刻本，收入《拜經樓叢書》。北圖、上圖等藏。○清光緒九年歸安姚氏刻《咫進齋叢書》本。○山西臨猗縣圖書館藏清鈔《南宋群賢小集補遺》本。○民國二十六年商務印書館據《咫進齋叢書》本排印，收入《叢書集成初編》。

松垣集十一卷　舊本題宋幸元龍撰　四七九〇

衍聖公孔昭煥家藏本（總目）。○《衍聖公交出書目》：「《松垣集》四本。」○《江蘇省第一次書目》：「《松垣文集》一本。」○《江蘇採輯遺書目録》：「《松垣文集》十一卷，通議大夫洪城幸元龍著，刊本。」○《兩淮鹽政李呈送書目》：「《松垣集》十一卷，舊題宋幸元龍，一本。」○《浙江省第四次鮑士恭呈送書目》：「《松垣集》十一卷，舊題宋幸元龍著，一本。」○《浙江採集遺書總録》：「《松垣集》十一卷，寫本，宋通議大夫高安幸元龍撰，裔孫鳴鶴編。」○《江西巡撫海第三次呈送書目》：「《松垣集》一本。」○南京圖書館藏清趙氏小山堂鈔本，作《重編古筠洪城幸清節公松垣文集》十一卷一册，版框外有「小山堂鈔本」五字，卷内鈐「汪魚亭藏閲書」、「石董狐」及八千卷樓丁氏印記。《善本書室藏書志》卷三十一著録。○南京圖書館藏清鈔本，書名卷數同上，一册。卷一題「宋賜進士第通議大夫松垣幸元龍震父手著，後裔濵谷居士鳴鶴徹玄父編釋，邑庠生逢明晉卿父校正，禮部儒士公標型之甫仝編，郡增廣生公棟隆甫參閲，邑庠生選、國珍、鳴鵬、國學生鳴鳳、庠生逢期俊、鳴甲遇、遂楨、永孚、履太、良氏仝閲」。半葉十行，行二十字，無格。前有康熙五十九年庚子查慎行題詞云：「此集刊行于明萬曆朝，僅存什之一，亦非足本也。康熙庚子中秋前于南昌書局抄録成卷，故識於首。」又萬曆丙辰幸鳴鶴序。卷内玄字缺末筆，曆字不避，蓋清初據查慎行鈔本傳録者。鈐「丁氏八千卷樓藏書記」印。《存目叢書》據以影印。○北京大學藏清鈔本四册，書名卷數同前二本，半葉八行，行十八字。李盛鐸故物。○上海圖書館藏清鈔本，書名卷數同前三本。半葉八行，行二十一字。○中山大學藏清鈔本二册，書名卷數同前四本。半葉八行，行十八字。鈐「曾藏汪閬源家」、「碧山居珍賞」等印(見該館《善本書目》)。○遼寧圖書館藏清鈔本二册(見《現存宋人著述總録》)。○《皕宋樓藏書志》著録「鈔本」。當在日本靜嘉堂。

臞軒四六二卷　宋王邁撰　　**四七九一**

浙江鮑士恭家藏本(總目)。○《浙江省第四次鮑士恭呈送書目》：「《臞軒四六》二卷，宋王邁著，一本。」○《浙江採集遺書總録》：「《臞軒四六》一卷，寫本，宋贈司農少卿仙遊王邁撰。」○北京圖書館藏宋刻《四家四六》本，作《臞軒先生四六》一卷，半葉十行，行十九字，細黑口，左右雙邊。《藏園訂補邵亭書目》著録宋刻《四家四六》六册，鈐毛晉印記，松江韓氏藏書。似即此帙。○南京圖書館藏清初鈔本，作《臞軒先生四六》二卷，題「王邁」，半葉十行，行十九字，無格。鈐「謙牧堂書畫記」、「謙牧堂藏書記」、「振唐」、「丁氏八千卷樓藏書記」、「四庫坿存」等印記。前有丁丙跋。《存目叢書》據以影印。○北京圖書館藏清鈔《五家四六》本，作《臞軒先生四六》一卷。半葉十行，行十九字，無格。○臺灣「中央圖書館」藏清嘉慶間鈔本，作《臞軒先生四六》不分卷四册。半葉十行，行十九字，無格。弦、曆、琰等字以朱筆框出，並於書眉注「廟諱」等字。卷内鈐「澤存書庫」等印(參該館《善本書志初稿》)。按：該館另有清嘉慶間鈔本《壺山先生四六》一卷，行款同，亦有朱筆框出清諱，唯該本「玄」、「絃」字缺末筆。則其初鈔時尚避康熙帝諱，乾、嘉帝諱則不避，朱筆係讀者所加，自當晚於鈔寫年代，然則兩書鈔寫似當在康熙間，所據者乃《四家四六》，後復分散。○北京圖書館分館藏清李氏宜秋館鈔本。

獻醜集一卷　宋許棐撰　　**四七九二**

浙江巡撫採進本（總目）。○北京圖書館藏宋咸淳刻《百川學海》本，半葉十二行，行二十字，細黑口，左右雙邊。○民國十六年武進陶湘影刻宋咸淳刻《百川學海》本。《存目叢書》據以影印。按：卷内《梅屋書目序》記許棐藏書事，《王文書目序》記王文藏書事。皆宋人藏書及書目之重要史料。○明弘治十四年華珵刻《百川學海》本，半葉十二行，行二十字，白口，左右雙邊。北圖、上圖等藏。民國十年上海博古齋影印華珵刻《百川學海》本。○明嘉靖十五年鄭氏宗文堂刻《百川學海》本，半葉十四行，行二十八字，白口，左右雙邊。北圖、北大藏。○北京圖書館藏清汪氏裘杼樓鈔本，與《騷略》、《耕禄稿》合一册。半葉九行，行二十字，白口，左右雙邊。版心下有「裘杼樓」三字。前有嘉熙丁酉自序。鈐「碧巢秘笈定本」、「休陽汪氏裘杼樓藏書印」、「嘉蔭簃藏書印」等印記。《存目叢書》據以影印。○民國十二年南城李之鼎宜秋館刻本，收入《宋人集》丁編。北圖、上圖等藏。○民國二十五年商務印書館據《百川學海》本排印，收入《叢書集成初編》。○北京圖書館藏明鈕氏世學樓鈔《説郛》本，在卷八十。○北圖又藏明鈔《説郛》本。○北圖又藏明滹南書舍鈔《説郛》本。○上海圖書館藏明鈔《説郛》本。○浙江瑞安玉海樓藏明鈔《説郛》本。○民國十六年商務印書館排印張宗祥據明鈔數本重校定《説郛》本。昌彼得先生《説郛考》曰：「此本僅録嘉熙丁酉自序、《樵談》

三十則及短文四篇，而非全本。」

四七九三 **漁父詞集句二卷　宋釋少嵩撰**

永樂大典本（總目）。

四七九四 **斷腸集二卷　宋朱淑真撰**

浙江鮑士恭家藏本（總目）。〇《浙江省第四次鮑士恭呈送書目》：「《斷腸集》九卷，宋朱淑真著，一本。」〇《浙江採集遺書總録》：「《斷腸集》九卷，元刊本，宋閨秀錢塘朱淑真撰，錢塘鄭元佐注。」〇《兩淮鹽政李呈送書目》：「《斷腸集》二卷，宋朱淑真，一本。」〇北京圖書館藏明初刻遞修本，作《新註朱淑真斷腸詩集》八卷《後集》八卷二册。宋鄭元佐註。半葉十行，行二十字，小字雙行同，黑口，四周雙邊。〇北京圖書館藏明刻遞修本，僅《新註朱淑真斷腸詩集前集》十卷一册。半葉十行，行二十字，小字雙行同，黑口，左右雙邊。有清黄丕烈跋，近人繆荃孫、張元濟跋，吴昌綬題款。黄跋又見《蕘圃藏書題識續録》卷三，定爲元刻本。張跋又見《涉園序跋集録》，亦定爲元刻本。〇臺灣「中央圖書館」藏明初刻本，作《新註朱淑真斷腸詩集》十卷《後集》八卷，共二册。正文首題「新註朱淑真斷腸詩集卷之一」，次行題「錢塘鄭元佐註」。半葉十行，行二十字，小註雙行同，黑口，四周雙邊。版面有漫漶。各卷葉次相連。前有淳熙九年壬寅魏仲恭序。卷内鈐「積學齋徐乃昌藏書」、「徐乃昌馬韻芬夫婦印」、「徐乃昌讀」、「積餘秘笈識者寶之」、「南陵徐乃昌校勘經籍記」等印記。又有冒廣生戊辰九月跋並題詩。又「乙丑夏四月上元宗舜年、海鹽張元濟、餘杭褚德彝、常熟丁祖蔭、瞿啟甲、會稽顧燮光、貴池劉之泗、覲縣趙時棡同觀」二行題記。原有木匣，上刻「元槧本新註朱淑真斷腸詩集」、「范氏天一閣藏書，今歸南陵徐氏積學齋」(參該館《善本題跋真蹟》、《善本書志初稿》)。民國十五年徐乃昌影印元刻本，其前集所據係涵芬樓藏黄丕烈跋本，後集所據則係徐乃昌自藏此刻。皆明初刻本。涵芬樓本張元濟跋云：「此爲元人舊刻，古色古香，至堪珍重，友人徐君積餘藏有《後集》，版刻相同，葉號亦復銜接，叚此景印，俾成全璧。」按：涵芬樓本版框左右雙邊，徐乃昌本四周雙邊，恐非一版。○日本靜嘉堂文庫藏舊鈔本，作《斷腸集》十卷《後集》四卷，鮑廷博手校並跋云：「計詩二百五十七首，潘訒叔本共佚九十二首。」陸心源藏書，《皕宋樓藏書志》著録。○《藏園訂補郘亭書目》著録清彭元瑞知聖道齋寫本，作《新註朱淑真斷腸集》十卷《後集》七卷。○北京圖書館藏清汪氏藝芸書舍鈔本，作《新註朱淑真斷腸詩集》十卷《後集》八卷一册。半葉十行，行二十二字，黑口，左右雙邊。清徐康跋。○北圖又藏清鈔本，作《新註朱淑真斷腸詩集》十卷《後集》三卷《雜録詩》一卷共一册。半葉十行，行二十字，無格。○南京圖書館藏清羅氏恬養齋鈔本，作《新註朱淑真斷腸詩集》十卷《後集》七卷二册。鈐「江東羅氏所藏」等印。卷首有「羅氏恬養齋校鈔天一閣本有殘闕」朱筆一行，全書有羅以智朱筆校。丁丙《善本書室藏書志》著録。○日本東洋文庫藏清同治二年潘鍾瑞手鈔本，作《斷腸詩集》十卷《後集》八卷。半葉十行，行二十四字。書眉有潘鍾瑞校。封面有潘鍾瑞題籤：「斷腸詩集，丁卯冬至第三日瘦羊題。」旁鈐「麐孫」朱文印。卷内鈐「廋羊」、「東洋文庫」等印。末有潘鍾瑞過録同治元年徐康跋云：「宋人注宋人集，如李壁注《荆公集》,王、施之注《蘇集》,任、史之注《黄集》、《陳後山詩》,皆風行海内,後世奉爲圭臬,傳本極多。去年見宋刻《簡齋集》,係宋人注本,已絶無僅有。昨無意中又得《斷腸集》,鄭元佐注,共十八卷,真希世之珍也。世有好事者,能爲之任剞劂之力,亦翰墨因緣。同治壬戌冬日子晉記。」又潘鍾瑞題記:「同治二年癸亥春月潘鍾瑞手鈔於滬瀆廣齋。」又劉履芬題記:「戊辰花朝借鈔一部藏於古紅梅閣,江山劉履芬記。」《存目叢書》據以影印。〇北京圖書館藏清同治六年劉履芬鈔本,作《斷腸詩集》十卷《後集》八卷。半葉十二行,行二十三字,無格。劉履芬校並跋。〇清光緒二十三年錢塘丁氏嘉惠堂刻本,作《新註朱淑真斷腸詩集》十卷《後集》七卷《補遺》一卷。收入《武林往哲遺箸》,北圖、上圖等藏。又收入《西泠三閨秀詩》,上圖、青島市圖藏。〇北圖分館藏清鈔本,作《斷腸詩集》十卷《詩餘》一卷。〇上海圖書館藏清鈔《弢園叢書》本,作《朱淑貞斷腸詩集》十卷《補遺》一卷《詞》一卷。〇民國徐氏積餘齋精鈔本,僅前集十卷。復旦藏。〇北京師大藏清鈔本,作《新訂朱淑貞分類詩斷腸集》八卷一册,題言子里閑閑野老重校。半葉九行,行十九字,藍格。鈐「汲古閣」、「俠香文劍之印」、「沈燕謀」、「湘鄉王氏秘籍孤本」、「寶鼎香濃繡簾風細緑窗人靜」、「掃塵齋積書記」、「禮培私印」等印記(見該館《善本書目》)。〇明萬曆四十三年潘是仁刻《宋元詩》本,作《斷腸詩集》四卷。半葉九行,行十九字,白口,四周單邊。北圖、上圖、山東省圖等藏。又萬曆四十三年刻天啟二年重修《宋元詩》本,北圖、津圖等藏。〇臺灣「中央圖書館」藏清古鹽范希仁也趣軒鈔《宋人小集》本,作《斷腸詩集》四卷。半葉十行,行十九字,無格,中縫下題「也趣軒」。〇北京大學藏清初鈔《江湖小集》本，作《斷腸全集》二卷。李盛鐸舊藏。○北大又藏清初鈔本，作《斷腸全集》二卷。半葉九行，行二十一字，黑格。李盛鐸舊藏。○北大又藏舊鈔本，作《斷腸全集》二卷。半葉九行，行二十一字。李盛鐸舊藏。○北京圖書館藏清鈔本，作《斷腸全集》二卷一册。半葉九行，行二十一字，無格。清黄丕烈校補並跋。黄跋已收入《蕘圃藏書題識》卷十。○南京圖書館藏清鈔本，作《斷腸全集》二卷《斷腸詞》一卷共一册，清丁丙跋。○南圖又藏清鈔本，作《斷腸全集》二卷《斷腸詞》一卷附李清照《漱玉詞》一卷共一册。丁氏八千卷樓舊藏。○民國十四年上海中國文學書局排印本。○民國二十年興業書局排印本。○民國二十三年上海新文化書社排印本。○一九七〇年臺北廣文書局排印本。以上四本均作《朱淑真斷腸詩集》十卷《補遺》一卷《後集》七卷《詞》一卷。○民國二十一年上海光華書局排印本，作《斷腸詩集》一卷《後集》一卷《詞》一卷。○一九八五年浙江古籍出版社排印冀勤輯校本，作《朱淑真集注》。宋鄭元佐注。○一九八六年上海古籍出版社排印張璋、黄畬校注本，作《朱淑真集》。較完備。

巽齋四六一卷　宋危昭德撰　**四七九五**

浙江鮑士恭家藏本（總目）。○《浙江省第四次鮑士恭呈送書目》：「《巽齋四六》一卷，宋危昭德著，一本。」○《浙江採集遺書總録》：「《巽齋四六》一卷，寫本，宋權工部侍郎邵武危昭德撰。」○北京圖書館藏宋刻《四家四六》本，作《巽齋先生四六》一卷，不題撰人，半葉九行，行十九字，細黑口，左右雙邊。《藏園訂補郘亭書目》著録。○北京圖書館藏清鈔《五家四六》本，書名卷數同前本，半葉十行，行十九字。鈐「完顔希賢晴雪堂圖書印」等印記。《存目叢書》據以影印。○北京大學藏清初鈔本，作《巽齋先生四六》一卷。李盛鐸舊藏。○北大又藏清光緒三十一年李盛鐸木犀軒鈔本，作《春山文集四六鈔》一卷。○無錫市圖書館藏清鈔本，作《巽齋先生四六》一卷。半葉九行，行十九字。○南京圖書館藏清鈔本，作《巽齋先生四六》一卷，與《南塘四六》合一册。丁氏八千卷樓舊藏，《善本書室藏書志》著録。○上海圖書館藏清鈔本，作《春山文集四六鈔》。○黑龍江圖書館藏清鈔本，作《春山文集四六鈔》。半葉八行，行二十字。○傅增湘藏舊寫本，作《春山四六鈔》二卷，盧址抱經樓故物(《藏園訂補郘亭書目》)。○中山大學藏清初鈔本二卷(《宋人别集叙録》)。○按：是書作者楊世文《宋刻本〈四家四六〉考》一文認爲當作危稹(參《宋人别集叙録》)。

石堂遺集四卷　宋陳普撰　**四七九六**

福建巡撫採進本(總目)。○《福建省呈送第五次書目》：「《石堂遺稿》二本。」○《浙江省第四次孫仰曾家呈送書目》：「《石堂遺集》二十二卷，宋陳普著，十本。」○《浙江採集遺書總録》：「《石堂遺集》二十二卷，刊本，宋寧德陳普撰。」○《江蘇採輯遺書目録》：「《石堂遺集》二十二卷，寧德陳普著，刊本。」○上海圖書館藏明嘉靖十六年寧德縣知縣程世鵬刻本，作《石堂先生遺集》二十二卷。半葉十行，行二十字，白口，四周單邊。○臺灣「中央圖書館」藏傳鈔明嘉靖程世鵬刻本，半葉十行，行二十字。目録次行題「後學浮梁閔文振蒐輯」，目録後題「寧德縣知縣揭陽程世鵬奉欽差整飭兵備分巡建寧道福建按察司僉事王批發校刊，儒學訓導新城潘鶚同校」。正文次行題「宋寧德陳普尚德」。前有嘉靖十四年陳褒序。後有梓集文移，嘉靖十五年程世鵬跋，嘉靖十五年蔣濂跋。鈐「查瑩藏本」、「聽雨樓查氏有圻珍賞圖書」、「漢陽葉氏敦夙好齋印」、「朱學勤修伯甫」、「唐栖朱氏結一廬圖書記」等印（見該《善本書志初稿》）。○明萬曆三年薛孔洵刻本，作《石堂先生遺集》二十二卷。題「宋寧德陳普尚德」。半葉十行，行二十字，白口，四周單邊。版心有刻工：余、善、有坡、朱、八、付等。前有萬曆三年乙亥薛孔洵重刻序。目録次行題「後學邑人薛孔洵註梓」。北圖、重慶市圖藏。南圖藏一部十六册，有鈔配，有缺葉。丁氏八千卷樓故物，《善書書室藏書志》著録。臺灣「中央圖書館」藏殘本，存卷一至八，見該館《善本書志初稿》。○北京大學藏明刻本二十二卷，半葉十行，行二十二字，白口，四周單邊。○清華大學藏明天啟三年刻本，作《選鐫石堂先生遺集》四卷。卷一題「宋霍童陳普尚德父著，後學阮光宇靖伯選，崔世召徵仲校」。半葉九行，行二十字，白口，左右雙邊。前有天啟三年崔世召《新刻陳石堂先生選集叙》。後有阮光宇選刻跋，殘存首葉。鈐「八千卷樓」、「四庫坿存」印記。《存目叢書》據以影印。○北京圖書館藏清初鈔本，作《石堂先生集》四卷，清孫承澤批校並跋。○復旦大學藏清盧文弨家鈔本，作《石堂先生集》不分卷，清盧文弨校。○清道光二十二年刻本二十二卷，浙圖、南大藏（現存宋人著述總録）。○邵懿辰《簡明目録標注》云：「《四庫存目》有《石堂遺集》四卷，云陳普撰，普全集已著録，此本乃明天啟中選刻之本云云。然檢《總目》並無普集，直漏失耳。」

東澗集一卷　宋湯漢撰　四七九七

江西巡撫採進本(總目)。○《江西巡撫海第二次呈送書目》:「《東澗集》一本。」

翦綃集二卷　宋李龏撰　四七九八

編修汪如藻家藏本(總目)。○《江蘇省第一次書目》:「《翦綃集》一本。」○《江蘇採輯遺書目録》:「《翦綃集》二卷,荷澤李龏著,刊本。」○臺灣「中央圖書館」藏南宋臨安府陳解元書籍鋪刻本,係該館藏陳解元書籍鋪刻《南宋群賢小集》之一。○北京圖書館藏清初毛氏汲古閣影宋鈔本,題「荷澤李龏和父集」。半葉十行,行十八字,白口,左右雙邊。卷尾有「臨安府棚北大街陳解元書籍鋪印行」一行。鈐「毛晉」、「汲古主人」、「宋本」、「希世之珍」、「子晉之印」、「毛氏子晉」等印。《存目叢書》據以影印。○北圖又藏清初毛氏汲古閣影宋鈔本,半葉十行,行二十一字,白口,左右雙邊。○民國十年上海古書流通處據汲古閣影宋鈔本影印《汲古閣影鈔南宋六十家小集》本。○臺灣「故宮博物院」藏影鈔宋臨安陳解元書籍鋪刻《宋詩秘本》本。○明末虞山毛氏汲古閣刻《詩詞雜俎》本。北大、清華、上圖等藏。上圖有單本,清黄彭年跋。民國上海醫學書局影印汲古閣《詩詞雜俎》本。民國二十六年商務印書館《叢書集成初編》亦據是刻影印。○清木松堂重刻汲古閣《詩詞雜俎》本。上海師大藏。○北京大學藏清趙氏小山堂鈔《南宋群賢小集》本。○臺灣「中央圖書館」藏舊鈔《江湖小集》本,《四庫全書·江湖小集》底本,有館臣改批謄録格式。鈐「道古樓鈔藏」、「古鹽官州馬思贊之印」、「沈廷芳印」、「椒園」、「宣城李氏瞿硎石室圖書印記」等印,蓋康熙間馬氏道古樓鈔本。○清乾隆四庫館鈔《四庫全書・江湖小集》本。臺灣商務印書館影印《文淵閣四庫全書》本。○北京圖書館藏清康熙雍正間金氏文瑞樓鈔《宋人小集六十八種》本，一卷。○北京大學藏清乾隆四十七年鮑氏知不足齋鈔《江湖後集》本，不標書名，在卷二十。未知與《翦綃集》異同。○黑龍江圖書館藏清鮑氏知不足齋鈔《宋人小集》本。○南京圖書館藏清鈔《南宋群賢小集》本。清周春、丁丙舊藏。○重慶圖書館藏清鈔《兩宋名賢小集》本。清孔繼涵舊藏。○清嘉慶六年顧氏讀畫齋刻《南宋群賢小集》本，北圖、上圖等藏。○北京圖書館藏清鈔《群賢小集》本。半葉十行，行十八字，無格。○北京圖書館藏清鈔本，與《梅花衲》合一册。半葉十行，行十八字，無格。○上海圖書館藏清鈔《南宋群賢詩》本。○上海圖書館藏清鈔本三卷。半葉九行，行二十一字。○按：各本多與李龏《梅花衲》一卷合鈔。

汪水雲詩鈔一卷　宋汪元量撰　四七九九

江蘇巡撫採進本（總目）。○《江蘇省第一次書目》：「《汪水雲詩鈔》一本。」○《江蘇採輯遺書目録》：「《汪水雲詩鈔》一册，錢塘汪元量著。」○《浙江省第三次書目》：「《湖山類稿》《水雲集》，宋汪元量著，二本。」○《浙江採集遺書總録》：「《湖山類稿》五卷《水雲集》一卷，刊本，宋錢塘汪元量撰。」○臺灣「中央圖書館」藏舊鈔本，作《汪水雲詩》一卷一册，半葉九行，行二十一字，無格。外封墨筆題「汪水雲詩」、「六十老人蕘夫記，道光壬午春初手校王慧音藏舊鈔本」。扉葉有金俊明康熙元年識語：「壬寅端陽前三日樂饑翁攜贈。」並鈐「皈章散管之年」、「不寐道人收藏」二印。後有錢謙益跋並鈐「牧翁蒙叟」、「錢謙益印」二印。前後有黄丕烈跋三則、邵恩多跋一則，已收入《蕘圃藏書題識》卷八。卷内鈐「迺昭印信」、「樂饑」、「俊明之印」、「耿庵」等印。蓋明末清初錢謙益家鈔本也。○山東博物館藏清初錢謙益家鈔本，作《汪水雲詩》一卷《附録》一卷。按：《汪水雲詩》一卷，或名《汪水雲詩鈔》、《水雲集》、《水雲詩鈔》，明崇禎四年辛未夏錢謙益輯。此錢謙益家鈔本未寓目，疑亦崇禎間寫本也。《宋人別集叙録》謂此即《楹書隅録續編》卷四著録之葉萬藏本，非。○北京圖書館藏明末鈔本，作《汪水雲詩鈔》一卷，題「水雲汪元量字大有」。半葉十行，行二十四字，四周單邊。前有文天祥等序。後有崇禎四年辛未錢謙益跋云：「夏日晒書，理雲間人鈔詩舊册，得水雲二百二十餘首，録成一帙。」後有毛扆識語：「丙戌五月二十四日從《湖山類稿》細勘一過，凡・者《類稿》所無也。毛扆。」是毛斧季手校本。首葉鈐「翰林院印」滿漢文大官印，知即進呈四庫原本。提要稱「崇禎辛未舊跋」云云，即錢謙益跋也，有所違礙，故隱其名。《存目叢書》據以影印。按：毛扆手校題識在順治三年丙戌，則是本之鈔或在清初。○北京圖書館藏清順治十七年葉時、葉疇鈔本，作《汪水雲詩鈔》一卷《附録》一卷，半葉十行，行十九字，無格。後有崇禎辛未七夕牧翁跋。又葉萬手跋云：「庚子之歲假得孫天年鈔本，命兒子時、疇對鈔。次年辛丑正月改纂訛謬畢，因書於後曰：……洞庭東山轂道人。」鈐有「葉萬」、「石君」、「樹蓮」、「樸學齋」、「李鑑之印」、「明古」、「季姝氏」、「李琳」等印（參《楹書隅録續編》卷四）。○清康熙十年吴之振鑑古堂刻《宋詩鈔初集》本，作《水雲詩鈔》一卷。吴之振小引云：「虞山錢牧齋得之雲間鈔書舊册，録爲《水雲集》。」山東省圖藏單本，王獻唐跋云：「此與吴尺鳬本同出一原，字句間及《湖州歌》篇次錯雜處悉合。藏書家多不重視，實於版刻傳鈔别爲一支，未容軒輊，余别有考證，不具詳也。二十一年九月十六日燈下記。獻唐。」○南京圖書館藏清鈔本，作《水雲集》一卷《詞》一卷《附録》一卷，一册。版匡外有「錢塘吴氏繡谷亭鈔」八字。前有雍正癸卯（元年）蟬華居士吴焯手跋。鈐「繡谷薰習」、「吴焯」、「尺鳬」、「蟬華」諸印（參《善本書室藏書志》）。按：孔凡禮輯校《增訂湖山類稿》一九八四年中華書局排印本第一九三葉收有「潭花居士吴焯」跋，當係「蟬華居士吴焯」之訛。祝尚書《宋人别集叙録》沿誤。○清乾隆三十年鮑廷博知不足齋刻本，作《湖山類稿》五卷《水雲集》一卷《附録》三卷。半葉十行，行十九字，黑口，雙黑魚尾，左右雙邊。有吴城序云：「乙酉之夏，校定其插架《湖山類稿》、《水雲集》鋟之。」又《水雲集》有乾隆三十年鮑廷博跋，謂據家藏陸平原（嘉顥）采薇堂舊鈔本，又從吴甌亭（城）假繡谷遺書，重加勘定，合《湖山類稿》刊之。又有陸嘉顥《水雲集》跋：「史辰伯先生從琴川錢太史家借録。崇禎壬申（五年）夏四月廿一日鈔完。研隱老人記於吴門之西郊草堂。」又：「乙酉夏六月十八日避亂鄧尉山印可僧寮，覽竟，淚沾胸臆。嘉顥時年六十有八。」知鮑刻所據乃崇禎五年史辰伯鈔本。清華、上博、南圖等藏。南圖另藏一部有丁丙跋。北圖藏一部有王國維校補並跋，趙萬里校。○清乾隆四庫館鈔《四庫全書》本，作《湖山類稿》五卷《水雲集》一卷。提要云：「近時鮑廷博因復採《宋遺民録》，補入辰翁元序，合《水雲集》刻之。」知庫本從鮑刻出。臺灣商務印書館影印《文淵閣四庫全書》本。○北京圖書館藏清鈔本，作《汪水雲詩》一卷《附録》一卷一册。半葉九行，行二十一字，無格。清黄丕烈校並跋。按：《楹書隅録續編》著録舊鈔本一部，黄丕烈手校，鈐「一粟洲」、「王孝詠印」、「慧音」、「徵雲之印」、「壹是堂讀書記」、「復翁」、「百宋一廛」等印。未知即北圖此本否。○北京圖書館藏清金氏文瑞樓鈔《南宋小集九家》本，作《汪水雲詩》一卷。○北京圖書館藏清乾隆四十年吴翌鳳鈔本，作《湖山類稿》五卷《汪水雲詩鈔》一卷《補遺》一卷《亡宋舊宫人詩詞》一卷，一册。半葉十行，行十九字，無格。有吴翌鳳題識云：「乙未送春日借張子充之鈔本校録，枚庵。」又録錢謙益跋、潘耒跋。又顧至、黄丕烈手跋，均見《蕘圃藏書題識》。傅增湘《藏園群書經眼録》著録是本，云鈐有「楊氏海源閣藏」、「東郡楊紹和彦合珍藏」二印。《楹書隅録》未收，唯吴枚庵跋誤入葉石君家鈔《汪水雲詩鈔》條。是楊氏之疏。○上海圖書館藏清鈔本，作《汪水雲詩鈔》一卷《附録》一卷，清邵恩多跋。○北大藏清鈔本，李盛鐸校補。○上海圖書館藏清鈔本，書名卷數同上，清章綬銜跋。○臺灣「中央研究院」史語所藏友竹書室鈔本，附《宋遺民録》後，作《汪水雲詩鈔》一卷。○《皕宋樓藏書志》著録舊鈔本，作《水雲詩》一卷。當在日本靜嘉堂。○清光緒二十三年丁丙刻《武林往哲遺箸》本，作《湖山類稿》五卷《水雲集》一卷《亡宋舊宫人詩》一卷《附録》三卷。北圖藏單本，傅增湘據吴翌鳳手寫本校。○清宣統二年北京龍文閣石印《宋代五十六家詩集》本，作《水雲詩集》一卷。○清康熙汪森手鈔本，作《湖山類稿》五卷《外稿》一卷《附録》一卷《宋舊宫人詩詞》一卷。有康熙二十六年丁卯汪森跋云：「因檢錢虞山所藏雲間舊鈔二百二十餘首，互爲參訂，複者去之，闕者存之，編爲《外稿》，附於五卷之末。」此《湖山外稿》收詩百七十六首、詞一首。《皕宋樓藏書志》著録，現藏日本靜嘉堂文庫。○北京圖書館藏清鈔本，作《湖山外稿》一卷《附録》一卷，一册。半葉十行，行十九字，無格。清黄丕烈校。《藏園群書經眼録》著録，云是海源閣藏書，鈐「惠定宇手定本」朱文印，楊氏父子五印，封面題字爲黄蕘圃手書。○上海圖書館藏清鈔本，作《湖山類稿》五卷《外稿》一卷《附録》一卷。清鮑廷博手校。《藏園訂補郘亭書目》著録，稱盧址抱經樓散出之書，鮑廷博手校，鈐知不足齋印記。○北京圖書館藏清彭氏知聖道齋鈔本，作《湖山類稿》五卷《外稿》一卷《亡宋舊宫人詩》一卷《附録》一卷，一册。半葉十行，行二十四字，白口，四周雙邊。○李一氓藏清鈔本，作《湖山類稿》五卷《外稿》一卷。孔凡禮輯校《增訂湖山類稿》取爲底本。○一九八四年齊魯書社影印王獻唐等校本，作《雙行精舍校汪水雲集》，係王氏於民國間商請王重民、柳詒徵、顧實等分校各地善本而成。○一九八四年中華書局排印本，作《增訂湖山類稿》，孔凡禮輯校。以李一氓藏鈔本爲底本，參校明鈔《詩淵》、順治葉時、葉疇鈔本、《宋詩鈔》本、李木齋舊藏鈔本、王國維、趙萬里校鮑刻本、丁氏刻本等。增輯詩百首、詞二十三首，共得詩四百八十首、詞五十二首。並試作編年。附録研究資料、事蹟紀年、著述略考。較完備。祝尚書《汪元量〈湖山類稿〉佚跋考》（載《書品》一九九五年三期）對孔本有訂補。

須溪記鈔八卷　宋劉辰翁撰　　四八〇〇

副都御史黄登賢家藏本（總目）。○《都察院副都御史黄交出書目》：「《須溪記抄》，宋劉辰翁著，二本。」○《兩江第一次書目》：「《須溪記鈔》，宋劉辰翁著，三本。」○《浙江省第四次鮑士恭呈送書目》:「《須溪記鈔》八卷,元劉辰翁著,一本。」○《浙江採集遺書總録》:「《須溪記鈔》八卷,刊本,宋廬陵劉辰翁撰。」○北京圖書館藏明嘉靖五年王朝用刻本,作《劉須溪先生記鈔》八卷二册。半葉十一行,行二十一字,白口,左右雙邊。《藏園群書經眼録》著録傅增湘藏此刻,云「線黑口」,與《北圖目》異。又云有嘉靖五年崐邑張寰序,謂邑令王君捐俸鋟之梓,王君名朝用,字汝行,蜀之南充人。南京圖書館亦藏是刻八卷四册,鈐「姑蘇吴岫家藏」、「章綬銜印」、「庸笙」、「紫伯收藏」、「讀騷如齋」、「瓜纑外史」、「歸安章綬銜字紫伯印」等印記。丁氏八千卷樓舊藏,《善本書室藏書志》著録,云「前後無序跋」。○南京圖書館藏明天啟三年楊讖西刻本,書名卷數同前本。半葉九行,行二十字,白口,四周單邊。前有天啟三年癸亥韓敬引,嘉靖五年張寰《叙刻須溪記鈔》。韓引云:「楊讖西氏篤志好古,得先生所評詩文,刻爲善本,並請斯《記》公之同好。」《存目叢書》據以影印。北大、清華、上圖等亦有是刻。○清康熙二十五年刻本,書名卷數同前本。半葉九行,行二十字,白口,四周雙邊。湖北省圖藏。○清鈔本,作《劉須溪先生記鈔》八卷《集略》四卷《附録》一卷共六册。半葉七行,行二十字,無格。湖北省圖藏。

雞肋集一卷　宋何希之撰　**四八〇一**

江西巡撫採進本(總目)。○《江西巡撫海第二次呈送書目》:「《鷄肋集》一本。」○北京圖書館分館藏清康熙五十八年刻本,封面刻「康熙五十八年重刻」、「本家藏板」。半葉九行,行二十字,白口,四周單邊。版心題《何希之先生雞肋集》,正文卷端題《何希之雞肋集》。首列《廷試策》、《省試策》

共一卷十五葉。次列文五十九篇爲一卷。鈐「紫峰主人」印。《存目叢書》據以影印。

牧萊脞語十二卷二稿八卷　宋陳仁子撰　四八〇二

浙江鮑士恭家藏本(總目)。○《浙江省第四次鮑士恭呈送書目》：「《牧萊脞語》二十卷《二稿》八卷，宋陳仁子著，五本。」○《浙江採集遺書總録》：「《牧萊脞語》二十卷《二稿》八卷，寫本，宋長沙陳仁子撰，門人李樾宣揚廷輯(脞語)、門人譚以則伯可輯(二稿)。」○北京圖書館藏清初影元鈔本，作《牧萊脞語》二十卷《二稿》八卷，九册。卷一題「雲山古迂陳仁子同倩述，門人李樾宣揚廷輯」。《二稿》題「門人譚以則伯可輯」。半葉十行，行二十字。前有重光單閼季春望樵溪遺民余恁序，癸巳鄧光薦序，壬寅蕭龍友序。有周叔弢跋，已入《自莊嚴堪善本書目》。卷内鈐「楝亭曹氏藏書」、「長白敷槎氏堇齋昌齡圖書印」、「卓觀樓」、「周暹」等印記。《存目叢書》據以影印。《藏園群書經眼録》著録，云「此書孤本，周叔弢藏，借來録副，因記」。○按：此書卷數，《總目》作「十二」，誤倒，當從進呈目及原書作「二十」。

寶峰集二卷　宋趙偕撰　四八〇三

兩淮鹽政採進本(總目)。○《兩淮鹽政李呈送書目》：「《寶峰集》二卷，元趙偕，一本。」○《浙江省第四次鮑士恭呈送書目》：「《趙寶峰集》二卷，元趙偕著，一本。」○《浙江採集遺書總録》：「《趙寶峰集》二卷，知不足齋寫本，元慈谿趙偕撰。」○南京圖書館藏明嘉靖二十二年趙文華刻本，作《趙寶峰先生文集》二卷。前有門人烏斯道序，後有嘉靖十一年壬辰趙繼宗後序，二十二年癸卯趙文華後序。文華云「爰掇其遺集梓之」。半葉九行，行十八字，白口，左右雙邊。版心有「寶雲堂文藝」五字。鈐有「汪魚亭藏閲書」、「振唐」、「八千卷樓」、「四庫坿存」等印。丁丙《善本書室藏書志》著録。《存目叢書》據以影印。臺灣「中央圖書館」亦藏是刻一部，嘉業堂舊物。○上海圖書館藏清鮑氏知不足齋鈔本，書名卷數同前本。半葉九行，行十八字。周越然《書書書》著録鮑氏知不足齋鈔本，云半葉九行十八字，無格，前有烏斯道序，門人、友人祭文，後有嘉靖十一年趙繼宗後序，又十二年趙文華跋，卷二末葉有「乾隆己丑六月借錢唐汪氏刻本影寫，七月八日畢，並校一過，知不足齋識」一跋，鈐「憲珪」、「瑞花」(山東孔氏)兩印，又「知不足齋鮑以文藏書」九字朱文方印。上圖所藏當即周越然故物。○南京圖書館藏清鈔本二卷一册，書名同前。丁氏八千卷樓舊藏。○北京圖書館藏清鈔本二卷一册，書名同前本。半葉九行，行十八字，無格。○民國二十九年張壽鏞約園刻本，《四明叢書》第七集之一。

方韶卿集一卷　舊本題宋方鳳撰　**四八〇四**

江蘇巡撫採進本(總目)。○《江蘇省第一次書目》：「《方韶卿集》一本。」○《提要》云：「此集前有曹溶圖記，蓋其家藏鈔本。然前半卷全採《宋遺民録》，後半卷錢塘詩以下則皆汪元量作。蓋書賈僞鈔以射利。」

待清遺稿二卷　宋潘音撰　**四八〇五**

浙江巡撫採進本(總目)。○《浙江省第四次鮑士恭呈送書目》：「《待清軒遺稿》一卷，宋潘音著，一本。」○《浙江採集遺書總録》：「《待清軒遺稿》一卷，寫本，宋天台潘音撰。」○《國子監學正汪交出書目》：「《潘待清先生稿》一本。」○上海圖書館藏清初鈔本一卷，半葉九行，行二十字，無格。○湖南圖書館藏清乾隆嘉慶間趙之玉星鳳閣鈔《唐宋元三朝名賢小集》本一卷。○北京大學藏清初鈔《江湖小集四十三種》本，作《待清軒稿》一卷。○北京圖書館藏清鈔本一卷、《讀書録存遺》一卷。半葉九行，行二十字，無格。○北圖又藏清鈔本一卷、《讀書録存遺》一卷。半葉九行，行二十一字，黑口，左右雙邊。○北圖又藏清鈔本一卷、《讀書録存遺》一卷。半葉十行，行二十一字，黑口，四周雙邊。此與《山民詩集》合一册。○《藏園訂補郘亭書目》著録「清鮑廷博知不足齋寫本」一卷、《讀書録存遺》一卷。○王重民《善本提要》著録美國國會圖書館藏精鈔本一卷、《讀書録存遺》一卷，係《景德盦叢鈔》之一。○上海圖書館藏清戴范雲輯鈔《戴機父所輯書》本一卷、《讀書録存遺》一卷。按：《著硯樓題跋》著録「舊鈔本」一卷、《讀書録存遺》一卷，謂「此嘉定戴機父先生從傳是樓藏本手録」。似即此本。○民國四年李之鼎宜秋館刻本一卷，收入《宋人集》甲編。北圖、上圖等藏。○民國四年太平金氏木活字排印《赤城遺書彙刊》本一卷，上圖、浙圖、川圖等藏。○清康熙顧嗣立刻《元詩選初集》本，録十六首。北圖、上圖等藏。○本書書名各本作《待清軒遺稿》。

心史七卷　舊本題宋鄭思肖撰　**四八〇六**

江蘇巡撫採進本（總目）。○《江蘇省第一次書目》：「《鄭所南集》四本。」○《江蘇採輯遺書目録》：「《鄭所南集》十一卷，連江鄭思肖著，刊本。」○《浙江省第四次鮑士恭呈送書目》：「《所南文集》二卷，宋鄭思肖著，一本。」○《浙江採集遺書總録》：「《所南文集》一卷《一百二十圖詩》一卷，寫本，宋連江鄭思肖撰。附鄭震《清雋集》一篇。」○《提要》云：「思肖有《題畫詩》、《錦錢集》及所著《雜文》，併附載其父震《菊山清雋集》後，已著於録。此書至明季始出，吴縣陸坦、休寧汪駿聲皆爲刊行。」按：鄭震《菊山清雋集》及思肖詩文未見《總目》著録，僅見《四庫簡明目録》。蓋後來剔除也。又此處據江蘇呈本著録，《江蘇目録》云「十一卷」，蓋鄭氏父子各種均在内也。今亦總列各種於此。○上海圖書館藏清戴范雲輯鈔《戴機父所輯書》本，包括《三山鄭菊山先生清雋集》一卷《一百二十圖詩集》一卷《錦錢餘笑二十四首》一卷《文集》一卷。○北京圖書館藏清趙氏小山堂鈔本一册，包括《三山鄭菊山先生清雋集》一卷《所南翁一百二十圖詩集》一卷《鄭所南先生文集》一卷《附録》一卷。○北圖又藏清張位鈔本二册，内容同前本。○南京圖書館藏清鈔本一册，内容同前本。鈐「明善堂覽書畫印記」、「安樂堂藏書記」、「宣城李氏瞿硎石室圖書印記」、「宛陵李之郇藏書印」等印記。丁氏八千卷樓舊藏，《善本書室藏書志》著録。○臺灣「中央圖書館」藏舊鈔本一册，包括《三山鄭菊山先生清雋集》一卷《所南翁一百二十圖詩集》一卷附《錦錢餘笑》一卷。有楊鍾羲、梁鼎芬、陳衍題記，鄭孝胥題詩。鈐「金元功藏書記」、「植」、「子培父」、「海日樓」等印（見該館《善本書志初稿》、《善本題跋真蹟》）。○臺灣「中央圖書館」又藏舊鈔本三册，包括《三山鄭菊山先生清雋集》一卷《所南翁一百二十圖詩》一卷《鄭所南先生文集》一卷及《附録》。鈐「鄭杰之印」、「昌英珍秘」、「注韓居」、「延古堂李氏珍藏」等印（見該館《善本書志初稿》）。○北京大學藏清鈔本一册，包括《三山鄭菊山先生清雋集》一卷《所南翁一百二十圖詩集》一卷附《錦錢餘笑》一卷《鄭所南先生文集》一卷《附録》一卷。鈐「汪士鐘印」朱文長印。《木犀軒藏書書録》著録。○北大又藏清鈔本二册，内容同前。有朱校。○北大又藏李木齋鈔本一册，包括《三山鄭菊山先生清雋集》一卷《所南翁一百二十圖詩集》一卷《錦錢餘集》一卷。○北京圖書館藏清鈔本一册，包括《三山鄭菊山先生清雋集》一卷《所南翁一百二十圖詩集》一卷《鄭所南先生文集》一卷《補疑》一卷《附録》一卷。○北圖又藏清鈔本一册，内容較前本少《補疑》。○清嘉慶鮑氏知不足齋刻《知不足齋叢書》第二十一集本，包括《三山鄭菊山先生清雋集》一卷《所南翁一百二十圖詩集》一卷《錦錢餘笑》一卷《附録》一卷《鄭所南先生文集》一卷。按：此本無刊刻年月，考《知不足齋叢書》第二十集至二十八集乃嘉慶中陸續刊刻，知此數卷亦嘉慶刊。或稱乾隆刊，恐未確。民國十年上海古書流通處影印鮑刻《知不足齋叢書》本。○民國二十六年商務印書館《叢書集成初編》據《知不足齋叢書》本排印本，無《文集》。○民國二十三年商務印書館《四部叢刊續編》據林佶寫本影印本，包括《三山鄭菊山先生清雋集》一卷《所南翁一百二十圖詩集》一卷《錦錢餘笑二十四首》一卷《鄭所南先生文集》一卷，附張元濟《校勘記》一卷。張氏跋云：「是爲福建林吉人手寫本。」而傅增湘《藏園訂補郘亭書目》著録此本云：「舊題清林佶手寫本，非是。」○臺灣「中央圖書館」藏舊鈔本，作《鄭所南先生文集》不分卷，三册。内容同該館藏鄭杰注韓居舊藏鈔本。○清光緒三十二年國學保存會排印本，收入《國粹叢書》。包括《三山鄭菊山先生清雋集》一卷《所南翁一百二十圖詩集》一卷《錦錢餘笑》一卷《鄭所南文集》一卷。○北京大學藏明崇禎十二年張國維刻本，目録題《宋鄭所南先生心史目録》，正文包括《咸淳集》一卷、《大義集》一卷、《中興集》二卷、《宋鄭所南先生久久書》一卷、《雜文》一卷、《大義略叙》一卷，共七卷。全書版心均題《心史》，分上卷、下卷。故各家著録書名或從目録作《宋鄭所南先生心史》，或依版心作《心史》。卷數或依正文作七卷，或依版心作二卷。正文首行題「咸淳集」，次題「三山菊山後人所南鄭思肖億翁」。半葉九行，行二十字，白口，左右雙邊。前有崇禎十二年己卯長至古婺張國維序云「授梓而弁以序」。《存目叢書》據以影印。北圖、上圖等亦有是刻。按：自此以下爲《心史》版本。○臺灣「中央圖書館」藏明崇禎十三年汪駿聲刻本，目録首題「鄭所南先生心史目録」，次題「明同郡後學林古度茂之、葉益蓀雁湖、高拱京鍾陵、新安後學汪駿聲權奇同校」。正文卷端標題、署名同前本。半葉九行，行十八字，白口，四周單邊。版心中間刻總名「心史」，下刻「咸淳集」等子目及卷、葉。有崇禎十三年庚辰孟秋之朔郡後學曹學佺序。又崇禎十三年庚辰閏正月望日郡後學林古度序云：「取其詩文，名曰《心史》，用蠟封固，而函以錫，錫復函鐵，沉於承天寺狼山中房古井中，以待千載後人得見其生平，此其立志不亦奇歟。果今三百五十六年，一旦爲予友君慧上人浚井而得之。」又云：「雁湖、鍾陵與予皆郡後學，急謀較梓以傳先生之心。友人汪權奇欣任其事，雁湖、鍾陵損貲助成。」書末有跋佚尾，當係汪駿聲跋。鈐有「福唐葉子冀藏書印」、「子冀家藏」、「朱檉之印」、「玖聃」、「湘鄉王氏秘籍孤本」、「禮培私印」、「埽塵齋積書記」等印（參該館《善本序跋集録》、《善本書志初稿》）。北大、上圖等亦有是刻。北圖藏一部有吴梅跋，《北京圖書館古籍珍本叢刊》據以影印。〇明隆武元年刻本，作《鄭所南先生心史》二卷二册。日本内閣文庫藏。〇清咸豐同治間長沙余肇鈞刻《明辨齋叢書》二集本，作《心史》二卷。北圖、上圖等藏。〇日本文久三年（清同治二年）活字印本，作《宋鄭所南先生鐵函心史》四卷，包括《咸淳集》一卷《大義集》一卷《中興集》二卷。復旦藏（《中國館藏和刻本漢籍書目》）。〇清光緒二十年種竹書屋刻本，作《鐵函心史》二卷。山東省圖、南大、日本京大人文所藏。〇日本明治三十七年（清光緒三十年）東京翔鸞社鉛印本，作《鄭所南先生鐵函心史》四卷。子目同文久本。川圖藏。〇北京大學藏清鈔本七卷、《補遺》一卷，共三册。李盛鐸舊藏。〇北大又藏清鈔本七卷、《補遺》一卷，共一册。李盛鐸舊藏。〇臺灣中研院史語所藏鈔本，作《鄭所南先生心史》七卷《附録》一卷共六册。〇上虞羅氏心井盦鈔本二卷，南大藏。〇民國二十二年南京支那内學院刻本，作《鄭所南心史》二卷二册。川圖、南大藏。〇民國三十年排印本，作《鐵函心史》不分卷。浙大藏。〇臺灣「中央圖書館」藏清海鹽范希仁也趣軒鈔《宋人小集》内有《鄭所南先生詩鈔》五卷。〇一九九一年上海古籍出版社排印陳福康校點《鄭思肖集》較完備通行。

四八〇七

羅滄洲集五卷　舊本題宋羅公升撰

編修勵守謙家藏本（總目）。〇《編修勵第一次至六次交出書目》：「《羅滄洲詩》一本。」〇《江蘇省第二次書目》：「《羅滄洲集》一本。」〇《江蘇採輯遺書目録》：「《羅滄洲集》五卷，武岡尉永豐羅公升著，鈔本。」〇《浙江省第四次鮑士恭呈送書目》：「《羅滄洲集》五卷，宋羅公升著，一本。」

○《浙江採集遺書總録》：「《羅滄洲集》五卷，寫本，宋縣尉永豐羅公升撰。」○南京圖書館藏清初鈔本，作《宋貞士羅滄洲先生集》五卷。卷一題「宋禮部侍郎廬陵鄧中齋中甫批點，明翰林國史修撰七世宗孫倫校正，明廣東廉州知府廣昌鏡秉鑑刊行」。半葉十行，行二十字，無格。前有劉辰翁序。鈐「曹溶私印」、「潔躬」、「安樂堂藏書記」、「明善堂覽書畫印記」、「宣城李氏瞿硎石室圖書印記」、「宛陵李之郇藏書印」等印記。《存目叢書》據以影印。○上海圖書館藏清初鈔《宋人小集三十二種》本，作《滄洲先生集》五卷。○上圖又藏清鈔本，作《宋貞士羅滄洲先生集》五卷。清戈宙襄校並跋。○《皕宋樓藏書志》著録《宋貞士羅滄洲先生詩集》五卷，舊鈔本，有劉辰翁序，顧嗣立俠君癸亥至日於京邸手跋。今當在日本靜嘉堂文庫。○北京圖書館藏清金氏文瑞樓鈔《宋人小集六十八種》本，作《宋貞士羅滄洲先生集》四卷。○湖北圖書館藏清冰蕸閣鈔本，作《宋貞士羅滄洲先生集》五卷。○臺灣「中央圖書館」藏清扶揺館鈔《宋人小集九種》本，作《滄洲詩集》五卷。有劉辰翁序。又某氏跋末署「癸亥至日書於京邸」，當即顧嗣立跋。○南京圖書館藏清鈔本，作《宋貞士羅滄洲先生集》五卷一册，鈐「王宗炎所見書」等印，丁氏八千卷樓舊藏，《善本書室藏書志》著録。○清乾隆五年至六年曹庭棟刻《宋百家詩存》本，作《滄洲集》一卷。

林屋山人集一卷　宋俞琬(琰)撰　四八〇八

浙江鮑士恭家藏本(總目)。○《浙江省第四次鮑士恭呈送書目》：「《林屋山人漫稿》一卷，元俞琰著，一本。」○《浙江採集遺書總録》：「《林屋山人漫稿》一卷，寫本，元長洲俞琰撰。」○《兩淮商人馬裕家呈送書目》：「《林屋山人漫稿》一卷，元俞琰，一本。」○北京大學藏清鈔本，作《林屋山人漫稿》一卷，題「石磵俞琰玉吾」。半葉九行，行二十字，無格。鈐「大興朱氏竹君藏書之印」、「結一廬主」、「朱學勤印」、「修伯」、「馨嘉館印」等印記。《存目叢書》據以影印。○上海圖書館藏清初鈔本，作《林屋山人漫稿》一卷。○清華大學藏清鈔本，書名同上。○臺灣「中央圖書館」藏清鈔本，書名同上。題「石磵俞琰玉吾撰」。目録後有題記：「同治戊辰得此於嘉興北市，時閏四月廿有六日惜陰識。」鈐有「姜渭」、「姜氏所藏」、「甸清過眼」、「如皋祝壽慈印」、「穉農」、「漢鹿齋金石書畫印」等印記（參該館《善本書志初稿》）。○《皕宋樓藏書志》著録《林屋山人漫稿》一卷，舊鈔本。今當在日本靜嘉堂。

遺山詩集二十卷　金元好問撰　四八〇九

江蘇巡撫採進本（總目）。○《提要》云：「好問全集已著録，此《詩集》二十卷，乃毛晉從全集摘出，刊於《十元人集》中者。」○《江蘇省第一次書目》：「《元人十種詩》二十二本。」○《江蘇採輯遺書目録》：「《元人十種詩》五十八卷，明常熟毛晉刊。」○《浙江省第四次鮑士恭呈送書目》：「《遺山集》二十卷，金元好問著，三本。」○《浙江採集遺書總録》：「《遺山集》二十卷，汲古閣刊本，金員外郎太原元好問撰。」○臺灣「中央圖書館」藏明弘治十一年河南巡撫李瀚刻本，作《遺山先生詩集》二十卷。半葉十行，行二十一字，大黑口，四周雙邊。前有弘治十一年戊午四月朔日巡按河南監察御史沁水李瀚《重刊遺山先生詩集序》云：「瀚自束髮慕先生詩教，曩在陝西，嘗以所編《中州集》屬有司刻置西安郡齋。近奉命巡按河南，復取家藏《詩集》屬汝州知州高士達刻行之。」然則此係汝州知州高士達所刊。鈐「藝風審定」、「莚圃收藏」等印。該館另藏是刻一部，佚去李瀚刻序，有同治丁卯徐康手跋，稱「元時雕本」，誤也。鈐「五硯樓袁氏收藏金石圖書印」、「五硯樓」、「袁氏又愷」、「廷檮之印」、「徐康私印」、「子晉」、「沈均初所得古刻善本」、「嘉定黄氏鑒藏」、「黄鈞」、「次歐」等印記（參該館《善本書志初稿》、《善本序跋集録》）。北圖、上圖、南圖等亦有是刻。中國社科院文學所藏一部，卷四至九鈔配，佚名録清何焯校並跋。○明崇禎毛氏汲古閣刻《元人十種詩》本，書名卷數同前本。半葉九行，行十九字，白口，左右雙邊。版心下刻「汲古閣」。末有毛晉跋。《存目叢書》據吉林省圖本影印。上圖藏單本，清沈欽韓校。開封圖書館藏一部，清黄金簡評點。北大藏一部，佚名録清顧嗣立、顧奎光、王慶麟、翁方綱等評。上圖藏一部，葉景葵校並跋。○中國社科院歷史所藏清初鈔本，作《遺山先生詩集》二十卷，有清錢儀吉題記。○中科院圖書館藏清鈔本，書名卷數同前。存卷一至六。有鄧之誠跋。○北京圖書館藏清吕氏南陽講習堂抄本，作《元遺山先生詩集》二十卷，清莫友芝跋。○清乾隆四十三年萬廷蘭刻本，作《元遺山詩集》八卷。○按：《存目》所據汲古閣本，館臣謂「乃毛晉從全集摘出，刊於《十元人集》中者」。考《四庫》著録《遺山集》四十卷，内詩十四卷。汲古閣本二十卷，分卷與全集本異。又二十卷本詩集明弘治時已有刊本，且李瀚稱所據爲家藏本，則其來已久。觀汲古閣本毛晉跋，未言底本來源，依分卷二十推之，當淵源弘治本。館臣云云，未可信也。

水雲村泯稿二卷　元劉壎撰

編修汪如藻家藏本（總目）。○《國子監學正汪交出書目》：「《水雲村泯稿》二本。」○北京圖書館藏元鈔本，存卷十五、卷二十至二十五、卷三十五至三十七，共十卷。書名同。○上海圖書館藏清汪氏振綺堂鈔本，作《水雲村氓稿》，存卷上。有葉景葵跋。○原北平圖書館藏明天啟刻本，作《水雲村泯稿》三十八卷五册。王重民《善本提要》著録。現存臺北「故宫」。○清道光十七年愛余堂刻本，作《水雲村泯稿》二十二卷。卷二十一卷二十二係附録後人文字。上圖、江西圖、山東圖、人民大學等藏。○清道光十年愛余堂刻本，作《水雲村吟稿》十二卷《附録》一卷。山西大學藏。此係詩集。○北京圖書館分館藏清鈔本，作《水雲村吟稿》，存五卷。

四八一一　別本松雪齋集二卷　元趙孟頫撰

編修汪如藻家藏本（總目）。○《國子監學正汪交出書目》：「《松雪齋集》二本。」○復旦大學藏明萬曆刻本，作《松雪齋集》二卷。題「明樟亭江元祚校」。半葉九行，行十八字，白口，四周單邊。前有元大德二年戴表元序。又明萬曆四十二年七夕江元禧跋云：「予因檢枕孔中所藏，益以耳目所睹記，碎金段錦，流通之。」《提要》所稱「明江元禧所刊，後有萬曆甲寅跋」者即此本。《存目叢書》據以影印。南圖藏一部一册，鈐「真定梁氏清遠書屋」、「葵石子」、「寄傲」、「和室老人」、「述之父印」、「梁雝之印」、「西村書隱」、「古潭州袁卧雪廬收藏」等印記。丁氏藏書，《善本書室藏書志》著録。上圖、科圖等亦有是刻。

四八一二　安南即事詩一卷　元陳孚撰

浙江巡撫採進本（總目）。○《浙江省第六次呈送書目》：「《安南即事》，元陳孚著，一本。」○《浙江採集遺書總録》：「《安南即事詩》一册，寫本，元禮部郎中陳孚撰。」

四八一三

輝山存稿一卷　元蕭國寶撰

浙江鮑士恭家藏本(總目)。○《浙江省第四次鮑士恭呈送書目》：「《輝山存稿》一卷，元蕭國寶著，一本。」○《浙江採集遺書總録》：「《輝山存稿》一卷，寫本，元吴江蕭國寶撰。」○南京圖書館藏清鈔本，作《蕭輝山存稿》一卷附十五世孫雲程《葦菴稿》一卷，共一册。鈐「汪魚亭藏閲書」印。丁氏藏書，《善本書室藏書志》著録。○南圖又藏清鈔本，作《蕭輝山存稿》一卷一册。○清康熙三十三年長洲顧氏秀埜草堂刻《元詩選》初集本，録十二首。○按：《提要》云「已見於顧嗣立《元詩選》中，故不復録焉」。檢《元詩選》僅録十二首，而蕭雲程本二十四首，未可等同視之也。

四八一四

草廬吴先生輯粹六卷　明吴澄撰　明王蓂選

浙江范懋柱家天一閣藏本(總目)。○《浙江省第五次范懋柱家呈送書目》：「《草廬輯粹》七卷，明王蓂輯，三本。」○《浙江採集遺書總録》：「《草廬輯粹》七卷，刊本。」○北京圖書館藏明嘉靖二十四年謝適然刻本，作《草廬吴先生輯粹》七卷。半葉八行，行二十字，白口，左右雙邊。前有嘉靖二十四年乙巳曾汝檀序，二十三年甲辰王蓂序。曾序云：「通判黄巖謝君適然以方石公嫡裔習聞之而樂得之，遂捐俸梓成。」《存目叢書》據以影印。○《吴草廬先生粹言》八卷，明王蓂輯，明嘉靖二十四年刻本。山西文水縣圖書館藏。

吴草廬文鈔無卷數　前署甲辰春退谷手選，蓋康熙三年孫承澤所定本也　**四八一五**

副都御史黄登賢家藏本（總目）。○《都察院副都御史黄交出書目》：「《吴草廬文鈔》五本。」按：鈔字吴慰祖誤爲粹。

剡源文鈔四卷　國朝黄宗羲編　**四八一六**

江蘇蔣曾瑩家藏本（總目）。○《江蘇省第一次書目》：「《剡元文鈔》一本。」○《江蘇採輯遺書目録》：「《剡源文抄》四卷，信州教授奉化戴表元撰，刊本。」○《都察院副都御史黄交出書目》：「《戴剡源文鈔》一本。」○北京圖書館藏清康熙二十七年馬思贊刻本，作《剡源先生文鈔》四卷。卷一題「梨洲黄宗羲點定，後學朱爾邁人遠、馬思贊仲安仝訂」。半葉十一行，行二十二字，下黑口，四周雙邊。前有《元史》本傳，自序，康熙戊辰澗西日觀山樵朱邁於南陔草堂序（序後刻「日觀山人記」、「朱邁之印」二木記）。又康熙戊辰（二十七年）冬仲馬思贊序云：「用是付棗梨。」《存目叢書》據以影印。上圖藏一部有清齊雲采藥翁（吴騫）批並跋。○清康熙三十九年馬思贊刻本，作《宋戴剡源文鈔》四卷。清華、常熟、復旦藏。○《欽定四庫全書附存目録》佚名墨批：「道光癸巳鄞縣盧氏刊本。」○清光緒十五年己卯童氏大鄮山館重刻本，作《剡源文鈔》四卷《佚文》一卷。南圖藏一部有翁同龢批注。山東圖、川圖、山西大學藏。○臺灣「中央圖書館」藏舊鈔本，作《剡源先生文鈔》不分卷一册。半葉十行，行二十字，無格。不題編者。内容與《四庫提要》合。鈐「汪濤之印」、「文川」、「臣爾蓬」、「華隱軒」、「日華園主人」、「南陔草堂圖籍」等印（參該館《善本書志初稿》）。○民國二十一年四明張壽鏞約園刻《四明叢書》第一集本。○按：又有《剡源文集》五卷，南圖藏鈔本兩部，《善本書室藏書志》著録，云有何焯識語，因而知爲嘉靖以前所編，宗羲間加點定耳。臺灣「中央圖書館」《善本書志初稿》亦著録舊鈔本一帙，云内容與宗羲選本「完全不同」，丁氏誤爲一書。

趙仲穆遺稿一卷　舊本題元趙雍撰　**四八一七**

兩淮馬裕家藏本（總目）。○《兩淮商人馬裕家呈送書目》：「《仲穆遺稿》一卷，元趙雍，一本。」○北京大學藏清乾隆至道光鮑氏刻《知不足齋叢書》第二十三集本，作《趙待制遺稿》一卷。末有延祐六年趙雍跋，正德己卯文徵明跋，辛酉吴郡許初跋，乾隆七年八月授鶉居士（姚範）跋，附王國器詞二首，己亥吴焯跋，康熙五十八年己亥小年吴焯跋，次年正月吴焯二跋。姚範跋云：「前年偶得此墨蹟横卷……因並付開雕。」似姚範嘗於乾隆七年據墨蹟開雕，鮑氏復據姚本付刊。而吴焯跋則稱據吴下舊家所藏仲穆手蹟「手書一通」，又似姚範得吴焯寫本付梓。疑未能定。《存目叢書》據以影印。民國十年上海古書流通處影印鮑刻《知不足齋叢書》本。○民國二十四年商務印書館據《知不足齋叢書》本排印，收入《叢書集成初編》。○《國學圖書館現存書目》著録「《趙待制遺稿》一卷，吴尺鳧手寫道光錢塘汪氏振綺堂刊本」，丁氏八千卷樓舊藏。當在今南圖。○清康熙三十三年顧嗣立秀埜草堂刻《元詩選》初集收趙待制雍詩十五首，並附文徵明跋。

清江碧嶂集一卷　元杜本撰　**四八一八**

浙江鮑士恭家藏本（總目）。○《浙江省第四次鮑士恭呈送書目》：「《清江碧嶂集》一卷，元杜本著,一本。」○《浙江採集遺書總録》:「《清江碧嶂集》一卷,汲古閣刊本,元清江杜本撰,係附刻《谷音》後者。」○《兩淮商人馬裕家呈送書目》:「《清江碧嶂集》一卷,元杜本,一本。」○臺灣「中央圖書館」藏明末毛氏汲古閣刻本,題「門人程嗣祖芳遠編集、黄謨仲言校正」。半葉九行,行十九字,白口,左右雙邊。版心下刻「汲古閣」三字。封面刻「清江碧嶂集」、「毛氏正本」、「汲古閣藏板」。前有至正十七年五月初吉諸生建陽蔣易序,次危素撰《墓碑》。末有毛晉跋。凡收詩百四十首。鈐「漢鹿齋藏書印」、「盱眙王錫元蘭生收藏經籍金石文字印」等印記。一九七三年臺北學生書局據以影印,收入《歷代畫家詩文集》第三輯。上圖、重慶亦藏是刻。○南京圖書館藏清鈔汲古閣本,鈐「八千卷樓」、「四庫坿存」等印。《存目叢書》據以影印。○臺灣「中央圖書館」藏清康熙金侃鈔《元六家詩集》本,有蔣易序,危素《墓碑》,金侃手跋。鈐「金侃之印」、「亦陶」、「吴興劉氏嘉業堂藏書記」等印(參該館《善本書志初稿》)。○上海圖書館藏清鈔本,清宋賓王校,有雍正五年宋賓王手跋。《著硯樓書跋》著録。○上海圖書館藏清戴范雲輯鈔《戴機父所輯書》本。《著硯樓書跋》著録。○上圖又藏清鈔本,半葉九行,行十六字,無格。○中山大學藏清緑格鈔本,該館《善本書目》云「此爲清姚覲元咫進齋鈔本」。○清康熙三十三年顧嗣立秀野埜堂刻《元詩選》初集本,録二十五首。

太平金鏡策八卷　元趙天麟撰　　**四八一九**

兩江總督採進本(總目)。○《兩江第一次書目》:「《太平金鏡策》,元趙天麟著,四本。」○《浙江省第五次范懋柱家呈送書目》:「《太平金鏡策》八卷,元趙天麟著,二本。」○《浙江採集遺書總録》:

「《太平金鏡策》八卷,刊本,元布衣東平趙天璘撰。」又云:「前另有《答策秘訣》十二條,劉錦文跋云:『右一十二條不知何人所撰,相傳以爲貢士曾堅子白之所編。本堂兹因刊刻左谿氏《策學提綱》、東平趙氏《金鏡策》,故用輯於卷首,願與有志者快覩之。』署『至正已丑建安日新堂誌』劉錦文,書坊人也。」〇《四庫全書附存目録》民國佚名手批:「劉錦文編,附答策祕訣一卷。元至正九年建安劉氏日新堂刊本,十三行,二十五字。故宫。」按:此本現藏臺北「故宫」。〇北京圖書館藏元刻本,存卷三至卷六。半葉十三行,行二十五字,黑口,左右雙邊或四周雙邊。相其字體版式,知爲建刻。鈐「徐潛之印」、「深明」等印記。大連博物館藏元刻本存卷七卷八,字體版式同,卷八末鈐「徐潛之印」、「深明」二印,知與北圖殘帙原爲一部,未知何時分離。《存目叢書》據以影印。北大藏元刻本分上中下三卷,實爲卷四卷五卷六,經人挖改以充全帙。行款版式亦同。疑皆日新堂本殘帙。

水鏡集一卷　元元淮撰　**四八二〇**

兩淮馬裕家藏本(總目)。〇《兩淮商人馬裕家呈送書目》:「《水鏡集》一卷,元元淮,一本。」〇《浙江省第四次鮑士恭呈送書目》:「《水鏡集》一卷,元元淮著,一本。」〇《浙江採集遺書總録》:「《水鏡集》一卷,寫本,元溧陽路總管陵川元淮撰。」〇上海圖書館藏明萬曆二年元應會鈔本,作《溧陽路總管水鏡元公詩集》一卷。〇《藏園訂補郘亭書目》著録「清初曹氏倦圃寫本,鈐曹溶諸印及汪文柏古香樓諸印,盧址抱經樓遺書」。書名卷數同前本。〇《藏園經眼録》著録清寫本,十行二十字,有正統九年邵武教諭謝卓序,鈐「汪魚亭藏閲書」朱文印。書名卷數同前本。〇北京圖書館藏清迂松閣鈔本，書名卷數同前。半葉十行，行十九字，白口，左右雙邊。〇北圖又藏清鈔本，書名卷數同前。半葉九行，行二十字，無格。〇原北平圖書館藏鈔本，書名卷數同前。半葉九行，行二十字。有正統九年謝卓序，萬曆二年元應會跋。鈐「劉喜海印」、「嘉蔭簃藏書印」、「燕庭」等印記（見王重民《善本提要》）。現存臺北「故宫」。〇臺灣「中央圖書館」藏清緑格精鈔《宋元小集》本。書名卷數同前。〇南京圖書館藏清鈔本，作《水鏡元公詩集》一卷。題「溧陽摠管元准水鏡，六世孫道泰」。半葉九行，行十八字。前有正統九年謝卓序。鈐「丁氏八千卷樓藏書記」、「四庫坿存」等印記。《存目叢書》據以影印。〇上海圖書館藏清辨志書塾鈔本，作《水鏡詩集》一卷。半葉十行，行二十字。〇民國十五年商務印書館影印清初金侃手鈔本，作《金囦集》一卷，收入《涵芬樓祕笈》第十集。其底本卷端題《金囦集》，前有謝卓《溧陽總管水鏡元公詩集序》。鈐「金侃之印」、「亦陶」二印。〇清康熙三十三年顧氏秀埜草堂刻《元詩選》初集本，録二十七首。作《金囦吟》一卷。有刻工：卬玉。

農務集三卷　舊本題元王禎撰　**四八二一**

編修汪如藻家藏本（總目）。〇《國子監學正汪交出書目》：「《農務集》。」〇《提要》云：「皆《農書》所已載。」

山林清氣集一卷續集一卷　元釋德淨撰　**四八二二**

浙江巡撫採進本（總目）。〇《浙江省第四次鮑士恭呈送書目》：「《山林清氣集》一卷，元釋德靜著,一本。」○《浙江採集遺書總録》:「《山林清氣集》一卷,寫本,元釋錢塘德静撰。」○《兩淮商人馬裕家呈送書目》:「《山林清氣集》二卷,元釋德淨,一本。」○《國子監學正汪交出書目》:「《山林清氣集》一本。」○湖南圖書館藏清乾隆嘉慶間趙之玉星鳳閣抄《唐宋元三朝名賢小集》本,題「錢塘德淨如鏡」。半葉十行,行二十一字,黑口,左右雙邊。版心下印「星鳳閣正本,趙某泉手鈔」二行。凡《山林清氣集》一卷《續集》一卷《附集》一卷。鈐「趙輯寧印」、「古歡書屋」、「歙西長塘鮑氏知不足齋藏書印」等印記。《存目叢書》據以影印。

道園集無卷數　元虞集撰　四八二三

江蘇巡撫採進本(總目)。○《江蘇省第二次書目》:「《道園集》八本。」○《江蘇採輯遺書目録》:「《道園集》八册,奎章閣侍讀學士臨川虞集著,刊本。」○劉大軍藏清康熙四十九年武垣左氏崇仁官署刻本八册,依類起訖,不標卷次。前七册題《道園學古録》,第八册題《道園類集》,第八册目録題《虞道園類稿選》。全書版心均題《道園集》。各類首行書名,次行小題,三行題「崇仁虞集伯生著」。半葉九行,行二十字,白口,四周雙邊。前有江球序,康熙四十九年菊月九日左印喆《重刊虞文靖公道園集叙》,叙末署「知縣事文林郎武垣左印喆吉之氏題於崇仁官署」,叙云「校閲既畢,始付剞劂」。知係康熙四十九年崇仁知縣左印喆刻於崇仁縣署者。封面刻「道園集」、「本衙藏板」。若依各類葉碼起訖,可分爲十三卷。《存目叢書》據以影印。日本京都大學人文所亦有是刻。按:此本内容與《提要》合,知即其書。唯《提要》稱「坊刻摘録」、「必撫州書賈所爲」,則非其實。

虞伯生詩續編三卷　元虞集撰

浙江范懋柱家天一閣藏本（總目）。○《浙江省第五次范懋柱家呈送書目》：「《虞伯生詩續》三卷，元虞集著，一本。」○《浙江採集遺書總録》：「《道園先生遺稿》六卷《詩續》三卷，季振宜藏寫本，元侍講學士蜀郡虞集撰。」○《提要》云：「目録末有至元後庚辰劉氏日新堂識語一則，稱是集乃學士晚年所作，尤爲得意，敬刻與騷壇共之。」○元順帝至元六年劉氏日新堂刻本，正文首行題「伯生詩後」，目録題「伯生詩續編」。目録後有識語：「是集乃學士晚年所作，比常作尤爲得意，敬刻梓與騷壇共之。旹至元後庚辰劉氏日新堂謹識。」半葉十行，行十五字，黑口，左右雙邊。字體多行書筆意。分上中下三卷。民國三年上虞羅氏日本京都東山僑舍據以影印，收入《雲窗叢刻》。民國十一年上海古書流通處亦據是刻影印，收入《元四家集》。《存目叢書》據《雲窗叢刻》本影印。北京圖書館有元順帝至元六年日新堂刻本，清黄丕烈、葉昌熾、王國維跋，張裕釗、高埜侯題款，錢恂、邵章題詞，金兆蕃題詩。《中國版刻圖録》收書影兩幅。北京大學藏元順帝至元六年日新堂刻本，鈐「納齋」、「子孫永保」、「東壁圖書」、「揚州阮氏文選樓墨莊藏書印」、「荃孫」、「雲輪閣」、「李盛鐸印」、「木齋讀過」等印。《北京大學圖書館藏善本書録》收書影一幅。按：北大本即《雲窗叢刻》影印底本，印鑒可證。唯影印之後更經重裝，行格以墨筆描過，頗失舊觀。今以北圖、北大兩家圖録所收正文首半葉書影相校，筆畫頗有出入，如第五行「其」、「無」、「迎」、第六行「斧」、「去」等字，起落筆均不同。北大本刻工較細心，故筆畫之間粘接現象較北圖本少。然則兩本恐非一版。未覩原書，不敢遽定，書此備考。張元濟民國元年壬子八月廿一日見日新堂刻本一部，云目録後有至元後庚辰劉氏日新堂牌記四行，半葉十行，行十五字。字倣趙體，行書，凡五十一番，内鈔補十三番，極精。爲島田翰所得，價廿五元（《郘亭知見傳本書目》批注）。○臺灣「中央圖書館」藏明紅格鈔本三卷二册，正文首題「伯生詩後卷一」，卷一末題「伯生詩續編卷上」。半葉十行，行十五字，四周單邊。目録後有至元後庚辰劉氏日新堂刻書識語，知從至元六年日新堂刻本出。鈐「海日樓」、「子培父」、「霞秀景飛之室」等印（參該館《善本書志初稿》）。《藏園群書經眼録》著録此帙，云「天一閣佚書」。○臺灣「中央圖書館」又藏清鮑氏知不足齋鈔本三卷一册，書名同前本，目後無日新堂識語。半葉十行，行十五字，細黑口，左右雙邊，版心記「知不足齋繕寫，鮑以文氏手校」。書中有黄校及墨筆校語。蝴蝶裝。鈐「張乃熊印」、「莚圃收藏」、「芹伯」等印（參該館《善本書志初稿》）。○北京市文物局藏清影元鈔本。

范文白詩集六卷　元范梈撰　明楊翬選　四八二五

山東巡撫採進本（總目）。○《山東巡撫第二次呈進書目》：「《范文白集》三本。」○北京圖書館藏清初鈔本，作《選校范文白公詩集》六卷《續選》三卷。卷一題「清江後學楊翬選、熊逵校」。半葉八行，行十九字，無格。前有嘉靖癸亥季春錢塘方九叙禹績甫序，嘉靖庚申仲夏朔清江後學南城楊翬序。後有嘉靖壬戌孟冬朔熊逵跋。書衣殘存木記：「乾隆三十□年□月山東巡撫徐績送到范德機集〔壹部〕計書三〔本〕。」首葉鈐「翰林院印」滿漢文大官印，已殘破。卷内鈐「借書園印」、「周永年印」、「林汲山房」、「杭州王氏九峰舊廬藏書之章」、「九峰舊廬藏書記」、「綬珊收藏善本」、「琅園祕笈」、「群碧樓」、「冰香樓」、「古愚」等印記。《存目叢書》據以影印。按：此即《存目》所據原本，唯《續選》三卷未之及，是館臣疏漏也。

揭曼碩遺文一卷　元揭傒斯撰　清劉肇虞輯　**四八二六**

江蘇巡撫採進本（總目）。○華東師大藏清乾隆二十九年步月樓刻《元明八大家古文選》本，作《揭曼碩文選》一卷，題「元揭曼碩先生著，宜黄劉肇虞唐德選評」。前有劉肇虞引。《存目叢書》據以影印。北圖、上圖亦有是刻。福建省圖藏《元明七大家古文選》本，亦係同版。

鼇溪文集二卷　元周聞孫撰　**四八二七**

江西巡撫採進本（總目）。○《江西巡撫海第二次呈送書目》：「《鰲溪集》二本。」○清嘉慶十一年刻本，作《鰲溪周先生文集》四卷附《詩學梯航》一卷，共二册。曾藏江西省圖書館，後發還。

王魯公詩鈔一卷　元王士熙撰　**四八二八**

編修汪如藻家藏本（總目）。○《國子監學正汪交出書目》：「《王魯公詩鈔》一本。」○《提要》云：「此本不知何人所鈔，與顧嗣立《元詩選》所載士熙《江亭集》八十餘首，一一相同，唯次第小異。」○士熙詩另有明萬曆四十三年刻《宋元詩四十二種》本，作《王陌菴詩集》二卷。北圖、上圖等藏。

存復齋集十卷　元朱德潤撰　**四八二九**

浙江鮑士恭家藏本（總目）。○《浙江省第四次鮑士恭呈送書目》：「《存復齋集》十卷，元朱德潤著，一本。」○《浙江採集遺書總録》：「《存復齋集》十卷，刊本，元儒學提舉吴郡朱德潤撰，曾孫發重編。」○《兩淮商人馬裕家呈送書目》:「《存復齋集》十卷,元朱德潤,一本。」○北京圖書館藏明成化十一年項璁刻本,作《存復齋文集》十卷《附録》一卷。卷一題「元征東儒學提舉睢水朱德潤澤民著,曾孫夏重編,賜進士湖廣按察使東吴項璁彦輝校正」。半葉十一行,行二十字,黑口,四周雙邊。前有虞集題辭,至正九年閏七月俞焯序。卷内鈐「曾在汪閬源家」、「汪振勳印」、「楳泉」、「鐵琴銅劍樓」等印記。《鐵琴銅劍樓藏書目録》著録明刻本當即此帙。臺灣「中央圖書館」藏一部,有俞焯序。前有嘉慶四年己未黄丕烈手跋(已收入《蕘圃藏書題識》)。鈐「禮培私印」、「埽塵齋積書記」、「莛圃收藏」等印(參該館《善本書志初稿》)。上海圖書館藏一部,序文、卷一第一至五葉、附録第八至九葉均顧廣圻抄配,清黄丕烈跋。南圖藏一部,卷一至五配清鈔本,前五卷鈐「新安汪氏」、「啟淑印信」二印,後五卷刻本鈐「季振宜印」、「御史振宜之印」二印,丁丙《善本書室藏書志》著録。北京市文物局、上海辭書出版社均有是刻。《藏園訂補郘亭書目》云「涵芬樓亦有一帙,已印入《四部叢刊續編》」。中國社科院文學所藏是刻明補修本,有清順治丙申蔣玢跋,嘉慶劉喜海跋,《滂喜齋藏書記》著録。○南京圖書館藏清康熙鈔本,存卷一至五、七至十、附録。清宋賓王校並跋。○北京圖書館藏清金氏文瑞樓鈔本。○北圖又藏清鈔本,周叔弢校並跋。○北圖又藏清鈔本。○上海圖書館藏清鈔本。以上各本書名、卷數均同成化刻本。○四川省圖藏清鈔本,作《存復齋文集》六卷。

嘷囈集一卷　元宋无撰　**四八三〇**

内府藏本(總目)。○《武英殿第一次書目》:「《嘷囈集》二本。」○《浙江省第四次鮑士恭呈送書目》：「《啽囈集》一卷，元宋无著，二本。」○《浙江採集遺書總録》：「《啽囈集》一卷，刊本，元晉陵宋无撰。」○南京圖書館藏明刻本一卷一册，半葉十一行，行二十一字，黑口，四周雙邊。前有甲午歲春三月清明日盧陵鄧光薦中父序，至元游兆困敦題詞，末有至正庚辰自銘。鈐「文元發印」、「子悱」、「朱卧菴收藏印」、「世美堂印」、「宣城李氏瞿硎石室圖書印記」、「李之郇印」、「宛陵李之郇藏書印」、「新若手未觸」等印記。八千卷樓舊藏，《善本書室藏書志》著録爲「明初刊本」。《存目叢書》據以影印。按：嘉靖五年趙章刻本有成化十九年癸卯廣東按察司僉事奉勅提督學校吴郡張習跋云：「予亦有嶺南之命，遂攜來鍥諸梓。」南圖本當即成化十九年張習廣東刻本。○臺灣「中央圖書館」藏明嘉靖五年秀水知縣趙章刻本一卷一册，題「吴郡宋无子虚著」。半葉十行，行二十字，白口，四周單邊。前有鄧光薦序，自序。後有成化癸亥廣東按察司僉事張習刻書跋，又嘉靖五年丙戌仲冬朔知秀水縣事合陽東山趙章跋云：「其重梓以傳也固宜。」卷内鈐「海日樓」、「壹庵長宜」、「霞秀景飛之室」、「壽祺經眼」等印（參該館《善本序跋集録》、《善本書志初稿》）。○明崇禎十一年毛氏汲古閣刻《元人集十種》本一卷，半葉八行，行十九字，白口，左右雙邊。版心下刻「汲古閣」三字。前有鄧光薦序，後有毛晉跋，宋无自銘，成化十九年張習跋。北圖、北大等多有藏本。○北京圖書館藏清鈔本。

論範二卷　題元進士歐陽起鳴撰　四八三一

兩淮馬裕家藏本（總目）。○《兩淮商人馬裕家呈送書目》：「《論範》二卷，元歐陽起鳴，四本。」○南京圖書館藏明成化七年賈奭刻本，作《歐陽論範》二卷二册，題「元進士歐陽起鳴撰，直隸蘇州府知府古淪賈奭校正,吴縣儒學訓導臨海陶福編集」。半葉十行,行二十一字,黑口,四周雙邊。前有成化七年蘇州府儒學教授程蘭序,云賈公出其俸資鋟梓以傳。鈐「麓邨」、「丁氏八千卷樓藏書記」、「四庫坿存」等印。《善本書室藏書志》著録。《存目叢書》據以影印。○日本嘉永六年(清咸豐三年)如不及齋刻本,作《歐陽論範》二卷。遼圖、大連圖、南大、人民大學藏。○日本嘉永七年大坂河内屋刻本,北大藏。○《新刊校正批點大字歐陽精論》六卷,元歐陽起鳴撰,明嘉靖十三年安正堂刻本。半葉十行,行二十字,白口,四周雙邊。南圖藏。

書林外集七卷　元袁士元撰　四八三二

浙江鮑士恭家藏本(總目)。○《浙江省第四次鮑士恭呈送書目》:「《書林外集》七卷,元袁士元著,六本。」○《浙江採集遺書總録》:「《書林外集》七卷,知不足齋寫本,元翰林院檢閲官鄞縣袁士元撰。」○《兩淮商人馬裕家呈送書目》:「《書林外集》七卷,元袁士元,一本。」○《國子監學正汪交出書目》:「《書林外集》一本。」○北京圖書館藏明正統刻本,半葉十行,行二十字,黑口,四周雙邊。前有正統三年七月陳敬宗序。有鈔配。末有袁克文手跋:「《書林外藁》七弓,元袁士元撰,傳本至寡,《四庫》未曾搜及,他家書目亦鮮著録,惟帶經堂陳氏藏有舊鈔本,未記明出自何本。此明正統刊,楮墨字畫皆極精妙,當是此書原本,爲陳氏舊鈔所自出,豈可以尋常明本視之。戊午五月二十八日獲於海王邨,寒雲。」《存目叢書》據以影印。北圖另藏一部一册。福建省圖藏是刻有「徐焴之印」、「興公氏」、「大通樓藏書印」、「龔少文收藏書畫印」等印記,有明徐延壽跋。南圖藏是刻殘存三卷，八千卷樓故物。○山東博物館藏清乾隆三十五年知不足齋鈔本。○上海圖書館藏清鈔本。○民國七年影印本七卷二册（遼圖目）。○民國十二年商務印書館影印舊鈔本，收入《涵芬樓秘笈》第五集。其底本有朱彝尊手跋。卷端題「書林外集卷之一」，版心題「書林外稾」。

黄楊集三卷補遺一卷　元華幼武撰　四八三三

浙江鮑士恭家藏本（總目）。○《浙江省第四次鮑士恭呈送書目》：「《黄楊集》二卷《補遺》一卷，元華幼武著，二本。」○《浙江採集遺書總録》：「《黄楊集》二卷《補遺》一卷，裔孫允誠序刊本，元無錫華幼武撰。」○《兩淮商人馬裕家呈送書目》：「《黄楊集》三卷，元華幼武，一本。」○南京圖書館藏明萬曆四十六年華五倫刻本，作《栖碧先生黄楊集》三卷《補遺》一卷《附録》一卷。半葉九行，行十八字，白口，左右雙邊。前有萬曆四十六年戊午長水孫弘祖《重刻黄楊集序》。鈐「丁氏八千卷樓藏書記」、「四庫坿存」等印。《善本書室藏書志》著録。《存目叢書》據以影印。北圖、北大、上圖、復旦亦有是刻。美國國會圖書館藏一部，王重民《善本提要》著録。○明崇禎十四年華允誠刻本，書名卷數同前本。半葉十行，行十八字，白口，四周雙邊。北圖、遼圖、復旦、川圖、華南師大藏。○北京圖書館藏清嘉慶元年華宏源刻同治十三年華翼綸詒穀堂重修本，書名卷數同前本。傅增湘據北平圖書館藏明祁氏澹生堂鈔本校，補入詩詞文二百十四首。詳《藏園群書題記》、《藏園訂補邵亭書目》。○上海圖書館藏清咸豐六年承先堂重刻本，書名卷數同前本。王培孫舊藏。○清木活字本（東北師大目）。○臺灣「中央圖書館」藏鈔本，作《栖碧先生黄楊集》三卷，有隆慶二年六月裔孫華察重刻後語。鈐「逅圃收藏」印。○原北平圖書館藏明山陰祁氏澹生堂鈔本，作《黄楊集》六卷二册，半葉十行，行二十字，藍格，書口有「澹生堂抄本」五字。鈐「澹生堂經籍記」、「山陰祁氏藏書之章」、「曠翁手識」、「澹生堂中儲經籍，主人手校無朝夕，讀之欣然忘飲食，典衣市書恒不給，後人但念阿翁癖，子孫益之守弗失。曠翁銘」、「包虎臣藏」、「包子莊秘笈印」、「苕上散人」等印（參王重民《善本提要》）。此本現存臺北「故宫」。○北京大學藏明隆慶二年華察刻本，作《黄楊集鈔》二卷，有隆慶二年裔孫華察刊板跋。鈐「蒼巖山人書屋記」等印（參《木犀軒藏書書録》）。○明隆慶刻《盛明百家詩存後編》本，作《華氏黄楊集》一卷，有隆慶二年戊辰俞憲序。臺灣「中央圖書館」藏。

肅雝集一卷　舊本題元女子鄭允端撰　四八三四

浙江鮑士恭家藏本（總目）。○《浙江省第四次鮑士恭呈送書目》：「《肅雝集》一卷，元鄭允端著，一本。」○《浙江採集遺書總録》：「《肅雝集》一卷，刊本，元閨秀鄭允端撰。」○清康熙三十一年金侃鈔本，題「貞懿鄭氏允端」。前有至正丙申自序。後有至正甲辰杜寅序，序後有「壬申秋日録於孺宜堂之東廂，老迂」一行，並鈐「金侃」、「亦陶」二印。知係康熙三十一年抄本。正文首葉亦鈐「金侃之印」、「亦陶」二印。民國十五年商務印書館據以影印，收入《涵芬樓秘笈》第十集。○北京圖書館藏清鈔本，半葉七行，行十五字，無格。鈐「槎客」、「吴騫」、「兔牀」、「臨安志百卷人家」、「南齋讀書處」等印。有吴騫跋，已入《拜經樓藏書題跋記》。《存目叢書》據以影印。○上海圖書館藏清鈔本，半葉九行，行二十一字，無格。○清康熙三十三年顧嗣立秀埜草堂刻《元詩選》初集本，録四十二首。○明萬曆四十三年潘是仁刻天啟二年重修《宋元詩》本，作《春慵軒詩集》一卷。半葉九行，行十九字，白口，四周單邊。北圖、甘肅圖、青海圖等藏。

倪雲林詩集六卷　元倪瓚撰　四八三五

兩江總督採進本（總目）。○《兩江第二次書目》：「《倪雲林詩集》，元倪瓚著，二本。」○上海圖書館藏明天順四年蹇曦刻本，作《倪雲林先生詩集》六卷《附録》一卷。半葉十一行，行二十字，黑口，雙魚尾，四周雙邊。又藏一部有沈曾植跋，沈津《書城挹翠録》著録。○天津圖書館藏明萬曆十九年倪珵刻本，書名卷數同前本。題「荆溪蹇曦朝陽編集，八世孫珵重刻」。半葉九行，行二十字，白口，四周單邊。前有天順四年錢溥序，後有蹇曦序，天順四年卞榮跋。卷首有徐坊題詩並跋：「濁世悠悠四十年，既愚且魯得全天，孤高自喜同倪瓚余與雲林同日生。，位業爭教負鄭畋。余初生時先公有但願能同鄭桂兒之句。怕看春盤添壽意，羞將紅燭照華顛，祇餘此日思親淚，灑向東風一愴然。癸卯正月十七日爲余四十初度，適得此天順刻本《雲林詩集》，余與先生其殆有香火因緣耶。爰書自壽一首于簡端。臨清徐坊識。」鈐「徐坊印信」印。又徐世昌題詩並跋：「淮遠詩懷陶靖節，精深畫理李龍眠，雲林清閟今何在，沈痼煙霞五百年。梧生惜得天順本《雲林集》，是年四十初度。今年端甫又四十矣，適於廠肆得此本，梧生題詩猶在，余又爲端甫題二十八字於卷首。明刻雖精本，亦有誤脱字，校勘之不精也。戊辰秋九月水竹邨人。」鈐「弢齋世昌」印。是本佚去萬曆十九年辛卯王穉登序，故徐坊、徐世昌跋均誤爲天順刻本。卷內又鈐「汪昉字叔明長生安樂」、「毘陵汪氏所藏」、「老學」、「濠園藏書」、「則古昔齋」等印。《存目叢書》據以影印。北圖、復旦、川圖等亦有是刻。南圖藏是刻二册，《善本書室藏書志》著録。○明萬曆四十三年潘是仁刻天啓二年重修《宋元詩》本，作《倪雲林詩集》六卷。半葉九行，行十九字，白口，四周單邊。北圖、甘肅圖、青海圖等藏。○明崇禎十一年毛氏汲古閣刻《元人集十種》本，作《倪雲林先生詩集》六卷《附録》一卷，題「海虞毛晉子晉父訂」。半葉九行，行十九字，白口，左右雙邊。版心下刻「汲古閣」三字。末有毛晉跋。北圖、北大、津圖等藏。○明崇禎十一年汲古閣刻清初增刻《元人集十種》本，作《倪雲林先生詩集》六卷《集外詩》一卷《附録》一卷。《集外詩》題「海虞毛晉子晉、馮武竇伯同訂」，有毛晉跋云：「余梓行《雲林詩》已二十有三年矣。……余前刻時，馮甥才七齡，就外傅。今年已立。」據《江蘇藝文志・蘇州卷》，馮武生於明天啓七年，然則汲古閣本《倪雲林先生詩集》刻於明崇禎六年，《集外詩》刻於清順治十三年。北圖、上圖等多有藏。武漢市圖有單本，清周星詒題識。○北京圖書館藏明鈔本，作《倪雲林先生詩集》六卷《樂府》一卷《附録》一卷。半葉十行，行二十字，白口，四周單邊。○清乾隆六年廣春樓刻本，作《倪雲林先生詩集》六卷《附録》一卷，清倪大培增訂。半葉九行，行二十字，白口，四周單邊。上海師大、重慶市圖、大連圖藏。○北京大學藏清鈔本，作《倪雲林先生詩集》六卷《附録》一卷，四册。李盛鐸舊藏。

韓山人集無卷數　元韓奕撰　四八三六

浙江巡撫採進本(總目)。○《浙江省第十次呈送書目》：「《韓山人詩集》四卷，明韓奕著，一本。」

按：「人詩」二字原誤倒，今乙正。○《浙江採集遺書總録》：「《韓山人詩集》四卷，刊本，明吴縣韓奕撰。」○《四庫全書附存目録》佚名批：「永樂九年刊本。」《蕘圃藏書題識》著録「舊刻本」，不分卷，黄丕烈稱爲「明初刻本」。未知今歸何所。○《皕宋樓藏書志》著録「明鈔本」，作《韓山人詩正集續集》不分卷。有永樂九年趙友同序。有黄丕烈手跋。今當在日本靜嘉堂文庫。○北京圖書館藏清初毛氏汲古閣影明鈔本，作《韓山人詩集》一卷《附集》一卷，一册。半葉十行，行二十二字，黑格，白口，左右雙邊。○北京圖書館藏清初鈔本一册，書名卷數同前本。半葉八行，行二十四字，無格。清楊繼跋。○北圖又藏清鈔本一册，書名卷數同前本。半葉九行，行二十字，緑格，緑口，四周單邊。○中國社科院文學所藏清鈔本，書名卷數同前本。半葉九行，行十九字，無格。○北京圖書館藏清鈔本，作《韓山人詩集》九卷《續集》八卷，共四册。半葉九行，行十九字，無格。清王聞遠校並跋。《藏園群書題記》有跋記之。○北京圖書館藏清鈔本，書名卷數册數同前本。題「吴郡韓奕公望著」。半葉十行，行二十一字，無格。正集前有永樂七年姚廣孝序，續集前有永樂九年趙友同序。正、續集前均有小傳，而不出一手，内容不同。各卷自爲起訖，不標卷第。鈐「韓氏藏書」、「玉雨堂印」等印記。《存目叢書》據以影印。○原北平圖書館藏清鈔本，作《韓山人集》不分卷一册，題「吴郡韓奕公望著」。半葉十一行，行二十字。鈐「璜川吴氏收藏圖書」、「笥河府君遺藏書記」、「嘉蔭簃藏書印」等印記（見王重民《善本提要》）。今存臺北「故宫」。○臺灣「中央圖書館」藏舊鈔本，作《韓山人詩集》不分卷一册。半葉八行，行二十四字，無格。鈐「李日華印」、「程世綸印」、「王言」、「劉氏晚晴閣收藏圖書記」等印(參該館《善本書志初稿》)。○上海圖書館藏鈔本,作《韓山人詩集》一卷《附集》一卷《續集》一卷,共二册。王培孫舊藏。○北京圖書館藏清鈔本,作《韓山人詩續集》七卷《詞》一卷,共一册。半葉十行,行二十二字,無格。

四八三七　九靈山房遺稿五卷　元戴良撰

副都御史黄登賢家藏本(總目)。○《都察院副都御史黄交出書目》:「《九靈集》二本。」○南京圖書館藏清康熙仙華書院刻本,作《九靈山房遺稿》四卷《補編》一卷,共一册。丁氏八千卷樓舊藏。○清同治十二年永康胡氏退補齋刻本,作《九靈山房遺稿》詩四卷文一卷《補編》一卷首一卷。有同治十二年胡鳳丹序云:「浦陽戴叔能先生所著《九靈山房集》,余於庚午春已重鋟之。而《四庫存目》稱先生有《遺稿》五卷。余以未獲其書爲憾。壬申冬幸購是編,如得異寶,即以授梓。」又云:「文五十八篇,詩二百六十八首,雖殘膏賸馥,正集之所不載。」此係《金華叢書》之一。《存目叢書》據以影印。○民國二十四年商務印書館據《金華叢書》本排印,收入《叢書集成初編》。

四八三八　書山遺集二十卷　元吴會撰

江西巡撫採進本(總目)。○《江西巡撫海第四次呈送書目》:「《書山集》一套二本。」○浙江省圖書館藏清乾隆三十四年刻本,作《吴書山先生遺集》二十卷末一卷。卷一題「十四世孫廷相同男尚絅編輯,萬年後學聶位中校閲」。前有乾隆三十四年正月人日聶位中《重刊吴書山先生遺書序》云:「今厥裔太學以恭氏重刊《獨足雅言》,卷帙燦如,俾中序弁簡端。」《存目叢書》據以影印。

高閒雲集六卷　元董養性撰　**四八三九**

兩淮鹽政採進本（總目）。○《兩淮鹽政李續呈送書目》：「《高閑雲集》六卷，元董養性，一本。」

程梅軒集四卷　元程從龍撰　**四八四〇**

湖北巡撫採進本（總目）。○《湖北巡撫呈送第一次書目》：「《程梅軒集》一本。」

茶山老人遺集二卷　元沈貞撰　**四八四一**

浙江孫仰曾家藏本（總目）。○《浙江省第四次孫仰曾家呈送書目》：「《茶山老人遺集》二卷，元沈貞著，一本。」○《浙江採集遺書總録》：「《茶山老人遺集》一册，刊本，元長興沈貞撰，國朝長興令雲中鮑鈖訂。」○北京圖書館藏清乾隆三年俊逸亭刻本，作《茶山老人遺集》二卷《附録》一卷。卷上首葉題「聖清長興令雲中鮑鈖録訂，吴江王藻、歸安姚世鈺、姚世鍾搜集」。半葉十行，行二十一字，白口，左右雙邊。前有鮑鈖序云：「乾隆戊午歲，郡守涇川胡琴崖先生修輯郡志，余友吴江王徵士藻、歸安姚茂才世鈺、世鍾實任其事。館中聚集志乘略備，又從書賈船中購得顧箬溪長興舊志，其中所載老人詩文稍多，一日訪余縣齋，亟爲稱嘆。余忻然屬其剌取諸書，編録梓之，詩若干首，文若干首，爲二卷。」卷下末有牌記：「乾隆戊午長至前俊逸亭開雕。」附録爲傳記五篇。卷内鈐「韓天受珍藏印」白文方印。《存目叢書》據以影印。黄裳藏一部，見《清代版刻一隅》。日本静嘉堂文庫藏一部。

得月稾四卷　元吕不用撰　**四八四二**

兩淮鹽政採進本（總目）。○《兩淮鹽政李呈送書目》：「《得月稿》八卷，明吕不用，四本。」○北京圖書館藏清鈔本七卷,題「石鼓聾者吕不用則畊學,白雲山人廬陵曾衍伯㬅批點,賜進士第奉直大夫孫男鳳編次,曾孫舉人鼒督刊」。半葉十一行,行二十字,無格。前有洪武九年冬十月望日將仕郎新昌縣主簿曾衍序,洪武九年括蒼王霖序,孫男好通序。後有《補刊得月藁序》,殘存前半葉,據《鐵琴銅劍樓藏書目録》知爲曾孫鼒序。卷内鈐「張紹仁印」、「學安」、「訒菴居士」、「長洲張氏執經堂藏」、「鐵琴銅劍樓」等印。《存目叢書》據以影印。

拱和詩集一卷　元曹志撰　　四八四三

浙江鮑士恭家藏本(總目)。○《浙江省第四次鮑士恭呈送書目》:「《拱和詩集》一卷,元曹志著,一本。」○《浙江採集遺書總録》:「《拱和詩集》一卷,知不足齋寫本,元古婺曹志撰。」○中國科學院圖書館藏清鈔本,題「古婺拱和居士伯康甫著」,半葉九行,行二十字,白口,四周雙邊。版心下印「夢花室」或「成記紙行製」字樣。前有洪武十三年金聲序,正德十三年馮洙序,萬曆二十七年弘化、固藩序,洪武十一年滕浩序。次曹志、曹燁、曹俸、曹光遠諸人傳。次勅誥二篇。次「原梓拱和集裔孫」曹有章等八十三人,末署「康熙四十年桂月裔孫賓尹頓首百拜彙輯」。次目録。正文後有《名賢和題八詠》,末有康熙三十六年十二世孫定遠跋。原鈔有校改增乙,似即康熙間裔孫定遠、賓尹所輯稿本,擬刻未果者。卷内又有濃墨筆勾連及批語,如「接上寫」、「另頁寫」、「不空格」等。曹志傳眉上批「以下十二頁皆不抄」,指諸傳及原梓名氏而言。書衣有識語:「是書卷首尚有康熙四十年沈廷文序一首,略云買棹過長山,有曹子諱賓尹等出乃祖拱和居士詩集一帙,求序於余,將是集重付梓云云。」《存目叢書》據以影印。○北京圖書館藏清乾隆三十四年鮑氏知不足齋鈔本，作《拱和詩集》一卷《附録》一卷，一册。

蘭雪集一卷　元松陽女子張玉孃撰　**四八四四**

浙江鮑士恭家藏本(總目)。○《浙江省第四次鮑士恭呈送書目》：「《蘭雪集》二卷，元張玉娘著，一本。」○《浙江採集遺書總録》：「《蘭雪齋集》二卷《附録》一卷，知不足齋寫本，元閨秀松陽張玉孃撰。」○臺灣「中央圖書館」藏舊鈔本，作《張大家蘭雪集》二卷《附録》一卷，二册。題「白龍張玉若瓊氏著，稽山孟思光仲齊氏較」。半葉九行，行二十字，無格。玄字缺末筆。是書順治間孟稱舜刻，雍正三年乙巳夏五某氏從詹汝槐借鈔，有題記，未署名氏。鈐「劉氏鐵雲」、「茝圃收藏」印記(參該館《善本書志初稿》)。○北京圖書館藏清乾隆三十四年鮑氏知不足齋鈔本，作《張大家蘭雪集》二卷《後附》一卷，一册。《涵芬樓燼餘書録》著録知不足齋鈔本，云「是爲知不足齋傳録小山堂趙氏鈔本，曲阜孔葒谷補寫全目」。似即此本。○上海圖書館藏清鈔本，書名卷數同上，清鮑廷博校。○北京圖書館藏清乾隆四十一年孔繼涵家鈔本，孔繼涵校並跋。一册。○北京圖書館藏清鈔本，作《蘭雪集》二卷《附録》一卷，一册。清陳文述跋並題詩，潘曾瑩題詩。○清道光二十六年刻光緒八年補刻本。《歷代婦女著作考》云：「道光二十六年丙午仲冬重刊，板存松川修凝堂沈宅。光緒八年壬午冬月補刊於松陽縣署。卷首題雨亭沈作霖重刊，若汀饒慶霖編次，辰生葉維藩校訂。後有沈作霖刊書跋。」○民國九年南城李之鼎宜秋館刻本，作《張大家蘭雪集》二卷《附録》一卷，收入

《宋人集》丙編。李之鼎跋云：「此本自孔氏微波榭鈔本迻録，孔氏原鈔則出自長塘鮑氏知不足齋，而鮑氏又鈔自小山堂趙氏者也。」北圖、上圖等藏。○民國十七年陶湘涉園影刻舊鈔本，《託跋廛叢刻》之一，書名卷數同上，前有「戊辰夏日涉園雕版」碑記，刻印甚精。○民國上海有正書局排印本川圖藏。○民國初年狄氏排印本。《歷代婦女著作考》引民國九年李之鼎跋云：「近年始有狄氏活字本。」胡文楷云：「狄氏排印本，前有陳文述、潘曾瑩題詞，後有道光丙申孔昭薰跋。」

荻溪集二卷　舊本題元王偕撰　四八四五

編修汪如藻家藏本(總目)。○《國子監學正汪交出書目》：「《荻溪集》一本。」○天津圖書館藏清鈔本，半葉九行，行十八字，無格。鈐「丁氏八千卷樓藏書記」、「四庫坿存」等印。《存目叢書》據以影印。○北京圖書館藏清鈔本，半葉九行，行十八字，無格。○首都圖書館藏清鈔本，半葉七行，行十二字，黑口，四周單邊。

右漢代至元代

四庫存目標注卷五十二

滕州　杜澤遜　撰

集部三

别集類二

明宣宗詩文一卷〔明宣宗朱瞻基撰〕　**四八四六**

浙江范懋柱家天一閣藏本(總目)。○《提要》云:「《明史藝文志》載《宣宗文集》四十四卷,今未見傳本。此册僅《廣寒殿記》一篇、《玉簪花賦》一首、詩歌詞曲三十九首,非其全帙也。」○《浙江省第五次范懋柱家呈送書目》:「《廣寒殿記》等一卷,明宣宗御製,一本。」○原北平圖書館藏明内府鈔本,半葉十行,行二十二字。存卷一至四、卷九至十二、卷十六至十八、卷三十二至四十四,共二十四卷九册。書名《大明宣宗皇帝御製集》。王重民《善本提要》著録,今當存臺北「故宫」。北圖有膠卷。其書前有《目録》四十一葉。卷四十四爲「樂府詞」,包括《應教賦北京八景詞》十首一套、《慈壽萬年曲》十四首一套。各卷鈐「京師圖書館收藏之印」。北京圖書館另藏《大明宣宗皇帝御製集》,存卷五至八共一册,半葉十行,行二十二字,紅格,四周雙邊。未鈐京師圖書館印,似爲一部分散者。《存目叢書》配補影印,計二十八卷。○北京圖書館藏清金氏文瑞樓鈔本,作《宣廟御製總集》不分卷四册。半葉十一行,行二十一字,白口,左右雙邊。○北京圖書館藏明藍格鈔《國朝典故》(清李文田校本)内有《御製廣寒殿記》一卷《宣宗皇帝御製詩》一卷。○明鈔《國朝典故》内有《宣宗御製詩》一卷,上圖、陝西省圖各一部。○臺灣「中央圖書館」藏明藍格鈔十行本《國朝典故》内有《宣宗皇帝御製詩》一卷。○臺灣「中央圖書館」藏明藍格鈔十二行本《國朝典故》内有《宣宗皇帝御製詩》一卷。○明萬曆鄧士龍江西刻《國朝典故》内有《宣宗皇帝御製詩》一卷。○按:史部職官類《存目》有明宣宗《官箴》一卷,《提要》云「後載宣宗《御製廣寒殿記》一首、《玉簪花賦》一首、詩二十七首、詞曲二首」,與天一閣呈本合。考《國朝典故》,宣宗《御製官箴》一卷在《御製廣寒殿記》、《宣宗皇帝御製詩》之前,知《存目》所據之本即出《國朝典故》。唯此處提要稱「詩歌詞曲三十九首」,而《官箴》提要詩、詞曲共計二十九首,數目不合。檢《國朝典故》本《宣宗御製詩》實共二十九首,則「三十九首」爲「二十九首」之誤。

御製回文詩一卷

左都御史張若溎家藏本(總目)。○《提要》云:「載朱當㵼所輯《國朝典故》中。」

元宮詞一卷　不著撰人名氏　**四八四八**

浙江巡撫採進本（總目）。○明天啟崇禎間毛晉汲古閣刻《詩詞雜俎》本，前有永樂四年春四月朔日蘭雪軒自序，末有龍莊甄識語。又毛晉跋云：「辛未花朝，偶過林若撫齋頭，見《元宮詞》百首，乃是我朝蘭雪主人作。……亦可嗣刻予昔年《三家》、《二家》之尾云。」蓋崇禎四年刻版也。民國上海醫學書局影印毛刻《詩詞雜俎》本。《存目叢書》據以影印。○清木松堂重刻《詩詞雜俎》本，上海師大藏。

楓林集十卷　明朱升撰　**四八四九**

安徽巡撫採進本（總目）。○《安徽省呈送書目》：「《楓林集》三本。」○《浙江省第四次汪汝瑮家呈送書目》：「《朱楓林集》十卷，明朱升著，二本。」○《浙江採集遺書總録》：「《朱楓林集》十卷，刊本，明翰林學士休寧朱升撰。」○天津圖書館藏明萬曆歙邑朱府刻本，作《朱楓林集》十卷，題「新安明儒學士朱升著，晞陽居士范淶校，裔孫時新閱輯，時登參閱」。半葉九行，行二十字，白口，四周單邊。前有萬曆四十四年范淶序，序後有寫工刻工：「黄伯符刻，黄仲開書。」封面刻「新安理學名儒朱楓林集」，並鈐「歙邑朱府藏板」、「開國元勳」、「楓林氏」二印。《存目叢書》據以影印。北大、上圖等亦有是刻。○臺灣大學有《楓林先生文集》一卷，明弘治九年朱禧任刻本。

槎翁集八卷　明劉崧撰　**四八五〇**

兩淮馬裕家藏本（總目）。○《兩淮商人馬裕家呈送書目》：「《槎翁集》十八卷，明劉子高，四本。」

○北京大學藏明嘉靖元年徐冠刻本，作《槎翁文集》十八卷。半葉十一行，行二十一字，黑口，四周雙邊。前有羅欽忠《新刻槎翁文集目録序》，謂吉郡太守徐士元捐俸刻之梓，「校正在正德庚辰秋閏，梓完則嘉靖紀元夏五也」。末有鄒守益後序。卷尾有王宗炎手跋：「嘉慶庚午二月十三日吴縣鈕樹玉匪石同顧千里來訪南陔家弟，淹留十日，談讌極歡，見贈此書。因題其後，以誌良友之惠。晚聞居士識。」《存目叢書》據以影印。復旦大學徐永明先生指出是刻卷十五第十四葉、十六葉葉碼誤刻，當互换。北大、上圖亦有是刻。南圖藏一部四册，鈐「張紹仁印」、「學安」、「執經堂」、「訒菴」、「長洲張氏收藏」、「張氏學安藏本」等印。八千卷樓故物，《善本書室藏書志》著録。原北平圖書館藏一部，王重民《善本提要》著録，現存臺北「故宫」。北圖另有殘本，存卷一至四。臺灣「中央圖書館」藏一部，有黄丕烈手跋，跋文已入《蕘圃藏書題識》卷九。○清光緒二十五年刻本，作《劉槎翁文集》二十四卷二十册，江西省圖藏。○按：《存目》所據爲馬裕進呈吉安知府徐士元刻本，即嘉靖元年徐冠刻本，實有十八卷。檢《兩淮商人馬裕家呈送書目》正作十八卷，知《四庫總目》脱「十」字，誤爲八卷。

野莊集六卷　明王鈍撰　**四八五一**

兩淮馬裕家藏本（總目）。○《兩淮商人馬裕家呈送書目》：「《野莊集》六卷，明王鈍，二本。」

滄浪櫂歌一卷　明陶宗儀撰　**四八五二**

浙江范懋柱家天一閣藏本（總目）。○《浙江省第五次范懋柱家呈送書目》：「《滄浪櫂歌》一卷，元陶宗儀著，二本。」○《浙江採集遺書總録》：「《滄浪櫂歌》一卷，刊本，元天台陶宗儀撰。」○北京大學藏清嘉慶四年桐川顧修刻《讀畫齋叢書》辛集本，題「天台陶宗儀著，雲間唐錦選」。前有正德丁丑雲間唐錦序。《存目叢書》據以影印。○民國二十六年商務印書館據《讀畫齋叢書》本排印，收入《叢書集成初編》。

危學士全集十四卷　明危素撰　　四八五三

江西巡撫採進本（總目）。○《江西巡撫海第一次呈送書目》：「《危太僕集》八本。」○復旦大學藏清乾隆二十三年芳樹園刻本，作《危學士全集》十四卷四册，題「金谿危素太僕先生著，同邑後學嚴紋璽、李相、余之梅輯刊」。半葉九行，行二十字，白口，左右雙邊。版心下刻「芳樹園」三字。前有乾隆二十三年十月既望嚴紋璽序云：「予友李子相、余子之梅復廣爲搜索，别其真贋，編爲十四卷，授予付梓。」前十三卷爲文，後一卷爲詩，即存目之書也。封面刻「乾隆戊寅年新鐫」、「芳樹園藏板」。是本寫刻頗工。鈐「吴興劉氏嘉業堂藏書記」等印。《存目叢書》據以影印。津圖、江西圖、四川師大亦有是刻。○清道光六年芳樹園刻本，山東省圖、東北師大藏。

元釋集一卷　明釋克新撰　　四八五四

編修汪如藻家藏本（總目）。○《國子監學正汪交出書目》：「《元釋集》一本。」○北京圖書館藏清鈔本，半葉八行，行十八字，無格。鈐「高銓之印」、「固叟」、「包虎臣藏」、「苕上散人」等印。《存目叢書》據以影印。

四八五五

愛禮集十卷　明劉駟撰

浙江巡撫採進本(總目)。○《浙江省第八次呈送書目》:「《愛禮集》十卷,明劉駟著,四本。」○《浙江採集遺書總録》:「《愛禮先生集》十卷,黄氏藏刊本,明左都御史龍溪劉駟撰。」○北京圖書館藏明刻本,作《愛禮先生集》十卷。半葉十行,行二十一字,黑口,四周雙邊。前有弘治六年三月既望林雍序云:「所著詩文一帙,予家藏已久。浙藩參政林君進卿讀而愛之,謂有關世教,請序而永其傳。」《四庫提要》云「集爲宏治六年浙江參政林進卿所刊」,蓋即是本也。鈐「曾經鐵嶺王氏珍藏」等印。《存目叢書》據以影印。

四八五六

坦齋文集二卷　明劉三吾撰

江蘇巡撫採進本(總目)。○《江蘇省第一次書目》:「《坦齋文集》二本。」○《浙江省第四次汪汝瑮家呈送書目》:「《坦齋文集》二卷,明劉三吾著,二本。」○《浙江採集遺書總録》:「《坦齋文集》二卷,明萬曆戊寅茶陵知州賈緣重刊本,明劉士茶陵劉三吾撰。」○《兩淮商人馬裕家呈送書目》:「《坦齋文集》二卷,明劉三吾,二本。」○原北平圖書館藏明成化十二年俞藎刻本,作《坦齋先生文集》三卷二册。題「桐江後學俞藎校刊,邑庠玄孫謨編次」。半葉九行,行二十字。有成化十二年俞藎序。卷末有陳乃乾題記:「海寧陳乃乾從蔣氏密韻樓叚讀,與家藏萬曆刻本對勘一過。」(參王重民《善本提要》)此本現存臺北「故宫」。○北京大學藏明萬曆六年賈緣刻本,作《坦齋劉先生文集》二卷。題「雲南提學副使宗晚學劉應峯訂正,知茶陵州事韓城賈緣輯梓,同知州事高安張東暘閲校」。半葉十行，行二十四字，白口，四周雙邊。前有萬曆六年戊寅孟冬劉應峯序，萬曆戊寅孟冬譚希思序。據劉序知係萬曆六年賈緣茶陵郡齋刻本。《存目叢書》據以影印。北圖、津圖、湖南圖亦有是刻。○臺灣「中央圖書館」藏萬曆六年賈緣刻天啟間修補本，卷端署名同。增天啟元年辛酉長沙府推官林正亨跋。鈐「休寧汪季青家藏書籍」、「古香樓」、「汪文柏印」、「柯庭」、「乃乾毓英共讀」、「共讀樓」等印。陳乃乾用成化俞藎本及《斐然稿》校。有陳乃乾跋三則：「《坦齋先生集》除此萬曆刻本外，尚有成化中邑令俞藎刻本及四川巡撫張瓚所刻《斐然稿》二卷。俞刻未畢工而燬於火，故傳本罕見，惟蔣氏傳書堂藏三卷而已。張刻未見印本，蔣氏有天一閣紅格鈔者，允爲僅有之孤帙矣。辛未秋傳書堂所藏明人集部六百餘種，盡歸余篋，自維力薄，不克永守，因擇其尤罕祕者校鈔存之。此成化本《坦齋集》、《斐然稿》二書，爲余所手寫，行格點畫，悉依原本影摹。其與萬曆本同者，則僅寫題目，而不録文，惟仍校字句異同於萬曆刻本之上。前人鈔書，未有作此式者，余求速成，乃不得不創爲此例，後之觀者，見中多白葉，或未悉其故，因詳其緣起於簡端。海寧陳乃乾記。」「成化本及《斐然稿》異同均以朱筆校。其依《西隱文集附録》或他書校者，用墨筆。乃乾又記。」「甲寅八月購得乾隆本《坦齋先生文集》十五卷，乃十二世孫映藜所輯，搜採至博，意謂此三本中文當盡在其中矣。迨比勘一過，則俞刻三卷中爲乾隆本所未採及者乃有三十一篇。蓋俞刻罕祕，後之校刻者均未獲一觀也。」（見該館《善本題跋真跡》、《善本書志初稿》）該館另藏是刻一部，鈐「新安汪氏」、「啟淑信印」、「葉啟勳」、「葉啟發讀書記」等印。○明萬曆六年賈緣刻清順治十一年劉温良重修本，浙圖、南圖藏。南圖本《善本書室藏書志》著録。○明天啟元年刻本，作《坦齋劉先生文集》二卷。半葉十行，行二十三字，白口，四周雙邊。湖南圖書館藏，僅存卷上。○北京圖書館藏清鈔本，書名分卷同前。半葉九行，行二十四字，無格。○《皕宋樓藏書志》著録舊鈔本，書名卷數同前。現存日本靜嘉堂文庫。○美國國會圖書館藏清乾隆刻道光補刻本十五卷，陳乃乾校補並跋云：「此本爲乾隆中彙刻者，所收最博。初讀其序，似刻者時曾見明刻各本者，及比勘之，則俞刻可補文三十一篇，劉刻可補詩兩首，《斐然續稿》亦可補文一首。而此本所收在明刻各本之外者亦三十餘首。後有重刻者，當刪併之。乙卯中秋海寧陳乃乾記。」（詳王重民《善本提要》）《國學圖書館現存書目》著録《劉坦齋文集》十五卷《補遺》一卷，四册，清道光石溪留耕堂刻本。疑係一刻。

一齋集十六卷　明朱善撰　四八五七

福建巡撫採進本（總目）。○《江西巡撫海第二次呈送書目》：「《朱一齋集》五本。」○《兩淮鹽政李呈送書目》：「《一齋集》十五卷，明朱善繼，六本。」○北京圖書館藏明成化二十二年朱維鑑刻本，作《朱一齋先生文集》前十卷後五卷《廣遊文集》一卷。半葉十二行，行二十八或二十九字，黑口，四周單邊。前有聶鉉序，又聶鉉撰《墓誌銘》，稱朱氏「諱善繼」。前集末有「成化丙午歲仲冬月燕山朱翰林六世孫朱維鑑重刊於家庭」一行。《朱一齋先生廣遊文集》末有「成化丙午孟春之月六世孫朱維鑑重刊於家居之退學庭」一行，又「命匠陸家刊」五字。首葉鈐「翰林院印」滿漢文大官印，書衣有「乾隆三十八年七月兩淮鹽政李質潁送到朱善繼一齋集壹部計書六本」長方進書朱記。又鈐「白堤錢聽默經眼」、「翰爽閣藏書記」等印記。《存目叢書》據以影印。浙大亦有是刻。北圖分館另有殘帙，僅後集六卷。○南京圖書館藏清初刻本，存卷一至四。《國學圖書館現存書目》著録爲明刊本，存四卷五册，丁氏八千卷樓舊藏。○首都圖書館藏清末刻本，僅《朱一齋先生文集後集》五卷《廣遊文集》一卷，二册。《江西省圖書館古籍書目》著録舊刻本，僅後集二册，未知異同。○民國豐城熊氏舊補史堂據明成化本刻本，僅《朱一齋先生文集後集》五卷《廣遊文集》一卷。

甘白集六卷　明張適撰　**四八五八**

浙江汪啟淑家藏本（總目）。○《兩淮商人馬裕家呈送書目》：「《甘白集》六卷，明張適，一本。」○《浙江省第四次汪啟淑家呈送書目》：「《甘白集》六卷，明張適著，六本。」○《浙江採集遺書總録》：「《甘白先生集》六卷，寫本，明工部郎中長洲張適撰，孫桄輯。」○上海圖書館藏明刻本，作《甘白先生張子宜詩集》六卷。半葉十行，行二十一字，黑口，四周雙邊。《藏園訂補郘亭書目》著録爲「明初刊本」。○山西大學藏舊鈔本，作《甘白先生詩集》六卷六册。○北京圖書館藏清釋就堂鈔本，作《甘白先生文集》六卷。半葉九行，行二十二字，黑格，四周單邊。○原北平圖書館藏舊鈔本，作《甘白先生文集》六卷。半葉九行，行二十字。有正統十二年張收序。鈐「謙牧堂藏書記」、「韓氏藏書」、「玉雨堂印」等印記（參王重民《善本提要》）。現存臺北「故宫」。○南京圖書館藏清王氏十萬卷樓鈔本，作《甘白先生張子宜詩集》六卷《補遺》三卷《文集》六卷，三册。半葉九行，行二十字，無格。鈐「王宗炎所見書」、「丁氏八千卷樓藏書記」、「四庫坿存」等印記。《善本書室藏書志》著録。

丁卯子收跋。現藏日本東京静嘉堂文庫。○按:《存目》所載六卷係文集。陳田《明詩紀事》甲籤卷二十云:張適「有《甘白先生集》十二卷。」又云:「余所得爲翁覃溪、顧千里舊藏本,詩文皆具。」

《存目叢書》據以影印。○《皕宋樓藏書志》著録「舊鈔本」,書名卷數同前本,有正統六年陳鎰序,正統

秫坡詩稿七卷附録一卷　明黎貞撰　四八五九

浙江孫仰曾家藏本(總目)。○《浙江省第四次孫仰曾家呈送書目》:「《秫坡先生集》八卷,明黎貞著,四本。」○《浙江採集遺書總録》:「《秫坡先生集》八卷,刊本,明徵士新會黎貞撰。」○上海圖書館藏清康熙二十五年裔孫黎異之刻本,作《重刻秫坡先生詩集》四卷首一卷。半葉九行,行十九字,白口,左右雙邊。○江西省圖書館藏清光緒元年重刻本,作《重刻秫坡先生詩文集》八卷首一卷末一卷。正文首行題「重刻秫坡先生詩集卷之一」,次題「明徵士古岡黎貞彦晦甫著,新會縣知縣後學袁奎編次,新會縣儒學教諭蕭端升、訓導馬堪仝校,六世裔孫善積一富甫訂鐫,清後學支孫翼之鵬客甫重訂,裔孫元振、元甲、三錫、上錫、耀錫、嵩錫、學文仝校,廿一世姪孫華玉瑞石重訂鐫,廿三世裔孫應春、和宣仝校」。半葉九行,行十九字,白口,左右雙邊。前有嘉靖二十九年區越序,康熙二十五年丙寅裔孫翼之序,光緒元年李辰輝序。正文八卷,又卷首、卷末各一卷。卷八爲附録、序、詩、聯。正文實止七卷。封面刻「光緒元年乙亥重鐫」、「都會三賢居書屋藏板」。《存目叢書》據以影印。首都圖書館亦有是刻。○山東省圖有清袁善積刻本,存詩集三卷文一卷首一卷。吉林省圖有清中葉刻本,作《秫坡先生詩文集》八卷首一卷末一卷,存卷一至五、卷首。均未見。

竹居集一卷　明王珙撰　四八六〇

兩淮馬裕家藏本(總目)。○《兩淮商人馬裕家呈送書目》：「《竹居集》一卷，明王廷珪，一本。」○北京圖書館藏清嘉慶六年王氏十萬卷樓鈔本，作《竹居詩集》一卷。題「國子助教郡人張信校正」。半葉十一行，行二十字，白口，左右雙邊。前有宣德元年王進序，宣德元年張洪序，宣德二年范敬先序，正德六年李傑《重刊竹居詩集序》。卷内鈐「蕭山王氏十萬卷樓藏書」、「翁斌孫印」等印。卷尾有王端履題記：「嘉慶辛酉七月晦日假吳山鄔氏書肆本命工傳寫，仍覆校一過。王屋山人識。」又有翁斌孫籤注二條。《存目叢書》據以影印。○北圖又藏清鈔本，作《竹居詩集》一卷。半葉九行，行二十字，無格。○上海圖書館藏清鈔本，作《竹居詩集》一卷。半葉九行，行二十字，無格。○《皕宋樓藏書志》著録「舊鈔本」，作《竹居詩集》一卷。現藏日本靜嘉堂文庫。

别本袁海叟詩集四卷　明袁凱撰　四八六一

江蘇巡撫採進本(總目)。○《江蘇省第一次書目》：「《袁海叟詩集》一本。」○《提要》云：「此本乃正德元年陸深同李夢陽所删定，而何景明授其門人孫繼芳刊於松江，深及夢陽、景明各爲之序。其版久佚，今所存者，傳鈔之本也。後有萬曆己丑王俞跋，已佚其前半，不能考見始末。」○明正統刻本，作《海叟集》四卷，題「雲間袁凱景文著」。半葉十二行，行二十一字，黑口，四周雙邊。鈐「陳嗣科印」、「城南居士」、「響泉齋圖書印」等印記。《藏園群書經眼録》著録，云「癸酉二月二十四日趙萬里攜來，因校一過」。《藏園群書題記·校明初刊本袁海叟集跋》記此本云：「刊工極爲粗率，然古致盎然，決非成、弘以後所及。據嘉靖本董宜陽序言，海叟手訂全集，國初刻於張氏者久毁。何玄之活字本序亦謂其集舊刻於祥澤張氏，歲久不傳。今覩兹帙，其筆致疏古，刀法樸拙，猶是正統以前風氣。……可斷爲祥澤張氏所刻，決無疑義。」《藏園訂補郘亭書目》亦著録。唯行款《經眼録》作半葉十二行，餘二目作十行。《北京圖書館古籍善本書目》著録明刻本《海叟集》四卷，半葉十二行，行二十一字，黑口，四周雙邊。疑即趙萬里出示傅沅叔者。作十行者恐誤。○北京圖書館藏明正德元年刻本，作《海叟集》三卷，題「雲間袁凱景文著」。半葉十二行，行二十字，黑口，四周雙邊。凡上、中、下三卷。前有正德元年李夢陽序云：「叟名既晦，集亦罕存。子淵購得刻本於京師士人家，豬墨焦爛，蠹涅者殆半，乃删定爲今集。仍舊名者，著叟志也。」末有孫毓修手跋：「《海叟集》一本，光緒乙未南菁院長定海黄元同先生之所賜也。手自補綴，藏弆二十餘年矣。今先生久歸道山，予亦頭童齒豁，檢書及此，不禁慨然。壬戌七月雨中，留菴識。」《存目叢書》據以影印。中國社科院文學所亦有是刻。○南京圖書館藏明隆慶四年何玄之活字印本，作《海叟集》四卷。半葉九行，行十八字，白口，四周單邊。有明張重熙題款，清楊引傳跋。○明萬曆三十七年張所望刻本，作《海叟集》四卷。半葉九行，行十八字，白口，四周雙邊。北圖、中國社科院歷史所、南圖藏。《善本書室藏書志》著録，云：「此本前有正德元年北郡李夢陽序，信陽何景明序，萬曆己酉郡人張所望重刊序。後有陸深題語，嘉靖甲子郡人董宜陽、隆慶庚午何玄之、萬曆庚戌張所敬跋。」○原北平圖書館藏清汪氏裘杼樓鈔本，從張所望本出。王重民《善本提要》著録。現存臺北「故宮博物院」。

○上海圖書館藏清鈔本，作《海叟集》四卷。○《皕宋樓藏書志》著録「舊鈔本」，作《海叟集》三卷，有正德元年李夢陽序。當從正德元年刻本出。○清康熙六十一年曹炳曾城書室刻本，作《海叟詩集》四卷《集外詩》一卷《附録》一卷。半葉九行，行十九字，白口，左右雙邊。昆明師院藏一部，清王鳴盛批點並跋。中國社科院文學所藏一部，清曹堉批校。北圖藏一部，傅增湘校並跋。據《四庫全書總目》卷一六九，《四庫全書》即依此刻入録。李祚唐先生云「庫書無《集外詩》《附録》」，未知其故。傅增湘嘗以正統本校此刻，謂「次第略同」，「蓋曹本出於萬曆本，並及見何氏活字本，故與此本（正統本）恒相近也」。詳《藏園群書題記》。○復旦大學藏清鈔本，作《海叟詩集》四卷。○《在野集》二卷，袁凱撰，明張樸校選，明朱應祥評點。明祁氏淡生堂鈔本，南圖藏。《善本書室藏書志》著録。○《在野集》二卷，袁凱撰，清初鈔本，清王聞遠校，清黃丕烈跋。北京大學藏。《木犀軒藏書書録》著録。○《袁海叟在野集》八卷，袁凱撰，清汪文柏輯，清汪文柏鈔本，汪文柏跋。北圖藏。《藏園群書題記》有跋。

安分齋集十卷　明鄭本忠撰　　　四八六二

江蘇巡撫採進本（總目）。○《江蘇省第一次書目》：「《安分齋集》二本。」○《江蘇採輯遺書目録》：「《安分齋集》十卷，藩邸教授寧波鄭本忠著，抄本。」○北京大學藏舊鈔本，作《安分先生文集》十卷。題「中順大夫太僕寺少卿男復言、中順大夫太常寺少卿男雍言編次，翰林院檢討徵事郎同郡周翰校正」。半葉八行或九行，行十五字。前有劍沙陳山序，海虞吴訥序。後有永樂元年子復言跋，正統八年男雍言跋。卷一至三記，卷四至六序，卷七至九賦詩，卷十雜文。鈐「朱彝尊印」、

「秀水朱氏潛采堂圖書」、「謙牧堂藏書記」等印。《藏園群書經眼録》、王重民《善本提要》著録。○南京圖書館藏民國鈔本，正文各卷題「安分先生文集」或「安分先生詩集」。半葉九行，行十七字，無格。署名、序跋及各卷内容同前本。《存目叢書》據以影印。

三畏齋集四卷　明朱吉撰　**四八六三**

浙江汪啟淑家藏本(總目)。○《浙江省第四次汪啟淑家呈送書目》：「《三畏齋集》四卷，明朱吉著，一本。」○《浙江採集遺書總録》：「《三畏齋集》四卷，晉江黃氏藏寫本，明按察使僉事崑山朱吉撰。」○復旦大學藏清鈔本二卷，題「中書舍人前户科給事中中書舍人翰林文翰館侍書湖廣道肅政按察司僉事鹿城朱吉季寧父著，嘉議大夫吏部右侍郎前都察院左僉都御史葉盛校」。半葉十行，行二十字，無格。卷内鈐「汪魚亭藏閲書」、「吴興劉氏嘉業堂藏書記」、「御賜抗心希古」等印。卷内玄、絃、弘、泓等字不避諱，蓋清初寫本。《存目叢書》據以影印。

新本白石山房稿五卷　明張孟兼撰　**四八六四**

浙江巡撫採進本(總目)。○《浙江省第三次書目》：「《白石山房稿》五卷，明張丁著，三本。」○《浙江採集遺書總録》：「《白石山房稿》五卷，刊本，明按察副使浦江張丁撰。」○南京圖書館藏清乾隆十四年承啟堂刻本，目録首行題「白石山房張孟兼先生逸稿目録卷之一」，次題「明浦陽張丁孟兼父著，十一世孫朝煌思晦氏彙輯，檇李曾安世繒關氏校定，同邑後學張以琣次玉氏、朱鶴鳴聲仲氏仝鑒定，戴王嶧鄒山氏編訂，裔孫國仁孟純氏、範以規氏仝校梓」。正文卷一首行題「白石山房逸稿卷之二」，次題「明浦陽張丁孟兼父著，十一世孫朝煌思晦氏彙輯，秀水曾安世繙闞氏校定」。半葉十行，行十九字，白口，左右雙邊。無直格。版心上題「白石山房稿」。前有乾隆十四年己巳張以琣序，康熙戊戌曾安世序，又舊序數篇。封面刻「乾隆己巳年鐫」、「承啟堂藏版」。内容與提要合。卷内鈐「真州吴氏有福讀書堂藏書」印。《存目叢書》據以影印。○按：十一世孫朝煌，字思晦。《總目》誤爲名思煌。《白石山房逸稿》條誤同。

靜菴集一卷　明張羽撰　**四八六五**

兩淮馬裕家藏本（總目）。○《兩淮商人馬裕家呈送書目》：「《靜菴集》一卷，明張羽，一本。」○上海圖書館藏清鈔本，作《靜菴張先生詩集》一卷。半葉九行，行十八字，無格。無序跋。首葉鈐「翰林院印」滿漢文大官印，又鈐「伯寅藏書」印。卷内有校改，凡玄、弘諸字，原不避諱，均描作缺末筆。遇明帝提行者，則勾連之。眉上多批抄寫格式。原不分卷，眉上標識分二卷。疑皆四庫館臣手筆。《存目叢書》據以影印。

陳竹山文集四卷　明陳誠撰　**四八六六**

江西巡撫採進本（總目）。○江西省圖書館藏清雍正七年刻本，作《陳竹山先生文集》内篇二卷外篇二卷。題「明史官吉水陳誠著，從曾孫仁和學博汝寶編輯，嗣孫大緯、起泰重梓」。半葉九行，行二十字，白口，四周單邊。前有正統十二年王直序，崇禎十六年劉同升序。後有雍正七年高乃聽叙。《存目叢書》據以影印。○江西省圖書館藏清嘉慶二十四年刻本。

退菴遺稿七卷　明鄧林撰　**四八六七**

兩淮馬裕家藏本(總目)。○《兩淮商人馬裕家呈送書目》:「《退菴遺稿》七卷,明鄧林,二本。」○天津圖書館藏清鈔本,作《退菴鄧先生遺稿》七卷。卷一題「古岡鄧林著,會稽陳贄編集,鬱林陶魯、富川葉芳仝校梓,龍岩王命濬、邑人黄淳重校梓」。半葉十行,行二十字,無格。前有景泰五年陳贄序,萬曆己酉黄淳序,洪熙元年諭旨。後有天順元年夔州府建始縣儒學教諭□□□跋。鈐「八千卷樓藏書記」、「四庫坿存」等印。《存目叢書》據以影印。

尹訥菴遺稿八卷附録二卷　明尹昌隆撰　**四八六八**

江西巡撫採進本(總目)。○《江西巡撫海第二次呈送書目》:「《尹訥菴遺稿》二本。」○北京圖書館分館藏明萬曆二十九年尹應中刻本,作《尹訥菴先生遺稿》十卷。題「八世孫應中梓」。半葉九行,行十八字,白口,四周雙邊。書凡十卷,卷九卷十爲附録。前有萬曆二十九年辛丑鄒元標序云:「此故中允訥菴尹公遺稿,予門人應中氏收拾殘簡刻以傳者。」知係萬曆二十九年八世孫應中所刻。《存目叢書》據以影印。○臺灣「中央圖書館」藏舊鈔本,書名卷數及署名序文均同前本,半葉九行,行十八字。蓋從萬曆本出。鈐「紅蕤吟館吴氏藏書」印(詳該館《善本書志初稿》)。○清光緒十二年孝友堂刻本,作《尹訥菴先生遺稿》十卷首一卷。江西省圖藏。

黄介菴集十一卷　明黄淮撰　**四八六九**

浙江汪啟淑家藏本(總目)。○《浙江省第四次汪啟淑家呈送書目》:「《黄介菴集》十二卷,明黄淮著，十本。」○《浙江採集遺書總録》：「《黄介庵集》六卷《省愆集》二卷，刊本，明户部尚書永嘉黄淮撰。」○汪啟淑進呈四庫館明刻小字本，十五卷，殘存卷一至三、卷八至十五，共十一卷。孫詒讓《温州經籍志》卷二十五：「《黄文簡介菴集》，世間流傳絶少。……同治辛未，余以應試入都，叚得翰林院所儲明刻小字本，驗其册面印記，即乾隆三十八年浙江巡撫三寶所進汪啟淑家藏本也。既迻録其副，復精勘一過。乃知明刻本十五卷，缺第四至七四卷。進本經書賈移易竄改，以十四卷爲第四卷，十五卷爲第五卷，十三卷爲第六卷。又撤去前後跋及所缺四卷之目，以泯其跡。故四庫提要遂以十一卷箸録，而以爲僅缺第七一卷。幸其每卷魚尾下所記卷次及目録葉數未盡改，重爲排比，尚可見明槧本舊式也。印本每卷首行題《黄文簡公介菴集》，其刊刻當在文簡卒後，叙跋既亡，今亦無從考覈。卷一至卷三爲《退直稿》，皆永樂間在都所作。卷八至十三爲《歸田稿》，皆宣德六年（澤遜按：黄群謂當作二年）以疾乞休以後所作。卷十四至十五爲《入覲稿》，則宣德壬子文簡父性卒，賜葬詣闕謝時所作。……其所缺四卷，目録亡失，其仍爲《退直稿》，抑已爲《歸田稿》，未能肊定也。」按：此帙後經錢桂森教經堂歸劉承幹嘉業堂，又歸中央圖書館，現藏臺灣「中央圖書館」。《嘉業堂藏書志》云：「書經進呈，發交翰林院清閟閣儲待領回，光緒初錢桂森直清閟時携出者。」臺灣「中央圖書館」《善本書志初稿》亦著録。淡江大學中文系蔡琳堂兄嘗以書影見貽。書凡十册，半葉十二行，行二十四字，黑口，雙黑魚尾，四周雙邊。目録首葉鈐「翰林院印」滿漢文大官印，卷内鈐「王仲道印」、「敬之」、「洞庭山人」、「高世異印」、「德啟」、「蒼茫齋收藏精本」、「蒼茫齋藏善本」、

「高氏家藏」、「華陽高氏藏書子孫保之」、「錢桂森辛白甫」、「教經堂錢氏章」、「犀盦藏本」、「吴興劉氏嘉業堂藏」等印記。○浙江瑞安縣玉海樓藏清鈔本，作《黄文簡公介菴集》十二卷，缺卷七。半葉十二行，行二十四字，無格。孫詒讓校。當即同治十年孫詒讓從翰林院借明刻小字本傳鈔者。○民國二十年永嘉黄氏排印《敬鄉樓叢書》第三輯本，作《黄文簡公介菴集》十一卷《補遺》一卷。此本據孫詒讓鈔本排印，次序照明刻本原卷次，唯改卷八至十五爲卷四至十一耳。《補遺》係《書學箴後》一篇，原載許謙《白雲先生集》中。

四八七〇

冡宰文集一卷　明張紞撰

浙江范懋柱家天一閣藏本(總目)。○《浙江省第五次范懋柱家呈送書目》：「《冡宰文集》一卷，明張紞著，一本。」○《浙江採集遺書總録》：「《冡宰文集》一册，寫本，明吏部尚書富平張紞撰。」○《提要》云：「此集爲嘉靖中富平訓導王道所編。」○原北平圖書館藏明嘉靖七年王道刻本，作《張鷃庵先生集》二卷一册。題「八世孫庠生張嘉胤輯」。半葉九行，行二十字。有明嘉靖六年徐岱序，嘉靖七年王道跋。王重民《善本提要》著録。現存臺北「故宫」。

四八七一

王天游集十卷　明王達撰

兩江總督採進本(總目)。○《兩江第一次書目》：「《王天游集》，明王達著，四本。」○臺灣「中央圖書館」藏明正統五年南平知縣胡濱刻本十卷四册。正文首題「翰林學士耐軒王先生天游文集卷之一」，次題「翰林侍讀學士錫山王達達善述，門人南平知縣安定胡濱鋟梓，門人凌亭翟厚編集」。半葉十三行，行二十二字或二十三字，黑口，四周雙邊。版式不一，版經修補。前有正統五年庚申八月既望禮部左侍郎羊城陳璉序云：「其門人庱亭翟厚□□其文爲十卷，録成，□□南平□□□濱捐資刻梓以傳，□□太學生昭謁文爲序。」次洪武壬午（澤遜按：指建文四年）秋方外忝知張寓初序。後有正統元年孟夏朔旦庱亭翟厚書後云：「旣力綿薄，欲刊未能。邇有南平令尹胡均季淵，道經故里。均，先生之門人，又居姻親家。一見兹集語余曰：『先生之文幸子集之，使弗入刊，終亦湮墜。予官所去建陽書坊不遠，盍以此予余往爲入梓，行之四方？……』余曰：『此吾素心也。』用述數語，識歲月以拱俟其刊云。」又永樂元年門生王孚跋云：「今於文集中撮其可式者十卷。」（參該館《善本書志初稿》、《善本序跋集録》）〇北京圖書館藏明正統胡濱刻本十卷四册，卷端署名同前本，唯卷一首行書名作《翰林學士耐軒王先生天游雜稿》，卷一尾題及其餘各卷首尾均作《天游雜稿》。半葉十三行，行二十字，黑口，四周雙邊。各卷版式一致。卷端「庱亭翟厚」，「亭」下空四字（按：庱亭又作庱亭，在武進縣西。《藏園經眼録》作「門生凌序，翟厚編集」，《藏園訂補郘亭書目》作「淩序、翟厚編集」，非但文字訛誤，且誤地名爲人名。）。前有洪武壬午張寓初序。鈐「曾在李鹿山處」、「蕭山朱氏所藏善本」、「皡民藏書」、「翼盦鑑藏」等印記。卷二末有傅增湘跋：「此集有道光辛丑其十五世孫芝林刻本，傳世甚稀，余偶得之於厰市，遂從翼庵兄假此正統本對勘。各卷編次既各不同，一卷之中先後亦或互易。凡卷中墨釘皆填補完善。通計改訂六百餘字，使數百年來遺帙頓還舊觀，爲之愉快無已。還書之日，用志始末，以拜翼庵通假之誼。乙丑天中節傅增湘謹記。」《存目叢書》據以影印。按：從臺灣本序跋觀之，乃正統五年南平知縣胡濱刻成於建陽。翟跋作「胡均」，未知其故。又臺灣本、北圖本皆定爲胡濱刻，孰爲初刻，孰爲重刻，尚待論定。○北京圖書館藏清道光二十一年王芝林養和堂刻本，作《重刻天游集》十卷《碎金》一卷。二册。半葉十二行，行二十五字，黑口，左右雙邊。正文首題「重刻天游集卷一」，次行題「無錫王達達善著，門人陵亭翟厚編，十五世孫芝林校」。封面中刻「天游集」，右刻「明翰林學士耐軒先生著」，左刻「載入明史藝文志、焦弱侯經籍志、朱竹垞經義考、無錫縣志，養和堂藏板」。卷後有道光二十一年十五世孫芝林《重刻天游集後序》云：「昨歲庚子，芝林念家譜已百有十年未經修葺，妄任是舉，一年以來，幸有成稿。急先編校《天游集》，首付鐫鑱，澤之深且長也。明年歲又在壬寅，計先大父得之之年甲子一周，而計原刊之年則越三百四十年矣。刊成，謹以《天游碎金》所集之詩附焉，並述數語於後。」傅增湘據正統胡濱刻本校補並跋。《藏園訂補邵亭書目》著録，云「補八篇」。南開亦有是刻。○清活字印本。半葉十二行，行二十五字，四周單邊，黑口。復旦藏一部，楊光輝先生以書影見示，復請唱春蓮女史與北圖藏道光二十一年刻本相校，行款同，字體亦近，唯字有不同，如「亡」字北圖本作「亾」，凡望、妄、忘等有「亡」部者均如是，知非一版。光輝、春蓮均以活字本在後，從之。復旦本鈐「丁福保鑑藏經籍圖書」印。北圖、華東師大亦有是本。《西諦書目》著録「道光二十一年王芝林活字印本」十卷四册，當出一版，年份未確耳。○湖北省圖書館藏清鈔本五卷一册，書名《天游文集》目録題「翰林學士耐軒王先生天游文集」。半葉九行，行二十字，無格。陽海清主編《稿本提要》著録。卷端署名同臺灣藏正統本，蓋即從正統本出。此五卷即十卷本之前五卷，疑原爲二册足本，佚去下册。

黄忠宣集八卷　明黄福撰　**四八七二**

兩淮馬裕家藏本（總目）。○《兩淮鹽政李呈送書目》：「《忠宣集》八卷《别集》六卷，明黄福，十二本。」○清華大學藏明嘉靖馮時雍刻本，作《黄忠宣公文集》十三卷《别集》六卷。半葉十行，行二十字，白口，四周單邊。前有正統三年楊榮序，正統四年楊溥序。又山東按察司副使奉勑巡察海道交河馮時雍《重刻黄忠宣公集序》云：「求得公之遺集於其孫某，皆寫本，簡帙浩繁。」又云：「定詩文總若干卷，名曰《黄忠宣公集》。群公之作曰《别集》，附集中。爲書頗增於舊。乃捐俸金命萊陽令左思忠董工壽諸梓。」《别集》前有像。《存目叢書》據此帙影印。南圖、南大、臺灣「中央圖書館」均有是刻。原北平圖書館藏一部，現存臺北「故宫」。

坦菴文集八卷　明梁本之撰　**四八七三**

江西巡撫採進本（總目）。○《江西巡撫海第二次呈送書目》：「《坦菴集》二本。」○蘇州市圖書館藏清初刻本，作《坦菴先生文集》八卷附録一卷。半葉九行，行二十字，白口，左右雙邊。前有正統十三年十月蕭鎡序，天順庚辰男栗跋，嘉靖辛丑陳德鳴跋。後有附録九葉。卷内鈐「古愚」印。《存目叢書》據以影印。北圖、清華亦有是刻。

桐嶼集四卷　明釋德祥撰　**四八七四**

浙江汪啟淑家藏本（總目）。○《浙江省第四次汪啟淑家呈送書目》：「《桐嶼詩集》四卷，元釋德祥著,一本。」○《浙江採集遺書總録》:「《桐嶼詩集》四卷,寫本,元釋錢塘德祥撰。」

松月集一卷　明釋睿略撰　四八七五

兩淮鹽政採進本(總目)。○《兩淮鹽政李呈送書目》:「《松月集》一卷,明釋睿略,一本。」○北京圖書館藏明永樂刻本,半葉十一行,行二十字,黑口,四周雙邊。前有洪武癸酉俞貞木序,後有永樂十一年姚廣孝《故揚州府僧綱司都綱兼天寧寺住持蔄菴略禪師塔銘並序》。卷内鈐「白雲深處」、「釋氏宗邕」、「汪魚亭藏閲書」、「振綺堂兵燹後收藏書」、「灊盦」等印記。《存目叢書》據以影印。○北京圖書館藏清鈔本,半葉十一行,行二十一字,無格。○浙江圖書館藏清鈔本。

林公輔集三卷　明林右撰　四八七六

編修汪如藻家藏本(總目)。○《國子監學正汪交出書目》:「《林公輔集》二本。」○《兩淮鹽政李呈送書目》:「《公輔集》三卷,元林右,四本。」○北京圖書館藏清康熙查慎行家鈔本,作《天台林公輔先生文集》不分卷,二册。半葉十行,行二十四字,無格。鈐「查慎行印」、「南書房史官」、「得封樓藏書」、「雪鈔露購」、「拜經樓吴氏藏書」等印。末有查慎行手跋,謂「得鈔本於友人齋頭,補綴破爛,別録如右」。《存目叢書》據以影印。○上海圖書館藏清初鈔本,作《天台林公輔先生文集》一卷。半葉十二行,行二十字,無格。○上圖又藏清鈔本一卷,書名同前本。○浙江圖書館藏清鈔本不分卷,書名同前本。半葉十二行,行二十字,無格。○中國科學院圖書館藏清鈔本,作《天台林公輔先生文集》三卷一册。半葉十二行,行二十二字,白口,左右雙邊。○周越然藏清初吴梅村鈔本一卷一册。半葉十二行，行二十字。末頁有「梅村手抄」四字。尾鈐「吴偉業印」、「某村」二印。首葉有「朱彝尊錫鬯父」、「梅會里朱氏潛采堂藏書」二印，又「謙牧堂」、「謙牧堂書畫記」二印。楷法精整。（詳《文瀾學報》民國二十六年第二卷第三第四期合刊《浙江省文獻展覽會專號》）未知與上圖清初抄本是一是二。〇《皕宋樓藏書志》著録「舊鈔本」，無卷數，書名《天台林公輔先生文集》，汲古閣舊藏。現藏日本静嘉堂文庫。

四八七七　逃虚子集十一卷類稿補遺八卷　明姚廣孝撰

浙江范懋柱家天一閣藏本（總目）。〇《浙江省第五次范懋柱家呈送書目》：「《逃虚子集》十一卷《類稿補遺》八卷，明姚廣孝著，一本。」〇《浙江採集遺書總録》：「《逃虚子集》十卷，寫本，明少師長洲姚廣孝撰。」〇《江蘇省第一次書目》：「《逃虚子詩集》四本。」〇《江蘇採輯遺書目録》：「《逃虚子詩集》，少師長洲姚廣孝著。」〇《兩淮商人馬裕家呈送書目》：「《逃虚子集》十一卷《類稿》、《餘録》、《補遺》共八卷，明姚廣孝，四本。」〇北京圖書館藏明范氏卧雲山房鈔本，作《逃虚子詩集》十卷《續集》一卷。半葉十行，行十九字，白口，左右雙邊。〇臺灣「中央圖書館」藏舊鈔本，書名卷數同前本，二册。半葉十行，行二十一字，無格。《續集》末題：「蘇州府長洲縣相城妙智菴僧善述脩學與北京順天府慶壽寺僧學義出鈔印板，永樂七年十月望日題。」有黄丕烈校並兩跋，跋已入《蕘圃藏書題識》。鈐「九來」、「葉氏家藏」、「逸埜」、「學古堂」、「平江黄氏圖書」、「丕烈之印」、「復翁」、「湘鄉王氏秘籍孤本」、「埽塵齋積書記」、「禮培私印」、「莚圃收藏」等印記（詳該館《善本題跋真跡》、《善本書志初稿》）。〇湖南圖書館藏清鈔本,作《逃虛子集》十一卷,存卷四至十一。佚名録黄丕烈跋。○上海圖書館藏清彭氏知聖道齋鈔本,書名卷數同前本。○上圖又藏清鈔本,書名卷數同前本,半葉十行,行二十一字,無格。鄧邦述手跋。○上圖又藏清光緒二十二年葉昌熾鈔本,書名卷數同前本,半葉十行,行二十四字,緑格。葉昌熾跋。○日本内閣文庫藏鈔本,書名卷數同前本。○上海圖書館藏清金氏文瑞樓鈔本,作《逃虛子詩集》十卷《續》一卷。○北京圖書館藏清金氏文瑞樓鈔本,作《逃虛子詩集》十卷《續集》一卷《逃虛類稿》五卷,二册。半葉十一行,行二十二字,黑格,白口,左右雙邊。版心下印「文瑞樓」三字。鈐「金星軺藏書記」、「文瑞樓」等印。清宋賓王校。《文禄堂訪書記》著録。○南京圖書館藏清鈔本,包括《逃虛子詩集》十卷《逃虛子詩續集》一卷《逃虛類稿》五卷《逃虛子道餘録》一卷《逃虛子集補遺》一卷《逃虛子詩集補遺》一卷《附録》一卷。半葉十行,行二十字,無格。首葉鈐「翰林院印」滿漢文大官印,書衣有「乾隆三十八年四月兩淮鹽政李質穎送到馬裕家藏姚廣孝逃虛子集壹部計書肆本」長方進書木記。《存目叢書》據以影印。○上海圖書館藏鈔本,内容同前本。王培孫舊藏。○北京圖書館藏清初鈔本,僅《逃虛類稿》五卷,半葉十行,行二十四字,無格。傅增湘手跋。○北圖又藏清鈔本,僅《逃虛類稿》五卷,半葉十行,行二十一字,無格。○《藏園群書經眼録》著録傅增湘藏舊鈔本,僅《逃虛類稿》十卷。○上圖藏清鈔本,僅《逃虛類稿》四卷。○北圖藏清鈔本,僅《逃虛集》四卷一册。

光菴集二卷　明王賓撰　　四八七八

兩淮馬裕家藏本(總目)。○《提要》云:「集凡文一卷,後附諸家贊頌及吴中古蹟詩一卷。」○《兩淮商人馬裕家呈送書目》：「《光庵集》《古蹟詩》，明王賓，二本。」○《江蘇省第一次書目》：「《光庵集》一本。」○《江蘇採輯遺書目録》：「《光庵集文》一册、《吴中古蹟詩》一册，蘇州處士王賓著。」○《浙江省第六次書目》：「《王光庵集》，明王賓著，四本。」○《浙江採集遺書總録》：「《五（王）光庵集》四册附録一卷，寫本，明長洲王賓撰。」○上海圖書館藏清初鈔本，作《光庵集》一卷。半葉十一行，行二十四字，無格。○南京圖書館藏清鈔本，作《光庵集》一卷，無《吴中古蹟詩》。鈐「西河」、「毛古愚藏」、「冰香樓」等印。丁丙《善本書室藏書志》著録。○北京大學藏清鈔本，作《光庵集》一卷《吴中古蹟詩》一卷《附録》一卷。四册。半葉十行，行二十字，無格。鈐「彭奉之印」、「純齋」、「單父袁士驤藏書之章」等印。李盛鐸舊藏。《存目叢書》據以影印。○北京圖書館藏清鈔本，書名卷數同前本。半葉十行，行二十三字，無格。

別本東里文集二十五卷　明楊士奇撰　四八七九

江蘇巡撫採進本（總目）。○《江蘇省第一次書目》：「《東里全集》八本。」○《兩淮商人馬裕家呈送書目》：「《東里集》二十五卷，明楊士奇，十二本。」○《浙江省第四次汪汝瑮家呈送書目》：「《東里文集》（二）十五卷，明楊士奇著，六本。」○《浙江採集遺書總録》：「《東里文集》二十五卷，刊本，明大學士泰和楊士奇撰。」○明正統刻本，作《東里文集》二十五卷（下同），半葉十行，行二十字，黑口，雙黑魚尾，四周雙邊。有正統五年黄淮序。中國社科院歷史所、復旦、無錫市圖、重慶北碚區圖、臺灣「中央圖書館」藏。○明正統刻正德十年沈玹志補修本，十二册，海源閣故物。山東省圖藏。○浙江大學藏明刻本，半葉十行，行二十字，白口，雙黑魚尾，四周雙邊。前有正統五年黄淮序。此本版式行款同正統本，唯黑口改白口，蓋明中葉重刻正統本。《存目叢書》據以影印。北圖、上圖、川圖、中山圖、臺灣「中央圖書館」亦有是刻。○明萬曆刻本，半葉九行，行十八字，白口，單黑魚尾，左右雙邊。前有正統五年黄淮序，序後有「萬曆戊午仲秋金陵後學朱之蕃重録」十五字。上圖、吉大、温州圖、湖南漵浦縣圖皆有是刻。○明萬曆刻清康熙修補本，版心下有出資補版者名字，皆楊氏後裔。卷末有康熙十七年戊午八世孫楊學瑚識語，述楊氏後人集資補版事（參臺灣「中央圖書館」《善本書志初稿》）。北大、南圖、浙圖等亦有是刻。○楊士奇全集《東里文集》二十五卷《詩集》三卷《續編》六十二卷《別集》五卷《附録》四卷，有明嘉靖二十八年黄如桂刻本，半葉十一行，行二十字，白口，四周單邊。北圖、上圖有藏。《四庫全書》已收録。○《東里詩集》三卷，有明正統刻重修本，半葉十行，行約二十字，黑口，四周雙邊。北圖、湖南圖、福建圖藏。

胡文穆集二十卷　明胡廣撰　**四八八〇**

江西巡撫採進本（總目）。○《江西巡撫海第二次呈送書目》：「《胡文穆集》十本。」○復旦大學藏清乾隆十五年裔孫胡張書等刻本，作《胡文穆公文集》二十卷。題：「翰林侍講男穜暨穆、穗編次，裔孫張書、經、宗侃、攸援、蘭、德順、兆麟、昇、文敏、紹安、宿、宰、宫重梓，遠孫堉尹學清對閲，仝弟拜恩校正。」半葉十行，行二十三字，白口，左右雙邊。前有乾隆十五年季冬米嘉績序云：「公之嗣孫張書等將重梓公集，而求言于余。」又乾隆十六年孟春上官謨《重修胡文穆先生文集序》云：「今其令嗣張書君等捐資重修，不數月而工告竣。」又胡張書序。蓋開雕於乾隆十五年，而工成於十六年也。鈐「吴興劉氏嘉業堂藏書記」等印。《存目叢書》據以影印。

節菴集八卷續編一卷　明高得暘撰　**四八八一**

浙江巡撫採進本（總目）。○《浙江省第十次呈送書目》：「《高節菴集》八卷，明高得暘著，一本。」○《浙江採集遺書總録》：「《高節庵集》八卷，刊本，明宗人府經歷錢塘高得颺撰。」○《兩淮商人馬裕家呈送書目》：「《節菴集》八卷，明高得暘，一本。」○南京圖書館藏清鈔本，作《節菴集》八卷《續稿》一卷，一册。題「錢塘高得暘孟升」。半葉十行，行二十字，無格。鈐「汪魚亭藏閲書」印。清羅架校。《善本書室藏書志》著録。《存目叢書》據以影印。○中國科學院圖書館藏清鈔本，書名卷數同前本。半葉九行，行二十字，無格。○大連圖書館藏清鈔本，作《節菴集》八卷《續編》一卷，一册。○清光緒二十年錢唐丁氏嘉惠堂刻本，《武林往哲遺箸》之一。書名卷數同丁氏藏清鈔本。

存軒集無卷數　明趙友同撰　**四八八二**

江蘇巡撫採進本（總目）。○《江蘇省第一次書目》：「《存軒集》一本。」○《江蘇採輯遺書目録》：「《存軒集》不分卷一册，太醫院御醫浦江趙友同著，抄本。」

澹然集五卷　明陳敬宗撰　**四八八三**

兩江總督採進本（總目）。○《兩江第一次書目》：「《澹然集》，明陳敬宗著，四本。」○《提要》云：「詩文集《明史藝文志》作十八卷。此本乃萬曆四十四年慈溪知縣吴門陳其柱所編，僅詩三卷文二卷，亦非完本也。」○明嘉靖十四年陳文譽、來汝賢刻本，作《澹然居士文集》十卷。半葉十三行，行二十一字，白口，左右雙邊。文七卷、詩三卷。北圖、日本尊經閣文庫藏。原北平圖書館藏一部，現存臺北「故宫」。王重民《善本提要》著録爲天順刻本。○劉承幹嘉業堂藏明萬曆四十四年陳其柱輯刻本，作《澹然先生文集》六卷。繆荃孫云：「文三卷、詩三卷，後附《年譜》二卷，亦其柱所輯。首有楊守勤序。舊有嘉靖乙未刻本，萬曆丙午又刻。」（詳《嘉業堂藏書志》）○浙江圖書館藏清鈔本，作《澹然先生文集》六卷。題「明慈溪縣知縣陳其柱編輯」。半葉十行，每行二十二字。前有楊守勤序，萬曆三十五年丁未慈溪知縣皖城潘汝楨《重刻澹然文集序》，崇正十五年壬午陳子龍序，李清序。潘序云：「歲久板朽，裔孫陳生，光昭先德，欲重鋟，謀之余，……助資廣其傳。」據此，則爲陳其柱輯，慈溪知縣潘汝楨捐刻，時萬曆三十五年，猶在四十四年本之前。内容皆文，與提要亦未合。鈐「吴興劉氏嘉業堂藏書記」、「御賜抗心希古」等印。《存目叢書》據以影印。

寅菴集三卷外集四卷附録一卷　明羅肅撰　四八八四

兩淮馬裕家藏本（總目）。○《兩淮鹽政李呈送書目》：「《寅菴集》七卷《附録》一卷，明羅肅，四本。」

覺非集十卷　明羅亨信撰　四八八五

浙江巡撫採進本（總目）。○《浙江省第六次呈送書目》：「《覺非集》十卷，明羅亨信著，八本。」○《浙江採集遺書總録》：「《覺非集》十卷，刊本，明左副都御史東莞羅亨信撰。」○復旦大學藏清康熙羅哲刻本，題「東官羅亨信用實甫著，同邑祁順致和甫、瓊海丘濬仲深甫編」。半葉九行，行二十字，白口，四周單邊。前有成化四年四月丘濬序，弘治五年七月祁順序，戴錫綸序。後有十五世孫哲偕男復晉跋，謂亨信登前明永樂甲申進士，手著詩文，編列十卷，名曰《覺非集》，刊刻行世二百餘年，歲久蝕剥，幾不復存，用是搜編，重付剞劂。自弘治五年計之，二百餘年，正當康熙時，故定爲康熙羅哲刻本。鈐「四明盧氏抱經樓藏書印」、「吴興劉氏嘉業堂藏」等印記。《存目叢書》據以影印。北圖有清羅哲刻本，亦即是刻。

西墅集十卷　明曾棨撰　四八八六

浙江朱彝尊家曝書亭藏本（總目）。○《浙江省第五次曝書亭呈送書目》：「《西墅集》十卷，明曾棨著，十本。」○《浙江採集遺書總録》：「《西墅集》十卷，刊本，明禮部左侍郎永豐曾棨撰。」○《江西巡撫海第二次呈送書目》：「《西墅集》五本。」○石家莊市圖書館藏明萬曆十九年吴期炤刻本，作《刻曾西墅先生集》十卷，題「德清吴期炤選輯，靖安徐肯播、南昌譚文隆、信豐黄燿仝校」。半葉八行，行十六字，白口，左右雙邊。前有萬曆十九年永豐知縣吴期炤刻書序。《存目叢書》據以影印。江西省圖、臺灣「中央圖書館」、日本靜嘉堂文庫皆有是刻。○清乾隆十九年曾光祖刻本，作《曾西墅先生集》十二卷首一卷，八册。中科院圖書館藏。○曾棨另有《巢睫集》五卷，明成化七年張綱刻本，北圖藏。又清初鈔本，復旦藏。又清鈔本，上圖藏。又清鈔本，北平圖書館藏，現存臺北「故宫」。

東墅詩集六卷　明周述撰　四八八七

浙江范懋柱家天一閣藏本（總目）。○《浙江省第五次范懋柱家呈送書目》：「《東墅詩集》六卷，明周述著,一本。」○《浙江採集遺書總録》:「《東墅詩集》六卷,寫本,明左庶子吉水周述撰。」○臺灣「中央圖書館」藏明景泰二年廣州府通判周錞編刻本二卷二册。題「廣州府通判男錞編」。半葉十行,行十八字,大黑口,雙黑魚尾,四周雙邊。前有景泰二年十一月中澣羊城陳璉序云:「其家嗣錞,今爲廣州府通判,間取公平昔所作,編成鉅帙,求文爲序。此書名《詩集》,實兼收頌、長短句。後印漫漶。鈐「曉霞」、「曉霞所藏」、「徐鈞印」、「西山樵子」、「徐安」等印(參該館《善本書志初稿》、《善本序跋集録》)。

四八八八　質菴文集無卷數　明章敞撰

浙江汪啟淑家藏本(總目)。○《浙江省第四次汪啟淑家呈送書目》:「《質菴文集》,明章敞著,二本。」○《浙江採集遺書總録》:「《質菴文集》二册,刊本,明禮部侍郎會稽章敞撰。」○上海圖書館藏明末曉園刻本,作《章質菴先生集》四卷。半葉八行,行二十字,白口,四周單邊。○浙江圖書館藏清鈔本,書名卷數同前本。○浙江圖書館又藏清鈔本,作《明永樂甲申會魁禮部左侍郎會稽質菴章公文集》不分卷《附録》一卷。半葉九行,行二十字,無格。首陳應賓序,次《重刻質菴章公文集》子孫題名,題名末署:「萬曆戊午春三月六世孫庠生志清、七世孫庠生重仝梓。」次《附録》一卷,收友朋贈文。次《明永樂甲申會魁禮部左侍郎會稽質庵章公文集》,收賦四篇。次《詩集》,於「六言絶句」前插入叙、記各一篇。内容與《提要》略合。卷内玄、弘、曆等字不避諱。鈐「四明盧氏抱經樓藏書印」、「吴興劉氏嘉業堂藏書記」等印記。《存目叢書》據以影印。

南齋摘稿十卷　明魏驥撰　**四八八九**

浙江巡撫採進本(總目)。○《浙江省第三次書目》：「《南齋稿》十卷，明魏驥著，四本。」○《浙江採集遺書總録》：「《南齋稿》十卷，刊本，明禮部尚書蕭山魏驥撰。」○《兩淮鹽政李續呈送書目》：「《南齋摘稿》十卷，明魏驥，八本。」○北京圖書館藏明弘治十一年洪鐘刻本，作《南齋先生魏文靖公摘稿》十卷。題「寧國縣知縣前纂修國史鴻臚寺序班男完編次，通奉大夫福建布政使司左布政使孫壻洪鐘校摘」。半葉十行，行二十一字，黑口，四周雙邊。前有弘治十一年三月洪鐘叙云：「摘取以刻諸梓。」刻印頗精。《存目叢書》據以影印。○明弘治十一年洪鐘刻清康熙八年王余高重修本，增附録一卷。北圖、北大、南圖、浙圖等藏。○東北師大藏清康熙五十八年蕭山存問堂刻本，書名卷數同前本。

東岡集十卷　明柯暹撰　**四八九〇**

兩淮鹽政採進本(總目)。○《兩淮商人馬裕家呈送書目》：「《東岡集》十卷，明柯暹，四本。」○北京圖書館藏明柯株林等刻本，半葉十行，行十九字，黑口，四周雙邊。前有明天順六年劉定之序。又天順三年吴節序云：「一日巡按繡衣劉公泰、太平太守俞公端得其本，讀而悦之，將刻梓以傳，走書徵爲序。」後有天順三年俞端書後云：「謹捐俸資，命工刊成。」知天順三年劉泰、俞端嘗刊行之。是帙末有一奎跋，佚去末葉，不知年月，其跋云：「原集浩瀚，難於盡刻，故太平守俞公稍梓之，未幾持版以去。兹先生孫思南經府株林，一奎岳翁也，與其兄耆民樟林、上舍栩林，謀復梓行，而其弟檠林輩克任其勞，始終迺事。」知是本爲柯株林等重刻本。鈐「張壽鏞印」、「詠霓」、「四明張氏約園藏書」、「約園珍藏」、「約園善本」等印記。《存目叢書》據以影印。原北平圖書館藏天順刻本，殘存卷一至四，半葉十行，行十九字，與約園本同，前有天順六年劉定之序，天順三年吴節序。趙萬里《國立北平圖書館善本書目》、王重民《善本提要》均著録爲天順刻本，臺灣《中央圖書館善本書目》著録爲天順三年劉泰等刻本。其書現存臺北「故宫」。未知果係天順三年劉泰、俞端刻本，抑係柯株林等重刻本。附此備考。○明嘉靖刻本，作《東岡文集》十二卷。其末二卷乃附録。半葉十行，行十九字，白口，左右雙邊。四川省圖藏。

石潭存稿三卷　明劉髦撰　**四八九一**

兩江總督採進本（總目）。○《兩江第二次書目》：「《石潭存稿》，明劉髦著，一本。」○《兩淮商人馬裕家呈送書目》：「《石潭存稿》三卷，明劉髦。」○《提要》云：「上卷爲詩，中卷即《易傳撮要》，下卷爲《義方録》。」○《易傳撮要》一卷，有乾隆至咸豐間永新劉氏刻《劉文安公全集》本。《存目》另入經部易類。《存目叢書》已影印。

若金集二卷　明彭百鍊撰　**四八九二**

江西巡撫採進本（總目）。○《江西巡撫海續購書目》：「《彭若金集》二本。」

歲寒集二卷　明孫瑀撰　**四八九三**

浙江汪啟淑家藏本（總目）。○《浙江省第四次汪啟淑家呈送書目》：「《歲寒集》二卷，明孫瑀著，一本。」○《浙江採集遺書總録》：「《歲寒集》二卷《附録》一卷，刊本，明兵部尚書番陽孫瑀撰。」○北京圖書館藏明嘉靖七年孫旱刻本，作《歲寒集》二卷《附録》一卷。半葉十二行，行二十二字，白口，左右雙邊。前有正德三年李東陽序，景泰六年魏驥序，景泰六年王偉序，天順元年陳敬宗序。末有何本澄後序云：「嘉靖戊子，余旅食金陵，公之曾孫光禄君一日過余，出示一帙曰：此先司馬《歲寒稿》，伯兄中舍命旱校而梓之。」卷内鈐「振綺堂兵燹後收藏書」印記。《存目叢書》據以影印。上海辭書出版社亦有是刻。○北京圖書館藏清鈔本，書名卷數同。半葉十二行，行二十二字，無格。

芳洲集十卷　明陳循撰　四八九四

江西巡撫採進本(總目)。○《江西巡撫海第三次呈送書目》：「《芳洲集》六本。」○臺灣「中央圖書館」藏明萬曆二十一年陳以躍建安刻本，作《芳洲文集》十卷《詩集》四卷《續編》六卷附《芳洲先生年譜》一卷，共八册。半葉十行，行二十一字，白口，四周雙邊。版心下有刻工：余嵩、朱威、鄭節倫、劉嵩、劉漢、余十、余伯元、鄭八、熊齊、虞榮、朱四、熊久、嚴龍、楊如勝、吴七、陳良珍、虞富、周六、吴榮、鄭尚、黄起、祖賢、虞八、羅鳳、吴興、劉林、羅正、羅壽、吴昰、羅云、黄中、劉子有、朱臣、黄忠、吴太等。前有萬曆二十二年季春提督南畿學校陝西道監察御史建安柯挺《芳洲文集序》，後爲萬曆三十五年貴州巡撫郭子章《陳芳洲先生文集序》云：「其四世孫以曜爲建安博士，萃公文十卷，刻於建安。」後爲萬曆二十五年張應泰題辭，後有萬曆二十一年冬月玄孫陳以曜《刻先公遺集小引乞言》

云：「先公歿今百餘年矣，不肖以曜乃得編録其遺集付梓。」又云：「集既梓，將乞言于鴻鉅，弁諸首簡。」是本内容完全，《續編》前五卷爲文，卷六爲詩。鈐「吴興劉氏嘉業堂藏書記」等印（參該館《善本書志初稿》、《善本序跋集録》）。原北平圖書館藏一部，王重民《善本提要》著録，現存臺北「故宫」。吉林大學藏殘帙，缺《文集》卷七卷八及《續編》。山東省圖有《文集》卷一至四、卷七至十、《詩集》全、《續編》卷三至六。首都圖、江西圖、北圖分館亦有殘本。〇故宫博物院藏清刻本，作《芳洲文集》十卷《再和東行百詠集句》一卷附《年譜》一卷。半葉十行，行二十一字，白口，四周雙邊。有郭子章、柯挺、張應泰、陳以曜序。封面刻「泰和陳芳洲公文集」，無堂號。「曆」作「歷」，「寧」、「淳」不避，字體方扁，蓋嘉慶間重刻萬曆本。《存目叢書》據以影印，誤爲「萬曆二十一年陳以曜刻本」。

東行百詠集句九卷附芳洲年譜一卷　明陳循撰　年譜明王翔撰　四八九五

浙江汪汝瑮家藏本（總目）。〇《浙江省第四次汪汝瑮家呈送書目》：「《東行百詠集句》十卷後附《芳洲年譜》一卷，明陳循著，四本。」〇《浙江採集遺書總録》：「《東行百詠集句》十卷附《年譜》一卷，刊本，明大學士泰和陳循撰。」〇臺灣「中央圖書館」藏明成化元年廬陵陳氏家刻本十卷附《年譜》一卷，四册。半葉十一行，行十八或二十字，黑口，雙黑魚尾，四周雙邊。全書包括：《東行百詠集句》三卷、《和東行百詠集句》三卷、《再和東行百詠集句》三卷、《三和東行百詠集句》上卷。前有天順六年壬午自序，年譜後有陳循之子陳英跋。鈐「吴興劉氏嘉業堂藏書記」印（參該館《善本書志初稿》）。北京圖書館藏明刻本，殘存《集句》中下、《和》中下、《再和》中下，半葉十一行，行十八字，黑口，四周雙邊。疑係同版。鈐「沈氏鳴野山房圖籍印」等印記。《存目叢書》據北圖本影印。

襪線集十五卷　明蕭儀撰　四八九六

江西巡撫採進本（總目）。○《江西巡撫海第三次呈送書目》：「《襪線集》三本。」○江西省圖書館藏清乾隆五年重刻本，作《重刻襪線集》二十卷附《南行紀詠》二卷《贈言》四卷。正文首題「重刻襪線集卷之一」，次題「樂安山灣蕭儀德容甫著」。半葉十行，行二十二字，白口，四周雙邊。前有乾隆五年庚申劉永錫《重刻蕭典選冰蘗先生襪線集序》，永樂辛丑陳遁序，正統五年曾鶴齡序，正統五年蕭鎡序。《存目叢書》據以影印。

半隱集十卷　明陳衡撰　四八九七

浙江汪汝瑮家藏本（總目）。○《浙江省第四次汪汝瑮家呈送書目》：「《半隱文集》十卷，明陳衡著，二本。」○《浙江採集遺書總録》：「《半隱文集》十卷，刊本，明淳安陳衡撰。」

石溪文集七卷附録一卷　明周敘撰　四八九八

江西巡撫採進本（總目）。○《江西巡撫海第二次呈送書目》：「《石溪文集》五本。」○南京圖書館藏明刻明成化六年周蒙重修本，作《石溪集》十一卷。半葉十行，行二十一字，黑口，四周雙邊。北圖亦有是刻，存卷一卷二。○蘇州市圖書館藏明萬曆二十三年刻本，作《石溪周先生文集》八卷。卷一題「景泰元年男蒙編輯，進士門人謝輔校正，姻家後學曾同亨重校，庠生李喬南重輯，孫承超、汝啟、汝達、德光、德輔重刊」。半葉十行，行二十一字，白口，四周雙邊。前有景泰元年三月上巳日蕭鎡序。又萬曆二十三年乙未正月曾同亨《重刻周學士石溪先生文集序》云:「頃歲,公諸裔孫集公遺文,將壽諸梓,而屬同亨校訂其訛舛,予受而卒業。」是本正文七卷,卷八爲附録。《存目叢書》據以影印。首都圖、吉大、山西大學亦有是刻。江西省圖本有清歐陽成批注。臺灣「中央圖書館」《善本書志初稿》著録「明嘉靖丙寅(四十五年)周承超等重刻本」,作《石溪周先生文集》,存卷一至五。行款版式同前述萬曆二十三年本。卷一題「景泰元年男蒙編輯,前進士門人謝輔校正,嘉靖丙寅年姻家後學曾同亨校正,邑庠生李喬南編輯,嗣孫承超、汝啟、汝達、德光、德輔重刊」。有景泰元年蕭鉉序(鈔補),序後有「萬曆乙未(二十三年)孟夏月吉因版壞録補」墨書識語。澤遜按:由臺灣本似可推測,周承超等重刊在嘉靖四十五年,至萬曆二十三年重新修補版片刷印,即所謂萬曆二十三年刻本。

尋樂文集二十卷　明習經撰　四八九九

江西巡撫採進本(總目)。○《江西巡撫海第三次呈送書目》:「《尋樂文集》四本。」○臺灣「中央圖書館」藏明成化間黄仲昭校刻本,卷一首行題「尋樂習先生文集卷之一」,次題「南京大理寺右評事前翰林編修後學莆田黄仲昭校正」。半葉十一行,行二十二字,黑口,雙黑魚尾,四周雙邊。前有景泰四年三月望日吉水劉儼序。末有某氏後序,僅存首葉。卷内鈐「新安汪氏」、「啟淑信仰」、「獨山莫氏銅井文房之印」、「吴興劉氏嘉業堂藏書記」等印(詳該館《善本書志初稿》)。

松臞集二十八卷　明曾鶴齡撰　四九〇〇

江西巡撫採進本(總目)。○《江西巡撫海第三次呈送書目》:「《松臞集》八本。」○浙江中國美院范景中教授藏明嘉靖刻本，作《曾松艫先生集》，存卷九至十六。卷九題「崑山縣儒學訓導宜陽袁豐、石龍張汝才校正，崑山縣後學俞允文、龔邦衡編次，六世孫梅重梓」。半葉十一行，行二十字，白口，單白魚尾，左右雙邊。白棉紙，一册，皆序文。（參《藏書家》第七輯范景中《殘書小記》）

河汾詩集八卷　明薛瑄撰　四九〇一

浙江汪汝瑮家藏本（總目）。○《浙江省第四次汪汝瑮家呈送書目》：「《河汾詩》八卷，明薛瑄著，四本。」○《浙江採集遺書總録》：「《河汾詩集》八卷，刊本，明大學士河津薛瑄撰，孫瑾編次。」按：瑾當作禥。○北京圖書館藏明成化五年謝庭桂刻本，題「刑部主事孫禥編次，國子監丞門人閻禹錫校正，常州府同知同郡晚生謝庭桂重校」。半葉九行，行二十字，黑口，四周雙邊。前有成化四年孟冬門人閻禹錫序。後有成化五年十一月謝庭桂後題云：「方謀鋟梓，郡人好義者致仕通政知事朱維吉適過予，請劾資費，曾不逾時，而板刻成矣。」則是本爲朱維吉捐資刻行。卷端有乾隆五年、八年某氏跋。卷五前有乾隆五十一年某氏跋，署「槎溪宋……」，殘缺不完，不知其名。《存目叢書》據以影印。浙圖、臺灣「中央圖書館」亦有是刻。

嘯臺集二十卷木天清氣集十四卷　明高棅撰　四九〇二

浙江汪汝瑮家藏本（總目）。○《浙江省第四次汪汝瑮家呈送書目》：「《嘯臺集》二十卷《木天清氣集》十四卷，明高棅著，二本。」○《浙江採集遺書總録》：「《嘯臺集》二十卷，刊本，明翰林典籍長樂高棅撰。」○《兩淮商人馬裕家呈送書目》：「《木天清氣集》十四卷，明高棅，二本。」○《福建省呈送第一次書目》：「《木天清氣集》四本。」○臺灣「中央圖書館」藏明成化十九年南京户部尚書黄鎬刻本，僅《高漫士嘯臺集》二十卷八册。題「南京户部郎中後學陳潭校正」。半葉十行，行二十一字，黑口，雙黑魚尾，四周雙邊。前有成化十九年十一月長至日南京户部尚書三山後學黄鎬序云：「遂付本部郎中先生同邑後學陳孟明考訂，將以梓行。」又云：「今刻《嘯臺集》，梓匠告成，謹書先生出處與作詩之大概於卷首。」又佚名序。後有成化十九年癸卯十二月朔後南京太常寺少卿莆田陳音序云：「今南京户部尚書吾閩黄公叔高，博學工詩，雖位高且老而忘倦，近得《嘯臺集》二十卷，命其屬郎中陳君孟明校正之，爲鋟梓以傳。」知係高棅出資刊版，而屬陳潭孟明經理之。鈐「吴」、「長元」、「臣澂私印」、「字曰子清」、「曾經滄海」、「未已書癡，頗有山癖」等印(參該館《善本書志初稿》、《善本序跋集録》)。○北京圖書館藏清金氏文瑞樓鈔本，作《高漫士木天清氣集》十四卷，題「南京户部郎中閩邑後學鄧珙編集，南京户部郎中莆田後學朱文環校正」。半葉十一行，行二十一字，白口，左右雙邊。版心下有「文瑞樓」三字。鈐「四明盧氏抱經樓藏書印」、「吴興劉氏嘉業堂藏書記」、「御賜抗心希古」等印。《存目叢書》據以影印。○日本靜嘉堂文庫藏鈔本，書名卷數同前本。○浙江大學藏明怡顔堂鈔本，作《三山翰林院典籍高漫士木天清氣詩集》不分卷，半葉十行，行二十二字，白口，左右雙邊。○北京圖書館藏明姚宗甲鈔本，作《高漫士詩集》，存卷一、卷二、卷五至卷十一共九卷三册。半葉八行，行十八字，無格。○又有《閩高待詔詩集》五卷，明萬曆刻本，半葉九行，行十九字，白口，四周單邊。中國社科院文學所藏。

道山集六卷　明鄭棠撰　　**四九〇三**

浙江汪汝瑮家藏本（總目）。○《浙江省第四次汪汝瑮家呈送書目》：「《鳳鳴後集》六卷，明鄭楷著。《義門鄭氏道山集》六卷，明鄭棠著。共三本。」○《浙江採集遺書總録》：「《義門鄭氏道山集》六卷，刊本，明檢討浦江鄭棠撰。」○北京圖書館分館藏清木活字本，作《道山集》六卷，題「明翰林院檢討鄭棠叔美著，義門十五世孫鄭崇弘彙輯，十六世孫鄭尚宗重訂，十八世孫鄭應橋校正」。半葉十行，行二十二字，白口，四周單邊。無序跋。據《提要》，鄭棠永樂中官翰林院檢討，此本十八世孫應橋校正，每代以二十歲計，則排印當在乾隆初年，卷内「弘」字不避，蓋雍正間活字印本也。《存目叢書》據以影印。浙圖亦有是本，童正倫先生函告：無序跋，玄、弘均不避，從紙張避諱看，應爲清初順康間本。

恒軒集六卷　明韓經撰　　**四九〇四**

浙江汪啟淑家藏本（總目）。○《浙江省第四次汪啟淑家呈送書目》：「《恒軒詩集》六卷，明韓經著，一本。」○《浙江採集遺書總録》：「《恒軒詩集》七卷，寫本，明山陰韓經撰。」○臺灣「中央圖書館」藏明正統刻本，作《恒軒遺稿》，存卷一至卷三。題「山陰韓經本常著，男韓陽編次」。半葉十行，行二十一字，黑口，四周雙邊。有正統四年己未楊士奇序。鈐「柳蓉邨經眼印」、「嘉業堂」、「劉承幹字貞一號翰怡」、「吴興劉氏嘉業堂藏書印」等印記。

四九〇五 **西澗文集十六卷　明熊直撰**

浙江巡撫採進本(總目)。○《浙江省第六次呈送書目》：「《西澗先生文集》十六卷，明熊直著，二本。」○《浙江採集遺書總録》：「《西磵先生文集》十六卷，刊本，明舉人吉水熊直撰，子概編。」

四九〇六 **鳳鳴後集十卷　明鄭楷撰**

浙江汪汝瑮家藏本(總目)。○《浙江省第四次汪汝瑮家呈送書目》：「《鳳鳴後集》六卷，明鄭楷著。《義門鄭氏道山集》六卷，明鄭棠著。共三本。」○《浙江採集遺書總録》：「《鳳鳴後集》六卷，刊本，明蜀府左長史浦江鄭楷撰。」

四九〇七 **貫珠編貝集五卷　明沈行撰**

兩淮鹽政採進本(總目)。○《兩淮鹽政李續呈送書目》：「《貫珠編貝集》五卷，明沈行，二本。」○臺灣「中央圖書館」有沈行《詠梅集句》一卷，明初刻本，收詩百二十首。又藏舊鈔本《詠梅花集句》一卷，詩同前本。

四九〇八 **敝帚集二卷　明陳益撰**

江蘇巡撫採進本(總目)。

四九〇九 **草窻集一卷　明劉溥撰**

浙江范懋柱家天一閣藏本(總目)。○《浙江省第五次范懋柱家呈送書目》：「《草窗集》一卷，明劉溥著，二本。」○《浙江採集遺書目録》：「《草窗集》二卷，刊本，明太醫院吏目長洲劉溥撰。」○北京圖書館藏明成化十六年劉氏刻本，作《草窗集》二卷。半葉十一行，行二十一字至二十三字，黑口，四周雙邊。前有成化十六年七月姚綬序，據此序知係成化十六年劉溥之子所刻。鈐有「中吳錢氏收藏印」、「汪魚亭藏閲書」、「振綺堂兵燹後收藏書」等印記。《存目叢書》據以影印。上圖亦有是刻。日本靜嘉堂藏明刻本二卷，上卷鈔補，未知是否同版。

四九一〇　廖恭敏佚稿一卷附録一卷　明廖莊撰

江西巡撫採進本（總目）。

四九一一　澹軒集七卷　明馬愉撰

浙江巡撫採進本（總目）。○《浙江省第四次汪汝瑮家呈送書目》：「《澹軒集》七卷，明馬愉著，三本。」○《浙江採集遺書總録》：「《澹軒集》八卷，刊本，明侍講學士贈禮部尚書臨朐馬愉撰。」○《提要》云：「成化庚子，山東參政邢居正命青州知府劉時勉裒集遺亡而刊之。」

四九一二　別本澹軒集八卷　明馬愉撰

兩淮鹽政採進本（總目）。○《兩淮鹽政李呈送書目》：「《澹軒集》八卷，明馬愉，四本。」○《提要》云：「其鄉人都御史遲鳳翔（鳳翔二字原誤倒，今乙正）購得殘本，更於愉家掇拾逸作，補葺刻之。」○華東師大藏明嘉靖四十一年遲鳳翔刻本，作《馬學士文集》八卷。半葉八行，行二十二字，白口，四周單邊。前有成化庚子劉珝序，後有成化十六年張昇跋，嘉靖四十二年仲春五世孫馬讜跋。馬跋謂舊板散落無存，壬戌秋朐岡遲老先生奉命巡撫南藩，親造家塾，索其未刻者續刻焉。其所參入,各歸於類。板比舊刻博寸許云云。卷内鈐「愚齋圖書館藏」印記。《存目叢書》據以影印。

四九一三　尚約居士集無卷數　明蕭鎡撰

江西巡撫採進本(總目)。○《江西巡撫海第二次呈送書目》:「《尚約居士集》八本。」○明弘治七年蕭昉刻本,作《尚約居士集》十二卷,日本東京内閣文庫藏。常熟文管會藏殘帙,存卷一至十一。半葉十二行,行二十三字,黑口,四周雙邊。○江西省圖書館藏清光緒三十一年蕭氏趣園刻本,作《尚約文鈔》十二卷《附録》一卷。卷一題「明泰和蕭鎡孟勤著,宗後學上田敷政、敷教校刊」。半葉九行,行二十字,下黑口,左右雙邊。前有明邱濬原序,末有附録傳記文三篇。内封面有「光緒乙巳春蕭氏趣園刊」雙行大字刻記。《存目叢書》據以影印。

四九一四　淡軒稿十二卷補遺一卷　明林文撰

福建巡撫採進本(總目)。○《福建省呈送第五次書目》:「《淡軒稿》四本。」○明嘉靖四十五年林炳章刻民國修版印本,卷一至卷三題《淡軒先生詩集》,卷四至十二題《淡軒先生文集》,卷十一卷十二實爲附録。版心均題《淡軒稿》。卷一題「湖廣岳州府同知孫希範刻于岳陽公署,南京大理寺左正曾孫炳章刻于金陵公署」。半葉九行,行十八字,白口,左右雙邊。前有嘉靖十年辛卯郭日休序,四年乙酉廖梯序,四十五年林炳章重刻序。福建省圖書館李斑先生函告:福建省館藏《淡軒稿》三部。第一部,嘉靖四十五年刻民國遞修本,無鈔補,漫漶嚴重。第二部,嘉靖四十五年刻民國遞修本，康修其鈔配。第三部，嘉靖四十五年刻民國遞修本，刷印早於前兩部，僅存卷一至六及《補遺》，已被書賈割去目録卷七至十二，以充完帙。莆田縣圖書館藏嘉靖四十五年刻民國遞修本，張琴鈔配，刷印時間同康修其鈔配本。《存目叢書》用福建省圖第三部與莆田縣藏本配補影印。日本尊經閣有林炳章刻本，未知刷印早晚。○明末刻本，作《淡軒先生詩文集》十二卷《補遺》一卷。半葉九行，行十八字，白口，左右雙邊。中國社科院歷史所、北京市文物局藏。

吴竹坡文集五卷詩集二十八卷　明吴節撰　四九一五

江西巡撫採進本（總目）。○北京大學藏明師善堂刻本，僅《竹坡詩集》二十八卷。半葉十行，行十八字，黑口，四周雙邊。○浙江圖書館藏清雍正三年吴琦刻本，作《吴竹坡先生文集》五卷《附載》一卷《詩集》二十八卷。題「臨川李巨來先生鑒定，七世孫琦重梓」。半葉八行，行二十字，白口，四周單邊。前有成化間王儉序，雍正三年孟春七世孫八十叟琦刻書跋。《存目叢書》據以影印。浙圖另有一部。江西省圖亦有是刻。

雲川文集六卷附恭愍遺文一卷　明鍾復撰　附鍾同撰　四九一六

江西巡撫採進本（總目）。

松岡集十一卷　明姜洪撰　四九一七

浙江汪汝瑮家藏本（總目）。○《浙江省第四次汪汝瑮家呈送書目》：「《松岡集》十一卷，明姜洪著，三本。」○《浙江採集遺書總録》：「《松岡集》十一卷，刊本，明修撰樂安姜洪撰。」

畏菴集十卷　明周旋撰　**四九一八**

兩淮馬裕家藏本(總目)。○《兩淮商人馬裕家呈送書目》:「《畏菴集》十卷,明周旋,二本。」○明成化十九年劉遜刻本,半葉十行,行二十字,黑口,四周雙邊。浙江大學、日本東京內閣文庫藏。原北平圖書館藏一部現存臺北「故宫」。○北京大學藏明崇禎元年周應期刻本,作《畏菴周先生文集》十卷,題「明狀元永嘉周旋中規父著,七世孫應期克昌父重訂」。半葉九行,行二十字,白口,四周雙邊。前有成化壬寅章綸序,姚希孟序,成化十九年劉遜序。後有崇禎改元七世孫應期《重刻畏菴公集後序》。鈐「蕉林藏書」、「木犀軒藏書」、「李盛鐸家藏文苑」等印。《存目叢書》據以影印。○民國二十四年黄群排印本六卷附録一卷共一册,《敬鄉樓叢書》第四輯之一。北圖、上圖等藏。

桐山詩集十卷　明王偉撰　**四九一九**

浙江汪汝瑮家藏本(總目)。○《浙江省第四次汪汝瑮家呈送書目》:「《桐山詩集》十卷,明王偉著,一本。」○《浙江採集遺書總録》:「《桐山詩集》九卷附録一卷續編附録一卷,刊本,明兵部侍郎攸縣王偉撰。」

呆齋集四十五卷　明劉定之撰　**四九二〇**

浙江巡撫採進本(總目)。○《兩江第一次書目》:「《呆齋集》,明劉定之著,六本。」○《兩淮商人馬裕家呈送書目》:「《石潭存稿》三卷,明劉髦。《呆齋存稿》四十五卷,明劉定之。共十本。」○原北平圖書館藏明正德刻本,作《呆齋存稿》二十四卷,六册。半葉十六行,行二十八字,上下黑口。前有正德八年李東陽序。王重民曰：「李東陽序云：『是集先生之子府通判稼刻於廬州，本鉅字細，弗便繙閲。其仲子南京太常寺少卿稱重刻之。』此本正是本鉅字細之本，重刻本似不應復如此。且李序似鈔寫，疑或爲後人據重刻本移録於此者。」鈐「蒼巖山人書屋記」、「蕉林藏書」印記（趙萬里《北平圖書館善本書志》、王重民《善本提要》）。此本現存臺北「故宫」。○上海圖書館藏明刻明萬曆二十二年楊一桂補刻本，作《呆齋前稿》十六卷《存稿》十卷《續稿》五卷。半葉十六行，行二十七至二十八字，黑口，四周雙邊。前有正德八年癸酉李東陽序，序後有楊一桂補刻識語。又萬曆二十二年瀏陽知縣楊一桂《補刻呆齋先生文集小引》，萬曆二十二年玄孫而鉉補刻記。《續稿》末有「成化五年己丑」六字，下缺一字，疑是「刊」字。蓋成化舊版萬曆二十二年修補刷印者。○上海圖書館又藏清劉世選刻《劉文安公呆齋先生策略》十卷《年譜》一卷，題「男稼、稱註釋，元孫而鉉補註，八世孫世遠、世進、世達輯編，世選重梓」。半葉九行，行二十字，白口，四周單邊。《存目叢書》用前兩本配合影印。○清乾隆至咸豐間刻《劉文安公全集》本，包括《劉文安公文集》十五卷首一卷、《劉文安公詩集》六卷、《劉文安公呆齋先生策略》十卷、《易經圖釋》十二卷、《易傳撮要》一卷、《宋史論》三卷。北大、上圖、南圖等藏。○原北平圖書館又藏《呆齋藏稿》六卷，明藍格寫本，半葉十行，行二十字。版心上有「停雲館」三字。卷一《否泰録》，卷二《東閣録》，卷三《史館録》，卷四至六《内閣録》。其中《否泰録》入《存目》。鈐「弱侯」、「謙牧堂藏書記」、「謙牧堂書畫記」、「禮邸珍玩」等印（趙萬里《北平圖書館善本書志》、王重民《善本提要》）。此本現存臺北「故宫」。

完菴詩集一卷　不著撰人名氏(明劉珏撰)　**四九二一**

江蘇巡撫採進本(總目)。○《江蘇省第一次書目》:「《完菴詩集》一本。」○《江蘇採輯遺書目録》:「《完菴詩集》不分卷,山西按察使長洲劉完庵著,明成化年刊本。」○北京圖書館藏明正德刻本,作《完菴集》不分卷,一册。半葉十行,行十八字,黑口,四周單邊。○浙江大學藏明萬曆二十二年劉玉成重刻本,作《重刻完菴劉先生詩集》二卷。半葉十行,行二十字,白口,四周雙邊。前有萬曆二十二年甲午郭子章重梓序,謂裔孫劉自復重刻於楚。又弘治十七年吴寛序,正德壬申王鏊序。後有萬曆二十二年族孫玉成重梓跋,二十二年後學孫承榮重梓跋。劉玉成即劉自復。版心刻工:邹刊、子刊、万刊、英刊。卷内鈐「牡丹主人」、「吴興劉氏嘉業堂藏書記」等印記。《存目叢書》據以影印。○重慶圖書館藏清鈔本,作《完菴劉先生詩集》二卷。半葉十行,行二十二字,無格。○南京圖書館藏清鈔本,作《完菴集》四卷。

劉文介公集三十卷　明劉儼撰　**四九二二**

兩淮鹽政採進本(總目)。○《兩淮鹽政李續呈送書目》:「《明劉儼集》三十卷十二本。」

姚文敏集八卷　明姚夔撰　**四九二三**

浙江汪汝瑮家藏本(總目)。○《浙江省第四次汪汝瑮家呈送書目》:「《姚文敏公集》八卷,明姚夔著,二本。」○《浙江採集遺書總録》:「《姚文敏公集》八卷,刊本,明太子少保桐廬姚夔撰。」○北京圖書館藏明弘治三年姚璽刻本,作《姚文敏公遺稿》十卷《附録》一卷。題「南京翰林院學士張元禎校正，工部主事男璽刊」。半葉十二行，行二十二字，白口，左右雙邊。前有成化十九年萬安序，弘治三年丘濬序。鈐「金元功藏書記」、「元功之章」、「立峯」、「吳卓信印」等印記。《存目叢書》據以影印。上圖亦有是刻。○清光緒二十四年水明樓刻本，作《姚文敏公遺稿》九卷《奏議補缺》一卷附袁昶《校勘記》一卷，收入《漸西村舍彙刊》。北圖、上圖等藏。

蘭軒集四卷　明沈彬撰　　四九二四

浙江汪汝瑮家藏本（總目）。○《浙江省第四次汪汝瑮家呈送書目》：「《蘭軒集》四卷，明沈彬著，一本。」○《浙江採集遺書總録》：「《沈蘭軒集》十卷，刊本，明郎中武康沈彬撰。」○浙江圖書館藏明刻本，作《沈蘭軒集》五卷，第五卷爲附録。卷端題「明武康沈彬著，武陵楊鶴校」。半葉十行，行二十字，白口，左右雙邊。前有隆慶三年己巳周維新序云：「一日友人芮滄洲攜一帙示曰：此蘭軒公遺稿也，藏三世矣，顧安能俾之不朽乎？於是與滄洲、忠宇諸君子謀所以梓之。邑之曳長裾者聞是舉也，靡不翕然稱善。」蓋即刻於是年。《存目叢書》據以影印。上圖、杭州市圖、貴州圖亦有是刻。《中國古籍善本書目》著録爲「明萬曆刻《武康四先生集》本」。

靜軒集十三卷　明陳宜撰　　四九二五

浙江汪汝瑮家藏本（總目）。○《浙江省第四次汪汝瑮家呈送書目》：「《靜軒集》十三卷，明陳宜著，二本。」○《浙江採集遺書總録》：「《靜軒集》十三卷，刊本，明貴州巡撫泰和陳宜撰。」

商文毅公集十卷(一名素菴集)　明商輅撰　四九二六

浙江巡撫採進本(總目)。○《浙江省第三次書目》:「《商文毅公集》六卷,明商輅著,六本。」○《浙江採集遺書總録》:「《商文毅公集》六卷,刊本,明大學士淳安商輅撰。」○《江蘇省第一次書目》:「《商文毅集》四本。」○《安徽省呈送書目》:「《商文毅集》四本。」○明隆慶六年淳安知縣鄭應齡刻本,作《商文毅公集》十一卷。題「後學莆田鄭應齡編輯,建安楊組、新安劉珍校正」。半葉十行,行二十字,白口,四周雙邊。前有隆慶六年正月四川布政使司左參政徐楚序。後有裔孫商振禮等同撰刻書跋,謂鄭應齡爲知縣,捐俸刻印。北大、津圖、浙大等藏。臺灣「中央圖書館」《善本書志》著録一部。原北平圖書館藏一部,王重民《善本提要》著録,現存臺北「故宮」。○中國人民大學藏明萬曆三十年淳安知縣劉體元刻本,作《商文毅公集》十卷。題「後學漢陽劉體元編輯,浦城徐一成校正,庠生汪士慧、周宗文、六世孫商之相、商之彝同校」。半葉十行,行二十字,白口,四周雙邊。前有金學曾序,萬曆三十年壬寅淳安知縣漢陽劉體元序。末有萬曆三十一年季春吴一栻後序。卷端有丙申芒種南州後人徐湯殷手書題識。卷内鈐「徐湯殷」、「南州書樓」、「徐紹閈」、「子簪」、「吴宫華印」等印記。《存目叢書》據以影印。北圖、上圖等亦有是刻。○明萬曆刻本,作《商文毅公全集》三十卷,題「淳安商輅素菴甫著,西吴韓敬求仲甫校」。半葉九行,行十九字,白口,四周單邊。收文較前兩本多。北師大、江蘇吴江縣圖書館、臺北「中央圖書館」藏。○清順治十四年商德協刻本六卷,半葉十行,行廿二字,白口,左右雙邊。中國社科院歷史所、吉林省圖、河南新鄉圖藏。○民國八年活字本，作《商文毅公文集》六卷，清張一魁輯。北圖藏（《西諦書目》）。

菉竹堂稿八卷　明葉盛撰　　**四九二七**

兩淮鹽政採進本（總目）。○《兩淮鹽政李續呈送書目》：「《菉竹堂稿》八卷，明葉盛，六本。」○上海圖書館藏明嘉靖八年葉夢淇刻本，卷一題「皇明名臣正議大夫資治尹吏部左侍郎謚文莊崑山葉公存稿，奉議大夫同知衡州府事廕孫葉夢淇刊行，鄉進士衡陽門生朱希賢校正」。半葉十一行，行二十一字，黑口，左右雙邊。《明代版本圖録》云：「此夢淇守衡陽時屬其門生衡陽朱希賢校梓者，爲文莊集初刻之本。」沈津《書城挹翠録》著録。○山東省圖書館藏清初鈔本八卷六册。半葉十行，行二十字，無格。前有天順三年己卯葉盛序，嘉靖八年葉夢淇《刻菉竹堂稿引》。首葉鈐「翰林院印」滿漢文大官印。書衣有進書木記：「乾隆三十八年七月兩淮鹽政李質穎送到菉竹堂稿壹部計書陸本。」又鈐「趙録績印」、「趙氏模鬯閣收藏圖籍書畫印」等印記。卷内不避「玄」字。《存目叢書》據以影印。○上圖又藏《涇東小稿》九卷，明弘治刻本，半葉十一行，行二十一字，細黑口，左右雙邊。○北圖有《葉文莊公全集》三十卷，清康熙葉氏賜書樓刻乾隆四年印本。半葉十一行，行二十一字，黑口，左右雙邊。

卞郎中詩集七卷　明卞榮撰　　**四九二八**

浙江汪汝瑮家藏本（總目）。○《浙江省第四次汪汝瑮家呈送書目》：「《卞郎中詩集》七卷，明卞榮著，四本。」○《浙江採集遺書總録》：「《卞郎中詩集》七卷，刊本，明户部郎中江陰卞榮撰。」○南京圖書館藏明成化十六年吴綎刻本,題「門生錫山吴綎編刊」。半葉十一行,行二十一字,黑口,四周雙邊。前有甯良序,成化十二年丙申仁和夏時正序。後有成化十六年徐壽刻書跋。鈐「朱」、「之赤」、「朱之赤印」、「卧菴所藏」、「千秋里人」、「謙吾圖書」、「蕉林梁氏書畫之印」、「安氏儀周書畫之印」、「吴興姚氏邃雅堂鑑藏書畫圖籍之印」、「伯寅經眼」等印記。《存目叢書》據以影印。北圖藏是刻存卷一至三。北大藏是刻存卷一,李盛鐸跋。湖南省圖藏是刻存卷一。〇清乾隆二十五年忠孝堂刻本,作《卞蘭堂詩集》六卷《補遺》二卷,華東師大藏。

白沙詩教解十卷附詩教外傳五卷　明陳獻章撰　湛若水注　四九二九

安徽巡撫採進本(總目)。〇《安徽省呈送書目》:「《白沙詩文》二本。」〇明嘉靖馬崧刻本,作《白沙先生詩教解》十五卷,後五卷即《詩教外傳》。半葉十行,行二十字,白口,左右雙邊。北圖、北京市文物局、津圖、臺大藏。〇明隆慶元年李荷刻本,作《白沙先生詩教解》十卷。半葉九行,行廿六字,白口,左右雙邊。福建省圖藏。中山大學藏是刻存卷一至八,有近人容肇祖題記。〇北京大學藏明天啟元年王安舜刻本,作《白沙先生詩教解》十五卷,後五卷即《詩教外傳》。題「嶺南白沙陳獻章著,性父王安舜定,繡水玄白李衷純、晉陵光甫蔣紹煃參閱」。半葉九行,行十九字,白口,左右雙邊。有嘉靖丙戌陳寰序,自序,嘉靖四年湛若水序。《存目叢書》據以影印。按:此本與《白沙先生全集》十二卷合刻,王重民《善本提要》著録,謂《全集》有天啟元年王安舜刻序,萬曆十七年楊起元序,嘉靖三十年湛若水序。美國國會圖書館亦藏是刻。

四九三〇 彭文憲集四卷 明彭時撰

江西巡撫採進本(總目)。○《江西巡撫海第二次呈送書目》:「《彭文憲集》二本。」○《江蘇採輯遺書目録》:「《二彭合集》,大學士安福彭時、彭華著。」○上海圖書館藏明成化十八年彭頤刻本,作《彭文憲公集》八卷,十二册。半葉十行,行二十字,黑口,四周雙邊。前有成化十八年楊守陳序。鈐「周越然」、「曾留吴興周氏言言齋」等印記(參沈津《書城挹翠録》)。○北京大學藏清康熙五年彭志楨刻《彭氏二文合集》本,作《彭文憲公文集》四卷《附録》一卷。題「安成彭時純道著,六世姪孫篤福編輯,七世姪孫志楨重梓」。半葉八行,行二十字,白口,左右雙邊。前有康熙五年焦榮序,康熙五年丙午王辰序,崇禎十六年劉同升序,萬曆四十年沈孝徵序。末有康熙五年彭志楨識語。鈐「李氏玉陔」、「明墀之印」、「李盛鐸印」、「木犀軒藏書」等印。《存目叢書》據以影印。人民大學、福建師大亦有是刻。○清乾隆四十七年序裔孫坊等重刻本,作《彭文憲公文集》八卷,日本靜嘉堂文庫藏。

四九三一 劉古直集十六卷 明劉珝撰

浙江汪汝瑮家藏本(總目)。○《浙江省第四次汪汝瑮家呈送書目》:「《古直先生文集》十六卷,明劉珝著,三本。」○《浙江採集遺書總録》:「《古直先生文集》十六卷,刊本,明大學士壽光劉珝撰。」○《兩江第二次書目》:「《劉古直集》,明劉珝著,四本。」○北京圖書館藏明嘉靖三年劉鈗刻本,作《古直先生文集》十六卷《附録》一卷。半葉十行,行二十字,白口,左右雙邊。前有正德乙亥李東陽序。後有嘉靖三年王承裕序云:「公之仲子尚寶卿鈗謹編成集,嘗請李文正公爲序,藏于家。近刻梓傳世,復俾小子承裕序之。」又嘉靖九年庚寅李春芳序,當係後加。鈐「四明張氏約園藏書」、「張壽鏞印」、「約園珍藏」等印。卷首補鈔《明史》本傳,卷尾補鈔《古夫于亭雜録》三則,蓋約園所補。《存目叢書》據以影印。原北平圖書館藏是刻,目録首葉有李文藻手跋,王重民《善本提要》、臺灣《中央圖書館善本題跋真跡》著録,現存臺北「故宫」。北大、日本内閣文庫、美國國會圖書館亦有是刻。○明嘉靖刻本,作《劉文和公集》十六卷《附録》一卷。半葉十行,行二十字,白口,左右雙邊。山西大學藏。中科院圖、山東省圖藏。○一九八三年鞍山劉氏據明刻本油印本,作《古直先生文集》十六卷。

四九三二　王端毅文集九卷　明王恕撰

江蘇巡撫採進本(總目)。○《江蘇省第一次書目》:「《王端毅集》四本。」○《江蘇採輯遺書目録》:「《王端毅集》九卷,吏部尚書三原王恕著。」○《陝西省呈送書目》:「《王端毅公集》。」○明嘉靖三十一年喬世寧刻本,作《王端毅公文集》九卷。北圖、中科院圖、津圖、北大藏。半葉十行,行二十字,白口,四周單邊。北大此本有嘉靖三十一年李濂序,三十一年喬世寧《刻王端毅公文集叙》。鈐「宫保尚書」等印記。《存目叢書》據以影印。○明嘉靖三十一年喬世寧刻清嘉慶補刻本,作《王端毅公文集》九卷《續集》二卷。卷七至九及《續集》係重刻,前六卷亦有修補。卷六《石渠老人履歷略》文末附刻一行:「大清嘉慶十六年秋七月十二世孫朝選沐手敬録。」(參臺灣「中央圖書館」《善本書志初稿》)一九七〇年臺北文海出版社據是刻影印,收入《明人文集叢刊》。

鳴秋集二卷　明趙迪撰　　四九三三

兩淮鹽政採進本(總目)。○《兩淮鹽政李呈送書目》:「《鳴秋集》二卷,明趙迪,一本。」○吉林大學藏清乾隆三年陳作楫鈔本,正文首題「鳴秋集」,次行題「閩中趙迪景哲著」。半葉九行,行二十字,黑格,四周雙邊。前有崇禎三年庚午仲冬三山後學鼇峰六十一叟徐𤊹興公序,又徐𤊹識語,永樂癸巳林誌序。後有康熙六年丁未十月望日雪樵徐鍾震器之跋云:「先大父生平喜蓄書,又喜輒表章先哲。遍尋其詩,得二百一十首。崇禎庚午歲命予手録藏之。嘻,用心亦勤矣。迄今三十八載,予藏書樓圈爲牧馬之場,失屋遷徙,亦散失過半。幸此本尚珍笥中。適與蕢仲談及,出其所鈔是堂選本,去其與予同者七十一首,又補入一百六十七首,共成三百七十八首。先生之詩真未絶於人間耶。亟爲鈔録,以成先大父之志。」後有陳作楫跋云:「《鳴秋集》,先正徐氏汗竹巢珍藏鈔本,予於第一山陳近五家見之,愛其清新,爲約録若干首以爲珍翫。時乾隆戊午十月望前一日濟川陳作楫茂桂題。」則此帙係陳作楫選鈔本,據卷前目録,僅百五拾貳首。卷内鈐「鄭杰之印」、「鄭氏注韓居珍藏記」、「陳恭甫藏楊雪滄得」、「繼祖之印」等印記。《存目叢書》據以影印。○北京圖書館藏清鈔本,半葉十行,行二十字,無格。○南京圖書館藏清鈔本,附明趙莊《趙南海詩》一卷。丁氏八千卷樓舊藏,《善本書室藏書志》著録。○臺灣「中央圖書館」藏感峰樓鈔本二卷一册,半葉十行,行二十字,無格。封面有「感峰樓鈔藏」五字。卷内鈐「莚圃收藏」印。○該館又藏鈔本二卷一册,半葉十行,行二十字,無格。鈐「古萬川温氏藏」、「日利」、「丹銘」等印(參該館《善本書志初稿》)。

○明隆慶刻《盛明百家詩》内有《趙鳴秋集》一卷。北圖、上圖等藏。

四九三四　王文肅集十二卷　明王與撰

浙江孫仰曾家藏本(總目)。○《浙江省第四次孫仰曾家呈送書目》:「《王文肅公集》十二卷,刊本,明南京吏部尚書武進王與著,四本。」○《浙江採集遺書總録》:「《王文肅公集》十二卷,明王與撰,李獻吉選定。此集一名《思軒稿》。」○上海圖書館藏明正德二年王昇刻本,作《王文肅公集》十二卷,題「孫徵仕郎中書舍人昇編」。半葉十行,行十九字,白口,左右雙邊。後有正德二年都穆跋云:「公之孫中書舍人昇……託户部獻吉校定,以成斯集,將重刻焉。」卷内鈐「常郡蔣惟龢印」、「童氏石塘」、「臣濂」、「槐蔭堂王氏珍藏」、「用侯」、「青箱書屋」等印記。《存目叢書》據以影印。北圖藏是刻存卷五至十二。○北京大學有王與《思軒文集》二十三卷《附録》一卷,明弘治刻本。半葉十行,行二十一字,黑口,四周雙邊。王重民《善本提要》著録。南圖亦有是刻殘本。

四九三五　王太傅集二卷　明王越撰

浙江汪汝瑮家藏本(總目)。○《浙江省第四次汪汝瑮家呈送書目》:「《王太傅集》二卷,明王越著,二本。」○《浙江採集遺書總録》:「《王太傅集》二卷,刊本,明太傅濬縣王越撰。」○原北平圖書館藏明正德刻本,作《黎陽王太傅文集》一卷。《北平圖書館善本書目》著録。現存臺北「故宫」。王重民《善本提要》著録爲二卷二册,且據《四庫提要》引嘉靖九年吴洪序,定爲嘉靖刊。按:此本半葉十一行,行十六字,無吴洪序。與嘉靖九年刻本非一版。日本内閣文庫有明刻本《黎陽王太傅文集》不分卷，疑與北平圖書館本同版。○上海圖書館藏明嘉靖九年刻本，作《黎陽王太傅詩文集》二卷。半葉十行，行二十字，黑口，左右雙邊。前有嘉靖九年吴江吴洪序云：「頃吾邑博高君録所見聞以刻於學舍。」知係嘉靖九年吴江縣學刻本。《存目叢書》據以影印。

王襄敏集二卷續集一卷　明王越撰　　四九三六

浙江汪汝瑮家藏本（總目）。○《浙江省第四次汪汝瑮家呈送書目》：「《王襄敏公集》二卷《續集》一卷，明王越著，三本。」○《浙江省第四次汪啟淑家呈送書目》：「《襄敏公集》四卷，明王越著，一本。」○《兩淮商人馬裕家呈送書目》：「《襄敏集》四卷，明王越，四本。」○《安徽省呈送書目》：「《王襄敏公集》四本。」○《提要》云：「是編即其曾孫紹思所輯。」○上海圖書館藏明嘉靖三十二年中山徐氏刻本，作《黎陽王襄敏公疏議詩文輯略》二卷。半葉九行，行二十字，黑口，四周雙邊。是本目録題「黎陽王襄敏公疏議詩文輯略」，正文首行題「黎陽王太傅疏議輯略」，次行上題「卷之一」，下題「曾孫王紹思頓首輯録」。全書葉碼通連，各體又單立標題。故目録雖標二卷，實與正文不符，當以不分卷著録。末有嘉靖三十二年王紹思《刻襄敏公文集跋》云：「中山徐公博採大父詩文全集，極力壽之於梓。」《存目叢書》據以影印。○明萬曆十三年但貴元刻本，作《黎陽王襄敏公集》四卷附《年譜》一卷，《年譜》王紹雍、王正蒙撰。半葉十行，行二十字，白口，四周雙邊。北圖、北大、浙圖等藏。卷一次行至六行題「巡按四川監察御史天雄赫瀛登甫選，四川布政司右參議堯山王鳳竹允在校,四川按察司副使郢上周嘉謨明卿校,四川提學副使新安曹樓世登輯,富順縣知縣匡南但貴元仁甫編」。前有嘉靖九年吴洪序,萬曆十三年乙酉王鳳竹序。後有但貴元《刻襄敏王公文集跋》。臺灣「中央圖書館」《善本書志初稿》、王重民《善本提要》均著録是刻。

野菴文集十卷　明吴宣撰　四九三七

江西巡撫採進本(總目)。○《江西巡撫海續購書目》:「《野菴集》二本。」○《提要》云:「是集乃其門人王君謨等所編,未經刊行。其元孫道南復訂正藏於家。」

奉使録二卷　明張寧撰　四九三八

兩江總督採進本(總目)。○《提要》云:「寧有《方洲集》,已著録,是集已編入《方洲集》内,此其初出别行之本也。」○《兩淮商人馬裕家呈送書目》:「《方洲集》三十二卷,明張靖之,十二本。」○《浙江省第五次曝書亭呈送書目》:「《方洲集》四十卷,明張寧著,十本。」○《浙江採集遺書總録》:「《方洲集》四十卷,刊本,明汀洲知府海寧張寧撰。」○明萬曆刻《寶顔堂彙秘笈》本,作《方洲先生奉使録》二卷,北圖、中科院圖、復旦等藏。○明天啟三年樊維城刻《鹽邑志林》本,作《張方洲奉使録》二卷。北圖、上圖、南圖等藏。民國二十六年商務印書館影印天啟三年刻《鹽邑志林》本。○民國二十五年商務印書館據《鹽邑志林》本排印,收入《叢書集成初編》。○南京圖書館藏明鈔《藝海彙函》本,作《奉使録》一卷。○《方洲張先生文集》四十卷,明弘治五年許清刻本。半葉十二行,行二十三字,黑口,四周雙邊。北圖、廣東中山圖藏。○《方洲先生集》二十六卷《讀史録》六卷,明萬曆錢世堯等刻本。半葉九行，行十九字，白口，左右雙邊。上圖、津圖、南圖、重慶圖藏。○按：《四庫》據馬裕呈本《方洲集》著録，《馬裕目》作三十二卷，與萬曆本合。《提要》則云《讀史録》四卷，合計三十卷，恐著録有誤。又《提要》但云宏治四年夏時正序稱《方洲集》四十卷，且謂馬裕本「僅三十卷，或錢陞重刊改併歟」，是館臣不知浙江即有四十卷呈本，則《凡例》所稱「諸家刊寫之本不一，謹擇其善本録之」，亦未盡然也。

彭文思集六卷　明彭華撰　　**四九三九**

江西巡撫採進本（總目）。○《江西巡撫海第二次呈送書目》：「《彭文思集》二本。」○《江蘇採輯遺書目録》：「《二彭合集》，大學士彭時、彭華著。」○《提要》云：「所著有《素菴集》九卷，李東陽序稱其文嚴整峭潔，力追古作者，今未見傳本。此本爲其六世孫篤福所編，視原集僅十之三矣。」○上海圖書館藏明弘治十六年刻本，作《彭文思公文集》十卷，十册。題「通議大夫都察院左副都御史弟禮校編」。半葉九行，行十七字，白口，左右雙邊。前有弘治十六年林瀚序，楊一清序，後有弘治十六年楊廉書後，弘治十五年楊循吉後序，彭禮跋。末二行題「崑山縣舉人方鵬、生員陸表校刊，儒士李元壽眷寫」。前九卷爲正文，第十卷爲附録像贊、墓誌等傳記。（參沈津《書城挹翠録》）。臺灣「中央圖書館」亦有是刻，鈐「潘氏承湛長壽」、「少司農章」、「賜均堂」、「書灌齋珍藏」、「吴興劉氏嘉業堂藏書記」等印。《嘉業堂藏書志》、臺灣「中央圖書館」《善本書志初稿》著録。一九七〇年臺北文海出版社據以影印。○明萬曆四十年彭篤福刻《彭氏二文合集》本，作《彭文思公文集》四卷《附録》一卷，四册。半葉十行，行二十四字，白口，四周單邊。○北京大學藏清康熙五年彭志楨刻《彭氏二文合集》本，作《彭文思公文集》六卷《附録》一卷。題「安成彭華彦實著，六世孫篤福編輯，七世孫志楨重梓」。半葉八行，行二十字，白口，左右雙邊。後有康熙五年丙午彭志楨跋，萬曆壬子彭篤福跋。鈐「李傳模印」、「廖嘉館印」等印記。《存目叢書》據以影印。人民大學、山西大學、福建師大亦有是刻。

四九四〇

恥菴集十卷　明陳煒撰

浙江汪汝瑮家藏本（總目）。○《浙江省第四次汪汝瑮家呈送書目》：「《恥菴集》十卷，明陳煒著，二本。」○《浙江採集遺書總録》：「《恥菴集》十一卷《附録》一卷，刊本，明浙江參政閩縣陳煒撰。」

四九四一

禮庭吟二卷　明孔承慶撰

衍聖公孔昭焕家藏本（總目）。○《衍聖公交出書目》：「孔子六十代孫贈衍聖公承慶《禮庭吟》一本。」○北京大學藏明景泰六年刻本，作《禮庭吟稿》三卷。卷一首行題「禮庭吟稿卷之一」，次行題「宣聖六十世嫡孫承慶著」。半葉九行，行十六字，大黑口，雙魚尾，四周雙邊。前有景泰□年二月許彬序云：「今順天府尹惟善王公憐承慶早世，取其遺稿，擇言之精者，得百六十五首，命工壽梓。」又天順元年劉鉉序。後有景泰六年十二月下沐壽光劉珝後序云：「順天尹王君，承慶之外舅也，恐其善遂泯，擇其佀者鋟諸梓，以藏於家。」知係景泰六年王惟善刻本。《存目叢書》據以影印。○北京圖書館分館藏清康熙刻本，作《禮庭吟遺稿》三卷。

耕石齋石田集九卷　明沈周撰　四九四二

兩江總督採進本（總目）。○《兩淮商人馬裕家呈送書目》：「《石田集》未分卷，明沈周，三本。」○《浙江省第四次孫仰曾家呈送書目》：「《沈石田集》八卷，明沈周著，四本。」○《浙江採集遺書總録》：「《沈石田集》八卷，刊本，明長洲沈周撰。」○《江蘇採輯遺書目録》：「《沈石田集》八卷，長洲沈周著，刊本。」○《提要》云：「是集乃瞿式耜所刪定，凡詩八卷文一卷。」○東北師大藏明崇禎十七年瞿式耜刻本，作《石田先生詩鈔》八卷《文鈔》一卷附錢謙益撰《事略》一卷。卷一至八題《石田先生詩鈔》，卷九題《石田先生文鈔》，卷十題《石田先生事略》。謙益書遭禁，故《提要》不及《事略》。封面題《耕石齋石田詩鈔》。半葉十行，行二十二字，白口，四周單邊。前有弘治庚申吴寬序，正德丙寅李東陽序，崇禎甲申錢謙益序，崇禎甲申耕石齋主人瞿式耜跋。末有康熙初沈玄鏡後跋。《存目叢書》據以影印。北圖、上圖、南圖等亦有是刻。上圖有一帙有清魚元傅抄沈周傳及馮班和沈周《落花詩》並跋，清許行健批點並跋。浙大藏一部無《文鈔》、《事略》，有清趙彦修跋。北圖有一帙有鄭振鐸跋。○沈周集《四庫全書》據以著録者爲華汝德輯《石田詩選》十卷，上圖有正德安國刻本。○沈周集刻本另有：《石田稿》三卷，明弘治十六年黄淮集義堂刻本，北圖、上圖、津圖、南圖藏。《石田先生集》十一卷，明萬曆四十三年陳仁錫刻本，北圖、清華、上圖等藏。

桂坡集十五卷　明左贊撰　四九四三

浙江汪汝瑮家藏本（總目）。○《浙江省第四次汪汝瑮家呈送書目》：「《左桂坡集》十四卷，明左贊著,三本。」○《浙江採集遺書總録》:「《左桂坡集》十四卷,刊本,明浙江參政盱江左贊撰。」○明正德十六年盱江左氏刻本,作《桂坡集前集》五卷《後集》九卷,日本東京内閣文庫藏。常熟博物館有明刻《桂坡集後集》九卷,正文首題「桂坡集卷之一」,下題「後集」,半葉十行,行二十字,白口,四周雙邊。末有餘姚王華後序。卷内鈐「曾在海虞沈氏希任齋」印。未知與日本内閣文庫本異同。《存目叢書》用常熟殘帙影印。

別本彭惠安公文集七卷附録一卷　明彭韶撰　　**四九四四**

兩江總督採進本(總目)。○《兩江第二次書目》:「《彭惠安文集》,明彭韶著,二本。」○原北平圖書館藏明嘉靖間刻本,作《彭惠安公文集》八卷二册,卷八爲附録。半葉十行,行二十一字。有嘉靖十八年劉動序。卷内鈐「蒼巖山人書屋記」、「蕉林藏書」印(參王重民《善本提要》)。真定梁清標家故物也。今存臺北「故宫」。

餘力稿十二卷　明徐貫撰　　**四九四五**

副都御史黄登賢家藏本(總目)。○明嘉靖三十一年徐健刻本,作《徐康懿公餘力稿》十二卷,題「舒城縣知縣男頤編刊,歸州州判男健重編刊」。半葉九行,行二十字,白口,四周雙邊。有嘉靖三十七年薛應奎序,弘治十二年自序,嘉靖三十一年徐健序,嘉靖三十一年徐楚序。原北平圖書館藏一部,王重民《善本提要》著録,現存臺北「故宫」。北京圖書館另有殘帙,存卷四至六,卷四首葉缺。《存目叢書》據此殘帙影印。

粟菴遺稿二卷　明鄭環撰　　**四九四六**

浙江汪汝瑮家藏本（總目）。○《浙江省第四次汪汝瑮家呈送書目》：「《粟菴遺稿》二卷，明鄭環著，二本。」○《浙江採集遺書總録》：「《粟庵遺稿》二卷，刊本，明太常少卿仁和鄭環撰。」

東白集二十四卷　明張元禎撰　　**四九四七**

浙江孫仰曾家藏本（總目）。○《浙江省第四次孫仰曾家呈送書目》：「《張東白集》二十四卷，明張元禎著，六本。」○《浙江採集遺書總録》：「《張東白集》二十四卷，刊本，明吏部左侍郎南昌張元禎撰。」○日本東京内閣文庫藏明正德十二年序刻本，作《東白張先生文集》二十四卷，各卷首葉題「孫默纂輯，門人賴丕校詳」。半葉十行，行二十字，白口，四周單邊。有正德十二年丁丑後十二月中浣晚生豐城月湖楊廉序，正德七年壬申六月上瀚莆見素林俊序。卷二十四係附録弟元楷撰《行狀》、李東陽撰《墓誌銘》、王鏊撰《神道碑》等。版心下有刻工：良、錠、琥、蒿、友、白、法、仁、山、天、景、永、昱、珙、京。《存目叢書補編》據以影印。

定菴集五卷　明張悦撰　　**四九四八**

兩淮鹽政採進本（總目）。○《兩淮鹽政李呈送書目》：「《定菴集》五卷，明張悦，五本。」○上海圖書館藏明弘治十七年劉琬刻本，作《定菴集》五卷附《榮壽録》一卷，三册。半葉九行，行二十一字，黑口，四周雙邊。前有弘治十七年甲子松江知府劉琬序云：「先生疾革，余不敢忘初志，爰索以屬華亭學諭傅鼎較閲數過，正訛定舛，卒用梓行。」卷内鈐「楓溪戴二蕉珍藏書畫之章」、「善化賀瑗鑒藏之章」、「愛日館收藏印」、「靈芬館圖書記」、「徐鈞印」、「曉霞」、「曉霞收藏」、「禮培私印」、「掃塵齋積書記」等印記。《存目叢書》據以影印。

巽川集十六卷附録二卷　明祁順撰　四九四九

浙江孫仰曾家藏本（總目）。〇《浙江省第四次孫仰曾家呈送書目》：「《巽川集》十六卷，明祁順著，四本。」〇《浙江採集遺書總録》：「《巽川集》十六卷，刊本，明江西布政使東莞祁順撰。」〇《兩淮鹽政李呈送書目》：「《巽川集》十六卷，明祁順，四本。」〇臺灣「中央圖書館」藏明嘉靖三十六年刻本，正文首題「巽川祁先生文集卷之一」。半葉九行，行二十一字，大黑口，雙黑魚尾，四周雙邊。卷數同《存目》。卷二第二十葉以下缺。前有叙，佚尾，朱筆鈔補「嘉靖丁巳冬十一月朔旦春後學鍾雲瑞謹叙」。後有嘉靖丁巳袁炳《叙祁巽川先生集後》。鍾云「因先生之孫僴之請，謬厠一言」。袁云「適丁巳，而祁君僴以《巽川先生集》叙請余」。是兩叙皆嘉靖三十六年祁僴請撰。附録二卷，卷上墓誌墓表，贈詩祭文。卷下祁順弟祁頤貞菴詩文。《四庫提要》云墓誌、墓表各一卷，未確。卷内鈐「祁惇裕堂寶護」、「錢大昕印」、「潛研堂藏書記」、「吴興劉氏嘉業堂藏」等印記（參《嘉業堂藏書志》、臺灣「中央圖書館」《善本書志初稿》、《善本序跋集録》）。按：是書版式似嘉靖以前刻。〇東北師大藏清康熙二年在兹堂刻本，作《巽川祁先生文集》十六卷《附録》二卷。題「七世孫文友重刻」。半葉九行，行二十字，白口，四周單邊。版心下刻「在兹堂」三字。前有康熙二年吴國縉《合刻先集引言》，嘉靖丁巳鍾雲瑞序。後有嘉靖丁巳袁炳後序。《存目叢書》據以影印。

東園詩集續編八卷　明鄭紀撰 **四九五〇**

浙江范懋柱家天一閣藏本(總目)。○《浙江省第五次范懋柱家呈送書目》:「《東園詩集續編》八卷,明鄭紀著,二本。」○《浙江採集遺書總録》:「《東園文集》十三卷《詩集續編》八卷,刊本,明南京户部尚書仙遊鄭紀撰。」

東瀧遺稿四卷　明彭教撰 **四九五一**

江西巡撫採進本(總目)。○江西南康縣圖書館藏明萬曆三十八年孫之益刻本,作《彭東瀧先生遺稿》四卷。半葉九行,行二十二字,白口,四周雙邊。○江西省圖書館藏鈔本四卷附一卷。題「翰林院侍講吉水彭教敷五甫著,陝西左參政使侄彭桓、湖廣左布政使侄彭杰彙編,侄孫昫增定,西蜀後學孫之益校梓」。半葉九行,行二十字,無格。前有萬曆三十八年庚戌孫之益序,三十八年鄒元標序,羅大紘序,弘治十一年李東陽序。卷一前有《制策》一卷,版心亦標「卷之一」。卷内弘、曆等字不避諱。《存目叢書》據以影印。

閔莊懿集八卷　明閔珪撰 **四九五二**

浙江巡撫採進本(總目)。○《浙江省第七次呈送書目》:「《閔莊懿集》八卷,明閔珪著,三本。」○《浙江採集遺書總録》:「《閔莊懿公集》八卷,四世孫刊本,明刑部尚書烏程閔珪撰。」○明正德間其子閔聞刻本,作《閔莊懿公詩集》九卷《文集》一卷。日本東京内閣文庫藏。○北京大學藏明萬曆十年閔一范刻本,作《閔莊懿公詩集》八卷。題「刑部尚書太子太保吴興孺山閔珪著,兵部尚書太子少保孫甥印川潘季馴編次,孫閔宜力、曾孫閔德慶、閔弘慶、玄孫閔一范、從玄孫閔世譽、閔世翔、世楨梓」。半葉九行,行十八字,白口,四周雙邊。前有萬曆十年三月蕭良有序。後有萬曆十年壬午四世孫閔一范跋云:「舊有刻,一范偲其刓也,載葺而壽諸棠梨。」卷内鈐「研理樓劉氏藏」、「劉明陽」、「研理樓」等印記。《存目叢書》據以影印。

桃溪淨稿八十四卷　明謝鐸撰　**四九五三**

江蘇巡撫採進本(總目)。○《江蘇省第一次書目》:「《桃溪文稿》八本。」○《江蘇採輯遺書目録》:「《桃溪詩稿》五十二卷,禮部侍郎台州謝鐸著。《桃溪文稿》三十九卷,禮部侍郎台州謝鐸著。刊本。」○原北平圖書館藏明正德十六年台州知府顧璘刻本,現存臺北「故宫」,北圖存有膠片。詩四十五卷、文三十九卷,各自起訖,均名《桃溪淨稿》。半葉十行,行二十字,白口,四周單邊。詩集前有弘治二年李東陽序,像,自贊,目録。文集前有正德十六年仲春既望守台州姑蘇顧璘序云:「《桃溪淨稿》,仍舊名也,刻在學宫。」《存目叢書》據以影印。《中國古籍善本書目》著録天津圖書館藏明刻本八十四卷,行款版式同北平本。天一閣文管所、臨海縣圖書館亦有殘帙。○臨海項士元藏舊鈔本,存卷三卷四卷六至卷十、卷五至卷七(《浙江文獻展覽專號》)。

滄洲集十卷續集二卷　明張泰撰　**四九五四**

浙江汪汝瑮家藏本(總目)。○《浙江省第四次汪汝瑮家呈送書目》:「《滄洲集》十卷《續集》二卷,明張泰著,四本。」○《浙江採集遺書總録》:「《滄洲集》十卷,刊本,明修撰太倉張泰撰,李東陽、謝方石、吴寬選定。」○《安徽省呈送書目》：「《滄洲集》八本。」○《湖南省呈送書目》：「《滄洲集》八本。」○北京圖書館藏明弘治三年成桂刻嘉靖十三年毛淵修補增刻本，作《滄洲詩集》十卷《續集》二卷《附録》一卷。題「太倉張泰亨父譔」。半葉十行，行十八字，白口，四周單邊。前有弘治三年庚戌九月九日李東陽序云：「付其所部成府判桂刻於淮安。」後有嘉靖十三年甲午春甥毛淵《增刻滄洲詩集跋》云：「淵忝在滄洲先生子婿行，嘗以活字印行其詩集，不幸咸燼于火，而索予者無已。因搆得其元刻木板於京師，葺其殘敝，續其未備，以爲成書。」首葉鈐「翰林院印」滿漢文大方印，書衣有進書木記：「乾隆三十八年十一月浙江巡撫三寶送到汪啟淑家藏滄洲集壹部計書肆本。」又有簽條：「滄洲集，總辦處閱定，擬存目。」卷内又鈐「太原叔子藏書記」、「孫壯藏書印」等印記。《存目叢書》據以影印。原北平圖書館藏一帙，僅《滄洲詩集》十卷四册，現存臺北「故宫」，行款同。趙萬里《北平圖書館善本書目》、臺灣《中央圖書館善本書目》均著録爲弘治刻本。王重民《善本提要》著録爲「成弘間刻本」。當即弘治三年成桂刻本。○浙江圖書館藏清初鈔本，書名卷數同毛淵修補增刻本，半葉十行，行十八字，白口，四周單邊。童正倫先生云係影鈔嘉靖修補本。

西山類稿五卷　明謝復撰　**四九五五**

兩淮馬裕家藏本（總目）。○《兩淮商人馬裕家呈送書目》：「《西山類稿》五卷，明謝復，一本。」

陳剩夫集四卷　明陳真晟撰　**四九五六**

福建巡撫採進本（總目）。○《福建省呈送第一次書目》：「《陳剩夫集》四卷二本。」○《兩江第一次書目》:「《陳剩夫集》,明陳真晟著,一本。」○《浙江省第四次孫仰曾家呈送書目》:「《布衣存稿》九卷,明黄宏綱著,二本。」澤遜按:黄宏綱乃陳真晟之誤。○《浙江採集遺書總録》:「《布衣存稿》九卷,刊本,明漳州陳真晟撰。」○按:《提要》云:「是集乃真晟卒後其鄉人林祺所編。康熙己丑儀封張伯行官福建巡撫,乃爲序而刻之。」是《存目》所據乃張伯行刻四卷本,而於孫仰曾進呈九卷本則未之及,亦檢校之疏也。○北京大學藏明正德十一年林魁刻本,作《布衣陳先生存稿》八卷。半葉十行,行二十字,白口,四周雙邊。○明萬曆李幾嗣刻本,作《布衣陳先生存稿》九卷。半葉九行,行二十字,白口,四周雙邊。上圖、湖北省圖藏。○臺灣「中央圖書館」藏清樸學齋黑格鈔本,作《布衣陳先生存稿》七卷《附録》二卷,四册。題「漳州府同知九疑李幾嗣捐俸重刊,漳州府儒學教授丘汴校正」。半葉十行,行二十二字,黑口,左右雙邊。稿紙左下角印「樸學齋」三字。前有嘉靖十七年戊戌十月西峯子周南《刻陳布衣先生存稿序》云:「余抵漳,即訪其孫曰慶雲者,郡弟子員也,得其存稿……遂命工刻其存稿,以廣其傳。」又某氏跋,缺尾。蓋嘉靖十七年周南官漳州時嘗刻之,萬曆中李幾嗣重刻,此鈔本又自李刻出也。鈐「鄭杰之印」、「鄭氏注韓居珍藏記」等印。該館《善本書志初稿》著録。○中國人民大學藏清康熙四十八年張伯行正誼堂刻本,作《陳剩夫先生集》四卷。題「儀封張伯行□先甫訂,受業漳浦蔡衍鎤校」。半葉十行,行二十二字,白口,四周單邊。版心下刻「正誼堂」三字。有康熙四十八年張伯行於榕城之正誼堂序,康熙四十八年蔡衍鎤跋。《存目叢書》據以影印。○清道光六年刻本,作《布衣陳先生遺集》四卷。復旦藏。○清同治五年福州正誼書院刻《正誼堂全書》本，書名卷數同前本。北圖、上圖等藏。〇清光緒十年津河廣仁堂刻本，作《布衣陳先生遺集》四卷，收入《津河廣仁堂所刻書》。上圖、中科院圖、甘肅圖藏。

履坦幽懷集二卷　明祝淇撰　**四九五七**

編修祝德麟家藏本（總目）。〇《提要》云：「此本乃其家刻。」又云：「餘姚胡培所編。」

思元（玄）集十六卷　明桑悦撰　**四九五八**

浙江汪啟淑家藏本（總目）。〇《浙江省第四次汪啟淑家呈送書目》：「《思元集》十六卷，明桑悦著，六本。」〇《浙江採集遺書總録》：「《思元集》十六卷，刊本，明柳州通判常熟桑悦撰。」〇《江蘇採輯遺書目録》：「《桑氏集》十六卷，柳州通判常熟桑悦著，刊本。」〇臺灣「中央圖書館」藏明弘治十八年原刻本，作《思玄集》十六卷六册，題「柳州府通判海虞桑悦民懌著，賜進士羅池計宗道惟中校」。半葉十一行，行二十字，白口，四周雙邊。前有弘治十八年計宗道序。有何焯跋三則，民國翼厂跋一則。卷尾缺葉經翼廠據活字本鈔補。鈐「何焯之印」、「張洪乾印」等印記（參該館《善本書志初稿》、《善本題跋真蹟》）。〇北京圖書館藏明萬曆二年桑大協活字印本，作《思玄集》十六卷《附録》一卷。題「柳州府通判海虞桑悦民懌著，賜進士羅池計宗道惟中校」。半葉十行，行二十一字，白口，四周單邊。前有弘治乙丑計宗道序，附録楊循吉撰墓誌銘。末有萬曆二年李杞後序云：「所著全集余鄉先達計羅池公已序而刻之。今清流侯守白，先生從子也，以歲久漫漶，欲翻刻以傳。」又云「復以壽諸梓人」，又云「今清流君又同事於汀」。桑大協號守白。知是本印於福建汀州府清流縣。鈐「莊氏珍藏」印。《存目叢書》據以影印。北大、上圖、中山大學、南京博物院亦藏此活字本。北圖另有殘帙，存卷六卷七卷十一至卷十六凡四册，傅增湘舊藏，《北京圖書館古籍善本書目》著録爲「四庫底本」。沈津《書城挹翠録》云美國哥倫比亞大學總圖書館藏此活字本卷三至卷五共一册，爲「四庫底本」，傅增湘售出者，與北圖殘本原係一帙。澤遜按：是本卷二《庸言》又見子部雜家類《存目》(作《桑子庸言》)，其提要云「《思玄集》中有《道統論》」，又有《學以至聖人論》，今此本未見。○臺灣「中央圖書館」藏明萬曆四十四年海虞翁憲祥刻本，作《思玄集》十六卷《附録》一卷。題「明海虞桑悦民懌著，泰和徐威來鳳註，後學翁憲祥兆隆選，翁應祥兆吉校，姪孫孝成道凝次」。半葉十行，行二十一字，白口，四周單邊。前有萬曆丙辰八月錢謙益重刻叙，陸化熙序，萬曆丙辰十一月太常少卿翁憲祥重刻叙，翁憲祥跋。又計道宗、徐威、李祝、楊循吉、楊子器、錢承德諸序跋。次小像、像贊。鈐「吴興劉氏嘉業堂藏書記」(參該館《善本書志初稿》)。北圖、上圖、南圖等亦有是刻。○上海圖書館藏清雍正四年謝浦泰鈔本，半葉十行，行二十一字，黑格。明徐威注。當出翁憲祥本。

淶水集二卷　明文洪撰　　四九五九

兩淮鹽政採進本(總目)。○《兩淮鹽政李續呈送書目》：「《淶水詩文》二卷，明文洪，一本。」○《浙江省第四次汪汝瑮家呈送書目》：「《文氏五家詩集》，明文徵明等著，四本。」○《浙江採集遺書總録》：「《文氏五家詩集》十二卷，刊本。」内有《淶水集》二卷，明淶水教諭長洲文洪撰。○按：《文氏五家詩》十四卷，浙江汪汝瑮家藏本，《四庫全書》總集類著録，云「文洪，字功大，成化乙酉舉人，官淶水教諭，著《括囊稿》詩一卷文一卷。」知文洪詩文二卷已入《四庫全書》。○北京圖書館藏明萬曆十六年文肇祉輯刻《文氏家藏詩集》本，包括《文淶水詩》一卷《文淶水遺文》一卷。題「贈中憲大夫南京太僕寺少卿前易州淶水縣儒學教諭文洪著」。半葉十二行，行二十字，白口，左右雙邊。刻印甚工。前有萬曆十六年玄孫肇祉《家藏詩集叙》，係總序。文洪集有正德辛未王鏊序，正德十年李東陽序，自序。鈐「楳鼐」、「古吴梅氏珍本」、「庾嶺分枝」、「冰香樓」、「古愚」等印。《存目叢書》據以影印。上圖亦有是刻。○《括囊稿》一卷，明嘉靖刻本。版心、卷端均題《括囊稿》。此卷均詩。半葉十二行，行二十字，白口，左右雙邊。前有文洪序。書衣有笏菴題記。鈐「璜川吴氏收藏圖書」、「潘茮坡圖書印」、「潘氏桐西書屋之印」、「汪士鐘藏」等印（見臺灣「中央圖書館」《善本書志初稿》）。○《括囊稿》一卷，清金上震鈔本。上圖藏。○《括囊稿》一卷，清鈔本。北圖藏。

龍臯文集十九卷　明陸簡撰　　**四九六〇**

浙江孫仰曾家藏本（總目）。○《浙江省第四次孫仰曾家呈送書目》：「《龍臯文稿》十九卷，明陸簡著，四本。」○《浙江採集遺書總録》：「《龍臯文稿》十九卷，刊本，明翰林院侍講學士武進陸簡撰。」○南京圖書館藏明嘉靖元年楊鑨刻本，作《龍臯文稿》十九卷。半葉十行，行十九字，白口，四周雙邊。前有嘉靖元年十一月顧清序。後有嘉靖元年三月當塗祝鑾後序云：「公外孫楊鑨官閩中，力任梓事。」卷内鈐「金星軺藏書記」、「太原叔子藏書記」、「汪魚亭藏閲書」、「擁書抵百城」、「丁氏八千卷樓藏書記」、「四庫坿存」等印記。《善本書室藏書志》著録，《存目叢書》據以影印。浙圖亦有是刻，有缺葉，清人鈔補。原北平圖書館藏一部，現存臺北「故宫」。北圖藏殘帙，存卷五至卷九、卷十四至卷十九，共十一卷二册。

東海文集五卷　明張弼撰　**四九六一**

兩江總督採進本(總目)。○《兩淮鹽政李呈送書目》：「《東海文集》五卷，明張弼，四本。」○《江蘇省第一次書目》：「《張東海集》五本。」○《江蘇採輯遺書目録》：「《張東海集》九卷，南安知府華亭張弼著。」○《浙江省第四次孫仰曾家呈送書目》：「《張東海集詩文》共九卷，明張弼著，六本。」○《浙江採集遺書總録》：「《張東海詩集》四卷《文集》五卷，刊本，明南安知府華亭張弼撰。」○按：江蘇、浙江呈本皆九卷足本，唯兩淮本有文無詩。《提要》云「其文原與詩合刻，此本偶佚其半也」，所存目者僅文集五卷，則所據爲兩淮呈本甚明，《總目》注「兩江總督採進本」，蓋「兩淮鹽政採進本」之誤。又，進呈三本之中，兩足一殘，而館臣適以殘本入目，是檢核之疏也。○北京大學藏明正德十三年張弘至刻本，作《張東海先生詩集》四卷《文集》五卷。半葉十行，行十七字，白口，左右雙邊。前有正德十年李東陽序，十三年王鏊序，十一年孫承恩序，十二年王廷相序。末有正德十三年吴鉞跋，正德十三年林翰跋等。林翰跋云：「按閩侍御周公文儀，雅負才名於時，景行鄉先哲彌真，特爲鋟梓以傳。」則是本爲正德十三年周文儀刻於福建者。周鵷，字文儀，直隸華亭人，正德九年進士。是帙紙質枯黄。書衣有李盛鐸識語：「正德戊寅刊本四册，甲寅夏五凡將閣購藏。椒微記。」卷前又有李盛鐸手跋：「《張東海集》，《四庫存目》止有文集五卷，無詩集，殆非全帙。此爲其子弘至所編刻，詩文俱備，且諸家序跋多以手書上板，尤可珍玩。惜爲北方煤氣所薰，紙質遂脆，不堪時時展讀耳。甲寅夏至椒微記。」《存目叢書》據以影印。北圖、浙大、湖北省圖、日本内閣文庫亦有是刻。山東省圖有是刻萬曆修版印本。○《張東海先生文集》八卷，時正德十五年書林劉氏日新堂刻本，半葉十一行，行二十字，黑口，四周雙邊。南圖藏。○《張東海全集》八卷（詩文各四卷）《附録》不分卷附張弘至《萬里志》二卷，清康熙三十三年張世綬刻本，半葉八行，行二十字，白口，左右雙邊。北大、上圖等藏。

東皋文集十三卷附録一卷　明陸淵之撰　四九六二

浙江巡撫採進本（總目）。○《浙江省第九次呈送書目》：「《東皋文集》十三卷，明陸淵之著，四本。」○《浙江採集遺書總録》：「《東皋文集》十三卷《附録》一卷，刊本，明布政使上虞陸淵之撰。」○《提要》云：「是集爲其門人王汝鄰所刻。」

張文僖公文集十四卷詩集二十二卷　明張昇撰　四九六三

浙江巡撫採進本（總目）。○《浙江採集遺書總録》：「《張文僖公文集》十二卷，刊本，明尚書盱江張昇撰。」○《提要》云：「是編乃其子浙江布政使元錫所刊。」又云：「末附《瀛涯勝覽》及《北行録》、《西行録》。」○北京大學藏明嘉靖元年張氏家刻本，作《張文僖公文集》十四卷十二册。題「盱江張昇著」。半葉十行，行二十字，大黑口，四周雙邊。前有嘉靖元年七月朔邵寶《張文僖公集序》

云:「張公既卒之五年,而《栢厓集》出,其子今浙江左布政使元錫所校録而刻焉者也。刻成,而賜謚之命適至,遂以名之。」鈐有燕京大學圖書館印。○北京大學藏明刻本,作《張文僖公詩集》二十二卷,殘存卷一至五共二册,李盛鐸故物。相其字體版式,與《文集》同,蓋一時所刻。《存目叢書》用以上兩本配合影印。○《張文僖公和唐詩》十卷,明正德十六年刻本,存卷一至五。半葉九行,行十六字,白口,四周單邊。天一閣文管所藏。○《張文僖公詠史詩》四卷,明張昇撰,明莊一俊評,清鈔本二册。半葉九行,行二十二字,無格。首都圖書館藏。○《詠史遺編》二卷,清雍正五年刻本。山西大學藏。

使東日録一卷　明董越撰　**四九六四**

浙江巡撫採進本(總目)。○《浙江省第五次鄭大節呈送書目》:「《使東日録》一卷,明董越著,二本。」○《浙江採集遺書總録》:「《使東日録》一册,刊本,明工部尚書寧都董越撰,子天麟輯。」○天一閣文管所藏明正德九年刻本,半葉十行,行十五字,黑口,四周雙邊。一册。天一閣故物,流出後歸朱氏別宥齋,朱氏復贈天一閣(見《中國古籍善本書目徵求意見稿》、《新編天一閣書目》)。原北平圖書館藏一部,有正德九年汪俊序,現存臺北「故宫」。○中國社科院歷史所藏鈔本《董文僖公集》四十二卷,其中第四十一卷爲《使東日録》(參武新立《明清稀見史籍叙録》)。

太和堂集六卷　明屠勳撰　**四九六五**

浙江汪汝瑮家藏本(總目)。○《浙江省第四次汪汝瑮家呈送書目》:「《太和堂集》六卷,明屠勳著，六本。」○《浙江採集遺書總録》：「《太和堂集》六卷，刊本，明太子太保平湖屠勳撰。」○《兩江第一次書目》：「《太和堂文集》，明屠勳著，六本。」○明萬曆四十三年屠繩德刻崇禎重修《合刻屠氏家藏二集》本，作《屠康僖公文集》六卷《附録》一卷。半葉九行，行十九字，白口，四周單邊。北圖、南圖、上圖等藏。○清初刻《合刻屠氏家藏二集》本，書名、卷數、行款版式同前本。北圖藏。《存目叢書》據原北平圖書館藏明刻清印本影印，書名、卷數、行款版式同前二本，有正德十四年王鏊序，十四年張弘至序，朱國祚《合刻屠氏家藏二集序》，萬曆四十三年陳懿典《合刻屠氏家藏二集序》，版心魚尾上刻「太和堂」。朱國祚序云：「其裔孫繩德、維德合刻而新之。」陳序云：「合刻而新之者，其裔孫繩德、維德也。」目録後刻「曾孫男豫禎、觀仝校刊。」卷内玄字缺末筆，弘、曆不避，故王重民曰「康熙間印本」。未知北平本與前二刻異同。北平本現存臺北「故宫」。○《太保東湖屠公遺稿》七卷，半葉十一行，行二十二字，無格。北圖藏。

交石類稿三卷　明吴文度撰　**四九六六**

兩淮鹽政採進本(總目)。○《兩淮鹽政李呈送書目》：「《交石稿》三卷，明吴文度，三本。」○《提要》云：「蓋文度官汀州知府時有惠政，汀州人爲之刊行。」

文温州集十二卷　明文林撰　**四九六七**

浙江巡撫採進本(總目)。○《浙江省第六次呈送書目》：「《文温州集》十二卷，明文林著，四本。」○《浙江採集遺書總録》：「《文温州集》十二卷，刊本，明温州知府長洲文林撰。」○北京圖書館藏明刻本，題「中順大夫浙江温州府知府文林宗儒」。半葉十二行，行二十字，細黑口，左右雙邊。鈐「合肥范毓瑞萁堯珍藏」、「金元功藏書記」等印。《存目叢書》據以影印。上圖有是刻兩部，其一有黄丕烈嘉慶元年二月八日手跋，周越然藏書，白紙初印，鈐「鄧尉徐氏藏書」、「徐堅藏本」、「曾在陽湖惲氏」、「汪士鐘藏」等印（參《蕘圃藏書題識》卷九、周越然《書書書》）。○北京圖書館藏明刻本，半葉十二行，行二十字，白口，左右雙邊。卷一卷二配另一明刻本。有清林佶跋。○北圖又藏明刻本，行款版式同前本。卷一卷二配另一明刻本。有吴梅跋。○臺灣「中央圖書館」藏明刻本，題「中順大夫浙江温州府知府文林宗儒」。行款版式同前二本。版心下方有刻工：子昂、周言、黄金賢等。前有弘治二年詔書一葉。卷二末有乾隆五十年梁同書手書觀款，鈐「銅研山房」印。又乾隆五十二年丁未劉鏞借讀觀款，鈐「石菴」印。卷十二末有乾隆五十八年癸丑潘世恩借閲觀款，鈐「世」「恩」連珠印。嘉慶二十一年丙子黄丕烈觀款，鈐「丕烈」、「蕘圃」印。又道光十年庚寅程恩澤觀款，鈐「恩」「澤」連珠印。卷内又鈐「娱園藏書」、「莚圃收藏」等印（參該館《善本書志初稿》）。考《明代刊工姓名索引》，黄金賢曾於嘉靖三十三年刻《孔子家語注》、《唐詩二十六家集》二書，均署吴時用書、黄周賢、金賢刻。知是本亦嘉靖間刻。唯林佶、吴梅跋本均未寓目，未知此三本版刻異同。○中國社科院歷史所藏明弘治間刻本二卷二册，詩集，無序跋。半葉十二行，行二十二字，白口，無魚尾，左右雙邊。鈐「寧氏子堅珍藏」、「許虬竹隱」、「河北王兆鈺鳳山藏書記」、「鳳山藏書」等印（參武新立《明清稀見史籍叙録》）。○明萬曆十六年文肇祉輯刻《文氏家藏詩集》本，作《文温州詩》一卷。北圖、上圖藏。

孫清簡公集二卷　明孫需撰　　四九六八

兩江總督採進本(總目)。○《兩江第二次書目》:「《孫清簡集》,明孫需著,二本。」

石淙稿十九卷　明楊一清撰　　四九六九

安徽巡撫採進本(總目)。○《安徽省呈送書目》:「《石淙稿》八本。」○日本東京内閣文庫藏明嘉靖刻本,作《石淙詩稿》十九卷《文稿》十四卷。天津圖書館僅有《石淙詩稿》十九卷,其卷十七後另有《督撫稿》第二卷,合之則爲二十卷。卷一題「門生北地李夢陽評點」。半葉十一行,行二十二字,白口,四周雙邊。前有庚午(正德五年)自序。又熊桂芳序云:「逸民號海鶴者,遨遊江湖,乃得此本,敬壽諸梓。」卷十八前有嘉靖七年戊子方鵬序云:「凡公之詩,門生孫思和育析之爲數類,統之爲《石淙詩稿》,梓行於世久矣。此曰《玉堂後稿》者,蓋續刻也。」知係陸續刊版,彙印爲此本。鈐「會稽鈕氏世學樓圖籍」等印。《存目叢書》據以影印。北圖、中科院圖、南圖等均有此十九卷本詩集。上圖有清汪文柏跋本,亦僅詩集十九卷。○上海圖書館藏清鈔本,作《石淙詩稿》十九卷。○清嘉慶二十一年雲南五華書院刻本,作《石淙詩鈔》十五卷。半葉十行,行二十一字,白口,左右雙邊。雲南省圖藏。○民國刻《雲南叢書初編》内有《石淙詩鈔》十五卷附《諸公詩》一卷。又有《楊文襄公文集》一卷《詩集》一卷,爲李根源輯《明滇南五名臣遺集》之一。

東溪稿十卷　明鄧庠撰　　四九七〇

兩淮鹽政採進本(總目)。○《兩淮鹽政李呈送書目》:「《東溪稿》十卷,明鄧庠,四本。」○《提要》

云:「凡《吟稿》五卷、《入覲聯句録》一卷、《續稿》三卷、《别稿》一卷。」○南京圖書館藏明正德十年自刻本,僅《東溪續稿》三卷《别稿》一卷。半葉九行,行十七字,黑口,四周雙邊。《續稿》前有正德十年乙亥賈詠序云:「此編乃續前稿而成,皆公手録自隨,刻之備遺忘者。」後有正德乙亥顧璘序。《存目叢書》據以影印。

梅巖小稿三十卷　明張旭撰　四九七一

浙江汪汝瑮家藏本(總目)。○《浙江省第四次汪汝瑮家呈送書目》:「《梅巖集》三十卷,明張旭著,四本。」○《浙江採集遺書總録》:「《梅岩集》三十卷,刊本,明伊陽知縣休寧張旭撰。」○《兩江第二次書目》:「《梅巖小稿》,明張旭著,四本。」○《兩淮商人馬裕家呈送書目》:「《梅岩小稿》三十卷,明張旭,四本。」○北京大學藏明正德元年刻本,作《梅巖小稿》三十卷,題「陽堂主人張旭著」。半葉十一行,行二十一字,白口,四周單邊。前有弘治十七年吴寬序,弘治十七年甲子自序。後有弘治十七年程材跋,弘治十七年張循跋。又正德元年八月休寧知縣張九逵跋云:「兹命廼子庠生世明請刻以傳,故贅其説于左,以見家學之有自。」凡例末有署名三行:「山東臨邑縣學訓導弟張暉校正,休寧縣學生男張世明對讀,張世澤繕寫。」知係正德元年休寧張氏家刻本。版心下方有刻工:黄勗刊、黄昱刊、黄晨刊。鈐有「金星軺藏書記」、「太原叔子藏書記」、「桐軒主人藏書記」等印。《存目叢書》據以影印。原北平圖書館亦有是刻,趙萬里《北平圖書館善本書志》、王重民《善本提要》均著録爲明弘治刻本,以佚去正德元年張九逵跋故也。該本鈐「翰林院印」滿漢文大官印,是進呈四庫館原本。又鈐「揚州阮氏琅嬛僊館藏書印」、「文選樓」、「海陵張氏考藏善本」、「海陵張氏石琴收藏善本」、「南陵徐氏仁山珍藏」等印。現存臺北「故宮博物院」。

東田漫稿六卷　明馬中錫撰　　**四九七二**

直隸總督採進本（總目）。○《直隸省呈送書目》：「《東田漫稿》七本。」○《兩淮鹽政李呈送書目》：「《東田稿》六卷，明馬中錫，七本。」○《浙江省第九次呈送書目》：「《馬東田漫稿》六卷，明馬中錫著，七本。」○《浙江採集遺書總録》：「《馬東田漫稿》六卷，刊本，明左都御史故城馬中錫撰。」○《提要》云：「是集爲其子師言所編，同邑孫緒序之。」○首都圖書館藏明嘉靖十七年文三畏刻本，作《馬東田漫稿》七卷。題「東田馬中錫著，沙溪孫緒評，筆山文三畏校」。半葉十行，行十七字，白口，四周雙邊。前有嘉靖五年丙戌孫緒序。又嘉靖十七年王崇慶序云：「公之子監生師言，是年秋七月自故城來乞言，且託郡大夫筆山文侯校而梓行。」鈐有「尊敕堂」、「鄧尉徐氏藏書」、「北平孔德學校之章」等印記。此係詩集。《存目叢書》據以影印。南圖藏是刻一部六册，鈐「崑山徐氏家藏」、「健菴」、「乾學」等印，丁丙舊藏，《善本書室藏書志》云此三印「似係書估僞爲」。北大、上圖、津圖等亦有是刻。北師大、中科院圖有是刻增修本。○北京圖書館藏清鈔本，書名卷數同前本。○馬中錫又有《馬東田文集》六卷《附録》一卷，明嘉靖二十一年刻本。半葉十行，行十九字，黑口，四周雙邊。北師大、中國社科院文學所藏。東北師大本殘存二卷。○清光緒五年定州王氏謙德堂刻《畿輔叢書》内有《東田文集》三卷《詩集》三卷。民國二十五年商務印書館據以排印，收入《叢書集成初編》。

四九七三　別本東田集十五卷　明馬中錫撰

直隸總督採進本(總目)。○《提要》云:「是集爲國朝康熙丁亥中錫鄉人賈棠所刊,凡文五卷、詩十卷。」○中國科學院圖書館藏清康熙四十六年甘陵賈棠輯刻《馬東田孫沙溪兩公遺集合編》本,作《東田集》十五卷。題「甘陵馬中錫東田甫著,同里後學賈枚功菴、賈棠青南、賈樸素菴編定,男炳鷺洲、際熙庶咸、念祖聿滋較訂」。半葉十行,行二十二字,下黑口,左右雙邊。前有康熙四十六年賈棠于羊城鹺署之退思堂序云:「今冬奉命視鹺権於嶺南,駐節仙城。客有以剞劂請者,曰不可使二公心血復泯没於斷簡殘編,遂不量力,授之梓人。」卷尾附何塘撰《東田馬公傳》。《存目叢書》據以影印。北圖、上圖、浙大亦有是刻。

四九七四　滇南行稿四卷附録一卷　明蘇章撰

江西巡撫採進本(總目)。

四九七五　七星詩文存十二卷　明劉鴻撰

江西巡撫採進本(總目)。○《江西巡撫海第三次呈送書目》:「《七星詩文存》四本。」

四九七六　碧川文選四卷　明楊守阯撰

兩江總督採進本(總目)。○《兩江第一次書目》:「《碧川文選》,明楊守址著,四本。」○《浙江省第四次汪汝瑮家呈送書目》:「《碧川文選》四卷,明楊守阯著,四本。」○《浙江採集遺書總録》:「《碧川文選》四卷,刊本,明尚書鄞縣楊守阯撰。所著本名《乾乾齋集》,此從集中選出者。」○中國科學院圖書館藏明嘉靖四年陸釴刻本，半葉十行，行約二十二字，白口，四周單邊。前有陳琳序云：「嘉靖乙酉安慶守陸君釴釐爲四卷，題曰《碧川文選》梓之。」又正德三年自序，自序後有嘉靖四年乙酉正月外孫陸釴識語。《存目叢書》據以影印。南圖、臺灣「中央圖書館」亦有是刻。原北平圖書館藏一部，現存臺北「故宫」，王重民《善本提要》著録。○《碧川文選》八卷《詩選》八卷《別録》一卷《補遺》一卷，明崇禎楊德周刻本。半葉九行，行二十字，白口，四周單邊。日本東京内閣文庫藏。南圖、天一閣文管所皆有殘本。民國二十九年張氏約園刻《四明叢書》第七集内有《碧川文選》八卷《補遺》一卷。

西征集無卷數　明林俊撰　四九七七

浙江汪汝瑮家藏本（總目）。○《浙江省第四次汪汝瑮家呈送書目》：「《西征集》不分卷，明林俊著，一本。」○《浙江採集遺書總録》：「《見素集》七卷《西征集》一册，俱刊本，明刑部尚書莆田林俊撰。」○《提要》云：「詩歌一百二篇、跋二篇、賦一篇、書二十三篇、祭文二十四篇、序四篇、記五篇。」按：林俊有《見素文集》、《奏疏》、《續集》，《四庫》著録，其提要云：「別有《西征集》凡詩歌二百二篇、跋二篇、賦一篇、書二十二篇、祭文二十四篇、序四篇、記五篇。」詩、書篇數均有出入，詩數差百篇，必有一誤。

半江集十五卷　明趙寬撰　四九七八

兩淮馬裕家藏本（總目）。○《浙江省第四次汪汝瑮家呈送書目》：「《半江集》十六卷，明趙寬著，四本。」○《浙江省第十一次呈送書目》：「《趙半江集》十五卷，明趙寬著，六本。」○《浙江採集遺書總録》：「《半江集》十六卷《附録》一卷，明按察使吴江趙寬撰。」又「《趙半江集》十五卷，刊本，明按察使吴江趙寬撰。」〇遼寧省圖書館藏明嘉靖四十年趙綸刻本，作《半江趙先生文集》十五卷《附録》一卷。半葉九行，行十七字，白口，左右雙邊。前有正德十年乙亥王守仁序，正德十一年費宏序，嘉靖四十年沈啓《重刻半江趙先生集序》，嘉靖四十年辛酉徐師曾《重刻半江趙先生集序》。末有正德十四年王弘後序。徐序云：「先生詩文號《半江集》，太學生王君思誠既刻以傳，而仲子通判韶州綸又收其遺文，得百餘篇，各以彙附而重刻之。」沈序云：「兹先生仲子韶郡别駕綸，以舊板湮滅，將復梓之。」是仲子趙綸通判韶州時所刊。鈐「秦時昌印」等印。《存目叢書》據以影印。南圖藏一帙有清丁丙跋。北圖、上圖、川圖、日本内閣文庫亦有是刻。〇清康熙六十年刻本，書名卷數及行款同上。北大、中國社科院文學所、上圖、復旦、中共中央黨校藏。〇《半江趙先生文集》十二卷，明正德十年刻本。半葉十行，行二十字，白口，四周單邊。上海圖書館藏。即太學生王思誠刻本也。遼圖藏嘉靖本載其正德十年王守仁序云：「先生既没，同邑之士有王氏兄弟者，求先生之遺文於子禧而刻之。」又正德十一年二月費宏叙云：「問其遺稿，禧乃出示此編，凡詩六卷，文如之，蓋校於鄉彦文君壁，而同邑太學生王君明所爲鋟梓者也。」然則王思誠名明，字思誠。

柴墟齋集十五卷　明儲巏撰　　四九七九

兩江總督採進本(總目)。〇《兩江第一次書目》：「《儲文懿柴墟集》，明儲巏著，四本。」〇《浙江省第四次孫仰曾家呈送書目》：「《柴墟集》十五卷，明儲巏著，五本。」〇《浙江省第四次汪汝瑮家呈送書目》：「《儲文懿公集》十五卷，明儲巏著，四本。」○《浙江採集遺書總録》：「《儲文懿公集》十五卷，刊本，明吏部侍郎泰州儲巏撰。以別號柴墟，故一名《柴墟集》。」○山東大學藏明嘉靖四年刻本，作《柴墟文集》十五卷，半葉十二行，行二十一字，白口，四周單邊。前有嘉靖四年乙酉十一月邵寶序云：「南京吏部左侍郎柴墟先生儲公，既卒之十有三年，其從子台州貳守平甫，以公集若干卷刻于沔陽郡齋者，謁予二泉山中，請爲之序。」知係嘉靖四年儲平甫沔陽郡齋刻本。鈐「張昭潛印」、「次陶」、「渠丘曹愚盦氏藏書」等印。《存目叢書》據以影印。日本内閣文庫有是刻。泰州圖書館有是刻殘本。中科院圖有是刻藍印本。原北平圖書館有是刻天啟三年修補本，王重民《善本提要》著録，云有天啟三年儲元基跋。現存臺北「故宮」。○臺灣「中央圖書館」藏明萬曆四十二年儲燿刻本，作《柴墟文集》十五卷卷首一卷。題「曾孫燿文振甫率男埴、均校梓」。半葉十二行，行二十一字，白口，四周單邊。前有嘉靖四年乙酉邵寶序，儲昌祚序。末有萬曆四十二年甲寅儲燿刻書序。邵序版心有刻工：南昌郭廷鳳刻。鈐「蕉林藏書」、「蒼巖子」、「觀其大略」、「吴興劉氏嘉業堂藏書記」等印（參該館《善本書志初稿》）。北圖、上圖、湖南圖、川圖亦有是刻。○民國十二年排印本，作《柴墟文集》十五卷附録一卷。《海陵叢刻》之一。○按：傳本均作《柴墟文集》，進呈目亦均無「齋」字，儲巏號柴墟，則《總目》作《柴墟齋集》未確。

虚齋先生遺集十卷　明祝萃撰　　**四九八〇**

編修祝德麟家藏本（總目）。○《浙江省第六次呈送書目》：「《虚齋遺集》十卷，明祝萃著，二本。」

○《浙江採集遺書總録》：「《虚齋遺集》十卷，刊本，明陝西提學副使海寧祝萃撰。」○《安徽省呈送書目》：「《虚齋遺集》四本。」○民國間海寧張氏鐵如意館藏鈔本，僅卷一至卷五壹册，詩及詩餘五卷全闕(見《浙江文獻展覽會專號》)。

四九八一　蔡文莊集八卷　明蔡清撰

浙江巡撫採進本(總目)。○《浙江省第十一次呈送書目》：「《蔡文莊公集》八卷，明蔡清著，六本。」○《浙江採集遺書總録》：「《蔡文莊公集》八卷，刊本，明祭酒晉江蔡清撰。」○武漢大學藏清乾隆七年遜敏齋刻本，作《蔡文莊公集》八卷附《艾菴密箴》一卷《太極圖説》一卷《河洛私見》一卷。前正文首葉題「宗裔廷魁經五校梓，山人徐居敬重編校」。半葉十行，行二十字，白口，左右雙邊。前有正德十六年辛巳林俊序，乾隆十年吴日炎序，乾隆七年蔡廷魁序，乾隆七年雷鋐序。又蘇濬《密箴》、《性理要解》二序。又像、贊。吴序云：「舊板已逾百年，苦其漶漫，行者未廣，比部蔡君起而新之。」封面刻「泉郡大寺後家廟正派後裔藏板」。附録三書均有封面，均刻「遜敏齋藏板」。細審字體，「泉郡……後裔」十一字係挖補，其餘爲原刻。《存目叢書》據以影印。中科院圖、厦門市圖、莆田縣圖亦有是刻。東北師大有是刻光緒二十三年修補本全六册，泮宫本祠藏板。按：附録三書即儒家類《存目》之《虚齋三書》。○蔡集先有《虚齋先生集》五卷，正德十六年葛志貞刻本，半葉十行，行二十五字，黑口，四周雙邊。北圖、上圖藏。又葛志貞刻遞修本，北圖、津圖、南圖、重慶市圖藏。《四庫》著録，作《虚齋集》五卷。

雪洲文集十四卷　明黄瓚撰　**四九八二**

浙江巡撫採進本(總目)。○《浙江省第十二次呈送書目》:「《雪洲文集》十四卷,明黄瓚著,二本。」○《浙江採集遺書總録》:「《雪洲集》十四卷,刊本,明侍郎徽郡黄瓚撰。」○北京大學藏明嘉靖九年黄長壽刻本,作《雪洲集》十二卷《續集》二卷。題「徽郡望雲黄長壽刻梓,男襄編次」。半葉十一行,行十八字,白口,左右雙邊。前有嘉靖七年戊子方鵬序,八年己丑唐龍序,九年庚寅二月吕柟序,五年丙戌倫以訓序。末有嘉靖八年己丑孫繼魯後序,九年庚寅八月門人丘九仞後叙。吕序云:「先生之子户部襄將刻其詩於梓,謂予嘗學詩,問序焉。」卷内鈐「宛平王氏家藏」、「慕齋鑒定」、「退耕堂藏書記」等印記。《存目叢書》據以影印。上圖、臺灣「中央圖書館」、臺大亦有是刻。原北平圖書館藏一帙,現存臺北「故宫」,王重民《善本提要》著録。清華有黄長壽刻黄家達重修本,增附録一卷。

雨村集四卷　明周東撰　**四九八三**

直隸總督採進本(總目)。○《直隸省呈送書目》:「《雨村集》一本。」

松籌堂集十二卷　明楊循吉撰　**四九八四**

兩淮鹽政採進本(總目)。○《兩淮鹽政李續呈送書目》:「《松籌堂集》十二卷,楊循吉,四本。」○上海圖書館藏明萬曆元年顧氏芸閣活字印本,題「吴郡楊循吉著,上海顧從德校」。半葉十一行,行二十四字,白口,左右單邊。版心下印「顧氏芸閣」。前有萬曆元年顧從德序。鈐「毛氏收藏子孫永保」、「汪士鐘印」等印（參沈津《書城挹翠録》）。○北京圖書館藏清金氏文瑞樓鈔本，題「吴郡楊循吉著，上海顧從德校」。半葉十一行，行二十二字，白口，左右雙邊。版心下印「文瑞樓」。前有萬曆元年顧從德序。蓋即從萬曆元年顧氏芸閣活字本出。鈐「文瑞樓主人」、「此中有真意」、「文瑞樓」、「金星軺藏書記」、「結社溪山」、「家在黄山白岡之間」、「吴興劉氏嘉業堂藏書印」等印記。卷端有某氏迻録朱彝尊評語。《存目叢書》據以影印。○北京圖書館藏清宋賓王鈔本，宋賓王校，近人鄧邦述跋。半葉十行，行二十字，無格。○北京圖書館藏清鈔本，作《南峯楊先生松籌堂文集》十二卷。半葉九行，行十九字，開化紙精寫。計賦詩二卷、文九卷、樂府一卷。有萬曆元年顧從德序，黄省曾《松籌堂樂府序》。鈐「果親王府圖書記」、「自得居士」二印（參趙萬里《北平圖書館善本書志》）。

都下贈僧詩一卷　明楊循吉撰　四九八五

浙江汪汝瑮家藏本（總目）。○《浙江省第四次汪汝瑮家呈送書目》：「《南峯逸稿》二十二卷，明楊循吉著，三本。」○《浙江採集遺書總録》：「《南峯逸稿》二十二卷，刊本，明主事吴縣楊循吉撰。」子目有《都下贈僧詩》一卷、《菊花百詠》一卷、《齋中拙詠》一卷、《燈窗末藝》一卷、《攢眉集》一卷等。○北京圖書館藏明萬曆三十七年徐景鳳刻《合刻楊南峰先生全集》十種二十二卷，與汪汝瑮進呈《南峯逸稿》二十二卷内容同，當即同書。其子目有《都下贈僧詩》一卷、《菊花百詠》一卷、《齋中拙詠》一卷、《燈窓末藝》一卷、《攢眉集》一卷等。半葉九行，行十八字，白口，四周單邊。美國國會圖書館亦藏是刻，王重民《善本提要》著録，詳列子目。余與輯《存目叢書》，初未檢得此本，故以鈔本影印。〇臺灣「中央圖書館」藏明鈔《松籌堂遺集》五種五卷二册，子目：《都下贈僧詩》一卷、《菊花百詠》一卷、《燈窗末藝》一卷、《攢眉集》一卷、《廬陽客記》一卷。題「吴郡楊循吉著，姪可梓行」。半葉十行，行十八字，無格。鈐「毛晉」、「汲古閣」、「毛氏子晉」、「江鶴亭」、「江鶴亭曾觀」、「新安江」、「江氏隨月讀書樓藏書記」、「侣研齋」等印記(參該館《善本書志初稿》)。一九七〇年臺灣文海出版社《明人文集叢刊》第一期據以影印。《存目叢書》取其《都下贈僧詩》、《燈窻末藝》、《攢眉集》影印。

菊花百詠一卷　明楊循吉撰　四九八六

浙江汪汝瑮家藏本(總目)。〇中國社科院文學所藏清鈔本，題「楊循吉著」。半葉九行，行十六字，無格。行書。鈐「姜輅之印」等印記。《存目叢書》據以影印。〇進呈本及其餘傳本見前《都下贈僧詩》條。

齋中拙詠一卷　明楊循吉撰　四九八七

浙江汪汝瑮家藏本(總目)。〇《提要》云：「徐景鳳彙刻循吉所著爲《南峯逸稿》，此其一種也。」〇進呈本及傳本參前《都下贈僧詩》條。

燈窗末藝一卷攢眉集一卷　明楊循吉撰　四九八八

浙江汪汝瑮家藏本(總目)。〇《提要》云：「徐景鳳亦嘗刻入《南峯逸稿》中。」〇進呈本及傳本見前《都下贈僧詩》條。

四九八九

東所文集十三卷　明張詡撰

浙江汪啟淑家藏本(總目)。○《浙江省第四次汪啟淑家呈送書目》：「《東所文集》十三卷，明張詡著，四本。」○天津圖書館藏明嘉靖三十年張希舉刻本，作《東所先生文集》十三卷。題「番禺張詡著」。半葉十一行，行二十二字，白口，四周單邊。前有嘉靖三十年辛亥九月黃佐序云：「《東所張先生文集》十有三卷，乃代巡友山蕭公畀學憲來溪張公校定梓行於世者也。」又南昌張希舉《刻東所先生文集序》。鈐「若愚所藏善本」、「悔盦長物」等印。《存目叢書》據以影印。北圖亦有是刻。

○《藏園訂補郘亭書目》著録清傳鈔明嘉靖刻本。

四九九〇

南海雜詠十卷　明張詡撰

浙江汪汝瑮家藏本(總目)。○《浙江省第四次汪汝瑮家呈送書目》：「《南海雜詠》十卷，明張詡著，四本。」○廣東中山圖書館藏明弘治十八年袁賔刻本，題「郡人張詡廷實著」。半葉九行，行十八字，黑口，四周雙邊。前有成化十三年丁酉自序，自序後有自識，僅存前半葉。後有成化十五年己亥廣東左布政□□□題後，弘治十八年乙丑馮夔跋，弘治十八年林有年跋。又弘治乙丑袁賔跋云：「過羊城，拜求覽焉。先生不外，出以示之。因請歸録，爰捐俸刻之梓。」鈐「徐信符藏」印。書衣題識：「南海雜詠，張詡著，明弘治刻，南州書樓藏。」書凡二册。《存目叢書》據以影印。

四九九一

李大厓集二十卷附録一卷　明李承箕撰

浙江孫仰曾家藏本(總目)。○《浙江省第四次孫仰曾家呈送書目》：「《李大崖集》二十卷，明李承箕著，四本。」○《浙江採集遺書總録》：「《大崖李先生集》二十卷，刊本，明舉人嘉魚李承箕撰。」○《湖北巡撫呈送第三次書目》：「《大崖集》四本。」○湖北省圖書館藏明正德五年吴廷舉刻本，作《大崖李先生詩集》十二卷《文集》八卷《附録》一卷。題「嘉魚李承箕世卿」。半葉十二行，行二十二字，白口，四周雙邊。前有正德四年乙巳七月既望唐錦序云：「僉憲吴君獻臣時爲順德長……獻臣啞然而咲曰：子殆世卿之知己也，吾方梓其文，請以子之言併刻之。」又吴廷舉序云：「方圖鋟梓於廣東工將具，予以事去，忽五年，來官西省。先生之弟立卿亦官洪郡，相與校正，付之梓人。」卷一至卷十二詩集，卷十三至卷二十文集。鈐「檇李蔣石林藏書畫印記」、「蔣氏家藏」、「金元功藏書記」、「徐恕讀過」、「小招隱館」、「曾歸徐氏彊誃」、「禮培私印」、「埽塵齋積書記」等印。《存目叢書》據以影印。日本内閣文庫有是刻。南圖亦有是刻，有闕葉，丁氏八千卷樓故物，《善本書室藏書志》著録。○上海圖書館藏清鈔本，作《大崖先生集》二十卷《附録》一卷，半葉十行，行二十二字，無格。○《藏園群書經眼録》著録潘氏滂喜齋藏明鈔本一部，清鈔本一部。卷數均有出入。頗疑傅氏筆誤。

費文憲集選要七卷　明費宏撰　四九九二

兩江總督採進本（總目）。○《兩江第一次書目》：「《費文憲摘稿》，明費宏著，十二本。」○《兩淮商人馬裕家呈送書目》：「《文憲集》七卷，明費宏，二本。」○《浙江省第六次呈送書目》：「《費文憲公集》七卷，明費宏著，四本。」○《浙江採集遺書總録》：「《費文憲公集》七卷，刊本，明大學士鉛山費宏撰。此集一名《鵝湖稿》。」○按：兩江所呈《費文憲摘稿》十二本，當即《提要》所云《鵝湖摘稿》二十卷，非《存目》所載徐階、劉同升所選《選要》七卷也。《存目》所據乃兩淮馬裕或浙江呈本。撰《提要》語意，館臣似未見《摘稿》十二本，而《總目》所注「兩江總督採進本」亦與進呈目未合，恐有誤。○北京大學藏明崇禎刻清印《費文憲公文通公合集本》，作《明太保費文憲公文集選要》七卷，題「華亭徐階、吉水劉同升閲選」。半葉八行，行十八字，白口，四周單邊。有嘉靖乙卯徐階序。鈐「退耕堂藏書記」等印。《存目叢書》據以影印。南開、中山大學、臺灣「中央圖書館」等亦有是刻。臺灣「中央圖書館」《善本書志初稿》著録爲「明末鉛山費氏家刊本」，云封面中間大字刻「二文公文集」，右上方刻「明費文憲公、文通公著」，左下方刻「甲秀園藏板」。卷内鈐「吴興劉氏嘉業堂藏書記」等印。由此可知《中國古籍善本書目》所載明甲秀園刻《二文公文集》亦即同版。○《太保費文憲公摘稿》二十卷，明費宏撰，明嘉靖三十四年江西巡按吴遵之刻本。半葉十行，行二十字，白口，四周單邊。中科院圖、故宫、上圖、南圖等藏。○《明太保費文憲公詩集》十五卷六册，明嘉靖間鉛山知縣黄中刻本。原北平圖書館藏書，現存臺北「故宫」。王重民《善本提要》著録。

湘皋集三十三卷　明蔣冕撰　四九九三

浙江孫仰曾家藏本(總目)。○《浙江省第四次孫仰曾家呈送書目》：「《湘皋集》三十二卷，明蔣冕著，八本。」○《浙江採集遺書總録》：「《湘皋集》二十二卷，刊本，明大學士全州蔣冕撰。」○上海圖書館藏明嘉靖三十三年王宗沐刻本，題「洮陽蔣冕敬之著，臨桂後學殷從儉輯」。半葉十行，行二十

字，白口，四周單邊。前有嘉靖九年庚寅黃佐序，三十四年乙卯二月既望臨桂殷從儉呂調陽序，三十三年

陳邦偁序，三十三年廣西按察司提督學校僉事臨海王宗沐序。後有臨桂殷從儉跋。王序云：「於

是始採落搜匿，盡得其遺稿，名《湘皋集》，合而致於武部郎殷君，則悉爲删次，釐爲三十三卷，刻

焉。」陳序云：「臨桂殷君删次類分，刻以行遠。」殷跋云：「頃在告歸，以語督學王公新甫，力爲搜

採，始盡得其稿，因屬編次刻之。」呂序云：「刻之者督學僉憲王公、司馬郎殷君。」則是本爲嘉靖三

十三年王宗沐、殷從儉刻於廣西者。《存目叢書》據以影印。臺灣「中央圖書館」亦有是刻。按：

《提要》云：「《明史》本傳，冕字作敬之。然編首王宗沐、黃佐、陳邦偁、呂調陽四序俱稱敬所，同時之

人不應有誤，疑《明史》乃刊本之訛。」今檢嘉靖本，卷端明標「洮陽蔣冕敬之著」，知敬之亦不誤。蓋

本字敬之，一作敬所，兩不誤也。又黃佐序但稱「湘源蔣公」，未稱敬所，《提要》所云未確。○日本

東京尊經閣藏明萬曆四十七年玄孫嗣昌重刻本。○清嘉慶二十一年一園刻本，作《重刻蔣文定公

湘皋集》四十卷，清俞廷舉重編。北大、上圖、南大、東北師大藏。

四九九四

别本熊峰集四卷　明石珤撰

浙江汪汝瑮家藏本（總目）。○《浙江省第四次汪汝瑮家呈送書目》：「《熊峯先生集》四卷，明石珤

著」二本。」○《浙江採集遺書總錄》：「《熊峯先生集》四卷，刊本，明大學士藁城石珤撰，曲周令皇

甫汸删定。此集一名《恒陽集》。」○明刻本，作《熊峯先生文集》四卷。半葉九行，行十五字，細黑

口，左右雙邊。北圖、上圖藏。○南京圖書館藏清鈔本，作《熊峯先生文集》四卷。○中共中央黨校

藏舊鈔本,作《熊峯先生文集》二卷一册。〇北京圖書館分館藏清鈔本,同上。〇臺灣「中央圖書館」藏明見君子閣藍格鈔本,作《恒陽集》三卷三册。題「藁城石瑶著,常山梁維樞定」。半葉八行,行十八字。版心上方印「見君子閣」。〇《熊峯先生詩集》七卷《文集》三卷,清康熙九年孫光燾刻本,《四庫》已著録,作《熊峯集》十卷,卷五、卷六、卷十爲文,餘爲詩。中科院圖書館有是刻《四庫》底本。半葉九行,行二十字,白口,四周單邊。上圖、山東圖、大連圖亦有是刻。

堇山集十五卷　明李堂撰　四九九五

浙江孫仰曾家藏本(總目)。〇《浙江省第四次孫仰曾家呈送書目》:「《堇山文集》十五卷,明李堂著,四本。」〇《浙江採集遺書總録》:「《堇山遺稿》十五卷,刊本,明工部左侍郎鄞縣李堂撰。」〇《兩淮鹽政李呈送書目》:「《堇山集》十五卷,明李堂,四本。」〇北京大學藏明嘉靖刻本,作《堇山文集》十五卷《附録》一卷。卷一題「嵩渚李先生硃點,甬川張先生黄點」。半葉十行,行十九字,黑口,四周雙邊。目録前有附録六葉。卷一至卷六爲詩、賦,卷六末附詩餘二十四首,卷七以下文。書後有行狀、墓誌銘。《存目叢書》據以影印。原北平圖書館亦有是刻,王重民《善本提要》著録,謂前有嘉靖二年張邦奇跋,附録六葉在目録後。北大本佚去張跋,故僅定爲明刻本。北平本現存臺北「故宫」。臺灣「中央圖書館」亦有是刻一部,嘉業堂故物,亦無張邦奇跋,故《嘉業堂藏書志》董康提要定爲「弘正間刊」。〇北京圖書館藏明鈔本,書名卷數同前本,半葉十行,行十九字,藍格白口,四周雙邊。

西軒效唐集録十二卷　明丁養浩撰　四九九六

浙江孫仰曾家藏本（總目）。〇《浙江省第四次孫仰曾家呈送書目》：「《西軒效堂集》十二卷，明丁養浩著，五本。」〇《浙江採集遺書總録》：「《西軒效唐集》十二卷，刊本，明雲南布政使仁和丁養浩撰。」〇臺灣「中央圖書館」藏明嘉靖八年刻本，作《西軒效唐集録》十二卷，半葉十行，行二十字，白口，左右雙邊。前有弘治十四年辛酉十一月奉勅提督學校福建按察司副使安成劉丙序，嘉靖五年丙戌自序。又嘉靖八年己丑夏孟山陰白峰朱秀後序云：「西軒先生卒之明年，己丑之歲，其孤之喬以其父平昔所著詩並雜録遺文手稿凡若干卷，檢攝成帙，恐久而漫漶散逸，乃延秀爲之彙類編選。既成，名之曰《西軒效唐集録》，將圖鋟梓以傳。」蓋嘉靖八年其子丁之喬付梓者。鈐「松陵史蓉莊藏」、「景鄭眼福」等印（參該館《善本書志初稿》、《善本序跋集録》）。遼圖、南圖、日本内閣文庫亦有是刻。南圖本三册，鈐「金星軺藏書記」等印，丁丙舊藏，佚去嘉靖兩序，僅存劉丙序。《善本書室藏書志》誤定爲「正統刊本」。〇清光緒二十一年錢塘丁氏嘉惠堂刻本，《武林往哲遺箸》之一。增《補遺》一卷，收七律二首。有牌記：「光緒乙未仲夏之月錢唐丁氏刊於四明。」《存目叢書》據吉林圖書館藏本影印。

鼇峰類稿二十六卷　明毛紀撰　四九九七

浙江巡撫採進本（總目）。〇《浙江省第十二次呈送書目》：「《鰲峯類稿》二十六卷，明毛紀著，四本。」〇《浙江採集遺書總録》：「《鼇峯類稿》二十六卷，刊本，明大學士萊州毛紀撰。」〇《山東巡撫第二次呈進書目》：「《鰲峯類稿》六本。」〇北京圖書館藏明嘉靖刻本，半葉十行，行十九字，白口，左右雙邊。前有嘉靖二十年辛丑李廷相序，二十一年壬寅徐縉序。《存目叢書》據以影印。北大、上圖、山東省圖等亦有是刻。

四九九八　赤城集二十三卷　明夏鍭撰

兩淮馬裕家藏本（總目）。〇北京大學藏明嘉靖二十一年王廷幹刻本，作《赤城夏先生集》七卷《補遺》一卷，公文紙印。題「涇縣王廷幹集」。半葉十行，行十八字，白口，左右雙邊。卷七末有「姑蘇陸榮、馬龍、馬思同刻」一行。前有嘉靖二十一載七月寧國巖譚山王廷幹序，嘉靖二十一年天台知縣新城黄儀後序。鈐「蒼巖山人書屋記」等印，梁清標故物，展轉歸李盛鐸，《木犀軒藏書書録》著録。上圖、日本内閣文庫亦有是刻。原北平圖書館藏一部，現存臺北「故宫」，王重民《善本提要》著録。〇雲南大學藏明嘉靖四十四年王叔杲刻本，作《赤城夏先生集》二十三卷，半葉十行，行二十字，白口，左右雙邊。《藏園群書經眼録》著録民國十四年乙丑於翰文齋見明刊本一部，書名卷數同，題「南京大理左評事天台夏鍭樹德著，南京刑部尚書同郡趙大佑校」。有嘉靖四十四年乙丑仲春趙大佑序。當即同版。〇天津圖書館藏清乾隆三十七年映南軒活字印本，作《明夏赤城先生文集》二十三卷。題「同郡趙方厓先生原定，嗣孫名賢重梓」。半葉十行，行二十字，白口，四周單邊。版心下有「映南軒」三字。前有乾隆三十七年徐傳瑗《重刻夏赤城先生文集序》，嘉靖四十四年乙丑趙大佑序。末有嘉靖四十四年乙丑王叔杲跋，嗣孫名賢跋。蓋據嘉靖四十四年刻本排印。徐序稱

「登諸梨棗」、「重梓」，夏名賢跋亦云「壽之梨棗」，皆沿用雕板之語也。《存目叢書》據以影印。

西巡類稿八卷　明吴廷舉撰　**四九九九**

浙江范懋柱家天一閣藏本（總目）。○《浙江省第五次范懋柱家呈送書目》：「《西巡類稿》八卷，明吴廷舉著，四本。」○《浙江採集遺書總録》：「《西巡類稿》八卷，刊本，明南京工部尚書梧州吴廷舉撰。」

月湖集四十八卷　明楊廉撰　**五〇〇〇**

浙江巡撫採進本（總目）。○《浙江省第六次呈送書目》：「《月湖淨稿》十九卷《遺稿》一卷《續稿》二卷《四稿》十卷《五稿》七卷《六稿》七卷，明楊廉著，十二本。」○《浙江採集遺書總録》：「《月峯淨稿》十九卷《遺稿》一卷《續稿》二卷《四稿》十卷《五稿》七卷《六稿》七卷，婺源令羅縉刊本，明南京禮部尚書豐城楊廉撰。」○山東省圖書館藏明刻本，作《楊文恪公集》六十二卷，十二册。目録配清鈔本。半葉十行，行十八字，白口，四周單邊。卷端題「寧海潘穎校正，後學陸時泰、朱冕編集」。鈐「天然圖畫樓收藏典籍記」、「相畫主人藏書印」（見《山東省圖書館藏海源閣書目》）。

程念齋集十卷　明程楷撰　**五〇〇一**

江西巡撫採進本（總目）。○《江西巡撫海第四次呈送書目》：「《念齋集》一套二本。」○美國國會圖書館藏明嘉靖刻本，作《念齋文集》十四卷《附録》一卷。題「翰林院編修樂平程楷正之撰，南京工部主事從姪宗文重校」。半葉十行，行十九字。有嘉靖元年劉綬、汪必東、詹陵三序。文九卷、詩五卷（參王重民《善本提要》）。○按：《提要》云「此本乃其郡人史簡所摘鈔，凡文七卷，詩詞八卷」，是館臣所見江西呈本亦十五卷。《總目》作十卷，當脱「五」字。

東嶠集十五卷　明李承芳撰　**五〇〇二**

湖北巡撫採進本（總目）。○《湖北巡撫呈送第三次書目》：「《東嶠集》五本。」○日本東京内閣文庫藏明嘉靖三年刻本，作《東嵩先生集》十五卷，題「嘉魚李承芳茂卿」。半葉十二行，行二十二字，白口，四周雙邊。有嘉靖三年端陽日少岷曾璵叙云：「後十逾年，愚憂居汶西，聞人談富順新令周君者，治聲籍甚，不知爲公遜也。已乃知爲公遜，數月使者持緘來，曰唯是《東嶠文集》，舊刻于家，未有叙。子知李氏，當叙之。」然則是本乃嘉靖三年以前李氏家刻本，唯嘉靖三年曾璵補作一叙耳。後附王鏊撰《墓表》，楊循吉撰《墓志銘》，弟承箕撰《行狀》。《存目叢書補編》據以影印。

戒菴文集二十卷　明靳貴撰　**五〇〇三**

兩江總督採進本（總目）。○《兩江第二次書目》：「《戒菴文集》，明靳貴著，六本。」○《江蘇省第一次書目》：「《戒菴文集》四本。」○《江蘇採輯遺書目録》：「《戒菴文集》二十卷，文淵閣大學士丹徒靳（貴）著，刊本。」○北京大學藏明嘉靖十九年刻本，半葉十行，行十九字，白口，左右雙邊。後有嘉靖十九年庚子九月望日蔡羽後序，據此序可知係蔡羽選定，靳貴之子懋仁刊刻。鈐「吕雅山家藏圖書」、「金星軺藏書記」、「汪魚亭藏閲書」等印記。《存目叢書》據以影印。原北平圖書館藏一帙，現存臺北「故宫」。民國二十五年南京國學圖書館嘗借以影印，有是年四月柳詒徵跋云：「求之數十年不得，今年北平圖書館遴珍本庋明復圖書館，是集適緣而南，爰丐主者假省館影印，以廣其傳，惜闕葉，末由斠補也。」北京故宫、中科院圖書館亦有是刻。

集古梅花詩四卷　明童琥撰　**五〇〇四**

浙江巡撫採進本（總目）。○明弘治十五年沙璧、楊觀等刻本，作《草窻梅花集句》三卷《紅梅集句》一卷。半葉九行，行字不等，黑口，四周雙邊。北圖藏。南圖藏一部鈔配有《和梅花百詠》二卷，共三册。○浙江圖書館藏明崇禎七年汪載德刻本，作《草窻梅花集句》三卷《附録》一卷。卷一題「蘭谿童琥廷瑞集稿，新安汪載德子厚重鐫」。半葉九行，行二十字，白口，四周單邊。前有崇禎七年甲戌黄顧素《重鐫草窗集句序》，崇禎七年汪載德《重鐫梅花集句詩小引》。末有崇禎七年程道遠跋，孫調元跋。刻印頗精。《存目叢書》據以影印。北圖、吉大亦有是刻。○明崇禎十六年穴硯齋刻本，作《草窻梅花集句》四卷，附洪九疇、程起駿《竹浪亭集補梅花集句》一卷。半葉九行，行二十字，白口，四周單邊。北圖、上圖藏。南圖亦有是刻，清雍正二年徐克範修版。○清施添準半硯齋刻本，作《草窗梅花集句》三卷。半葉九行，行二十字，白口，左右雙邊。上海辭書出版社藏。○中山大學藏清鈔本，作《草窻梅花集句》三卷《紅梅集句》一卷。○北京圖書館藏清竹泉莊鈔本，書名卷數同穴硯齋本。半葉九行，行二十字，黑格，白口，四周單邊。○北京圖書館藏明刻本，作《重訂集古梅花詩》四卷，一册。半葉九行，行字不等，白口，四周單邊。○上海圖書館藏清初刻本，作《重訂集古梅花詩》四卷。半葉九行，行二十字，白口，四周單邊。○琥又有《和梅花百詠詩稿》二卷，明刻本,北圖藏。

白露山人遺稿二卷　明黄傅撰　五〇〇五

浙江巡撫採進本(總目)。〇《浙江省第九次呈送書目》:「《白露山人文集》二卷,明黄傅著,二本。」〇《浙江採集遺書總録》:「《白露山人文集》二卷,刊本,明蘭溪黄傅撰。」

鶴灘集六卷　明錢福撰　五〇〇六

浙江巡撫採進本(總目)。〇《浙江省第六次呈送書目》:「《鶴灘稿》六卷,明錢福著,六本。」〇《浙江採集遺書總録》:「《鶴灘稿》六卷,刊本,明修撰華亭錢福撰。」〇北京圖書館藏明萬曆三十六年沈思梅居刻本,作《錢太史鶴灘稿》六卷《附録》一卷《紀事》一卷《遺事》一卷。題「華亭錢福與謙著」,「城南沈氏及之輯梓」。半葉八行,行十九字,白口,四周單邊。版心刻「沈氏梅居」。前有萬曆三十六年戊申張以誠序云:「沈氏及之,工書善梓,謀傳是集。余嘉其志,不俟其請而爲之序。」又陸慎修序,《紀事》、《遺事》。《鶴灘先生遺事》一卷爲馮時可撰,末署「戊申冬日沈思及之書」。又像、像贊。《存目叢書》據以影印。上海博物館亦有是刻。〇中國社科院文學所藏清鈔本,作《錢鶴灘稿》一卷。半葉九行,行十六字,無格。

勉齋遺稿三卷　明鄭滿撰　五〇〇七

浙江巡撫採進本(總目)。〇《浙江省第十二次呈送書目》:「《勉齋遺稿》三卷,明鄭滿著,一本。」〇《浙江採集遺書總録》:「《勉齋遺稿》三卷,刊本,明知州慈谿鄭滿撰。」〇復旦大學藏清康熙刻本，作《勉齋先生遺稿》三卷，題「明慈谿鄭滿守謙父著，仍孫梁敬輯」。半葉九行，行二十字，大黑口，雙花魚尾，左右雙邊。前有康熙七年戊申七月二十五日鄞萬斯大序。末附碑傳跋文四則。卷内鈐「知不足齋鮑以文藏書」、「王端履字福將號小穀」、「十萬卷樓藏書」、「吴興劉氏嘉業堂藏」等印記。《存目叢書》據以影印。南圖藏是刻有清徐時棟手跋。廬山圖亦有是刻。

毛文簡集二卷　明毛澄撰　**五〇〇八**

江蘇巡撫採進本（總目）。○《江蘇省第一次書目》：「《毛文簡集》二本。」○《江蘇採輯遺書目録》：「《毛文簡公集》二卷，吏部尚書太倉毛澄著，刊本。」○北京圖書館分館藏清刻本，作《毛文簡公遺稿》二卷。○南京圖書館藏清鈔本，作《三江遺稿》二卷。○中國社科院文學所藏鈔本，作《三江遺稿》二卷二册。正文首行題「三江遺稿卷之上」，次行題「太倉毛澄著」。半葉十行，行二十四字，白口，四周單邊。前有嘉靖十二年羅欽順序，李維楨序，萬曆庚寅周夢暘序，本傳，墓志等。後有萬曆庚寅曾孫在跋。又有邵南過録清乾隆戊申馮偉《毛文簡公遺稿題後》，末題「丁丑十月邑後學邵南謹録」。此篇字體與正文不同，疑丁丑爲民國二十六年。卷内不避清諱，無印記，蓋民國間鈔本。《存目叢書》據以影印。

何燕泉詩四卷　明何孟春撰　**五〇〇九**

兩淮馬裕家藏本（總目）。○《兩淮商人馬裕家呈送書目》：「《燕泉集》四卷，明何孟春，二本。」○《兩江第二次書目》：「《何燕泉集》，明何孟春著，二本。」○北京圖書館藏明嘉靖四十五年蔣文化刻本，作《何燕泉詩集》四卷。題「郴陽燕泉何孟春著，同郡後學周南、全湘後學蔣文化輯」。半葉九行，行十九字，白口，四周單邊。前有隆慶元年丁卯孟春朔劉穩序云：「臺山蔣公……遂輯集中所載古選、近體詩四卷，捐俸屬先生子婿國子生喻子晟刻之。」末有嘉靖四十五年丙寅十二月既望蔣以化跋。正文末署：「同郡後學舉人喻景、同郡後學舉人曾選、子婿國子生喻晟校刊。」蓋嘉靖四十五年冬付梓，隆慶元年春刊成也。鈐「檇李蔣石林藏書畫印記」等印。《存目叢書》據以影印。南圖藏是刻一部二册，鈐「汪魚亭藏閲書」等印記，丁丙《善本書室藏書志》著録。○《何文簡公文集》八卷，明何孟春撰，明萬曆二年郭崇嗣、邵城刻本，保定圖書館藏。北師大有殘本。又萬曆十五年湯日昭重修本，北大、南圖、重慶圖、祁縣圖、臺灣「中央圖書館」藏。臺灣「中央圖書館」《善本書志初稿》云：半葉十一行，行二十二字，白口，四周單邊。版心下有刻工：陳憲、徐行等。前有萬曆二年趙賢序，萬曆三年陳思育序。次列撰校人：「吏部左侍郎謚文簡郴陽何孟春著，分守上湖南道右參議肥鄉郭崇嗣編次，永州府同知鄞縣邵城校刊。」書末有郭崇嗣後序，萬曆十五年丁亥湯日昭補刻題詞。○《燕泉何先生遺稿》十卷，明何孟春撰，清何達廷輯，清乾隆二十四年八世孫泰吉世讀軒刻本，北圖、東北師大、上圖、日本内閣文庫藏。又光緒六年湖南鄧氏補刻乾隆本，川圖、浙大、福師大藏。

吴文端集四十卷　明吴一鵬撰　五〇一〇

安徽巡撫採進本(總目)。○《安徽省呈送書目》：「《吴文端集》六本。」

姚東泉文集八卷　明姚鏌撰　**五〇一一**

兩淮鹽政採進本（總目）。〇《兩淮鹽政李續呈送書目》：「《東泉集》八卷，明姚鏌，八本。」〇南京圖書館藏明嘉靖刻清修本，作《東泉文集》八卷。半葉十行，行二十字，白口，左右雙邊。前有嘉靖二十六年丁未門人張岳叙。鈐「丁氏八千卷樓藏書記」、「四庫坿存」等印。《存目叢書》據以影印。臺灣「中央圖書館」藏是刻，除卷首兵部侍郎兼都察院左僉都御史奉勅提督兩廣軍務兼理巡撫門人張岳叙之外，卷尾又有嘉靖二十四年乙巳青華山人子夫王鎔後序，嘉靖丁未桂林馮承芳後叙，梧州府同知慈谿鄭尚經後跋。鈐「吴興劉氏嘉業堂藏書記」等印。張岳叙云：「乃屬公壻吾同年湖廣憲副王君時化，收拾彙次，越六年丙午，寄至蒼梧。又閲督府故牘，得其總制時奏疏文移數篇，合爲巨帙，請户部郎桂山馮君世立讐校。」馮承芳叙云：「（大司馬淨峰翁）不遠數千里遣使即其家，求所藏稿，命芳校正彙次，……授梧郡署篆鄭副守宗道，儆工鋟梓以傳，閲三月告成。」鄭尚經跋亦云：「大司馬淨峰翁……命尚經鋟梓以傳。」知是本爲張岳命王鎔收集，更經張岳增補，交馮承芳編校爲《東泉文集》八卷，授梧州府同知鄭尚經刊行。嘉靖二十六年三月刊成。南圖本佚去各跋，故不知刊刻年月及刊刻人與刊刻地。

靜芳亭摘稿八卷　明陳洪謨撰　**五〇一二**

浙江孫仰曾家藏本（總目）。〇《浙江省第四次孫仰曾家呈送書目》：「《高吾摘稿》八卷，明陳宏謨著，三本。」〇《浙江採集遺書總録》：「《高吾摘稿》八卷，刊本，明兵部侍郎武陵陳洪謨撰。」〇臺灣

「中央圖書館」藏明嘉靖刻本八卷三册,正文首行題「高吾靜芳亭摘稿卷之一」,下題「詩集」。半葉九行,行十八字,白口,四周雙邊。前有吴興顧應祥《高吾靜芳亭摘稿序》,都察院左都御史督撫江閩湖嶺地方蘇熟虞山陳察原《題高吾先生詩集》,劍江高宇《高吾先生詩稿跋》。鈐「陽湖陶氏涉園所有書籍之記」等印。○臺灣「中央圖書館」又藏《高吾詩稿》十卷六册,明嘉靖十三年聶瓉常德刻本。半葉十行,行二十字,白口,四周雙邊。有顧應祥序,與前書序略同。卷末有嘉靖十三年甲午南京刑部廣東司主事前常德府推官門生劍江高宇跋,與前書跋文同。此本收詩較前本約多一倍。鈐「蒼巖山人書屋記」、「吴興劉氏嘉業堂藏書印」等印記(參該館《善本書志初稿》)。

矩洲集十卷附欞亭集一卷　明黄衷撰　附黄𦕅撰　五〇一三

浙江汪汝瑮家藏本(總目)。○《浙江省第四次汪汝瑮家呈送書目》:「《矩洲詩集》十卷附《欞亭集》一卷,明黄衷著,附黄𦕅著。」○《浙江採集遺書總録》:「《矩州詩集》十卷附《欞亭集》一卷,刊本,明兵部右侍郎南海黄衷撰,弟𦕅撰附。」○上海圖書館藏明嘉靖刻本,作《矩洲詩集》十卷附《欞亭集》一卷。題「南海黄衷」。半葉十行,行二十字。卷九卷十及《欞亭集》半葉十行,行十八字。白口,四周雙邊。前有嘉靖二十年辛丑王漸逵序云:「凡得古選百,律六百二十而奇,排律廿有八,五七言絶句六言百九十六,裒爲四册,將梓以傳。」又嘉靖十六年丁酉族子學準序,嘉靖二十一年鍾芳序,徐九皋序。《存目叢書》據以影印。臺灣「故宫博物院」亦有是刻全六册。臺灣「中央圖書館」藏一部,存卷一至卷八。鈐「博古齋收藏善本書籍」、「柳蓉邨經眼印」、「吴興劉氏嘉業堂藏書記」等印。《嘉業堂藏書志》著録。臺灣「中央圖書館」又藏一部僅存卷九《草堂續稿》一册。北京圖書館藏一部，僅存卷十及《樗亭集》一卷共一册。以上三殘本當係一全帙分開者。

仁峰文集二十四卷外集一卷　明汪循撰　五〇一四

安徽巡撫採進本（總目）。〇《安徽省呈送書目》：「《仁峰文集》八本。」〇《提要》云：「題嘉靖辛卯書林劉氏刊行。其子戩跋，謂先刻其强半。蓋非全稿，刻本亦頗多脱佚，失於校正云。」〇中國社科院文學所藏清康熙三十二年汪三省刻四十三年印本，作《汪仁峰先生文集》二十九卷《外集》四卷。目録題「六世嫡孫熹編輯，七世嫡孫三省訂正，八世嫡孫錦雯、鍾霖、嵩齡、望齡同校梓」。正文卷端題「六世嫡孫熹重校梓」。半葉十行，行二十一字，白口，四周雙邊。版心刻「弘毅堂」。前有康熙三十二年十一月施璜《重刻汪仁峰先生文集序》云：「今七世孫諱三省者，復承父志，重刻於六安學署。」又嘉靖三十五年周怡序。後有康熙三十五年丙子七世從孫璲《重刻仁峰文集後序》云：「先生七世孫三省字師曾重鋟。」據目録，卷二十四無内容。今缺此卷，疑當時未刻。卷内鈐「王氏子信珍藏」、「張壽鏞印」、「詠霓」、「四明張氏約園藏書」等印記。《存目叢書》據以影印。

渼陂集十六卷續集三卷　明王九思撰　五〇一五

陝西巡撫採進本（總目）。〇《陝西省呈送書目》：「《渼陂集》、《渼陂續集》。」〇《安徽省呈送書目》：「《渼陂集》八本。」〇《浙江省第四次汪啟淑家呈送書目》：「《渼陂集》十六卷，明王九思著。《渼陂續集》三卷，明王九思著。共十一本。」〇《浙江採集遺書總録》：「《渼陂集》十六卷《續集》三卷，刊本，明吏部郎中鄠縣王九思撰。」○清華大學藏明嘉靖十二年王獻等刻二十四年翁萬達續刻崇禎十三年張宗孟修版彙印《重刻渼坡王太史先生全集》本，半葉十行，行二十一字，白口，四周單邊。《渼陂集》十六卷，前有嘉靖十一年康海序。又嘉靖十二年王獻跋云：「壬辰之歲，按使西晉，時分巡上谷，張子濂見之，深用賞焉。爰謀葛守覃命工梓刻之河左。」又嘉靖十年自序。又崇禎十三年張宗孟《重刻渼陂王大史先生全集序》云：「歲久板本磨滅，簡編脱逸，觀者苦之。遂命門人王子等彙輯參訂，滙爲全帙，捐俸翻刻，兩月告竣。」按：張宗孟實就原版修補彙印，補刻之版字體迥異，一望可知，「捐俸翻刻」云云，非其實也。明末人多此伎倆。《續集》前有嘉靖二十四年張治道序云：「渼陂先生舊集十六卷，監察御史王君惟臣刻之山西，固已海内人人傳矣。其《續集》三卷，今撫臺東厓翁公又刻之鄠邑，將同前刻並傳焉。刻成，命余爲序。」又嘉靖二十五年翁萬達序。《存目叢書》據以影印。首都圖、中科院圖、陝師大等亦有是刻。北大、上圖、祁縣圖、吉林省圖、重慶圖有《渼陂集》十六卷嘉靖十二年刻單印本。北大、重慶圖、陝西圖有《渼陂續集》三卷嘉靖二十四年刻單印本。○四川省圖藏清翻明嘉靖本光緒陝西補刻本《美陂續集》三卷三册。

南川稿十二卷　明陶諧撰　五〇一六

浙江汪汝瑮家藏本（總目）。○《浙江省第四次汪汝瑮家呈送書目》：「《南川稿》十二卷，明陶諧著，三本。」○《浙江採集遺書總録》：「《南川稿》十二卷，刊本，明兵部侍郎會稽陶諧撰。此集一名《南川漫遊稿》。」○華東師大藏明嘉靖十二年刻本，作《南川漫遊稿》十卷，凡《西行稿》、《北上稿》、

《洪都稿》、《中州稿》、《再北上稿》、《題贈稿》、《行臺稿》、《草堂續稿》、《北遊稿》、《歸閑稿》各一卷。半葉九行，行十八字，白口，四周雙邊。前有嘉靖十二年舒栢《南川漫遊稿序》云：「時栢叨領院事，爲諸生請它作，得是稿而鋟諸梓。」序末署「書於嶺表書院之春風沂水臺」。知係嘉靖十二年嶺表書院刻本。《存目叢書》據以影印。按：《提要》羅列子目，《中州稿》誤爲《十州稿》，當訂正。

陶莊敏集八卷附蘭渚遺稿一卷　明陶諧撰　附陶允淳撰　五〇一七

江蘇巡撫採進本（總目）。〇《江蘇省第一次書目》：「《陶莊敏集》四本。」〇《江蘇採輯遺書目録》：「《陶莊敏公集》八卷，兵部侍郎會稽陶諧著，刊本。」〇北京圖書館藏明天啟刻本，作《陶莊敏公集》八卷《附録》一卷附《蘭渚先生遺稿》一卷。正文題「明兵部左侍郎贈尚書謚莊敏會稽陶諧撰」。半葉九行，行二十字，白口，四周單邊。前有嘉靖十二年舒栢序，正德辛未自引。又天啟四年玄孫崇道引云：「先莊敏自酒泉放還，刻是集，……恐日久漫漶，因再新之。」知係天啟四年玄孫陶崇道重刻本。鈐「苦雨齋藏書印」、「竹君」等印記。《存目叢書》據以影印。上圖、南圖、武漢圖亦有是刻。〇清陶氏賢奕樓鈔《陶氏賢奕樓叢書》本，僅《蘭渚遺稿》一卷。北圖藏。

靜觀堂集十四卷　明顧潛撰　五〇一八

浙江朱彝尊家曝書亭藏本（總目）。〇《浙江省第五次曝書亭呈送書目》：「《靜觀堂集》十四卷，明顧潛著，四本。」〇福建師大圖書館藏清雍正十年桂雲堂刻《玉峯雍里顧氏六世詩文集》本，題「吴郡顧潛孔昭著，六世孫登洲士重鐫」。半葉十行，行二十一字，白口，左右雙邊。版心下刻「桂雲堂」三字。前有嘉靖庚寅方鵬序,遺像,方鵬祭文,《蘇州府志》列傳。封面刻「桂雲堂藏板」。《存目叢書》據以影印。中科院圖、上圖等亦有是刻。

華泉集選四卷　明邊貢撰　國朝王士禛删定　**五〇一九**

山東巡撫採進本(總目)。○北京大學藏清康熙王士禛京邸刻本,作《華泉先生集選》四卷附録一卷。各卷題「户部尚書濟南邊貢著,刑部尚書後學王士禛選」。半葉十行,行十九字,黑口,左右雙邊。前有魏允孚序,附録諸家評,王士禛序。後有嘉靖戊戌五月望日歷下劉天民序。禛字未挖改,版無漫漶,蓋猶康熙間印本。《存目叢書》據以影印。世傳《王漁洋遺書》所收即此刻,版有漫漶,禛字亦挖改爲禎。按:是刻王士禛序未題年月,唯序中有云「與徐氏《迪功集》並刻於京邸」。檢《王漁洋遺書》,《迪功集選》與《蘇門集選》同刻,合稱《二家詩選》,前有王士禛序云:「康熙己卯,居京師,……輒取舊本,略加删補,鋟版京師。」序末署「是年仲冬」。又王士禛《香祖筆記》卷二亦云:「《華泉集》一刻於胡中丞可泉,再刻於魏推官允孚,……康熙己卯予乃選刻於京師,凡四卷。」是《華泉集選》之刻於京邸在康熙三十八年己卯。唯王士禛《邊仲子詩序》云:「康熙庚辰予刻《華泉集》於京師。」又較己卯晚一年。蓋付刻於三十八年己卯,刊成於三十九年庚辰。

陽明要書八卷附録五卷　明王守仁撰　葉紹容(顒)編　**五〇二〇**

浙江巡撫採進本(總目)。○《浙江省第六次呈送書目》:「《陽明要書》八卷《年譜》三卷《逸事辨證》二卷,明王守仁著,八本。」○《浙江採集遺書總録》:「《陽明要書》八卷附《年譜》三卷《逸事辨證》二卷，明崇禎間刊本，明王守仁撰，陳龍正輯。」○《兩江第一次書目》：「《陽明要書》，明王守仁著，六本。」○故宮博物院藏明崇禎八年刻本，作《陽明先生要書》八卷附録五卷，題「陳龍正纂」。半葉九行，行十九字，無直格，白口，四周單邊。前有崇禎八年乙亥張采序云：「幾亭陳子投我印本書六册，曰《陽明要書》，且屬爲序。」又崇禎五年壬申嘉善陳龍正序云：「余沈潛紬繹於文成之書者逾年，……乃纂爲《要書》。」知係陳龍正纂，其刊刻者當亦陳龍正。《存目叢書》據以影印。中科院圖、津圖、川圖、貴州博、臨海縣博亦有是刻。○臺灣「中央圖書館」藏明崇禎八年葉紹顒廣州刻清初印本，書名卷數、行款版式均同前本。正文卷端題「松陵葉紹顒纂，魏里陳龍正參，侄葉方恒、葉方藹，男葉儀、葉傚仝較」。書名葉刻「葉慶繩、陳幾亭兩先生仝纂」、「陽明要書」、「歸燕堂藏板」。前有順治十八年辛丑壯月葉方藹後序。次崇禎八年乙亥上元日吴江葉紹顒於廣城公署序云：「余自束髮時即沉潛先生之書，考正較異，匪朝伊夕。一日，京邸與陳幾亭訂衡時事，感慨於斯人之不作，幾亭出其枕中鴻寶，則丹鉛先生之集，大約同者什九，異者什一，不覺狂呼劇歡，遂參互而合併之，命曰《陽明要書》。……未幾余有省方粤東之命，……余因出所攜，命梓之以公同志。」次崇禎五年陳龍正序，順治十四年葉傚附記。附録前三卷《年譜》，係陳龍正依錢、鄒、羅舊譜删補而成。附録卷四《遺言逸事》、卷五《辯證》，皆陳龍正輯。附録前有崇禎五年陳龍正序（參該館《善本書志初稿》、《善本序跋集録》）。然則是書實陳龍正纂，葉紹顒參。葉氏刊本卷端題名直顛倒之，非其宜也。館臣據葉本存目，僅及葉紹顒，亦未得其遡。又《提要》避嘉慶帝諱改葉紹顒爲葉紹容，與李顒改李容同例，而述其里籍，又稱紹永，殊失照應。南圖、華東師大、中山大亦有葉刻。

王陽明集十六卷　明王守仁撰　其五世孫貽樂重編　五〇二一

浙江巡撫採進本（總目）。○《武英殿第一次書目》：「《王陽明文集》十六本。」○河南省圖書館藏清康熙刻本，作《陽明先生文集》十六卷附李贄撰《年譜》二卷，殘存卷一至七、卷九至十五、《年譜》卷下。半葉八行，行二十二字，白口，四周單邊。紙質脆酥，無法影印。辛德勇先生藏是刻殘存卷八卷九兩卷。南京大學有清湖南王文德刻本，作《陽明先生文集》十六卷。蘇州圖書館有道光五年刻本，作《王陽明文集》十六卷《年譜》二卷。均未見。

陽明文鈔二十卷　明王守仁撰　康熙己巳江都張問達編　五〇二二

江西巡撫採進本（總目）。○《江西巡撫海第四次呈送書目》：「《陽明文鈔》一套十二本。」○中國人民大學藏清康熙致和堂刻本，作《王陽明先生文鈔》二十卷，題「後學江都張問達編輯」。半葉九行，行二十三字，白口，單魚尾，四周單邊。封面刻「致和堂梓行」。前有康熙二十八年張問達序。《存目叢書》據以影印。蘇州圖書館亦有是刻。○清康熙四十七年刻本，作《王陽明先生文鈔》二十卷。江西圖藏。○清康熙刻本，浙圖藏，蟲蛀。以上三本未知異同。○北京大學藏清康熙鈔本，作《王陽明先生文鈔》十六卷。李盛鐸舊藏。

陽明全集二十卷傳習録一卷語録一卷　明王守仁撰　康熙中餘姚俞嶙編　五〇二三

浙江巡撫採進本（總目）。○中國社科院中國近代史所藏清康熙十二年俞嶙刻本，作《王陽明先生全集》二十二卷首一卷。題「同里後學俞嶙重編」。卷二十一爲《傳習録》，卷二十二爲《語録》，卷首爲《王陽明先生年譜》。半葉九行，行十九字，白口，四周雙邊。前有康熙十二年俞嶙序云：「故予甫及下車即取先生全集重付剞劂而詮次之。」序末署「題於從化之自公堂」。又康熙十九年庚申鄗景從序，林雲銘序，康熙十二年王令序。王令序隸書上板，極佳，末有「餘姚史章隸古」六字。封面殘破，藏板堂號殘留「敦厚」二字。《存目叢書》據以影印。北大、社科院考古所、華東師大等亦有是刻。人民大學藏一部，行款版式同，封面刻「是政堂藏板」。

張伎陵集七卷　明張鳳翔撰　**五〇二四**

浙江范懋柱家天一閣藏本（總目）。○《浙江省第五次范懋柱家呈送書目》：「《張伎陵集》七卷，明張鳳翔著，二本。」○《浙江採集遺書總録》：「《張伎陵集》七卷，寫本，明户部主事洵陽張鳳翔撰。」○南京圖書館藏明嘉靖刻本，殘存卷一至卷三。題「承德郎户部主事洵陽張鳳翔撰」。半葉十行，行二十一字，白口或細黑口，左右雙邊。版心題「張户部集」。版心下方及正文有墨釘。前有李夢陽《張光世傳》。《存目叢書》據以影印。山東大學有足本七卷二册，卷一收賦三首及詩，卷二至六詩，卷七文九篇。鈐「渠丘曹愚盦氏藏書」印記。○明嘉靖至萬曆刻《盛明百家詩》内有《張伎陵集》一卷。

凌谿集十八卷　明朱應登撰　**五〇二五**

浙江巡撫採進本（總目）。○《浙江省第十二次呈送書目》：「《凌溪集》十八卷，明朱應登著，四本。」○《浙江採集遺書總録》：「《凌谿集》十八卷，刊本，明提學副使寶應朱應登撰。」○中國社科院文學所藏明嘉靖刻本，作《凌谿先生集》十八卷。題「寶應朱應登升之」。半葉十行，行十九字，白口，四周單邊。前有門人許宗魯序。《存目叢書》據以影印。是本正文第一葉版心有刻工，已漫漶，據臺灣「中央圖書館」《善本書志初稿》知係「章夫言」。上圖、浙圖、川圖、山東大學等亦有是刻。北大、上圖、津圖、南圖等又藏明嘉靖刻遞修本。○清道光十五年宜禄堂刻本，作《凌谿先生集》十八卷，封面刻「宜禄堂藏板」。遼圖、大連圖、南圖、日本靜嘉堂藏。

貞翁淨稿十二卷　明周倫撰　五〇二六

浙江汪汝瑮家藏本(總目)。○《浙江省第四次汪汝瑮家呈送書目》：「《貞翁淨稿》十二卷，明周倫著，二本。」○《浙江採集遺書總録》：「《貞翁淨稿》十二卷，刊本，明刑部尚書崑山周倫撰。」○蘇州圖書館藏明嘉靖三十七年周鳳起刻本，十二卷《拾遺》一卷。題「崑山周倫伯明著，後學趙士英校訂，男周鳳起壽梓」。半葉十行，行十八字，白口，左右雙邊。前有像、贊，嘉靖三十三年甲寅十二月趙士英叙，嘉靖四十年辛酉冬日歸有光《貞翁詩集序》。卷十二後又有《拾遺》一卷，後有萬曆十一年癸未歸有功《貞菴公詩集後序》。又嘉靖三十七年戊午正月望男鳳起《刻先康僖公詩集後述》云：「丁巳之秋有遼左之命，便道歸省，乃得謀諸五泉，始克就梓。」蓋付梓在嘉靖三十六年秋，刊成則在三十七年正月。歸有功後序係後加，已自言之矣。是本刊刻甚精。《存目叢書》據以影印。中國社科院文學所亦有是刻。○天津圖書館藏清鈔本。

白齋竹里集七卷　明張琦撰　五〇二七

浙江汪汝瑮家藏本(總目)。○《浙江省第四次汪汝瑮家呈送書目》:「《白齋竹里詩集》六卷《文集》一卷,明張琦著,二本。」○《浙江採集遺書總録》:「《白齋竹里詩集》六卷《文略》一卷,刊本,明福建左參政鄞縣張琦撰。」○北京圖書館藏明嘉靖二年自刻本,作《白齋竹里詩集續》三卷《文略》一卷。正文首行題「白齋竹里詩集」,下注「續」,次行下題「四明張琦君玉著,玉峯朱欽批點」。《白齋竹里文略》但題張琦。半葉九行,行十九字,黑口,四周雙邊。前有明嘉靖二年癸未張琦序,次列助資名氏。按:《提要》云「前有嘉靖癸未自序,稱守莆陽日既梓平生所作。積數年又得若干首,有相知君子贊予續梓之。文稿力縣不能盡刻,姑芟摭數十篇附詩之後」。是琦尚有前集行世,此則歸田後所刻續集也」。則《存目》所據即嘉靖二年自序刻之《詩集續》及《文略》,唯卷數異耳。《存目叢書》據以影印。○北京圖書館藏明正德八年自刻本,作《白齋先生詩集》九卷,題「四明張琦君玉著,玉峯朱欽編次批點」。半葉九行,行十九字,黑口,四周雙邊。前有正德八年癸酉林俊序,後有正德八年自跋。即四庫館臣未見之前集。鈐「蓮涇」、「太原叔子藏書記」、「子孫保之」等印。原北平圖書館亦藏一帙,現存臺北「故宫」。○民國二十五年張壽鏞刻《四明叢書》第四集本,作《白齋詩集》九卷《竹里詩集》三卷《竹里文略》一卷。

蓼蕉存稿四卷　明游潛撰　五〇二八

浙江汪汝瑮家藏本(總目)。○《浙江省第四次汪汝瑮家呈送書目》:「《蓼蕉存稿》四卷,明游潛著,四本。」○《浙江採集遺書總録》:「《夢蕉存稿》四卷,刊本,明豐城游潛撰。」○明刻本,半葉十行,行二十一字,細黑口間有白口,左右雙邊。江西省圖藏,《中國古籍善本書目》及徵求意見稿著録。按:該館定爲明嘉靖二十七年刻本。○北京大學藏明嘉靖游季勳刻萬曆康熙遞修本,題「豐城游潛用之著」。半葉十行,行二十一字,細黑口,左右雙邊。前有嘉靖四十四年陳堯序,嘉靖二十七年王心《刻夢蕉存稿序》。版心有刻工:楊仁。《存目叢書》據以影印。按:此本與《博物志補》、《夢蕉詩話》合刻,總名《夢蕉三種》,係游潛之孫游季勳奉命理河孟瀦時重刻,萬曆二十八年曾孫游日陞修版,康熙三十六年又修版印本。説見《博物志補》條。原北平圖書館亦有此三種明清修版印本,現存臺北「故宫」,王重民《善本提要》分著三處。江西省圖本行款版式同,疑亦游季勳重刻本。

對山集十九卷　明康海撰　五〇二九

陝西巡撫採進本(總目)。○《陝西省呈送書目》:「《對山文集》。」○《提要》云:「此本即張太微所編之原集。」○北京師大藏明嘉靖二十四年吴孟祺刻本,半葉十行,行二十字,白口,四周單邊。前有嘉靖二十四年乙巳六月王九思《刻對山康子集序》云:「太微張子孟……偏搜斯集而得其全,……謀於郡守六泉吴公而刻之梓。當是時涖撫臺者東厓翁公也,乃以請焉,翁公忻然從之。甫踰數月,刻以成,告六泉公。」又嘉靖二十四年六月劉儲秀《刻對山先生集叙》云:「太微方謀板行,適中丞翁東厓訪得其集,既已撫卷太息,遂檄西安吴守六泉鋟梓以傳。」又嘉靖二十四年太微山人張治道序,嘉靖二十四年東郡六泉吴孟祺序。據諸序知爲西安府官刻。是本卷八卷九係鈔配。卷内鈐「丁氏八千卷樓藏書記」、「四庫坿存」、「進學齋藏書記」等印。《存目叢書》據以影印。北圖、山東圖、湖南圖、重慶圖、川圖亦有是刻。○《四庫》據以著録者爲清乾隆二十六年武功縣刻《康對山先生文集》十卷，今吉林省圖、華中師大、華南師大、湖北省博、蕪湖市圖均藏是刻。○康海集另有明萬曆十年潘允哲刻《康對山先生集》四十六卷、明鈔《康對山先生集》十八卷、清康熙五十一年馬逸姿刻《康對山先生集》四十五卷首一卷。均見《中國古籍善本書目》。

王氏家藏集六十八卷（一曰浚川集）　明王廷相撰　**五〇三〇**

浙江汪汝瑮家藏本（總目）。○《浙江省第四次汪汝瑮家呈送書目》：「《王氏家藏集》六十八卷，明王廷相著，十八本。」○《浙江採集遺書總録》：「《王氏家藏集》六十五卷，刊本，明太子太保儀封王廷相撰。」○《兩淮商人馬裕家呈送書目》：「《家藏集》等共六十八卷，明王廷相，二十本。」○《山東巡撫呈送第一次書目》：「《王氏家藏集》十本。」○天津圖書館藏明嘉靖刻清順治修補本《王氏家藏集》四十一卷，題「浚川王廷相著，門人鄔紳、湯紹恩、余承業校正」。半葉十行，行十八字，白口，四周單邊。卷一至二十詩，卷二十一至三十二雜文，卷三十三至四十一雜著。前有順治十二年春日河南通省驛傳鹽法兵備道按察司檢事楊時薦序，儀封知縣崔維雅序，順治十二年梁羽明序，嘉靖十五年唐龍序，嘉靖十五年杜柟序，嘉靖十五年粟應宏序，張鹵撰傳，順治十二年乙未曹之錦跋。王時薦云：「甫受事，即搜詢原板，果經寇焚之餘，殘落亡其什之二三，因索之王生家藏中，得如干篇，揀其無板者授之梓。既工竣，燦然復還舊觀矣。」曹之錦跋云：「公所著，有古，有騷，有賦，有詩，有文，有《慎言》、《喪禮》等，卷不一。」蓋板刻於嘉靖十五年，清順治十二年楊時薦官河南時補其缺版重印。卷内鈐「丁氏八千卷樓藏書記」、「四庫坿存」等印。又《喪禮備纂》二卷，題「浚川王廷相著」。半葉十行，行二十字，白口，四周單邊。前有嘉靖四十年十二月張鹵序，謂此係先後居喪時所作，公嗣東泉、公孫中渠鋟梓。又中山大學藏明嘉靖隆慶間刻《王浚川所著書》内有《浚川公移集》三卷《浚川駁稿集》二卷，前有郭廷冕序，據此序知二種係嘉靖二十二年郭廷冕「捐公廩若干鋟本於泗上」。泗上指儀封。又有《浚川奏議集》十卷，前有隆慶六年張鹵序，云「兹公孫慶遠太守君徵逸重刻公《奏議》十卷」，知爲隆慶六年刻本。《存目叢書》用以上五種影印。○《中國古籍善本書目》著録明嘉靖刻《王氏家藏集》五種六十五卷，子目：《王氏家藏集》四十一卷、《慎言》十三卷、《雅述》二卷、《内臺集》七卷、《喪禮備纂》二卷。北大、中科院圖、石家莊圖、祁縣圖等藏。又著録明嘉靖十七年刻《王氏家藏集》，存二種：《王氏家藏集》四十一卷、《慎言》十三卷。中山大學藏。又著録明嘉靖隆慶間刻《王浚川所著書》九種八十三卷，子目：《王氏家藏集》四十一卷、《内臺集》七卷、《浚川内臺集》三卷、《慎言》十三卷、《雅述》二卷、《喪禮備纂》二卷、《浚川奏議集》十卷、《浚川公移集》三卷、《浚川駁稿集》二卷。上圖、復旦、津圖、東北師大、南圖、浙圖、中山大學等皆有不全本。

按：《慎言》、《雅述》、《内臺集》已另存目，故《存目叢書》於此處不重收。

内臺集七卷　明王廷相撰　**五〇三一**

江蘇巡撫採進本（總目）。○《江蘇省第一次書目》：「《内臺集》二本。」○《江蘇採輯遺書目録》：

「《内臺集》七卷，吏部尚書儀封王廷相著。」○天津圖書館藏明嘉靖刻本，題「浚川王廷相著，後學王光濟、門人劉希杜校」。半葉十行，行十八字，白口，四周單邊。前有嘉靖十五年孟秋二日巡按山東監察御史張鵬序云：「竊録其與諸名公鉅卿往來論辯、問答贈送之作，辭與文若干篇，刻之東省。……其他生平文章詩賦則有《家藏集》已先刻之，爲世寶矣，此特緒餘耳。」又嘉靖十八年冬仲望日巡按山東監察御史李復初序云：「侍御張子嘗采録一二，刊爲《内臺集》，與《家藏》《雅述》《則言》諸書並行於世。復初又竊録續作，嗣刊濟上，仍因舊名。……王子光濟、劉子希杜校之。録人其多，吴子至、楊子祜董之。凡三月而登于楮。」蓋嘉靖十五年張鵬刻之山東，十八年李復初續刊之爲七卷。《存目叢書》據以影印。其他傳本參前條。

魯文恪存集十卷　明魯鐸撰　五〇三二

浙江孫仰曾家藏本（總目）。○《浙江省第四次孫仰曾家呈送書目》：「《魯文恪公集》十卷，明魯鐸著，四本。」○《浙江採集遺書總録》：「《魯文恪公集》十卷，刊本，明祭酒景陵魯鐸撰。」○明嘉靖刻本，作《蓮北魯文恪公存集》五卷。半葉十行，行二十一字，白口，左右雙邊。中國社科院文學所藏。○中共中央黨校藏明隆慶元年方梁刻本，作《魯文恪公文集》十卷。題「竟陵魯鐸振之著，京山李維楨本寧校」。半葉九行，行二十字，白口，左右雙邊。前有李維楨序，嘉靖二十七年李濂序，隆慶元年景陵知縣方梁序。據方序知爲隆慶元年方梁刻本。封面刻「已有園藏板」，蓋刻成以板歸魯氏也。卷内鈐「閒田張氏聞三藏書」、「靖廷」、「靖廷圖書」、「王氏籀無誃藏書記」、「清蔭堂」等印記。

《存目叢書》據以影印。北圖、天一閣文管所、安徽省圖亦有是刻。原北平圖書館藏一帙，現存臺北「故宫」，王重民《善本提要》著録，以爲「萬曆間重刻本」。○民國十一年甘雲鵬刻本，作《魯文恪公存集》十卷，《崇雅堂叢書》之一。北圖、南圖等藏。○魯鐸又有《已有園小稿》一卷，嘉靖二年李東刻本。《已有園續稿》二卷，明嘉靖五年周文伯、劉鵬刻本。均半葉八行，行十七字，白口，左右雙邊。中科院圖書館藏。

山堂萃稿十六卷　明徐問撰　五〇三三

浙江汪汝瑮家藏本(總目)。○《浙江省第四次汪汝瑮家呈送書目》：「《山堂萃稿》十六卷，明徐問著，八本。」○《浙江採集遺書總録》：「《山堂萃稿》十六卷，刊本，明工部尚書武進徐問撰。」○《江蘇省第一次書目》：「《山堂萃稿》六本。」○《江蘇採輯遺書目録》：「《山堂萃稿》二十卷，靖江徐問著。」○《中國古籍善本書目》著録「明嘉靖十三年、二十年刻崇禎十一年徐邦式重修本」，作《山堂萃稿》十六卷《續稿》四卷《讀書劄記》八卷《續記》一卷《答朋友書畧附》一卷。故宫、上圖藏。日本靜嘉堂文庫亦有全帙。北大本僅有《山堂萃稿》十六卷八册，該館《古籍善本書目》著録爲「明嘉靖二十年晉江張氏延陵刻本」。原北平圖書館藏一部，僅有《萃稿》、《續稿》，現存臺北「故宫」，臺灣《中央圖書館善本書目》著録爲嘉靖二十年張志選刻本。《存目叢書》借遼寧省圖本影印，計《山堂萃稿》十六卷《續稿》四卷。題「延陵徐問著，清江孫偉、開化方豪、香山黄佐批評，邑人王忱校編，三世孫庠生邦式重較」。半葉十行，行二十字，白口，左右雙邊。前有嘉靖二十年辛丑唐順之序云：

「適會吾同年友晉江張侯來守是邦，雅知慕公，欲因公以風乎邦之人也，遂刻斯集以傳。」又崇禎十二年己卯管紹寧序，嘉靖二十年張志選跋。張跋云：「又數年余廼出守公郡，……余廼刻之郡齋。」管序云：「兹其嫡嗣徐邦式，典秩羹墻，後先輝映，……手是編以問序於余。」知《萃稿》乃嘉靖二十年晉江張志選任常州知府時刻於公署者。崇禎十二年徐邦式重較刷印。《萃稿》刻工：鳳、誥、元、云、節、奎、陳奎、漢、何恩、方瑞、何節。《續稿》刻工：段輝、拱、贇、奇、晋、吴介、易贇、刘丙、乾、刘奇、諫、段蓁、王乾、王用、吴晋。前後二稿刻工不同，知非一時所刻。鈐「大興朱氏竹君藏書印」、「茮華吟館」等印記。○按：《存目》所據係浙江汪汝瑮呈本，無《續稿》。江蘇呈本有《續稿》，自較汪本完足。是館臣檢校之疏也。

五〇三四

白石野稿十七卷　明林魁撰

兩江總督採進本（總目）。○《兩江第二次書目》：「《白石野稿》，明林魁著，六本。」○此書未見。日本東京内閣文庫有林魁《歸田雜録》十一卷，明嘉靖二十二年自序林氏家塾刻本。

五〇三五

水南稿十九卷　明陳霆撰

浙江汪汝瑮家藏本（總目）。○《浙江省第四次汪汝瑮家呈送書目》：「《水南稿》十九卷，明陳霆著，四本。」○《浙江採集遺書總録》：「《水南稿》十九卷，刊本，明山西提學僉事德清陳霆撰。」○北京大學藏明正德五年刻本，作《水南稿》十九卷，八册。題「德清陳霆聲伯」。半葉九行，行十八字，大黑口，四周雙邊。前有正德五年庚午五月望日汪循序，正德五年六月既望張旭《新刊水南稿序》。

後有正德五年汪鋐後序。據張旭序知係正德五年新安張旭刻本。鈐「篤素堂張曉漁校藏圖籍之章」、「華陽高氏鑒藏」、「高世異鑑賞章」、「世異長壽」、「一字德啓」、「嘯劍山房」、「華陽高氏藏書子孫保之」、「永清朱檉之字淹頌號九丹玖聃一號琴客又號臯亭行四居仁和里叢碧簃所蓄經籍金石書畫印信」、「玖聃審定金石書畫之印」、「朱檉之印」、「燕市酒徒」、「无竟先生獨志堂物」等印記。李盛鐸舊藏。《存目叢書》據以影印。○臺灣「中央圖書館」藏明嘉靖四十三年姪陳翀福建刻本，作《水南集》十七卷，題「德清陳霆聲伯著」。半葉十行，行十八字，白口，四周雙邊。前有嘉靖四十三年甲子歲南京工部右侍郎同邑白石山人蔡汝楠序云：「惟《水南》一集，其子綏寧尹夢徵謀鋟諸梓未果，有姪翀者，以懷慶別駕改經閩閫，寔刻成之，然尚未全也。」後有陳翀跋。鈐「抱經樓」、「吴興劉氏嘉業堂藏書記」等印(參該館《善本書志初稿》、《善本序跋集録》)。浙江大學亦有是刻，鈐「海寧陳鱣觀」、「仲魚圖象」等印，亦劉氏嘉業堂故物，《嘉業堂藏書志》著録。○民國八年吴興劉氏嘉業堂刻本，作《水南集》十七卷，《吴興叢書》之一。

周恭肅集十六卷　明周用撰　**五〇三六**

浙江汪汝瑮家藏本(總目)。○《浙江省第四次汪汝瑮家呈送書目》：「《周恭肅公集》十六卷，明周用著，六本。」○《浙江採集遺書總録》：「《周恭肅公集》十六卷，刊本，明吏部尚書吴江周用撰。所著亦名《白川集》。」○《江蘇省第一次書目》：「《周恭肅公集》六本。」○《江蘇採輯遺書目録》：「《周恭肅公集》十六卷，吏部尚書常熟周用著。」○《兩淮鹽政李呈送書目》：「《恭肅集》十六卷，明周用，四本。」○清華大學藏明嘉靖二十八年周國南川上草堂刻天啟重修本，作《周恭肅公集》十六卷《附録》一卷。半葉十行，行二十字，白口，四周雙邊。版心下刻「川上草堂」，並記有刻工：章甫言刊、吴采、章敏言刊、国用。前有嘉靖二十八年八月朱希周序云：「既卒後，其子督府都事國南乃蒐輯其所存者刻之，爲十有六卷。」是本已抽去嚴嵩撰墓表，增入葉向高撰《冢宰周恭肅公祠記》。《存目叢書》據以影印。北圖、上圖、浙圖等有川上草堂刻原印本。臺灣「中央圖書館」藏是刻六部，編號一一七零八者係四庫進呈本，四册。該館《善本書志初稿》云：「封面有四庫館的接收章，朱筆添載進呈人及年月、書名。首册封面有嚴重的蟲蛀，裝訂綫都脱落，紙張脆化。」又云：有「翰林院印」滿漢朱文大方印、「文瑞樓」、「金星軺藏書記」、「文瑞樓主人」、「太原叔子藏書記」等印。澤遜按：是書浙江、江蘇呈本均六本，唯兩淮呈本四本，則當係兩淮鹽政進呈四庫原本。北圖、上圖等又有天啟修版印本。○明萬曆二十二年吴江周氏川上草堂刻本，作《周恭肅公集》二十二卷，題「吴江周用著」。半葉十行，行二十字，白口，四周雙邊。版心下刻「川上草堂」。陝西省圖、臺灣「中央圖書館」、日本東京内閣文庫藏。

樗林摘稿三卷附録一卷　明秦鏜撰　　五〇三七

浙江汪汝瑮家藏本（總目）。○《浙江省第四次汪汝瑮家呈送書目》：「《樗林集》三卷《附録》一卷，明秦鏜著，二本。」○《浙江採集遺書總録》：「《樗林摘稿》三卷，刊本，明南京都察院都事無錫秦鏜撰。」○中國社會科學院文學所藏明嘉靖三十九年刻本，半葉九行，行十八字，白口，四周雙邊。前有嘉靖二十四年乙巳倪容序，三十年辛亥胡杰序，三十九年男瀚刻書識語。《存目叢書》據以影印。

未齋集二十二卷　明顧鼎臣撰　五〇三八

浙江巡撫採進本(總目)。○《浙江續購書》：「《顧文康全集》六本。」○《浙江採集遺書總録》：「《顧文康全集》十八卷，刊本，明大學士崑山顧鼎臣著。」○《武英殿第一次書目》：「《顧文康公詩》八本。」○《提要》云：「《明史・藝文志》載鼎臣集二十四卷。今所存者凡二本。一爲其孫晉璠等輯，凡文稿六卷、詩六卷、續稿六卷，其題曰《顧文康集》，較史志少六卷。此本多三集四卷，亦止二十二卷，不足二十四卷之數。或集本殘闕，或史文偶誤，則莫之詳矣。」○中國科學院圖書館藏明萬曆至清順治顧氏家刻本，作《顧文康公文草》十卷《詩草》六卷《續稿》六卷《三集》四卷首一卷。半葉九行，行十八字，白口，左右雙邊。前有蔣德璟序、吴邦臣叙，均總序。《文草》十卷，前有公鼎《太保顧文康公疏稿序》，從五世孫天埈小叙。《文草》有首一卷。《文草》末有萬曆四十八年其孫謙服跋云：「不肖爰受命於兄，敬檢《疏草》，殫力讐校，先授梓人。」又云：「其詩文諸稿，方次第排纂。」今驗《文草》十卷，卷一卷二爲《疏草》，版心黑魚尾，與全書白魚尾不同，字體亦微異，知《疏草》二卷仍是萬曆四十八年舊版。《詩草》六卷，後有明崇禎十二年己卯其曾孫咸建跋。全集卷端吴邦臣叙所謂「曾孫咸正、咸建踵事告成」，當即指《文草》、《詩草》刊成而言。《續稿》六卷，前有從五世孫錫疇跋，謂「從祖漢石、伯兄長佩復廣搜得……鐫爲《續集》」。《三集》四卷，前有徐開禧序，後有乙酉顧晉璠跋云：「不肖晉璠之刻府君集也，一再而至於三矣。其初刻爲全集，則從曾祖馬瑚公實始之，力疾拮据，僅成奏疏二卷。厥後諸從祖始克叙次詩文，而並奪於公車，未能一意卒業。不肖晉璠因得以閒散之身載筆而代終之。……益肆力於蒐討，因是有《續集》之刻，此癸未以前漢石從祖未第時相與商訂而成者也。無何復有《三集》之刻，則癸未以後，神州之事有不忍言者也。……刻成，仍綴數語，以紀歲月。」綜諸序跋觀之，是集之刻，始於萬曆四十八年其孫顧謙服刻《疏草》二卷，崇禎間刻成《文草》、《詩草》、《續集》，順治二年刻成《三集》。北圖、上圖、南圖等亦有是刻。《中國古籍善本書目》、《北京圖書館古籍善本書目》均著録爲崇禎十二年至順治二年刻本，未碻。臺灣「中央圖書館」《善本書志初稿》著録崇禎十三年庚辰至弘光乙酉崑山顧氏刻本，作《顧文康公集》十九卷《續稿》六卷《三集》四卷，《顧文康公集》又分《文草》十一卷《疏草》二卷以及《詩草》六卷。是以《疏草》二卷别記之。該本鈐「吴興劉氏嘉業堂藏書記」印，檢《嘉業堂藏書志》著録此本，作《顧文康公文草》十卷《詩草》六卷《三集》四卷《續稿》六卷首一卷，且云「前二卷題《疏草》」。是與科學院本無殊。疑臺灣「中央圖書館」《善本書志初稿》有誤。《存目叢書》據科學院藏本影印。○按：館臣所見本「文稿六卷」，傳世各本則《文草》十卷首一卷，故《存目》所載僅二十二卷，傳世足本則總計二十七卷。《千頃堂書目》著録《顧文康公集》二十四卷，《明史·藝文志》著録《顧鼎臣文集》二十四卷，亦非完本。

鈐山堂集三十五卷　明嚴嵩撰　**五〇三九**

編修勵守謙家藏本（總目）。○《編修勵第一次至六次交出書目》：「《鈐山堂文集》八本。」○北京圖書館藏明嘉靖刻本,作《鈐山堂集》三十二卷《附録》一卷。半葉十行,行二十字,白口,左右雙邊。○原北平圖書館藏明嘉靖二十四年刻增修本三十六卷《附録》一卷。王重民《善本提要》著録,云「總目僅有三十二卷者,是文雖增刻四卷,而目録則仍舊也」。現存臺北「故宫」。○北京大學藏明嘉靖二十四年刻增修本四十卷《附録》一卷。前有嘉靖三十年湛若水序,嘉靖二十四年乙巳張治序,嘉靖十二年王廷相序,嘉靖十年唐龍序,嘉靖十二年黄綰序,嘉靖十八年崔銑序,正德乙亥孫偉序,嘉靖二十五年王維楨序,嘉靖二十五年楊慎序,嘉靖三十八年己未趙貞吉序。張治序云「刻在乙巳之歲」。湛若水序尚稱三十二卷,知初刻爲三十二卷。《存目叢書》據以影印。上圖、南圖、川圖等亦有是刻。○故宫博物院藏明鈔本四十卷。○南開大學藏明嘉靖刻本二十卷。半葉十行,行十八字,白口,左右雙邊。中山大學本存十三卷。○南京博物館藏明嘉靖刻本二十卷,明孫偉、楊慎評點。半葉九行,行十八字,白口,左右雙邊。○中科院圖書館藏明嘉靖□錡刻本,明孫偉、楊慎評點,半葉十行,行十八字,白口,左右雙邊。殘存卷一至十六。○清乾隆二十三年二酉堂刻本四十卷十册,遼寧省圖藏。○清嘉慶十一年江西嚴氏刻本四十卷十册,北師大、南開、上圖、復旦、江西省圖等藏。

五〇四〇　洹詞别本十七卷附録四卷　明崔銑撰

兩江總督採進本(總目)。○《兩江第二次書目》:「《崔氏洹詞》,明崔銑著,三本。」○浙江大學藏明嘉靖三十三年周鎬等刻本,作《崔氏洹詞》十七卷《附録》四卷。半葉十一行,行二十四字,白口,四周單邊。前有嘉靖二十八年己酉王引年序，後有嘉靖三十三年甲寅周鎬序。據周序知係嘉靖三十三年池陽知府周鎬等捐貲刻於貴池者。鈐「駱雲程印」、「長水駱天斿朗齋珍賞」、「吳興劉氏嘉業堂藏」、「張叔平」等印記。《存目叢書》據以影印。南圖、南大、甘肅省圖、重慶市圖亦有是刻。

○按：《提要》謂此本較趙王府本僅「區別體裁，以類彙次，而其文則無所增損」。安陽師專周國瑞先生以原本、別本相校，發現別本減少九十八篇文字（《文獻》一九九五年三期周國瑞文）。

甘泉集三十二卷　明湛若水撰　五〇四一

廣東巡撫採進本（總目）。○《廣東省呈送書目》：「《甘泉集》十本。」○《兩淮鹽政李呈送書目》：「《甘泉集》三十二卷，明湛若水，十本。」○《山東巡撫第二次呈進書目》：「《湛甘泉集》十本。」○《江西巡撫海第四次呈送書目》：「《湛甘泉集》一套十本。」○《都察院副都御史黄交出書目》：「《湛甘泉集》八本。」○《江蘇採輯遺書目録》：「《湛甘泉集》四十卷，南京吏部尚書增城湛若水著。」○明嘉靖十五年火增刻本，作《甘泉先生文集》内篇二十八卷外篇十二卷。半葉十行，行二十一字，白口，左右雙邊。北大、上圖、天一閣文管所藏。○臺灣「中央圖書館」藏明嘉靖十九年嶺南朱明書院刻萬曆二十一年癸巳修補本《泉翁大全集》八十五卷四十八册。正文首行題「泉翁大全卷之一」，次行上題「文集樵語」，下題「門人沈珠、潘子嘉、徐世禮同刊」。半葉十行，行二十一字，白口，左右雙邊。版心下記刻工：天。萬曆補版刻工：孫恭先、孫然、孫平成。各卷列名校刊門人又有邵陽陳大章、新興潘洋等。有嘉靖十九年洪垣序，十五年聞人詮序。是本爲門人洪垣編刻。

子目:《樵語》一卷、《知新後語》一卷、《二業合一訓》一卷、《大科書堂訓》一卷、《雍語》一卷、《節定燕射禮儀》一卷、《詩文集》五十九卷、《新泉問辨録》四卷、《問辨續録》四卷、《問疑録》、《金陵答問》、《金臺答問録》、《洪子問疑録》各一卷、《揚子折衷》三卷、《參贊事略》二卷、《釐正詩經序》、《歸去紀行録》各一卷。鈐「抱經樓」、「吴興劉氏嘉業堂藏書記」印。○臺灣「中央圖書館」藏明嘉靖三十四年刻萬曆二十一年癸巳重修本,作《甘泉先生續編大全》三十三卷。卷一題「門人順德何鴻校,□□□□□刊」,刊者里籍姓名被塗或被挖。校者他卷或作「蕭時中校」等。半葉十行,行二十字,白口,四周雙邊。版心下有刻工:選、倫、明、天、器等。補刻之葉版心偶有「萬曆癸巳孫恭先補刻」字樣。前有嘉靖三十四年乙卯門人泰和郭應奎《甘泉先生大全續編序》云:「《甘泉先生大全》若干卷,嘗刻於羊城,先生官大司馬以前之集也。今其《續編》若干卷,則先生致政以後之集,中丞周潭汪公始莅虔臺,即請於先生刻之,且辱以原帙貽示。」知係歙人汪尚寧官江西巡撫督理汀贛軍務時刻於贛州官署者。按:贛州隋稱虔州,宋紹興中改贛州,明弘治甲寅,汀、漳盜起,楚、粤之不逞者和之,於是設巡撫都御史治贛州,以控制諸省。虔臺即贛州御史臺之謂。嘉靖壬寅,巡撫虞守愚嘗命蕭根等修《虔臺志》十二卷,其後巡撫南贛等處右副都御史談愷又命贛州府教諭陳燦修《虔臺續志》五卷,以紀設官沿革及分地統轄之制。二志並見《四庫存目》職官類。此《續編大全》前十五卷爲文,卷十六至二十一爲詩,卷二十二至二十四爲歌、辭、雜著。卷二十五至二十八爲《答問》四卷,卷二十九至三十爲《湛子約言》上下二卷,卷三十一至三十三依次爲《心性書》一卷、《非老子》一卷、《岳遊紀行録》一卷。鈐「吴興劉氏嘉業堂藏書記」印。湖南省圖亦有是刻。○明萬曆七年吴瀹刻本，作《湛甘泉先生文集》三十五卷。半葉十行，行二十一字，白口，四周雙邊。北圖、中國社科院文學所、大連圖、廣東高要縣文化館藏。○山西大學藏清康熙二十年黄楷刻本，作《湛甘泉先生文集》三十二卷，半葉十行，行二十一字，白口，四周雙邊。前有樊澤達序，康熙二十年辛酉黄楷序，萬曆九年李春芳序，萬曆七年洪垣序等。内容與《提要》合，唯《提要》有漏略，今更詳列如次：卷一《樵語》，卷二《新論》，卷三《雍語》，卷四《知新後語》，卷五《二業合一訓》，卷六《大科訓規》，卷七《書》，卷八《新泉問辨録》，卷九《新泉問辨續録》，卷十《問疑録》，卷十一《問疑續録》，卷十二《金陵問答》，卷十三《金臺問答》，卷十四至十五《書問》，卷十六《古樂經傳或問》，卷十七《序》，卷十八《記》，卷十九《章疏》，卷二十《講章》，卷二十一《雜著》，卷二十二《約言》，卷二十三《語録》，卷二十四《揚子折衷略》，卷二十五《非老子略》，卷二十六《詩》，卷二十七《續詩》，卷二十八《歸去紀行略》，卷二十九《嶽遊紀行略》，卷三十《祭文》，卷三十一《墓誌銘表》，卷三十二《外集》。《存目叢書》據以影印。復旦、中山大學亦有是刻。

梅國集四十一卷　明劉節撰　**五〇四二**

浙江孫仰曾家藏本（總目）。○《浙江省第四次孫仰曾家呈送書目》：「《梅國集》四十一卷，明劉節著，二十本。」○《浙江採集遺書總録》：「《梅國集》四十一卷，刊本，明刑部侍郎大庾劉節撰。」○北京圖書館藏明刻本，作《梅國前集》四十一卷，存卷五至卷十二、卷十七至卷三十二。半葉十行，行二十字，白口，四周單邊。各卷不題撰人。《存目叢書》據以影印。

寶制堂録二卷　明劉節撰　五〇四三

江西巡撫採進本(總目)。○北京大學圖書館藏清乾隆十四年刻本，正文及目録均題「男魯録，曾孫一翼重訂。六世孫斯來重輯，男好德校字，兄斯科、孫藻、曾孫文燦仝校」。半葉十行，行二十字，白口，四周單邊。前有嘉靖舊序三篇，清乾隆十三年游紹安序，乾隆十四年古閩黄允肅《書重梓梅國文集後》，乾隆十三年蕭陽余光璧序，康熙丙午曾孫一翼重刻記，乾隆十三年六世孫斯來重刻記。《存目叢書》據以影印。清華、復旦亦有是刻。○北京圖書館藏清嘉慶五年刻本，鄭振鐸跋，見《西諦書跋》。

石川集四卷附集一卷　明殷雲霄撰　五〇四四

浙江巡撫採進本(總目)。○《浙江省第九次書目》：「《石川集》四卷《附集》一卷三本。」○《浙江採集遺書總録》：「《石川集》一册，刊本，明南京工科給事中壽張殷雲霄撰。」○上海圖書館藏明嘉靖十年胡用信刻本，作《石川瀛洲遺集》一卷《文稿》一卷《芝田遺集》一卷《芝田稿文》一卷附《金陵稿》一卷。半葉十行，行二十字，黑口，四周雙邊。前有嘉靖十年陳守愚序云：「今年夏余邑侯餘姚胡子用信以所梓《石川瀛洲》、《芝田》二稿見示。」鈐「杭州葉氏藏書」、「武林葉氏藏書印」等印記。前有葉景葵手跋云「此宿遷王氏舊藏，丙子冬購於北平」。後鈐「葉景葵印」白文小方印。《存目叢書》據以影印。臺灣「中央圖書館」藏一部，除上圖本各種外，另有《石川奏疏》一卷、《明道録》二卷、《誨愚録》一卷。各種版式不一，陸續付刊者也。南圖有殘本。〇上海圖書館藏明嘉靖刻本，作《石川集》五卷《遺稿》一卷《奏疏》一卷《明道録》二卷《附録》一卷。半葉十行，行二十字，白口，左右雙邊。北大藏一部僅《石川集》五卷《附録》一卷，四册，李盛鐸故物。原北平圖書館藏一部，亦僅《石川集》五卷《附録》一卷，二册，現存臺北「故宫」，王重民《善本提要》著録，云有嘉靖二十八年王廷著序，鈐「長白敷槎氏堇齋昌齡圖書印」印記，並録清李璋煜手跋。臺灣「中央圖書館」藏一部僅《石川集》五卷，四册。〇原北平圖書館藏《殷給事集選》三卷《附録》一卷一册，明鈔本，題「鳳陽殷雲霄」。現存臺北「故宫」。王重民《善本提要》著録。〇明隆慶四年刻《盛明百家詩》内有《殷石川集》一卷。北圖、北大、上圖等藏。

五〇四五 孟有涯集十七卷 明孟洋撰

浙江孫仰曾家藏本(總目)。〇《浙江省第四次孫仰曾家呈送書目》：「《孟有涯集》十五卷，明孟洋著，八本。」〇《浙江採集遺書總録》：「《孟有涯集》十五卷，刊本，明南京大理寺卿信陽孟渾撰。」〇福建省圖書館藏明嘉靖十七年王廷相、徐九臯等刻本，十七卷。半葉九行，行十七字，白口，四周雙邊。題「信陽孟洋著」。前有嘉靖十四年乙未杜枏序云：「捐館之明，我浚川王公收輯是録，釐爲若干卷。」嘉靖十七年正月元日會稽徐九臯序云：「迺者備乏臺史，適浚川先生總持風紀，因緣遭際，遂得卒業門下。丁酉六月奉命按治於吴，先生授以《有涯集》如干卷，曰是近時作者，盍被梓以傳。余既蒞止，觀察餘閒，乃屬有司校刻焉。刻成，讀之卒業，論曰……蘇守王儀、同知鍾鑑雅飭茲役,而校正者爲吴學訓導沈桐。」然則是本爲嘉靖十六年丁酉蘇州府官刻本。鈐「福建鼇峯書院藏書」長印。《存目叢書》據以影印。北圖、社科院文學所、社科院歷史所、山西大學、重慶圖、臺灣「中央圖書館」皆有是刻。○民國十一年河南官書局刻本。東北師大藏。

玉巖集九卷附録一卷　明周廣撰　**五〇四六**

兩江總督採進本(總目)。○明嘉靖三十七年杏華書屋刻本,作《玉巖先生文集》九卷《附録》一卷。半葉十行,行二十一字,白口,左右雙邊。○重慶圖書館藏明嘉靖三十七年杏華書屋刻清乾隆九年周挺重修本,前有傳,像,嘉靖十年、隆慶元年誥命,嘉靖十六年丁酉魏良貴序,嘉靖十八年己亥周鳳鳴序,歸有光序,閔文山跋。目録末及正文末均刻「嘉靖戊午冬刻梓于杏華書屋」二行。閔文山跋云:「乾隆甲子余館于婁東周利川挺家,出《玉巖先生集》示余曰:先集刊於嘉靖戊午,距今二百年,板已散失,堂兄星瀾搆得之,頗多殘缺。……挺于今秋補鐫,遂成完本。」《存目叢書》據以影印。山東省圖、陝西省圖亦有是刻。

倪小野集二十二卷　明倪宗正撰　**五〇四七**

江蘇巡撫採進本(總目)。○《江蘇省第一次書目》:「《倪小野集》八本。」○《江蘇採輯遺書目録》:「《倪小野集》八卷,南雄府知府餘姚倪宗正著,刊本。」○《浙江省第八次呈送書目》:「《倪小野集》八卷,明倪宗正著,八本。」○《浙江採集遺書總録》:「《倪小野集》八卷,刊本,明南雄知府餘姚倪宗正撰。」○首都師大藏清康熙四十九年倪繼宗刻本,作《倪小野先生全集》八卷,題「七世孫繼宗編次」。半葉十行，行二十字，白口，四周單邊。前有康熙三十四年乙亥黄宗羲序，康熙四十八年己丑毛奇齡序，康熙四十六年毛際可序。次《文忠公遺像》，左下方小字署「後學金淵摹」。後有康熙四十七年邵國麟撰《傳》，康熙四十九年七月吴乘權《刻倪小野先生全集跋》，康熙四十九年三月邵弘仁跋。封面刻「清暉樓藏版，尺木堂發行」。全書有總目，各卷有分目，確爲八卷。唯每卷之内各體往往自爲起訖，各標大題於首行，故又可析爲二十二卷。《存目叢書》據以影印。北圖、中科院圖、社科院文學所、上圖、復旦、浙圖亦有是刻。按：原刻本題「七世孫倪繼宗編次」，《提要》云「康熙中其七世孫健宗彙輯重刻」，則健字當係繼字之誤。

治齋集十七卷　明萬鏜撰　**五〇四八**

浙江孫仰曾家藏本（總目）。○《浙江省第四次孫仰曾家呈送書目》：「《治齋奏議》《詩詞》《文集》，明萬鏜著，十本。」○《浙江採集遺書總録》：「《治齋奏議》十卷《詩詞》三卷《文集》四卷，刊本，明吏部尚書進賢萬鏜撰。」

南原集七卷　明王韋撰　**五〇四九**

江蘇周厚堉家藏本（總目）。○《江蘇省第一次書目》：「《南原集》二本。」○《江蘇採輯遺書目録》：「《南原集》四卷，太僕寺卿金陵王韋著。」○北京圖書館藏明焦希程刻本，作《南原家藏集》，殘存卷五卷六。題「南京刑部尚書東橋顧璘選，河南按察副使横涇顧瑮重選，南京户部郎中門生焦希程校刻」。半葉九行，行十七字，白口，左右雙邊。按：顧瑮，正德九年進士，是本之刻當在正德嘉靖間。鈐「長樂鄭振鐸西諦藏書」、「長樂鄭氏藏書之印」等印記。《存目叢書》據以影印。

西樵遺稿八卷　明方獻夫撰　五〇五〇

浙江巡撫採進本(總目)。○《浙江省第九次呈送書目》:「《西樵遺稿》四卷,明方獻夫著,三本。」○《浙江採集遺書總録》:「《西樵遺稿》四卷,刊本,明大學士南海方獻夫撰。」○廣東中山圖書館藏清康熙三十五年方林鶴刻本八卷六册,卷首殘破,卷一首葉殘留部分有「元孫林鶴重鐫」六字,末有康熙三十五年丙子元孫林鶴識語。半葉九行,行二十字,白口,左右雙邊。鈐「勉士」印。卷端有某氏手書:「曾釗,字勉士,學海堂學長。此爲曾勉士面城樓所藏,明方獻夫著,有勉士印章。此書最難得。」《存目叢書》據以影印。

行遠集、行遠外集無卷數　明陸深撰　五〇五一

内府藏本(總目)。○復旦大學藏明陸起龍刻清康熙六十一年陸瀛齡補修本,作《陸文裕公行遠集》二十三卷《外集》一卷。卷一至二十三首行均題「陸文裕公行遠集」,卷二十四首行題「陸文裕公行遠外集」。次行均題「從曾孫陸起龍謹編」。半葉九行,行二十字,白口,無直格,四周單邊。前有康熙六十一年季秋朔曹一士重編序云:「孫景房取其伯祖永寧公明季時所刊《行遠集》重加編校,定爲二十四卷。」又五世從孫陸瀛齡序云:「先伯祖吉雲公宰永寧時重付剞劂,什存一二,簿書鞅掌,未暇編定,公諸當世。今藏板尚存,齡謹奉庭訓,重編卷次,且補其漫漶闕失者。」各卷末有「五世從孫陸瀛齡重編補刊」一行。又從曾孫陸起龍《原跋》云:「歲丁丑,小子承乏江右之永寧,……屬從

弟元美日録數篇，積久成帙，爰付開雕。既成，識之曰……」丁丑爲崇禎十年，則是本爲崇禎十年陸起龍永寧縣署刻清康熙六十一年陸瀛齡補修本。卷内鈐「四明盧氏抱經樓藏書印」、「吴興劉氏嘉業堂藏」等印。《存目叢書》據以影印。上圖、北大亦有是刻。○按：《提要》云：「此集則崇禎庚午其曾孫休寧縣知縣起龍所編，前有起龍述言一篇。」今此本未見述言。考康熙《休寧縣志》，崇禎間無知縣陸起龍。又檢光緒《吉安府志》卷十二，陸起龍崇禎九年至十二年任永寧縣知縣，與諸序跋合。然則《提要》所云休寧縣乃永寧縣之誤，庚午爲崇禎三年，亦與起龍跋牴牾。

雪窗詩六卷　明吴爰撰　　**五〇五二**

浙江汪汝瑮家藏本(總目)。○《浙江省第四次汪汝瑮家呈送書目》：「《雪牕詩》六卷，明吴爰著，一本。」○《浙江採集遺書總録》：「《雪窗詩》六卷，刊本，明上海吴爰撰。」

霞城集二十四卷　明程誥撰　　**五〇五三**

浙江汪汝瑮家藏本(總目)。○《浙江省第四次汪汝瑮家呈送書目》：「《霞城集》二十四卷，明程誥著，八本。」○《浙江採集遺書總録》：「《霞城集》二十四卷，刊本，明歙縣程誥撰。」○安徽省圖書館藏明嘉靖刻天啟二年程于廷修補本四册，題「歙程誥自邑撰」。半葉十行，行十八字，白口，左右雙邊。版心有刻工：連刊。前有天啟二年壬戌臘月八日族侄孫于廷序云：「又聞先生生平自期，志在選長林、卧大壑，撰成一家言，以託不朽，故所刻有《霞城集》若干卷，師選則選，摹唐即唐。……其板向藏方皇父先生家，殘闕不全。今歲予始購歸，復搜遺書，補其闕略。」《存目叢書》據以影印。上圖、臺灣「中央圖書館」亦有是刻。

五〇五四

類稿十卷　明涂幾撰

江西巡撫採進本(總目)。○《兩淮鹽政李呈送書目》:「《類稿》十卷,明涂幾,二本。」○《國子監學政汪交出書目》:「《涂子類稿》二本。」○北京圖書館藏明嘉靖十五年黄漳刻本,各卷題「重刻涂子類稿」。卷一前有《重刻涂子類稿題名》:「敕祀宜黄鄉賢守約涂幾著,叔鄉進士涂端卿校,兄鄉進士祀鄉賢涂溍生訂,三世孫翰林院編修涂忠編輯,五世孫鄉進士涂宗原」(下闕,參王重民《善本提要》五九〇頁)。半葉九行,行二十字,白口,四周雙邊。前有盱江□矩序。後有嘉靖十五年黄漳書後,據黄跋,知係黄漳刻於宜黄者。刻工:鄧愛四刊、鄧錦刊、錦四刊、鄧錦七刊、明玉刊、明鎮刊、鄧明鎮刊。鈐「宜黄杏溪余欽止氏了生居藏書」、「宜川杏溪余欽止氏了生居藏書」、「半巢書屋」、「漟身藏宋元明板書後之得者其寶之」、「王懿榮」、「天壤閣藏」等印記。《存目叢書》據以影印。原北平圖書館藏一部,現存臺北「故宫」。江西省圖藏一部存卷六至卷十。上圖亦有殘本。

五〇五五

士齋集三卷　明女子鄒賽貞撰

兩淮鹽政採進本(總目)。○《兩淮鹽政李續呈送書目》:「《士齋詩》三卷,明鄒賽貞,一本。」○北京大學藏明嘉靖三年傅希準刻本,作《士齋詩集》三卷。半葉十行,行十八字,白口,左右雙邊。前有嘉靖三年子壻鉛山費宏序云:「比者太平守傅侯希準……命其諸孫太學生訓録稿閱之,爲繡諸梓。」按:傅鑰，字希準，事見焦竑《獻徵録》卷六十二。是本鈐「澹于」等印記。《存目叢書》據以影印。

丹巖集十卷　明黄雲撰　五〇五六

浙江孫仰曾家藏本（總目）。〇《浙江省第四次孫仰曾家呈送書目》：「《丹巖先生集》十卷，明黄雲著，四本。」〇《浙江採集遺書總録》：「《丹崖先生集》十卷，刊本，明瑞州府訓導崑山黄雲撰，門人朱實昌編。」〇南京圖書館藏明嘉靖王朝用刻本，作《黄丹巖先生集》十卷，存卷一至卷四。題「巡按直隸監察御史門生高安朱寔昌編」。半葉十二行，行二十字，白口，左右雙邊。前有嘉靖四年乙酉仲冬朱寔昌序云：「迺校而序之，俾其縣尹王子朝用刻焉。」知係嘉靖四年崑山知縣王朝用刻本。鈐「太原叔子藏書記」、「蓮涇」、「崑山圖書館藏印」等印記。《存目叢書》據以影印。

東壁遺稿二卷　明蔣燾撰　五〇五七

浙江孫仰曾家藏本（總目）。〇《浙江省第四次孫仰曾家呈送書目》：「《東壁遺稿》二卷，明蔣燾著，二本。」〇《浙江採集遺書總録》：「《東壁遺稿》二卷，刊本，明蘇州蔣燾撰。」

尋樂堂集十一卷　明王烈撰　五〇五八

江西巡撫採進本（總目）。〇《江西巡撫海第三次呈送書目》：「《尋樂堂集》四本。」〇清嘉慶中南匯吴氏聽彝堂刻《藝海珠塵》辛集有《鎌山草堂詩合鈔》二卷，明王光承、王烈撰。

康谷子集六卷　明劉養徵撰　五〇五九

湖南巡撫採進本（總目）。〇《湖北巡撫呈送第三次書目》：「《康谷子集》四本。」〇清華大學藏清乾隆十一年劉傳刻本六卷二册。半葉九行,每行二十字,白口,左右雙邊。前四卷劉養微撰,題「廣濟劉養微敬伯著,弟養度叔夏、黄岡何譔韋長、何謙緘仲校,姪玄孫傳、超崢重梓」。卷五題「廣濟劉養吉修仲著,弟養度叔夏、黄岡何譔韋長、何謙緘仲校,姪玄孫傳、超崢重梓」。卷六依次爲劉醇駿《盟鷗集》、劉秉鈴《石浪詩鈔》、劉鵑化《味閒軒遺稿》。卷前有吴亮嗣序,何譔序,楊大鰲序,劉醇驥撰傳。後有玄孫傳跋二則。封面刻「乾隆十一年六月穀旦」、「廣濟劉傳正本梓行」、「萬流井藏板」。《存目叢書》據以影印。按:《提要》云「五卷以下附其弟養言詩文」,養言乃養吉之誤。

句曲紀遊詩一卷　明朱凱撰　五〇六〇

兩淮馬裕家藏本(總目)。○《兩淮商人馬裕家呈送書目》:「《勾曲紀遊詩》一卷《野航雜著》一卷,明朱凱,一本。」

謙光堂詩集八卷　明文城王朱彌鉗撰　五〇六一

兩廣總督採進本(總目)。○《兩江第二次書目》:「《謙光堂集》,明唐藩朱彌鉗著,四本。」○原北平圖書館藏明嘉靖二十年唐藩刻本,半葉十行,行二十字,白口,四周雙邊。前有嘉靖二十年辛丑思誠子序云:「爰命儒臣更詳校録,用鋟諸梓,以傳示久遠。」知係嘉靖二十年彌鉗之子朱宇温所刻。後有正德戊寅王鴻儒後序。《存目叢書》據北圖膠片影印,原書則存臺北「故宫」。臺灣「中央圖書館」亦有是刻。江西省圖存卷五卷六。

五〇六二 **省愆稿五卷** **明劉魁撰**

江西巡撫採進本(總目)。

五〇六三 **禺山文集一卷詩集四卷** **明張含撰**

江蘇巡撫採進本(總目)。○《江蘇省第一次書目》:「《禺山文集》《詩集》三本。」○《浙江採輯遺書目録》:「《禺山文集》一卷《詩集》四卷,永昌舉人張含著,刊本。」○明嘉靖張氏家塾刻本,作《禺山詩》四卷。半葉十行,行十八字,白口,四周雙邊。中共北京市委圖書館藏。○北京圖書館藏明嘉靖刻本,作《張禺山戊己吟》三卷附《作詩》一卷《作詩續》一卷。題「禺山張含愈光雜著,升菴楊慎用修批點」。半葉十行,行十六字,白口,四周單邊。前有嘉靖二十八年楊慎序。《存目叢書》據以影印。○上海圖書館藏明嘉靖刻本,作《張愈光詩文選》八卷附録一卷,明楊慎輯。半葉八行,行十七字,白口,四周雙邊。黄裳《前塵夢影新録》著録是刻一部,云卷一大題下一行題「成都楊慎用修批選」,前有趙維垣序,前六卷詩,末二卷文,附録皆含舊刻集序跋,嘉靖滇中刻本,用紙亦滇産,鈐「曹溶私印」、「潔躬」、「明善堂覽書畫印記」、「安樂堂藏書記」等印記。《來燕榭書跋》亦載之。未知與上圖本是否同一帙也。○明嘉靖刻明崇禎十四年張令傳清康熙張辰等遞修本,書名卷數,行款版式,均同前本。南圖藏。○民國三年刻《雲南叢書初編》本,書名卷數同前本。○《升菴選禺山七言律詩》一卷一册,原北平圖書館藏,王重民《善本提要》著録,云係嘉靖無錫華氏刻本,題「滇張含愈光著,蜀楊慎用修評選,滇邵惟中希舜校,吴華雲從龍同校」。半葉十一行,行二十一字。有嘉靖三十九年華雲序，嘉靖三十五年曾璵序。此册現存臺北「故宫」。○《張禺山集》一卷，明嘉靖隆慶間刻《盛明百家詩》前編本。北圖、上圖等藏。○《艱征集》一卷，明藍格鈔本，半葉十行，行十八字。天一閣文管所藏。○《張愈光詩選》一卷，清鈔本，清都俞題識，佚名批點。上圖藏。

涇野集三十六卷　明吕柟撰　五〇六四

浙江汪汝瑮家藏本（總目）。○《浙江省第四次汪汝瑮家呈送書目》：「《吕涇野集》三十六卷，明吕柟著，十六本。」○《浙江省第四次汪啟淑家呈送書目》：「《涇野先生文集》十八卷，明吕柟著，八本。」○《浙江採集遺書總録》：「《吕涇野集》三十六卷，刊本，明南京禮部右侍郎高陵吕柟撰。」○《兩江第二次書目》：「《涇野全集》，明吕柟著，十四本。」○《兩淮鹽政李呈送書目》：「《涇野集》三十六卷，明吕柟，十六本。」○《都察院副都御史黄交出書目》：「《吕涇野集》六本。」○《江蘇採輯遺書目録》：「《涇野文鈔》二十二卷，禮部侍郎高陵吕柟著。」○湖南省圖書館藏明嘉靖三十四年于德昌刻本，作《涇野先生文集》三十六卷。卷一題「南京禮部右侍郎致仕前國子祭酒翰林修撰兼經筵講官同修國史高陵吕柟撰，巡按直隸等處監察御史門人建德徐紳、海寧吴遵、彭澤陶欽皐編刻」。半葉十行，行二十三字，白口，四周雙邊。前有嘉靖三十四年乙卯徐階序云：「今年秋，先生高第弟子侍御徐君思行、吴君公路、吴君惟錫，相與集先生之文，校而梓焉。」又馬理序云：「西安高陵嘗梓之，然豕亥之訛尚多。於是門人侍御建德五台徐君紳、海寧初泉吴君遵，率武强學諭閩中王大經、藁城學諭莆田江從春校正編次，俾真定守成都于君德昌重梓行。」又嘉靖三十四年乙卯李舜臣序。凡例末列纂刻銜名：「都察院照磨高陵吕昀藏籍，巡按直隸等處監察御史建德徐紳、海寧吴遵、彭澤陶欽臯編次，直隸真定府知府成都于德昌梓行，武強縣儒學教諭閩中王大經、藁城縣儒學教諭莆田江從春校正。」白棉紙，印本頗清朗。鈐「淥小芸過眼」、「長沙淥氏小芸藏書」、「淥小芸珍藏」、「箴言書院藏書」、「青宫太保」等印記。《存目叢書》據以影印。北圖、北大、中國社科院文學所、重慶圖、山西大學亦有是刻。○明嘉靖刻本，作《涇野先生文集》，存卷一至卷十八。半葉十二行，行二十三字，白口，四周單邊。河南省圖藏。○明萬曆二十年李楨刻本，作《涇野先生文集》三十八卷。半葉九行，行二十字，白口，四周單邊。清華、華東師大、浙大藏。○清初刻本，作《涇野先生文集》三十六卷。復旦藏。○清道光十二年陝西關中書院刻本，作《涇野先生文集》三十八卷《續刻吕涇野先生文集》八卷。四川省圖、日本京都大學人文所藏。○《涇野先生別集》十二卷，明嘉靖二十三年張良知刻本。清李文藻跋。北圖藏。○按：《提要》云「其門人徐紳、吴遵、陶欽臯爲删補編次，刻於真定」，陶欽乃陶欽臯之脱誤。

矯亭存稿十八卷續稿八卷　明方鵬撰　五〇六五

兩淮馬裕家藏本（總目）。○《兩淮商人馬裕家呈送書目》：「《矯亭存稿》十八卷《續稿》六卷，明方鵬，六本。」○南京圖書館藏明嘉靖十四年刻十八年續刻本，作《矯亭存稿》十八卷《矯亭續稿》八卷。半葉十一行，行二十字，白口，左右雙邊。《存稿》題「崑山方鵬著，弟鳳編」。前有嘉靖十年辛卯吴仕序云「將鋟梓以傳」。《續稿》題「崑山方鵬著」。前有嘉靖十八年己亥周鳳鳴序云「《存稿》十八年昔在乙未既刻梓行世」,《續稿》「魏光禄子秀刻之家塾」。卷内鈐「洪鈞之印」、「文卿珍藏」等印記。《存目叢書》據以影印。原北平圖書館藏全本,王重民《善本提要》著録,現存臺北「故宫」。上圖亦有全本。重慶博物館僅有《續稿》。中科院圖書館《存稿》存卷一至六,《續稿》存卷一至四。

韓五泉詩集四卷附録二卷　明韓邦靖撰　五〇六六

浙江汪汝瑮家藏本(總目)。○《浙江省第四次汪汝瑮家呈送書目》:「《韓五泉詩》四卷,明韓邦靖著,一本。」○《浙江採集遺書總録》:「《韓五泉詩》四卷,刊本,明山西左參議朝邑韓邦靖撰。」○北京圖書館藏明嘉靖十六年趙伯一刻本,作《韓五泉詩》四卷《附録》二卷。半葉九行,行十八字,白口,四周單邊。前有渭南劉鳳池序,又嘉靖十六年丁酉康海序云「臨潼趙伯一氏刻而傳焉」。印本漫漶。眉上有某氏手批。《存目叢書》據以影印。原北平圖書館藏一部,現存臺北「故宫」。○明嘉靖十九年樊得仁刻本,書名卷數,行款版式同前本。上圖、南圖藏。福建省圖藏一部有明徐𤊹題款,清林正青、高孝忠跋。○明嘉靖刻本,作《韓五泉詩》四卷《五泉韓汝慶附録》二卷。半葉十行,行十九字,白口,左右雙邊。中科院圖書館藏。○明萬曆四十年刻本,作《韓五泉詩》四卷《韓安人遺詩》一卷《韓五泉附録志傳》二卷,與韓邦靖纂《朝邑縣志》二卷合刻。山西大學、首都圖書館、四川省圖等藏。○清康熙十六年刻本,作《韓五泉先生詩集》四卷附《韓安人遺詩》一卷共一册。山西大學藏。○清嘉慶元年是政堂刻本,作《韓五泉詩集》二卷附《韓安人遺詩》一卷,與《朝邑縣志》二卷合刻。北圖、北大、陝西圖等藏。○清嘉慶七年刻本,作《韓五泉詩》四卷《附録》二卷附《韓安人遺詩》一卷，與《朝邑縣志》二卷合刻。中科院圖書館藏。日本靜嘉堂亦有是刻。

鳥鼠山人集二十九卷　明胡纘宗撰　五〇六七

兩淮馬裕家藏本（總目）。○《兩淮商人馬裕家呈送書目》：「《鳥鼠山人集》十六卷《後集》二卷，明胡纘宗，八本。」○《江蘇省第一次書目》：「《鳥鼠山人集》八本。」○《江蘇採輯遺書目録》：「《鳥鼠山人小集》十八卷，河南右布政天水胡纘宗著，刊本。」○《陝西省呈送書目》：「《鳥鼠山人小集》。」又：「《鳥鼠山人後集》。」○湖北省圖書館藏明嘉靖刻本，作《鳥鼠山人小集》十六卷《後集》二卷。《小集》題「國子生吴郡馬驥校，國子生江陰徐中孚校，國子生門人長洲歸仁編」。半葉十一行，行二十字，白口，四周單邊。前有嘉靖十五年丙申崔銑序，嘉靖七年戊子伍餘福序，嘉靖十六年丁酉王慎中序，顧夢圭序，嘉靖十八年己亥李濂序，嘉靖十五年丙申袁袠序。李序云：「樂睹刻集之成，得以嘉惠海内學者於無窮。」蓋即刻成於嘉靖十八年。《後集》題「諸子胡祕、諸生關畿校」。半葉九行，行十九字，白口，四周單邊。無序跋。版多漫漶，尚無補刊。《存目叢書》據以影印。人民大學亦有是刻。北師大、山東大、南圖等有《小集》。川圖有《小集》白綿紙印本，有渭南嚴氏賁園書庫藏書印。○明嘉靖刻清順治十三年周盛時補修本，包括《鳥鼠山人小集》十六卷《後集》二卷《近取編》二卷《願學編》二卷《擬漢樂府》八卷《可泉擬涯翁擬古樂府》二卷《附録》二卷《補遺》一卷《雍音》一卷《唐雅》八卷附《榮哀録》二卷。北大、上圖、津圖、山東圖等藏。○《可泉四岳集》七卷，明嘉靖刻本。南開大學藏。○《可泉辛巳集》十二卷，明嘉靖刻本。保定市圖藏。原北平圖書館、日本内閣文庫有嘉靖四年江陰徐中孚等刻本十三卷。據王重民《善本提要》，是集以十二支分爲十二集，又加一閏集，凡十三卷。辛巳爲正德十六年，初名《正德集》，故書口猶刻「正德集」。○按：是集版本沿革及《四庫提要》計卷之誤詳王重民《善本提要》。

擬涯翁擬古樂府二卷　明胡纘宗撰　五〇六八

陝西巡撫採進本(總目)。○《陝西省呈送書目》：「《擬古樂府》。」○湖北圖書館藏明嘉靖三十六年汪瀚刻本，作《可泉擬涯翁擬古樂府》二卷。題「太康張光孝評，清渭胡統宗注」。半葉十行，行十九字，白口，四周單邊。卷一末刻「諸生胡禬、胡補、胡禩、胡褀校，秦亭楊諓録」三行。卷二末刻「諸生胡祛、胡祕、胡祑、胡袀校，秦亭楊諓録」三行。前有訥序，佚去末葉，不知姓氏，云「邑令汪瀚付梓以傳」。又嘉靖三十二年胡纘宗引，嘉靖三十六年胡統宗序。刷印稍晚，尚無補版。《存目叢書》據以影印。北圖、上圖等亦有是刻。又順治十三年修補本，參前條。

擬漢樂府八卷　明胡纘宗撰　五〇六九

陝西巡撫採進本(總目)。○《陝西省呈送書目》：「《擬漢樂府》。」○湖北圖書館藏明嘉靖十八年楊祜、李人龍刻本八卷，又《補遺》一卷《附録》二卷。題「歷下谷繼宗輯解，平原鄒頤賢評校」。半葉十行，行十九字，白口，四周單邊。前有胡纘宗序，又嘉靖十八年己亥楊祜序云：「祜不敏，獲承指授，迺偕谷子繼宗、鄒子頤賢、李子人龍輯而傳焉。」又嘉靖十八年濟寧靳學顏序，嘉靖十八年王崇慶序，嘉靖十八年馬汝驥序，嘉靖十八年谷繼宗題辭。末有嘉靖十八年藍田後序。版多漫漶，尚無補刊。《存目叢書》據以影印。北圖、上圖等亦有是刻。又嘉靖刻順治十三年修補本，參前二條。

邃谷集十二卷　明戴冠撰　**五〇七〇**

兩淮馬裕家藏本（總目）。〇《兩淮鹽政李呈送書目》：「《邃谷集》十二卷，明戴冠，二本。」〇南京圖書館藏明嘉靖二十七年張魯刻本，作《戴氏集》十二卷。題「奉直大夫知信陽州吉水安厓張魯校刊」。半葉八行，行十八字，白口，四周單邊。有嘉靖二十七年張魯序，嘉靖十八年己亥任良幹序。末有男川跋。鈐「陳氏藏書子孫永寶」、「陳氏藏書」、「陳氏書崖手閱善本」、「承雅堂藏書」、「汪魚亭藏閱書」、「丁氏八千卷樓藏書印」、「四庫坿存」等印記。《存目叢書》據以影印。河南省圖、石家莊市圖、原北平圖亦有是刻。〇中國科學院圖書館藏明藍格鈔本，作《戴氏集》十二卷。〇明嘉靖至萬曆刻《盛明百家詩》前編有《戴學憲集》一卷。

少岷拾存稿四卷附司徒大事記一卷　明曾璵撰　**五〇七一**

兩廣總督採進本（總目）。〇《兩江第一次書目》：「《少岷拾存稿》，明曾璵著，四本。」按：此書見兩江進呈目，則浙本《總目》作兩廣，乃兩江之誤。殿本《總目》不誤。〇美國哈佛大學哈佛燕京圖書館藏明曾士彥刻本，存卷一至卷三（詳沈津《哈佛燕京善本書志》）。

毛襄懋集十八卷　明毛伯温撰　**五〇七二**

江西巡撫採進本（總目）。〇《江西巡撫海第二次呈送書目》：「《毛襄懋全集》八本。」〇清華大學藏清乾隆三十七年毛仲愈等刻本，半葉十行，行二十字，白口，四周雙邊。版心總名《毛襄懋先生集》，包括《毛襄懋先生文集》八卷《東塘詩集》十卷《毛襄懋先生奏議》二十卷《毛襄懋先生別集》十卷，均題「元孫仲愈、礽孫綜占元重梓」。卷首又有《先公年譜》一卷，毛棟撰，《御書世彙》三卷《榮哀録》一卷《毛襄懋先生幽光集》二卷《附書》一卷《行狀》一卷《墓志銘》一卷。《年譜》後有毛仲愈跋，謂是集之刻「經始乾隆庚寅仲夏，越壬辰秋而書告成」。則爲乾隆三十五年至三十七年毛仲愈等刻本。《存目叢書》據以影印，唯《詩集》、《奏議》已分別影印，此不重出。上圖、江西省圖亦有是刻。上圖本封面刻「乾隆壬辰年重鐫」、「世恩堂藏板」。卷端署名同清華本。

東塘詩集十卷　明毛伯温撰　　五〇七三

浙江范懋柱家天一閣藏本（總目）。〇《浙江省第五次范懋柱家呈送書目》：「《東塘詩集》十卷，明毛伯温著，四本。」〇《浙江採集遺書總録》：「《東塘詩集》十卷，刊本，明太子太保吉水毛伯温撰。」〇北京圖書館藏明嘉靖十九年王儀刻本，作《東塘集》十卷。題「吉水毛伯温著」。半葉十行，行二十字，白口，左右雙邊。前有嘉靖十七年戊戌杜柟序，嘉靖十八年童承叙序，嘉靖十九年正月望日王儀序。末有嘉靖十八年唐龍序，嘉靖十九年陳一德跋。又吴江學諭葉稠嘉靖十九年立夏刻書牌記十二行，據牌記知刻成於嘉靖十九年三月，刻書地爲蘇州府鶴山書院。是集應王儀之請而刻，儀序末署「山東按察司副使奉勅整飭蘇州等處地方兵備」。卷内鈐「内府藏書」、「九峰舊廬珍藏書畫記」、「綬珊六十以後所得書畫」、「綬珊收藏善本」、「琅園祕笈」等印記。《存目叢書》據以影印。原北平圖書館藏一部，現存臺北「故宫」。日本内閣文庫亦有是刻。江西省圖有殘本。〇清乾隆三十七年毛仲愈等刻《毛襄懋公全集》本。參前條。

歐陽恭簡集二十二卷　明歐陽鐸撰　　**五〇七四**

浙江巡撫採進本(總目)。○《浙江省第六次呈送書目》：「《歐陽恭簡公集》二十二卷，明歐陽鐸著，六本。」○《浙江採集遺書總録》：「《歐陽恭簡公集》二十二卷，刊本，明吏部左侍郎泰和歐陽鐸撰。」○中山大學藏明嘉靖刻本，作《歐陽恭簡公文集》二十二卷。半葉十行，行二十字，白口，四周單邊。前有嘉靖三十三年甲寅彭黯序云「其子太學生獻編緝以見而並以序請」，又云「是集較定則爲張水部峯、周繕部贒宣、胡教諭直」。卷内鈐「雪苑宋氏蘭揮藏書記」、「宋筠」、「蘭揮」等印記。《存目叢書》據以影印。津圖、日本内閣文庫亦有是刻。原北平圖書館藏一部，現存臺北「故宮」。

東畬集十四卷　明錢琦撰　　**五〇七五**

浙江汪汝瑮家藏本(總目)。○《浙江省第四次汪汝瑮家呈送書目》：「《錢東畬集》十四卷，明錢琦著，八本。」○《浙江採集遺書總録》：「《錢東畬集》十四卷，刊本，明思南知府海鹽錢琦撰。」○《兩淮鹽政李續呈送書目》：「《臨江集》十四卷，明錢琦，四本。」○明隆慶錢蕃刻本，作《東畬先生家藏集》十四卷。半葉九行，行十八字，白口，左右雙邊。中科院圖書館、日本内閣文庫藏。○北京圖書館藏明萬曆三十二年錢蕃刻本，作《錢臨江先生集》十四卷《附録》一卷。題「海鹽錢琦公良著」。半葉九行，行十八字，白口，左右雙邊。前有萬曆六年戊寅王世貞序，嘉靖四十四年薛應旂序，隆慶二年戊辰彭輅序，嘉靖四十四年陸師道序。次「品藻」六則。後有萬曆三十二年甲辰錢蕃跋，據此跋知前刻爲初稿，後得著者手自定本，「視舊刻減什之三，而復有逸篇稍加于舊」，「乃亟謀諸友人姚叔祥氏裒次重鏤」。跋後有寫刻工：「秀州許嘉謨寫刻。」卷内鈐「白鹿山房鑒藏」、「空翠閣藏書印」、「秀埜艸堂顧氏藏書印」、「季振宜印」、「滄葦」等印記。《存目叢書》據以影印。北大、上圖、安徽博物館、重慶市圖、日本内閣文庫亦有是刻。○《東畬先生詩選》一卷，明俞憲輯，明隆慶五年刻本。浙圖藏。

峯溪集五卷外集一卷　明孫璽撰　五〇七六

浙江孫仰曾家藏本（總目）。○《浙江省第四次孫仰曾家呈送書目》：「《峯溪集》五卷《外集》一卷，明孫璽著，二本。」○《浙江採集遺書總録》：「《峯溪集》五卷，刊本，明山西按察使僉事平湖蕭玉撰。」○丁日昌《持靜齋書目》著録《峯溪集》五卷《外集》一卷《附録》一卷，鈔本，明孫璽撰。○臺灣「中央圖書館」藏鈔本，作《峰溪集》五卷《外集》一卷《附録》一卷共一册，半葉八行，行十六字，無格。有萬曆三年姚弘謨序、萬曆三年孫植跋，隆慶三年孫植跋。又曹溶、錢繼章、褚廷琯三跋。鈐「張芹伯」印。未知即丁氏書否。

棠陵集八卷　明方豪撰　五〇七七

浙江汪汝瑮家藏本（總目）。○《浙江省第四次汪汝瑮家呈送書目》：「《棠陵文集》八卷，明方豪著，四本。」○《浙江採集遺書總録》：「《棠陵文選》八卷，刊本，明湖廣按察副使開化方豪撰。」○臺灣「中央圖書館」藏明嘉靖刻本八卷四册，正文首題「棠陵文集卷之一」，次題「棠陵方豪著」。半葉十行，行二十二字，白口，雙黑魚尾，左右雙邊。前有嘉靖七年戊子七月陳德文《叙方詩》。前六卷文，後二卷詩。鈐「蕉林藏書」、「蒼巖子」、「觀其大略」、「吴興劉氏嘉業堂藏書記」等印記（參該館《善本書志初稿》）。原北平圖書館藏一部，現存臺北「故宫」。南圖亦有是刻。〇南京圖書館藏清錢塘八千卷樓丁氏鈔天一閣本，作《棠陵文集》八卷二册。〇天津圖書館藏清康熙十二年方元啟刻本，作《棠陵文集》八卷。卷一題「開化方豪思道著，福清魏憲惟度選，南城吴學炯星若訂，裔孫元啟竹友編」。半葉九行，行十八字，白口，左右雙邊。卷一至五文，卷六卷七詩，卷八補遺文四篇，又詩七首有目無文。前有康熙十二年劉友光序，康熙十二年裔孫元啟序，魏憲序。元啟序云：「公著作不下數十萬言，邑乘有云：已刻稿凡十數種，蓋猶九鼎一臠耳。今歷百餘年，而子孫衰微，近復遭兵火，其集多煨燼泯滅。……用是輯所存十百之一，復校讐簡訂之，又僅十之一耳，謹付諸梓。」《存目叢書》據以影印。按：《存目》所據當係嘉靖本，此康熙重編本，非嘉靖之舊。

五〇七八　鍾筠溪家藏集三十卷　明鍾芳撰

浙江范懋柱家天一閣藏本（總目）。〇《浙江省第五次范懋柱家呈送書目》：「《筠溪家藏集》三十卷，明鍾芳著，十本。」〇《浙江採集遺書總録》：「《筠溪家藏集》三十卷，刊本，明户部侍郎厓州鍾芳撰。」〇北京大學藏明嘉靖二十七年鍾允謙刻本，作《筠溪文集》三十卷。半葉十行，行十八字，白口，四周單邊。前有南海黄衷序，後有嘉靖二十七年男允謙後序，嘉靖二十七年林士元後序。林士元云：「大都憲筠溪鍾公既葬二年，其子知府君允謙收其遺稿，得若干卷，壽諸梓。」卷内鈐「傳經堂鑒藏」、「傳經堂印」、「華省劉氏家藏」、「曾在東山劉惺常處」等印記。《存目叢書》據以影印。

五〇七九　丁吏部文選八卷　明丁奉撰

江蘇巡撫採進本(總目)。○《江蘇省第一次書目》:「《丁吏部文選》四本。」○《江蘇採輯遺書目録》:「《丁吏部文選》八卷,吏部主事常熟丁奉著,宣城梅守箕選,刊本。」○《浙江省第四次孫仰曾家呈送書目》:「《丁吏部文選》十卷,明丁奉著,四本。」○《浙江採集遺書總録》:「《丁吏部文選》八卷,刊本,明吏部郎中常熟丁奉撰,宣城梅守箕選。」○北京圖書館藏明萬曆三十二年丁汝寬刻遞修本,作《南湖先生文選》八卷,又《補編》一卷,民國丁祖蔭鈔配。卷一首行題「南湖先生文選卷之一」,次題「姑蘇丁奉獻之甫著,宣城梅守箕季豹選」。半葉九行,行二十字,白口,四周單邊。版心上方題「丁吏部文選」。前有萬曆三十二年甲辰蔣以化序云:「其玄孫汝寬,合二稿而彙成一帙,謁名人采摘,拔其尤者梓之,曰《文選》。」又瞿汝説序,萬曆三十二年王錫爵序。卷八後有萬曆三十一年癸卯桂月玄孫汝寬跋云:「合録二稿,集成一帙,請諸名筆,選摘較訂,並乞序跋,分類付梓。」又崇禎十二年己卯玄孫孺端《先吏部文選小序》。後有《丁湖南先生文選補編》一卷,係鈔配,末有清雍正元年孟冬丁恂跋,謂家藏留稿一册,爲《文選》所遺,佳作什居六七,力微不能全梓,録詩詞一二,附於《文選》之末,棗梨之責則恂任之云云。知《補編》一卷爲雍正元年丁恂輯刻,此又從刻本録出。後有民國八年己未族孫丁祖蔭跋云:「南湖公著作傳本不概見,甲辰秋始得《吏部文選》於海上,乃萬曆間公玄孫含華公諱汝寬刻本也。又從菰里瞿氏讀七世孫又懷公諱恂修補本勘之,本出一版，但卷首已剜去『宣城梅守箕季豹選』一行，題『玄孫汝端編輯』仝『弟汝憲、男鶴、男驥訂』，而易『姑蘇』爲『古吴』。多《補編》一卷，係又懷公手輯集外詩，亟録之以附卷尾。又別得無膠公諱汝端小叙兩頁，亦後來增入者，併裝入册，可謂完矣。」然則丁祖蔭此本猶是未經修補者。剜改者似崇禎十二年丁孺端所爲。北圖又有丁孺端本，不附《補編》，知非丁恂所爲。《存目叢書》據丁祖蔭跋本影印。臺灣「中央圖書館」亦有未剜改本，張蓉鏡、劉承幹舊藏。○明萬曆三十二年丁汝寬刻崇禎十二年丁孺端修版印本，作《南湖先生文選》八卷。北圖、常熟市圖藏。○明萬曆三十二年丁汝寬刻崇禎十二年丁孺端修版清雍正元年丁恂增刻本，作《南湖先生文選》八卷《補編》一卷。北圖、中國社科院文學所藏。

漁石集四卷　明唐龍撰　　**五〇八〇**

兩淮鹽政採進本(總目)。○《兩淮鹽政李呈送書目》：「《漁石集》四卷，明唐龍，四本。」○《兩江第一次書目》：「《漁石集》，明唐虞佐著，四本。」○《編修勵第一次至六次交出書目》：「《漁石集》，明唐龍撰，二本。」○明嘉靖十一年王惟賢刻本，作《唐漁石集》四卷。半葉十行，行二十字，白口，左右雙邊。北大、中國社科院文學所、吉大藏。北圖本存卷一至三。○上海圖書館藏明嘉靖刻本，作《漁石集》四卷。半葉十行，行二十字，白口，四周單邊。前有嘉靖十一年康海序，嘉靖十三年黄省曾序。版心刻工：福建余子校刊。卷内鈐「吴縣潘氏圖書」、「景鄭祕笈」等印。《存目叢書》據以影印。北圖、中國社科院歷史所、南圖、重慶圖亦有是刻。○民國永康胡氏退補齋刻本，《金華叢書》之一。○民國二十四年商務印書館據《金華叢書》本排印,收入《叢書集成初編》。○《漁石唐先生詩集》八卷,明嘉靖二十四年彭年刻本,半葉十行,行二十一字,白口,左右雙邊。北圖、湖南師大藏。

涂水集八卷　明寇天敘撰　**五〇八一**

浙江朱彝尊家曝書亭藏本(總目)。○《浙江省第五次曝書亭呈送書目》:「《涂水集》五卷,明寇天敘著,五本。」○《浙江採集遺書總録》:「《涂水集》五卷,刊本,明兵部右侍郎榆次寇天敘撰。」○北京圖書館藏明嘉靖寇陽刻藍印本,作《涂水先生集》六卷。卷一詩,卷二至五文,卷六係附録,收唐龍撰《傳》。半葉十行,行二十字,白口,左右雙邊。前有閩人陳元珂叙,目録後有嘉靖三十一年壬子趙祖鵬識語,謂冢器監司公博搜先生遺文將鋟諸梓。又據卷尾吕柟撰墓志銘,天敘長子名陽,即輯刻是集者。《存目叢書》據以影印。臺灣「中央圖書館」亦有是刻。

東廓集十二卷　明鄒守益撰　**五〇八二**

江西巡撫採進本(總目)。○《浙江省第四次汪啟淑家呈送書目》:「《東廓文集》十二卷,明鄒守益著,六本。」○《浙江採集遺書總録》:「《東廓文集》十二卷,刊本,明南京祭酒安福鄒守益撰。」○《江蘇省第一次書目》:「《鄒文莊集》六本。」○《江蘇採輯遺書目録》:「《鄒文莊集》十二卷(一名《東廓集》),太常寺少卿安福鄒(守)益著。」○明嘉靖十七年洪垣刻本,作《東郭先生文集》九卷。半葉九行,行十八字,白口,四周雙邊。原北平圖書館藏一部,王重民《善本提要》著録,云有嘉靖十七年林春序，嘉靖十七年洪垣後序。該書現存臺北「故宫」。南圖、廣東中山圖亦有是刻。○明隆慶六年邵廉刻本，作《東廓鄒先生文集》十二卷。半葉十行，行二十字，白口，四周單邊。南圖藏一部，丁丙《善本書室藏書志》著録，云有隆慶壬申淮安馬森序。遼圖、日本京都大學人文所亦有是刻。○臺灣「中央圖書館」藏明嘉靖末刻本，作《東廓鄒先生文集》十二卷《東廓鄒先生遺稿》存八卷。題「門人宛陵周怡校，不肖男善輯」。半葉十行，行二十一字，白口，四周單邊。版心下方記刻工：王秀、程彦令、杜金、程信、郭乾、孫志强、孫强、劉本元、程儀、張若時、程儒、劉文孝、吴海、劉花、常愚、常于、劉思智、袁孟朝、元孟朝、劉三介、趙志信、祝崇信、劉成、成仲燈、成仲登、郭偉、李思義、文照、文昭。卷内鈐「慈谿畊餘樓藏」、「馮氏辨齋藏書」、「得一居珍藏印」、「劉承幹字貞一號翰怡」、「吴興劉氏嘉業堂藏書印」等印記(參該館《善本書志初稿》)。《嘉業堂藏書志》有董康爲是本所作提要，定爲「隆慶間刊本」。○明刻本，作《東廓鄒先生遺稿》十一卷。半葉十行，行二十一字，白口，四周單邊。甘肅省圖、重慶市圖藏。○明刻本，作《鄒文莊公全集》十二卷。半葉八行，行二十字，白口，四周單邊。○北京大學藏清刻本十二卷，正文首題「東廓鄒先生文集卷之一」，次題「中順大夫建寧府知府後學同邑劉佃彙選，奉政大夫建寧府同知欒安董燧編次，承直郎建寧府通判舊學南昌黄文明掄集，大學生門人程寬校，奉政大夫嚴州府同知門人同邑周業孔覆校，門人周怡、宋儀望、邵廉續編，男義、美、善、養、蓋覆梓，孫德涵、德溥、德泳、德灌、德藻、德濤、德滜、德淇、德鴻、德潞、姪孫德漴、曾孫衮立、戴明、啟明、憲明，玄孫世祚、蓮芳重輯」，與《四庫提要》合。前有隆慶六年晚學生淮安馬森序云：「先生之季子顥泉君又辱在交遊，有同志之雅，今來長憲吾閩，風化所被，猶仰象賢，間以先生文集若干卷示森，曰將梓之以惠來學，命森叙之。」此馬森爲隆慶六年邵廉刻本所作序。隆慶本半葉十行，行二十字，白口，四周單邊。此本半葉九行，行二十四字，白口，左右雙邊，當係鄒守益子孫重刻之本。此本卷一首葉顯係改刻，曾孫、玄孫當係改刻時增入，故全書均半葉九行，唯卷一前半葉十行，且行格歪斜，文字擁擠。又玄、弘字缺筆。疑萬曆間重刻，明末至乾隆間遞修刷印本，故卷内遇明帝提行，而卷端明代諸官銜均不冠「明」字。卷内鈐「皖南張師亮筱漁氏校書篤素堂」、「篤素堂藏書」、「張之銘古驩室藏書印」、「四明張氏古懽室藏書記」、「停雲閣」等印記。《存目叢書》據以影印。○清光緒三十年嗣孫仁重刻本，作《東廓鄒先生遺稿》十三卷八册，上海圖書館藏，王培孫故物。○《鄒東廓先生詩集》八卷，明萬曆刻本。半葉十行，行二十字，白口，四周雙邊。江西省圖藏。上圖有殘本。○《鄒東廓先生文選》四卷，鄒善輯，明隆慶六年宋儀望刻本。半葉十行，行二十字，白口，四周單邊。天津圖書館藏。

陽峰家藏集三十五卷　明張璧撰　**五〇八三**

浙江孫仰曾家藏本（總目）。○《浙江省第四次孫仰曾家呈送書目》：「《陽峯家藏集》三十六卷，明張璧著，十本。」○《浙江採集遺書總録》：「《陽峯家藏集》三十八卷，刊本，明大學士石首張璧撰。」○《江蘇省第一次書目》：「《陽峯集》四本。」○《江蘇採輯遺書目録》：「《陽峯集》三十六卷，大學士張碧著，刊本。」○浙江圖書館藏明嘉靖二十四年張氏世恩堂自刻本，作《陽峯家藏集》三十六卷。

半葉十一行，行二十字，白口，左右雙邊。版心下方刻「世恩堂」三字。前有嘉靖二十二年癸卯顧璘序，嘉靖二十四年許成名序，嘉靖二十三年徐階序，嘉靖二十四年孟春熊過序，像，像贊。許序云：「公一日過予，道《家藏集》刻成，且令叙之。」《存目叢書》據以影印。南開、臺灣「中央圖書館」亦有是刻。

五〇八四

鬴菴遺稿十卷　明柴奇撰

江蘇巡撫採進本（總目）。○《江蘇省第一次書目》：「《鬴菴遺稿》四本。」○《江蘇採輯遺書目録》：「《鬴菴遺稿》十卷，明柴奇著，四本。」○《浙江採集遺書總録》：「《鬴菴遺稿》十卷，崐山柴奇著。」○《浙江省第四次孫仰曾家呈送書目》：「《鬴菴遺稿》十卷，刊本，明應天府尹崑山柴奇撰。」○原北平圖書館藏明嘉靖刻崇禎八年柴胤璧修補印本，題「崑山柴奇著」。半葉十行，行十八字，白口，左右雙邊。前有嘉靖三十九年庚申孟夏南京國子監祭酒鄒守益序，南京太僕寺卿周復俊序，正德十六年辛巳三月自記。後有外孫徐壽昌後序，崇禎乙亥（八年）五世孫胤璧跋云：「歲久板中多蠹缺，璧殫精訂補，並考正魯魚亥豕之誤。」唯「崇禎」二字挖改爲「嘉靖」，不知文内尚有「萬曆丙戌」之語，亦拙於作僞者。此本現存臺北「故宫」，《存目叢書》用北圖所存膠片影印。上圖、臺灣「中央圖書館」、日本内閣文庫亦有是刻。○南京圖書館藏清葉氏五百經幢館鈔本。

五〇八五

巽峯集十二卷附録一卷　明尹襄撰

兩淮鹽政採進本（總目）。○《兩淮鹽政李續呈送書目》：「《巽峯集》十二卷，明尹襄，四本。」○原北平圖書館藏明嘉靖二十七年尹祖懋四川刻本八册。半葉九行，行二十字。趙萬里《北平圖書館善本書志》著録，云有嘉靖三十一年黄佐序，嘉靖十年辛卯林文俊序，嘉靖二十七年戊申曹韓書後，鄭威後序，高翀跋，嘉靖二十七年戊申男祖懋跋，蔣宗魯跋。鈐「翰林院印」。三四兩俱不足。王重民《善本提要》亦著録。現存臺北「故宫」。北京圖書館有膠片。○安徽省圖書館藏清光緒七年永新尹氏永錫堂刻本，卷一題「明永新尹襄著，裔孫桃珠、蟠珠等重刻」。目録後有光緒七年辛巳宗後學繼美識語，言刻書始末。封面刻「光緒辛巳重刻」、「永錫堂藏板」。《存目叢書》據以影印。日本京都大學人文所亦有是刻。

平田詩集二卷　明管楫撰　五〇八六

陝西巡撫採進本(總目)。○《陝西省呈送書目》：「《平田集》。」

費文通集選要六卷　明費宷撰　五〇八七

江蘇巡撫採進本(總目)。○《江蘇省第一次書目》：「《二文合集》四本。」○《兩淮商人馬裕家呈送書目》：「《文通集》六卷，明費宷，二本。」○《浙江省第六次呈送書目》：「《費文通公集》六卷，明費宷著，四本。」○《浙江採集遺書總録》：「《費文通公集》五卷，刊本，明禮部尚書鉛山費宷撰。」○《江西巡撫海第二次呈送書目》：「《費文通集》二本。」○《提要》云：「所著文名《鐘石集》，本二十四卷。此本乃劉同升、許穀所選，與其兄宏詩文合刻之本也。」○北京大學藏明崇禎刻清印《費文憲公文通公合集》本，作《明少保費文通公文集選要》六卷。題「上元許穀、吉水劉同升閲選」。半葉八行，行十八字，白口，四周單邊。前有許穀序。鈐「退耕堂藏書記」印。《存目叢書》據以影印。《中國古籍善本書目》著録明甲秀園刻《二文公文集》本，江西圖、河南圖、中山大學藏，乃是一版。○《費鐘石先生文集》二十四卷，明隆慶四年季德甫刻本八册，半葉十二行，行二十二字。有隆慶四年季德甫序，許穀序，隆慶五年朱孟震跋，隆慶五年費懋謙跋。王重民《善本提要》著録，原北平圖書館藏，現存臺北「故宫」。日本内閣文庫亦有是刻。○《費文通公集選》四卷，明張煒等輯，明萬曆十二年序男懋謙重刻本，日本宫内廳書陵部藏。北圖殘存卷一卷二。

東巖詩集八卷　明夏尚樸撰　　**五〇八八**

浙江巡撫採進本（總目）。○《浙江省第六次呈送書目》：「《夏東巖詩集》六卷，明夏尚樸著，六本。」○《浙江採集遺書總録》：「《夏東岩文集》六卷《詩集》六卷，刊本，明南京太僕寺少卿永豐夏尚樸撰。」○《兩淮鹽政李續呈送書目》：「《明夏東巖集》十二卷二本。」○南京圖書館藏明嘉靖四十五年斯正刻本，作《夏東巖先生詩集》六卷。題「永豐縣知縣東陽斯正編次，直隸邳州判子壻劉寘編輯，叙州府同知門人周宗正校正，男貢同校」。半葉十行，行二十字，白口，四周單邊。鈐「汪魚亭藏閱書」、「曾經八千卷樓所得」等印記。有丁丙手跋。《存目叢書》據以影印。北圖有是刻，《文集》《詩集》各六卷。北大有《文集》六卷，四庫底本。○《夏東巖先生文集》十四卷，清康熙三十八年傅而保刻本。半葉九行，行二十二字，白口，四周雙邊。清華、日本靜嘉堂藏。○按：《存目》所據爲浙江巡撫呈本，浙江進呈目作六卷，與傳世嘉靖本合。則《存目》作八卷，恐係六卷之形誤。

古菴文集十卷　明毛憲撰　**五〇八九**

兩江總督採進本（總目）。〇《兩江第二次書目》：「《古菴文集》，明毛憲著，六本。」〇山東大學藏明嘉靖四十一年毛訢刻本，作《古菴毛先生文集》十卷。題「後學葉金編校」。半葉十行，行二十字，白口，左右雙邊。版心刻工：何京、王告等。前有明嘉靖四十二年癸亥萬士和序云：「其子訢刻先生之集，以其序屬余。」又嘉靖四十一年壬戌六月男訢《記刻先君黄門古翁文集小引》云：「始工於嘉靖壬戌三月，畢工於是年六月。」封面刻「永思堂藏板」。卷十第四十三葉、四十四葉係後來補版。卷内鈐「渠丘曹愚盦氏藏書」印。《存目叢書》據以影印。青島博物館、臺灣「中央圖書館」亦有是刻。〇民國三十八年毘陵文獻徵存社排印本，作《毛古菴先生全集》，包括《諫垣奏草》四卷、《文集》十卷、《毘陵正學編》一卷，共二册。東北師大藏。

蓉川集七卷　明齊之鸞撰　**五〇九〇**

兩江總督採進本（總目）。〇《兩江第二次書目》：「《蓉川集》，明齊之鸞著，二本。」〇山西大學藏清康熙二十年齊山悠然亭刻本，作《蓉川集》四卷《入夏録》三卷《贈言》一卷《贈言附録》一卷附《蓉川公年譜》一卷。目録題「桐城齊之鸞瑞卿著，後學潘江蜀藻定，四世孫山秋甫校，五世孫九疇公瓚、昶方升、六世孫永肇奕仝輯」。半葉十一行，行二十一字，黑口，四周雙邊。前有康熙二十年潘江《重刻蓉川集序》云：「其曾孫山，率其雲仍，攟摭類次，募工繕寫，都爲一集，後爲之捐金鏤版，以傳於世。」封面刻「悠然亭藏板」。卷内鈐「四明盧氏抱經樓藏書印」、「閒田張氏聞三藏書」等印記。卷首有《蓉川公年譜》一卷，其孫齊祖名撰。《存目叢書》據以影印。北圖亦有是刻。○清光緒二十三年桐城徐宗亮重刻本四卷附年譜一卷，上圖、東北師大藏。○民國六年排印本四卷附年譜一卷（見《皖人書録》）。

節愛汪府君詩集二卷　明汪文盛撰　**五〇九一**

浙江范懋柱家天一閣藏本（總目）。○《浙江省第五次范懋柱家呈送書目》：「《節愛汪府君詩集》二卷，明汪文盛著，一本。」○《浙江採集遺書總録》：「《節愛汪府君詩集》一册《年譜》一卷，寫本，明大理寺卿崇陽汪文盛撰，傅汝舟編。」○按：傅汝舟，《提要》誤爲傅海舟。文盛嘉靖間知福州，有惠政，郡人爲立節愛祠。汝舟，萬曆間福建侯官人，因爲輯是集。未見傳本。○《汪白泉先生選稿》十二卷，明汪文盛撰，明楊慎、汪宗凱選，明嘉靖汪宗伊刻本。原北平圖書館藏，現存臺北「故宫」。○《白泉家稿》一卷，明汪文盛撰，清鈔本，清魯瑶仙、丁丙跋，《善本書室藏書志》著録，現藏南圖。

後齋遺稿二卷　明陳憲撰　**五〇九二**

浙江汪汝瑮家藏本（總目）。○《浙江省第四次汪汝瑮家呈送書目》：「《後齋遺稿》二卷，明陳憲著，一本。」○《浙江採集遺書總録》：「《後齋遺稿》一册，刊本，明餘干陳憲撰。」○原北平圖書館藏明嘉靖二十一年陳照刻本二卷一册，現存臺北「故宫博物院」。王重民《善本提要》著録。

桃谷遺稿一卷　明陸俸撰　**五〇九三**

兩淮馬裕家藏本（總目）。○《兩淮商人馬裕家呈送書目》：「《桃谷遺稿》一卷，明陸俸，一本。」

〇《振綺堂書録》著録楊潛夫鈔本。

漸齋詩草二卷　明趙漢撰　**五〇九四**

浙江巡撫採進本（總目）。〇《浙江省第八次呈送書目》：「《漸齋詩草》二卷，明趙漢著，二本。」〇《浙江採集遺書總録》：「《漸齋詩草》二卷，刊本，明山西参政平湖趙漢撰。」〇上海圖書館藏明嘉靖三十四年刻本，半葉十行，行二十字，白口，四周雙邊。前有海寧許相卿序，乙卯趙漢序。後有嘉靖三十四年乙卯餘姚錢德洪序。鈐「曾留吴興周氏言言齋」、「越然」、「周越然」等印記。《存目叢書》據以影印。原北平圖書館藏是刻，王重民《善本提要》著録，今存臺北「故宫」。〇民國平湖胡宛春鈔本二卷二册，胡氏藏（見《浙江文獻展覽會專號》）。〇《漸齋奏疏》四卷，明趙漢撰，明萬曆二十四年家刻本。臺灣「中央圖書館」藏。

襄敏集四卷　明王以旂撰　**五〇九五**

浙江汪啟淑家藏本（總目）。〇南京圖書館藏明萬曆元年王篇刻本，作《王襄敏公集》四卷。半葉十行，行二十一字，白口，四周雙邊。前有萬曆元年李己序。後有萬曆元年王永壽《刻王襄敏公集後序》，萬曆二年大明府清豐縣儒學教諭陳懋芳書後，萬曆元年男篇跋。據諸序跋，知係萬曆元年王篇刻於天雄者。版心記刻工：刘克明、苗居、沈都、裴世壘、刘文登刊、金、万、孝、魁、見。首葉鈐「翰林院印」滿漢文大官印，又鈐「詩龕書畫印」、「詩裏求人，龕中取友，我裒如何，王孟韋柳」、「雲間」、「存雅樓弘農氏珍藏」、「韓氏藏書」、「丁氏八千卷樓藏書記」、「四庫坿存」等印記。前有丁丙手跋二則。《善本書室藏書志》卷三十六著録。《存目叢書》據以影印。

琴溪集八卷　明陳寰撰　　**五〇九六**

兩淮鹽政採進本(總目)。○《兩淮鹽政李呈送書目》：「《琴溪集》八卷，明陳寰，二本。」○明萬曆四十五年陳玉陛刻《二陳先生全集》本，作《祭酒琴溪陳先生集》八卷附一卷。半葉九行，行十九字，白口，左右雙邊。北圖、北大、日本内閣文庫藏。北圖本殘破。北大本當時未查出，故《存目叢書》未得影印。今檢《北京大學圖書館藏古籍善本書目》，有《兩陳公文集二種》二十四册，明陳察、陳寰撰，陳玉陛輯，明萬曆常熟陳氏家刻本。即《二陳先生全集》也。○《陳虞山琴溪二先生家書》不分卷，明陳察、陳寰撰，稿本。上圖藏。

八厓集十三卷　明周廷用撰　　**五〇九七**

浙江巡撫採進本(總目)。○《浙江省第十二次呈送書目》：「《八厓詩文集》九卷《緒論》四卷，明周廷用著，十本。」○《浙江採集遺書總録》：「《八厓詩文集》九卷《緒論》二卷，刊本，明按察副使華容周廷用撰。」○北京圖書館藏明刻本十三卷，存卷二卷四卷九共三卷三册。半葉十行，行十八字，細黑口，四周雙邊。日本東京内閣文庫有明嘉靖十年序刻本《八厓集》九卷《緒論》四卷。未知異同。○清乾隆十三年周慶增刻本，作《八厓集》七卷。半葉八行，行十九字，白口，四周雙邊。中科院圖書館藏。天一閣文管所有殘本。

五〇九八

常評事集一卷　明常倫撰

山西巡撫採進本（總目）。〇《山西省呈送書目》：「《常評事集》。」〇北京大學藏明刻本，作《常評事集》四卷《寫情集》二卷。《常評事集》題「沁水常倫著，邑人韓范編輯，汝南陳昌言校」，半葉十行，行十八字，白口，四周單邊。版心下記刻工：章循、吴門章循、章啟人，吴門章啟人刻、肖邦魯。前有嘉靖七年戊子瑞泉南大吉序，序後有「新安後學羅文瑞書」一行。書後有嘉靖七年某氏跋。《寫情集》題「沁水常倫著」，行款版式字體同，當是一時所刊。考李國慶《明代刊工姓名索引》，章循刻書多種，嘉靖四十一年刻《野客叢書》，嘉靖四十三年刻《齊乘》，萬曆十七年刻《王奉常集》，萬曆十八年刻《河防一覽》，其活動年代在明嘉靖後期至萬曆前期。章啟人亦參加刊刻《河防一覽》。則是刻亦在嘉靖後期至萬曆前期。《存目叢書》據以影印，據南大吉序定爲嘉靖七年平陽太守王溱刻本，未碻，蓋重刻王本也。北圖、上圖、南圖、臺灣「中央圖書館」等亦有是刻。南圖本丁丙舊藏，《善本書室藏書志》著録爲「嘉靖刻本」。臺灣「中央圖書館」藏本劉承幹故物，無《寫情集》，《嘉業堂藏書志》收董康提要，定爲「明嘉靖平陽太守王溱刻本」，亦非也。該館《善本書志初稿》定爲「明萬曆天啟間刻本」，揆以刻工，亦嫌太晚。〇明嘉靖隆慶間刻《盛明百家詩》前編本，作《常評事集》一卷。北圖、上圖、浙圖等藏。〇明刻本，作《常評事集》三卷。半葉十行，行十八字，白口，四周雙邊。上圖藏。〇民國間排印《山右叢書初編》本，作《常評事集》四卷《常評事寫情集》二卷。

五〇九九 鷗汀長古集二卷前集二卷别集二卷續集一卷漁嘯集二卷頓詩一卷 明頓鋭撰

直隸總督採進本(總目)。○《直隸省呈送書目》:「《鷗汀詩集》一本。」又:「《鷗汀詩全集》五本。」○臺灣「中央圖書館」藏明嘉靖間刻本,作《鷗汀集》二卷《續集》一卷《附録》一卷《鷗汀長古集》二卷《鷗汀漁嘯集》二卷《鷗汀别集》二卷,共四册。各集版式不一,非一時所刊。《鷗汀集》題「涿鹿頓鋭著,同郡史闕疑校」,半葉九行,行二十字,白口,單白魚尾,四周單邊。《鷗汀長古集》題「涿鹿頓鋭叔養著,不肖孤起潛校刊」,半葉九行,行十九字,白口,單黑魚尾,四周單邊。《鷗汀漁嘯集》題「涿鹿頓鋭著,同郡楊瀹校」,行款版式同《鷗汀集》。《鷗汀别集》題「涿鹿頓鋭著,同郡田汝麟校」,半葉十行,行二十一字,白口,單白魚尾,四周單邊。《鷗汀集》前有嘉靖八年己丑張潮《懷玉山亭記》。《長古集》前有户部郎中東京及泉梁策序,序文無年月,序後有鷗汀小傳。《漁嘯集》前有嘉靖三十四年河南布政使司右參政河中右山裴紳叙,嘉靖三十四年户部江西清吏司主事信陽岳東升序,後有嘉靖三十四年知信陽州事海虞鄒察後序。據岳序,《鷗汀集》係史闕疑守安吉時所刻,《續集》係「鶴峯史君」刻於姑蘇者,《漁嘯集》係嘉靖三十四年焦范溪刻於信陽者。據梁序,《長古集》係其子頓起潛任鄢陵知縣時所刻。《别集》則田汝麟所刻。鈐「于熙學」、「東始山房圖書記」等印記。于熙學,清雍正乾隆間山東文登人,東始山房爲其藏書之所。原北平圖書館有嘉靖三十四年刻《鷗汀漁嘯集》二卷、萬曆元年男起潛鄢陵刻《鷗汀長古集》二卷,見王重民《善本提要》、《中央圖書館善本書目》,今存臺北「故宫」。王氏謂梁策序在萬曆四十一年,恐誤。

杏東集十卷　明郭維藩撰　五一〇〇

浙江孫仰曾家藏本(總目)。○《浙江省第四次孫仰曾家呈送書目》:「《杏東集》十卷,明郭維藩著,四本。」○《浙江採集遺書總録》:「《杏東集》十卷,刊本,明翰林學士儀封郭維藩撰。」○上海圖書館藏明嘉靖四十一年蔡汝楠刻本,作《杏東先生文集》十卷。題「明太常寺少卿兼翰林院學士儀封郭維藩著,都察院右副都御史門人德清蔡汝楠校刻」。半葉十行,行二十二字,白口,四周雙邊。前有嘉靖四十一年壬戌蔡汝楠序云:「方伯趙君希夔得汝楠手授,命工雕刻,僅匝月工已竟。」末有嘉靖壬戌趙希夔刻書跋。刻工:孫弟、章松。《存目叢書》據以影印。美國國會圖書館有是刻,見王重民《善本提要》。○清乾隆十五年郭方康十笏齋刻本,書名卷數及行款同前本。山西大學藏。

海涯集十卷　明顧磐撰　五一〇一

浙江汪汝瑮家藏本(總目)。○《浙江省第四次汪汝瑮家呈送書目》:「《海涯文集》八卷,明顧磐著,二本。」○《浙江採集遺書總録》:「《海涯文集》八卷,刊本,明舉人通州顧磐撰。」○日本内閣文庫藏明嘉靖十六年男瑫刻本十卷附録一卷。正文首題「海涯文集卷之一」。半葉九行,行十八字,白口,左右雙邊。前有嘉靖十六年丁酉冬文徵明序,嘉靖丁酉八月上浣高郵面湖居士張綖世文《顧海涯文集序》,嘉靖丙申牛女渡河之夕致菴高遠叙云:「《海涯文集》十卷,其嗣子士奇刻于家塾,屬余叙之。」附録一卷爲錢嶫撰行狀、陳沂撰墓志銘。後有嘉靖丁酉四月望日不肖瑫刻書跋。《存目叢書補編》據以影印。

南湖詩集四卷　明張綖撰　**五一〇二**

浙江汪汝瑮家藏本(總目)。〇《浙江省第四次汪汝瑮家呈送書目》:「《張南湖集》四卷,明張綖著,四本。」〇《浙江採集遺書總録》:「《張南湖集》四卷,刊本,明光州知州高郵張綖撰。」〇上海圖書館藏明嘉靖三十年張守中刻本,作《張南湖先生詩集》四卷《附録》一卷。卷一題「後學孫張衮編輯」,正文末有「不肖孤守中校刊」一行。半葉十行,行十九字,白口,四周單邊。附録收墓志銘。卷前有明嘉靖三十一年壬子朱曰藩序云:「去年秋,先生嗣子惟一刻先生全集成,持過涇上,以序見屬。」知刻於嘉靖三十年。《存目叢書》據以影印。《中國古籍善本書目》著録爲嘉靖三十二年刻本,未知何據。《存目叢書》亦從《善本書目》。北師大、南圖、無錫市圖、雲大亦有是刻。王重民《善本提要》著録原北平圖書館藏是刻,有嘉靖十七年許檖序,張守中跋。上圖本無。〇大連圖書館藏明鈔本,作《南湖詩》一卷。〇張綖又有《入楚吟》一卷,嘉靖十七年蔣芝刻本,北圖藏。

古山集四卷　明桂華撰　**五一〇三**

江西巡撫採進本(總目)。〇《江西巡撫海第二次呈送書目》:「《古山集》四本。」〇《浙江省第四次孫仰曾家呈送書目》:「《古山文集》十二卷,明桂華著,四本。」〇《浙江採集遺書總録》:「《古山文集》十二卷,刊本,明舉人安仁桂華撰。」〇上海圖書館藏明刻本,作《古山先生文集》四卷。卷一僅存目録,原注云「文缺」。卷二至四爲詩。半葉九行,行十八字,白口,四周單邊。鈐「端居室」、

「正青」等印。《存目叢書》據以影印。○清乾隆三十八年刻本，作《古山先生文集》八卷附桂萼撰《年譜》一卷。山西大學、南圖、江西省圖藏。

渭厓文集十卷　明霍韜撰　**五一〇四**

江蘇巡撫採進本(總目)。○《江蘇省第一次書目》：「《渭涯文集》八本。」○《江蘇採輯遺書目録》：「《渭厓文集》十五卷，禮部尚書南雄霍韜著。」○《兩淮鹽政李呈送書目》：「《渭厓集》十卷，明霍韜，十本。」○明嘉靖三十一年家刻本，作《渭厓文集》十五卷《附録》一卷。題「後學刑部郎中星野盧孟陽編，後學刑部主事少汾冼桂奇校」。半葉十行，行二十二字，白口，四周雙邊。有嘉靖三十一年倫以諒序，嘉靖三十一年梁大畜跋。原北平圖書館藏一部，現存臺北「故宫」，王重民《善本提要》、臺灣《中央圖書館善本書目》著録。傅增湘嘗於宣統三年辛亥春在濟南書肆見一部，有倫序，見《藏園訂補郘亭書目》。按：盧孟陽似當作盧夢陽，南海人，嘉靖十七年進士。此據王重民《提要》，未敢遽改。○北京大學藏明萬曆四年霍與瑕刻本，作《渭厓文集》十卷。半葉十行，行二十二字，白口，四周雙邊。前有嘉靖三十一年倫以諒序。版心寫工刻工：鄒邦昰刻、余光寫、鄒孫二刻、鄒二刻、鄒賔刻、鄒太刻、郭榜刻、郭拱、熊念、豐城余光寫、鄒國相刻、鄒天明刊、鄒爵刻、郭完刻、鄒昰刊、郭京刻、姜勝刊、郭元、鄒天卿刻、郭彬、付奇、晏明、熊智、鄒安刊、熊曾、熊宠、郭登、翟仁、熊施、熊昇、熊念十刻、晏言、桓一、伯誠、郭㒳、翟才、熊偉刻、熊二、翟文、郭用、熊秋、翟良。鈐「无竟先生獨志堂物」印記。《存目叢書》據以影印。上圖、山東大學、蘇州圖、南大亦有是刻。○清康熙刻本，作《霍渭崖文集》十卷十册，南京圖書館藏，丁氏八千卷樓故物。○清同治元年石頭書院刻本，作《霍文敏公全集》十卷《石頭録》八卷首一卷，共十六册。上圖、復旦藏。

西原遺書二卷　明薛蕙撰　　**五一〇五**

直隸總督採進本(總目)。○南京圖書館藏明嘉靖四十二年王廷刻本，作《西原先生遺書》二卷。前有嘉靖四十二年王廷刻書序，後有沈珠敬、趙訥後序。鈐「八千卷樓」、「嘉惠堂丁氏藏書之印」、「四庫坿存」等印。有丁丙手跋。《存目叢書》據以影印。北圖、社科院歷史所、南大、臺灣「中央圖書館」亦有是刻。按：此與子部雜家重出。○《西原全集》十一卷，明薛蕙撰，清雍正三年鈔本。社科院文學所藏。○《西原全集》十二卷，明薛蕙撰，清薛世熹輯，清乾隆薛世熹鈔本。河南省圖藏。○《薛考功集》十卷《西原遺書》二卷，清道光何氏刻本。南圖、上圖藏。

谿田文集十一卷補遺一卷　明馬理撰　　**五一〇六**

兩江總督採進本(總目)。○《兩江第一次書目》：「《谿田文集》，明馬理著，四本。」○《陝西省呈送書目》：「《馬谿田公集》。」○明萬曆十七年張泮刻本，半葉八行，行十八字，白口，四周雙邊。無《補遺》。浙圖、中山大學藏。○清華大學藏明萬曆十七年張泮刻清乾隆十七年補修本，卷數同存目。卷一題「關中谿田馬理著，後學涇波雒遵序」，序後有「萬曆十七年六月吉旦刊」一行。據雒序知爲張泮刻。《補遺》後有九世孫錫鵬跋云：「萬曆中文溪張公宰治吾原，雅慕情切，旁搜遺文，刊爲是集。迄今百七十二年，棗栗之存，僅有其半，……照舊榻原本補刻其缺。」次列捐貲姓氏，末有「乾隆十七年歲次壬申八月中秋日」一行。封面刻「乾隆壬申闔邑紳士補刻」、「履謙堂藏板」。《存目叢書》據以影印。首都圖、上圖、東北師大、昆明師院、臺大、臺灣「中央圖書館」亦有是刻。○清嘉慶八年刻本,僅《谿田集補遺》一卷。北大藏,木犀軒故物。○清道光二十年刻本,作《谿田文集》十一卷《補遺》一卷《續補遺》一卷《搜遺》一卷,共六册。山西大學藏。

頤山私稿十卷　明吴仕撰　五一〇七

副都御史黄登賢家藏本(總目)。○《都察院副都御史黄交出書目》:「《頤山私集》四本。」○北京圖書館藏明嘉靖刻本,作《頤山私稿》十卷。半葉十一行,行二十字,白口,左右雙邊。前有嘉靖十九年庚子五月方鵬序。鈐「修敬堂書畫圖書」、「石藴玉以山輝水含珠而川媚」、「心與古人會」等印記。《存目叢書》據以影印。上圖、川圖亦有是刻。

南泠集十二卷　明蔣山卿撰　五一〇八

兩江總督採進本(總目)。○《兩江第二次書目》:「《蔣南泠集》,明蔣子雲著,四本。」○中國社會科學院文學研究所藏明嘉靖二十年喬佑刻本,作《蔣南泠集》十二卷。卷一題「門人洛陽喬佑校」。半葉十行,行十八字,白口,左右雙邊。前有嘉靖二十一年壬寅顧璘序,又嘉靖二十一年自序云:「洛陽喬子佑,敦門下之雅,乃爲之刻於太平臺中,刻之明年爲嘉靖壬寅。」鈐「博陵彭氏」、「彭紫符氏」、「安平彭氏收藏金石書畫記」、「迷古軒主人」、「彭志信印」、「紫符長壽」等印記。《存目叢書》據以影印。中科院圖書館亦有是刻。原北平圖書館藏是刻,現存臺北「故宫」,王重民《善本提要》著録，謂佚去序文。○明嘉靖至萬曆刻《盛明百家詩》內有《蔣南泠集》一卷。

函山集十卷　明劉天民撰　**五一〇九**

山東巡撫採進本（總目）。○《山東巡撫第二次呈進書目》：「《函山集》四本。」○吉林大學藏清鈔本，作《函山先生集》十卷。題「明進士濟南劉天民著，壬辰進士孫劉亮采校，後學蘭陽李夢麟梓」。半葉十二行，行二十二字，無格。前有嘉靖十九年庚子顧璘序，又萬曆二十四年李夢麟序云：「敬付剞劂，嘉惠來兹。」卷內鈐「林汲山房藏書」、「周永年印」、「借書園印」、「二萬石齋」等印，首葉鈐「翰林院印」滿漢文大官印，蓋周永年家藏本，經山東巡撫進呈四庫館者。卷内玄字缺末筆，胤、弘、曆字均不避諱，是康熙間寫本，其祖本則明萬曆二十四年李夢麟刻本也。《存目叢書》據以影印。○中國科學院圖書館藏清鈔本，作《函山先生文集》十卷。半葉九行，行二十字，無格。○《提要》云：「所著本有《蟲吟草閒集》、《刺壽稿》、《遊蜀稿》、《田閒集》諸目，其孫亮采彙而刻之，共爲此集。」王重民《善本提要》著録《遊蜀吟稿》二卷二册，明嘉靖間刻本，原北平圖書館藏，現存臺北「故宫」。

嵩渚集一百卷　明李濂撰　**五一一〇**

浙江汪汝瑮家藏本（總目）。○《浙江省第四次汪汝瑮家呈送書目》：「《嵩渚集》一百卷，明李濂著，十二本。」○《浙江採集遺書總録》：「《嵩渚集》一百卷，刊本，明山西按察僉事祥符李濂撰。」○浙江大學藏明嘉靖刻本，作《嵩渚文集》一百卷《目録》二卷。卷一題「大梁李濂川父」。半葉十行，行二十字，白口，四周單邊。前有嘉靖二十五年賈詠序，嘉靖二十四年張時徹序。鈐「江西汪石琴家藏本」等印記。《存目叢書》據以影印。北圖亦有是刻。北大藏殘本，存卷十二至十六、卷二十二至三十八，李木齋故物。

觀政集一卷　明李濂撰　**五一一一**

浙江范懋柱家天一閣藏本（總目）。○《浙江省第五次范懋柱家呈送書目》：「《觀政集》一卷，明李濂著，一本。」○《浙江採集遺書總録》：「《觀政集》一册，寫本，明山西按察僉事祥符李濂撰。」○北京圖書館藏明鈔本，半葉九行，行二十字，藍格，白口，四周雙邊。鈐「梁清標印」、「蕉林藏書」等印。《存目叢書》據以影印。

洞陽詩集二十卷　明顧可久撰　**五一一二**

浙江汪汝瑮家藏本（總目）。○《浙江省第四次汪汝瑮家呈送書目》：「《洞陽詩集》二十卷，明顧可久著，二本。」○《浙江採集遺書總録》：「《洞陽詩集》二十卷，刊本，明廣東按察副使無錫顧可久撰。」○《提要》云：「是編標曰《洞陽詩集》，而子目俱題曰《在澗集》。」○原北平圖書館藏明嘉靖間刻本，作《在澗集》九卷二册。題「勾吴顧可久」。半葉十行，行十八字。有嘉靖三十年王慎中序（參王重民《善本提要》）。現存臺北「故宫」。○明嘉靖至萬曆刻《盛明百家詩》内有《顧憲副集》一卷。○無錫圖書館有《顧洞陽遺詩》六卷，清鈔本（見《江蘇藝文志·無錫卷》）。○《清溪莊遺集》二卷，明顧可久撰，民國八年排印本。南開大學藏。

人瑞翁集一卷　明林春澤撰　**五一一三**

浙江巡撫採進本（總目）。〇《浙江省第六次呈送書目》：「《旗陽林氏三先生集》，明春澤、林如楚著，三本。」〇《浙江採集遺書總録》：「《旗陽林氏三先生集》四册，刊本。明程番知府侯官林春澤《人瑞翁集》，子户部右侍郎林應亮《少峯草堂集》，孫工部右侍郎如楚《碧麓堂集》。」〇北京圖書館藏明崇禎九年林慎刻《旗陽林氏三先生詩集》本，作《人瑞翁集》二卷。半葉八行，行十七字，白口，四周單邊。〇《人瑞翁詩集》十二卷，明萬曆八年序刻本。日本内閣文庫藏。〇《人瑞翁詩集》五卷，清鈔本。福建省圖書館藏。題「閩中百四歲翁旂峯林春澤德敷譔，男應亮編，後學王湛陳鳴鶴校」。半葉九行，行字不等，無格。鈐「三山陳居敬堂圖書」朱文長方印。前有某氏手跋云：「惟《存目》作一卷，聞鈔本有作五卷及十二卷者，此係五卷本。吾鄉耆舊詩文集，近歲零落殆盡，則此書彌可寶貴，子孫其永守哉。」《存目叢書》據以影印。〇《旗峯詩集》十卷，清鈔本，二册，原北平圖書館藏，現存臺北「故宫」。題「晉安旗峯林春澤著，門人棠邑常序梓行，泰和陳昌積集，廬陵吴炳校正」。半葉十一行，行二十五字。版心上魚尾下刻「重脩閩縣採訪書」七字，下魚尾下刻「天一閣鈔本」五字。鈐「登府手校」印。有李丕顯序，嘉靖十年常序序，嘉靖三十三年柯乾敷後序（參王重民《善本提要》）。

谷平文集五卷　明李中撰　**五一一四**

江西巡撫採進本（總目）。〇《江西巡撫海第二次呈送書目》：「《谷平文集》四本。」〇江西省圖書館藏清光緒十三年吉水葆元堂刻本,作《谷平先生文集》五卷附一卷,共四册。前有萬曆四十二年甲寅鄒元標序,嘉靖三十七年羅洪先序,清初玄孫鶴鳴識語,光緒十三年李存誠序。存誠序謂此集初刻於邑令山灣羅公,次刻於忠介鄒公,其後四世孫瞻玄重新翻刻,版經明末兵燹,因五世孫鶴鳴保護獲全。又謂「流傳日久,舊本無多」,「亟出資以雇手民,檢原集而新之」。末署「光緒十三年丁亥孟夏月葆元堂三十七世姪孫存誠拜手謹識」。《存目叢書》據以影印。

石居漫興稿二卷　明陳器撰　五一一五

浙江汪汝瑮家藏本(總目)。○《浙江省第四次汪汝瑮家呈送書目》:「《石居漫興》二卷,明陳器著,二本。」○《浙江採集遺書總録》:「《石居漫興》二卷,刊本,明刑部主事臨海陳器撰,孫承翁編。」

明水文集十四卷　明陳九川撰　五一一六

兩江總督採進本(總目)。○《兩江總督高第三次進到書目》:「《陳明水集》四本。」○《江西巡撫海第一次呈送書目》:「《陳明水集》六本。」○中山大學藏明嘉靖四十二年董君和編刻本,作《明水陳先生文集》,存卷一至七共三册。半葉十行,行二十二字,白口,四周雙邊或單邊。有圖像。○江西省圖書館藏清鈔本,作《明水陳先生文集》十四卷《附録》一卷,共四册。卷一題「門人董君和編梓,郡人董良、後學程寬校正,建陽縣丞包大中同校」。半葉十行,行二十六字,無格。前有嘉靖三十七年戊午王慎中序,像、贊,嘉靖四十六年丁巳董燧《奉遵崇太參王先生求文書》。《存目叢書》據以影印。

鹿原存稿九卷　明戴欽撰　五一一七

浙江汪汝瑮家藏本（總目）。○《浙江省第四次汪汝瑮家呈送書目》：「《鹿原存稿》九卷，明戴欽著，二本。」○《浙江採集遺書總録》：「《鹿原存稿》九卷，刊本，明刑部郎中栟州戴欽撰。」○北京圖書館藏明鈔本，作《鹿原集》十卷。題「玉溪戴欽著」。半葉十行，行二十四至二十六字不等，藍格，白口，四周單邊。鈐「吴興藥龕」、「沈德壽秘寶」、「抱經樓藏書印」等印記。《存目叢書》據以影印。

黄洛邨集二卷　明黄宏綱撰　五一一八

兩江總督採進本（總目）。○《兩江第一次書目》：「《黄洛村集》，明黄宏綱著，二本。」○《浙江省第四次孫仰曾家呈送書目》：「《洛村遺稿》二卷，明黄宏綱著，二本。」○《浙江採集遺書總録》：「《洛村遺稿》二卷，刊本，明刑部主事雩都黄宏綱撰。」○《江西巡撫海第二次呈送書目》：「《洛邨遺稿》二本。」

雙江文集十四卷　明聶豹撰　五一一九

江西巡撫採進本（總目）。○《江西巡撫海第一次呈送書目》：「《聶雙江集》十本。」○《浙江省第四次汪啟淑家呈送書目》：「《雙江文集》十四卷，明聶豹著，十二本。」○《浙江採集遺書總録》：「《雙江文集》十四卷，刊本，明兵部尚書永豐聶豹撰。」○北京大學藏明嘉靖四十三年吴鳳瑞刻隆慶六年印本，作《雙江聶先生文集》十四卷。題「禮部儀制司郎中從子靜編輯，永豐令後學蘄春吴鳳瑞校刻」。半葉十行，行二十一字，白口，四周雙邊。版心下刻「雲丘書院藏」五字。前有隆慶六年尹臺序,嘉靖四十三年吴鳳瑞序。鈐「豐府藏書」、「靖廷」等印記。《存目叢書》據以影印。上圖、山西大學亦有是刻。原北平圖書館藏一部,現存臺北「故宫」。○清康熙四十年雲丘書院刻本,作《明聶雙江先生文集》十四卷。半葉九行,行二十一字,白口,四周雙邊。浙圖、復旦、江西省圖、南圖、日本内閣文庫藏。

東洲集二十卷續集十卷　明崔桐撰　五一二〇

江蘇巡撫採進本(總目)。○《兩江第一次書目》:「《東洲集》,明崔桐著,十本。」○《浙江省第四次孫仰曾家呈送書目》:「《東洲集》二十卷,明崔桐著,八本。」○《浙江採集遺書總録》:「《東洲集》二十卷,刊本,明南京禮部右侍郎海門崔桐撰。」○中山大學藏明嘉靖二十九年曹金刻三十四年周希哲續刻本,作《崔東洲集》二十卷《東洲續集》十一卷。半葉十行,行二十字,白口,左右雙邊。《崔東洲集》題「維揚崔桐撰」,前有嘉靖二十九年庚戌大粱曹金序云:「取而梓之。」《續集》題「維揚崔桐撰,竹西葉觀、艾陵沈珠同校正」,後有嘉靖三十四年乙卯周希哲《書東洲續集後》云:「近時所著,又復成帙,間因索而讀之,續而刻之。」《續集》卷七鈐「嘉惠堂丁氏藏書之印」印記。《存目叢書》據以影印。北圖、北大、上圖等亦有是刻。北圖等又有前集單本。

東麓稿十卷　明汪佃撰　五一二一

兩淮鹽政採進本(總目)。○《兩淮鹽政李呈送書目》:「《東麓稿》十卷,明汪佃,四本。」○南京圖書館藏明刻本,作《東麓遺稿》十卷。半葉十行,行二十字,白口,左右雙邊。鈐「休寧汪季青家藏書籍」、「擒藻堂藏書印」、「屐硯齋圖書印」、「九峰舊廬珍藏書畫之記」、「九峰舊廬藏書記」、「來燕榭珍藏記」、「容家書庫」等印記。有黄裳手跋：「此汪佃《東麓遺稿》十卷，古香樓汪氏舊藏。前無序目，傳本特稀，諸家簿録，皆未之見。檢余家舊藏《裘杼樓目》，亦無此種。余所收汪氏書多矣，頗多原目不收之册。柯庭昆季收儲之富，更可見已。余買嘉靖刻不少，擬集爲百種，不録習見之册，斳印復求精美。近得明人集之嘉靖刻者五種於姑蘇，皆明善堂物，罕秘無傳。此册足以儷之。故書日少，不知三五年内可圓成此願否。今日好春，得書於徐紹樵許。更聞估人方收書於徽郡，必有佳本，收書之興又熾。此癖殆不可以已乎。丙申三月十九日黄裳記。」下鈐「黄裳」印。又題一行：「此葉後有示書一行，極俊雅，殆明人筆也。小燕更書。」《存目叢書》據以影印。

青湖文集十四卷　明汪應軫撰　　**五一二二**

浙江巡撫採進本（總目）。○《浙江省第九次呈送書目》：「《青湖文集》十四卷，明汪應軫著，四本。」○《浙江採集遺書總録》：「《青湖文集》十四卷，刊本，明江西按察使僉事山陰汪應軫撰。」○香港中文大學圖書館藏明嘉靖三十八年汪延艮刻本，作《青湖先生文集》十四卷附録一卷，五册。題「明賜進士江西提學僉事前翰林院庶吉士户科給事中山陰汪應軫著，不肖男延艮編，明賜進士翰林院修撰後學諸大綬校，門人長樂縣知縣南昌楊汝輔輯」。半葉十行，行二十字，白口，四周單邊。前有嘉靖三十五年丙辰翁溥序，三十八年葉邦榮序。葉序云：「先生仲子連山君延艮丞侯官，以儒術而飾吏治，孝思不忘，刻集以傳。」知係汪延艮官侯官時所刊。版心刻工：劉清、李三、詹崇、劉和、一清、王良、江田、葉興、劉四、余三、余宗、黄文、劉堂、黄應春、王松、周四、周壽、葉六、周二、徐平、徐至、楊良壽、周一。鈐「姜公銓鑒藏圖書」、「汪兆鏞印」、「何曼盦鑒藏」等印記(見沈津《書城挹翠録》)。○首都圖書館藏清同治十一年廣州刻本，作《青湖先生文集》十四卷首一卷末一卷。半葉九行，行二十一字，黑口，四周雙邊。末有十一世孫璟跋云：「先十一世祖青湖公文集十四卷，刻於明嘉靖間，……咸豐辛酉賊陷紹興，集版俱毁。家藏舊刻本、鈔本各一帙，……因取刻、鈔二本詳爲校勘，……以同治壬申二月付諸鋟木之工，至十二月刻成。」後附校記一卷。壬申爲同治十一年，而封面刻「同治十二年重刊於廣州」，跋與封面不合，故諸家著録或作同治十一年，或作同治十三年。今從跋。《存目叢書》據以影印。北師大、南開、南大等亦有是刻。

紫峯集十三卷　明陳琛撰　五一一三

福建巡撫採進本(總目)。○《福建省呈送第五次書目》：「《陳紫峰集》八本。」○《浙江省第四次孫仰曾家呈送書目》：「《陳紫峯集》十三卷，又《附録》，明陳琛著，六本。」○《浙江採集遺書總録》：「《陳紫峯集》五册《附録》一册，刊本，明江西提學副使晉江陳琛撰。」○福建師大藏清乾隆三十三年刻五十四年增刻光緒十七年補修本，作《紫峯陳先生文集》十三卷《年譜》一卷。正文題「宫保淨峯張岳選稿，中憲槐江丁自申原刊」。目録題「男敦履、敦豫仝編，裔孫錫馥藏本，嘉謀、嘉夢、敬授、肇慶仝重刊，重瑆校字」。封面刻「乾隆戊子仲春重鐫」、「本衙藏板」。前有乾隆三十五年庚寅湖南督學陳科捷序，又原序四則，原序後有刻工「施志鋭刻」。又光緒十七年裔孫欽堯《喜得詩文集版記》

云：「落在郡中一同姓家，急訪求之，僅存詩文集一部，版壹佰八十餘片，……幸而所缺無幾，因不惜重價爲之贖回，補其缺失，付之楮墨，計所印可壹佰部。」《年譜》首行下有「乾隆己酉春刻」雙行小注，次行題「男敦履、敦豫原編，孫庠生復請序原刊，同邑後學諸同人校訂」。則《文集》刻於乾隆三十三年戊子，《年譜》刻於乾隆五十四年己酉，至光緒十七年裔孫欽堯又補版刷印。《存目叢書》據以影印。北大、清華、復旦、山東省圖等亦有是刻。

青蘿文集二十卷　明王漸逵撰　**五一二四**

兩江總督採進本（總目）。○《兩江第一次書目》：「《王青蘿文集》，明王漸逵著，四本。」

西元集八卷　明馬汝驥撰　**五一二五**

浙江汪汝瑮家藏本（總目）。○《浙江省第四次汪汝瑮家呈送書目》：「《西元集》十卷，明馬汝驥著，四本。」○《浙江採集遺書總録》：「《西元集》十卷，刊本，明禮部右侍郎綏德馬汝驥撰。」○明嘉靖十七年胡纘宗刻本，作《西玄詩集》不分卷。半葉九行，行十八字，白口，四周單邊。上圖藏。臺灣「中央圖書館」藏一部，有缺葉。此本刻於濟上，詳下文。○原北平圖書館藏明嘉靖二十二年廣德官署刻本。現存臺北「故宮」。正文首題「西玄詩集」，次行題「上郡馬汝驥撰」。半葉九行，行十八字，白口，四周單邊。正文共六十六葉，不分卷，當以一卷計之。前有嘉靖十七年五月胡纘宗序，後有嘉靖十七年七月歷下劉天民後序，嘉靖十七年六月北郡呂顒後叙。又嘉靖二十二年癸卯馬汝駿後叙云：「此卷二百篇，皆在館所作，録以寓同志請益者，未嘗經選擇。不意遂爲可泉胡公序刻濟上，弟每嘆爲才之災也。今歷田陳公守廣德，予忝爲之佐，重取刻焉。辭不獲已，迺綴數言於末。」則是本爲嘉靖二十二年廣德官署重刻胡纘宗濟上刻本。王重民《善本提要》稱爲初刻，未碻。《存目叢書》據以影印，非足本也。〇明嘉靖四十一年馬逢乾刻本，作《馬文簡公集》八卷附録一卷，半葉九行，行二十字，下黑口，四周單邊。北大藏。〇臺灣「中央圖書館」藏明嘉靖四十二年癸亥孫應鰲關中刻本，作《西玄集》十卷。題「上郡馬汝驥撰」。半葉九行，行二十字，白口，四周單邊。前有嘉靖癸亥孫應鰲刻書序，謂三石子喬世寧就全稿選七百四十八首，付應鰲刊板。鈐「秀水朱氏潛采堂圖書」、「抱經樓」、「吴興劉氏嘉業堂藏書印」等印記（參該館《善本序跋集録》、《善本書志初稿》）。上圖亦有是刻。北圖有殘本，存卷三至五。

戴中丞遺集八卷　明戴鱀撰　五一二六

兩江總督採進本（總目）。〇《兩江第二次書目》：「《戴中丞集》，明戴鱀著，四本。」〇北京圖書館藏明嘉靖三十九年戴士充刻本，作《戴中丞遺集》八卷《附録》一卷。正文卷一題「明州東石戴鱀時重著，同邑東沙張時徹惟靜選」。半葉八行，行十八字，白口，四周雙邊。前有嘉靖三十九年七月既望南京兵部尚書張時徹序云：「公既歿，其子士充輩蒐輯遺文，求余叙而刻之。」《存目叢書》據以影印。天一閣文管所、臺灣「中央圖書館」、日本東京尊經閣文庫亦有是刻。

筆峯存稿五卷　明王鳳靈撰　五一二七

福建巡撫採進本（總目）。〇《福建省呈送第五次書目》：「《筆峰存稿》四本。」〇原北平圖書館藏明鈔本不分卷，一册。無書題，亦不著撰人。半葉九行，行二十四字，黑格，黑口，四周雙邊。其中《史記考要後序》首云「筆峰子曰」，《祭師山馬君内子文》自稱「王鳳靈」，知即王鳳靈集無疑。唯内容與館臣所見五卷本不盡相符。《存目叢書》據北圖藏膠片影印。原書現存臺北「故宫」。

桂洲集十八卷　明夏言撰　五一二八

江西巡撫採進本（總目）。○《江西巡撫海第一次呈送書目》：「《夏桂洲集》十八本。」○《江蘇省第一次書目》：「《夏桂洲集》十六本。」○《江蘇採輯遺書目録》：「《夏桂洲集》十八卷，武英殿大學士江西夏言著。」○《兩淮鹽政李呈送書目》：「《桂洲集》十八卷，明夏言，九本。」○《都察院副都御史黄交出書目》：「《夏文愍集》十三本。」○《浙江採集遺書總録》：「《桂洲文集》五十卷附《恩綸録》一卷《年譜》一卷，刊本，明大學士夏言撰。」○北京大學藏明崇禎吴一麟刻本，作《夏桂洲先生文集》十八卷附《年譜》一卷。正文卷一題「閩清漳後學林日瑞廷輯甫彙編，後學鄭大璟叟尹訂閱，外孫吴一麟淑采較刊」。半葉十行，行十九字，白口，四周單邊。前有崇禎十一年林日瑞《重刻文愍公集序》，崇禎十年吴一麟序，目録後有崇禎十一年吴一麟記云：「遭逢我師異代知己，既復其祀，又徵集而剞劂之。」正文前有《夏桂洲先生年譜》一卷。卷内鈐「臣海寰印」、「鏡宇」二印，清末吕海寰故物也。《存目叢書》據以影印。清華、上圖、湖北圖等亦藏是刻。又有康熙五十八年吴橋修版印本，南圖、浙圖、江西圖等藏。○《應制集》四卷，明嘉靖十六年何邦美刻本。半葉十行，行二十字，白口，左右雙邊。北圖藏。○《賜閒堂稿》十卷《附録》一卷，明嘉靖二十五年曹忭、楊九澤刻本。臺灣「中央圖書館」藏一部，題「特進光禄大夫上柱國少師兼太子太師吏部尚書華蓋殿大學士貴溪夏言譔」。半葉八行，行十七字，細黑口，四周雙邊。有嘉靖二十五年錢唐田汝成序云：「汝成受而釐之，次爲十卷，以復于公。公以授侍御曹君忭，曹君……謀於侍御楊君九澤而梓之，……遂以授杭州府判羅尚絅監刻焉。」卷内鈐「吴興劉氏嘉業堂藏書印」等印記（參該館《善本書志初稿》、《善本序跋集録》）。《嘉業堂藏書志》亦收繆荃孫、董康提要二則，繆云末有「杭州府通判羅尚絅監刻」一行。上圖、南圖亦有是刻。○《桂洲詩集》二十四卷，明嘉靖二十五年曹忭、楊九澤刻本。半葉八行，行十七字，細黑口，四周雙邊。清華、上圖、津圖、無錫市圖、日本内閣文庫藏。○《桂洲先生文集》六十五卷，明萬曆三年吴萊刻本，半葉十一行，行二十二字，白口，雙黑魚尾，四周雙邊。存四十六卷十册，臺灣「中央圖書館」藏。殘缺情況：卷五缺葉十八，卷二十九僅存首二葉，卷三十至三十一全缺，卷三十二缺首二葉，卷三十五至葉十六止，下缺，卷三十六至三十七全缺，卷四十五缺葉一及葉二前半，卷五十一之後全缺。卷一題「賜進士出身特進光禄大夫上柱國少師兼太子太師吏部尚書華蓋殿大學士貴溪夏言撰，賜進士出身中憲大夫山東按察司副使奉勅巡察海道前光禄寺少卿子婿吴春輯，甥吴萊校刻，門人江惟東重校」。卷三末刻：「興化府學教授沛縣盧雄校，建陽縣署縣□□簿王夢良督刊，饒邑徐壽春□建陽書户吴世良梓。」卷六末刻「建陽書户吴世良梓」。全書前有萬曆三年孟夏尚寶司司丞同郡楊時喬《刻夏文愍公全集序》云：「公故有集，浙巡鹺察史全刻之，聞變剷去。公壻憲副吴君春遵遺言收存散亂，併著《年譜》，未竟，子大官君萊今始鋟梓，問序於喬。」又《恩綸録》一卷，像，像贊，《桂洲先生年譜》一卷，嘉靖二十七年夏言辯誣奏章一篇。版心下有刻工：黄二、人言、林榮、詹世、詹一、丘二、蔡貴、龔林、詹仙、陳富、得珠等。澤存書庫舊藏。該館又藏是刻修版印本，改爲五十卷，二十册。卷一「門人江惟東重校」七字僅存「重校」二字。卷三末校刊者四人僅存「建陽書户吴世良梓」一行。卷前無序文、年譜、像等。鈐「陽湖陶氏涉園所有書籍之記」、「梁小雲過眼」、「長沙梁氏小雲藏書」等印記(參該館《善本書志初稿》、《善本序跋集録》)。臺灣中研院史語所、日本内閣文庫亦有萬曆三年刻五十卷本。後來崇禎十一年吴一麟刻十八卷本存有萬曆三年仲秋望日甥吴萊刻序。○按：《桂洲先生年譜》一卷，《四庫總目》、楊殿珣《中國歷代年譜總録》、謝巍《中國歷代人物年譜考録》著録撰人均未詳確，今據楊時喬序，知係夏言之壻吴春所撰，萬曆三年子吴萊初刻，崇禎十一年孫吴一麟重刻，皆冠集首。

五一二九 朱福州集六卷 明朱豹撰

浙江汪汝瑮家藏本(總目)。○《浙江省第四次汪汝瑮家呈送書目》：「《朱福州集》六卷，明朱豹著，二本。」○《浙江採集遺書總録》：「《朱福州集》八卷，刊本，明福州知府上海朱豹撰。」○北京圖書館藏明嘉靖三十一年朱察卿刻本，題「上海朱豹子文」。半葉八行，行十六字，白口，左右雙邊。前有陸師道序，嘉靖三十一年壬子郡人徐獻忠序。後有嘉靖三十一年壬子郡人張世美跋云：「公子察卿輯而編之，公可謂有子矣，刻成，辱示予。」又嘉靖三十一年何良俊跋，張之象跋，董宜陽跋，馮遷跋。印本清朗，首尾完好。《存目叢書》據以影印。

過庭私録七卷外集一卷　明吴鼎撰　五一三〇

江西巡撫採進本（總目）。○《江蘇省第二次書目》：「《過庭私録》四本。」○北京圖書館藏明嘉靖四十一年吴遵晦、吴遵道刻本，作《過庭私録》七卷《泉亭外集》一卷。卷端《過庭私録記文目》題「明廣西布政司左參議泉亭吴鼎著，仲子吴遵晦録」。半葉十行，行二十字，白口，左右雙邊。前有洪朝選序，嘉靖四十一年許應元序，吴遵晦《刻過庭私録小序》。許序云：「其子廉訪君遵晦、學生遵道，收拾遺草，刻於家塾，題曰《過庭私録》。」《存目叢書》據以影印。北大有是刻卷二卷三。○北京大學藏明嘉靖刻本，作《泉亭存稿》六卷。半葉十行，行二十字，白口，左右雙邊。版心刻「過庭私録」。前有許相卿撰《泉亭先生墓志銘》。王重民《善本提要》著録。○按：檢《四庫採進書目》，是書僅見《江蘇目》，疑《總目》「江西巡撫採進本」當作「江蘇巡撫採進本」。

半洲稿四卷　明張經撰　五一三一

浙江孫仰曾家藏本（總目）。○《浙江省第四次孫仰曾家呈送書目》：「《半洲稿》二卷，明張經著，二本。」○《浙江採集遺書總録》：「《半洲稿》四册，刊本，明左都御史侯官蔡經撰。」○北京圖書館藏明嘉靖十六年司馬泰刻本，包括《北寓稿》一卷、《南行稿》一卷、《西征稿》一卷、《東巡稿》一卷。半葉十行，行十八字，白口，四周單邊。前有嘉靖十五年十二月右副都御史濟陽黄臣《半洲稿序》云：「吾郡司馬太守彙而萃之，並刻以傳。」後有建業司馬泰跋云：「濟郡刻《半洲稿》成，守泰受讀而卒業焉。」嘉靖十六年三月既望德郡葉洪《書半洲稿後》云：「御史中丞半洲蔡公，南行北寓，東巡西征，靡不有作。濟郡太守司馬公彙而刻之，題曰《半洲稿》。」又嘉靖十五年冬閏月臨清林瓊《半洲稿後序》。蓋付刊於嘉靖十五年冬，刻成於十六年春。鈐「鄞林氏藜照廬圖書」等印記。《存目叢書》據以影印。臺灣「中央圖書館」有是刻，存《南行稿》一卷《北寓稿》一卷，鈐「竹垞老人」、「吴興劉氏嘉業堂藏書印」等印記。○《半洲詩集》，存卷一至五，明嘉靖刻本，原北平圖書館藏，現存臺北「故宫」。題「閩半洲蔡經著」。半葉十行，行十八字。詩以體分。有嘉靖十五年黄臣序，嘉靖二十一年王鳳靈序。王重民《善本提要》著録。○《半洲詩集》七卷，清咸豐鳳池書院刻本，四册，南京圖書館藏，丁氏八千卷樓故物。《南開大學綫裝書目》著録《半洲詩集》六卷，清咸豐七年刊本，四册。未知是否一版。○《半洲詩集》七卷，民國排印本，人民大學藏。

鄭思齋文集一卷　明鄭洛書撰　　**五一三二**

浙江范懋柱家天一閣藏本（總目）。○《浙江省第五次范懋柱家呈送書目》：「《鄭思齋文集》一卷，明鄭洛書著，一本。」○《浙江採集遺書總録》：「《鄭思齋文》一册，寫本，明河南道御史莆田鄭洛書撰。」

林次崖集十八卷　明林希元撰　　**五一三三**

福建巡撫採進本（總目）。○《福建省呈送第二次書目》：「《林次崖集》八本。」○原北平圖書館藏明萬曆四十年李開春刻本，作《林次崖先生集》十八卷，八册。題「後學蔡獻臣彙編，侄孫林道推重訂」。半葉十行，行二十一字。有萬曆四十年李春開序，萬曆四十年蔡獻臣序（參王重民《善本提要》)。現存臺北「故宫」。○遼寧省圖書館藏清乾隆十八年陳臚聲詒燕堂刻本,作《同安林次崖先生文集》十八卷。題「同里後學陳臚聲鴻亭重訂,鍾攀龍願良仝校」。半葉十一行,行二十二字,白口,左右雙邊。版心刻「詒燕堂」。封面刻「乾隆壬申冬鐫」、「詒燕堂藏板」。前有乾隆十八年癸酉七月沈德潛序云:「集版已漫漶,陳舍人鴻亭重刻以行世,不遠千里郵寄,屬爲之序。」又乾隆十八年三月雷鋐序云:「同安陳君鴻亭錄以公世。」又乾隆十七年壬申孟冬陳臚聲鴻亭序云:「因而論次編録,將付之吳門梓人,而吾閩雷翠庭先生適視學江蘇。」蓋乾隆十七年冬開雕於蘇州,十八年刊成。《存目叢書》據以影印。上圖、復旦、山西大學、福建省圖等亦有是刻。○南京圖書館藏清鈔本,作《林次崖先生集》十八卷。

玩鹿亭稿八卷附録一卷　明萬表撰　五一三四

浙江巡撫採進本(總目)。○浙江圖書館藏明萬曆萬邦孚刻本,題「四明萬表著,男達甫編輯,孫邦孚校梓」。半葉九行,行十八字,白口,四周單邊。前有全天叙序,又萬曆二十八年庚子祝世禄序云:「其孫邦孚類次而集之爲若干卷,走使屬余序之。」蓋即刻於是年。卷尾有王畿撰《行狀》,焦竑撰《墓志銘》。《存目叢書》據以影印。原北平圖書館亦有是刻,現存臺北「故宫」。○民國二十九年張壽鏞刻《四明叢書》第七集本,八卷。○原北平圖書館藏明嘉靖間刻本,作《玩鹿亭稿》二卷,二册,皆詩。題「鹿園萬表著」。半葉九行,行十九字。王重民《善本提要》著録,謂萬曆本首二卷詩與此無大異同,惟間增三數首詩。南圖亦藏一部,半葉九行,行十九字,白口,左右雙邊。丁丙《善本書室藏書志》著録。當係同版。○民國間南京國學圖書館傳鈔明刻本，作《玩鹿亭詩稿》二卷，南京圖書館藏。蓋從丁氏藏二卷本出。

少石集十三卷　明陸釴撰　五一三五

兩淮馬裕家藏本（總目）。○《兩淮商人馬裕家呈送書目》：「《少石集》十三卷，明陸釴，三本。」○明嘉靖四十二年孫繼元等刻本，日本内閣文庫藏。○原北平圖書館藏明萬曆刻本，半葉十一行，行十九字，白口，四周單邊。有萬曆八年陸懋龍跋。鈐「蒼巖山人書屋記」、「妙因居士」等印。《存目叢書》據北圖膠片影印，原書現存臺北「故宫」。中國社科院文學所藏明刻本，行款同，疑係一版。○浙江圖書館藏民國張氏約園鈔本十三卷四册。

少華集四卷　明詹泮撰　五一三六

浙江孫仰曾家藏本（總目）。○《浙江省第四次孫仰曾家呈送書目》：「《少華先生遺稿》四卷，明詹泮著，四本。」○《浙江採集遺書總録》：「《少華先生遺稿》四卷，刊本，明禮科給事中玉山詹泮撰。」

介塘文略一卷　明王相撰　五一三七

浙江范懋柱家天一閣藏本（總目）。○《浙江省第五次范懋柱家呈送書目》：「《王介塘文略》一卷，明王相著，二本。」○《浙江採集遺書總録》：「《翰林王介塘文略》一卷，刊本，明編修鄞縣王相撰。」

棟峯遺稿二卷　明曾梧撰　五一三八

浙江孫仰曾家藏本（總目）。○《浙江省第四次孫仰曾家呈送書目》：「《棟峯遺稿》二卷，明曾梧著,二本。」○《浙江採集遺書總録》:「《棟峯遺稿》二卷,刊本,明常德知府廣昌曾梧撰。」

龍湖文集十五卷　明張治撰　五一三九

浙江巡撫採進本(總目)。○《浙江省第十一次呈送書目》:「《張龍湖集》十五卷,明張治著,六本。」○《浙江採集遺書總録》:「《張龍湖集》十五卷,刊本,明大學士茶陵張治撰。」○《兩江第二次書目》:「《龍湖文集》,書不載名,六本。」○《兩淮商人馬裕家呈送書目》:「《龍湖集》十四卷,明張治,六本。」○《湖南省呈送書目》:「《龍湖集》六本。」○原北平圖書館藏明嘉靖三十三年茶陵彭宣刻藍印本,作《龍湖先生文集》十四卷,十二册。半葉十行,行十八字。其卷十三有三子卷,卷十四有二子卷,合之實有十七卷。有嘉靖三十二年雷禮序,嘉靖三十三年薛應旂後序,嘉靖三十三年陳栢後序。鈐「蒼巖山人書屋記」、「蕉林藏書」、「澄園」、「竹銘藏書之印」等印記(參趙萬里《館藏善本書志》、王重民《善本提要》)。現存臺北「故宫」。美國國會圖書館、日本内閣文庫亦有是刻。○中央民族大學藏清雍正四年彭思眷刻本,作《張龍湖先生文集》十五卷。目録題「同里後學彭思眷鶴田編輯,男維新、維銘、維鋭挍字」。半葉十行,行二十字,白口,左右雙邊。寫刻精工。前有雍正四年八月彭思眷序云:「甲辰秋,兒子新校士兩浙,爰授以家藏原本及親友所藏諸本,俾於吴越藏書家勘對譌誤,校正篇次,重梓行世。」又舊序三則,又彭思眷重刻凡例。封面刻「墨香閣藏板」,並鈐「墨香閣藏板」朱印。函套簽題「張龍湖文集」,下雙行小字:「雍正年萊浦山房題。」萊浦山房爲彭思眷室名,知猶當時原函也。《存目叢書》據以影印。清華、浙圖、湖南圖等亦有是刻。

張水南集十一卷　明張袞撰　**五一四〇**

江蘇巡撫採進本(總目)。〇《江蘇省第一次書目》:「《張水南集》三本。」〇《江蘇採輯遺書目録》:「《張水南集》十一卷,太常寺卿江陰張袞著,刊本。」〇《浙江省第六次呈送書目》:「《張水南集》十一卷,明張袞著,四本。」〇《浙江採集遺書總録》:「《張水南集》十一卷,刊本,明南京光禄寺卿江陰張袞撰。」〇清華大學藏明隆慶刻本,作《張水南文集》十一卷。卷一題「明通議大夫太常寺卿掌國子祭酒事前翰林院侍讀學士江陰張袞撰」。半葉十行,行二十字,白口,四周單邊。前有隆慶元年范惟一序云:「因寓書其子鴻儀,請先生遺文,將刻焉。又二年而余官豫章,鴻儀始以先生集屬閩轄應谷劉君、大參連江季君緘至,二君蓋嘗校之。余復稍加删訂,釐爲十一卷。」版心寫刻工:南昌胡雲寫,鄧国賔刊、姜俸刊,鄧㕯、鄧国臣、熊鳳、爲三、施五刊,熊施八、熊啓、付曾、郭良、吴良刊。衡諸范序及刊工,知係隆慶元年范惟一南昌刻本。《存目叢書》據以影印。原北平圖書館藏是刻,鈐「竹垞」、「朱彝尊印」、「荃孫」、「雲輪閣」等印,趙萬里《館藏善本書志》著録,今存臺北「故宫」。津圖亦有是刻。〇清光緒武進盛氏刻《常州先哲遺書》後編本,作《張水南文集》十一卷。〇民國三年活字印本。東北師大、首都圖藏。

張文忠集十九卷　明張孚敬撰　**五一四一**

浙江巡撫採進本(總目)。〇《浙江省第四次孫仰曾家呈送書目》:「《張文忠公集奏疏詩文》共十八卷,明張孚敬著,十本。」○《浙江採集遺書總録》:「《張文忠公集》十八卷,刊本,明大學士茶陵張孚敬撰。」○《江蘇採輯遺書目録》:「《張文忠集》十九卷,文淵閣大學士永嘉張孚敬著,刊本。」○湖北省圖書館藏明萬曆四十三年張汝紀等刻增刻本,作《太師張文忠公集》十九卷。半葉十行,行二十字,白口,左右雙邊。版心上刻「敕建貞義書院」。包括奏疏八卷、文稿六卷、詩稿四卷、詩稿續一卷。前有萬曆五年徐栻序,萬曆四十二年甲寅楊鶴序,李維楨序,周繼昌函,萬曆四十三年乙卯丘應和序,李思誠序,像,傳,編梓校名公姓氏。末有萬曆四十六年戊午張汝紀跋。文稿前有萬曆四十六年劉康祉序。版心刻工:東嘉王治刊。卷内鈐「田兆棫印」。《存目叢書》據以影印。北圖、津圖、大連圖等亦有是刻。○民國二十四年永嘉黄氏排印《敬鄉樓叢書》第四輯本,内容同前本。○道光間永嘉張氏單刻文稿六卷(據《浙江文獻展覽會專號》)。○《羅山詩稿》三卷,明張孚敬撰,明刻本,半葉十行,行二十字,白口,四周單邊。清華、中山大藏。

宏藝録三十二卷　明邵經邦撰　**五一四二**

江蘇巡撫採進本(總目)。○《江蘇省第一次書目》:「《宏藝録》四本。」○《江蘇採輯遺書目録》:「《宏藝録》三十二卷,明刑部廣東司員外郎仁和邵經邦著,刊本。」○《浙江省第六次呈送書目》:「《宏藝録》三十二卷,明邵經邦著,五本。」○《浙江採集遺書總録》:「《宏藝録》三十二卷,清康熙間四世孫遠平重刊本,明刑部員外郎仁和邵經邦撰。」○《編修勵第一次至六次交出書目》:「《宏藝録》四本。」○《武英殿第二次書目》:「《弘藝録》四本。」○臺灣「中央圖書館」藏明嘉靖間刻本,作《弘藝録》三十一卷《附録》五卷，八册。題「明仁和弘齋邵經邦學，閩白石林魁、平厓林釴評」。半葉十行，行十八字，黑口，雙黑魚尾，左右雙邊。版心上刻陰文「弘藝録」。附録卷一至四爲《承休獻稿》，卷五爲《承休替稿》。鈐「倪模之印」、「家在元沙之上」、「大雷經鋤堂藏書」等印（參該館《善本書志初稿》）。○首都圖書館藏清康熙二十四年邵遠平刻本，作《弘藝録》三十二卷首一卷。題「仁和弘齋邵經邦學，閩白石林魁、平厓林釴選次，四世孫遠平重校」。半葉十行，行二十一字，黑口，四周單邊。末有邵遠平輯《建言復爵始末》一篇。封面刻「樂善堂藏板」五字。鈐「无竟先生獨志堂物」印。《存目叢書》據以影印。中科院圖、上圖、浙圖等亦有是刻。○清光緒二十年錢塘丁氏嘉惠堂刻本三十二卷，《武林往哲遺箸》之一。○按：《提要》云「嘗采古今論學語發明其旨爲《宏道録》，又删掇諸史爲《宏〔弘〕簡録》，所著詩文則別爲此録」。檢《四庫採進書目》，「《宏〔弘〕簡録》六十四本」見《江蘇省第一次目録》，《四庫總目》失收。

群玉樓集八卷　明李默撰　　**五一四三**

山西巡撫採進本（總目）。○《山西省呈送書目》：「《群玉樓稿》八卷。」○《江蘇省第一次書目》：「《群玉樓稿》八本。」○《江蘇採輯遺書目録》：「《群玉樓稿》八卷，吏部尚書建安李默著，刊本。」○浙江圖書館藏明萬曆元年李培刻本，作《群玉樓稿》七卷《困亨別稿》一卷《附録》一卷。題「建安李默著」。半葉九行，行十八字，白口，四周雙邊。刻印甚精。前有福建按察使吳興徐中行序。《困亨別稿》收獄中作詩詞雜著。鈐「東井文庫」印。《存目叢書》據以影印。中國社科院文學所、歷史所、上圖等亦有是刻。臺灣「中央圖書館」《善本書志初稿》著録劉氏嘉業堂舊藏是刻，有萬曆元年四月莆田七十六翁康大和序云：「公之子上舍君培，懷負不凡，孝思彌篤，曾叩閽上書白公冤，乃今梓公之文，以予舊史也，走使千餘里，徵文爲序。」又隆慶六年何鏜序，隆慶四年南京户部尚書譚大初序。偶見刻工：章循。鈐「吴興劉氏嘉業堂藏書記」印。該館又藏一部，增刻萬曆十二年三月十四日贈李默太子太保並謚肅愍之誥命，鈐「皖南張師亮筱漁氏校書於篤素堂」等印。福建師大藏是刻增修本，作《群玉樓稿》八卷。○清雍正李氏刻本，作《群玉樓稿》八卷首一卷，半葉九行，行十八字，白口，四周雙邊。中共中央黨校、福建省圖藏。○按：序者康大和，《提要》誤爲康太和，當依原書及《明清進士題名碑録索引》改正。

秬山稿一卷　明田頊撰　五一四四

浙江巡撫採進本（總目）。○《浙江省第五次范懋柱家呈送書目》：「《田秬山稿》一卷，明田頊著，一本。」○《浙江採集遺書總録》：「《田秬山稿》一册，寫本，明貴州提學副使龍溪田頊撰。」

餼餘集十二卷　明朱紈撰　五一四五

江蘇巡撫採進本（總目）。○《江蘇省第一次書目》：「《餼餘集》八本。」○《江蘇採輯遺書目録》：「《餼餘集》十二卷，浙江巡撫長洲朱紈著，刊本。」○天津圖書館藏明末朱質刻本，作《餼餘雜集》十二卷。題「長洲朱紈子純甫著，嫡孫朱篁仲脩甫訂，曾孫朱質野臣重梓」。半葉十行，行二十字，白口，四周單邊。前有嘉靖二十八年四月望日黄綰序，陳仁錫序，像，像贊，萬曆十五年玉音，萬曆三十九年奏録。陳序云：「今去公數十年，闓見龍董先生疏於朝。」又云：「其裔野臣捐游橐重授諸梓。」董應舉上疏在萬曆三十九年，載於此本卷端。則朱質重刻此書當亦在萬曆三十九年或稍後。《存目叢書》據以影印。南圖、日本内閣文庫亦有是刻。

李徵伯存稿十三卷　明李兆先撰　**五一四六**

兩淮鹽政採進本(總目)。○《兩淮鹽政李續呈送書目》：「《存稿》十一卷《行稿》一卷《附録》一卷，明李兆先，二本。」○北京大學藏明正德二年刻本，作《李徵伯存稿》十一卷《李徵伯東行稿》一卷《附録》一卷。半葉十行，行二十字，黑口，四周雙邊。寫刻甚精，紙質潔白如玉。前有弘治十八年乙丑十二月既望太原喬宇序，後有正德二年丁卯潘辰後序。喬序云：「吾兄中書舍人本大與趙君訓夫手録成帙，將鋟梓以行。」蓋雕成在正德二年。卷内鈐「衍聖公私印」、「繩繩齋」等印。卷端有某氏補寫目録，首行下有補寫者識語：「嘉慶三年戊午秋八月廿九庚申寒露抄。」《存目叢書》據以影印。

董從吾稿一卷　明董澐撰　**五一四七**

浙江汪啟淑家藏本(總目)。○《浙江省第四次汪啟淑家呈送書目》：「《董從吾集》一卷，明董澐著，一本。」○《浙江採集遺書總録》：「《董從吾詩稿》二卷，刊本，明海鹽董澐撰。」○上海圖書館藏清鈔本，作《從吾道人詩稿》二卷。○《湖海集》三卷，明董澐撰，清鈔本二册。浙圖藏。

嗜泉詩存二卷附録一卷　明李璋撰　**五一四八**

浙江巡撫採進本(總目)。○《浙江採集遺書總録》：「《嗜泉詩存》二卷，刊本，明海鹽李璋著。」

○天津圖書館藏清乾隆二十八年家刻本，題「海鹽李璋政虹」。半葉十行，行十九字，黑口，左右雙邊。前有正德四年自序，又舊序。末有裔孫纘祖後序，乾隆尚章汁給之歲十世孫鳳藻跋。二跋均言及刻書事。尚章汁給即尚章協洽，乾隆二十八年癸未也。是本寫刻極佳。《存目叢書》據以影印。南圖亦有是刻。○清嘉慶五年精刻本，復旦、南開藏。

譚樵海集六卷附幽谷集一卷霜巖集一卷　明譚寶煥撰　**五一四九**

江西巡撫採進本(總目)。○《提要》云：「《幽谷集》一卷，其孫欽瑗作。《霜巖集》一卷，其曾孫清巖作也。」按：寶煥《性理吟》乾隆裔孫刻本題「招攜譚寶煥樵海甫輯，姪孫欽瑗霜巖甫編」，則譚欽瑗字霜巖，係寶煥姪孫。所附二集當出一人。《提要》有誤。

性理吟二卷　明譚寶煥撰　**五一五〇**

江西巡撫採進本(總目)。○吉林大學藏清康熙十一年刻本。○吉林省圖書館藏清乾隆十九年譚作梅等刻本，題「招攜譚寶煥樵海甫輯，姪孫欽瑗霜巖甫編，桐岡朱太史翽羽先生訂」。半葉八行，行十八字，白口，四周單邊。前有乾隆十九年桐岡朱鳳英叙，正德七年譚寶煥自序，自叙後有乾隆十九年裔孫作梅識語云：「今上甲戌夏余小子糾衆捐貲，仍殘就缺，登諸棗梨。」《存目叢書》據以影印。

鴻泥堂小稿八卷續稿十卷　明薛章憲撰　**五一五一**

浙江孫仰曾家藏本(總目)。○《浙江省第四次孫仰曾家呈送書目》：「《鴻泥堂小稿》四卷《續稿》十卷，明薛章憲著，五本。」○《浙江採集遺書總録》：「《鴻泥堂小稿》四卷《續稿》十卷，刊本，明江陰薛章憲撰。」○上海圖書館藏明正德十二年薛布刻明嘉靖三十九年薛甲續刻本，半葉十一行，行二十字，白口，四周單邊。前有正德十一年丙子都穆序。《小稿》末有正德十二年丁丑正月男布識語云：「敬用鋟梓，以傳之不朽。」《續稿》前有嘉靖三十九年庚申張衮序，曾孔化序，後有嘉靖三十九年庚申沈翰卿後序云：「先生没後，南濠序其遺稿，刻而傳之，然不過什之一二爾。又四十餘年，其子憲副君甲始彙今編。」知《小稿》正德十二年薛布刊，《續稿》嘉靖三十九年薛甲刊。舊定爲嘉靖刻本，恐未碻。《小稿》有寫工姑蘇周潮，刻工章鉞、張鰲。《續稿》有寫工錫山施惟誠，刻工何昇、俞庭。《存目叢書》據以影印。○繆氏雲自在龕鈔本。南圖藏。

東原集七卷　明杜瓊撰　五一五二

兩江總督採進本（總目）。○《兩江第一次書目》：「《東原集》，明杜瓊著，抄本，一本。」○北京圖書館藏明張習鈔本七卷，正文首題「東原集卷之一」，次行題「姑蘇杜瓊用嘉」。半葉十二行，行二十字，無直格，四周雙邊。卷尾有正德己卯六月五日俞弁手跋，又有黄丕烈、邵淵耀手跋。黄跋已收入王大隆輯《蕘圃藏書題識續録》卷四。卷七末有「虞山錢曾遵王藏書」一行，下鈐「古愚」小印。卷一首葉第三行「五言古體」下有錢大昕手記「嘉慶壬戌十月竹汀居士從士禮居借讀」二行，下鈐「錢氏竹汀」寬邊細朱文長方印。卷内又鈐「蕘圃」、「黄丕烈印」、「丕烈」、「平江黄氏圖書」、「芙初女史」、「姚畹真」、「宗建私印」、「舊山樓」、「趙次公真賞」、「非昔元賞」、「非昔軒」、「非昔珍祕」、「甲子次公重歸舊山樓後所得」、「曾在海隅任氏之希任齋」、「希任齋祕笈」、「菉斐軒藏書記」、「味經」、「研銘審定」、「彥散珍賞」、「古色古香」、「留餘艸堂」、「履龢」、「且復游心翰墨間」等印記。《存目叢書》據以影印。○北京圖書館藏清鈔本七卷，題「姑蘇杜瓊用嘉甫著」。半葉九行，行二十字，無格。首葉鈐「翰林院印」滿漢文大官印，書衣有「乾隆三十八年十二月大學士兩江總督高晉送到東原集壹部計書壹本」長方木記。末有正德己卯六月五日俞弁跋。○臺灣「中央圖書館」藏清康熙十六年虞山王乃昭鈔本，作《杜東原詩集》不分卷《補遺》一卷共二册。半葉十行，行二十三字，無格。正文收詩一百八十九首，雜文三十四篇。《補遺》録詩文二十一篇。正文末題「康熙十六年歲丁巳二月五日七十嬾髯叟録於豁爾間」。《補遺》末題「仲春七日嬾髯叟補録」。卷内鈐「虞山王乃昭圖書」、「王氏乃昭」、「乃昭」、「嬾髯」、「潘茮坡圖書印」、「潘氏桐西書屋之印」、「荃孫」、「雲輪閣」、「陳立炎」等印。一九六八年該館據以影印，昌彼得先生從《雪堂叢刻》輯得沈周撰《年譜》及吴寬撰《墓表》附後，增編篇目，並撰叙録。○南京圖書館藏清鈔本，作《杜東原詩集》一卷《文集》一卷《補遺》一卷。丁氏八千卷樓舊藏，《善本書室藏書志》著録。○清道光二十九年韓崇寶鐵齋活字印本，作《東原文集》二卷四册。版心題《東原遺集》。天津圖書館藏。昌彼得先生謂此係韓崇據士禮居藏本傳録，次爲二卷刊行。○北京圖書館藏清鈔本，作《杜東原雜著》一卷《補遺》一卷。半葉十行，行二十一字，無格。○復旦大學藏民國劉世瑗天尺樓鈔《天尺樓叢鈔》本，作《杜東原詩集》一卷《文集》一卷。

佘山人詩集四卷　明佘世亨撰　　五一五三

浙江孫仰曾家藏本(總目)。○《浙江省第四次孫仰曾家呈送書目》：「《佘山人集》四卷，明佘世亨著,二本。」○《浙江採集遺書總録》:「《佘山人集》四卷,刊本,明布衣嶺南佘世亨撰,子嘉詔所刊。」

雅宜集十卷　明王寵撰　　**五一五四**

兩淮馬裕家藏本(總目)。○《兩淮商人馬裕家呈送書目》:「《雅宜山人集》十卷,明王寵,五本。」○《浙江省第四次汪汝瑮家呈送書目》:「《雅宜集》十卷,明王寵著,四本。」○《浙江採集遺書總録》:「《雅宜集》十卷,刊本,明太學生吴縣王寵撰。」○北京大學藏明嘉靖十六年董宜陽、朱浚明刻本,作《雅宜山人集》十卷。題「明吴郡王寵撰」。半葉十行,行十八字,白口,左右雙邊。前有嘉靖十五年王守序,嘉靖十七年顧璘序,嘉靖十七年胡纘宗序,袁袠序,嘉靖十六年門生朱浚明序。卷首有某氏手跋,末云「文端薨於咸豐乙卯,今年乙卯花甲一周,書此不勝感悵」,知跋於民國四年,後鈐二印,曰「吴重憙印」、曰「春秋七十又八歲」,知係吴重憙筆。卷内又鈐「石蓮闇所藏書」、「吴重憙印」、「中懌」等印記。《存目叢書》據以影印。北圖、上圖、南圖等亦有是刻。上圖另有一部有清章梫跋。○明刻本,作《雅宜山人集》十卷。半葉十行,行十八字,白口,左右雙邊。北圖、南圖藏。

右明代上

四庫存目標注卷五十三

滕州　杜澤遜　撰

集部四

別集類三

少鶴詩集八卷　明武岡王顯槐撰　**五一五五**

兩江總督採進本(總目)。○《兩江第二次書目》：「《少鶴集》，明楚藩著，四本。」○臺灣「中央圖書館」藏明嘉靖武岡王府刻本，作《少鵠詩稿》八卷二册。題「楚國武岡王著」。半葉八行，行十七字，白口，四周雙邊。前有信陽岳東升序。鈐「金星軺藏書記」、「文瑞樓主人」、「結社溪山」、「家在黄山白岡之間」、「慧珠常自照」、「情之所鍾」、「汪魚亭藏閲書」、「振綺堂兵燹後收藏書」、「吴興沈氏萬卷樓珍藏」、「韻齋所藏」、「劉承幹字貞一號翰怡」、「吴興劉氏嘉業堂藏書印」等印記(參《嘉業堂藏書志》、該館《善本書志初稿》)。按：書名「少鴿」《四庫總目》及《兩江目》均誤作「少鶴」。○明嘉靖隆慶間刻《盛明百家詩》前編有《宗室武岡王集》一卷。

雁湖釣叟自在吟九卷附録一卷　明王周撰　**五一五六**

浙江孫仰曾家藏本(總目)。○《浙江省第四次孫仰曾家呈送書目》：「《鴈湖釣叟自在吟》九卷，明王周著，六本。」○《浙江採集遺書總録》：「《雁湖釣叟自在吟》九卷附《題詞》一卷，刊本，明布衣嘉善王周撰。」

十岳山人詩集四卷　明王寅撰　**五一五七**

浙江孫仰曾家藏本(總目)。○《浙江省第四次孫仰曾家呈送書目》：「《十嶽山人詩集》四卷，明王寅著，四本。」○《兩江第一次書目》：「《十嶽山人詩集》，明王寅著，四本。」○《浙江採集遺書總録》：「《十岳山人詩集》四卷，刊本，明布衣歙縣王寅撰。」○南京圖書館藏明萬曆十三年歙縣王氏自刻本，作《十嶽山人詩集》四卷《王十嶽樂府》一卷。《詩集》題「大鄣郡王寅著，少海程開泰、九川項仲連校刻」。半葉九行，行十八字，白口，四周單邊。前有嘉靖四十二年癸亥中秋日績邑梅林胡宗憲序，萬曆十九年辛卯秋日沔陽陳文燭序，嘉靖四十二年仲秋二十四日武林方九叙序，隆慶元年汪道昆撰《傳》。卷四末有嘉靖四十二年王文禄後序。《王十嶽樂府》爲散曲，題「中原嵩雲山人趙太忠校刊」，有萬曆十三年乙酉王寅序。封面刻「王十岳山人詩集」、「外附樂府名詞一册」、「新安秘閣書院藏板」。鈐「真州吴氏有福讀書堂藏書」、「東亞同文書院大學圖書館印」等印記。《存目叢書》據以影印。按：是帙《樂府》一卷萬曆十三年自序云：「兒輩以予老而請梓之。」臺灣「中央圖書館」《善本書志初稿》著録是刻《詩集》四卷，有萬曆十三年乙酉五月朔自序，略云：胡少保見予几上詩草十餘册，遂攜二三册爲梓而序之，藏之山中，不以視人，已二十餘年矣，今乃合諸册，删其十之六七梓之。據此自序，知《詩集》四卷《樂府》一卷均萬曆十三年自刻本。北圖、上圖、山東大學、原北平圖書館亦有是刻。

邊仲子詩一卷　明邊習撰　**五一五八**

山東巡撫採進本（總目）。○余藏清康熙三十九年王士禛京邸刻本，正文首題「睡足軒詩選」，次題「歷城邊習仲學著，新城徐夜嵇菴、王士禛阮亭選」（禛字已改刻爲禎）。半葉十行，行十九字，黑口，雙黑魚尾，左右雙邊。前有王士禛《邊仲子詩序》云：「康熙庚辰予刻《華泉集》於京師，乃取徐本重閲，録其半附先生集後。」版心題「邊仲子詩」。末附嚴恰《嚴石谿詩三首》。是帙爲《王漁洋遺書》之一種。《存目叢書》據以影印。北大、復旦等多處藏有是刻。

世經堂集二十六卷　明徐階撰　**五一五九**

安徽巡撫採進本（總目）。○《安徽省呈送書目》：「《世經堂集》十二本。」○《江蘇省第一次書目》：「《世經堂集》十本。」○《江蘇採輯遺書目録》：「《世經堂集》二十六卷，東閣大學士華亭徐階著。」○《武英殿第二次書目》：「《世經堂集》十八本。」○北京大學藏明萬曆徐氏刻本，半葉十行，行二十字，白口，四周雙邊。前有陸樹聲序云：「因并其前後積而爲言者以屬梓，梓成，則公嗣太常君偕二弟尚寶君屬序聲。」序後有小字記刻工：吴門何一金、顧杰刻。版心記刻工：何一金、仲仁、倪成密、沈田、曹熙、張華、顧杰、沈玄易、袁宸、袁敏孝、王礼、張敖、章國華、顧済、何成業、沈成、曹拾、高儒奎、顧時中、袁宏、曹昌、張岐、何道甫。卷二十六末有雙行小字記寫工刻工：姑蘇高洪寫，袁宸、何一金等刻。《存目叢書》據以影印。上圖、浙圖、福建師大等亦有是刻。又有清康熙二十年徐佺修版印本，中科院圖、故宫、津圖、重慶圖藏。〇《世經堂續集》十四卷，明萬曆徐肇惠刻本。北大、南圖、陝西省文史館藏。

少湖文集七卷　明徐階撰　　**五一六〇**

兩江總督採進本(總目)。〇《兩江第一次書目》：「《少湖文集》，明徐階著，四本。」〇臺灣「中央圖書館」藏明嘉靖十三年延平士人刻本，作《少湖先生文集》七卷。半葉九行，行二十字，黑口，四周單邊，版心下刻陰文刻工：二、三、官等。前有嘉靖十三年甲午張真於延之棲鶴堂叙云：「延之士，初則人録所得，同志遞相傳寫，病不便且不廣，乃始謀諸梓焉。」又湖廣布政使司右參政黄焯叙云：「公居延三年，延多士奔走執業，多獲成立，公以文爲教者著也。比其去也……乃相與裒集，得文數卷，授梓以傳。」後有嘉靖十三年甲午林元倫叙。鈐「陽湖陶氏涉園所有書籍之記」、「希古右文」、「不薄今人愛古人」等印(參該館《善本序跋集録》《善本書志初稿》)。〇臺灣「中央圖書館」藏明嘉靖三十六年嚴州知府宿應麟刻本，據該館《善本書志初稿》，「是書版式行款、字體筆法、刻工名悉同」嘉靖十三年延平刻本，「部分斷版處亦頗爲相同，唯此本斷版較多，且常於版葉中横出粗細不等之墨綫」。該本除三篇原序外，增嘉靖三十六年丁巳三月知嚴州府事門下晚學東萊宿應麟《刻少湖先生文集跋》，云「少湖老先生文集，予得之南宇高太史氏，……廼重梓之，以與同志者共勉焉」。鈐「劉承幹字貞一號翰怡」等印。澤遜按：延平去嚴州未遠，此本字體刀法、行款版式及刻工悉同延平本，斷版亦部分同，唯斷版增多，疑係宿應麟得延平書版，修補重印，詭稱重刊以欺世耳。明代地方官員有刻印書籍贈送友朋之習，所謂書帕本是也，或一時未及刊刻，權以舊版修補重刷充之，號稱重刻者，不乏其例。《存目叢書》用天津圖書館藏宿本影印，鈐「蓉汀」等印。頁面未見前所稱粗細不一之横墨綫。北圖、上圖、重慶圖亦有宿本。南圖藏宿本爲丁氏舊藏，《善本書室藏書志》著録。

歐陽南野集三十卷　明歐陽德撰　五一六一

江蘇巡撫採進本（總目）。○《江蘇省第一次書目》：「《歐陽南野集》十本。」○《江蘇採輯遺書目録》：「《歐陽南野集》三十卷，禮部尚書歐陽德著，刊本。」○北京圖書館藏明嘉靖三十七年梁汝魁刻本，作《歐陽南野先生文集》三十卷。半葉十行，行二十字，白口，四周單邊。前有嘉靖三十五年丙辰七月江西提刑按察司奉勅提督學校副使王宗沐序云：「先師歐陽南野先生没之二年，晉江中丞蔡公撫江右，不崇正學，從其家彙先生遺言三十卷，檄沐校而刻焉，刻成有敘。」又嘉靖三十六年三月既望徐南金序云：「集書辭記序碑銘題疏詩凡若干篇，刻置南昌郡齋。」知嘉靖三十五年王宗沐等嘗刻於南昌。鈐「洎水張氏棣華園珍藏」、「壽鏞」、「咏霓」等印。《存目叢書》據以影印。臺灣

「中央圖書館」《善本書志初稿》著録是刻，有嘉靖三十七年梁汝魁序云：「余故取而刊之商洛。」又嘉靖三十七年戊午七月陝西按察司僉事馮惟訥《重刻南野先生文集後序》云：「歲丁巳，少岳梁公奉命按陝以西，則又求南野先生遺集，刻置關中。」卷三十末刻「商州知州張應時督刊」字樣。知爲嘉靖三十七年梁汝魁重刻於商州者。北大、上圖、山西圖、江西圖等亦有是刻。

南野文選四卷　明歐陽德撰　五一六二

江西巡撫採進本（總目）。〇《江西巡撫海第二次呈送書目》：「《南野文選》四本。」〇中國社會科學院文學所藏明嘉靖刻本，作《歐陽南野先生文集》四卷。正文卷一首題「歐陽南野先生文集卷之一」，次題「友人王畿選校，門人李春芳選編，馮惟訥校訂」。半葉十行，行二十字，白口，左右雙邊。序、目録、卷尾均題《歐陽南野先生文選》。前有嘉靖四十三年甲子龍溪王畿序云：「歐陽南野子文集行於世久矣，門人督學少洲馮君慮其浩博，授集于予，選其尤有關於學者若干篇，謀諸會稽尹陽山莊君，將梓以傳，而門人宗伯石麓李君亦以所選集寄至。遂參互校輯，共得文二百一十篇，釐爲四卷，而屬余序之。」蓋嘉靖四十三年刻於會稽者。印本清朗，完好無缺。《存目叢書》據以影印。無錫市圖亦有是刻。〇明隆慶三年周之屏刻本，作《歐陽南野先生文選》五卷，明李春芳輯。半葉十行，行二十一字，白口，四周單邊。北圖、日本内閣文庫藏。〇明隆慶六年宋儀望刻本，同前本。半葉十行，行二十一字，白口，四周單邊。江西省圖藏。〇清道光十五年刻本，作《歐陽南野先生文集》五卷，明李春芳選。南圖藏。上圖有是刻民國六年印本。

笠江集十二卷　明潘恩撰　五一六三

浙江孫仰曾家藏本(總目)。○《浙江省第四次孫仰曾家呈送書目》:「《潘笠江集》十二卷,明潘恩著,六本。」○《浙江採集遺書總録》:「《潘笠江集》十三卷,刊本,明左都御史上海潘恩撰。」○明嘉靖萬曆間刻《潘恭定公全集》二十五卷,包括《潘笠江先生集》十二卷、《笠江先生近稿》十二卷、《附集》一卷。半葉十行,行二十字,白口,左右雙邊。中國社科院文學所、南圖、重慶圖、原北平圖、日本内閣文庫藏。蘇州市圖書館僅有《潘笠江先生集》十二卷,明嘉靖三十四年聶叔顒刻本,前有陸樹聲《潘恭定公全集引》云:「中丞笠江潘公,平生所著述曰《笠江集》、曰《笠江近稿》者,既梓行矣。公殁,而公二子學憲、方伯合前後刻彙萃成編,總之曰《潘恭定公全集》。」又嘉靖三十四年張時徹序,嘉靖三十三年徐獻忠序。是《全集》中之一部分。南圖本《笠江先生近稿》十二卷,無序跋,後有《附集》一卷,收申時行撰《墓志銘》、徐學謨撰《神道碑》、陸樹聲撰《墓表》、王世貞撰《行狀》。鈐「嘉惠堂丁氏藏」、「後八千卷樓」等印記。潘恩卒於萬曆十年十月十六日,據陸樹聲《全集引》,《近稿》亦刻於潘恩生前,唯《附集》刻於潘恩卒後。《存目叢書》用蘇州圖書館、南京圖書館藏本配合影印。

章介菴集十一卷　明章衮撰　五一六四

江西巡撫採進本(總目)。○《江西巡撫海第二次呈送書目》:「《章介菴集》六本。」○首都圖書館藏清乾隆十八年章文先刻本,作《章介菴文集》十一卷。題「臨川章衮汝明甫著,六世孫文先、侄先德編次，七世孫錫龍等校」。半葉九行，行十九字，白口，左右雙邊。前有乾隆十八年沈瀾序，康熙己未胡亦堂序，乾隆十八年嗣孫嘉顯序，乾隆十八年六世孫冀良跋。鈐「燕庭收藏」、「劉氏喜海一字燕庭藏書」等印。眉上有批，卷一首葉眉批署「海記」，知爲劉喜海筆。《存目叢書》據以影印。北大、江西圖、山西大學亦有是刻。○清康熙十九年夢川亭刻《臨川文獻》内有《章介菴先生集》二卷。北圖、北大、中科院圖藏。○清光緒元年刻本，作《章介菴文集》十一卷六册，江西省圖、中山圖藏。

芝園定集五十一卷別集十一卷　明張時徹撰　五一六五

浙江汪汝瑮家藏本（總目）。○《浙江省第四次汪汝瑮家呈送書目》：「《芝園集》五十一卷《奏議》五卷《公移》六卷，明張時徹著，十二本。」○《浙江採集遺書總録》：「《芝園別集》五十一卷《奏議》五卷《公移》六卷，刊本，明南京兵部尚書鄞縣張時徹撰。」○《江蘇省第一次書目》：「《芝園集》十六本。」○《江蘇採輯遺書目録》：「《芝園集》，布政司參政浙東張時徹著。」○《兩江第一次書目》：「《芝園別集》，明張時徹著，七本。」○《兩淮鹽政李呈送書目》：「《芝園集》五十一卷，明張時徹，十本。」○明嘉靖二十三年鄞守愚刻本，作《芝園集》三十六卷。半葉十行，行十九字，白口，四周雙邊。中科院圖書館藏。浙圖本存卷一至卷二十二，有王修跋。王重民《善本提要》著録原北平圖書館藏是刻二十二卷，内卷十三、卷二十分上下卷，卷十七、卷十八、卷十九分上中下，實有三十卷。○明嘉靖二十三年鄞守愚刻增刻本，存《芝園集》卷一至卷二十八，《別集》奏議卷一、公移卷一至卷六。北圖藏。○明嘉靖刻本，作《芝園定集》五十一卷。半葉十一行，行二十二字，白口，左右雙邊。北大、上圖、浙大、川圖等藏。王重民《善本提要》著録美國國會圖書館藏一部。○四川省圖書館藏明嘉靖刻本，作《芝園定集》五十一卷《芝園别集》十卷《芝園外集》二十四卷。其中《别集》又分《奏議》五卷、《公移》五卷。《芝園定集》，半葉十一行，行二十二字，白口，左右雙邊。字體與别、外集不同，非一時所刻。前有嘉靖二十二年十月朔賜進士出身中大夫湖廣布政使司右參政莆田鄒守愚《刻芝園集序》云：「固請於公刻之。」又嘉靖十八年九月江以達序。末有嘉靖三十七年南禺豐道生《芝園集後序》。《别集》無序跋。《外集》前十六卷題「説林」，後八卷題「續説林」，前有嘉靖二十一年張時徹《説林叙》。别、外集均半葉十行，行十九字，白口，四周雙邊。《存目叢書》據以影印。又《芝園外集》二十四卷，明嘉靖刻本，半葉十行，行十九字，白口，四周雙邊。當係同版單本。北圖、社科院文學所、上圖、杭州市圖藏。諸家著録於子部雜家類。

疣贅録九卷續録二卷　明顧夢圭撰　五一六六

江蘇巡撫採進本（總目）。○《江蘇省第一次書目》：「《疣贅録》四本。」○《江蘇採輯遺書目録》：「《疣贅録》十一卷，江南布政司崑山顧夢圭著。」○清華大學藏清雍正十年崑山顧氏桂雲堂刻《玉峯雍里顧氏六世詩文集》本，半葉十行，行二十一字，白口，左右雙邊。版心下刻「桂雲堂」。前有歸有光等舊序，像，後有六世從孫馮易跋云：「雍正屠維作噩之歲，族叔懷劬重鋟其五世祖雍里府君《疣贅録》成，索余一言序其後。」則是本刻於雍正七年。懷劬當即顧登。《存目叢書》據以影印。上圖、中科院圖、復旦、福師大、南圖亦有是刻。○明嘉靖至萬曆刻《盛明百家詩》内有《顧廉訪集》

一卷。

北泉集無卷數　明藍田撰　**五一六七**

副都御史黃登賢家藏本（總目）。○《都察院副都御史黃交出書目》：「《北泉集》六本。」○《藍侍御集》十卷，重慶圖書館藏明萬曆十五年藍思紹刻本。卷一題「明即墨藍田玉甫撰，明即墨黃嘉善、明長洲張獻翼同校選」。半葉九行，行二十字，白口，左右雙邊。前有萬曆十五年丁亥雲間潘允端序，張獻翼序。後有萬曆十四年丙戌藍思繼跋，跋後有「萬曆丁亥仲夏望日不肖孫思紹新梓於姑蘇」一行。鈐「張宸文」印記。《存目叢書》據以影印。臺灣「中央圖書館」有兩部，其一鈐「劉承幹字貞一號翰怡」等印；其一鈐「玉函山房藏書」、「陽湖陶氏涉園所有書籍之記」、「涖圃收藏」等印記。中科院圖、浙大亦有是刻。○《藍侍御集》二卷，稿本，清周亮工評。半葉九行，行二十五字，無格。山東博物館藏。○《北泉文集》五卷，天津圖書館藏清鈔本，無序跋，目録分五卷，正文不標卷數。半葉九行，行二十字，無格。鈐「華陽耕者」、「家在二勞峯下」等印記。《存目叢書》據以影印。○《北泉草堂詩集》二卷，復旦大學藏清鈔本，半葉九行，行二十五字。前有康熙三十二年癸酉楊還吉《重校藍北泉先生詩集序》云：「予因憶總角時，家藏《燕山漫稿》一册，相傳爲北泉作，恒秘惜之，當舉以歸君。恭元驚喜再拜，益以卷册圖書又十餘首，俾盡録以歸。《燕山稿》考其年月，蓋弘治乙丑下第時都門所作也，迨今百六十餘年矣。因取集中詩與今所增入，分爲上下卷。而文稿別有專集，託余重校。」是集收詩二百七十四首。鈐「玉函山房藏書」、「竹陰館」、「埽塵齋積書記」、「禮培私印」、

「湘鄉王氏秘籍孤本」等印記。《存目叢書》據以影印。○《北泉集》六卷，民國排印本，包括《北泉文集》四卷《北泉詩集》二卷《附》二卷，共二册。南開、中共中央黨校、吉林省圖藏。

五一六八　石比部集八卷　明石英中撰

江蘇周厚堉家藏本（總目）。○《江蘇省第一次書目》：「《石見山集》二本。」○《江蘇採輯遺書目録》：「《石見山集》八卷，刑部郎中石英中著。」○湖南圖書館藏明萬曆石應魁刻本，作《石比部集》八卷，存卷五至卷八。題「上海見山石英中譔，從子石應魁輯」。半葉九行，行十八字，白口，左右雙邊。後有萬曆六年姪應魁撰《行狀》，云「手録編次，將序而刻之」。又同邑晚姻俞顯卿跋云：「其從子啟文，余丈人行也，……仕而轗軻，逮懸車之日，付諸剞劂氏，蓋六十年所矣。」考石英中嘉靖二年進士，四年卒，下推六十年爲萬曆十三年，石應魁刻書約在是年。《存目叢書》據以影印。上圖有是刻足本。

五一六九　飛鴻亭集二十卷　明吴鵬撰

兩淮鹽政採進本（總目）。○《兩淮鹽政李續呈送書目》：「《飛鴻亭集》二十卷，明吴鵬，十本。」○《浙江省第五次曝書亭呈送書目》：「《飛鴻亭集》四卷，明吴鵬著，二本。」○《浙江採集遺書總録》：「《飛鴻亭集》四卷，刊本，明太子太保吏部尚書秀水吴鵬撰。」○北京圖書館藏明萬曆吴惟貞刻本二十卷，題「秀水吴鵬萬里父著，長孫惟貞校梓」。半葉十行，行十九字，白口，左右雙邊。前有王錫爵序，萬曆二十二年甲午吴惟貞跋，蓋即刻於是年。寫刻極佳。《存目叢書》據以影印。

葉海峯文一卷　明葉良佩撰　**五一七〇**

浙江范懋柱家天一閣藏本(總目)。○《浙江省第五次范懋柱家呈送書目》:「《葉海峯文》一卷,明葉良佩著,一本。」○《浙江採集遺書總録》:「《葉海峯文》一册,寫本,明南京刑部郎中太平葉良珮撰。」○《海峯堂前稿》十八卷,明嘉靖三十年魏濠太平縣署刻本。半葉九行,行十九字,白口,四周單邊。日本内閣文庫藏。浙江黄巖縣、臨海縣圖書館有殘本,存卷四至六、卷十至十八。○首都圖書館藏清光緒二十七年葉氏刻本,作《葉海峯文集》二卷。卷一題「太平葉良佩撰,裔孫子佩寶璵、堯臣輝春、聖友紹蘧、少魯秀藻同輯」。半葉十行,行二十四字,黑口,左右雙邊。前有光緒二十七年楊晨序云:「曏在史館讀中秘書,於院署瀛洲亭得海峯先生文一册,蓋乾隆中纂修《四庫全書》,浙江巡撫所採進者,爲四明范氏天一閣舊鈔本。辛卯奉諱里居,江洋葉小魯……録副以歸。」又光緒二十七年裔孫紹蘧序云:「家小魯茂才秀藻,從給諫楊先生晨得遺文一卷,爲四明范氏天一閣原鈔本,即《四庫存目》所列者,假録一通,即是本第一卷是也。復從散見諸處者采輯爲第二卷。……集貲刻之。」《存目叢書》據以影印。南圖亦有是刻。按:楊晨,黄巖人,其奉諱里居時,攜翰林院所存天一閣進呈四庫館舊鈔本《葉海峯文》一册自隨,且形諸記載,略無避忌,光緒中翰林院管理之疏可知也。

兩崖集八卷　明朱廷立撰　**五一七一**

湖北巡撫採進本(總目)。○《湖北巡撫呈送第一次書目》:「《兩崖集》二本。」○北京圖書館藏明刻本六卷，殘存卷一至三。半葉十行，行十九字，白口，四周單邊。○湖北省圖書館藏明朱之楫等刻本，作《重鐫兩崖集》八卷。題「武昌朱廷立撰，男之楫、之柱，孫承阜、承燿重刊」。半葉九行，行十八字，白口，左右雙邊。白棉紙。卷五配鈔本。版心刻工：吴有仁、王志、蔣世英。考吴有仁、王志均見萬曆二十四年南京國子監刻《史記》，則是本亦萬曆間所刊。《存目叢書》據以影印。○清道光元年朱俊溥炯然亭四川重刻本，作《兩崖文集》十一卷首一卷共八册。川圖、中科院圖、南開、南大、北師大藏。

五一七二　水西居士集八卷　明華鑰撰

山東巡撫採進本（總目）。○《山東巡撫第二次呈進書目》：「《水西集》二本。」

五一七三　春谿詩集四卷　明狄沖撰

浙江朱彝尊家曝書亭藏本（總目）。○《浙江省第五次曝書亭呈送書目》：「《春谿詩集》四卷，明狄沖著，四本。」○《浙江採集遺書總録》：「《春溪詩集》四卷，刊本，明南京工部郎中溧陽狄沖撰。」

五一七四　王鳳林文集四卷詩集三卷　明王從善撰

浙江汪汝瑮家藏本（總目）。○《浙江省第四次汪汝瑮家呈送書目》：「《鳳林集》七卷，明王從善著，七本。」○《浙江採集遺書總録》：「《鳳林集》七卷，刊本，明考功司主事襄陽王從善撰。」○北京圖書館藏明嘉靖四十五年衛東楚刻本，僅《鳳林先生文集》四卷。題「襄陽鳳林王從善著，男希鳳子王之瑞輯，郡人漢樓劉存義校，南陽少濱衛東楚刊」。半葉九行，行十八字，白口，四周單邊。前有嘉靖四十五年劉存義序云：「《詩集》已請於大司馬北村路公刻於鄖。」後有嘉靖四十五年揚州知府衛東楚後序云：「昨叨守揚，漢樓先生以先生往矣，是集不可以無傳也，遂以厥子希鳳君所出遺稿命余刻。」則詩、文二集非同時同地所刻也。《存目叢書》據以影印。臺灣「中央圖書館」藏是刻亦僅文集四卷。

中川遺稿三十三卷　明王教撰　五一七五

浙江巡撫採進本(總目)。○《浙江省第十二次呈送書目》：「《中川遺稿》三十三卷，明王教著，八本。」○《浙江採集遺書總録》：「《中州遺稿》三十三卷，刊本，明侍郎河南王教撰。」○《河南省呈送書目》：「《王中川先生文集》三十三卷，明王教著，八本。」○北京大學藏明嘉靖三十九年清白堂刻本，題「大梁王教庸之著」。半葉九行，行十八字，白口，四周單邊。版心下刻「清白堂」。前有嘉靖三十八年大梁李濂序，嘉靖三十九年正月儀封知縣齊宗文序。《存目叢書》據以影印。中科院圖、津圖、川大亦有是刻。原北平圖書館藏一部，現存臺北「故宫」。美國國會圖書館藏是刻乾隆七年六世孫昭服補版重印本，王重民《善本提要》著録。○《中川先生集》，明朱睦㮮刻本，存卷四至卷七。半葉十行，行十八字，白口，左右雙邊。遼寧省圖藏。

水洲文集四卷　明魏良弼撰　五一七六

兩江總督採進本(總目)。○《兩江第二次書目》：「《水洲文集》，明魏良弼著，二本。」○北京大學藏明萬曆三十五年熊劍化、徐良彦刻本，作《太常少卿魏水洲先生文集》六卷。卷一題「南昌劉曰寧删訂，雲間王圻校閲，豐城後學熊劍化、新建後學徐良彦編輯」。半葉九行，行二十字，白口，四周雙邊。前有萬曆三十五年丁未劉曰寧《刻魏水洲先生集序》云：「華亭熊侯神阿、溧水徐侯季良，皆先生里中後來之雋，有志節，聞先生事，輒津津向往，刻其集。」又萬曆三十五年張鼎序，熊劍化序，王圻序。鈐「太原叔子藏書記」、「蓮涇」等印記。《存目叢書》據以影印。北圖亦有是刻。

東遊集一卷　明黄金撰　**五一七七**

浙江汪啟淑家藏本(總目)。○《浙江省第四次汪啟淑家呈送書目》：「《東遊集》一卷，明黄金著，四本。」按：四本當作一本。○《浙江採集遺書總録》：「《東遊集》一册，寫本，明莘溪黄金撰。」

○北京圖書館藏明藍格鈔本一册，題「莘溪黄金著」。半葉十行，行二十四字，白口，四周雙邊。無序跋。首葉鈐「翰林院印」滿漢文大官印，當即汪啟淑進呈原本。又鈐「澤古堂藏書印」、「詩龕書畫印」、「曾在趙元方家」等印記。書衣有某氏題：「東遊集。翰林院官書，法梧門曾藏。」《存目叢書》據以影印。

北海野人稿一卷　明黄禎撰　**五一七八**

兩江總督採進本(總目)。○《兩江第二次書目》：「《北海野人稿》，明黄禎著，一本。」○《擬騷集》二卷《二友傳》一卷，明黄禎撰，明刻本，半葉八行，行十九字，白口，左右雙邊。北大藏。○《耘石詩稿》一卷，明黄禎撰，稿本，半葉十行，行十七字，藍格，白口，四周單邊。清逢源主人跋。山東博物館藏。

漳埜文集八卷　明李新芳撰　**五一七九**

兩江總督採進本（總目）。〇《兩江第二次書目》：「《漳埜文集》，明李新芳撰，楊世卿編，八本。」

端簡文集十二卷　明鄭曉撰　**五一八〇**

兩江總督採進本（總目）。〇《兩江第一次書目》：「《鄭端簡文集》，明鄭曉著，十四本。」〇《都察院副都御史黄交出書目》：「《鄭端簡集》四本。」〇北京大學藏明萬曆二十八年鄭心材刻本，作《端簡鄭公文集》十二卷。題「海鹽鄭曉著，子履淳輯」。半葉十行，行十九字，白口，左右雙邊。卷末題「孫心材訂訛」。前有萬曆二十八年庚子全椒彭夢祖序云：「迄歲庚子，公冢孫敬中氏始克蒐集而剞劂之。」心材字敬仲，一作敬中。版心刻工寫工：海塩夏雲刻，陶思、李承、魏浩、陳元、陳於、張岐、戴洪、夏云、李文、陳甫、端明、吴中吴曜書、黄周賢刊、何水德、陸定、周賛、張玠、曹旻、袁宏、伯川、張文、沈朝明、何承德、曹杲、沈文瑞、錢科。卷一末刊：「長洲吴曜寫、黄周賢等刻。」卷二末刊：「長洲吴曜、馬相、袁宸寫刻。」卷十二分上、中、下三子卷，實有十四卷。《存目叢書》據以影印。上圖藏是刻一部有清趙烈文題識、近人張元濟跋。原北平圖書館藏一部現存臺北「故宫」。北圖、江西省圖、日本内閣文庫亦有是刻。〇上海圖書館藏明嘉靖至萬曆間項篤壽萬卷堂刻《鄭端簡公全集》本，作《鄭端簡公文集》十二卷。未知與鄭心材本異同。

婁子敬文集六卷　明婁樞撰　**五一八一**

浙江巡撫採進本（總目）。〇《浙江採集遺書總録》：「《婁子靜文集》六卷，刊本，明河内婁樞撰。」

○《河南省呈送書目》：「《婁子靜文集》，明婁樞著，四本。」○北京圖書館分館藏明王元登刻修版後印本，作《婁子靜文集》六卷。卷一首葉題「曹南門生王元登校刊」。《目録》前有《九鷀圖解》一篇，題「盛世淳儒河内穀原婁樞著，男選貢應奎、歲貢秋、婿進士湛泉蕭守身校，曹縣門生王元登刊」，此文末署「嘉靖癸卯科亞魁姪東川婁炯録于育英堂」。半葉十行，行二十字，白口，四周雙邊或單邊。是本原版字大而方，補版字小而圓，區别明顯。原版當刻於嘉靖間。《存目叢書》據以影印。《中國古籍善本書目》著録是本有附録明蕭守身《醇儒傳》一卷，版本作「明王元登刻清順治十年婁聚玄增修本」，安徽博物館、河南省圖、河南新鄉市圖藏。北圖分館本無《醇儒傳》。臺灣「中央圖書館」藏一部亦無《醇儒傳》。○按：書名「敬」字當依原書及進呈目作「靜」，《提要》云「樞字子敬」似亦子靜之訛。

海樵先生集二十一卷　明陳鶴撰　　**五一八二**

安徽巡撫採進本（總目）。○《安徽省呈送書目》：「《海樵先生全集》四本。」○《浙江省第十二次呈送書目》：「《海樵山人詩文集》二十一卷，明陳鶴著，六本。」○《浙江採集遺書總録》：「《海樵先生全集》二十一卷，刊本，明山陰陳鶴撰。」○北京圖書館藏明隆慶元年陳經國刻本，作《海樵先生全集》二十一卷，存卷一至卷十八。題「南海星野盧夢陽校正，番禺瑤石黎民表編次」。半葉九行，行二十字，白口，四周雙邊。前有隆慶元年九月晉江薛天華序，又隆慶元年八月福建右布政使南海盧夢陽序云：「曩王敬所氏既摘其《小集》刻於西粵，今其子經國君刻其《全集》於東粵闔司署中。」《存目叢書》據以影印。蘇州圖書館有明刻本存卷一至卷六兩册，蓋爲一刻。○《陳山人小集》一册，明陳鶴撰，明嘉靖十六年方廷璽刻本。原北平圖書館藏，現存臺北「故宫」。王重民《善本提要》著録是本，謂刊於嘉靖十三年甲午，鶴時年僅十六歲。未知何據。按：鶴生年無考，據《獻徵録》卷百十五徐渭《陳山人鶴墓表》，鶴卒於嘉靖三十九年庚申，至少五十八歲。則嘉靖十三年，至少二十六歲。王氏所計恐誤。○《陳海樵律詩》二卷，明陳鶴撰，明嘉靖三十年王修齋刻本。上圖藏。原北平圖書館藏一部二册，現存臺北「故宫」。

長谷集十五卷　明徐獻忠撰　**五一八三**

安徽巡撫採進本(總目)。○《安徽省呈送書目》：「《長谷集》八本。」○《浙江省第四次孫仰曾家呈送書目》：「《長谷集》十五卷，明徐獻忠著，四本。」○《浙江採集遺書總録》：「《長谷集》十五卷，刊本，明奉化知縣華亭徐獻忠撰。」○北京圖書館藏明刻本，半葉十行，行十八字，下細黑口，左右雙邊。版心刻工：吴人吴曜寫，袁宸刻。前有袁汝是序云：「歲在甲子，予出爲郡長吏，自謂可藉以諏咨治理，顧已棲遯吴興山中且十年，西望白雲，不可跂及。其鄉中諸賢方欲刻其所爲詩文集，予聞之甚慰，因贊刻焉。」目録後有門人董宜陽《刻集記》云：「始於嘉靖甲子冬，越明年乙丑夏告成。」後列助刻名氏。是嘉靖四十三年至四十四年松江知府袁汝是與其鄉人集貲刊刻者。《存目叢書》據以影印。西安文管會亦有是刻，鈐「翰林院印」、「詩龕書畫印」等印記。

胥臺集二十卷　明袁袠撰　**五一八四**

浙江汪汝瑮家藏本(總目)。○《浙江省第四次汪汝瑮家呈送書目》：「《袁胥臺集》二十卷，明袁袠著，八本。」○《浙江採集遺書總録》：「《袁胥臺集》二十卷《世緯》一册，刊本，明廣西提學僉事吳縣袁袠撰。」○《兩淮商人馬裕家呈送書目》：「《永之集》二十卷，明袁袠，六本。」○《提要》云：「初爲其嗣子尊尼所刊，詩文各十卷，題曰《袁永之集》。此本爲萬曆甲申衡藩所重刊，改題《胥臺集》，實則一書。」○臺灣「中央圖書館」藏明嘉靖二十六年袁尊尼刻本，作《袁永之集》二十卷《附録》一卷。半葉十行，行十八字，白口，左右雙邊。前有嘉靖二十六年丁未董宜陽序，嘉靖三十一年壬子朱曰藩序，嘉靖丁未袁褧《家弟永之文集序》，袁表序，沛彭年誄文，張鳳翼誄文，嘉靖三十五年丙辰吳維嶽《胥臺袁先生傳》。卷末有其子袁尊尼跋云：「詩文集二十卷，先公手自選校就梓者十之六，而公棄世，不肖尊尼乃續完之，工訖於丁未八月。」又王格序。附録係文徵明撰墓志銘、袁尊尼撰行狀。鈐「陽湖陶氏涉園所有書籍之記」、「逬圃收藏」印（參該館《善本書志初稿》）。北圖、復旦、南開等亦有是刻。○北京大學藏明萬曆十二年衡藩刻本，作《衡藩重刻胥臺先生集》二十卷。題「明吳郡胥臺山人袁袠永之甫著，長洲後學甥葵亭張炳忠藎甫校」。半葉十行，行十八字，白口，四周雙邊。前有嘉靖壬子朱曰藩序，王格序，陸師道序，不肖孤尊尼《衡藩重刻胥臺先生集叙》，萬曆十二年張炳忠序等。印本清朗。《存目叢書》據以影印。北圖、上圖、津圖等亦有是刻。

趙浚谷集十六卷　明趙時春撰　　**五一八五**

浙江汪汝瑮家藏本（總目）。○《浙江省第四次汪汝瑮家呈送書目》：「《趙浚谷集》十六卷，明趙時春著，十七本。」○《浙江採集遺書總録》：「《趙浚谷集》十六卷，刊本，明巡撫山西都御史平涼趙時春撰。」○首都圖書館藏明嘉靖刻隆慶萬曆增刻本，作《趙浚谷文集》十卷《詩集》六卷附《永思録》一卷《趙浚谷疏案》一卷。各卷書名冠以年代，文集卷一題「嘉靖癸未趙浚谷文集卷之一」，詩集卷一題「嘉靖癸未甲申趙浚谷詩集卷之一」。半葉九行，行二十一字，白口，四周單邊。前有嘉靖四十一年壬戌胡松序。又嘉靖四十四年乙丑春太常寺少卿章丘李中麓開先序云：「浚谷趙子詩文集刻傳久矣，尚未有序。……先爲一詩文總序貽之，曰……集凡十五卷，詩六卷、文九卷，續有作者，當續入之。」又萬曆八年徐階序云：「集凡十六卷，爲詩若文，凡千餘篇。初，公捐館舍後，其子守巖秘梓於思成堂。其壻巡撫河南都御史周君鑑嘗學於公，而得其志守，故又久之而復傳梓於汴。」《永思録》收王崇古《趙浚谷墓表》及周鑑《明御史中丞浚谷趙公行實》。《墓表》字體行款不同，刊板又晚於《行實》。《存目叢書》據以影印。北師大、北圖、津圖、南大等亦有是刻。按：周鑑《行實》云：「公所著《平涼府志》、《浚谷文集》九卷《詩集》六卷及《稽古緒論》、《洗心亭詩餘》已鋟刻，其前後奏疏公牘，關政教者尚廣，當續付諸梓。」時春卒於隆慶元年十二月二十七日，去李開先序不足三年，知生前所刻仍爲文九卷詩六卷，其後所作皆卒後增刻。至《永思録》、《疏案》亦卒後增入無疑。徐階所謂「公捐館舍後，其子守巖秘梓於思成堂」者實即此增刻本。至於徐序，乃爲周鑑開封刻本作，以徐氏顯赫，原板尚存於家，遂補刻卷前，實情理中事。《中國古籍善本書目》及諸家著録定此本爲萬曆八年周鑑刻本，皆以徐序而誤會，細繹字體版式及序跋傳志可知也。是本經明末兵燹，殘缺失次，順治十六年葉正蓁修補重印，北大、上圖、南圖、山東圖等有藏。

別本浚谷集十七卷　明趙時春撰　　五一八六

安徽巡撫採進本（總目）。○《安徽省呈送書目》：「《浚谷集》八本。」○山東省圖書館藏明萬曆八年周鑑開封刻本，作《浚谷先生集》十七卷，凡詩二卷文十五卷。文存十一卷，共僅存十三卷。詩文皆係分體重編，詩少於前本。半葉十行，行二十一字，白口，左右雙邊。版心刻工：沈都、崔仲臣、吴守礼、崔恩、張習、梁洛、陳吉。前有萬曆庚辰都察院右副都御史甥周鑑《重刻趙浚谷先生集序》云：「茲集藏在先生家塾，余爲之詮次而重刻之大梁。」又嘉靖壬戌胡松序，與前本文同。《存目叢書》據以影印。河北大學有是刻足本。按：《中國古籍善本書目》定此本爲「明刻本」，乃以誤定家刻本爲周鑑刻本之故。家刻編年爲次，此則分體重編，周鑑爲時春之甥，又嘗受學時春，時春歿役，鑑作《行狀》云所著《浚谷文集》九卷《詩集》六卷已鋟刻，是鑑重刻序所謂「茲集藏在先生家塾」，係指家刻版而言。又謂「詮次而重刻之大梁」，乃指改編年爲分體，且有所選擇焉。是本字體瘦長，已與嘉靖家刻異趣，是開封重刻無疑。

雲崗選稿二十卷　明龔用卿撰　　五一八七

浙江孫仰曾家藏本（總目）。○《浙江省第四次孫仰曾家呈送書目》：「《雲岡遺稿》二十卷，明龔用卿著，六本。」○《浙江採集遺書總録》：「《雲岡選稿》二十卷，刊本，明南京祭酒懷安龔用卿撰，子燿重編。」○北京圖書館藏明萬曆三十五年龔燿刻本，作《雲崗選稿》二十卷。半葉九行，行十八字，白口，四周雙邊。版心有刻工：黄啓、江甫、葉材、黄一錠、葉才。寫刻甚精。前有萬曆三十一年癸卯謝杰序。後有萬曆三十五年丁未男爟跋云：「今春始付剞劂氏，歷秒冬方底成。」鈐「蒼巖山人書屋記」、「蕉林藏書」、「妙因居士」等印記。《存目叢書》據以影印。中科院圖亦有是刻。○中國科學院圖書館藏明鈔本。○臺灣「中央圖書館」藏舊鈔本，作《雲岡公文集》十七卷八册。題「閩雲岡龔用卿著」。半葉十行，行二十字，藍格，白口，四周雙邊。分《金臺稿翰集》三卷、《玉堂稿山居集》二卷、《玉堂稿北征集》一卷、《玉堂稿使東集》一卷、《青坊稿宫諭集》一卷、《金陵稿成均集》一卷、《瓊河稿卧疴集》四卷、《瓊河稿山居集》四卷。與《存目》之本不同。

東匯詩集十卷　明呂希周撰　**五一八八**

兩江總督採進本(總目)。○《兩江第二次書目》：「《東匯詩集》，明呂希周著，五本。」○南京圖書館藏明嘉靖三十三年呂端甫刻本，半葉九行，行十七字，細黑口，四周雙邊。前有嘉靖三十三年甲寅謝丕序，男呂端甫《刻家嚴東匯詩集志》。鈐「嘉惠堂丁氏藏書」、「八千卷樓收藏書籍」、「四庫坿存」等印記。《存目叢書》據以影印。上圖亦有是刻。

陸簣齋集十卷外集二卷　明陸埏撰　**五一八九**

禮部尚書曹秀先家藏本(總目)。○《總裁曹交出書目》：「《明陸簣齋集》八本。」○《江蘇省第一次書目》：「《陸簣齋文集》四本。」○《江蘇採輯遺書目録》：「《陸簣齋文集》十二卷，湖廣巡撫嘉善陸埏著。」○上海圖書館藏明刻本，作《陸簣齋文集》十卷，存卷一至四。半葉九行，行十八字，白口，左右雙邊。

田叔禾集十二卷　明田汝成撰　五一九〇

浙江汪汝瑮家藏本（總目）。○《浙江省第四次汪汝瑮家呈送書目》：「《田叔禾小集》十二卷，明田汝成著，六本。」○《浙江採集遺書總録》：「《田叔禾小稿》十二卷，刊本，明廣西右參議錢塘田汝成撰。」○吉林省圖書館藏明嘉靖四十二年田藝蘅刻本，作《田叔禾小集》十二卷。題「錢塘田汝成撰，男藝蘅私抄」。半葉九行，行十八字，細黑口，四周雙邊。前有嘉靖四十二年癸亥餘杭蔣灼序。又嘉靖四十二年田藝蘅引云：「凡得詩文三百六十九首，分爲一十二卷，初不暇計其次第，先此鋟布，以應户外索文者。」次列《已刻雜集》目、《未刻雜集》目。鈐「環山樓藏書印」、「趙逢玉印」等印記。《存目叢書》據以影印。北圖、中科院圖、津圖、浙圖亦有是刻。○清光緒二十三年武林丁氏嘉惠堂刻本，作《田叔禾小集》十二卷，收入《武林往哲遺箸》。

玩芳堂摘稿四卷　明王慎中撰　五一九一

兩江總督採進本（總目）。○《兩江第一次書目》：「《玩芳堂稿》，明王慎中著，四本。」○天津圖書館藏明嘉靖二十九年蔡克廉刻本，題「晉江遵巖王慎中著」。半葉十行，行二十字，白口，四周雙邊。前有河南道監察御史江陵曹忭序云：「庚戌之歲，余按江右，政暇搜取篋中所攜王集，玩而讀之，適廉憲蔡道卿至，輒以授之校刻。兹刻成，屬余序。」《存目叢書》據以影印。北圖、上圖、臺灣「中央圖書館」亦有是刻。○《遵巖先生文集》四十一卷，明嘉靖四十五年劉湊刻本。半葉九行，行十九字，白口，左右雙邊。北圖、南圖、社科院歷史所藏。又明隆慶五年邵廉刻本，半葉十行，行二十一字，白口，四周單邊。北圖、北大、上圖、川圖等藏。又清鈔本，中山大學藏。○《遵巖先生文集》四十二卷，清康熙五十年閩中同人書舍刻本。半葉九行，行十九字，黑口，四周單邊。北師大、社科院文學所、中山圖等藏。○《遵巖先生文集》二十五卷，明隆慶五年嚴鎡刻本。半葉十行，行二十字，白口，四周單邊。北圖、上圖、湖北圖、福建圖等藏。浙圖有公文紙印本，存卷一至十一。中科院圖有四庫底本。按：慎中集《四庫全書》著録者爲此二十五卷本，作《遵巖集》。○《王遵巖家居集》七卷，明嘉靖三十一年句吴書院刻本。半葉十一行，行二十一字，白口，左右雙邊。上圖、重慶圖、山東博藏。天一閣藏一部有清楊泰亨題記。○《遵巖王先生文粹》十六卷，明施觀民輯，明隆慶六年施觀民刻本。半葉十行，行二十二字，白口，左右雙邊。北圖、上圖、南圖等藏。○《遵巖先生文集》不分卷，明鈔本，存文十九篇。半葉九行，行二十字，藍格，白口，四周雙邊。復旦藏。○《王遵巖集》十卷，清張汝瑚選，清康熙二十一年郢雪書林刻本，收入《明八大家集》，上圖、津圖藏。又收入《明十二家文集》，清華藏。又有單本，清華、遼圖藏。半葉十行，行二十字，白口，四周單邊。○《遵巖先生文鈔》不分卷，清葉裕仁鈔本，葉裕仁跋。南圖藏。○《南江外集》十卷，明王慎中撰，清鈔本。半葉十行，行二十字。復旦藏。

江午坡集四卷　明江以達撰　五一九二

江西巡撫採進本（總目）。○南京圖書館藏明嘉靖三十六年黄鑄刻本，作《午坡文集》四卷。半葉十行，行二十字，白口，四周單邊。後有嘉靖三十六年丁巳孟秋撫州知府晉江門人黄鑄識後云：「迺謀梓之，而以屬余，於今梓成矣。」《存目叢書》據以影印。臺灣「中央圖書館」藏是刻，佚去黄鑄識後末葉，因不知爲誰氏何時識後。另有隆慶五年辛未林一新序，南圖本無。

芻蕘録二十卷　明馮恩撰　**五一九三**

江蘇周厚堉家藏本（總目）。○《江蘇省第一次書目》：「《芻蕘録》十本。」○《江蘇採輯遺書目録》：「《芻蕘録》二十卷，南京御史華亭馮恩著。」○明隆慶二年刻本，作《古狂馮侍御芻蕘録》二十卷。日本宫内廳書陵部藏。

少泉集三十三卷　明王格撰　**五一九四**

浙江孫仰曾家藏本（總目）。○《浙江省第四次孫仰曾家呈送書目》：「《少泉詩選》《詩續》《文選》《文續》十本。」○《浙江採集遺書總録》：「《少泉詩選》八卷《詩續選》八卷《文選》五卷《續文選》五卷，刊本，明太僕寺少卿京山王格撰，邑人高岱、李淑同選。」○《提要》云：「凡《詩選》十卷《詩續選》八卷《詩新選》六卷《文選》五卷《續文選》四卷，共三十三卷。」○臺灣「中央圖書館」藏明嘉靖末年京山王氏家刻本，作《少泉詩選》八卷《文選》五卷《文續選》五卷，共二册。詩選首題「少泉詩選卷之一」，次題「京山王格撰，同邑高岱選，男王宗予、宗彦、堉唐應蓮校刊」。半葉十一行，行二十一字，細黑口，四周單邊。前有嘉靖四十二年二月望日鹿坡山人高岱《王少泉集略序》云：「少泉王公著詩若干卷，東橋顧公、後渠崔公序而梓之矣。顧簡帙重繁，摹刻弗便也，公屬余爲選之。」卷内鈐「抱經樓」、「潁川郡印」、「練江陳昂之印」、「吴興劉氏嘉業堂藏書印」、「劉承幹字貞一號翰怡」等印記（參該館《善本書志初稿》）。《嘉業堂藏書志》著録。〇《少泉詩集》十卷十册，明嘉靖刻本，題「京山王格撰」。半葉九行，行十八字，白口，左右雙邊。鈐「謙牧堂藏書記」、「孔繼涵印」、「葒谷」等印記。原北平圖書館藏，現存臺北「故宫」。《存目叢書》借北圖膠片影印。浙圖亦藏一部，行款版式同，當是一版。〇《少泉詩集》四卷，明嘉靖十八年李文芝刻本。半葉九行，行十八字，黑口，四周雙邊。中科院圖書館藏。

穀原文草四卷　明蘇祐撰　**五一九五**

兩江總督採進本（總目）。〇《兩江第二次書目》：「《穀原集》，明蘇祐著，四本。」〇北京圖書館分館藏明刻清道光五年修補印本，作《穀原詩集》二卷《穀原文草》四卷。《詩集》半葉九行，行二十字，白口，四周雙邊。前有目録，凡八卷，則此二卷非全帙。《文草》半葉十行，行二十字，白口，左右雙邊。全書前有龔秉德《穀原詩集序》，崔銑《穀原詩集序》。崔序後刻有道光五年識語：「先尚書公詩文集，藏版猶存，久未印行，故其書罕見。今檢出細心校對，緫缺數葉耳。謹補原序二篇，餘俟訪求善本補刻以成完書。九世侄孫埴、堉、十世嫡孫捷成謹識。道光五年三月刊。」卷内鈐「維郭中堂家藏」印。《存目叢書》影印其《文草》四卷。

穀原集十卷　明蘇祐撰　**五一九六**

山東巡撫採進本（總目）。〇《山東巡撫第二次呈進書目》：「《穀原集》四本。」〇北京師大藏明嘉靖三十七年龔秉德刻本，作《穀原詩集》八卷，半葉九行，行二十字，白口，四周雙邊。《存目叢書》據以影印。北大藏是刻有李盛鐸跋。清華亦有是刻。○明刻本,作《穀原詩集》八卷。半葉十行,行二十字,白口,四周雙邊。北圖藏。○《穀原詩草續集》一卷,明嘉靖刻修補本。題「濮陽蘇祐著」。半葉九行,行二十字。原北平圖書館藏,現存臺北「故宮」。王重民《善本提要》著録。○《三巡集稿》一卷,明蘇祐撰,明嘉靖刻本。半葉九行,行二十字,白口,四周單邊。北圖藏。

岳雲石集五卷　明岳倫撰　五一九七

直隸總督採進本(總目)。○《直隸省呈送書目》:「《岳倫集》四本。」

金陵覽勝詩一卷　明章恩撰　五一九八

浙江范懋柱家天一閣藏本(總目)。○《浙江省第五次范懋柱家呈送書目》:「《金陵勝覽詩》一卷,明章恩著,一本。」○《浙江採集遺書總録》:「《金陵勝覽詩》一卷,刊本,明山陰章思撰。」

別本羅念菴集十三卷　明羅洪先撰　五一九九

浙江汪汝瑮家藏本(總目)。○《浙江省第四次汪汝瑮家呈送書目》:「《羅念菴集》十三卷,明羅洪先著,四本。」○《浙江採集遺書總録》:「《羅念菴集》十三卷,刊本,明春坊左贊善吉水羅洪先撰。」○《兩淮商人馬裕家呈送書目》:「《念菴集》十三卷,明羅洪先,八本。」○《江西巡撫海第一次呈送書目》:「《羅念菴集》十二本。」○《江蘇省第一次書目》:「《念菴文集》十二本。」○《江蘇採輯遺書目録》:「《念菴文集》二十二卷,吉水羅洪先著。」○北京大學藏明嘉靖四十二年撫州知府劉玠刻本,作《念菴羅先生集》十三卷。半葉十一行,行二十字,白口,單白魚尾,四周單邊。前有嘉靖四十二年癸亥滁陽胡松序云：「余懼士之學之日流於詖且遁也，則從其友人王子昭明所鈔得數帙，爰付撫守劉子刻之郡閣。」版心刻工：付貴、付仁、郭拱、余爵、熊層一刊、翟信、翟才、余策、余朝、熊珊、鄒國賔、鄒國安、鄒國正、付廷脩刊、熊啟一、翟良才、余荣、付堯、熊施八。卷内鈐「觀古堂」、「葉氏德輝鑒藏」等印記。《存目叢書》據以影印。山西大、浙大、川圖、重慶圖等亦有是刻。○明嘉靖四十三年甄津刻本，書名卷數同前本。臺灣「中央圖書館」藏是刻，半葉十一行，行二十字，白口，單黑魚尾，四周單邊。前有嘉靖四十三年甲子五月朔後無錫是堂山人俞憲汝成父《重刻羅念菴先生文集叙》云：「嘉靖甲子夏五，侍御毅所黄公以《羅念菴先生集》授邑侯甄君重刻成，遠近人士及閭閻生徒，無不懽傳肅慕者，既乃問序于予。」又云：「毅所黄公，金谿人。甄君我溪，東魯之魚臺人。」(參該館《善本書志初稿》、《善本序跋集録》)。周晶先生藏是刻一部九册，嘗出以示余。俞序外，另有嘉靖癸亥胡松序。前十一卷文，後二卷詩。是嘉靖四十三年無錫知縣甄津重刻撫州本。北圖、北大、津圖、上圖等亦有是刻。○《念菴羅先生文集》四卷，明嘉靖三十四年安如磐刻本。半葉十行，行十八字，白口，左右雙邊。華東師大藏。○《念菴羅先生文集》八卷《外集》十五卷《别集》四卷，明隆慶元年蘇士潤等刻本。半葉十一行，行二十三字，白口，四周雙邊。南圖藏一部十六册，有缺葉。有隆慶元年門人泰和胡直序。錢塘丁氏故物，《善本書室藏書志》著録。故宫、川圖藏本亦有殘。○《念菴羅先生文要》六卷，明萬曆三十一年吴達可豫章刻本。半葉八行，行十七字，白口，四周單邊。此吴達可巡豫章時屬王時槐選定付梓者。北圖、上圖、江西師大藏。上圖另藏一部有唐文治跋。○《石蓮洞羅先生文集》二十五卷，明萬曆四十五年陳于廷吉安刻本。臺灣「中央圖書館」藏一部，題「巡按江西監察御史後學陳于廷校梓，禮科給事中宗後學羅大紘選編」。半葉九行，行十八字，白口，四周單邊。版心刻工：羅葵、吉水李奎七刊等。有萬曆四十四年丙辰仲冬之吉陳于廷序。萬曆四十五年丁巳清和月吉安守祁承爜序云「先生全集已久行於世，而吉中獨無善梓。臺使陳公抱貞時範世之心，欲舉正學以示之的，遂以全集託匡湖羅翁稍爲裒輯」，「翁并命綴一言于後。承爜列在守臣」，「敬識末簡」。又羅大紘跋。又萬曆丁巳孟夏月鄒元標序云：「先是，安節吴公巡豫章，刻公《文要》風世。今復刻全集，與吴公後先振道。」末有羅大紘後序云：「直指吴安節公歆慕至德，屬大常王塘南先生更選，大常獨取理學諸書爲《文要》，既盛行於世矣。邇者直指中湛陳公按吉，及嶺北事竣，還過文江，徘徊白沙玄渚間，既然先生遺言往蹟，既捐金葺祠宇，復以全集屬大紘簡緝梓行。」又云：「近所傳先生集爲八卷，舊刻散逸，罔有存者，蒐得諸故家斷殘之餘，稍完八九。」（參該館《善本序跋集録》、《善本書志初稿》）。北大、中科院圖、上圖、湖北圖亦有是刻。○《念菴羅先生集》二十四卷，清雍正元年刻本。山西大學藏。○《念菴羅先生文集》二十四卷，清雍正十年羅雨霽刻本。半葉九行，行二十字，白口，四周雙邊。《川圖目》著録云「缺卷二十三、二十四卷及附録」。《清華善本目》著録云十八卷十二册。○《念菴集》二十二卷，清刻本十二册，南圖藏，丁丙故物。以上三本未知異同，録此備考。○《念菴羅先生文録》十八卷，清喻震孟編，清光緒十二年江西安齋喻震孟刻本，十册。川圖藏。

五二〇〇　松溪集十卷　明程文德撰

兩淮鹽政採進本(總目)。〇《兩淮鹽政李續呈送書目》:「《松溪集》十卷,明程文德,四本。」〇《浙江省第四次孫仰曾家呈送書目》:「《松谿文集》十卷,明程文德著,四本。」〇《浙江採集遺書總録》:「《松溪文集》十卷,刊本,明南京工部右侍郎永康程文德撰。」〇明隆慶元年刻本,作《程松谿先生文集》十卷。半葉十行,行二十二字,白口,四周雙邊。中科院圖、大連圖、日本内閣文庫藏。

五二〇一　程文恭遺稿三十二卷　明程文德撰

浙江巡撫採進本(總目)。〇《浙江省第六次呈送書目》:「《程文恭公遺稿》三十二卷,明程文德著,八本。」〇《浙江採集遺書總録》:「《程文恭公遺稿》三十二卷,刊本,明南京工部右侍郎永康程文德撰。」〇浙江圖書館藏明萬曆十二年程光裕刻本,作《程文恭公遺稿》三十二卷。半葉十行,行十九字,白口,四周雙邊。前有萬曆十二年甲申黄鳳翔序云:「公孫臺幕君官留都,謁黄生,請曰:先大父遺稿行於世舊矣,顧刻久漶漫,復多散軼。不肖光裕詳訂正,廣搜討,而重鐫之。」刻工:陳文、裴龍、葛奇、易文、刘龙、郭奇、郭文、易兹、黄幹、黄昱、葛辛、戴谷、張欽、刘卞、陶文、楊右、張瑚、黄明、胡珥、刘龍。卷内鈐「東陽趙伯蘇印」、「伯蘇珍藏」、「趙鴻梧印」、「鴻梧」等印記。《存目叢書》據以影印。山東圖、日本東京尊經閣文庫亦有是刻。原北平圖書館藏一部,現存臺北「故宮」。

五二〇二　周漢中集四卷　明周顯宗撰

内府藏本(總目)。

南北奉使集二卷　明唐順之撰　五二〇三

浙江汪啟淑家藏本（總目）。○《浙江省第四次汪啟淑家呈送書目》：「《南奉使集》一卷，明唐順之著，一本。」又「《北奉使集》一卷，明唐順之著，一本。」○《浙江採集遺書總録》：「《南奉使集》二卷，刊本，明唐順之撰。」又「《北奉使集》一卷，刊本，前人撰。」○北京圖書館藏明刻本，與明嘉靖三十四年安如石刻金陵書林重修本《重刊校正唐荆川先生文集》十二卷合函。卷端題「奉使集」，次題「兵部職方司郎中唐順之著」。半葉十行，行二十字，白口，四周單邊或左右雙邊。版心分別題「北奉使集」、「南奉使集」。《北奉使集》又分書札、詩、部劄、奏疏四部分，各爲起訖。《南奉使集》爲奏疏及書札等，前有勅諭二道。此書卷次及葉次或作墨丁，猶是初刻未定之本。《存目叢書》據以影印。《中國古籍善本書目》著録明唐鶴徵刻《唐荆川先生續文集》六卷《奉使集》二卷，北圖、上圖、重慶北碚圖藏，當出一版。

陳后岡詩集一卷文集一卷　明陳束撰　五二〇四

浙江巡撫採進本（總目）。○《浙江省第三次書目》：「《陳后岡文集》《詩集》，明陳束著，二本。」○《浙江採集遺書總録》：「《陳后岡文集》一卷《詩集》一卷，刊本，明河南提學副使鄞縣陳束撰。」○《江蘇省第一次書目》：「《陳后岡集》一本。」○《江蘇採輯遺書目録》：「《陳后岡集》二册不分卷，儀制司員外郎甯波陳束著，刊本。詩賦一册雜文一册。」○明嘉靖二十五年張時徹刻本，作《陳后岡詩集》一卷《文集》一卷。《詩集》半葉九行，行十八字，白口，左右雙邊。《文集》半葉九行，行十九字,白口,四周雙邊。南圖藏一部爲丁氏八千卷樓故物,《善本書室藏書志》著録。上圖亦有是刻。○中央民族大學藏明萬曆十九年林可成刻本,書名卷數同前本。半葉九行,行十八字,白口,四周單邊。眉欄刻評。《詩集》題「四明陳束約之著,武進唐順之應德選次,後學林可成志父校疏」,前有張時徹《陳約之傳》。《文集》題「四明陳束約之著,同郡張時徹惟靜選次,後學林可成志父校疏」,前有嘉靖二十五年趙廷松序。鈐「如不及齋」、「一字封珊」等印。《存目叢書》據以影印。臺灣「中央圖書館」藏是刻,僅《陳后岡文集》一卷一册,趙廷松序之外,末有萬曆二十二年甲午林復言《跋先侍御校疏陳后岡集》云:「先侍御公……念其舊刻刓敝,慨家本遺亡,遂以大廷尉陳公本,校其舛譌,疏其奥義,補其放失,序其顛末,付之梓人,以公同好。時辛卯夏四月也。」(參該館《善本序跋集録》)北圖、上圖、南圖等亦有是刻。

燕詒録十三卷　明孫應奎撰　五二〇五

兩江總督採進本(總目)。○《兩江第一次書目》:「《燕詒録》,明孫應奎著,五本。」○湖北省圖書館藏明萬曆刻本,半葉九行,行十九字,白口,四周雙邊。前有萬曆三年九月自序云:「隆慶壬申夏居室災,稿僅存者命兒輩輯而藏之,以貽子孫,目之曰《燕詒録》。」版心刻工:魯刊。《存目叢書》據以影印。日本東京尊經閣文庫亦有是刻。

胡莊肅集六卷　明胡松撰　五二〇六

安徽巡撫採進本(總目)。○《安徽省呈送書目》:「《胡莊肅公集》六本。」

别本胡莊肅集八卷　明胡松撰

山東巡撫採進本(總目)。○《山東巡撫呈送第一次書目》:「《胡宗肅集》八本。」○明隆慶三年滁州刻本,作《胡莊肅公遺稿》八卷。半葉九行,行二十字,白口,四周單邊。前有隆慶三年八月之望南海霍與瑕叙云:「公文集刻於家者曰《胡氏集》、曰《東游稿》,刻於楚者曰《南浮集》,刻於秦晉者曰《西征集》、曰《愚忠疏草》,刻於江浙者曰《浙垣稿》、曰《督撫奏議》等書,迭出互見,未會大全,而其他散佚者尤多。王侍御復齋公按滁,訪尋得遺文,古風近體詩三百六十九首、叙六十四首、記一十五首、雜著一十七、詩銘表傳一十八、祭文六、書柬一百八十八,付李州守刊行。」後有隆慶三年己巳七月之吉賜同進士出身山東等處承宣布政使司奉勑分守遼海東寧道兼理邊備右參議郡人王可□(字蝕損難辨)後序云:「柱史復齋王公按滁,觀風之瑕,旁搜典籍,得莊肅胡公遺稿,愛其可以經世而垂訓也,乃屬滁守質所李君校正編次,鳩工鋟梓。」鈐有「真州吴氏有福讀書堂藏書」印。臺灣「中央圖書館」藏(參該館《善本書志初稿》、《善本序跋集録》)。按:王可□當作王可立,直隸來安人,嘉靖三十二年三甲二百八十三名進士,官山東右參議。見《明清進士題名碑録索引》、《皖人書録》。滁守質所李君,爲李文簡,字質所,福建同安人,隆慶二年任滁州知州。乾隆《江南通志》卷一百三巡按監察御史隆慶間五人,王姓者僅王宗舜一人,或即王侍御復齋耶?○明隆慶六年刻本,作《胡莊肅公文集》八卷。日本内閣文庫藏。○北京大學藏明萬曆十三年胡楩刻本,作《胡莊肅公文集》八卷。題「滁陽胡松著,南城縣儒學訓導錢時雨、新淦縣儒學訓導姚翼、新建縣儒學訓導黄約校正」。半葉十行,行二十字,白口,左右雙邊。前有隆慶六年奉敕巡撫江西等處地方兼理軍務都察院右副都御史吴郡徐栻序云:「遂謀諸按使雲門任公,取公門人少魯周學憲所詮次詩文若干,梓而行之,以學憲邵君亦公門下士也,屬之校讎。」次福建按察司副使周弘祖序云:「檢其敝篋,得手跡若干卷。……祖初入閩,圖梓不獲。計海内知先生者,鳳竹徐公,而公適撫江右,知先生之功於江右最著,故託之以傳不朽。」後有隆慶六年壬申三月既望奉敕提督學校江西按察司副使邵夢麟《刻莊肅胡公文集後序》。知隆慶六年江西巡撫徐栻嘗據周弘祖所得胡松手稿刻之任所。殆即日本内閣文庫所藏者。是本後又有萬曆十三年乙酉秋弟梗重刊後序云:「時鳳竹徐公督撫江右,迺取少魯周公所編次者,刻之省署,凡前後遺稿,收拾近備。第道遠莫能多致,遂重梓之,藏於家。」是胡梗重刻江西本。《存目叢書》據以影印。雲南省圖亦有是刻。

鶴田草堂集十卷　明蔡雲程撰　五二〇八

浙江巡撫採進本(總目)。〇《浙江省第四次孫仰曾家呈送書目》:「《鶴田草堂集》十卷,明蔡雲程著,六本。」〇《浙江採集遺書總録》:「《鶴田草堂集》十卷,刊本,明刑部尚書臨海蔡雲程撰。」〇臺灣「中央圖書館」藏明嘉靖三十四年南京刻本,作《鶴田草堂集》二卷二册。半葉九行,行十八字,白口,四周雙邊。前有嘉靖乙卯胡庭蘭序,嘉靖三十六年丁巳王宗沐《序鶴田草堂詩集》,壬寅孟夏禺同山人張含序。收詩二卷數十篇。鈐「劉承幹字貞一號翰怡」、「吴興劉氏嘉業堂藏書印」等印記(見該館《善本書志初稿》)。按:是本嘉靖三十四年乙卯六月南京户部郎中胡庭蘭序云:「司寇鶴田翁，夙以經世淵源，富於述作，序記賦頌碑銘章疏諸草，璀璨森羅，典刑具在。而詩歌詠揚，尤翁以自娱者，集凡二卷若干篇，昨貳留樞數月，諸舊從游謀請就梓，乃庭蘭適考績北來，獲受讀焉，因俾叙于卷端。」是明言乃胡庭蘭考績到北京時，獲見詩集，叙於卷端，蔡氏諸舊從游共刻之。該館定爲南京刻，似未妥。又嘉靖三十六年王宗沐序云：「先生出刻集以示，余於心欣然有會焉，敢以是著于篇端，以告天下之深於言詩者。」是就三十四年刊版而增一序文。○浙江臨海博物館藏明刻本，作《鶴田草堂集》十卷，存卷四至卷十。半葉九行，行十八字，白口，四周雙邊。○浙江圖書館藏清鈔本，作《鶴田草堂集》十卷，缺卷三。半葉九行，行二十一字，無格。前有四庫提要一則，嘉靖乙卯胡庭蘭序，嘉靖丁巳王宗沐序，壬寅張含序。又崇禎十六年癸未孫蔡宸恩小引云：「遂删採詮次如干首，重付之剞劂。」知從崇禎十六年蔡宸恩刻本出。眉上有校。《存目叢書》據以影印。○項士元藏臨海黄氏秋籟閣鈔本十卷。《浙江文獻展覽會專號》云：此臨海黄氏秋籟閣鈔本，已刊。

五二〇九　熊南沙文集八卷　明熊過撰

浙江汪汝瑮家藏本（總目）。○《浙江省第四次汪汝瑮家呈送書目》：「《熊南沙集》八卷，明熊過著，四本。」○《浙江採集遺書總録》：「《熊南沙集》八卷，刊本，明禮部郎中富順熊過撰。」○《兩江第一次書目》：「《熊南沙文集》，明熊過著，四本。」○臺灣「中央圖書館」藏明隆慶二年嚴清成都刻本，作《南沙先生文集》八卷。題「富順熊過著」。半葉十行，行二十字，白口，四周單邊。前有隆慶二年戊辰八月朔巡撫四川等處地方門人嚴清叙云：「已仕於先生之鄉，嘗以爲請，先生不應。頃仕而再至,復信門焉,乃以是編遺之。……余於是奉以刻木。」後有隆慶戊辰八月朔男敦朴跋云:「今年秋,中丞寅所先生嚴公移鎮蜀,首加問訊,則以是編遺之,刻於成都,版歸富順,藏諸大業山堂。」卷内鈐「金星軺藏書記」、「希逸讀過」等印,是金檀、張珩兩家曾藏者(參該館《善本序跋集録》、《善本書志初稿》)。原北平圖書館亦有是刻,現存臺北「故宫」。〇天津圖書館藏明泰昌元年熊胤衡刻本,作《南沙先生文集》八卷。題「蜀郡熊過叔仁著,同邑楊述中、臨卭孫之益思謙仝校,曾孫熊胤衡梓」。半葉九行,行十九字,白口,四周單邊。前有泰昌元年孫之益重刻序,後有隆慶二年子敦朴跋。《存目叢書》據以影印。北京市文物局、四川瀘州市圖、臺灣「中央圖書館」亦有是刻。〇明末刻本,作《熊南沙先生文集》不分卷,明王振奇輯。半葉九行,行十九字,白口,四周單邊。《清華善本書目》著録云:二册,有刻工。上圖、湖南師大亦有是刻。〇清光緒七年釜江書局刻本,作《南沙文集》八卷。山西大學、南大藏。

環溪集六卷　明沈愷撰　五二一〇

兩江總督採進本(總目)。〇《兩江第二次書目》:「《環溪集》,明沈愷著,四本。」〇浙江圖書館藏明隆慶五年至萬曆二年沈紹祖刻本,作《環溪集》二十六卷。題「太僕卿雲間沈愷舜臣著」。半葉十行,行十九字,白口,四周雙邊。前有嘉靖乙亥徐階序,張時徹序。《存目叢書》據以影印。北圖、臺灣「中央圖書館」亦有是刻。原北平圖書館藏一部,現存臺北「故宫」,缺卷一卷二。〇《環溪漫集》八卷,明嘉靖刻本。半葉九行,行十七字,白口,四周雙邊或左右雙邊。北圖藏。日本名古屋蓬左文庫有明刻本，疑係一刻。○《守株子詩稿》二卷，明嘉靖間刻本，題「雲間守株子沈愷著，門生朱煦、朱焕編次」。半葉十行，行十八字。原北平圖書館藏，現存臺北「故宫」。王重民《善本提要》著録。

閒居集十二卷　明李開先撰　**五二一一**

兩江總督採進本（總目）。○《兩江第二次書目》：「《閒居集》，明李開先著，十二本。」○《山東巡撫第二次呈進書目》：「《閒居集》十二本。」○南京圖書館藏明嘉靖三十六年至隆慶間刻本，作《李中麓閒居集》十二卷。題「章丘李開先著」。半葉九行，行十八字，大黑口，四周雙邊。前有嘉靖三十五年李開先序。卷一至四詩，卷五至十二文。詩後有嘉靖三十六年丁巳李開先後序。又嘉靖三十六年弭子方後序云：「右詩四册，中麓李先生還山後作也。……衆相知遂合力刻之。初欲開刻其全集，然前作堅不肯出。」知詩四卷刻於嘉靖三十六年，時文集未刻。檢卷十二《幸覽編跋》云「隆慶丁卯十一月初十日始克成葬」，丁卯爲隆慶元年，則文集刻成不早於是年。蓋嘉靖三十六年至隆慶間先後付梓者。鈐「蕉林藏書」、「蒼巖山人書屋記」、「吴興劉氏嘉業堂藏書記」等印記。《存目叢書》據以影印。北圖、中科院圖、天一閣文管所亦有是刻。原北平圖書館藏一帙，包背裝，現存臺北「故宫」。○明嘉靖三十六年至隆慶間刻崇禎十四年補修本，增《年譜》一卷。首都圖書館藏。○北京圖書館藏清鈔本十二卷，半葉九行，行十八字，無格。○北京圖書館藏另一清鈔本十二卷，半葉九行，行十七字，無格。清李文藻跋。○臺灣「中央圖書館」藏清三十六硯居鈔本，十二卷十二册。

題「章邱李開先著」。半葉九行，行十八字，藍格，白口，四周雙邊。版心下印「三十六硯居」。卷内鈐「澤存書庫」印（參該館《善本書志初稿》）。○山東師大藏清道光十八年蕚村（李廷棨）鈔本，十五卷十五册。半葉九行，行二十五字，無格。卷一末有道光十八年蕚村識語。按：李廷棨，字戟門，山東章丘人，道光九年進士。所居西鵝莊，與李開先家東鵝莊比鄰，其號蕚村，蓋即以所居鵝莊得名。其家至今保存完好，正房四層樓猶咸豐時建，院西菜園特營土壁瓦房三間，以儲農具雜物，夾壁則秘藏馬國翰《玉函山房輯佚書》、《玉函山房藏書簿録》、《玉函山房文集》、《詩集》及李廷棨《紉香草堂文集》《詩集》《詩餘》等三十八種書版五千九百六十六張。馬國翰無子，其女適李廷棨之子寶赤。國翰卒後，夫人即以遺書及刊版歸壻家。寶赤子元璡，元璡子俊祖字秀生，俊祖子應順，即今李氏主人也。一九九九年應順取出書版，次年捐歸章丘市政府。聞李氏家中仍有李廷棨信札等文物。○中華書局藏舊鈔本，路工舊藏。○上海古籍出版社藏鈔本。○《塞上曲》一卷，明李開先撰，明嘉靖刻本。半葉八行，行十六字，黑口，四周雙邊。北圖藏。○《中麓山人拙對》二卷《續對》一卷，明嘉靖刻本，北圖藏。又清鈔本，北圖藏。○《李開先集》，路工整理，一九五九年中華書局排印本。收《閒居集》十二卷，傳奇《寶劍記》及《斷髮記》殘折，院本《園林午夢》及《打啞禪》，散曲《中麓小令》、《卧病江皋》及《四時悼内》，雜著《詞謔》、《畫品》、《詩禪》等。較爲完備。

蔡可泉集十五卷　明蔡克廉撰　　**五二一二**

浙江巡撫採進本（總目）。○《浙江省第九次呈送書目》：「《蔡可泉文集》十五卷，明蔡克廉著，八本。」○《浙江採集遺書總録》：「《蔡可泉文集》十五卷，刊本，明南京户部尚書晉江蔡克濂撰。」○臺灣「中央圖書館」藏明萬曆七年晉江蔡氏家刻本，作《可泉先生文集》十五卷八册。題「晉江蔡克廉道卿著」。半葉九行，行二十字，白口，四周雙邊。版心刻工：熊二、王一、葉一、鄭、劉、范、陳、朱、吴、陸等。前有萬曆六年戊寅臘月穀旦南京刑部廣東司主事蘇濬序。後有知丹徒縣事楊廷相序後。又萬曆七年己卯季春男應龍、應麟刻跋云：「敬録而梓之，始事於萬曆戊寅仲秋之朔，成於己卯仲春望日。」鈐有「吴興劉氏嘉業堂藏書記」等印（參該館《善本序跋集録》、《善本書志初稿》）。《嘉業堂藏書志》收有董康提要。

端肅公集十卷　明葛守禮撰　　**五二一三**

山東巡撫採進本（總目）。○《山東巡撫呈送第一次書目》：「《葛端肅集》四本。」○清華大學藏明萬曆十年刻本，作《葛端肅公文集》十卷。前九卷文，第十卷詩。與《存目》合。半葉九行，行二十字，白口，雙黑魚尾，四周雙邊。《存目叢書》據以影印。此本無序跋目録，與十八卷本後十卷同。臺灣「中央圖書館」《善本書志初稿》著録萬曆十年刻《葛端肅公文集》十八卷，前有萬曆十年壬午南京兵部尚書福山郭宗臯叙云：「公既卒之明年，巡撫中丞汝陽趙公索遺稿於公之孫，彙以爲集，刻之郡庠，俾鄉先生没而不朽者也。」（澤遜按：葛守禮卒於萬曆六年戊寅正月二十日，則是集之刻在萬曆七年，主持編刻者爲山東巡撫汝陽趙賢。諸家著録爲萬曆十年刻，似未確。）又有萬曆十年仲冬山東德平縣知縣安肅鄭材序。卷十八末刻「濟南府知府仁和宋應昌編次，同知固始許際可、推官南樂魏允孚校正，儒學教授鄧州藍儀、寧陽縣儒學教授新都程時言同校正」。鈐「劉承幹字貞一號翰怡」、「吴興劉氏嘉業堂藏書印」等印記。《嘉業堂藏書志》收董康撰此帙提要云卷五第三十六葉以後缺。又云「卷四《修舉農兵疏》中「虜」字剜去，蓋疏爲指斥前清，必乾隆編定《禁書目録》後所印行也」。萬曆刻十八卷本，北大、中科院圖、津圖、山東博亦有藏。〇明萬曆十年刻清乾隆五十六年鍾大受重修本，十八卷，清華、山東圖、上圖、浙圖等藏。〇北京師大藏清嘉慶七年葛周玉棣萼山房付刻底稿本，作《葛端肅公集》十八卷《識闕》一卷《附録》一卷，七册。半葉九行，行二十一字，白口，四周單邊。黑格或無格。版心下印（或墨筆寫）「棣萼山房」四字。〇清嘉慶七年樹滋堂重刻本，作《葛端肅公集》十八卷《識闕》一卷《家訓》二卷，共八册。遼圖、東北師大、南開大學藏。

知白堂稿十四卷　明翁溥撰　**五二一四**

浙江孫仰曾家藏本（總目）。〇《浙江省第四次孫仰曾家呈送書目》：「《知白堂稿》十四卷，明翁溥著，五本。」〇《浙江採集遺書總録》：「《知白堂稿》十四卷，刊本，明南京刑部尚書諸暨翁溥撰。」

張靜思文集十卷附録二卷　明張選撰　**五二一五**

江蘇巡撫採進本（總目）。〇《江蘇省第二次書目》：「《張靜思文集》四本。」〇《江蘇採輯遺書目録》：「《張靜思文集》七卷《詩》一卷《附録》二卷，通政司參議無錫張選著。附孫纘曾文二卷。共十二卷。」〇高郵縣圖書館藏清康熙三十三年張元昇等刻本，作《忠諫靜思張公遺集》十卷附曾孫張纘曾《侍御靜生張公遺集》二卷。正文題「錫山張選舜舉甫著，曾孫纘曾初編，四世孫元昇、元旭重刊」。半葉九行，行二十字，白口，左右雙邊。前有康熙三十三年甲戌秦松齡序，萬曆庚戌侯先春序，曹荃序，康熙三十三年錢肅潤序。侯序、曹序標題下均注「康熙甲戌重刻」。《存目叢書》據以影印。

洨濱集十卷附録二卷　明蔡靉撰　五二一六

直隸總督採進本（總目）。○《直隸省呈送書目》：「《洨濱文集》四本。」○《兩淮鹽政李呈送書目》：「《洨濱集》十二卷，明蔡靉，四本。」○《浙江省第十二次呈送書目》：「《蔡洨濱文集》十二卷，明蔡靉著，四本。」○《浙江採集遺書總録》：「《蔡洨濱文集》十二卷，刊本，明御史寧晉蔡靉撰。」○明嘉靖四十二年李登雲等刻本，作《洨濱蔡先生文集》十卷《附録》二卷。半葉十行，行二十二字，白口，四周單邊。北圖藏。○清順治十七年蔡含靈刻本，作《洨濱蔡先生文集》十卷《附録》二卷。半葉十行，行二十一字，白口，左右雙邊。中科院圖書館藏。中國人民大學藏是刻，佚去卷一卷二。題「明侍御寧晉靉著，六世孫水部郎含靈重梓」。後有六世孫含靈跋云：「文集刊之金陵，爲卷者十有二，而歲則今年庚子也。」又嘉靖四十二年癸亥門生陸東後序。含靈跋後有癸亥（民國十二年）甘鵬雲手跋：「《洨濱集》原本十二卷，世不多見。往見光緒戊寅夏子鎏刻本，僅十卷，但刻其自撰文而已，後二卷爲附録，則未刻也。蓋夏氏訪求遺書徧甯境，祇得原刻本一部，附録二卷泰半脱佚，故僅刻前十卷耳。見元和王炳燮跋。原本之不易得如此。適有天幸，迺於海王村收得原本一部，爲順治十七年六世孫含靈所刻，雖不無闕佚，而後二卷則全，如有好事者爲之補刊，亦可頓還舊觀，不至有抱殘之歎矣。原闕首二兩卷，補鈔訖，書數語紀歲月。癸亥夏四月耐公識於潛廬。」下鈐「鵬雲」白文小印。卷内又鈐「灊江甘鵬雲藥樵收藏書籍章」、「灊廬」等印記。《存目叢書》據以影印，首二卷用人民大學藏光緒四年刻本配補。○人民大學藏清光緒四年刻本，作《洨濱蔡先生遺書》，有牌記：「光緒戊寅仲春開雕。」包括《洨濱蔡先生文集》十卷《語録》二十卷首一卷，四册。其《文集》目録後有戊寅仲春元和王炳燮識語云：「夏侯子鎏訪求遺書徧甯境，衹得原刻本一部，紙黯篇缺，附録卷脱佚尤多。迺相與商榷，録其十卷付諸梓。」上圖、復旦、東北師大亦有是刻。

崔筆山文集十卷　明崔涯撰　**五二一七**

安徽巡撫採進本（總目）。○《安徽省呈送書目》：「《崔筆山集》四本。」○山西大學藏明萬曆三十六年崔廷健刻本，作《筆山崔先生文集》十卷。題「僊源崔涯著，秋浦畢鏘選，門人莆田康大和閱」。半葉九行，行二十字，白口，四周雙邊。前有萬曆八年康大和序，萬曆二十五年丁酉畢鏘序，萬曆三十六年戊申侄孫廷健序，侄孫師訓序。廷健序云：「余因文而窺所以文，謂是不可無傳也，乃掇梓之。」《存目叢書》據以影印。復旦、吉大、湖北圖、重慶圖、臺灣「中央圖書館」亦有是刻。

環碧齋詩集三卷尺牘三卷　明祝世禄撰　**五二一八**

浙江孫仰曾家藏本（總目）。○《浙江省第四次孫仰曾家呈送書目》：「《環碧齋詩集》《尺牘》《祝子小言》，明祝世禄著，七本。」○《浙江採集遺書總録》：「《環碧齋詩集》三卷《尺牘》三卷《祝子小言》一卷，刊本，明尚寶卿豫章祝世禄撰。」○北京圖書館藏明萬曆刻《環碧齋詩》三卷，題「豫章祝世禄無功父著，新安吴懷讓少逸父訂」。半葉九行，行十八字，白口，四周單邊。前有萬曆三十九年辛亥鄭以偉序。鈐「嘉惠堂丁氏藏書之記」、「八千卷樓藏書之記」、「四庫坿存」等印記。北京圖書館又藏明吴時元刻《環碧齋尺牘》五卷，題「豫章祝世禄無功父著，新安陳昭祥少明父校」。行款版式同前，字體均作顔體，微有不同，蓋先後付梓者。前有程朝京序云：「吴生時元乃以爲請，無功固遜而後出，陳少明氏校之，不佞乃得卒業焉。」鈐「嘉惠堂丁氏藏書之記」等印記。《存目叢書》據兩書影印。北大藏是刻作《留垣疏草》二卷《環碧齋詩》三卷《尺牘》五卷《小言》一卷。

司動文集八卷　明羅虞臣撰　五二一九

兩淮鹽政採進本（總目）。○《兩淮鹽政李呈送書目》：「《司勳集》八卷，明羅虞臣，二本。」○浙江圖書館藏清康熙五十年羅氏刻本，作《羅司動文集》八卷《外集》一卷《附録》一卷。半葉九行，行十八字，白口，左右雙邊。前有嘉靖辛丑冼桂奇序，王漸逵序，清康熙三十八年己卯馮國祥序。後有弟羅虞獻跋，康熙五十年辛卯孫應舉跋。《存目叢書》據以影印。上圖、復旦、川圖、山西大學亦有是刻。

五嶽山人集三十八卷　明黄省曾撰　五二二〇

江蘇巡撫採進本（總目）。○《江蘇省第一次書目》：「《五嶽山人集》四本。」○《江蘇採輯遺書目録》：「《五嶽山人集》三十（八）卷，吴縣舉人黄省曾著，刊本。」○《兩淮鹽政李呈送書目》：「《五嶽山人集》三十八卷，明黄省曾，六本。」○南京圖書館藏明嘉靖刻本，題「吴郡黄省曾著」。半葉十行，行十九字，白口，左右雙邊。前有王世貞序。目録後有寫工刻工：「長洲吴曜寫，黄周賢等刻。」版心又有刻工：章掖刻、吴正之刻、章右之刻等。卷内鈐「檇李蔣石林藏書畫印記」、「木樨香館范氏藏書」、「石湖詩孫」等印記。《存目叢書》據以影印。北圖、中科院圖、南京博物院等亦有是刻。又有是刻萬曆二十四年董漢儒補刻本，北大、上圖、杭大藏。

蓉山集十六卷　明董燧撰　**五二二一**

江西巡撫採進本(總目)。

孔文谷詩集十四卷　明孔天允(胤)撰　**五二二二**

山西巡撫採進本(總目)。○《山西省呈送書目》：「《孔文谷詩集》六卷。」○《提要》云：「此集爲同安洪朝選所刻。內《履霜集》一卷、《澤鳴稿》一卷，《漁嬉稿》以編年爲次，自隆慶丁卯至萬曆戊寅十二年所作，分十二卷。校以浙江採進之本，佚闕尚多，非其完帙。」

孔文谷文集十六卷續集四卷詩集二十四卷　明孔天允(胤)撰　**五二二三**

浙江巡撫採進本(總目)。○《浙江省第十次呈送書目》：「《孔文谷集》十六卷《續集》四卷《詩集》二十四卷，明孔天允輯，二十本。」○《浙江採集遺書總録》：「《孔文谷集》十六卷《續集》十卷《詩集》二十四卷《霞海篇》一卷，刊本，明布政使汾州孔天允撰。」○《提要》云：「此本較其家刻多《文集》二十卷，而詩則唯有《履霜集》、《漁嬉稿》，闕《澤鳴稿》一卷，所作《霞海篇》亦不在其中。相其《詩集》版式，蓋隨作隨刻，故傳本多少不定也。」○山西省祁縣圖書館藏明隆慶五年刻萬曆增刻本，作《孔文谷集》十六卷《孔文谷續集》四卷，均文集。半葉十行，行二十字，白口，四周雙邊。前有隆慶五年趙訥序云：「予叨爲先生弟子，于是益以自愧爲訟，乃捐俸寄先生之弟乾石氏，偕諸門人刻於家塾。」又趙訥《請刻孔文谷先生全稿書》，萬曆二年自叙。《續集》前有萬曆四年碑文，知係增刻。版心刻工：吴門章松刊、孫弟。包背裝。傳本殊罕。《存目叢書》據以影印。〇北京大學藏明嘉靖四十一年洪朝選刻萬曆增刻本，作《孔文谷詩集》四卷《文谷漁嬉稿》二十卷。《詩集》四卷，各卷卷端均題「孔文谷詩集」，卷一次行題「履霜集」，卷二次行題「澤鳴稿」，卷三卷四次行題「漁嬉稿」。《文谷漁嬉稿》則自辛酉至庚辰（嘉靖四十年至萬曆八年）依年分卷，不標卷次，凡二十卷。《詩集》半葉十行，行二十字，白口，左右雙邊。前有嘉靖四十五年林大春序，嘉靖四十一年孔天胤《紀言》，嘉靖四十一年門人趙訥序，嘉靖四十四年孔天胤序。據趙訥序，知初刊於嘉靖四十一年。唯《文谷漁嬉稿》收詩至萬曆八年，且行款爲半葉十行，行十七字，白口，四周雙邊，與《詩集》不同，知係萬曆增刻。《文谷漁嬉稿》有刻工：楊仁刻、崔仲卿刊。《存目叢書》據以影印。北圖亦有是刻。〇山西大學藏清乾隆三十九年温德端鈔本，作《孔文谷詩集》四卷《漁嬉稿》存十四卷，共八册。

霞海篇一卷　明孔天允（胤）撰　**五二二四**

浙江巡撫採進本（總目）。〇《浙江省第五次鄭大節呈送書目》：「《霞海篇》一卷，明孔天允著，二本。」〇《浙江採集遺書總録》：「《孔文谷集》十六卷《續集》十卷《詩集》二十四卷《霞海篇》一卷，刊本，明布政使汾州孔天允撰。」

祐山文集十卷詩集四卷　明馮汝弼撰　**五二二五**

江蘇周厚堉家藏本（總目）。〇《江蘇省第一次書目》：「《祐山詩文集》五本。」〇《江蘇採輯遺書目録》：「《祐山詩集》十四卷，遂安縣知縣平湖馮汝弼著。」○《浙江省第八次呈送書目》：「《祐山文集》十卷《詩集》四卷，明馮汝弼著，六本。」○《浙江採集遺書總録》：「《祐山文集》十卷《詩集》四卷，刊本，明給事中平湖馮汝弼撰。」○蘇州市圖書館藏明刻本，僅《祐山先生文集》十卷。題「平湖馮汝弼著」。半葉九行，行十八字，細黑口，左右雙邊。前有門人王世貞序，像，贊。卷一首行題「祐山先生文集」，餘卷或題「祐山馮先生文集」。是本版式字體倣宋刻，寫刊工緻。《存目叢書》據以影印。○清乾隆十八年癸酉刻本，僅《祐山先生文集》十卷六册。復旦藏。

粵臺稿二卷　明謝少南撰　五二二六

兩江總督採進本(總目)。○《兩江第二次書目》：「《粵臺稿》，明謝少南著，二本。」○明嘉靖隆慶間刻《盛明百家詩》後集有《二謝詩集》一卷，謝承舉、謝少南撰。北圖、上圖、南圖等藏。

序芳園稿二卷　明趙伊撰　五二二七

浙江巡撫採進本(總目)。○《浙江省第八次呈送書目》：「《序芳園稿》二卷，明趙伊著，二本。」○《浙江採集遺書總録》：「《序芳園稿》二卷，刊本，明廣西按察副使平湖趙伊撰。」○北京圖書館藏明萬曆二年趙邦秩、趙邦程等刻本，題「當湖上莘趙伊子衡譔，武林望陽劉子伯評點，男邦秩、邦程、邦和刻」。半葉十行，行二十字，白口，四周雙邊。前有萬曆二年甲戌皇甫汸序云：「令子邦秩等將肏梓氏，屬序于余。」後有戚元佐撰《行狀》，劉子伯後序。《存目叢書》據以影印。

菲泉存稿八卷　明來汝賢撰

浙江汪汝瑮家藏本（總目）。〇《浙江省第四次汪汝瑮家呈送書目》：「《菲泉存稿》八卷，明來汝賢著，二本。」〇《浙江採集遺書總録》：「《菲泉存稿》八卷，門人姜寶校刊本，明禮部主事蕭山來汝賢撰。」〇上海圖書館藏明萬曆十四年姜寶刻崇禎七年何汝敷重修本，作《菲泉先生存稿》八卷。有鈔配。卷一題「門人丹陽姜寶刊，歸安茅坤校，男獻策、獻功蒐録，孫婿何汝敷重校刊」。半葉十行，行二十字，白口，四周單邊。前有萬曆十四年姜寶序。又崇禎七年何汝敷《序菲泉先生全稿》云：「鳳阿先生爲之刻《存稿》。……小子敷忝及蔦蘿，因刻《續集》八卷。併其前所刻者而整理之。」然則崇禎七年何汝敷僅刻《續集》八卷，其《存稿》八卷仍係姜寶所刊，「何汝敷重校刊」云云，乃汝敷整理舊版，與新刻《續集》彙印《全稿》時所增刻。《中國古籍善本書目》著録爲「明崇禎七年何汝敷刻本」，恐未確。《存目叢書》據以影印。〇《菲泉先生存稿續刻》八卷，明崇禎七年何汝敷太素齋刻本。半葉九行，行二十字，白口，左右雙邊。北圖藏。浙圖有殘本，存卷一至四兩册。〇按：《千頃堂書目》載「來汝賢《菲泉集》十六卷」，《四庫提要》僅著録《存稿》八卷，云「《千頃堂書目》載此集作十六卷，疑或有《續集》而佚之」。今觀傳本及何汝敷序，知《千頃目》所據係何汝敷續刻彙印之《菲泉先生全稿》十六卷，上圖、北圖各存其半耳。余與纂《四庫全書存目叢書》，嘗建言凡《存目》載前集而遺後集，或載續編而闕前編者，皆當配補完全而影印之。竟不見用。此其例也。

五二二九

洛原遺稿八卷　明白悦撰

浙江汪汝瑮家藏本(總目)。○《浙江省第四次汪汝瑮家呈送書目》:「《白洛原遺稿》八卷,明白悦著,二本。」○《浙江採集遺書總録》:「《白洛原遺稿》八卷,刊本,明尚寶司丞武進白悦撰。」○《江蘇省第一次書目》:「《白洛原遺稿》八卷,尚寶司丞武進白悦著,刊本。」○上海圖書館藏明隆慶元年皇甫汸刻本,作《白洛原遺稿》八卷。題「晉陵白悦著,廣陵宗臣選,吴郡皇甫汸校,子啓常、啓京、啓吴等録」。半葉九行,行十八字,白口,四周雙邊。寫刻極佳。前有皇甫汸序云:「序成於嘉靖丙寅長至日,集成於隆慶丁卯中秋日。」又云「雕木以傳」。知刊成於隆慶元年丁卯。又嘉靖丁巳宗臣序,王維楨撰墓碑。首葉鈐「翰林院印」滿漢文大官印,又鈐「陽湖陶氏涉園所有書籍之記」等印記。《存目叢書》據以影印。日本内閣文庫亦有是刻。

五二三〇

蔣道林文粹九卷　明蔣信撰

兩江總督採進本(總目)。○《兩江第一次書目》:「《蔣道林集》,明蔣信著,四本。」○北京大學藏明萬曆四年刻本,作《蔣道林先生文粹》九卷,六册。卷一題「門人姚世英、龍德中、柳東作、徐仲文、丁有周、丁應賓、龍德孚、姚學閔仝校,徽州府學訓導蕭翔編次」。半葉十行,行二十二字,白口,四周雙邊。後有萬曆四年武陵唐鍊後叙云:「余戚友龍伯貞氏出所手摘卷視余,方欲刊行,而先生門人姚汝孝氏已將付諸梓,……因共成之,題曰《文粹》。」又萬曆四年沔陽蕭翔跋云:「萬曆癸酉來官新安郡庠，廼歙之姚明府則先生及門徒也。……惟明府自爲童子時即景仰先生而受學焉，迄今修己治人多效之，政暇復捐俸以梓是集。」是萬曆四年歙縣知縣姚學閔等刻本。鈐「存雅樓藏書之章」、「麐嘉館印」等印記。《存目叢書》據以影印。杭州市圖書館藏是刻有陸時化、高孌跋。王重民《善本提要》著録美國國會圖書館藏萬曆刻本，臺灣「中央圖書館」《善本書志初稿》著録萬曆五年姚學閔新安刊本，卷一署名「徽州府學訓導蕭翔編次」十字均作「男如川編次」，而行款版式同，當是一版而經修改者。

巾石遺編一卷　明呂懷撰　五二三一

江西巡撫採進本（總目）。○《江西巡撫海續購書目》：「《巾石遺編》、《經書言學指要》共二本。」

閔午塘詩集七卷　明閔如霖撰　五二三二

浙江巡撫採進本（總目）。○《浙江省第七次呈送書目》：「《閔午堂詩集》七卷，明閔如霖著，二本。」○《浙江採集遺書總録》：「《閔干堂集》七卷，刊本，明南京禮部尚書烏程閔如霖撰。」按：干乃午之訛，堂乃塘之誤。○中共中央黨校藏明萬曆二年閔道孚等刻本，作《午塘先生集》十六卷。卷一至七詩，卷八至十六文。題「禮部尚書烏程午塘閔如霖著，順天府尹長興畫溪姚一元校」。半葉九行，行十八字，白口，四周雙邊。前有萬曆二年甲戌姚弘謨序云：「兹集爲午塘先生遺文若詩，其子道孚、孫世譽輯而刻之。」《存目叢書》據以影印。日本靜嘉堂文庫亦有是刻。北圖僅存七卷。○明萬曆十年閔一范刻本，作《閔午塘先生詩集》七卷。半葉九行，行十八字，白口，四周雙邊。

北大藏。○按：《提要》云：「《千頃堂書目》載《午塘集》十六卷。殆尚有文集九卷而佚之歟？」今觀傳本，知《千頃目》、《存目》各有所據，唯十六卷足本館臣未見，故疑未能定耳。

冰玉堂綴逸稿二卷蘭舟漫稿一卷附二餘詞一卷　明陳如綸撰　五二三三

浙江孫仰曾家藏本(總目)。○《浙江省第四次孫仰曾家呈送書目》：「《冰玉堂綴逸稿》二卷《蘭舟漫稿》一卷《二餘詞》一卷，明陳如綸著，四本。」○《浙江採集遺書總録》：「《冰玉堂綴逸稿》二卷《蘭舟漫稿》一卷《二餘詞》一卷，刊本，明福建布政使參議太倉陳如綸撰。」○北京圖書館藏明萬曆刻本，半葉十行，行十八字，白口，左右雙邊。前有嘉靖三十九年庚申王錫爵序，毛在序，戊午徐震序。王序版心有刻工：吴門計介甫刊。《蘭舟漫稿》寫刻甚精，刻工：章衮。後有《附刻三懷詩題跋》九篇，最末一篇爲萬曆十年壬午沈昌期跋，云「跋此刻者皆當世文章大家」。《二餘詞》前有嘉靖二十九年庚戌自序，後附墓志銘、祭文。此三集字體不一，非一時所刻，刻工章衮嘉靖三十六年嘗刻《修辭指南》，蓋嘉靖間刊版，萬曆初增修彙印者。《存目叢書》據以影印。天津圖書館藏是刻不全。

包侍御集六卷　明包節撰　五二三四

江蘇周厚堉家藏本(總目)。○《江蘇省第一次書目》：「《包侍御集》二本。」○《江蘇採輯遺書目録》：「《包侍御集》六卷，侍御史華亭包節著。」○北京圖書館藏明嘉靖三十七年包杞等刻本，題「華亭包節元達著」。半葉十行，行十八字，白口，左右雙邊。前有莫如忠序，嘉靖三十八年戊午邑人張世美序。末有從子樫芳跋。又男杞跋云：「於茲戊午之秋，同梓、梗二弟，懇瀆先達西谷張公、中江莫公校正既定，謹刻以表先君之素志。」版心刻工：馬相。卷内鈐「瞿安眼福」、「百嘉室」、「椿蔭書屋」等印，吴梅故物。《存目叢書》據以影印。北大藏是刻殘存卷一至卷四，李木齋故物。○明嘉靖隆慶間刻《盛明百家詩》後編有《包侍御集》一卷。

承啟堂稿二十九卷　明錢薇撰　　**五二三五**

浙江巡撫採進本（總目）。○《浙江省第六次呈送書目》：「《承啟堂稿》二十九卷，明錢薇著，八本。」○《浙江採集遺書總録》：「《承啟堂稿》二十八卷，刊本，明右給事中海鹽錢薇撰。」○明萬曆四十一年至四十二年錢端映等刻本，作《海石先生文集》二十八卷《目録》二卷。卷二十八係附録。半葉九行，行十九字，白口，左右雙邊。浙圖、南大、青海省民院藏。○北京大學藏明萬曆四十一年至四十二年錢端映等刻清錢燔、錢焞增修本，較前增刻錢嘉徵《侍御公奏疏》一卷《遺詩》一卷。正文卷一題「海鹽錢薇懋垣著，門人嚴從簡纂集，許聞造校正」。各卷目録及卷端均名《海石先生文集》，版心題《承啓堂稿》。卷前有四庫提要、明史本傳、像、贊，嘉靖癸亥豐道生序，萬曆二十八年庚子子壻許聞造序。又《承啓堂稿總目》，目後有萬曆四十二年男端映序，序後爲《海石先生文集目録》二卷。卷二十八末有牌記：「萬曆癸丑秋季梓行，甲寅春季畢工，金陵張一鳳督刊。」卷二十九係曾孫嘉徵奏疏，題「曾孫燔、焞重刊」，卷二十九後又附《松龕剩稿》一卷，收曾孫嘉徵遺詩二十二首。此二卷皆乾隆間增刻。《存目叢書》據以影印。清華、上圖、南圖等亦有是刻。○《海石先生詩集》七卷，明萬曆刻本，存卷一至六。半葉九行，行十八字，白口，左右雙邊。浙圖藏。○《錢海石先生詩集》七卷，清范希仁鈔本。半葉十行，行二十字，無格。北圖藏。

自知堂集二十四卷　明蔡汝楠撰　　五二三六

浙江汪汝瑮家藏本(總目)。○《浙江省第四次汪汝瑮家呈送書目》：「《自知堂集》二十四卷，明蔡汝柟著，十本。」○《浙江採集遺書總録》：「《自知堂集》二十四卷，刊本，明南京工部右侍郎德清蔡汝楠撰。」○《兩江第二次書目》：「《自知堂集》，明蔡汝柟著，六本。」○臺灣「中央圖書館」藏明嘉靖三十七年德清知縣胡定刻本，題「德清蔡汝楠子木著」。半葉十行，行二十字，白口，單白魚尾，魚尾上刻「自知堂」，下刻卷數，左右雙邊。版心下有刻工：国用、体元、汝用、袁宏等。前有嘉靖三十八年己未朱衡叙，後有嘉靖三十三年甲寅楊慎叙，嘉靖甲寅趙維垣題辭，嘉靖二十三年甲辰二谷山人侯一元序。又嘉靖三十七年戊午五月五日知德清縣崇陽胡定《自知堂集小叙》云：「定自弱冠則從士大夫，故知白石先生長爲古文辭矣，其時先生守衡州，再執楚試事，士多所識跋，而定之遇公尤奇，他日公爲定叙也，言其事甚詳。後五年，定來爲公縣令，而公適廬于家，始得公前後所爲詩二編。……頃拜公所謂自知堂者，左右視圖書鍾磬，知其肆爲文章，固所蓄積然已。……詩二編仍其舊，以備諸家之體，見先生用心之勤，而彙成一家，刻之其邑，傳之人人。」卷内鈐「崇德吕氏大雅山房心文家藏」、「吕雅山家藏圖書」、「吴興劉氏嘉業堂藏書印」、「劉承幹字貞一號翰怡」等印記。該館又藏一部，原定爲嘉靖四十三年甲子衡陽朱炳如校刊本，該館《善本書志初稿》云：「本書與前部實爲同槧，然各卷卷首『德清蔡汝楠子木著』後加刻一行『衡陽門人朱炳如校』，當爲朱氏以嘉靖戊午胡定所刻版重印而成。」又云：「内文卷目及卷首序悉同前書，惟書後多出《簡末别記》一篇，末署『嘉靖甲子七月既望衡陽門人朱炳如頓首再拜書』，……全篇中從未提及其印行本集實據前人舊槧爲之，似有自居其功以欺世之嫌。」澤遜按：朱炳如《簡末别紀》云：「己酉（嘉靖二十八年）中夏，我師白石先生來守衡郡，首闢衡湘書院。……今年甲子（嘉靖四十三年）春，先生改南，道經維揚，炳如先以督鹺至，再見先生，授以《自知堂集》一帙，令日觀省焉，爲行臺旅况之一助。……炳如客冬歸省，適新搆書院告成。……校刻《自知堂集》，乃爲《别紀》以志授受之繇。」朱炳如，衡陽人，其歸省在嘉靖四十二年冬，至四十三年春與蔡汝楠遇於維揚，汝楠授以《自知堂集》，秋七月既望炳如撰《簡末别紀》。則其參與校訂《自知堂集》當在嘉靖四十二年冬歸省期間，當時新構衡湘書院成，蓋有重印《自知堂集》之舉，至四十三年春始竣，故炳如至此方得新印之本，此新印之本已增刻「衡陽門人朱炳如校」一行，七月又增刻《簡末别紀》一篇，即世行朱炳如本也。而胡定刊刻之功幾爲所掩。《四庫存目》所據即朱炳如本，故《提要》云「門人朱炳如所编」。清華大學藏是刻，亦題「德清蔡汝楠子木著，衡陽門人朱炳如校」，有趙維垣、朱衡、楊慎、侯一元、胡定序，末有朱炳如《别紀》。版心刻工：国用、体元、汝用、袁宏刊、才、刘、清、伯、世。《存目叢書》據清華藏本影印。北圖、上圖、湖北圖等亦有是刻。○明嘉靖四十三年朱炳如刻本，作《自知堂集》七卷。半葉九行，行十九字，白口，左右雙邊。北大藏。

涇林集八卷　明周復俊撰　**五二三七**

江蘇周厚堉家藏本(總目)。○《江蘇省第一次書目》:「《涇林詩文集》八本。」○《江蘇採輯遺書目録》:「《涇林集》八卷,太僕寺卿崑山周復俊著。」○《兩淮鹽政李續呈送書目》:「《涇林集》八卷,明周復俊,四本。」○中國社科院文學所藏明萬曆二十年周玄暐刻本,作《涇林詩文集》八卷。卷一題「東吴冏卿木涇周復俊著,西蜀太史升菴楊慎評選,同邑文元溟池張文柱校」。半葉九行,行十八字,白口,四周單邊。版心下記刻工:孫士金、刘永祚、万得禄、苗居、万民太、刘秉艾、刘克明、刘义孝、車鳶志、孫士佃等。前有萬曆二十一年癸巳仲春既望蕭良有序,魏允貞序。後有孫周玄暐跋云:「小子暐于諸孫中最不肖,讀公遺書,幸弗墜其家聲,而深惜斯文之傳未廣也,敬纂集而付諸剞劂氏。」又云:「迄今萬曆壬辰,中間更一甲子,而兹集始盛行于世。」卷内鈐「苕溪沈氏所藏」、「善道」、「碧梧棲老鳳皇枝」、「徐紹棨」、「南州書樓所藏」、「徐湯殷」等印記。《存目叢書》據以影印。北圖亦有是刻。臺灣「中央圖書館」藏是刻,無序跋,多缺葉,鈐「劉承幹字貞一號翰怡」等印(參該館《善本書志初稿》)。按:周復俊之孫玄暐,《提要》作「元暐」,一字避諱而改,一字形近而誤,全失其本矣。

龍谿全集二十卷　明王畿撰　**五二三八**

兩江總督採進本(總目)。○《兩江第一次書目》:「《王龍溪集》,明王畿著,六本。」○《武英殿第二次書目》:「《龍溪先生全集》十二本。」○《浙江省第四次汪啟淑家呈送書目》:「《龍溪全集》二十二卷，明王畿著，十二本。」○《浙江採集遺書總録》：「《龍溪集》二十二卷，刊本，明南京兵部武選司郎中山陰王畿撰。」○中國社科院文學所藏明萬曆十五年蕭良幹刻本，作《龍谿王先生全集》二十卷。題「門人周怡順之甫編輯，查鐸子警甫校閲」。半葉九行，行十九字，白口，四周單邊。有萬曆十五年丁亥蕭良幹序云：「余爲訂次刻之。」又萬曆十六年戊子王宗沐序。《存目叢書》據以影印。津圖、南大、天一閣文管所亦有是刻。○臺灣「中央圖書館」藏明萬曆四十三年丁賓、張汝霖南京文成祠刻本，作《龍谿王先生全集》二十二卷。題「門人嘉善丁賓編，後學秀水黄承玄、山陰張汝霖校」。半葉十行，行二十字，白口，左右雙邊。前有萬曆四十三年乙卯夏五張汝霖於傳習堂重刻紀事云：「南都之有文成祠也，萬曆甲寅……八月大司空丁先生至，瞻拜祠下，稱甚盛舉，欲刻《文成集》於祠，會京兆府先已鏤板，迺曰：吾師龍谿王先生，文成之顔子也，天泉證悟之後，已授之衣鉢矣，文成祠焉能無《王先生集》？因召霖前而命之曰：吾概金若干佐剞劂，校讎之役若司之。霖敬拜受而董其事，披對再三，期不辱命，始於乙卯二月，畢於是年五月。」又王宗沐、蕭良幹二序。是本卷二十一爲《大象義述》，卷二十二爲王畿傳、墓志銘、祭文。鈐「劉承幹字貞一號翰怡」等印（參該館《善本書志初稿》、《善本序跋集録》）。北圖、上圖、浙圖等亦有是刻。○清道光二年莫晉刻本，作《王龍谿先生全集》二十卷。半葉十行，行二十二字，黑口，四周雙邊。上圖、川圖、日本京都大學人文所藏。上圖本清顔宗儀批。○清光緒八年海昌查炳麟重刻本，作《龍谿王先生全集》二十二卷《附録》一卷。上圖、遼圖、川圖、南開、北師大藏。○民國間上海明善書局排印本，作《王龍谿先生全集》二十二卷。江西圖藏。

龍溪語録八卷　明王畿撰　五二三九

浙江巡撫採進本(總目)。○《浙江省第五次鄭大節呈送書目》:「《龍谿語録》八卷,明王畿著,八本。」○《浙江採集遺書總録》:「《龍溪語録》八卷,刊本,明武選郎中山陰王畿撰。」○《提要》云:「實即畿之文集,前有李贄序,謂之《龍溪集鈔》,蓋又經贄所品定也。」○明萬曆二十七年何繼高滄州刻本,作《龍谿王先生文録鈔》九卷。半葉八行,行十八字,白口,四周單邊。有萬曆二十六年李贄序,二十七年何繼高跋。據序跋知係何繼高守滄州時請李贄評選而梓行者,所據乃萬曆十五年蕭良幹刻《龍谿王先生全集》二十卷。北京大學、中共中央黨校、遼圖藏。○明光裕堂刻本,作《王龍谿先生語録鈔》九卷,李贄評。半葉十行,行二十字,白口,四周單邊。河北大學藏。○中共中央黨校藏明萬曆刻本,作《卓吾先生批評龍谿王先生語録鈔》八卷。題「新安後學吳可期、吳可善校正」。半葉九行,行十八字,白口,四周單邊。前有萬曆二十六年李贄序。封面刻「李卓吾批選」、「龍谿先生文集」、「尚論齋藏板」。《存目叢書》據以影印。北大、上圖、南圖、浙圖亦有是刻。沈津《書城挹翠録》著録香港中文大學藏明萬曆刻本,行款版式及卷端題署同,唯封面刻「新刻王龍谿先生文集」、「蘇州閶門重刻」,未知是否同版。

王侍御集七卷　明王瑛撰　五二四〇

浙江巡撫採進本(總目)。○《浙江省第十二次呈送書目》:「《王侍御詩集》七卷,明王瑛著,一本。」○《王侍御詩集》七卷，拜經樓寫本，明監察御史無錫王瑛撰。」○北京大學藏明隆慶四年俞憲刻本一卷，《盛明百家詩》後集之一。半葉十行，行二十一字，白口，四周單邊。前有隆慶四年庚午冬日是堂山人俞憲序云：「從令嗣懷石君索之，止得《紀行雜言》二册。念其平日從事詩學，又相與知且久也，略而刻之，以存故實。」知此本從《秋日紀行雜言》中選出。《存目叢書》據以影印。北圖、上圖、南圖等亦有是刻。○《秋日紀行雜言》一卷，明王瑛撰，明嘉靖刻本，半葉十行，行二十字，白口，左右雙邊。題「錫山王瑛著」。有嘉靖十七年崔銑跋。原北平圖書館藏一册，王重民《善本提要》著録，今存臺北「故宫」。上圖亦有是刻。

少峯草堂詩集一卷　明林應亮撰　五二四一

浙江巡撫採進本（總目）。○《浙江省第六次呈送書目》：「《少峯草堂集》一卷，明林應亮著，一本。」○《浙江採集遺書總録》：「《旗陽林氏三先生集》四册，刊本。明程番知府侯官林春澤《人瑞翁集》，子户部右侍郎林應亮《少峯草堂集》，孫工部右侍郎如楚《碧麓堂集》。」○北京圖書館藏明崇禎九年林慎刻《旗陽林氏三先生詩集》本，作《少峯草堂集》二卷。半葉八行，行十七字，白口，四周單邊。

寒邨集四卷　明蘇志皋撰　五二四二

浙江汪啟淑家藏本（總目）。○《浙江省第四次汪啟淑家呈送書目》：「《寒村集》四卷，明蘇志皋著，一本。」○《浙江採集遺書總録》：「《寒村集》四卷，刊本，明巡撫遼東都御史固安蘇志皋撰。」

○北京圖書館藏明嘉靖三十六年許應元刻隆慶增修本，作《寒村集》四卷《附録》一卷。題「固安寒村蘇志皋德明存藁」。半葉十一行，行二十一字，白口，四周單邊。前有嘉靖三十六年丁巳張珩序云：「許卿應元輩得而刻之。」末有嘉靖三十六年丁巳汪萊跋。卷四末刻「蘇州李澍謄寫，張溱、李孫、李福、錢周雕造」一行。版心刻工：蘇人張溱刻。卷二末有詩餘九闋。卷四後附郭秉聰撰蘇志皋暨夫人温氏合葬墓志銘，爲隆慶時作，字體不同，顯係增刻。是本首葉鈐「翰林院印」，尚爲進呈四庫原本。又鈐「曾藏周亮工家」、「長州章氏所藏」等印記。《存目叢書》據以影印。臺灣「中央圖書館」藏是刻無附録墓志銘。

東白草堂集四卷　明顧存仁撰　五二四三

兩江總督採進本（總目）。○《兩江第二次書目》：「《東白草堂集》，明顧存仁著，一本。」○明嘉靖隆慶間刻《盛明百家詩》後編内有《顧給舍集》一卷。北圖、上圖、南圖等藏。

期齋集十四卷　明吕本撰　五二四四

江蘇巡撫採進本（總目）。○《江蘇省第一次書目》：「《吕期齋集》八本。」○《江蘇採輯遺書目録》：「《吕期齋集詩》四卷《文》十卷，大學士餘姚吕本著。」○山西大學藏明萬曆三年鄭雲鎣等刻本，作《期齋吕先生集》十四卷。卷一題「提督學校浙江按察司副使門人閩鄭雲鎣、紹興府知府後學合肥彭富、同知後學晉江王同讚、餘姚縣知縣後學蘄水李時成梓」。半葉九行，行十八字，白口，四周雙邊。寫刻甚精。前有萬曆二年尹臺序。又萬曆三年七月既望皇甫汸序云：「門人鄭君雲鎣督學浙省，因與郡邑大夫校梓以傳。」鈐「閒田張氏閒三藏書」印。《存目叢書》據以影印。重慶圖、南圖、日本内閣文庫亦有是刻。南圖本爲丁丙舊藏，見《善本書室藏書志》。

璞岡集三卷　明馬汝彰撰　五二四五

浙江孫仰曾家藏本（總目）。○《浙江省第四次孫仰曾家呈送書目》：「《璞岡集》二卷，明馬汝彰著，二本。」○《浙江採集遺書總録》：「《璞岡集》二册，刊本，明都給事汲縣馬汝彰撰。」

許水部稿三卷　明許應元撰　五二四六

浙江汪汝瑮家藏本（總目）。○《浙江省第四次汪汝瑮家呈送書目》：「《許水部稿》三卷，明許應元著，一本。」○《浙江採集遺書總録》：「《許水部稿》三卷，刊本，明廣西布政使參政錢塘許應元撰。」○原北平圖書館藏明嘉靖二十五年奉節知縣趙鳴鳳刻本，作《水部稿》三卷。題「勃海許應元」。半葉八行，行十七字。首葉鈐「翰林院印」滿漢文大方印。有楊元序，嘉靖二十五年丙午趙鳴鳳後序。此嘉靖乙巳應元官四川夔州知府，其屬奉節知縣趙鳴鳳等請刻於郡齋者。現存臺北「故宫」。趙萬里《北平圖書館善本書志》、王重民《善本提要》、臺灣《中央圖書館善本書目》著録。○《隋堂摘稿》十六卷，許應元撰，明嘉靖四十年李金、黄中、高子車刻本。半葉九行，行十八字，白口，四周單邊。卷末題「理問所理問李金、閩庠生員黄中、高子車校刻」。有嘉靖四十年辛酉福建右布政使新安游震得序，嘉靖二十四年楊元《水部稿序》。此應元官福建布政司參政時所刊。原北平圖書館藏一部，現存臺北「故宫」，王重民《善本提要》著録。南京圖書館藏一部，丁丙舊藏，《善本書室藏書志》

著録。北京圖書館另有一部。上圖、津圖有殘本。○明嘉靖隆慶間刻《盛明百家詩》前集有《許茗山集》一卷，許應元撰。

元光漫稿五卷　明李徵撰　**五二四七**

浙江巡撫採進本（總目）。○《浙江省第六次呈送書目》：「《元光漫稿》五卷，明李徵著，一本。」○《浙江採集遺書總録》：「《元光漫集》五卷，刊本，明布政使桃源李徵撰。」

藎心堂集二卷　明王尚文撰　**五二四八**

浙江范懋柱家天一閣藏本（總目）。○《浙江省第五次范懋柱家呈送書目》：「《征蠻紀略》二卷，標題《藎心堂集》，明王尚文著，二本。」○《浙江採集遺書總録》：「《征蠻紀略》二卷，刊本，明後軍都督同知王尚文撰。」

白雲山房集二卷　明高應冕撰　**五二四九**

浙江汪汝瑮家藏本（總目）。○《浙江省第四次汪汝瑮家呈送書目》：「《白雲山房集》二卷，明高應冕著，四本。」○《浙江採集遺書總録》：「《白雲山房集》二卷，刊本，明光州知州仁和高應冕撰。」○《高光州詩選》二卷，明高應冕撰，茅坤輯，明嘉靖三十九年刻本。半葉十行，行十八字，白口，四周單邊。浙圖藏。○明嘉靖隆慶間刻《盛明百家詩》內有《高光州集》一卷。

求志齋言草三十卷　明陳瀚撰　**五二五〇**

兩淮鹽政採進本（總目）。○《兩淮鹽政李續呈送書目》：「《求志齋言草》三十卷，明陳瀚，五本。」

孫文恪集二十卷附録一卷　明孫陞撰　五二五一

兩江總督採進本（總目）。○《兩江總督高第三次進到書目》：「《孫文恪集》八本。」○浙江圖書館藏明嘉靖門人袁洪愈、徐栻刻本，作《孫文恪公集》二十卷附録夫人楊氏詩稿一卷。正文卷一題「古越孫陞著，吴門人袁洪愈、徐栻校刊」。附録夫人楊文儷撰。半葉十行，行二十字，白口，左右雙邊。前有嘉靖四十一年壬戌門人徐栻序，蓋即刻於是年。《存目叢書》據以影印。北大亦有是刻。○南京圖書館藏清鈔明嘉靖刻本，八千卷樓舊藏。○明嘉靖隆慶間刻《盛明百家詩》後編有《孫夫人詩集》一卷，楊文儷撰。○《孫夫人集》一卷，明楊文儷撰，清光緒二十三年錢唐丁氏嘉惠堂刻本，《武林往哲遺箸》之一。又收入《西泠三閨秀詩》。

西野遺稿十四卷　明李璣撰　五二五二

兩江總督採進本（總目）。○《兩江第二次書目》：「《西野遺稿》，明李璣著，六本。」○明隆慶五年豐城李氏家刻崇禎七年李九疇、李玉鉉等重修本，作《西野李先生遺稿》十四卷。半葉九行，行十八字，白口，四周單邊。河南省圖書館藏一部，缺卷十。卷二以下均題「豐城李璣著，栝蒼門人何鏜校訂」。前有隆慶五年孟冬既望何鏜序云：「仲孫自茂掇拾其猶存者，裒爲五帙，自劍江遺我，是又先生文集之一斑也。林居多暇，焚香啟函，披誦再過，……閉閤浹旬，稍爲正其舛譌，謹再拜手復之，俾授梓人。」次行狀、墓志銘。各卷末刻「不肖孫九疇裒輯，玄孫玉鉉、玉鉞重刻」二行。卷末有李九疇《重刻遺稿跋語》，缺末葉，失其年月。版心寫工刻工：南昌曾□、鄒国賔、鄒爵刻、筠陽吴文充寫，鄒國相刻、邹邦彦、邹㒷刻、姜倖刻、姜付、高安吴文充寫、邹達刻、熊鳳刻、南昌曾□寫、賔文、姜二、付奇、鄒邦達刻、熊一濂刻、賔煕、熊偉、周高刻、邹国臣刊、天煕、熊一廉、一廉、賔付、天付。江西省圖書館藏一部全，刻工及卷首尾列名同，知係一版。李九疇重刻跋語末署「崇禎甲戌歲仲春月」，即崇禎七年。《中國古籍善本書目》著録河南、江西兩館藏本爲「明崇禎七年李玉鉉、李玉鉞刻本」，所據當即李九疇重刻跋及各卷末「玄孫玉鉉、玉鉞重刻」八字。澤遜按：此乃隆慶五年原刻版，崇禎七年重修刷印者，各卷末「不肖孫九疇裒輯」之「九疇」二字，及「玄孫玉鉉、玉鉞重刻」一行，字體迥異乎全書，顯係後來挖補。其刻工亦皆嘉靖末至萬曆初人。如進賢熊鳳、姜倖、鄒國賓、鄒興、熊一濂、南昌付奇、熊偉七人見於明嘉靖四十四年栝蒼何鏜編刻之《古今游名山記》。又如南昌付奇、熊偉見於萬曆七年何鏜輯刻《高奇往事》。再如姜倖、熊鳳、鄒國臣、鄒興見於隆慶元年范惟一刻《張水南文集》。知係隆慶五年何鏜序所謂「仲孫自茂掇拾」付刻之本無疑。崇禎七年重刻云云，乃欺世之言，故李九疇重刻跋語云：「課兒之暇，手定茲刻，正其魚魯，補其缺遺。」閃爍其詞，不能言之鑿鑿也。修補舊版，改刻題名，冒爲新刻，明末多有之，此其例也。《提要》云：「前有何鏜序，稱璣文稿多燬於火，仲孫自茂掇拾其僅存者，裒爲五帙授梓。此本多至十四卷，又崇禎中其曾孫九疇所刻也。」即此可知館臣所見亦九疇修版印本。檢是刻各卷均題何鏜校，前後各卷刻工亦同，知係隆慶五年何鏜「正其舛譌」，付李氏授梓之本無疑。何鏜稱「裒爲五帙」，館臣蓋以五帙爲五卷，故云「此本多至十四卷」。考「帙」字古指書囊，南北朝隋唐時，書籍爲卷軸，而盛之以帙，約略十卷爲一帙。故《經典釋文序》云：「合爲三帙三十卷。」《群書治要序》云：「凡爲五帙，合五十卷。」宋元以降，書籍演爲方册，帙字含義轉虚，往往泛指書册。如明代張謙齋家有宋版《資治通鑑綱目》，爲傳家之寶，偶失一册，乃奉父命手自鈔寫補全。萬曆間張所敬手跋之，稱「吾邑少參張謙齋先生嘗手録《綱目》一帙，以補其先世之遺」（參《涵芬樓燼餘書録》）。是明人以帙爲册之證。張所敬與何鏜皆隆慶萬曆間人，則何鏜所謂「五帙」當指五册，非五卷也。館臣以五帙與十四卷並舉而較其多寡，非其宜也。由是而推知十四卷本爲崇禎間曾孫九疇重刻，顯爲九疇跋語所紿。《中國古籍善本書目》亦爲九疇等蒙蔽。《存目叢書》用河南、江西兩本配合影印，版本亦沿訛未改。今並考而訂之。

文肅集二十三卷　明趙貞吉撰　　**五二五三**

兩江總督採進本（總目）。〇浙江大學藏明萬曆十三年趙德仲福建刻本，作《趙文肅公文集》二十三卷。半葉九行，行十八字，白口，四周雙邊。前有萬曆十二年正月上元巴川高啓愚序云：「公集舊刻蜀藩，中丞趙公將重鋟諸閩，以惠來學，屬不佞爲序。」又萬曆十四年丙戌七月姜寶序云：「巴渝趙中丞刻此集於八閩，來書請序。」版心刻工：王斌、魏四、葉一、江莆、江甫、江存、王荣、刘一、葉三、魏貴、魏云、鄒安、揚明、江旭、李吉、魏荣、魏四刊、劉乂、蔡荣、周二、周山、周龙、黄一和、葉宗、邹安、吴臣、楊細、吴天恩、魏一蘭、葉脩、罗三、葉养、余宗、楊欽、張元、魏有刊、陳好、江文、周昊、游玉、吴恩、郑四、游荣、游皋、葉養、羅一中、葉天養、葉天养、游明、張行、李五、郑廷、李四。卷内鈐

「南林劉氏求恕齋藏」、「鎦承幹印」、「張叔平」等印記。《存目叢書》據以影印。北大、重慶市、臺灣「中央圖書館」亦有是刻。原北平圖書館藏一部,現存臺北「故宫」。○明萬曆二十九年王藩臣、蕭如松刻本,作《趙文肅公文集》二十三卷。半葉九行,行十八字,白口,左右雙邊。北大、中科院圖、南圖、川大、臺大藏。○清光緒十七年濟川羅氏四川内江刻本,作《趙文肅公集》二十三卷。上圖、川圖、南大藏。○《趙太史詩鈔》七卷《文鈔》十卷,明趙貞吉撰,明文曲山堂刻本。半葉九行,行十九字,白口,左右雙邊。上圖藏。○《趙文肅公集》四卷,明李贄輯並評,明刻本。半葉九行,行二十字,白口,四周單邊。中科院圖、上圖、津圖、南圖藏。○《李卓吾先生批選趙文肅公文集》二卷,明刻本。故宫、社科院文學所藏。

五二五四　駱兩溪集十四卷附録一卷　明駱文盛撰

江蘇周厚堉家藏本(總目)。○《江蘇省第一次書目》:「《駱兩溪集》四本。」○《江蘇採輯遺書目録》:「《駱兩溪集》十四卷,武唐駱文盛撰。」○浙江圖書館藏明萬曆四十一年武康知縣張時震刻《合刻武康四先生集》本,題「明武康駱文盛著,武陵楊鶴校」。半葉十行,行二十字,白口,左右雙邊。前有蔡汝楠序,萬曆四十一年癸丑吴尚文序。後附孫陞撰墓志銘、吴尚文撰書事、姚坤撰小傳。又萬曆四十一年何如申、潘洙、張時震三跋,均爲《合刻武康四先生集》作。《存目叢書》據以影印。臺灣「中央圖書館」有是刻兩部。○原北平圖書館藏明隆慶三年金九臯刻本,作《兩溪先生存集》十四卷《附録》一卷,八册。題「武康駱文盛質甫著」。半葉九行,行十八字。前有校刻名氏,名氏末署「隆慶三年冬十月吉日刻成於證道禪堂」，又次記寫刻工：武林陳善寫、夏良刻。有蔡汝楠序，金九皋序，隆慶三年周維新跋（見王重民《善本提要》）。現存臺北「故宮」。〇《兩溪先生遺集》七卷《詩餘》一卷，明嘉靖三十九年王健刻本。半葉九行，行二十二字，白口，四周單邊。北大藏。王重民《善本提要》著録原北平圖書館藏是刻，題「武康駱文盛質甫著，德清蔡汝楠子木評，閩漳浦王健于行校，不肖子鳴鑾謹輯」。有嘉靖三十九年蔡汝楠序。現存臺北「故宮」。

奚囊蠹餘十八卷　明張瀚撰　　**五二五五**

安徽巡撫採進本（總目）。〇《安徽省呈送書目》：「《奚囊蠹餘》六本。」〇《浙江省第四次汪汝瑮家呈送書目》：「《奚囊蠹餘》二十卷，明張瀚著，六本。」〇《浙江採集遺書總録》：「《奚囊蠹餘》二十卷，刊本，明吏部尚書仁和張瀚撰。」〇原北平圖書館藏明隆慶三年張佳胤刻本二十卷六册，半葉九行，行十八字，白口，四周單邊。有隆慶二年徐養正序，隆慶三年曹天祐序，隆慶二年自序。又廣西布政司左參議銅梁張佳胤後序云：「公今開府二廣，總文武之憲，綏馭既暇，出次往作。莊大參應禎偕夏僉憲道南謀佳胤，請梓而傳之。」（參王重民《善本提要》、《中央圖書館善本序跋集録》）。現存臺北「故宮」。北圖、北京故宮、上圖、南圖亦有是刻。〇中山大學藏明隆慶六年李敏德刻本二十卷，半葉十行，行十九字，白口，四周單邊。前有隆慶六年巡按陝西監察御史五雲蕭廩《重刻奚囊蠹餘序》云：「隆慶己巳刻于蒼梧，凡二編。又三年，左史李君敏德與其僚又請於公，會稡增訂，重刻于陝西之藩司，刻成，謁廩一言以爲序。」又隆慶二年徐養正序，三年曹天祐序，二年自序。卷十八至二十鈔配。《存目叢書》據以影印。北大亦有是刻。○臺灣「中央圖書館」藏明萬曆元年廬州知府吴道明刻本,二十卷十册。半葉十行,行十九字,白口,四周單邊。前有萬曆二年甲戌三月烏程范應期序云:「公有詩文若干卷,曰《奚囊蠹餘》,一刻之蒼梧,再刻之關中。……今廬郡太守元城吴君實出公門下,……且以廬民之思公深也,爲重刻之。」次隆慶二年戊辰徐養正序,隆慶六年蕭廩序,隆慶三年曹天祐序,隆慶二年戊辰自題。後有萬曆元年孟冬知廬州府事沙麓門人吴道明《重刻奚囊蠹餘後序》云:「遂出此集,凡二十卷,付公門下太學生王教詳校正之,壽諸梓氏,以慰廬人之請。」又隆慶六年李敏德跋,隆慶六年陝西按察司提督學校副使劉友誠後序,張佳胤序。又萬曆元年季冬吉廬州府歲貢監生門下王教跋云:「兹再翻刊者,我廬郡大岳牧豫翁吴公也。命教校正。」鈐「吴興劉氏嘉業堂藏書記」等印(參該館《善本書志初稿》、《善本序跋集録》)。北圖亦有是刻。○清光緒二十一年刻本,作《奚囊蠹餘》二十卷《補遺》一卷《附録》二卷,四册。山西大學、江西省圖等藏。

璉川詩集八卷　明施峻撰　　五二五六

浙江汪汝瑮家藏本(總目)。○《浙江省第四次汪汝瑮家呈送書目》:「《施璉川集》八卷,明施峻著,二本。」○《浙江採集遺書總録》:「《施璉川集》八卷,刊本,明青州知府歸安施峻撰。」○浙江大學藏明嘉靖三十八年刻本,作《璉川詩集》八卷。題「吴興施峻平叔著」。半葉八行,行十六字,白口,左右雙邊。前有嘉靖三十八年己未李敏德序,嘉靖三十七年楊鐸序,末有張永明跋。楊序後有寫工刻工：「吴人俞策書，楚人温厚刻。」鈐「姚叔子」、「姚光佑印」、「南林劉氏求恕齋藏」、「鏐承幹印」、「張叔平」等印記。《存目叢書》據以影印。劉承幹另藏是刻一帙，歸臺灣「中央圖書館」，見該館《善本書志初稿》。原北平圖書館亦有是刻，見王重民《善本提要》，現存臺北「故宫」。

陳梧岡集九卷　明陳堯撰　**五二五七**

兩江總督採進本（總目）。○《兩江第一次書目》：「《陳梧崗如崗全集》，明陳堯等著，抄本，五本。」○遼寧省圖書館藏明刻本，作《梧岡詩集》六卷。半葉九行，行二十二字，黑口，四周雙邊。○北京大學藏清康熙五十一年陳世杲輯鈔本，作《梧岡文正續兩集合編》九卷。半葉八行，行二十四字至二十五字，無格。末有目録，題「南通州陳堯醒翁著，五世孫世杲所軒輯録」。據目録，凡九卷。目録後有康熙五十一年世杲識語，末鈐「陳世昶印」、「仙根」二小印。據此識語，知爲世昶手鈔，歷四年之久，康熙五十一年鈔成。書首又有熙堂手跋：「此集載入《明史》卷九十九《藝文》四，陳堯《梧岡文集》五卷《詩》三卷。余遍訪公裔，惟曜黄先生有曾祖所軒公手録一部，群從則盡亡矣。此集可不寶哉。癸丑秋九月一日熙堂記於枇杷藏書館。」後鈐「枇杷館」印。卷内又鈐「麐嘉館印」。書凡十册。眉上有批，字體與正文異，當出另一人。《存目叢書》據以影印。

驪山集十四卷　明趙統撰　**五二五八**

陝西巡撫採進本（總目）。○《陝西省呈送書目》：「《驪山集》十四卷附《杜律意注》二卷。」○首都圖書館藏明萬曆三十一年楊光訓刻本，題「新豐趙統伯一甫著，渭上楊光訓汝若甫選」。半葉十行，行二十字,白口,四周雙邊。前有萬曆三十一年癸卯吴中明序云:「中明督學中州,適侍御楊公按部,出其鄉先達趙伯一《驪山集》一編授梓。」又萬曆三十一年朱勤美序。《存目叢書》據以影印。北圖、北大、上圖等亦有是刻。臺灣「中央圖書館」《善本書志初稿》著録是刻,有萬曆三十一年楊光訓於中州直指臺引。○《趙驪山先生類稿》三十七卷,明鈔本,缺卷十三至十六,存三十三卷八册。半葉十行,行二十字,白口,藍格,左右雙邊。上魚尾下印「何氏語林卷」,知係用《何氏語林》稿紙鈔成。内容包括詩、文、詩話。鈐「趙雯私印」、「西京文獻世家」、「龍山懃廬藏書之章」、「古莘陳氏子子孫孫永寶用」等印(臺灣「中央圖書館」《善本書志初稿》)。

方山文録二十二卷　明薛應旂撰　**五二五九**

浙江孫仰曾家藏本(總目)。○《浙江省第四次孫仰曾家呈送書目》:「《方山文録》二十二卷,明薛應旂著,六本。」○《浙江採集遺書總録》:「《方山文録》二十二卷,刊本,明陜西提學副使武進薛應旂撰。」○《直隸省呈送書目》:「《方山全集》八本。」○蘇州市圖書館藏明嘉靖三十三年東吴書林刻本,作《方山先生文録》二十二卷《附集》一卷。半葉十行,行二十字,白口,四周單邊。前有嘉靖三十四年乙卯趙時春序,嘉靖三十四年三原馬理序,嘉靖三十二年癸丑歐陽德序。目録末有「嘉靖歲在焉逢攝提格東吴書林校刊」一行。版心下方記刻工:何鑰刻,何昇、張邦本、王詰、王惟宲、張邦、何亨、何鈿、何貞、何近富、何應亨、何應貞、何富、于庭、何儔、于汝庭、大節。卷内鈐「臨湖王氏兆騏鑑藏圖籍之印」等印記。《存目叢書》據以影印。北圖、南大、浙圖、日本内閣文庫亦有是刻。

原北平圖書館藏一部，王重民《善本提要》著録，現存臺北「故宫」。○《方山薛先生全集》六十八卷，明嘉靖刻本，半葉十行，行二十字，白口，四周單邊。有刻工。原北平圖書館藏一部，趙萬里《北平圖書館善本書志》著録。北大藏一部，王重民《善本提要》著録。上圖、津圖、川大等亦有是刻。

按：直隸省進呈此書，《四庫總目》失載。

兩城集二十卷　明靳學顔撰　　**五二六〇**

山東巡撫採進本（總目）。○《山東巡撫呈送第一次書目》：「《兩城集》八本。」○《兩淮鹽政李呈送書目》：「《兩城集》二十卷，明靳學顔，四本。」○首都圖書館藏明萬曆十七年刻本，作《靳兩城先生集》二十卷。題「東魯靳學顔著」。半葉九行，行十八字，白口，四周雙邊。前有萬曆十三年己酉王圻序。又萬曆十七年同郡于若瀛序云：「仲子雷以武進士守上谷，將鍥，謂余不得無言。」《存目叢書》據以影印。浙大藏是刻有清吴以誠評。南圖藏是刻有清丁丙跋。上圖、北大等亦有是刻。

嵩陽集無卷數　明劉繪撰　　**五二六一**

浙江朱彝尊家曝書亭藏本（總目）。○《浙江省第五次曝書亭呈送書目》：「《嵩陽集》不分卷，明劉繪著，六本。」○《浙江採集遺書總録》：「《崇陽集》七册，刊本，明崇慶知府光州劉繪撰。」○《安徽省呈送書目》：「《嵩陽集》十本。」○清華大學藏明嘉靖三十七年方顯刻本，作《嵩陽集》七卷二册。題「汝南劉繪著」。半葉十行，行二十字，白口，四周單邊。前有嘉靖三十七年戊午吴皋喻序。後有嘉靖三十七年門人方顯跋云：「顯及同門輯録成帙，蓋十之二三也，謀之長公玄子，手書鋟梓以傳。」《存目叢書》據以影印。○原北平圖書館藏明萬曆元年張佳胤刻本,作《靳嵩陽先生集》二十卷十册。題「汝南劉繪著」。半葉十行,行二十字,白口,四周雙邊。有萬曆元年皇甫汸序。王重民《善本提要》著録。現存臺北「故宫」。河南省圖亦有是刻。

王氏存笥稿二十卷　明王維楨撰　**五二六二**

江蘇巡撫採進本(總目)。○《江蘇省第一次書目》:「《王氏存笥稿》八本。」○《江蘇採輯遺書目録》:「《王氏存笥稿》二十卷,國子監祭酒左輔王維楨撰。」○《浙江省第四次汪汝瑮家呈送書目》:「《存笥稿》前集續集共二十四卷,明王維楨著,十本。」○《浙江採集遺書總録》:「《存笥稿》前集續集共二十四卷,刊本,明南京祭酒華州王維楨撰。」○《兩江第一次書目》:「《存笥稿》,明王維楨著,十二本。」○《山東巡撫呈送第一次書目》:「《王氏存笥稿》八本。」○浙江大學藏明嘉靖三十六年刻本,題「左輔王維楨著」。半葉十行,行二十二字,白口,四周雙邊。前有嘉靖三十六年丁巳孫陞序。又嘉靖三十六年仲冬之望巡按陝西監察御史鄭本立《刻存笥稿序》云:「遂檄督學李子校之,西安劉守刻之焉。」後有嘉靖三十六年十二月朔提督學校陝西按察司副使濟南李攀龍跋。然則是本爲西安府刻。《存目叢書》據以影印。首都圖、津圖、河北大學亦有是刻。○明嘉靖三十七年趙忻刻本,半葉十行,行二十字,白口,左右雙邊。北圖、上圖、浙圖等藏。○故宫藏明嘉靖四十年潘儻刻本二十卷八册。半葉十行,行二十字,白口,四周單邊。版心有刻工:江濟刊、陳添福、蔡太刊等。有嘉靖戊午孫陞序,嘉靖丁巳鄭本立序,嘉靖四十年辛酉楊一鶚《刻存笥稿跋》(參朱家溍《故宫藏禁燬書録》）。王重民《善本提要》著録北大藏是刻崇禎印本，題「左輔王維楨著，門生豫章潘僊較刊」，有鄭本立孫陞序，又嘉靖四十年楊一鶚序云：「建安潘尹，先生之門人也，又從而梓之。」鈐「巴陵方氏珍藏」等印記。○中共中央黨校、上圖亦有是刻。○清華大學藏明萬曆七年尹應元、徐學禮刻本，作《王槐野先生存笥稿》二十卷《續集》九卷，半葉九行，行二十字，白口，四周單邊。首葉鈐「翰林院印」滿漢文大官印，書衣有「乾隆三十八年十一月浙江巡撫三寶送到汪汝瑮家藏存笥稿集壹部計書拾本」長方木記（一九九八年二月十六日劉薔女史函告）。此即汪汝瑮進呈四庫原本。王重民《善本提要》著録美國國會圖書館藏是刻一部十六册，前集題「左輔王維楨著，吴興顧爾行校，漢陽尹應元梓」，續集題「左輔王維楨著，吴興顧爾行校，門人靈璧徐學禮梓」。有嘉靖三十七年孫陞序，三十六年李攀龍序，萬曆七年顧爾行、劉士忠兩序。又著録北大藏是刻一部十二册，題款序文同，版心下記刻工：張時節刊。鈐「佐伯文庫」印。上圖、南圖等亦有是刻。按：館臣據江蘇進呈二十卷本存目，未若此本完足也。○臺灣「中央圖書館」藏明萬曆三十四年黄陞、王九叙刻本，作《槐野先生存笥稿》三十八卷《附録》一卷。題「左輔王維楨著，館甥渭上南師仲編」。半葉十行，行二十字，白口，左右雙邊。前有萬曆三十三年乙巳春黄陞序云：「遂檄渭南王令，捐貲募工，付之剞劂。」又云：「王令名九叙，肅寧人。」又萬曆乙巳王圖序云：「先生《存笥稿》二十卷，初刻於關中，又刻於吴會，皆虞佚。後刻於魏博，增《續稿》九卷，差備矣，又虞訛。兹太史南玄象氏，先生館甥也，博采精讎，合之共得三十八卷，復謀於侍御黄公鋟梓而廣布之。」又萬曆乙巳盛以弘序。又孫陞、鄭本立、李攀龍、楊一鶚、南軒、劉士忠序。末有萬曆三十四年丙午南師仲跋云:「頃直指黄公按陝以西,……遂檄邑侯王君付之剞劂。」附録爲行狀、墓志銘(參該館《善本書志初稿》、《善本序跋集録》)。北圖、復旦、川大等亦有是刻。○明崇禎十二年李嗣京、鄧承藩刻本,作《王允寧先生存笥稿》四十二卷《附録》一卷《年表》一卷。半葉九行,行十八字,白口,左右雙邊。揚州市圖藏。上圖有殘本。臺灣「中央圖書館」藏一部,題「左輔王維楨著,廣陵李嗣京、清湘鄧承藩較」。末有華守清湘鄧承藩跋云:「司成王允寧先生《存笥稿》三十八卷久行世,直指李先生,永懷先哲,廣厲後進,捐貲重梓於里,檄承藩督梓事,裔孫徵君承之典校讎。廣蒐補闕,益《遺翰談藝牘》四卷,《附録》《年譜》二卷,得四十二卷。」又宗曾孫承之跋云:「李少文先生刻先司成祖《存笥稿》成,貯板華郡齋,存文獻於里也。已同汪歲星先生爲之叙,鄧君价先生爲之跋。……稿原三十八卷,《附録》一卷。今增《遺翰談藝牘》四卷,《年譜》一卷。《年譜》,余小子所述也。」(參該館《善本書志初稿》《善本序跋集録》)○《槐野文選》三十卷《别集》一卷《附録》一卷,明萬曆七年刻本。半葉九行,行二十字,白口,四周雙邊。北大、上海辭書出版社藏。○《司成遺翰》四卷,明王維楨撰,明萬曆三十八年王承祚、王承之刻本。半葉九行,行二十字,白口,左右雙邊。北圖、中科院圖藏。

天山草堂存稿八卷　明何維柏撰　**五二一六三**

浙江巡撫採進本(總目)。○《浙江續購書》:「《天山存稿》五本。」○《浙江採集遺書總録》:「《天山存稿》八卷,刊本,明尚書南海何維柏撰。」○廣東中山圖書館藏清沙滘何氏紅格鈔本,作《天山草堂存稿》六卷七册。題「古林何維栢著，門人葉夢熊輯」。半葉九行，行二十字。前有萬曆十二年顔鯨序，門人蒲凝序，萬曆十一年門人楊烈序。卷首有民國三十二年八月徐紹棨信符跋、題詩，並迻録四庫提要及何秉禮、吴道鎔、汪兆鏞詩。徐跋云：「余數十年來搜藏廣東文獻遺著，亦無此書，乃于癸未秋八月聞順德鄉中有故家書散出，往西關搜訪，竟得《天山存稿》硃絲闌舊鈔本。其格紙書口刊『天山存稿』、『沙滘何氏家藏』。按沙滘爲何端恪公鄉祠所在，此《存稿》想藏于祠堂，後乃散出。此鈔本乃清初何氏後人根據明萬曆閩刻本而鈔，但當時閩刻本已多有殘闕，故每卷均有缺字或缺頁，並有在《目録》中注明閩本原闕。知此書在清初已不易得，況歷三百餘年。」又識語云：「今此本文六卷俱全，有文無詩，其詩二卷想已佚矣。」《存目叢書》據以影印。

金齋集四卷　明宋諾撰　五二六四

直隸總督採進本（總目）。○《直隸省呈送書目》：「《金齋集》四本。」

沈鳳岡集四卷　明沈良才撰　五二六五

山西巡撫採進本（總目）。○《山西省呈送書目》：「《沈鳳岡集》四卷。」○《浙江省第七次呈送書目》：「《沈鳳岡集》四卷，明沈良才著，四本。」○《浙江採集遺書總録》：「《沈鳳岡集》四卷，刊本，明兵部侍郎泰州沈良才撰。」○明刻本，作《大司馬鳳岡沈先生文集》四卷。半葉九行，行十八字，白口，左右雙邊。南圖藏。○中國社科院文學所藏清鈔本，書名卷數同前本，半葉九行，行十七字，無格。前有明萬曆間夔州府通判等奏疏，次目録，目録末有「曾孫沈傳曾同男嘉植重校」一行。卷内鈐「鎦漢臣麓樵父印」、「鎦漢臣字麓樵」、「染素齋」等印記。《存目叢書》據以影印。○清康熙間六世孫沈龍翔修補本(《江蘇藝文志·揚州卷》)。○泰州市圖書館藏鈔本(同前)。○揚州古籍書店鈔本。南開藏。

陳文岡集二十卷　明陳棐撰　**五二六六**

內府藏本(總目)。○《武英殿第一次書目》:「《陳文岡先生集》八本。」○明萬曆褚鈇刻本,作《陳文岡先生文集》二十卷。半葉十行,行十九字,白口,四周雙邊。天一閣文管所藏。萬曆九年陳氏家刻本周學易後序所謂「今撫臺愛所褚公按兩河時刻先生集於藩司」者,即此本也。○山西大學藏明萬曆九年鄢陵陳氏家刻本,書名卷數行款同前本。題「門人登郡行菴陳其學校正」。前有萬曆九年辛巳鄢陵知縣陳登雲序云:「既抵邑,拜祀先生於□□所,已而識令器春元心文子於德星之臺。……先生門人陳□□□□□彗之,□心文子雕之於德□□。」(澤遜按:原版漫漶,陳下所闕似當爲「其學行菴校」。心字上似闕「男」。德下似爲「星臺」。)後有武林周學易《刻文岡先生集後序》云:「今撫臺愛所褚公按兩河時,刻先生集於藩司,文之。令嗣心文子又爲求善本者之履相錯也,刻諸家塾,邑侯南濱陳公又文之。」卷內鈐「徐石卿印」、「閒田張氏聞三藏書」等印記。《存目叢書》據以影印。北圖、臺灣「中央圖書館」、美國國會圖書館亦有是刻。

省中稿二卷二臺稿二卷歸田稿十卷　明許穀撰　**五二六七**

兩淮鹽政採進本(總目)。○《兩淮鹽政李呈送書目》:「《歸田》等稿共十五卷,明許穀,四本。」

〇北京圖書館藏明嘉靖黄希憲等刻本，作《武林稿》一卷《容臺稿》一卷《符臺稿》一卷《二臺稿》一卷。半葉九行，行十八字，白口，左右雙邊。《容臺》、《符臺》、《二臺》三稿版心均刻「二臺稿」。前有嘉靖三十年辛亥許穀《二臺稿序》。〇中央民族大學藏明嘉靖四十二年黄國卿刻本，爲《省中稿》四卷。半葉九行，行十八字，白口，左右雙邊。前有嘉靖四十二年癸亥康大和序，嘉靖癸亥黄國卿刻書序。鈐「無錫鄒氏藏書」、「泒伊」等印。北圖亦有是刻。〇湖北省圖書館藏明萬曆十五年吴自新、廖希元、卓明卿刻本，爲《許太常歸田稿》十卷。題「上元許穀仲貽著」。半葉九行，行十八字，白口，左右雙邊。前有萬曆十五年丁亥吴自新《刻許太常歸田稿序》云：「丙戌秋，予復陳浙臬，請先生近詩授諸梓，先生緘而致之。……始謀於廖衢州，繼謀於卓光禄，迺克成編。二君皆舊蒙先生知愛者。」各卷末刻「武林卓明卿徵父校」。末有萬曆十五年廖希元跋，卓明卿跋。版心刻工：陶英刻，陳才、王、黄、朱、文、言。鈐「慈谿畊餘樓」、「柯逢時印」等印記。北圖、南圖、祁縣圖亦有是刻。《存目叢書》用北圖、民大、湖北本配合影印。《武林稿》館臣未見，《存目叢書》格於體例亦未收。

徐陽溪集六卷　明徐燦撰　　五二六八

江西巡撫採進本（總目）。〇江西省圖書館藏清道光十六年族裔徐豐刻本，作《陽溪遺稿》六卷四册。題「雙川黄卷編次」。半葉九行，行十九字，白口，四周雙邊。封面刻「不斷□齋藏板」。前有四庫提要一則，道光十六年徐豐序，已殘去首尾。又嘉靖丁未周志序，道光十六年黄因蓮序。後有《附録》一卷，收傳記、遺事、祭文等。又族裔豐《校刻陽溪遺稿題後四首》。徐豐序稱「豐司訓黎川，閒齋無事，啓舊篋，將遺稿尋繹之」。又云「玆將黄雙川先生定本付梓」。各卷末有「族裔豐較刊」五字。《存目叢書》據以影印。

見滄文集十五卷　明茅瓚撰　**五二六九**

浙江巡撫採進本（總目）。○《浙江省第三次書目》：「《見滄文集》十五卷，明茅瓚著，一本。」○《浙江採集遺書總録》：「《見滄文集》十五卷，刊本，明吏部左侍郎錢塘茅瓚撰。」○《提要》云：「是集爲其門人趙應元所編，而其子藉吉校刊之。」

袁文榮詩略二卷　明袁煒撰　**五二七〇**

江蘇巡撫採進本（總目）。○《江蘇採輯遺書目録》：「《詩略》二卷，少傅袁文榮撰。」○《袁文榮公文集》八卷《詩集》八卷，明萬曆元年馮孜、張德夫刻本。半葉十行，行十六字至十八字不等，白口，左右雙邊。上圖、津圖藏。○臺灣「中央圖書館」藏《袁文榮公文集》八卷《詩略》二卷。《文集》萬曆元年馮孜、張德夫刻本，卷一爲目録，卷二至八爲文。目録後分六行題「門人申時行、王錫爵、余有丁、王穉登校正，太倉州知州馮孜、長洲縣知縣張德夫梓行」。半葉十行，行十八字，白口，四周雙邊。前有萬曆元年十二月門生王錫爵序。《袁文榮公詩略》題「門人太原王穉登校」，半葉七行，行十七字，白口，四周單邊。前有申時行序，又王穉登序云：「乙巳夏，公諸孫景高以公舊刻僅兩卷來謀再刻，名曰《詩略》，蓋杇梨蠹棗，魯魚帝虎之餘存者。」知係萬曆三十三年袁景高刻本。與《文集》非一時刻，行款亦異。鈐「蛟川方義路正甫氏所藏金石書畫之印」、「劉承幹字貞一號翰怡」等印。一九七〇年臺灣文海出版社《明人文集叢刊》蓋據是本影印。《存目叢書》又取其《詩略》影印。天一閣文管所有萬曆三十三年袁氏家刻《袁文榮公詩略》二卷，行款同，當出一版。〇《袁文榮公文集》八卷《詩略》二卷，清鈔本。半葉十行，行十八字，無格。楊泰亨題簽並跋。浙圖藏。

愛吾廬集八卷　明徐良傅撰　**五二七一**

江西巡撫採進本（總目）。〇《江西巡撫海第三次呈送書目》：「《愛吾廬集》二本。」

崇蘭館集二十卷　明莫如忠撰　**五二七二**

浙江汪汝瑮家藏本（總目）。〇《浙江省第四次汪汝瑮家呈送書目》：「《崇蘭館集》二十卷，明莫如忠著，十本。」〇《浙江採集遺書總録》：「《崇蘭館集》二十卷，刊本，明浙江布政使華亭莫如忠撰。」〇《兩淮鹽政李續呈送書目》：「《崇蘭館集》二十卷，明莫如忠，八本。」〇中國社會科學院文學研究所藏明萬曆十四年馮大受、董其昌等刻本，題「雲間莫如忠子良甫著，門人章憲文校、楊繼禮輯」。半葉九行，行十八字，白口，左右雙邊。前有陸樹聲序，茅坤序，馮時可序，唐文獻序。又萬曆十四年丙戌門生馮大受序云：「與董生玄宰各出平日所手録者，私付剞劂。」《存目叢書》據以影印。北圖、上圖、津圖、山東圖、日本尊經閣文庫亦有是刻。

陳兩湖集三十四卷　明陳昌積撰　**五二七三**

江西巡撫採進本（總目）。〇《江西巡撫海第二次呈送書目》：「《兩湖文集》三本。」〇《提要》云：「嘗手刪其文爲《龍津稿》，後其子文揚、文振又益以古今體詩，合爲此集。」〇《龍津原集》六卷十二册,明嘉靖間毛汝麒等校刻本。臺灣「中央圖書館」藏。題「浙露山毛汝麒、樂泉祝教校刻,泰和陳昌積著」。係文集。半葉十行,行二十一字,白口,四周單邊。版心刻工:京、玉、公、四、心等。鈐「四明盧氏抱經樓藏書印」、「吴興劉氏嘉業堂藏書印」等印記(參該館《善本書志初稿》)。

五二七四　松風軒藏稿八卷　明陳昌積撰

江西巡撫採進本(總目)。○《江西巡撫海第二次呈送書目》:「《松風軒藏稿》四本。」

五二七五　已寬堂集四卷　明陳鎏撰

浙江孫仰曾家藏本(總目)。○《浙江省第四次孫仰曾家呈送書目》:「《已寬堂集》四卷,明陳鎏著,四本。」○《浙江採集遺書總録》:「《已寬堂集》四卷,刊本,明四川布政使長洲陳鎏撰。」○臺灣「中央圖書館」藏明萬曆二十六年潁川陳氏家刻本四卷四册。題「潁川陳鎏著,琅玡王世貞選」。半葉九行,行十八字,下黑口,四周雙邊。前有戊戌歲岷藩玉谷序云:「海内頌雨泉先生久矣,當肅皇之甲寅歲,嘗弭節濱上。……今上萬曆之丙申,先後凡四十有三載,先生之嗣劍南君復護軍於此,又二年,乃出先生所爲《已寬堂詩文》二編來,曰乞灑翰以照將來。」戊戌爲萬曆二十六年。考《明史·諸王世表三》:岷憲王定燿,嘉靖三十四年襲封,薨。僖靖世子幹跬,憲庶一子,萬曆十五年改封世子,二十年卒。世孫企鈴,僖靖嫡一子,萬曆二十八年封世孫,四十二年卒。則此岷藩玉谷當爲朱企鈴。《四庫提要》誤爲朱定燿。後有萬曆戊戌孟冬館甥蔣錡序。又萬曆戊戌仲冬男大猷識語云:「於是勉取所藏寫本較閲,序次先後,以年分爲四卷,而壽諸匠氏。」此四卷皆詩,卷一嘉靖壬辰至己酉，卷二庚戌至丁巳，卷三戊午至乙丑，卷四嘉靖丙寅至萬曆乙亥。與《提要》合。北京大學藏是刻二卷，即前二卷，有戊戌岷藩玉谷序。鈐「李傳模印」、「李氏玉陔」、「明墀之印」、「木犀軒藏書」、「麐嘉館印」等印記。《存目叢書》據以影印，惜非足本也。○《已寬堂集》十二卷，日本東京内閣文庫藏明萬曆四十年序刻本。○《陳子兼文稿》不分卷，明陳鎏撰，稿本一册。清陳德大補目，蔣鳳藻跋。北圖藏。

錢永州集八卷　明錢芹撰 **五二七六**

兩淮鹽政採進本（總目）。○《兩淮鹽政李續呈送書目》：「《永州集》八卷，明錢芹，一本。」

華陽漫稿十四卷　明章焕撰 **五二七七**

浙江汪汝瑮家藏本（總目）。○《浙江省第四次汪汝瑮家呈送書目》：「《華陽漫稿》八卷，明章焕著，四本。」○《浙江採集遺書總録》：「《華陽漫稿》八卷，刊本，明漕運副都御史吴縣章焕撰。」

天目山齋歲編二十四卷　明吴維嶽撰 **五二七八**

浙江汪汝瑮家藏本（總目）。○《浙江省第四次汪汝瑮家呈送書目》：「《天目齋歲編》二十四卷，明吴維嶽著，四本。」○《浙江採集遺書總録》：「《天目山齋歲編》二十四卷，刊本，明巡撫貴州都御史孝豐吴維嶽撰。」○明嘉靖刻本，二十四卷，半葉十行，行二十一字，白口，左右雙邊。上圖藏。○吉林省圖書館藏明嘉靖刻增修本，二十八卷。題「吴興吴維嶽峻伯著」。前有嘉靖四十三年張翀序。鈐「衡陽常氏潭印閣藏書之圖記」等印。《存目叢書》據以影印。中國社科院文學所、美國哈佛大學哈佛燕京圖書館、日本内閣文庫皆有是刻。民國四年吴氏雍睦堂亦嘗影印嘉靖刻增修二十八卷本，首都圖、上圖、山東圖、山西大學等藏。

白華樓藏稿十一卷續稿十五卷吟稿八卷玉芝山房稿二十二卷耄年録七卷　明茅坤撰　五二七九

浙江巡撫採進本（總目）。○《浙江省第三次書目》：「《白華樓文稿》十一卷《續稿》十五卷《吟稿》八卷，明茅坤著，二十本。」○《浙江省第四次汪啟淑家呈送書目》：「《玉芝山房稿》二十二卷，明茅坤著，六本。」○《浙江省第六次呈送書目》：「《耄年録》七卷，明茅坤著，四本。」○《浙江採集遺書總録》：「《白華樓文稿》十一卷《續稿》十五卷《吟稿》十卷《耄年録》七卷，刊本，明廣西按察副使歸安茅坤撰。」○《兩淮鹽政李呈送書目》：「《白華樓續稿》十五卷，明茅坤，八本。」○《江蘇採輯遺書目録》：「《玉芝山房稿》二十六卷，廣西按察副使歸安茅坤著。」又：「《茅鹿門集》三十六卷，前人著。」○《安徽省呈送書目》：「《茅鹿門文集》十二本。」○中央民族大學藏明嘉靖萬曆間茅氏遞刻本，作《白華樓藏稿》十一卷《白華樓續稿》十五卷《白華樓吟稿》十卷。三集均題「歸安茅坤順甫著，邑人姚翼翔卿編」。半葉九行，行十八字，白口，左右雙邊。《藏稿》前有王宗沐《白華樓集序》云：「甲子歲，余謝病歸西湖，而君又適來會，因出其子翁積所裒刻《白華樓集》若干卷，曰：余平生竭力在此，何如作者，君爲我序之。」知《藏稿》刻於嘉靖四十三年。《續稿》無序跋。《吟稿》前有萬曆十一年癸未茅坤《刻白華樓吟稿題辭》。參之《玉芝山房稿》自引，知續、吟二稿均刻於萬曆十一年。《存目叢書》據以影印。北圖、上圖、浙圖等多藏是刻。○華東師大藏明萬曆十六年刻本，爲《玉芝山房稿》二十二卷。題「歸安茅坤順甫著，同邑陳曼年庚老校」。半葉九行，行十八字，白口，左右雙邊。版心刻工：王雲刻。前有萬曆十六年戊子茅坤刻書引云：「嘉靖年間，長兒積嘗刻《白華樓藏稿》若干卷，屬大中丞王敬所公序之矣。後二十年，仲兒緍舉進士，以行役來歸，復倒故篋，得《續稿》若干卷。已而又得《吟稿》若干卷。懼漸或散失，並序而刻之。甲申以來四五年間，又時時不能盡謝客所請，……近發之，又共得詩文若干卷，貢兒復請刻之。」茅坤仲子國緍萬曆十一年成進士，知《續稿》、《吟稿》皆編成於是年，同時付刻。而《玉芝山房稿》則萬曆十六年付刻也。卷一至十六文，卷十七至二十二詩。《存目叢書》據以影印。原北平圖書館藏是刻二十二卷，現存臺北「故宫」。浙圖藏是刻存卷一至十六。中山大學藏是刻存卷三卷四卷六卷七。臺灣「中央圖書館」藏是刻二十六卷二十八册，鈐「吴興劉氏嘉業堂藏書記」印，《嘉業堂藏書志》載董康提要云：「凡文十八卷、詩八卷，皆梓白華樓三稿以後之作。内缺卷七，而卷五、卷二十五各重一卷，實二十七卷也。黄《目》暨《四庫存目》俱作二十二卷，當非完帙。」〇上海圖書館藏明萬曆刻本，爲《耄年録》九卷。題「歸安茅坤順甫著，同邑陳曼年庚老校」。半葉九行，行十八字，白口，左右雙邊。前有萬曆二十三年乙未秋茅坤序云：「隨手日録而貯之篋中，則亦令隨手而梓之。」卷内鈐「景葵祕笈印」、「武林葉氏藏書印」等印記。《存目叢書》據以影印。臺灣「中央圖書館」藏是刻九卷三册，鈐「抱經樓」、「吴興劉氏嘉業堂藏書記」等印。《嘉業堂藏書志》載董康提要云：「卷七爲八十七歲自製年譜。」又云：「是書《四庫存目》作七卷，黄《目》作八卷，此本復增出一卷，蓋隨作隨刊，致坊肆流傳多寡互異,並非有二本也。」日本内閣文庫亦有是刻九卷。○《茅鹿門先生文集》三十六卷,明萬曆刻本。半葉十行,行十九字,白口,左右雙邊。臺灣「中央圖書館」《善本書志初稿》著録云:「本書乃輯《白華樓藏稿》、《續稿》、《玉芝山房稿》之文以成。」又云:「卷三十五、卷三十六則爲茅坤卒後,後人所撰之茅坤墓誌、行狀、墓表、傳、行實及丹徒名宦公移。」有刻工:邵良卿、金陵戴應試、戴應聘、戴應詔、畢應豪等。北圖、上圖、南圖等亦有是刻。江蘇、安徽皆有呈本,《四庫總目》未載。

大拙堂集九卷　明楊載鳴撰　**五二八〇**

浙江巡撫採進本(總目)。○《浙江省第四次孫仰曾家呈送書目》:「《大拙堂集》九卷,明楊載鳴著,四本。」○《浙江採集遺書總録》:「《大拙堂集》九卷,刊本,明通政副使泰和楊載鳴撰。」○《江西巡撫海第三次呈送書目》:「《大拙堂集》四本。」

大司空遺稿十卷　明陳紹儒撰　**五二八一**

浙江巡撫採進本(總目)。○《浙江省第六次呈送書目》:「《大司空遺稿》十卷,明陳紹儒著,八本。」○《浙江採集遺書總録》:「《大司空遺稿》十卷,刊本,明南京工部尚書南海陳紹儒撰。」

讓溪甲集四卷乙集十卷　明游震得撰　**五二八二**

浙江孫仰曾家藏本(總目)。○《浙江省第四次孫仰曾家呈送書目》:「《游讓溪甲集》四卷《乙集》十卷,明游震得著,七本。」○《浙江採集遺書總録》:「《游讓溪甲集》四卷《乙集》十卷,刊本,明福建巡撫婺源游震得撰。」

鷄土集六卷　明劉乾撰　**五二八三**

直隸總督採進本(總目)。○《直隸省呈送書目》：「《雞土集》四本。」○《浙江省第十次呈送書目》：「《鷄土集》六卷，明劉乾著，四本。」○《浙江採集遺書總録》：「《鷄土集》六卷，刊本，明知縣唐縣劉乾撰。」○北京圖書館藏明嘉靖刻萬曆二十八年劉鶴冲重修本，作《雞土集》詩二卷文四卷。題「古唐易菴劉乾仲坤著」。半葉十行，行十九字，白口，左右雙邊。詩、文卷端均題「雞土集」，唯版心分别題「雞土詩集」、「雞土集」。前有嘉靖二十年辛丑自序，萬曆三十八年邑人王汝霖《重校易菴先生雞土集序》。《存目叢書》據以影印。

青峰存集十二卷　明江柏撰　**五二八四**

江西巡撫採進本(總目)。○《江西巡撫海第二次呈送書目》：「《青峰存集》二本。」○山西大學藏清康熙三十六年汪逢源等刻本，作《青峰先生存稿》八卷。卷一題「龍溪後裔六世孫逢源、逢瑞，仝男來聘、來起、來安手録，仝姪鈖、銈重梓」。半葉九行，行二十二字，白口，四周雙邊。前有隆慶二年金達序，姪思聰序，康熙四十年辛巳金樟序，康熙三十六年汪逢源跋，康熙三十六年鄭仙梓於東園之竹裡亭跋。封面刻「竹裡亭藏板」。汪逢源跋云：「用付之曲刀，公諸同好。」卷内鈐「閒田張氏聞三藏書」等印記。《存目叢書》據以影印。○清同治六年紹文堂排印本，作《青峰文集》十卷。江西省圖藏。○按：著者汪柏，浙本《總目》誤作江柏。殿本《總目》及《四庫存目》單行本均不誤。

同春堂遺稿四卷　明劉熠撰　**五二八五**

江蘇巡撫採進本（總目）。○《江蘇省第二次書目》：「《劉侍御集》二本。」○《江蘇採輯遺書目録》：「《劉侍御集》二卷，御史海鹽劉熠著，刊本。」

泌園集三十七卷　明董份撰　**五二八六**

浙江孫仰曾家藏本（總目）。○《浙江省第四次孫仰曾家呈送書目》：「《泌園集》三十七卷，明董份著，十二本。」○《浙江採集遺書總録》：「《泌園集》三十七卷附《黄門稿》一册，刊本，明禮部尚書烏程董份撰，［附］董道醇撰。」○重慶市圖書館藏明萬曆董嗣茂等刻本，作《董學士泌園集》三十七卷附董道醇《董黄門稿》一卷。正文卷一題「烏程董份用均甫著」。半葉八行，行十八字，白口，四周雙邊。前有申時行序云：「吾師大宗伯學士潯陽董公既捐館之□餘年，而其孫嗣茂、嗣□及曾孫廷勛裒輯其詩若文而刻之，曰《泌園集》。」卷内鈐「九峰舊廬珍藏書畫之記」、「九峰舊廬藏書記」、「杭州王氏九峰舊廬藏書之章」、「綬珊六十以後所得書畫」、「漢鹿齋藏書印」等印記。《存目叢書》據以影印。蘇州圖、保定圖亦有是刻。○民國十六年劉氏嘉業堂刻本，《吴興叢書》之一。北圖、上圖等藏。

嚴文靖公集十二卷　明嚴訥撰　**五二八七**

浙江汪啟淑家藏本（總目）。○《浙江省第六次汪啟淑家呈送書目》：「《嚴文靖公集》十二卷，明嚴訥著，六本。」○《浙江採集遺書總録》：「《嚴文靖公集》十二卷，刊本，明大學士常熟嚴訥撰。」○《江蘇省第一次書目》：「《嚴文靖公文集》六本。」○《江蘇採輯遺書目録》：「《嚴文靖公集文》

八卷《詩》四十餘首，大學士常熟嚴訥著。」〇北京圖書館藏明萬曆十五年嚴治刻本十二卷，另附詩一卷。半葉九行，行十九字，白口，四周單邊。版心刻工：夏邦彦刊。前有萬曆十五年丁亥門人唐文燦序。後有某氏跋，缺末葉。鈐「古里瞿氏」、「鐵琴銅劍樓」等印記。《存目叢書》據以影印。王重民《善本提要》著録北大藏是刻，云有唐文燦序，王元敬後序。上圖、南圖等亦有是刻。〇清同治八年嚴鍾瑞鈔本，附嚴鍾瑞輯《祭章輓辭》二卷。南圖藏。

五二八八

高文襄公集四十四卷　明高拱撰

安徽巡撫採進本(總目)。〇《安徽省呈送書目》：「《高文襄公集》十本。」〇《江蘇省第一次書目》：「《高文襄集》十八本。」〇《江蘇採輯遺書目録》：「《高文襄集》十六種七十八卷，文淵閣大學士新鄭高拱著。」〇《浙江省第四次汪汝瑮家呈送書目》：「《高新鄭全集》十六種七十八卷，明高拱著，四十二本。」〇《浙江採集遺書總録》：「《高新鄭全集》十六種七十八卷，刊本，明大學士新鄭高拱撰。」〇北京圖書館藏明萬曆四十二年馬之駿等刻本，書名卷數及子目同《總目》。題「新鄭高拱著，新野馬之騏、馬之駿訂校」。半葉十行，行二十字，白口，左右雙邊。前有萬曆四十二年甲寅賜進士出身户部主事馬之駿序。《存目叢書》據以影印。河南省圖亦有是刻。〇山東博物館藏明萬曆刻本，作《高文襄公集》十一種六十六卷。子目詳《中國古籍善本書目》叢部。半葉九行，行十八字，白口，四周雙邊。〇南京圖書館藏明刻本，無總名，包括《春秋正旨》一卷《綸扉稿》一卷《綸扉外稿》二卷《外制集》一卷《程士集》四卷。半葉九行，行十八字，白口，四周雙邊。〇清康熙新鄭高有聞籠春堂刻本，作《高文襄公集》十種六十四卷。子目見《叢書綜録》。半葉九行，行十八字，白口，四周雙邊。北圖、北大、南圖、河南圖等藏。《中國古籍善本書目》別集類著録中央民大藏是刻七種十八卷，無總名，其中《政府書答》二卷、《邊略》五卷兩子目不見於《叢書綜録》。《清華善本書目》著録是刻乾隆十六年高玉生補刻本，共十七種八十九卷，子目較《叢書綜録》多出《列傳》一卷、《太師高文襄公墓志銘》一卷、《高文襄公文集》四卷、《政府書答》四卷、《問辯録》十卷、《邊略》四卷（抄配）、《春秋正旨》一卷。

玉堂公草十卷　明高拱撰　**五二八九**

副都御史黄登賢家藏本（總目）。○《都察院副都御史黄交出書目》：「《玉堂公草》十本。」○《提要》云：《大學講義》一卷、《中庸講義》一卷、《論語講義》三卷、《程士録》二卷、《獻忱集》二卷、《綸扉稿》一卷，皆已見全集。澤遜按：子目見萬曆四十二年馬之駿等刻《高文襄公集》，參《中國古籍善本書目》叢部。另有《玉堂公草》一卷，見籠春堂本《高文襄公集》。

外制集一卷　明高拱撰　**五二九〇**

安徽巡撫採進本（總目）。○此一卷見馬之駿本、山東博物館萬曆本、南圖明刻本、康熙籠堂刻本高集。參前文《高文襄公集》條。

政府書答四卷　明高拱撰　**五二九一**

河南巡撫採進本（總目）。○《河南省呈送書目》：「《政府書答》，明高拱著，一本。」○此書山東博物館萬曆刻《高文襄公集》本四卷，馬之駿本、民大藏籠春堂本均二卷，清華藏高玉生補刻本作四卷。参前文《高文襄公集》條。

萬子迂談八卷　明萬衣撰　**五二九二**

江西巡撫採進本（總目）。○《江西巡撫海第四次呈送書目》：「《萬淺原集》一套四本。」按：萬衣，號淺原。○復旦大學藏清乾隆二十二年刻本八卷四册。卷一題「明進士河南左布政使潯陽萬衣著，後學南京刑部主事豫章金廷璧閲，男雲南金滄道副使兼參議嗣達較」。半葉九行，行十八字，白口，左右雙邊。前有乾隆二十一年丙子桑調元序，乾隆二十年長白額爾金泰序，萬曆四十五年丁巳趙師尹序。封面刻「乾隆丁丑年重鐫」、「聽瀑軒藏板」。後有嘉慶六年八代孫相寅跋，係增刻。卷内鈐「吴興劉氏嘉業堂藏書印」、「劉承幹字貞一號翰怡」等印。卷末有手記：「桐城張小顛點定。」下鈐「小顛鑑賞」、「臣壬林之印」三印記。《存目叢書》據以影印。北圖分館、中科院圖亦有是刻。○清道光三十年刻本八卷附録一卷共四册。江西圖、南圖藏。兩本均名《萬子迂談》。

履菴集十二卷　明萬士和撰　**五二九三**

浙江巡撫採進本（總目）。○《浙江省第十一次呈送書目》：「《萬文恭公集》十二卷，明萬士和著，四本。」○《浙江採集遺書總録》：「《萬文恭公集》十二卷，刊本，明禮部尚書宜興萬士和撰。」○中央民族大學藏明萬曆二十年萬春素履齋刻本，作《萬文恭公摘集》十二卷。半葉十行，行二十字，白口，左右雙邊。版心刻工：錫山何之瀚梓。封面刻「可臨堂藏板」。前有姜寶序，序後列名：「友人孚齋王升選，館甥唐鶴徵同選，門人路雲龍、吴達可編次，門人李德元校正，館甥吴正志參訂，不肖男春梓行、習彙集、會、智、曾同梓。」列名後有「萬曆壬辰孟冬刻於素履齋中」一行。書末有八十二翁金鵞王升後叙。《存目叢書》據以影印。北圖、上圖、山東圖等亦有是刻。

瞿文懿制敕稿一卷制科集四卷詩文集十六卷　明瞿景淳撰　　五二九四

兩淮馬裕家藏本(總目)。○北京圖書館藏明萬曆瞿汝稷刻本，作《瞿文懿公集》十六卷《制科集》四卷《制勑稿》一卷。半葉九行，行十八字，白口，四周單邊。版心刻工：何之涫、国珍、何成、于、王、千。前有王世貞序云：「嘗用其子汝稷請而傳之矣，梓公集者汝稷，而公之門人耿中丞定向、留令震臣爲一佐鍥剛資。」又王錫爵序。卷内鈐「陽湖陶氏涉園所有書籍之記」、「荃孫」、「雲輪閣」等印記。《存目叢書》據以影印。上圖、南圖、無錫市圖亦有是刻。

石龍菴詩草四卷附刻二卷　明徐學詩撰　　五二九五

浙江孫仰曾家藏本(總目)。○《浙江省第四次孫仰曾家呈送書目》：「《石龍菴集》四卷《附刻》二卷，明徐學詩著，二本。」○《浙江採集遺書總録》：「《石龍菴集》四卷《附刻》二卷，刊本，明刑部郎中上虞徐學詩撰。」○浙江圖書館藏清乾隆二十三年重慶堂刻本，作《石龍菴詩草》六卷。題「古虞徐學詩以言著」。半葉九行，行十九字，黑口，左右雙邊。前有崇禎七年御祭文，乾隆二十三年齊召南《重刻石龍菴詩序》，據齊序知係上虞徐氏乾隆二十三年重刻本。封面刻「重慶堂藏板」。《存目叢書》據以影印。上圖亦有是刻。

山帶閣集三十三卷　明朱曰藩撰　**五二九六**

浙江孫仰曾家藏本（總目）。○《浙江省第四次孫仰曾家呈送書目》：「《山帶閣集》三十三卷，明朱曰藩著，六本。」○《浙江採集遺書總録》：「《山帶閣集》三十三卷，刊本，明九江知府寶應朱曰藩撰。」○中國社會科學院文學所藏明萬曆刻本三十三卷。題「九江太守廣陵朱曰藩撰」。半葉十行，行十九字，白口，四周單邊。前有萬曆元年陳文燭序，嘉靖乙卯楊慎序。《存目叢書》據以影印。北大、上圖、川圖等亦有是刻。安徽省圖藏一部有清朱效端批校。又有修補版印本，清華、上圖、南圖等藏。○山東師大藏清道光十五年宜禄堂刻本，半葉十一行，行二十一字，黑口，左右雙邊。封面刻：「射陂先生山帶閣集。道光十有五年校刊。宜禄堂藏板。」南開、南大、華東師大等亦有是刻。○《池上編》二卷，明朱曰藩撰，明嘉靖三十五年三癸亭刻本。羅振常跋。上圖藏。原北平圖書館藏一部，現存臺北「故宮」，王重民《善本提要》著録。

石室祕鈔五卷　明魏文焲撰　**五二九七**

福建巡撫採進本（總目）。○《福建省呈送第四次書目》：「《石室私抄》五卷五本。」○北京圖書館藏明萬曆刻本，作《石室私抄》九卷。卷一題「閩侯官魏文焲著，年友雲竹王應鍾校」。半葉十行，行二十字或二十二字，黑口，左右雙邊或四周雙邊。前有萬曆十四年丙戌陳文燭序。鈐「无竟先生獨志堂物」印。《存目叢書》據以影印。上圖有是刻殘本。○明崇禎四年魏賢訓、魏賢訒刻本，作《石室私抄》五卷。半葉十行，行二十字，白口，左右雙邊。北大藏是刻王重民《善本提要》著録。復旦、南圖、日本内閣文庫亦藏是刻。○按：書名「私抄」二字《總目》誤作「祕鈔」，當據進呈目及萬曆、崇禎兩刻本改。

白雪樓詩集十卷　明李攀龍撰　五二九八

江蘇周厚堉家藏本(總目)。○《江蘇省第一次書目》：「《白雪樓詩集》六本。」○《江蘇採輯遺書目録》：「《白雪樓詩集》六卷，吏部郎中湖廣魏棠著。」按：棠乃裳之訛。此因魏裳刊刻是集而誤爲魏裳著，當改爲：「明河南按察使歷城李攀龍著。」吴慰祖不以魏裳爲誤，而以書名爲誤，改爲「《雲山堂集》六卷」，不知魏裳《雲山堂集》六卷爲浙江孫仰曾呈本，另有記載也。○吉林省圖書館藏明嘉靖四十二年魏裳刻本十卷，半葉九行，行十八字，白口，雙白魚尾，版心上刻「白雪樓詩卷之幾」，四周單邊。前有嘉靖四十二年癸亥十月朔日楚人魏裳順甫氏序云：「于鱗歸自關中，結樓鮑山，鮑山故管、鮑論交地。……余以尊酒過從，和歌樓上，相得懽甚亡厭，乃名樓白雪，並索其全詩刻之，題曰《白雪樓詩集》。」則是集刻於濟南。又歷城許邦才序，自序，皆爲擬古樂府作。卷内鈐「梁礎」、「鄆梁氏恩榮堂書畫記」、「徐紹棨」、「南州書樓所藏」、「徐湯殷」等印記。《存目叢書》據以影印。北大、上圖、南圖、山東圖等亦有是刻。○臺灣「中央圖書館」藏明隆慶四年汪時元刻本十二卷八册。半葉九行，行十八字，白口，單白魚尾，版心上記「白雪樓詩集」，中記卷、葉數，四周單邊。前有王世貞序云：「新安汪惟一，徐使君子與門人也，以嘗侍李于鱗先生，刻其《白雪樓集》。」又魏裳序(版心有刻工：黄鍊刊)，許邦才序，自序。書後有隆慶四年正月門人新都汪時元刻書跋云：

「嘉靖間，歷下李滄溟先生稱詩上國，我天目徐師與俱。……先生尋解秦憲，歸卧鮑山十年，謝客樓居，吟嘯自適，裒積篇章凡若干卷，楚有魏使君分符兹郡，以碣石舊侶，時造酣歌，殊愜心賞，出集相示，使君遂以白雪名樓集，授諸梓。今上即位，詔起先生持憲浙江。人皆亟欲聞白雪音，莫之應。元介師氏拜先生，凡三上。即謂孺子勤勤可教，訢然賦長律賚之，並以後稿屬元，續前集校刻。」（參該館《善本書志初稿》、《善本序跋集録》）北圖、津圖、川圖等亦有是刻。○人民大學藏明隆慶六年刻本十卷四册，半葉九行，行十八字，白口，白魚尾，四周雙邊。有刻工。鈐「高世異圖書印」等印記（見該校《善本書目》）。北圖、社科院文學所、青島博亦有是刻。○明刻本十卷，半葉十行，行二十字，白口，四周雙邊。吉大藏。○按：《提要》云：「此集刻於嘉靖癸亥，猶在《滄溟集》之前，前有魏裳序。」魏裳乃魏裳之誤。

李滄溟集選四卷　明李攀龍撰　宋光庭選　　五二九九

浙江巡撫採進本（總目）。按：殿本《總目》作「江西巡撫採進本」。○《江西巡撫海第四次呈送書目》：「《李滄溟集選》一套四本。」○中山大學藏明宋光廷刻本，作《補註李滄溟先生文選》四卷。題「濟南李攀龍于鱗父著稿，莆田宋光廷穉脩父校閲，男祖駿爾逸父、祖驊爾驊父補註」。半葉九行，行二十字，白口，四周雙邊。前有徐中行序，宋光廷重鋟題辭。版心刻工：畢、范、張、云、栾、章、盛、仲、王、徐、楊、恒、姜、仁、陳、林、瑞、国、明。《存目叢書》據以影印。山東圖、華東師大、雲南圖亦有是刻。○明刻本，書名卷數撰註人同前本，半葉九行，行二十字，白口，四周單邊。清華、吉林市圖、揚州圖藏。○日本延享元年(清乾隆九年)皇都書林向榮堂刻本,書名卷數撰註人同前二本。遼圖、南圖、華東師大藏。○按:宋光廷《提要》誤爲宋光庭。

敬所文集三十卷　明王宗沐撰　五三〇〇

江蘇巡撫採進本(總目)。○《江蘇省第一次書目》:「《王敬所集》十四本。」○《江蘇採輯遺書目録》:「《王敬所集》三十卷,刑部侍郎北海王宗沐著,刊本。」○浙江大學藏明萬曆元年劉良弼刻本,作《敬所王先生文集》三十卷。卷一題「門人翰林檢討習孔教編次,翰林編修張位選集,福建巡按劉良弼校刊」。半葉九行,行十八字,白口,四周單邊。版心刻工:余二、刘臣、刘甫、六付、楊七、曾一、王與、王仲、曾二、余中、余成、楊七乙、刘德、曾勝、楊好、江文、刘鳶等。前有萬曆元年張位序云:「友人侍御劉賚卿哀師敬所先生文,分三十卷,刻之閩中。」又萬曆元年劉良弼序,萬曆二年賀一桂序。卷内鈐「南林劉氏求恕齋藏」、「鎦承幹印」、「張叔平」、「悳符」等印記。《存目叢書》據以影印。南圖、臺灣「中央圖書館」亦有是刻。北圖、日本東京尊經閣文庫有殘本。

師暇裒言十二卷　明吴桂芳撰　五三〇一

浙江孫仰曾家藏本(總目)。○《浙江省第四次孫仰曾家呈送書目》:「《師暇裒言集》十二卷,明吴桂芳著,六本。」○《浙江採集遺書總録》:「《師略裒言集》十二卷,刊本,明工部尚書右副都御史新建吴桂芳撰。」

五二〇二　五鵲别集二卷　明盧宁撰

直隸總督採進本（總目）。○《直隸省呈送書目》：「《五鵲别集》二本。」○北京圖書館藏明嘉靖三十八年劉珙刻本，題「門人程子明校刊，黄縣屬吏劉珙重刊」。半葉九行，行十八字，白口，四周單邊。前有程子明引，嘉靖三十八年己未楚黄劉珙重刻序。卷内鈐「效五知齋但氏珍藏」、「夢鼎之印」、「氖閒居士」等印記。《存目叢書》據以影印。上圖亦有是刻。

五二〇三　崇質堂集二十卷　明李萬實撰

江西巡撫採進本（總目）。○《江西巡撫海第二次呈送書目》：「《崇質堂集》八本。」○中國社科院文學研究所藏清康熙四十年李長祚刻本，二十卷附録一卷。題「南豐訒菴李萬實著」。半葉九行，行十八字，白口，四周單邊。前有萬曆十五年王宗沐序，萬曆十六年曾于拱序，萬曆二十一年癸巳車大任序，萬曆十九年辛卯詹景鳳序，清康熙四十年曾姪孫長祚《重刻崇質堂文集序》，四世孫律跋。後有萬曆十四年丙戌胡濂後序。卷内鈐「桂盧藏書」、「餘姚謝氏永耀樓藏書」等印記。《存目叢書》據以影印。社科院歷史所亦有是刻。

五二〇四　小海存稿八卷　明馮覲撰

兩江總督採進本（總目）。○《兩江第二次書目》：「《小海存稿》，明馮覲著，二本。」

五二〇五　太乙詩集五卷　明張鍊撰

陝西巡撫採進本（總目）。○《陝西省呈送書目》：「《太乙詩稿》。」○明萬曆刻本，作《太乙詩集》五卷《詩餘》一卷共四册。題「古郘張錬著」。半葉十行，行二十字。有萬曆三十年闕廷訪序。美國國會圖書館藏。王重民《善本提要》著録。

無聞堂稿十七卷　明趙釴撰　　**五三〇六**

浙江孫仰曾家藏本(總目)。○《浙江省第四次孫仰曾家呈送書目》：「《無聞堂稿》十七卷，明趙釴著，十本。」○《浙江採集遺書總録》：「《無聞堂稿》十七卷，刊本，明巡撫貴州都御史桐城趙釴撰。」○首都圖書館藏明隆慶四年趙鴻賜玄對樓刻本，作《無悶堂稿》十七卷《附録》一卷，十册。題「桐城趙釴鼎卿著」。半葉九行，行十八字，白口，左右雙邊。版心下刻「玄對樓梓」。各卷末或刻「不肖孤鴻賜梓藏玄對樓中」識語。前有隆慶六年羅汝芳序。正文前有附録，收行狀、墓志。書末有某氏跋，佚尾。鈐「高苑張晝船家藏圖書」印。《存目叢書》據以影印。王重民《善本提要》著録北大藏是刻有隆慶四年趙鴻賜序。上圖、南開、川大亦有是刻。

郭東山文集七卷詩集二卷　明郭文周撰　　**五三〇七**

江蘇巡撫採進本(總目)。○《江蘇省第一次書目》：「《郭東山文集》三本。」

百川集十二卷　明孫樓撰　　**五三〇八**

浙江巡撫採進本(總目)。○《浙江省第十次呈送書目》：「《孫百川集》十二卷，明孫樓著，四本。」○《浙江採集遺書總録》：「《孫百川集》十二卷，刊本，明湖州推官常熟孫樓撰。」○《江蘇省第一次書目》：「《孫百川集》二本。」○北京大學藏明萬曆四十八年華滋蕃刻本，作《刻孫百川先生文集》

十二卷。卷一題「明海虞百川孫樓子虚父著，同邑年家子陳禹謨錫玄父、叔孫七政齊之父選次，姪孫朝肅恭甫父、梁溪子壻華滋蕃伯昌父校閱」。前有鄒迪光序，萬曆四十八年庚申翁應祥序。據翁序知係華滋蕃刻本。寫刻頗精。鈐「真州吴氏有福讀書堂藏書」印。《存目叢書》據以影印。北圖、上圖、南圖等亦有是刻。○《孫百川先生未刻稿》不分卷，明藍格鈔本八册。北圖藏。

貽安堂集十卷　明李春芳撰　**五三〇九**

兩江總督採進本（總目）。○《兩江第一次書目》：「《貽安堂集》，明李春芳著，十本。」○北京大學藏明萬曆十七年李戴刻本，作《李文定公貽安堂集》十卷。半葉九行，行十八字，白口，左右雙邊。前有巡撫山東等處地方提督軍務督理營田都察院右副都御史廩延門生李戴序云：「戴叨撫茲土，廼得公《貽安堂稿》刻之。」《存目叢書》據以影印。山東圖、浙圖、重慶圖等亦有是刻。《四庫全書附存目録》顧廷龍先生手批：「萬曆己丑廩延門生李戴刊本，十册，來薰，八十元。」○清乾隆十五年刻本十卷八册。南開藏。○上海圖書館藏鈔本十卷八册，王培孫舊藏。

太岳集四十六卷　明張居正撰　**五三一〇**

浙江巡撫採進本（總目）。○明萬曆四十年唐國達刻本，作《新刻張太岳先生文集》四十七卷。卷一題「江陵叔大張居正著，後學雷思霈、馬啟圖校，繡谷唐國達梓」。半葉十行，行二十字，白口，四周單邊。前有萬曆四十年壬子沈鯉序，萬曆四十年吕坤序。後有馬啟圖跋，萬曆三十八年高以儉跋。一九八四年上海古籍出版社據復旦藏是刻影印，有缺，以南圖本配補，仍不足，更以清江陵鄧氏刻本配補。《存目叢書》又據上海影印本影印，模糊之葉用清華藏本校補。南開、浙圖等多處藏有是刻。○清江陵鄧氏刻本，作《新刻張太岳先生文集》四十七卷。北師大、東北師大、山東師大、南大藏。○清道光八年刻本，作《重刻張太岳先生文集》四十八卷。山西省圖、山西大學、歷史博物館藏。○清光緒二十七年紅藤碧樹山館重刻本，作《明張文忠公全集》四十六卷《附録》二卷。北師大、川圖、歷史博物館、臺灣「故宫」藏。○清宣統三年上海醉古堂石印本，作《張文忠公詩文集》詩六卷文十一卷。江西圖、川圖、北師大藏。○民國十一年上海掃葉山房石印本，同前本。東北師大藏。○一九三五年僞國民政府軍政委員會鉛印本，作《張江陵全集》四十八卷，平裝二册。南圖、東北師大藏。

餘清堂稿三十二卷　明汪鏜撰　五三一一

江蘇周厚堉家藏本（總目）。○《江蘇省第一次書目》：「《餘清堂稿》六本。」○《江蘇採輯遺書目録》：「《餘晴堂稿》三十二卷，四明汪鏜著。」

念初堂稿四卷續集二卷　明陳嘉謨撰　五三一二

兩淮馬裕家藏本（總目）。○《兩淮商人馬裕家呈送書目》：「《念初堂稿》四卷《續稿》二卷，明陳嘉謨，四本。」○《念初堂遺稿》一册，陳嘉謨撰，民國二十四年泰和生記印刷局排印本。江西省圖藏。

友慶堂合稿七卷　明王時槐撰　五三一三

江西巡撫採進本（總目）。○《江西巡撫海第三次呈送書目》：「《友慶堂合稿》六本。」○清華大學藏清光緒三十三年重刻本，作《塘南王先生友慶堂合稿》七卷《補遺》一卷。題「門人賀沚編校」。半葉十行，行二十字，下黑口，四周雙邊。前有萬曆三十八年庚戌鄒元標序。封面刻「光緒丁未年重刊」、「友慶堂稿」、「板藏本堂」。《存目叢書》據以影印。江西省圖亦有是刻。○《友慶堂存稿》十四卷，明王時槐撰，明萬曆三十八年蕭近高刻本，存卷一至卷十二。半葉十行，行二十字，白口，四周單邊。湖北省圖藏。

周叔夜集十一卷　明周思兼撰　　**五三一四**

浙江孫仰曾家藏本（總目）。○《浙江省第四次孫仰曾家呈送書目》：「《周叔夜集》十一卷，明周思兼著，四本。」○《浙江採集遺書總録》：「《周叔夜集》十一卷，刊本，明工部員外郎華亭周思兼撰。」○《江蘇省第一次書目》：「《周叔夜集》六本。」○《江蘇採輯遺書目録》：「《周叔夜集》十一卷，廣西學道華亭周思兼撰。」○華東師大藏明萬曆十年刻本，作《周叔夜先生集》十一卷。卷一題「華亭周思兼叔夜著，友人王世貞元美選，後學徐益孫孟孺、馮大受咸甫校」。半葉九行，行十七字，白口，左右雙邊。版心寫工刻工：長洲何一金刻、吴郡沈玄易刻、吴門何成業刻、吴門徐普寫、顧時中、何道甫、顧希文、熊才刻。前有萬曆十年壬午王世貞序，像。後有萬曆十年馮大受後叙，萬曆十年朱大章書後，方應選後序。據馮叙，此係萬曆十年集資付刊者。卷内鈐「沈兆昇印」、「宛登」、「兆昇」、「字宛登」、「趙氏鑑藏」等印。《存目叢書》據以影印。北圖、中科院圖、上圖、浙大、臺灣「中央圖書館」、日本尊經閣文庫亦有是刻。《四庫全書附存目録》顧廷龍先生手批：「萬曆壬午後學徐益孫孟孺、馮大受盛甫校刊本。末有馮大受後叙，門人朱大章跋。文奎，一百六十元，十二册，綿紙。」又眉批：「宋字，吴門徐普寫，何一金刊，吴門沈玄易刻。後叙其他刻工顧時中、何道甫、顧希文等。」〇《紫霞軒藏稿》四卷，明周思兼撰，明隆慶五年周氏紫霞軒刻崇禎元年重修本。半葉十行，行二十一字，白口，左右雙邊。華東師大藏。

鳳洲筆記二十四卷續集四卷後集四卷　明王世貞撰　五三一五

兩淮鹽政採進本（總目）。〇《兩淮鹽政李呈送書目》：「《筆記》二十四卷《續集》四卷《後集》四卷，明王世貞，十二本。」〇《直隸省呈送書目》：「《鳳洲筆記》八本。」〇《浙江省第十次呈送書目》：「《鳳洲筆記》二十四卷，明王世貞著，十二本。」〇《浙江採集遺書總録》：「《鳳洲筆記》二十四卷，刊本，明尚書太倉王世貞撰。」〇北京大學藏明黄美中刻本，卷一題「東吴鳳洲王世貞著，海虞文臺黄美中校，姪孫少川王綬集」。其餘各卷或題「東吴王世貞著」，下雙行注「黄美中刊」。半葉九行，行十八字，白口，四周單邊。正、續、後三集俱全。鈐「璜川吴氏收藏圖書」、「國朝登州第弎祭酒」等印。《存目叢書》據以影印。社科院文學所、上圖、臺灣「中央圖書館」、臺大均有是刻全本。〇明隆慶三年黄美中活字本，僅《鳳洲筆記》二十四卷。半葉九行，行十八字，白口，左右雙邊。北圖、上圖藏。〇清鈔本，僅《鳳洲筆記》二十四卷。福建師大藏。

弇洲稿選十六卷　明王世貞撰　沈一貫選　五三一六

兩淮鹽政採進本（總目）。〇《武英殿第二次書目》：「《弇洲稿選》十二本。」〇中國人民大學藏明萬曆二十年克勤齋余碧泉刻本，作《弇洲山人四部稿選》十六卷。題「吴郡鳳洲王世貞著，越郡肩吾沈一貫選」。半葉十行，行二十一字，白口，四周雙邊。前有汪道昆序。卷末有蓮龕牌記「萬曆壬辰年孟春月克勤齋余碧泉梓行」二行。卷内鈐「鄞林氏藜照廬圖書」印記。《存目叢書》據以影印。○明刻本，書名卷數同上。半葉十行，行二十一字，白口，四周單邊。人民大學、復旦、南圖等藏。

文恪集二十二卷　明林燫撰　**五三一七**

兩淮鹽政採進本（總目）。○《兩淮鹽政李呈送書目》：「《文恪集》二十二卷，明林燫，六本。」○明萬曆十七年刻本，作《林學士詩集》六卷《文集》十六卷。日本東京内閣文庫藏。○南京圖書館藏清鈔本，書名卷數同前本。題「閩中林燫著」。半葉九行，行十八字，白口，左右雙邊。前有鄧錬序，王穉登序。後有萬曆十七年己丑春仲陳懋昭後序云：「代巡鄧公既梓之，而首叙之，業傳播秇林矣。」知是本源出萬曆十七年鄧錬刻本。卷内不避清諱。鈐「玉函山房藏書」、「葉德輝焕彬甫藏閲書」等印記。《存目叢書》據以影印。○明丁賓刻本，作《學士林文恪公詩集》六卷。半葉十行，行十九字，白口，左右雙邊。上圖藏。

三洲詩膾八卷　明沈淮撰　**五三一八**

浙江孫仰曾家藏本（總目）。○《浙江省第四次孫仰曾家呈送書目》：「《三洲詩膾》八卷，明沈淮著，二本。」○《浙江採集遺書總録》：「《三洲詩膾》四卷，刊本，明參政仁和沈淮撰。」○明萬曆三年序刻本四卷。日本内閣文庫藏。

金輿山房稿十四卷　明殷士儋撰　五三一九

江蘇巡撫採進本(總目)。○《江蘇省第一次書目》:「《金輿山房稿》七本。」○《江蘇採輯遺書目録》:「《金輿山房集》十四卷,文淵閣大學士濟南殷士儋著,刊本。」○《山東巡撫第二次呈進書目》:「《金輿山房稿》五本。」○北京大學藏明萬曆十七年邵陛刻本。題「濟南殷士儋正夫著,門人東阿于慎行可遠編輯,餘姚邵陛世忠校正,紹興孫錝文秉、鄱陽劉應麒道徵同訂」。半葉十行,行二十字,白口,四周雙邊。後有萬曆十七年己丑邵陛後叙云:「先生既卒之七年,而嗣子盤始出所遺草,屬東阿于公編校,于公更屬余鍥傳之。」《存目叢書》據以影印。北圖、中科院圖、社科院文學所亦有是刻。

道峯集六卷　明章适撰　五三二〇

浙江汪汝瑮家藏本(總目)。○《浙江省第四次汪汝瑮家呈送書目》:「《道峯集》六卷,明章适著,二本。」○《浙江採集遺書總録》:「《章道峯集》六卷,刊本,明禮科給事中蘭溪章适撰。」

彭比部集八卷　明彭輅撰　五三二一

浙江巡撫採進本(總目)。○《浙江省第六次呈送書目》:「《彭比部集》八卷,明彭輅著,二本。」○《浙江採集遺書總録》:「《彭比部集》八卷,刊本,明南京刑部主事海鹽彭輅撰。」○上海圖書館藏明萬曆三十九年彭潤宏刻本,作《沖谿先生集》二十二卷。題「檇李彭輅子殷著」。半葉九行,行十八字,白口,四周單邊。前有萬曆三十八年庚戌湯顯祖序,詩集自序,文集自序。後有萬曆三十九年三月第五男潤宏跋云：「五越月而剞劂告成。」卷内鈐「周越然」印。《存目叢書》據以影印。津圖亦有是刻。按：《提要》云「集爲其子潤宏所編」，則館臣所見亦即此集。是刻卷一至八詩，卷九以下文，館臣所見似爲前八卷，非足本也。

五三二二　華陽館文集十七卷續集二卷　明宋儀望撰

江西巡撫採進本（總目）。○《江西巡撫海第二次呈送書目》：「《華陽館文集》六本。」○《安徽省呈送書目》：「《華陽館集》四本。」○北京大學藏清道光二十二年宋氏中和堂刻本，作《華陽館文集》十八卷《續集》二卷。封面刻「道光壬寅秋月重刊」、「中和堂藏板」。卷一題「前明大理寺卿吉安永豐縣宋公儀望望之甫著，舊刻吴郡門人魏學禮校，新刻裔孫奂璵聲偉、族裔蕴輝、蕴紱同校」。半葉十行，行二十一字，黑口，四周雙邊。前有《明史》本傳，道光二十二年壬寅徐湘潭重刻序，萬曆四年丙子王錫爵序，萬曆三年乙亥劉珹序。《存目叢書》據以影印。江西省圖亦有是刻。

五三二三　華陽文集十二卷　明宋儀望撰

浙江汪汝瑮家藏本（總目）。○《浙江省第四次汪汝瑮家呈送書目》：「《華陽館集》十二卷，明宋儀望著，五本。」○《浙江採集遺書總録》：「《華陽館集》十二卷，刊本，明大理寺卿永豐宋儀望撰。」○重慶市圖書館藏明萬曆三年魏學禮刻本，作《華陽館詩集》十四卷《文集》十二卷《附録》一卷。題「吉郡宋儀望著，吴郡門人魏學禮校」。半葉九行，行十八字，細黑口，四周雙邊。詩集前有萬曆三年重陽皇甫汸序云：「門下士魏生季朗校梓甫畢，示余請序。」又萬曆三年王世貞序，嘉靖戊午朱衡題辭。文集前有萬曆三年門人古吴劉瑊序。版心刻工：唐林。《存目叢書》據以影印。臺灣「中央圖書館」有是刻《詩集》十四卷《附録》一卷。日本内閣文庫有是刻《文集》十二卷。按：館臣所見爲《文集》十二卷《附録》一卷，非全帙。許宗魯、張獻翼、張鳳翼爲詩集所作序皆在《附録》。館臣未見全本，故致疑焉。○《華陽館詩集》十四卷，明嘉靖三十七年刻本，存卷一至四。半葉九行，行十八字，白口，四周雙邊。上圖藏。

太函集一百二十卷　明汪道昆撰　五三二四

安徽巡撫採進本（總目）。○《安徽省呈送書目》：「《太涵集》三十本。」○《兩江第一次書目》：「《太函集》，明汪道昆著，三十本。」○北京大學藏明萬曆刻本一百二十卷《目録》六卷。題「新都汪道昆伯玉著」。半葉十行，行二十字，白口，左右雙邊。前有萬曆十九年十月自序。自序後有「金陵徐智督刊」六字。《存目叢書》據以影印。上圖、南圖、浙圖等亦有是刻。《四庫全書附存目録》顧廷龍先生手批：「萬曆辛卯自序，序門人劉一龍書，金陵徐智督刊。四十册，三百元，文奎。」○萬曆刻本一百二十卷《目録》六卷。半葉十行，行二十字，白口，左右雙邊間四周單邊。上圖、南圖、南師大、新疆大藏。津圖藏一部清方濬師跋。○明李維楨刻本一百二十卷《目録》六卷。半葉九行，行二十字，白口，左右雙邊。吉大、社科院歷史所藏。○明天啟四年蘇文韓輯刻《皇明五先生文雋》本，作《汪伯玉集》三十二卷。半葉九行，行二十字，白口，左右雙邊。武漢大學、浙圖、貴州圖、臺灣「中央圖書館」藏。○清康熙二十二年序刻本，作《汪南溟先生集》九卷，清張汝瑚輯。收入《明五家文集》、《明六名家集》、《明八大家文集》、《明十一家集》、《明十二家集》。北師大、上圖等藏。

副墨五卷　明汪道昆撰　**五三二五**

内府藏本（總目）。○《武英殿第一次書目》：「《副墨》五本。」○《兩江第二次書目》：「《副墨》，明汪道昆輯，八本。」○山東省圖書館藏明萬曆二年金陵毛少池刻本五卷。封面刻「刻徽郡南明汪先生副墨」、「萬曆二年冬月金陵毛少池繡梓」。半葉十行，行二十字，白口，四周單邊。前有嘉靖四十八年、隆慶五年、六年誥命，自序。《存目叢書》據以影印。○上海圖書館藏萬曆二年金陵書肆毛少池刻本五卷《增附南明汪先生書札》二卷。半葉九行，行二十字，白口，四周單邊。○日本鈔本五卷。北大、大連圖各藏一部。○明刻本八卷。半葉九行，行十八字，白口，四周單邊。北圖、北大、南圖、浙圖等藏。○《太函副墨》二十二卷《年譜》一卷，明崇禎六年汪瑶光刻本。半葉九行，行十八字，白口，四周單邊。北大、江西省圖、廣東社科院藏。八卷本、二十二卷本王重民《善本提要》均著録。

汪次公集十二卷　明汪道貫撰　**五三二六**

浙江汪汝瑮家藏本（總目）。○《浙江省第四次汪汝瑮家呈送書目》：「《汪次公集》二本。」○《浙江採集遺書總録》：「《汪次公集》十二卷，刊本，明休寧汪道貫撰。」○《二仲詩》二卷，汪道貫、汪道會撰，清王士禛輯，清康熙五十二年汪氏五世讀書園刻本二册。北圖、遼圖、湖北圖、廣東社科院藏。

江右詩稿二卷　明李先芳撰　**五三二七**

浙江汪汝瑮家藏本（總目）。○《浙江省第四次汪汝瑮家呈送書目》：「《東岱山房》，明李先芳著，二本。」○《浙江採集遺書總録》：「《東岱山房稿》二册，刊本，明亳州同知濮州李先芳撰。」○《東岱山房詩録》十三卷《外集》一卷，上海圖書館藏明嘉靖刻本。題「濮陽李先芳著」。半葉九行，行十八字，白口，左右雙邊。前有嘉靖三十七年戊午上元日萬安朱衡序，嘉靖三十八年己未蘇祐《擬古樂府序》。全書分金、石、絲、竹、包、土、革、木八集。依次爲四言古詩一卷、擬古樂府二卷、五言古詩一卷、七言古詩一卷、五言律詩四卷、五言排律一卷、七言律詩二卷、五言絶句附六言詩一卷、七言絶句一卷，共十四卷。但標詩體，不標卷次。四言古詩注云「外集」。《存目叢書》據以影印。北圖、南圖亦有是刻。○《東岱山房詩録江右稿》二卷，明嘉靖刻本。半葉十行，行十八字，白口，四周雙邊。北圖藏本殘存卷上，有嘉靖戊午朱衡序。鈐「天一閣」、「古司馬氏」等印。《存目叢書》據以影印。駱兆平《天一閣遺存書目》有《東岱山房詩録》二卷，明刻本，存卷下。當係一書。上圖有全本，有清王定祥跋。○《東岱山房詩録使金陵稿》一卷《擬古樂府》二卷，明嘉靖刻本，原北平圖書館藏，現存臺北「故宫」。王重民《善本提要》著録。○《李氏山房集》四卷，明隆慶六年刻本，津圖藏。○《濠梁集》一卷《高齋集》一卷，李先芳撰，明萬曆五年刻本。湖南省圖藏。

李氏山房詩選六卷　明李先芳撰　皇甫汸選　五三二八

江蘇周厚堉家藏本(總目)。○《江蘇省第一次書目》：「《東岱山房詩選》六本。」○《江蘇採輯遺書目録》：「《東岱山房詩選》六卷，明宣城通判濮陽李先芳輯。」○天一閣文管所藏明刻本，作《李氏山房詩選》三卷。題「姑蘇皇甫汸選，涇川王廷幹校」。半葉九行，行十八字，白口，左右雙邊。版心卷次作墨丁，依葉碼起訖，現存二卷，卷二缺第一至四葉。無序跋、目録。版心下刻工：才、琴。相其字體版式，是嘉靖間刊本。《存目叢書》據以影印。

北虞先生遺文八卷　明邵圭潔撰　**五三二九**

安徽巡撫採進本（總目）。○《安徽省呈送書目》：「《北虞遺文》六本。」○《江蘇省第一次書目》：「《北虞遺文》四本。」○《江蘇採輯遺書目録》：「《北虞遺文》六卷，吴興令常熟邵圭潔著，刊本。」○《浙江省第四次汪汝瑮家呈送書目》：「《北虞遺文》六卷，明邵圭潔著，二本。」○《浙江採集遺書總録》：「《北虞遺文》六卷，刊本，明吴興令常熟邵圭潔撰。」○《兩淮鹽政李續呈送書目》：「《文遠集》八卷，明邵圭潔，二本。」○北京圖書館藏明萬曆三十四年刻本六卷。題「吴郡海虞邵圭潔伯如甫著，邑門人錢之選、孫樓、鄒泉仝輯，仲子鏊校、孫與游録」。半葉九行，行十九字，白口，左右雙邊。前有萬曆三十四年丙午譚昌言序。又萬曆三十三年乙巳姪孫濂序云：「濂不佞，祖父三傳，可謂與于斯文，而不可謂伸于斯文，此其故不可知。叔氏墟蓮，文行不減先生，而先生集方梓，叔氏宜有待。」據此可知此本萬曆三十三年姪孫濂付梓。卷二末有詩餘十首。版心刻工：海虞顧懷魯鐫、海虞顧美魯鐫。《存目叢書》據以影印。上圖、日本内閣文庫亦有是刻。中科院圖藏一部有清石蘊玉跋。按：是集編者爲邵圭潔之子邵鏊，字麟武，號墟蓮，萬曆十四年進士，官兵部郎中。《提要》云「其子兵部主事鼇所編」，鼇字恐鏊字之訛。○北京圖書館藏明芝蘭書室鈔本，作《邵北虞先生遺文》不分卷一册。半葉十行，行三十三字，藍格，四周雙邊。清王振聲録目並跋。

五三三〇　平山文集八卷詩集八卷　明何濤撰

直隸總督採進本(總目)。○《直隸省呈送書目》:「《平山集》六本。」

五三三一　子威集三十二卷　明劉鳳撰

兩淮馬裕家藏本(總目)。○《兩淮商人馬裕家呈送書目》:「《劉子威集》三十二卷,明劉鳳,十四本。」○《浙江省第四次孫仰曾家呈送書目》:「《劉子威集》三十二卷,明劉鳳著,十六本。」○《浙江採集遺書總録》:「《劉子威集》五十二卷,刊本,明河南按察使僉事吴縣劉鳳撰。」○北京圖書館藏明萬曆刻本,作《劉子威集》五十二卷。卷一題「長洲劉鳳子威撰」。半葉九行,行十八字,白口,左右雙邊。前有王世貞序,萬曆三年魏學禮序,萬曆四年余寅序,王廷舉序,自序。王世貞序版心刻工「吴郡劉溥卿刻」,余序版心刻工「劉溥卿刻」。卷三十三至五十二爲《太霞草》,即續集,每卷首行上題「劉子威集卷之幾」,下題「太霞草之幾」,次行題「長洲劉鳳子威著」,三行上題篇名,下題「孫禕亮儁孺校刻」。卷三十三前有韓世能《劉子威先生續文集序》,劉鳳《太霞齋小草序》。後有郁明都跋。韓序云:「曩者劉子威先生示余所爲《文集》,……今五年矣,先生又致余以其《續集》。」蓋前集三十二卷刻於萬曆三年至四年間,《續集》刻於萬八年至九年間。《存目叢書》據以影印。北大、中科院圖、社科院文學所亦有是刻。此刻又印入《劉侍御全集》,臺灣「中央圖書館」藏,劉承幹舊藏。按:館臣所見爲前集三十二卷。

五三三二 **素園存稿十八卷　明方宏(弘)静撰**

浙江巡撫採進本(總目)。○《浙江省第六次呈送書目》:「《素園存稿》十八卷,明方宏静著,十本。」○《浙江採集遺書總録》:「《素園存稿》十八卷,刊本,明南京户部侍郎歙縣方宏體撰。」按:體當作静。○北京大學藏明萬曆刻本二十卷。卷一題「新安方弘静著」。半葉九行,行十八字,白口,四周單邊。前有葉向高序,袁宏道引,門人顧起元序,萬曆三十九年辛亥廣西道監察御史同邑畢懋康序,壬午秋自序。《存目叢書》據以影印。中科院圖、北圖分館亦有是刻。上圖有殘本。

五三三三 **雲山堂集六卷　明魏裳撰**

浙江孫仰曾家藏本(總目)。○《浙江省第四次孫仰曾家呈送書目》:「《雲山堂集》六卷,明魏裳著,六本。」○《浙江採集遺書總録》:「《雲山堂集》六卷,刊本,明山西按察副使蒲圻魏裳撰。」○浙江圖書館藏明萬曆七年魏文可刻本,題「楚蒲圻魏裳順甫著」。半葉八行,行十八字,白口,四周雙邊。前有萬曆七年己卯張佳胤序,萬曆七年陳宗虞序,王世貞撰《傳》。張序云:「長公文可來丞敘郡,授梓成帙。」《存目叢書》據以影印。北圖、日本内閣文庫亦有是刻。

五三三四 **大雅堂摘稿無卷數　明況叔祺撰**

江西巡撫採進本(總目)。○《江西巡撫海續購書目》:「《大雅堂摘稿》一本。」○北京大學藏民國二十五年高安藍壽堃排印本二卷。題「高安況叔祺丹湖著,曾姪孫敬存原編,同邑後學藍壽堃校印」。前有昭陽作噩藍鈺序云：「尋於吾師彭伯丹先生家見所録《大雅堂摘稿》二册，文一詩一，……因命門人家孟輿録出一本，謀付排印。」《存目叢書》據以影印。清華、南圖、江西圖等亦有是刻。

居來山房集六十五卷　明張佳允(胤)撰　五三三五

江蘇巡撫採進本(總目)。〇《江蘇省第一次書目》：「《居來山房集》二十四本。」〇《江蘇採輯遺書目録》：「《居來山房集》六十四卷《附録》二卷，太保銅梁張佳引著，刊本。」〇明萬曆十五年張宗載刻藍印本，作《張居來集》三十五卷。半葉九行，行十六字，藍口，四周雙邊。北大藏。〇明萬曆二十二年張叔璽刻本，作《居來先生集》六十五卷《目録》六卷。半葉九行，行十八字，白口，四周雙邊。中科院圖、社科院文學所、安徽博、日本内閣文庫藏。中科院本題「銅梁張佳胤肖甫著」。半葉九行，行十八字，白口，四周雙邊。前有萬曆十二年屠隆序，萬曆二十二年甲午車大任序，萬曆二十五年丁酉李維楨序。卷六十五係附録，收行狀、墓志。版心刻工：裴龍、方文、賀印、王正、張珎、段右、陳文、段夆、戴本、吴廷瑞、周仁、羅欽、裴魁、童銮、刘隆、胡荣、大夆、葛夆、孫辛、戴聘、罗正、張後、尹權、羅相、吴廷、謝仁、戴式、王思成、李淮、劉渋、朱成、王思城、陳汶、方光、段佑、王明、大聘、孑見、張六、罗相、張文、張禄、張玉、鄭先、張茆、万文光、裴龙、戴文、万其、大召、陳光、刘少。《存目叢書補編》據以影印。〇民國二十一年亦歲寒齋排印本，作《居來先生集》六十六卷《目録》六卷，十册。成都美學林排印。北師大、東北師大、南大、川圖等藏。

五三三六　天目山堂集二十卷附録一卷　明徐中行撰

兩淮鹽政採進本(總目)。○《兩淮商人馬裕家呈送書目》:「《天目集》二十一卷,明徐中行,十本。」○《江蘇省第一次書目》:「《天目集》十本。」○《江蘇採輯遺書目録》:「《天目樓集》二十卷,江西布政司吴興徐中行著。」○《浙江省第五次鄭大節呈送書目》:「《天目先生集》二十一卷,明徐中行著,十本。」○《浙江採集遺書總録》:「《天目先生集》二十一卷,刊本,明江西布政使長興徐中行撰。」○山西大學藏明刻本,作《天目先生集》二十一卷。卷一題「吴興徐中行子與著」。半葉九行,行十八字,白口,左右雙邊。前有王世貞序及目録,係補鈔。卷二十一爲附録墓志碑狀等,末刻「長興縣知縣黎芳編次,視刻長興縣縣丞萬槃,校録長興學生員李炤」三行。版心下記字數,卷二十一第十葉記刻工:陳。卷内鈐「桐城姚伯印氏藏書記」、「閒田張氏聞三藏書」等印記。《存目叢書》據以影印。北圖、首都圖、上圖、湖南圖等亦有是刻。○明萬曆十二年張佳胤浙江刻本,作《天目先生集》二十一卷《附録》一卷。半葉九行,行十八字,白口,左右雙邊。臺灣「中央圖書館」藏是刻,前有萬曆十二年甲申五月五日張佳胤序云:「余鎮淛,有師命,第爲授之槧人耳。」又王世貞序云:「先生卒豫章時,其遺稿多散佚,而吾弟敬美走治喪事,鳩之僅得十之六,以屬其門人郭造卿,蓋三載而始至自造卿所。張司馬肖南時鎮浙,爲梓行之。」後有萬曆十二年甲申十一月長至日知縣黎芳後語云:「歲壬午,西蜀張公以少司馬督撫東南,芳其屬椽,因緣得事公于錢塘之莫府,而以先生遺稿屬焉。……明年秋,公在薊州四千里,不憚復以先生集序來,與王公故所撰者並立于前,而以碑銘傳記、哀辭悼章附列于其後。書成以上，公覽而諭之曰善，以頒諸士大夫學官諸生，縱賈人印賣。」卷内鈐「于守仁印」、「劉承幹字貞一號翰怡」等印（參該館《善本序跋集録》、《善本書志初稿》）。按：王重民《善本提要》、臺灣「中央圖書館」《善本書志初稿》均謂以上二刻實出一版，刷印先後不同，故内容稍異。

青蘿館詩六卷　明徐中行撰　五三三七

兩江總督採進本（總目）。○《兩江第二次書目》：「《青蘿館詩》，明徐中行著，二本。」○北京大學藏明隆慶五年門人汪時元刻本，題「吴興徐中行著，門人新都汪時元校刻」。半葉九行，行十八字，白口，四周單邊。前有隆慶四年庚午陳有守序，隆慶五年辛未吴郡俞允文序，隆慶四年新都汪道昆序。俞序云：「新都汪惟一師事子與，嘗繕緝子與所爲詩，自初官以迄于今，删取若干首，勒爲六卷，名曰《青蘿館詩》梓之。」序後有刻工：「歙縣黄鑪刻」。卷前鈐「翰林院印」滿漢文大官印，猶是進呈四庫原本。《存目叢書》據以影印。《嘉業堂藏書志》著録是刻，董康謂《四庫提要》云「隆慶中其壻汪時元所刻」，乃因陳有守序「子壻汪時元，余嘗介之學詩有年」一語，誤以陳有守之壻爲徐中行之壻。嘉業堂本現藏臺灣「中央圖書館」。原北平圖書館藏一部，現存臺北「故宫」。重慶市圖亦有是刻。○明萬曆三年游日益刻本，半葉十行，行十八字，白口，四周單邊。天一閣文管所藏。○明刻本，半葉九行，行十八字，白口，左右雙邊。有刻工。清華、上圖、浙圖、雲南大學藏。○明萬曆刻本，作《青蘿館詩前集》四卷《續集》二卷。半葉九行，行十八字，白口，四周單邊。中山圖、重慶市圖藏。

余德甫集十四卷　明余曰德撰　**五三三八**

江蘇周厚堉家藏本(總目)。○《江蘇省第一次書目》:「《余德甫集》五本。」○《江蘇採輯遺書目録》:「《余德甫集》十卷,南昌余曰德著。」○清華大學藏明萬曆刻本,作《余德甫先生集》十四卷。題「南昌余曰德著」。半葉九行,行十八字,白口,四周單邊。前有王世貞序,喻均序。首尾有殘。《存目叢書》據以影印。臺灣「中央圖書館」藏一部,王、喻序外,又有樊良樞後序。中科院圖亦有是刻。○復旦大學藏清鈔本,書名卷數同前本。半葉八行,行二十字。

豐陽集十二卷　明馮臯謨撰　**五三三九**

浙江巡撫採進本(總目)。○《浙江省第九次呈送書目》:「《豐陽先生集》十二卷,明馮臯謨著,四本。」○《浙江採集遺書總録》:「《豐山先生集》十二卷,刊本,明福建左參政海鹽馮臯謨撰。」按:山字疑誤。○北京圖書館藏明天啟二年馮振宗刻本,作《豐陽先生集》十二卷《附録》一卷。題「海鹽馮臯謨明卿甫著,姪振宗、孫惟垣、際可、珍聘訂」。半葉十行,行十九字,白口,左右雙邊。前有天啟二年壬戌子婿陸鏊《重刻豐陽先生集序》,後有天啟二年姪振宗跋。《存目叢書》據以影印。

采薇集四卷幽貞集二卷邕歈集六卷　明董傳策撰　**五三四〇**

兩江總督採進本(總目)。○《兩江第二次書目》:「《采薇集》、《幽貞集》、《奏疏輯略》、《奇遊漫記》、《邕歈稿》,以上五種俱明董傳策著,以上五種合四本。」○原北平圖書館藏明萬曆刻本,現存臺北「故宫博物院」,北京圖書館有膠片。《采薇集》分元、亨、利、貞四册,即四卷,題「抱一山人董傳策漫賦」,半葉九行,行二十字,白口,四周雙邊。前有隆慶五年辛未潘恩《刻采薇集叙》,《采薇集總目録》,目録後題「萬曆壬寅春二月太史叔其昌重選,弟傳文重梓,婿李生華、姪玉樹、玉珂、玉京、玉驄、玉鉉、玉振、玉恩、玉階、男玉柱、玉衡仝校」,又莫如忠評。知此集初刻於隆慶五年,萬曆三十年壬寅弟傳文等重刻,即是本也。《邕歈稿》六卷,題「抱一山人董傳策原漢漫賦」,行款版式字體同前集,前有隆慶五年莫如忠序,序後題「萬曆癸卯春仲太史叔董其昌選,弟董傳文梓,壻李生華、姪壻楊汝麟、姪玉樹……玉衡校」,知係萬曆三十一年癸卯董傳文等刻本。《幽貞集》分上中下三册,行款字體版式題署同《采薇集》,前有陸樹聲序,朱察卿序,朱序末有「隆慶庚午春日後學錢大復、徐孟孫校對,内弟李承華、子壻李生華募刊」一行,次集評,次總目,次重刊名氏:「萬曆癸卯秋月太史叔其昌重選,弟傳文重梓,姪玉樹……仝校」。知亦萬曆三十一年董傳文等重刻本。《邕歈稿》卷首有雲龍舊衲手書董傳策五種目録:《邕歈稿》六卷、《采薇集》四卷、《幽貞集》三卷、《奏疏輯略》一卷、《奇游漫記》八卷,稱「五重共十册」。鈐「光熙所藏」、「蔣氏家藏」、「杜陵」、「禮培私印」、「掃塵齋積書記」等印記。《存目叢書》影印其集部三種。北京圖書館有明萬曆刻《董幼海先生全集》,僅存《采薇集》四卷、《邕歈稿》六卷、《奇游漫記》八卷《附録》一卷。行款同,當是一刻。

甑甀洞稿五十四卷續稿二十七卷　明吴國倫撰　　**五三四一**

山東巡撫採進本(總目)。○《山東巡撫第二次呈進書目》:「《甑甀集》三十二本。」○《兩江第一次書目》：「《甌甄洞集》，明吴國倫著，四本。」〇《浙江省第四次汪啟淑家呈送書目》：「《甌甄洞續稿詩》十二卷《文》十五卷，明吴國倫著，十二本。」〇《浙江採集遺書總録》：「《甌甄洞續稿詩》十二卷《文》十五卷，刊本，明河南參政興國吴國倫撰。」〇中國社科院文學所藏明萬曆刻《甌甄洞稿》五十四卷《目録》二卷。卷一題「武昌吴國倫著，始安張鳴鳳、新安方尚贇校」。半葉十行，行二十字，白口，四周單邊。版心下記寫工刻工：吉水鄧欽刻、姑蘇張雲刻、吉安刘欽刻、傅魁刊、長洲徐普書、吉水郭才刊、陸孝刻、吴成刻、夏元刻、李焕、傅崇礼、陶賢、鄧漢、陳朝、吉安晏述、吉安刘然刻、鄧秦、鄧渋、萬接、姑蘇徐普書、進賢傅魁刊、吴郡徐普寫、吉水鄧欽達刻。前有萬曆十二年新安許國序，萬曆十二年王世貞序，萬曆十一年張鳴鳳序。鈐有「張壽鏞印」、「約園」、「四明張氏約園藏書印」等印記。文學所又藏明萬曆三十一年吴士良刻《甌甄洞續稿詩部》十二卷《文部》十五卷《目録》二卷。《詩部》題「武昌吴國倫著，檇李馮夢禎校」。《文部》題「渝州馬攀龍校刊」。半葉十行，行二十字，白口，四周單邊。版心記刻工：江夏楊烇刻、楊方刻、蔣継隆、蔣継祖、蔣継勝、江夏蔣継隆刻、楊煌、郑廷相、郑調元、蔣継重、蔣承意、以得、陳一心。前有萬曆二十三年乙未郭子章序，萬曆三十一年癸卯李維楨序。又萬曆三十一年鄧原岳序云：「此則其季子太學續編而付之梓者，剞劂之費馬君實任之。季子名士良。」然則《續稿》爲季子吴士良編，渝州馬攀龍出資刊刻，時萬曆三十一年。《中國古籍善本書目》著録爲吴士良刻，未碻。《存目叢書》據文學所藏正、續兩稿影印。清華、中科院圖、上圖、復旦、南圖等均有是刻正、續稿。〇清初吴騰、吴棟元刻本，僅《甌甄洞稿》五十四卷《目録》二卷。上圖、吉林省圖、武大等藏。○清道光十年桂芬齋刻本二十册，書名卷數同前本。北師大藏。○明萬曆刻本，作《甑甀洞稿文類》二十卷《詩集》六卷。半葉十行，行二十字，白口，四周單邊。北大、北京市文物局藏。○明萬曆十六年清白堂楊新泉刻本，作《評林新鍥甑甀洞稿文類》二十卷《詩集》六卷。王世貞評。上下兩欄，下欄半葉十行，行二十七字，白口，四周雙邊。復旦、湖北省圖藏。

蘇山集二十卷　明陳柏撰　**五三四二**

兩淮鹽政採進本(總目)。○《兩淮商人馬裕家呈送書目》：「《蘇山集》二十卷，明陳柏，六本。」按：《總目》作兩淮鹽政採進本，恐誤。○《借山亭前集》六卷《續集》六卷《來青軒文選》八卷《詩選》四卷《見南江閣詩選》八卷(存卷四至八)《文選》十四卷(存卷四至十四)《退樂軒詩選》一卷《大業堂尺牘》六卷，明陳柏撰，明萬曆刻本，半葉九行，行十八字，白口，四周雙邊。津圖藏。

蘇山選集七卷　明陳柏撰　黄謙選　**五三四三**

浙江巡撫採進本(總目)。○《浙江省第四次孫仰曾家呈送書目》：「《蘇山選集》六卷，明陳柏著，二本。」○《浙江採集遺書總録》：「《蘇山選集》六卷，刊本，明按察副使沔陽陳柏撰。」○北京圖書館藏明萬曆十五年陳文燭刻本，題「沔陽陳栢撰」。半葉八行，行十六字，白口，四周雙邊。前有萬曆十四年丙戌仲夏莆中黄謙序。後有萬曆十五年丁亥男文燭後序云：「卷帙頗富，艱於行遠。莆中黄給事亨夫在先公同榜莫逆，精擇之，携入豫章。余友人楊祠部懋功增定焉。梓爲選集。詩存十之三，文存十之二。」版心刻工：鄒邦達刻、姜伯勝刊。首葉鈐「翰林院印」滿漢文大官印，書衣有進書戳記：「乾隆三十八年十一月浙江巡撫三寶送到孫仰曾家藏蘇山選集壹部計書貳本。」又黏兩籤，其一曰「此序應抽出銷毁」，鈐「纂修梁上國」印記；其一曰「陳栢仕在嘉隆間，其詩文內所言邊事皆別有所指，似無違礙」。知係孫仰曾家進呈四庫原本，二籤係四庫館臣所貼，頗可見當時審查情形。書衣又鈐「吴裕德印」白文小方印。《存目叢書》據以影印。

小漁遺稿十二卷　明唐汝楫撰　　五三四四

浙江巡撫採進本（總目）。○《浙江省第十一次呈送書目》：「《唐小漁集》十二卷，明唐汝楫著，四本。」○《浙江採集遺書總録》：「《小漁先生遺稿》十二卷，刊本，明太常寺卿蘭谿唐汝楫撰。」○北京大學藏明萬曆四十三年刻本，作《小漁先生遺稿》十二卷。題「明瀔上唐汝楫思濟著，門人汝南趙賢良弼、温麻吴文華子彬同校，後學里人徐應亨伯陽訂正」。半葉十行，行二十字，白口，四周雙邊。前有萬曆四十三年乙卯徐應亨序云：「會其孫端甫太學重刻遺編，以序見屬。」寫工刻工：新安吴觀祚刻、新安吴應芝刊、吴應芝寫刻。印本清朗。《存目叢書》據以影印。按：《提要》云：「是集爲萬曆乙卯蘭谿知縣莊起元所編，皆應俗之文，起元稱其著作甚夥，散佚不傳，僅從其孫宗本、曾孫明照索得殘稿，就而編次云。」北大是本未見起元序，殆佚之也。

春明稿十四卷　明徐學謨撰　　五三四五

浙江汪汝瑮家藏本（總目）。○《浙江省第四次汪汝瑮家呈送書目》：「《春明稿》十四卷，明徐學謨著,六本。」○《浙江採集遺書總録》:「《海隅集》四十卷《春明集》十三卷,刊本,明太子太保禮部尚書華亭徐學謨撰。」○臺灣「中央圖書館」藏明萬曆十一年嘉定徐氏原刻本,存《詩編》三卷《塡鄖續稿》一卷共二册。半葉九行,行十五字,白口,左右雙邊。前有萬曆十一年癸未自序。《續稿》前有徐學謨識語。鈐「小學齋」、「黄鈞」、「次歐」、「伴漁」、「吴興劉氏嘉業堂藏書印」等印記。《嘉業堂藏書志》、該館《善本書志初稿》著録。

徐氏海隅集四十卷　明徐學謨撰　五三四六

浙江孫仰曾家藏本(總目)。○《浙江省第四次孫仰曾家呈送書目》:「《海隅集》四十卷,明徐學謨著,十本。」○《浙江採集遺書總録》:「《海隅集》四十卷《春明集》十三卷,刊本,明太子太保禮部尚書華亭徐學謨撰。」○明萬曆五年刻四十年徐元嘏重修本,作《徐氏海隅集詩編》二十二卷《文編》四十三卷《外編》十四卷,共七十九卷。半葉十行,行十九字,白口,左右雙邊。北京大學藏本,《詩編》二十二卷,前有馮時可序,目録後有萬曆四十年孫男元嘏序云:「塡鄖時始彙而梓之於家塾」,「日浸月染,板漸漫漶」,「躬加讎對,梓其漫漶者,而一一葺補之,並以先公志狀附鐫末簡。」《文編》四十三卷,目録缺首半葉,無序跋。無《外編》。南圖本有《外編》十四卷,前八卷爲奏疏公牘,後六卷爲《春秋億》,《春秋億》已入《四庫全書》。《存目叢書》用北大、南圖本配合影印。上圖、浙圖、祁縣圖、臺大皆有足本。○明萬曆六年方九功刻本,作《海隅集》二十二卷。皆詩。半葉十行,行十九字,白口,左右雙邊。浙大藏,劉承幹故物。《嘉業堂藏書志》、《國立浙江大學新收劉氏嘉業堂舊藏書目録》著録。

歸有園稿二十九卷　明徐學謨撰　五三四七

江蘇巡撫採進本(總目)。○《江蘇省第一次書目》:「《歸有園稿》十二本。」○《江蘇採輯遺書目録》:「《歸有園集》二十九卷,禮部尚書嘉定徐學謨(本名學詩)著,刊本。」○天津圖書館藏明萬曆二十一年張汝濟刻四十年徐元嘏重修本,作《歸有園稿詩編》七卷《文編》二十二卷。題「吴郡徐學謨叔明著」。半葉九行,行十九字,白口,左右雙邊。前有萬曆二十一年癸巳張汝濟序云:「《歸有園稿》蓋大宗伯吾師太室徐先生自萬曆癸未歸田後所著詩文,凡若干卷。……爰捐俸梓之。」又萬曆二十年自序。《文編》目録後有萬曆四十年孫男元嘏跋云:「頃因銓補先集諸編,所幸獨完《歸園》一稿。」《文編》、《詩編》末均有「福建按察司經歷年家子周廷楝董刊」一行。《詩編》後有「陳聘寫」三字。版心寫工刻工:王朝、張祐、余元、張元、熊堅、游成、杰英、李六、楊沂、周尤、李四、王妳子、余宗、周元、周昊、周山、李通、周一、黄春、余伯元、鄭八、刘得、虞得荣、虞荣、刘高、朱奴、江旦、黄觀華、黄華、柯成名寫、魏一蘭、魏泗、葉券、刘祖、魏良、楊元、楊濵、李五、余宗、楊明、蔣四、楊田寫、郑椿、王妳四。《存目叢書》據以影印。北圖、南圖皆有是刻足本,上圖、浙圖等有殘本。

留餘堂集四卷　明潘季馴撰　五三四八

浙江巡撫採進本(總目)。○《浙江省第八次呈送書目》:「《留餘堂集》四卷,明潘季馴著,四本。」

○《浙江採集遺書總録》：「《留餘堂集》四卷《奏議》三册，刊本，明太子太保工部尚書總理河道烏程潘季馴撰。」○臺灣「中央圖書館」藏明萬曆二十六年家刻本四卷四册。題「吴興潘季馴時良甫著」。半葉九行，行二十字，白口，左右雙邊。白紙初印。有萬曆二十六年戊戌余寅序，序末有「長洲沈咸書」一行。版心刻工：歸安沈潤鐫。卷内鈐「逌圃收藏」等印。余赴臺時寓目。

李温陵集二十卷　明李贄撰　五三四九

江蘇周厚堉家藏本(總目)。○《江蘇省第一次書目》：「《李温陵集》四本。」○《江蘇採輯遺書目録》：「《李温陵集》二十卷，成都守温陵李贄著，刊本。」○北京大學藏明刻本，作《李温陵集》二十卷。題「海虞後學顧大韶仲恭校」。半葉九行，行二十字，白口，四周單邊。《存目叢書》據以影印。北圖、上圖、湖北圖等亦有是刻。○明刻本，作《李氏文集》二十卷。行款同前本。北圖、南圖、安徽圖等藏。○明刻本，作《李氏文集》十八卷。行款同前本。上圖、南圖、大連圖藏。

周禹川集五卷　明周大章撰　五三五〇

直隸總督採進本(總目)。○《直隸省呈送書目》：「《禹川集》四本。」

羽王先生集略無卷數　明張鳴鳳撰　五三五一

兩江總督採進本(總目)。○《兩江第二次書目》：「《張羽王集》，明張鳴鳳著，二本。」○中國科學院圖書館藏清康熙九年釋超撥刻本，作《羽王先生集》六卷四册。包括詩一卷、文一卷、《漕書八論》一卷、《西遷注》一卷、《桂勝集》一卷、《桂故集》一卷。半葉九行，行二十字，白口，四周單邊。

子相文選五卷　明宗臣撰　**五三五二**

江西巡撫採進本（總目）。○中國社科院文學所藏明末刻本，題「古焉鄭二陽敦次甫評，琅琊高名衡平仲甫參，從弟宗名世良弼甫較，從祖姓姪姜承宗開先甫編輯」。半葉八行，行十七字，白口，四周單邊。前有嘉靖三十九年樊獻科序。《存目叢書》據以影印。臺灣「中央圖書館」藏是刻有天啟三年癸亥八十老叟宗名世刻書序，知係天啟三年刻本。

九愚山房詩集十三卷　明何東序撰　**五三五三**

山西巡撫採進本（總目）。○《山西省呈送書目》：「《九愚山房集》十三卷。」○中央民族大學藏明萬曆刻清乾隆印本十三卷六册。題「河東何東序著，稷山梁綱校」。半葉九行，行十八字，白口，四周單邊。卷端書名《九愚山房詩集》，版心書名《九愚山房稿》。前有蕭大亨序，萬曆二十七年己亥梁綱序，萬曆二十八年庚子汪以時序，丁誠序，樂和聲序。樂序末列門人貴州參政衛廉等三十三人及弟、男、侄、孫輩三十三人全校，又「長安李智、楊宗賢、孫光裕、胥尚節、稷山葛邦基、葛成家刊梓，聞喜温守志印行」。序文及列名中玄、胤、曆字均避諱，知係乾隆時修版印本。《存目叢書》據以影印。原北平圖書館藏是刻，王重民《善本提要》著録，現存臺北「故宫」。按：此係萬曆二十八年河東何氏刻《九愚山房稿》九十七卷之前十三卷。該書自第十四卷至九十七卷均題「九愚山房文集卷幾」。福建省圖、臺灣「中央圖書館」有全本，行款版式及校刊者列名全同。

五三五四　惺堂文集十四卷　明史桂芳撰

江西巡撫採進本(總目)。○《江西巡撫海第一次呈送書目》:「《史惺堂集》四本。」○復旦大學藏清順治十六年史簡等刻乾隆間史珥增修本,作《皇明史惺堂先生遺稿》十一卷《嘗惺先生書經補説》一卷附明史稽古《蕩澹人僅存稿》二卷、明史乘古《僑翁詩鈔》一卷。正文卷一題「後學陳曾孝若父編次」。半葉八行,行十七字,白口,四周單邊。封面刻「史惺堂先生文集」、「清風堂藏板」。清風堂爲史氏家宅。正文前有庚子張允掄序(此序第三、四葉係史白《鄱陽五先生合集序》串入,可據臺灣《中央圖書館善本序跋集録》訂正),王應斗序,葉應震序,文德翼序(此序後有屠維大荒落歲陽月五世孫珥補刻附識,即乾隆十四年己巳),彭士望序,王艮序,胡介序,陳曾序。又《凡例》(署「歲丁丑九月孫乘古謹識,已亥季春曾孫貞、簡、理、白、卜敬較」),蔡毅中《傳》,劉復初《傳略》,陳嘉訓《行狀》,耿定力《墓表》,焦竑《墓志銘》,史簡跋。《凡例》云「先生集自名《存稿》,今更名《遺稿》,志幸也,存之四十年未有刊本,而竟無一篇遺失」。史桂芳卒於萬曆二十六年戊戌,則《凡例》末所署丁丑爲崇禎十年,已亥爲順治十六年。胡介序云:「先生歿六十二年,閱二世,而曾孫孝廉簡與其友陳曾始克編集《惺堂遺稿》授之梓。」以史桂芳卒年下推,亦即順治十六年己亥,知是集乃順治十六年曾孫史簡等刻本。乾隆十四年己巳五世孫史珥又補刻文德翼序。《書經補説》半葉八行,行二十字,題「曾孫史簡文令編次」,前有自序,後有已亥史簡跋。亦同時付刊。附録二集當亦同時刻。《僑翁詩鈔》半葉七行,行二十字,上黑口。安徽博物館藏是刻,較復旦本多《史惺堂先生年譜》一卷,明夏子羽等編。缺卷前封面、序文、傳狀碑志等,又無附録二集。《存目叢書》用安徽博物館藏本影印。臺灣「中央圖書館」藏是刻,無附録二集,有序文碑傳及年譜,嘉業堂舊藏。按:是本《中國古籍善本書目》誤爲「萬曆二十七年史簡等刻史氏增修本」,《存目叢書》沿其誤,臺灣「中央圖書館」《善本序跋集録》、《善本書志初稿》均誤爲「清康熙間刊本」。復旦大學楊光輝先生詳爲考訂寄示,今據以著録。

曹太史含齋集十六卷　明曹大章撰　**五三五五**

浙江孫仰曾家藏本(總目)。〇《浙江省第四次孫仰曾家呈送書目》:「《曹太史集》十六卷,明曹大章著,八本。」〇《浙江採集遺書總録》:「《曹太史集》十六卷,刊本,明翰林院編修金壇曹大章撰。」〇原北平圖書館藏明萬曆二十八年曹祖鶴刻本,十五卷八册。卷十分上下卷,實十六卷。題「明太史癸丑會元曹大章著,門生己未進士張祥鳶、内姪丁丑進士王鍵仝校,壻于斗聯、男曹祖鶴次」。半葉九行,行十八字,白口,四周單邊。有萬曆九年王世懋序,萬曆二十八年王肯堂序(參王重民《善本提要》)。現存臺北「故宫」。北圖、上圖亦有是刻。〇浙江圖書館藏明萬曆二十八年曹祖鶴刻增修本,十六卷六册。題「明太史癸丑會元曹大章著,門生己未進士張祥鳶、男曹祖鶴、孫曹宗球、曹宗璠、曹宗璵次」。卷十分上下,次爲卷十二上,次爲卷十二,次爲卷十三,次爲卷十三下,次爲卷十四、十五、十六。頗爲凌亂。前有萬曆二十八年庚子王肯堂序云:「祖鶴亦能自卓立,又能裒太史遺文而鍥傳之。」又萬曆二十七年蔡悉序。《存目叢書》據以影印。北圖、日本内閣文庫亦有是刻。

五三五六　姜鳳阿文集三十八卷　明姜寶撰

江西巡撫採進本(總目)。○北京大學藏明萬曆刻本,題「門人晉江張治具編次,同安林一材校正」。半葉十行,行二十二字,白口,四周雙邊。前有萬曆十三年乙酉汪道昆序。《存目叢書》據以影印。南圖、中國社科院歷史所、日本尊經閣文庫亦有是刻。日本名古屋蓬左文庫有明刻本二十七卷,疑爲同刻殘本。

五三五七　虛籟集十四卷　明劉堯誨撰

湖南巡撫採進本(總目)。○《湖南續到書》:「《虛籟集》四本。」○湖南圖書館藏清鈔本,作《劉堯誨先生全集》十六卷,存《南垣疏稿》一卷《撫閩疏稿》一卷《虛籟集》卷一至卷五。半葉九行,行二十二字,無格。《南垣疏稿》題「臨武劉堯誨著,六代孫心忠蒐輯,(六代孫)正忠、七代孫永孝、令孝、入孝、策孝、恪孝、八代孫必超、必位仝較」。《撫閩疏稿》題「楚南臨武劉堯誨著,六代孫心忠蒐輯」。《虛籟集》前有目録,計十四卷,此本存前五卷。題「楚衡臨武劉堯誨凝齋父著,六代孫心忠編次」。前有乾隆十年劉良璧《大司馬凝齋劉公疏稿序》,乾隆二十年七代孫策孝疏稿跋。《存目叢書》據以影印。

五三五八　緑波樓詩集十四卷　明張九一撰

河南巡撫採進本(總目)。○《河南省呈送書目》:「《張九一詩集》六本。」○上海圖書館藏清康熙三十一年大呂書院呂民服刻本十四卷首一卷,卷一題「内鄉李蔭襲美校,新蔡張九一助甫著,三韓吕民服信之評」。半葉九行，行十八字，白口，四周單邊。版心刻「大吕書院藏板」。封面刻「汝南後學傅理燮輔氏較，六世孫□□□梓」。前有康熙三十四年乙亥胡介祉序。又康熙三十一年新蔡知縣吕民服序云：「余政暇而刻此書。」《存目叢書》據以影印。南圖、山東圖亦有是刻。○《緑波樓集》十卷，明萬曆刻本，半葉九行，行十八字，白口，左右雙邊。北大藏。○《緑波樓文集》五卷，半葉九行，行十八字，白口，四周單邊。安徽圖藏。

學孔精言舍彙稿十二卷　明孫應鼇撰　五三五九

兩江總督採進本（總目）。○《兩江第一次書目》：「《學孔精舍彙稿》，明孫應鰲著，三本。」○《孫山甫督學文集》四卷《詩集》四卷，孫應鰲撰。王重民《善本提要》著録明嘉靖四十四年喬因羽關中正學書院刻本，存《孫山甫督學詩集》四卷，始卷五，終卷八。半葉十行，行二十字。有嘉靖四十四年喬因羽序。原北平圖書館藏，現存臺北「故宫」。日本《京都大學人文科學研究所漢籍目録》著録明嘉靖四十五年序刻本，文詩俱全，靜嘉堂文庫藏。未知是否一版。○清光緒六年獨山莫氏刻《孫文恭公遺書》，包括《淮海易譚》四卷、《四書近語》六卷、《教秦緒言》一卷、《幽心瑶草》一卷、《學孔精舍詩鈔》六卷、《補輯雜文》一卷《附録》一卷。《存目叢書》據北師大、南圖藏本影印《幽心瑶草》至《附録》各種。北圖、北大等皆有是刻。○《孫文恭公遺書》，清鈔本，子目同前本，清莫祥芝校。北師大藏。疑即莫氏據以付刻者。○《孫山甫督學文集》四卷二册，清光緒十九年黎庶昌川東巡署刻本。川圖、南大藏。《續修四庫全書總目提要》著録。○清宣統二年國學扶輪社排印《孫文恭公遺書》，就莫刻增入黎刻《文集》。北圖、北大、上圖等藏。〇民國三十年排印《黔南叢書》第六集有《孫山甫督學文集》四卷《補輯雜文》一卷。北圖、上圖、南圖等藏。〇《學孔精舍詩鈔》二卷，清艾茂輯，咸豐三年艾述之鈔本。清艾述之跋，莫友芝校並跋。上圖藏。

百可亭摘稿九卷　明龐尚鵬撰　五三六〇

浙江巡撫採進本（總目）。〇《浙江省第七次呈送書目》：「《百可亭集》九卷，明龐尚鵬著，六本。」〇《浙江採集遺書總録》：「《百可亭集奏議》四卷《書問》三卷《詩摘稿》二卷，刊本，明福建都御史南海龐尚鵬撰。」〇中山大學藏明萬曆二十七年龐英山刻本，作《百可亭摘稿》七卷《詩集摘稿》二卷。半葉十行，行二十字，白口，左右雙邊。封面刻「師儉堂藏板」。前有萬曆二十七年己亥邑人王學曾序云：「先生仲弟英山君集百可亭遺稿，摘其尤者入梓。」卷内鈐「衛應斗印」、「文伯」、「面城樓藏書印」、「小築」、「六篆樓所藏書」等印記。《存目叢書》據以影印。清華藏是刻缺《詩集摘稿》。〇清道光十二年廣東龐敦陸堂刻本，作《百可亭摘稿》九卷《首》一卷。上圖、中科院圖、川圖、民大藏。

石泉山房集十卷　明郭汝霖撰　五三六一

江西巡撫採進本（總目）。〇《江西巡撫海第二次呈送書目》：「《石泉山房集》四本。」〇浙江圖書館藏明萬曆二十五年郭氏家刻本，作《石泉山房文集》十三卷。題「吉郡永豐郭汝霖著，後學長洲金士衡校」。半葉十行，行二十字，白口，四周雙邊。前有萬曆二十四年丙申王時槐序。又萬曆二十五年孟冬鄒元標序云：「先生已爲泉下人，不見先生，見先生季子甫韶，趣操如見先生面焉。今年甫韶刻先生《石泉集》成，請鄒子爲序。」版心刻工：吉水李交刊，羅鴻刻、國徵刊。《存目叢書》據以影印。臺灣「中央圖書館」亦有是刻。

李子田文集四卷　明李蓘撰　　**五三六二**

兩江總督採進本（總目）。○《兩江第二次書目》：「《李子田集》，明李蓘著，二本。」○明刻本，作《李子田詩集》四卷《一悦園稿》一卷。半葉九行，行二十字或二十一字，白口，四周單邊。北圖藏。○明萬曆三十五年刻《六李集》内有李蓘《李太史詩集》六卷。半葉九行，行十八字，白口，四周單邊。北圖藏。○民國十二年河南官書局刻本，作《李子田詩集》二卷，《三怡堂叢書》之一。北圖、上圖、河南圖等藏。

近溪子文集五卷　明羅汝芳撰　　**五三六三**

江蘇巡撫採進本（總目）。○《江蘇省第一次書目》：「《近溪子文集》三本。」○《江蘇採輯遺書目録》：「《近溪子文集》五卷，雲南左參政南城羅汝芳著，曾孫萬先刊本。」○《浙江省第四次汪啟淑家呈送書目》：「《羅近溪集》六卷，明羅汝芳著，六本。」○《浙江省第五次曝書亭呈送書目》：「《近溪全集》十四册，明羅汝芳著，六本。」○《浙江採集遺書總録》：「《近溪全集》十二册，刊本，明雲南參政南城羅汝芳撰。」○《提要》云：「其集亦非一刻。有《近溪子集》，其門人杜應奎編。有《近溪子全集》，其孫懷祖刊。有《批點近溪子集》，耿定向所編。有《批點近溪子續集》，楊起元所編。有《明德公文集》、《近溪先生詩集》、《近溪子附集》、《近溪子外編》，有《從姑山集》、《續集》，並其孫懷智所編。有《明德詩集》，其門人左宗郢刊。今多散佚。此集則其曾孫萬先所刊也。」〇明萬曆刻《耿中丞楊太史批點近谿羅子全集》七種二十四卷。福建師大本存《近溪子集》六卷、《近溪子附集》二卷、《近溪羅先生一貫編》九卷、《羅近溪先生語要》二卷。《近溪子集》題「楚黄友人耿定向評」，半葉九行，行十八字，白口，四周單邊。眉欄鐫評。前有萬曆十一年耿定向序，萬曆十五年楊起元序，萬曆十年胡僖序，萬曆四年郭斗序，建昌知府季膺序。季序云：「丙戌首春，天台耿先生於邸第授以是集，手加評隲，謂可傳也。乃於水陸歸還，披誦卒業，及以所聞於公者參互印證，稍見一斑，遂刻而傳之，藏板山房。」楊序云：「大司寇天台耿楚翁爲之標識，而建昌郡守季公捐俸鋟梓。」知係萬曆十四年丙戌至十五年丁亥建昌府知府季膺刻本。卷末有「孫羅懷智、羅懷敬、羅懷祖、羅懷本梓」識語。版心刻工：朱真刊、吴、罗、右、成、友、善、東、南、子、施、松、龍、仲、蔡、世、游、熊、楊、賢、川、圣、文圣、用、南小。《近溪子附集》，行款同前，題「盱江門人黄承試季兆父編次，蕭應泰元之父校正，孫羅懷智、羅懷敬、羅懷祖、羅懷本梓」。後有萬曆十三年耿定向跋，萬曆十三年詹事講跋，萬曆十二年杜應奎跋。杜跋云：「今即録中之一二藏於家者，與聶友繼皐書刻以惠同志。」知係萬曆十二年杜應奎刻本。版心刻工：楊奎、善、危、刘、成、施。《近溪羅先生一貫編》，題「白鹿洞門人熊儐孺夫編，古德水友人李渭校，後學王倖……梓，陶景淳……評閲」。半葉十行，行二十一字，白口，四周單邊。前有萬曆二十六年戊戌楊起元序云：「是編也，儐節衣食以充梓費，雖貧不悔。」是萬曆二十六年門人熊儐刻本。《羅近溪先生語要》，題「會稽陶望齡輯」。半葉八行，行十七字，白口，四周單邊。前有萬曆二十八年庚子陶望齡序，萬曆三十二年吴達可序，後有何光道後序，萬曆三十二年薛士彦後序。吴序云：「適閩漳薛君巡憲盱江，……薛君重刻兹編，以廣其傳。」是萬曆三十二年薛士彦建昌刻本。版心刻工：單和刻、高彬、單星刊、朱云刊、朱林、楊思兆刊、付友刊、付曾刊、付增刊、刘仁刊、余松。福建師大此本鈐「張之銘珍藏」、「伯岸六十以後所收書」、「古驩室藏」、「張之銘藏書記」、「張之銘古驩室藏書印」等印記。中國社科院文學所有是刻全帙。其中《羅先生詩集》二卷，題「盱江明德先生近溪羅汝芳，同邑門人心源左宗郢選，雲間後學何三畏校」。半葉九行，行十八字，白口，四周單邊。版心題「明德集」。前有萬曆三十四年丙午陶望齡序，像、贊，萬曆二十五年丁酉湯顯祖序，後有何三畏跋。陶序云：「萬曆丙午友人左景賢氏來按兩浙，示以一帙，蓋先生孫懷祖所編次。」卷下末有「孫羅懷祖重梓」六字。鈐「研易樓藏書印」、「沈氏粹芬閣所得善本書」、「王氏信芳閣藏書印」等印記。《近溪子續集》二卷，題「歸善門人楊起元訂」。半葉九行，行十八字，白口，四周單邊。眉欄鐫評。版心題「會語續録」。前有羅汝芳序，萬曆十五年丁亥趙志皐《刻會語續録序》，萬曆丁亥陳省《重刻近溪子續集序》。末有「孫羅懷智、羅懷祖、羅懷本重梓」識語。《近溪羅先生鄉約全書》一卷，題「盱江門人左宗郢景賢父、張鳳翔輝止父編次，馬焕賔賔王父、孫羅懷祖述甫父校正，羅懷本季立父繡梓」。半葉九行，行二十字，白口，四周單邊。綜觀七種，版式字體不一，非一時所刊，爲萬曆十二年至三十四年陸續刊刻於羅汝芳家鄉江西建昌府南城縣者,汝芳之孫懷智、懷祖等彙印爲《全集》。《存目叢書》用福建師大、社科院文學所藏本配合影印。○《盱江羅近溪先生全集》十卷《語要》一卷《孝仁訓》一卷《鄉約》一卷,明萬曆四十六年戊午浙江巡撫豫章劉一焜刻本。半葉九行,行十八字,白口,四周雙邊。眉欄鐫評。前有萬曆戊午劉一焜刻書序云:「歲甲寅,焜承乏撫浙。月之既望,則集邦大夫孝廉博士弟子,相與論學虎林書院。丁巳,焜率諸青衿師事淇園楊公,而海門周公、南嶽曾公亦相繼賁講席。……唯時南嶽出於盱江高足,而羅生懷祖則以盱江之介孫受業於南嶽者,一日出先生語録授焜,且謀梓以公同志。不佞焜以屬左伯廬陵蕭損之氏,不數月刻成。」又萬曆戊午浙江布政使司左布政使吉州蕭近高刻序。書前列評校姓氏四十七人,殆即一時贊刻者。卷一至八爲語録,卷九詩,卷十附録諸家作汝芳傳。《嘉業堂藏書志》云「語録十卷」,未確。臺灣「中央圖書館」、浙江大學各藏一部,皆劉承幹舊藏。日本尊經閣文庫亦有一部。○《羅明德公文集》五卷《首》一卷,明崇禎五年陳懋德刻本。半葉九行,行二十字,白口,四周單邊。中科院圖、北京市文物局、鎮江博物館藏。日本内閣文庫有崇禎五年曾孫萬象等刻本。似爲一刻,即《存目》之書。

愧非集十四卷　明馬攀龍撰　**五三六四**

山東巡撫採進本(總目)。○《山東巡撫第二次呈進書目》:「《媿非文稿》八本。」

震堂集六卷　明王養端撰　**五三六五**

江蘇巡撫採進本(總目)。○《江蘇省第一次書目》:「《震堂集》三本。」○《江蘇採輯遺書目録》:

「《震堂集》六卷，舉人王養端撰，刊本。」○《提要》云：「遂昌知縣池明刻之。」

潛學稿十二卷　明鄧元錫撰　五三六六

浙江巡撫採進本(總目)。○《浙江省第七次呈送書目》：「《潛學稿》十二卷，明鄧元錫著，四本。」○《浙江省第九次呈送書目》：「《潛學稿》十八卷，明鄧元錫著，八本。」○《浙江採集遺書總録》：「《潛谷集》十八卷，刊本，明翰林院待詔南城鄧元錫撰。」○《兩江第一次書目》：「《潛學稿》，明鄧元錫著，八本。」○《江西巡撫海第三次呈送書目》：「《潛學稿》六本。」○臺灣「中央圖書館」藏明萬曆間活字本，作《潛學稿》七卷，每卷標題下題「外篇」。半葉十行，行二十一字，左右雙邊，無直格。版心下有排版日期及工匠名，如「二十日貳池」等。內容爲序、雜著、書啟、墓志、行狀、祭文。有萬曆六年戊寅王材序。鈐「過周屏印」、「葛鼐翼魯氏書籍之章」、「海豐吳氏家藏」、「莚圃收藏」等印記(參該館《善本書志初稿》)。○重慶市圖書館藏明萬曆三十五年左宗郢刻本，作《潛學編》十二卷。題「國徵士翰林院待詔黎川潛谷鄧元錫著，巡按浙江監察御史門人盱江心源左宗郢編，紹興府推官後學雲間何三畏校，餘姚縣學教諭後學檇李項元漉閲」。半葉九行，行十八字，白口，左右雙邊。版心寫工刻工：蕭蔡俊寫，朱雲刻。前有萬曆三十五年丁未陶望齡序，據此序知係左宗郢授何三畏、項元漉刻於會稽者。目録末有「山陰縣監生王應遴督梓」一行。卷一至五賦、詩，卷六至十二序、記、墓表、行狀、祭文、傳、雜著、啟書。內容與《提要》所云「此其所作雜文及語録」不合。《存目叢書》據以影印。中科院圖藏是刻存卷一至四。○明崇禎十二年鄧應瑞刻本，作《潛學稿》十九卷。

半葉九行,行十九字,白口,四周單邊。上圖藏。是刻又有清乾隆八年修版印本,江西圖、蘇州圖、津圖、吉大、人大、社科院歷史所藏。宋平生先生謂人大藏是本卷一至十二爲序、記、雜著、書、啟、家譜、傳記、墓銘、行狀、祭文等,卷十三至十九爲賦、詩。亦與《提要》不合。

耿天臺文集二十卷　明耿定向撰　**五三六七**

湖北巡撫採進本(總目)。○《湖北巡撫呈送第三次書目》:「《天臺集》十本。」○南京圖書館藏明萬曆二十六年劉元卿刻本,作《耿天臺先生文集》二十卷。半葉九行,行十八字,白口,四周單邊。前有萬曆二十六年戊戌六月六日門人安福劉元卿序云:「余於都邸合諸所刻類輯成編,先生之精蘊帙括幾盡。叔子銀臺君見而悦之,時予方請告歸里,銀臺君捐俸屬予付梓,踰年梓成,爲識其日月。」是耿定向之子銀臺捐資,劉元卿攜歸江西吉安府刊刻者。各卷末多記寫工刻工:吉水李交寫、宋允刊。版心寫工刻工:吉水宋允刻、吉水李交寫、狄良金、文顯、付天祥、文昱、熊長久刻、允二、允三、狄巳刊、長久、黄文昱、宋允一刊。卷内鈐「嘉惠堂藏閲書」、「四庫坿存」等印記。《存目叢書》據以影印。中科院圖、臺灣「中央圖書館」、日本内閣文庫亦有是刻。

濟美堂集八卷　明吴文華撰　**五三六八**

福建巡撫採進本(總目)。○《福建省呈送第一次書目》:「《濟美堂集》八本。」○《江蘇省第一次書目》:「《濟美堂集》四本。」○《江蘇採輯遺書目録》:「《濟美堂集》四卷,兵部尚書連江吴文華著。」○明萬曆耿定力刻本,作《濟美堂集》四卷,即詩文集。半葉十行,行十九字,白口,左右雙邊。

天津圖書館藏。○北京大學藏明萬曆耿定力刻清印本，作《濟美堂集》四卷《粤西奏稿》三卷《留都疏稿》一卷。《集》題「閩連江吴文華子彬甫著」。前有葉向高序，缺末葉。又耿定力序云：「吾師襄惠吴公遺稿若干卷，少宰葉先生爲之輯定，而予刻以傳。」《粤西疏稿》前有萬曆六年戊寅王原相序。《留都疏稿》第三十八葉以下殘缺。曆字、弘字多被鏟不完。《存目叢書》據以影印。中科院圖亦有是刻。清華、上圖、臺灣「中央圖書館」等存《集》四卷。

屏居集八卷浪游集六卷耕餘集八卷　明姚汝循撰　**五三六九**

江蘇巡撫採進本（總目）。○《江蘇省第一次書目》：「《姚汝循詩集》五本。」○《江蘇採輯遺書目録》：「《姚汝循詩集》二十二卷（《屏居集》八卷《浪游集》六卷《耕餘集》八卷），天台知府秣陵姚汝循著，刊本。」

濟美堂集六卷　明陳瓚撰　**五三七〇**

浙江巡撫採進本（總目）。○《浙江省第十次呈送書目》：「《濟美堂集》六卷，明陳瓚著，二本。」○《浙江採集遺書總録》：「《濟美堂集》六卷，刊本，明刑部侍郎常熟陳瓚撰。」

蘭暉堂集四卷　明屠應埈撰　**五三七一**

浙江汪汝瑮家藏本（總目）。○《浙江省第四次汪汝瑮家呈送書目》：「《蘭暉堂集》四卷，明屠應埈著，四本。」○《浙江採集遺書總録》：「《蘭暉堂集》四卷，刊本，明右春坊右諭德平湖屠應埈撰。」○《兩江第一次書目》：「《蘭暉堂集》，明屠應埈著，四本。」○北京大學藏明嘉靖三十一年屠仲律刻本，作《屠漸山蘭暉堂集》十二卷。半葉九行，行十七字，白口，左右雙邊。無序跋。《存目叢書》據以影印。北圖、津圖、上圖、重慶圖、天一閣文管所亦藏是刻。〇臺灣「中央圖書館」藏明萬曆四十三年屠繩德刻本，作《太史屠漸山文集》四卷《附録》一卷。《合刻屠氏家藏二集》之一。半葉九行，行十九字，白口，四周單邊。封面刻「本堂藏板」並鈐「蘭暉堂」朱記。前有黃佐序，序末刻「嘉靖三十一年壬子孟夏既望男仲律刻，萬曆四十三年乙卯孟春望曾孫男繩德重刻」識語。次《附録》，收墓志碑銘。各卷前有目録，各目末有校刊人，卷一至三題「曾孫男繩德、維德同校刻」，卷四題「玄孫男震光、嶽光同校刻」。卷四末有刻工：「金陵刻手徐安封、沈溪」，「督刻家人石聲諧、石聲徐、石聲揚」等。鈐「劉承幹字貞一號翰怡」等印(參該館《善本書志初稿》)。北圖、上圖、中科院圖等亦有是刻。〇清初刻《合刻屠氏家藏二集》本，書名卷數行款同前本。北圖藏。

怡雲堂集十卷　明蔡國珍撰　　五三七二

江西巡撫採進本(總目)。〇《江西六次續採書目》：「《怡雲堂集》六本。」〇《提要》云：「是集乃其從曾孫尚才所編。」〇北京大學藏清乾隆十六年蔡尚才刻本十卷，各卷書名不一，封面書名《蔡恭靖公遺稿》。題「曾姪孫尚才輯」。半葉十行，行二十二字，白口，左右雙邊。前有乾隆十六年重姪孫尚才序云：「刻既成，附數語於簡端。」封面刻「梅峰書屋藏板」。《存目叢書》據以影印。中科院圖、江西圖、江西萬載縣文化館亦有是刻。

心泉集二十五卷　明何源撰　**五三七三**

浙江孫仰曾家藏本(總目)。○《浙江省第四次孫仰曾家呈送書目》：「《心泉集》二十五卷，明何源著，十本。」○《浙江採集遺書總録》：「《心源集》二十五卷，刊本，明刑部侍郎廣昌何源撰。」

張湝東集十四卷　明張鹵撰　**五三七四**

河南巡撫採進本(總目)。○《河南省呈送書目》：「《張湝東先生文集》，明張鹵著，八本。」○《提要》云：「初刻於天啟五年，爲其子永忠及門人王安仁所訂定，版久燬。此本爲其後人重刊。」○北京大學藏明天啟五年張永忠等刻本，作《湝東先生文集》十四卷。題「浚儀張鹵召和」。半葉十行，行十八字，白口，左右雙邊。前有天啟五年王安仁序云：「殆歿逾兩紀而季子永忠始率侄孫輩裒向所遺稿付梓人。」版心刻工：車奇才刻、趙邦才刊、趙秉政。卷内鈐「蒼巖山人書屋記」等印。《存目叢書》據以影印。○清乾隆七年孝思堂刻本，書名卷數行款同。中科院圖、復旦藏。

華陽洞稿二十二卷　明張祥鳶撰　**五三七五**

兩江總督採進本(總目)。○《兩江第一次書目》：「《華陽洞稿》，明張祥鳶著，五本。」○南京圖書館藏明萬曆刻本，題「金壇張祥鳶著」。半葉十行，行二十字，白口，左右雙邊。前有萬曆十七年己丑王樵序。又于孔兼序云：「萬曆丙戌公捐養，諸郎君以公劇心翰墨垂四十年，不可泯泯無傳也，爰裒輯其所爲文若干卷付梓以廣之。」蓋即萬曆十四年付刻者。寫刻甚精。版心刻工：溧陽陳千瑞刻、呉培。卷内鈐「于端之印」、「画眉岡外史」、「于氏南樓藏書」、「錢唐丁氏正修堂藏書」、「八千卷樓」、「嘉惠堂丁氏藏書之記」、「四庫坿存」等印記。《存目叢書》據以影印。北圖、臺灣「中央圖書館」亦有是刻。原北平圖書館藏一部,王重民《善本提要》著録,現存臺北「故宫」。

王奉常集六十九卷　明王世懋撰　五三七六

江蘇周厚堉家藏本(總目)。○《江蘇省第一次書目》:「《王奉常集》十本。」○《浙江省第四次孫仰曾家呈送書目》:「《王奉常集》五十四卷,明王世懋著,二十四本。」○《浙江採集遺書總録》:「《王奉常集》五十四卷,刊本,明太常寺少卿太倉王世懋撰。」○首都圖書館藏明萬曆刻本,詩十五卷目録三卷、文五十四卷目録二卷。題「吴郡王世懋敬美撰」。半葉十行,行二十字,白口,左右雙邊。前有萬曆十七年己丑吴國倫序,萬曆十七年陳文燭序,李維楨序,高出序。版心刻工:章國華、張易刻、倪世榮、沈侖、趙世祥、錢世英、章循、章穆、章一元、郁憲章、徐文台、朱子静、沈時化、夏良才、張鳴岐、子伏、右之、吴伏、伏掄吴桃、章掄吴桃、伏吴、章右之、刘文卿、徐荣、夏掄、張珮之、張沈、錢沈、章木、掄夏、沈倫、張在、張明、可享。卷内鈐「璜川吴氏收藏圖書」、「屈氏望僊山房藏」等印記。《存目叢書》據以影印。北大、南圖、浙圖、川圖等亦有是刻。

關洛記游稿二卷　明王世懋撰　五三七七

兩淮鹽政採進本(總目)。○北京圖書館藏明萬曆刻本,作《紀遊稿》二卷。題「瑯琊王世懋撰,平原陸遠校」。半葉九行,行十八字,白口,左右雙邊。前有萬曆九年屠隆《關洛紀遊稿叙》。《存目叢書》據以影印。天一閣文管所亦有是刻。北圖藏明萬曆刻《王奉常雜著》十四種、臺灣「中央圖書館」藏明萬曆刻《王敬美所著書》十四種内皆有《紀遊稿》二卷，當出一版。臺本有殘。

五三七八

賜閒堂集四十卷　明申時行撰

兩淮鹽政採進本（總目）。○《兩淮鹽政李續呈送書目》：「《賜閑堂集》四十卷，明申時行，十本。」○《江蘇省第一次書目》：「《賜閒堂集》二十本。」○《江蘇採輯遺書目録》：「《賜閒堂集》四十卷，東閣大學士吴縣申時行著。」○《浙江省第六次呈送書目》：「《賜閒堂集》四十卷，明申時行著，二十本。」○《浙江採集遺書總録》：「《賜閒堂集》四十卷《綸扉簡牘》十卷，刊本，明大學士吴縣申時行撰。」○《山東巡撫第二次呈進書目》：「《賜閑堂集》四本。」○北京大學藏明萬曆刻本，半葉九行，行十八字，白口，四周雙邊。前有李維楨序，萬曆四十四年馮時可序，萬曆四十四年焦竑序。目録題「男用懋、用嘉校」。卷内鈐「荃孫」印。《存目叢書》據以影印。北京故宫有是刻，朱家溍云有鄒元標序，又某氏序後有「古吴章鏞刻」五字（《故宫藏禁燬書録》）。上圖、南圖、浙圖等亦有是刻。

五三七九

王文肅集五十二卷附録二卷　明王錫爵撰

檢討蕭芝家藏本（總目）。○《兩淮鹽政李續呈送書目》：「《明王錫爵集》五十五卷十六本。」○《安徽省呈送書目》：「《王文肅公文草》八本。」○《武英殿第二次書目》：「《王文肅公文草》七本。」○首都圖書館藏明萬曆王時敏刻合印本，作《王文肅公全集》五十五卷，包括《王文肅公奏草》二十三卷《王文肅公牘草》十八卷《王文肅公文草》十四卷。半葉九行，行十八字，白口，四周單邊。《奏草》題「光禄大夫少保兼太子太保吏部尚書建極殿大學士王錫爵著，翰林院編修男衡彙輯，尚寶司司丞孫男時敏校梓」。起萬曆十三年,止三十八年。申時行序。《牘草》卷端題名無王衡,餘同。前有萬曆四十三年門人薛三才序云:「尚寶復梓行之。」《文草》卷端題名同《牘草》,卷十三卷十四爲《王文肅公榮哀録》。前有萬曆四十三年乙卯何宗彦序。《存目叢書》據以影印。浙圖亦有是本。三種又有單行本傳世。〇明唐氏廣慶堂刻本,作《王文肅公文集》五十五卷。係就王時敏刊板改刻合印而成,詳王重民《善本提要》。北圖、北大、大連圖、浙大等藏。〇《王文肅公文稿》不分卷,南京圖書館藏明黄白山房鈔本。

五三八〇　觀我堂摘稿十二卷　明李材撰

安徽巡撫採進本(總目)。〇《安徽省呈送書目》:「《觀我堂集》四本。」〇《提要》云:「是集凡《大學古本義》一卷、《書問》十卷、《雜著》一卷。」按:儒家類存目有《李見羅書》二十卷,其《提要》云「《大學古義》一卷、《道性善編》一卷、《論語大意》四卷、《書問》九卷、《門人記述》四卷,而以舊本序別綴於末爲一卷」。是此《摘稿》内容大都見於《李見羅書》中。〇日本内閣文庫藏明萬曆十一年序刻本,與存目合。〇《見羅李先生觀我堂稿》二十二卷,明愛成堂刻本。日本内閣文庫藏。〇《見羅李先生書要》三十卷,明萬曆刻本。上圖、中科院圖、蘇州圖藏。

五三八一　敬和堂集八卷　明許孚遠撰

浙江巡撫採進本(總目)。〇《浙江省第九次呈送書目》:「《敬和堂文集》,明許孚遠著,四本。」〇《浙江採集遺書總録》:「《致和堂文集》四册,刊本,明兵部左侍郎德清許孚遠撰。」〇北京圖書館藏明萬曆刻本，作《敬和堂集》，存序、記、雜著、書，共四卷。各卷卷數均空白。題「德清許孚遠著」。半葉九行，行二十字，白口，四周雙邊。前有萬曆二十二年孟春葉向高序。版心刻工：江存、王朝、江甫、游希臯、張祐、周昊、李六、周元、張慶、張荣、魏良、唐龍、周龙、張龍。《存目叢書》據以影印。日本東京内閣文庫藏明萬曆二十二年序刻本《敬和堂集》十三卷，當係同版全本。

衛陽集十四卷　明周世選撰 **五三八二**

直隸總督採進本（總目）。〇《直隸省呈送書目》：「《周世選集》六本。」〇北京大學藏明崇禎五年周承芳刻本，作《衛陽先生集》十四卷。卷一題「甘陵周世選文賢父著，武林後學沈獅、同邑後學沈嘉較正，孫男承芳編次付梓」。半葉九行，行十九字，白口，四周單邊。前有姚希孟序，朱之蕃撰《傳》。後有崇禎五年壬申冬盧世漼跋。封面刻「本衙藏板」。《存目叢書》據以影印。原北平圖書館藏一部，王重民《善本提要》著録，現存臺北「故宫」。臺灣「中央圖書館」藏一部。〇《藏園訂補郘亭書目》著録清寫本，書名同刻本。

海亭集四卷　明鄭普撰 **五三八三**

福建巡撫採進本（總目）。〇《福建省呈送第六次書目》：「《海亭詩文集》。」

覆瓿草六卷　明林煙撰 **五三八四**

浙江汪汝瑮家藏本（總目）。〇《浙江省第四次汪汝瑮家呈送書目》：「《覆瓿草》六卷，明林烴著，二本。」〇《浙江採集遺書總録》：「《覆瓿集》六卷，刊本，明尚書閩縣林烔撰。」按：烔當作烴。

○日本内閣文庫藏明萬曆二十五年序刻本,作《覆瓿草》六卷。○《林煋文稿》二卷,上海圖書館藏明鈔本,半葉九行,行二十二字,黑格。

逍遥園集二十卷　明穆文熙撰　五三八五

江蘇周厚堉家藏本(總目)。○《江蘇省第一次書目》:「《逍遥園集》十二本。」○《江蘇採輯遺書目録》:「《逍遥園集》二十卷,考功司郎中魏郡穆文熙撰。」○原北平圖書館藏明萬曆十五年劉懷恕刻本,作《逍遥園集》十卷。題「明吏部考功司員外郎東明穆文熙著,兵部左侍郎同邑友人石星批,河南道御史同邑友人劉懷恕訂」。半葉九行,行二十字,白口,四周雙邊。眉欄鐫評。有萬曆十五年石星、劉懷恕兩序(參王重民《善本提要》)。現存臺北「故宫」。上圖、吉大亦有是刻。○山東省圖書館藏明萬曆二十九年穆光胤刻本,作《穆考功逍遥園集選》二十卷。題「魏郡敬甫穆文熙著,關中子興南師仲選,門人文濟李民質、門人德嚴崔邦亮、濠梁汝脩朱宗吉校,子仲裕穆光胤梓」。半葉九行,行十八字,白口,左右雙邊。前有萬曆二十九年趙士楨序,萬曆二十九年崔邦亮序。版心刻工:王廷溥、郭才、黄松、鄧和、陳松、黄槐、徐節、朱垕、黄朴、葉玄、周文炉、王廷補、鄧仕、朱玉、罗先、吴孝。卷端有民國三十七年戊子四月十八日王獻唐手跋(已收入《雙行精舍書跋輯存續編》)。卷内鈐「惟吉藏書」、「中憲大夫章」、「寶綸堂書畫圖記」、「淮南心賞」、「賞心樂事」、「劉氏惟吉鑒賞珍藏印」、「王獻唐」、「獻唐劫後所得」等印記。《存目叢書》據以影印。北圖、臺灣「中央圖書館」亦有是刻。河南圖有殘本。

處實堂集八卷　明張鳳翼撰　五三八六

江蘇周厚堉家藏本(總目)。○《江蘇省第一次書目》：「《處實堂集》四本。」○《江蘇採輯遺書目録》：「《處實堂集》八卷，長洲舉人張鳳翼著。」○北京圖書館藏明萬曆刻本，作《處實堂集》八卷《續集》十卷。題「長洲張鳳翼伯起撰」。半葉十行，行二十二字，白口，左右雙邊。前集版心寫工刻工：郡人徐普寫、同邑沈玄易刻、張鳳、沈玄龍刻。續集無刻工。無序跋。鈐「琅園秘笈」、「綬珊收藏善本」、「綬珊六十以後所得書畫」、「九峰舊廬珍藏書畫之記」、「杭州王氏九峰舊廬藏書之章」、「吴卓信印」、「立峯」、「長樂鄭氏藏書之印」、「長樂鄭振鐸西諦藏書」等印記。《存目叢書》據以影印。原北平圖書館藏一部，王重民《善本提要》著録，現存臺北「故宮」。臺灣「中央圖書館」藏一部，劉承幹故物。皆無《續集》，皆有王世貞、徐顯卿兩序。○《處實堂後集》六卷，明萬曆刻本，半葉十行，行二十二字，白口，左右雙邊。北京大學藏一部，有乙卯春分前十日李盛鐸跋(收入《木犀軒藏書題記》)。山東省圖有殘本，存卷三、卷五。○《處實堂集選》十二卷，明萬曆刻本，半葉十行，行二十二字，白口，左右雙邊。山東省圖藏本存卷一至三、卷十至十二。日本内閣文庫有全本。○《明張伯起詩稿》一卷，天津圖書館藏稿本。○《志園集》三卷，張鳳翼撰，明張獻翼、張燕翼刻本，半葉十行，行十九字，白口，左右雙邊。清孫榮壽跋。湖北圖藏。

文起堂集十卷　明張獻翼撰　五三八七

兩淮馬裕家藏本(總目)。○《兩淮商人馬裕家呈送書目》：「《文起堂集》十卷，明張獻翼，六本。」

○《浙江省第四次孫仰曾家呈送書目》：「《文起堂集》十卷，明張獻翼著，六本。」○《浙江採集遺書總録》：「《文起堂集》十卷，刊本，明國子監生長洲張獻翼撰。」○臺灣「中央圖書館」藏明萬曆初年原刻本十卷十册。題「長洲張獻翼幼于撰」。半葉八行，行十八字，白口，左右雙邊。白紙初印。前有吏部司勳大夫勅僉憲使皇甫汸序云：「集凡十卷，總得詩文若干首，萬有千言，手自删定，僅存十之三四耳。嘗自謂八十高年已踰其半，竊比元長，然則後之著作，寧可量乎。」又林屋徐緍序云：「乙亥冬仲，以所撰集十卷，緘寄山中，且以書屬曰：子爲我序之。」乙亥爲萬曆三年，是集手定付梓，當在是年，皇甫汸、徐緍序亦當在是年，皇甫云「嘗自謂八十高年已踰其半」，則萬曆三年約四十周歲，由是推之，獻翼生於嘉靖十四年乙未，西元一五三五年。獻翼生年，諸家紛歧，書此備參。是本鈐「止航藏書」、「劉承翰字貞一號翰怡」、「吴興劉氏嘉業堂藏書印」等印記。《存目叢書》據以影印。日本尊經閣文庫藏明刻本，蓋出一版。

紈綺集一卷　明張獻翼撰　五三八八

安徽巡撫採進本（總目）。○《安徽省呈送書目》：「《紈綺集》四本。」○北京圖書館藏明嘉靖刻本，題「百花山人吴郡張獻翼譔」。半葉九行，行十八字，白口，左右雙邊。前有嘉靖四十五年丙寅徐緍序。《存目叢書》據以影印。原北平圖書館藏一部，現存臺北「故宫」。臺灣「中央圖書館」亦有是刻。

狎鷗子摘稿一卷　明吴崇節撰　五三八九

江蘇巡撫採進本（總目）。○《江西巡撫六次續採書目》：「《狎鷗亭摘稿》、《古史要評》共六本。」

按：浙本《總目》作「江蘇巡撫」，殿本《總目》作「江西巡撫」。○江西省圖書館藏清刻本，作《狎鷗子摘稿》一卷。半葉九行，行二十字，白口，四周單邊。目録題「弋陽吴崇節介甫父著，同年祝世禄無功父閲，男應暘、應曦仝梓，□孫宗琰、延齡重鐫」。前有自叙，吴延齡跋。按：題名及跋末署名「孫」字上均有一字被剷去。跋稱「高祖介甫公」，則是「玄」字無疑。蓋康熙間重印時剷去，以避諱也。卷内遇明帝或明朝均不提行，當爲清初刊本。《存目叢書》據以影印。

魯望集十二卷　明袁尊尼撰 **五三九〇**

兩淮馬裕家藏本（總目）。○中國社科院文學所藏明萬曆十二年袁年刻本，作《袁魯望集》十二卷。半葉十行，行十八字，白口，左右雙邊。前有王世貞序，陳文燭序，萬曆十二年甲申季弟袁年序。袁年序云：「今幸爲南曹尚書郎，得以其暇取而訂正之，釐爲十二卷，付諸梓人。」是萬曆十二年袁年刻於南京。封面刻「傳經堂藏板」。卷内鈐「六合徐氏孫麒珍藏書畫印」、「孫麒氏使東所得」、「泰和蕭敷政蒲邨氏珍藏」、「綬珊收藏善本」、「九峰舊廬藏書記」等印記。《存目叢書》據以影印。上圖、復旦、華東師大亦有是刻。原北平圖書館藏一部，現存臺北「故宫」。臺灣「中央圖書館」亦有是刻。

天池草二十六卷　明王宏（弘）誨撰 **五三九一**

編修吴典家藏本（總目）。○《浙江省第九次呈送書目》：「《王忠銘天池草》二十六卷，明王宏誨著，十本。」○《浙江採集遺書總録》：「《天池草》二十六卷，刊本，明南京禮部尚書定安王宏誨撰。」○上海圖書館藏清康熙刻本，作《太子少保王忠銘先生文集天池草重編》二十六卷。卷一題「明瓊臺王弘誨紹傳甫著，玉山後學董繼周茂文甫閱，男王汝鯤時化甫編，吳興後學沈鬷詹山甫訂梓，廣陵後學楊天授西紹甫全訂，曾孫王懋曾同編」。半葉九行，行十八字，白口，四周單邊。前有萬曆四十三年乙卯焦竑序，康熙九年定安知縣楊天授《重刻大宗伯王忠銘先生文集序》，康熙二十二年定安知縣姜植序，區大倫撰《傳》，誥命，祭文。據楊序知係康熙九年王懋曾字沂元者重刊。姜序係後加。《存目叢書》據以影印。青島博物館有是刻殘本。

謝山存稿十卷　明陳吾德撰　**五三九二**

江蘇巡撫採進本（總目）。○《江蘇省第一次書目》：「《謝山存稿》四本。」○北京大學藏清乾隆五十四年忠直堂刻本，題「古岡陳吾德著，邑人李以麟校」。半葉九行，行十八字，白口，四周雙邊。前有萬曆壬辰魯點序，萬曆庚戌黃淳叔序。卷末有像、贊，又「乾隆五十四年歲次己酉桂月穀旦重刊」一行。封面刻「乾隆己酉年仲秋重鐫」、「忠直堂藏版」。《存目叢書》據以影印。清華藏清初刻本，行款版式同，疑係一刻。○清嘉慶刻本十卷四册，南圖藏，八千卷樓故物。○清同治九年庚午忠直堂重刻本，山東省圖藏。

震川文集初本三十二卷　明歸有光撰　**五三九三**

安徽巡撫採進本（總目）。○《安徽省呈送書目》：「《歸太僕集》十二本。」○《江蘇省第一次書目》：「《震川文集》十二本。」○《江西巡撫海第四次呈送書目》：「《震川文集》一套八本。」○浙江瑞安玉海樓藏明萬曆三年翁良瑜雨金堂刻初印本，作《歸先生文集》三十二卷《附録》一卷。按：

臺灣「中央圖書館」《善本書志初稿》著録是本，題「吴郡歸有光著，門人王執禮校」。半葉十行，行二十字，白口，四周雙邊。版心刻「雨金堂」三字，并有刻工：章右之、右之。前有萬曆三年周詩小引，歸祐刻識語，文後並記「龍丘翁良瑜雨金堂梓行」。附録尾題前刻「隆慶壬申男子祐、子寧編次，萬曆癸酉浙人翁良瑜梓行」。據周詩引，刻成於萬曆三年。附録末記萬曆癸酉（元年）梓行，因在尾題前，當指附録刊刻年代。是書三十餘卷，固非短期可完工也。此與萬曆四年本當係同版。〇天津圖書館藏明萬曆三年翁良瑜雨金堂刻萬曆重修本，書名卷數同前本。卷一題「吴郡歸有光著，門人王執禮校」。半葉十行，行二十字，白口，四周雙邊。版心刻「雨金堂」三字。又記刻工：吴廷刻、章右之刻、右之。前有萬曆十五年丁亥陳奎序，萬曆十六年戊子陳文燭序，萬曆三年門生周詩序。附録末有「萬曆癸酉男子祐、子寧編次，丙子浙人翁良瑜梓行」二行。周詩序云：「書林翁賈請梓而傳之，梓垂成，謀所以冠諸首者。」又云：「賈人亦亟欲其行也，遂出以與四方之士共焉，詩故僭爲之引。」知刊成於萬曆三年。至於附録末編刻年代當係改刻，非全書另刻也。《中國古籍善本書目》著録爲兩刻，似不碻。《存目叢書》據以影印。山西文物局藏是刻有佚名録錢謙益批點。中國科學院圖藏是刻，卷三至十七配鈔本，有清汪琬校注，夏孫桐跋。武漢圖書館藏是刻有清方苞批並跋。南圖藏是刻有佚名録清黄宗羲、釋寶雲批。北圖、上圖等處亦有是刻。按：男子祐，《四庫提要》誤作子祜。是刻又有崇禎重修本，故宫藏一部，朱家溍稱爲崇禎八年歸世昌印本，增崇禎乙亥孫男世昌跋（《故宫藏禁燬書録》）。清華、人大、遼圖等亦有崇禎重修本。按：震川集《四庫總目》據康熙十年至十四年歸莊、歸玠等刻《震川先生集》三十卷《别集》十卷入録，更名《震川文集》(《文淵閣四庫全書》作《震川集》)。《提要》云：「文集舊本有二：一爲其族弟道傳所刻，凡二十卷，爲常熟本。一爲其子子祜、子寧所刻，凡三十二卷，爲崑山本。去取多不相同。莊以家藏鈔本互相校勘，又補入未刻之文，彙爲全集，刻於國朝康熙間。」所謂崑山本，據提要，即《存目》所據翁良瑜雨金堂刻本。○萬曆二年歸道傳刻本，作《震川先生文集》二十卷，題「玉峯歸有光著，海虞蔣以忠閲，宗弟道傳編次」。半葉十行，行二十一字，白口，左右雙邊。有萬曆二年甲戌蔣以忠序(參臺灣「中央圖書館」《善本書志初稿》)。山東圖、南圖、浙圖等藏有是刻。

二酉園詩集十二卷文集十四卷續集二十三卷　明陳文燭撰　五三九四

湖北巡撫採進本(總目)。○《湖北巡撫呈送第三次書目》：「《二酉園全集》十六本。」○臺灣「中央圖書館」藏明萬曆十二年子堉龍膺徽州刻本，三集俱全，三十六册。題「沔陽陳文燭玉叔著」。半葉九行，行十八字，白口，左右雙邊。版心下記刻工：黄鉞、黄鏘、黄鉉、黄守言、守言、濟、姜、力、山等。前有萬曆十二年甲申新都汪道昆序，王世貞序，萬曆十二年甲申子堉龍膺於新都公署跋。龍跋云：「余小子就甥館，悉發二酉藏書，得舅諸集徧讀之，……獨以遊各爲帙，體式異齊，必統之同，始出一軌。於是爲之部署，稍芟其繁，屬潘生、黄生詮次入梓。郡伯濟南高公，疇昔淮陽同事，爲之授糈居肆，以贊其成。居無何，集定矣。舅方爲閩方伯，奏之閩中。」據汪序，潘生、黄生爲潘之恒、黄正祖。據康熙《徽州府志》卷三，郡伯濟南高公爲高時，字師孔，山東濟陽人，萬曆九年始任徽州知府。皆助刻者。《詩集》、《文集》末均刻「蒹葭館校梓」五字。卷内鈐「蒼巖山人書屋記」、「蕉林藏書」、「劉承幹字貞一號翰怡」等印記(參該館《善本書志初稿》、《善本序跋集録》)。北大有《二酉園續集》二十二卷六册,余以北圖天啟五年刻本校之,行款雖同,字體筆畫有異,非一刻也。北大本版心有刻工:鄒邦達刻、郭榜刻,姜、力、仙、山。有萬曆十二年汪道昆序,萬曆十六年王世貞序。當係龍膺刻本之零種。北大定爲萬曆十六年刻,係據王世貞序。《存目叢書》用北大藏本影印。○北京圖書館藏明天啟三年陳之蘧刻五年續刻本,三集俱全。各集題「沔陽陳文燭玉叔著」。行款版式同前本。《文集》前有各集原序及目録,正文版心有刻工:廖惠、戴天憲、廖文、廖奎、戴継述。卷十四末刻「蒹葭館校梓」一行。《詩集》前有目録,無序跋,卷尾缺正文二葉。版心刻工:戴継述、廖斗虚。《續集》前有天啟五年乙丑陸月朔日不肖孫之蘧《重刻二酉園續集引》云:「先王父《二酉園集》辛酉歲已梓之矣,今《續集》復成,揔計五載而業始竟。」末有萬曆十二年甲申子壻龍膺跋,又天啟三年癸亥九月重陽日不肖孫之蘧識語云:「先王父廷尉有《廷中》、《淮上》前後諸集,而兹其彙選也,汪伯玉、王元美諸先生及各家皆有序,業已傳海内、播藝林矣。然歲久散逸,蠹編斷簡,敝篋欲盡,而遺板又涣不可問。蘧生也晚,……廼檢笥中原本,竭獨力以付之梓人,俾以還舊觀而供採取焉。」此跋當是爲重刻《二酉園詩集》、《文集》而作。龍膺、陳之蘧跋版心均有刻工:戴継述。綜之蘧二跋,知此係重刻萬曆十二年龍膺徽州刻本,工始天啟元年辛酉,至三年癸亥成《詩集》、《文集》,五年又成《續集》。《中國古籍善本書目》著録爲天啟三年陳之蘧刻本,未確。鈐「長樂鄭振鐸西諦藏書」、「長樂鄭氏藏書之印」等印。《存目叢書》據以影印其《詩集》。《中國古籍善本書目》著録南京圖書館藏明萬曆十二年龍膺刻《二西園文集》十四卷，余以北圖本校之，知係同版。卷末有萬曆十二年龍膺跋，與北圖本同。前有萬曆十二年汪道昆序，萬曆十六年王世貞序，北圖本均佚去。唯字體版式刻工及卷末「蒹葭館校梓」五字均同北圖本，非龍膺原刻也，當改定爲「天啟三年陳之蘧刻本」。南圖此本鈐「太子少保」、「漢陽葉氏藏書」、「道光甲辰自京寄楚，咸豐壬子由楚寄粤，再閲一過仍復寄楚，葉志詵識於廣督署」、「豐華堂書庫寶藏印」等印記。《存目叢書》據以影印。中科院圖有是刻《詩集》、《文集》。上圖有是刻《詩集》、《續集》。清華有是刻《文集》。東北師大有是刻《文集》卷一至六、卷九至十四，《續集》卷四至二十三。王重民《善本提要》著録原北平圖書館藏明萬曆刻《二西園詩集》十二卷，現存臺北「故宫」，余以膠片與北圖天啟本相校，字體版式及刻工戴継述等一一相同，知亦天啟陳之蘧重刻，非萬曆十二年原刻。唯北平本卷十二正文完全無缺，第二十七葉正文後有「蒹葭館校梓」一行。北平本有汪道昆、王世貞二序，與南圖本《文集》前二序文同而版異。北平本又有各集原序二十五葉，北京圖書館本亦均佚去。「蒹葭館校梓」一行，萬曆十二年刻本、天啟重刻本皆有之，《中國古籍善本書目》著録中科院、上圖本作「明蒹葭館刻本」，不能確指爲初刻、重刻，亦當改定爲「明天啟三年至五年陳之蘧刻本」。又《四庫提要》云「《續集》則文燭身後其孫之蘧所輯」，今觀《續集》亦萬曆間編刻、天啟五年陳之蘧重刻，知非之蘧輯也。

五三九五 楊端潔集無卷數 明楊時喬撰

江西巡撫採進本(總目)。○山西祁縣圖書館藏明天啟四年楊聞中刻本,作《新刻楊端潔公全集》二十卷。題「男聞中聖踐輯,孫德懿、德獻較」。半葉九行,行二十一字,白口,四周雙邊。前有朱光祚序,天啟五年喬拱璧序,鄭以偉序,天啟四年男聞中《新刻楊端潔公文集凡例小引》,《凡例》。刻工:郭刊、易国泰、国本、国太、祥三、升東、共化、太升、国定、国升、木升、世自刊。《存目叢書》據以影印。

五三九六 洪洲類稿四卷 明王圻撰

浙江汪啟淑家藏本(總目)。○《浙江省第四次汪啟淑家呈送書目》:「《洪州類稿》四卷,明王圻著,二本。」○《浙江採集遺書總録》:「《洪洲類稿》四卷,刊本,明陝西布政使參議上海王圻撰。」○《提要》云:「是集凡詩一卷、文三卷,乃其提學湖廣時所自編,其孫謨又爲重刻。」○《王侍御類稿》十六卷,原北平圖書館藏明萬曆四十八年王思義刻本十六册。題「太原王圻元翰父著,男思義校刻」。半葉九行,行二十字,白口,四周單邊或四周雙邊。有郭正域序,萬曆十三年吴國倫序,皆爲《洪洲類稿》作。又萬曆四十八年庚申陸應陽《續刻王侍御先生類稿序》。又王思義《續刻先侍御類稿引》云:「因搜故篋,尚存殘剩,命小史録出,鋟諸梨棗,併前《類稿》共爲一集,題曰《王侍御類稿》,爲卷凡十有六。」知《洪洲類稿》即在其中,唯十六卷本已經重編耳。是書現存臺北「故宫」,北圖有膠卷,《存目叢書》據以影印。

五三九七　寶善堂稿二卷　舊本題慶成王宗川撰

兩淮鹽政採進本(總目)。○《兩淮鹽政李續呈送書目》：「《寶善堂稿》二卷,明朱宗川,一本。」○北京圖書館藏明萬曆三年刻本,題「慶成王宗川著」。半葉十行,行十七字,白口,四周雙邊。前有萬曆三年孔天胤序云：「王國文學書記鏤慶成王宗川所著詩二卷成,余叙之。」後有萬曆三年保寧知府趙訥後序。版心刻工：吴門章松刊。《存目叢書》據以影印。據提要,慶成王宗川爲朱慎鍾。按：據孔天胤序,此係慶成王府刻本,慶成王府在山西汾州,而此書刻工爲吴門章松,蓋携至蘇州開雕者。

五三九八　山居集八卷　明栗應宏撰

浙江范懋柱家天一閣藏本(總目)。○《浙江省第五次范懋柱家呈送書目》：「《栗太行山居集》八卷,明栗應宏著,二本。」○《浙江採集遺書總録》：「《山居詩集》六卷,刊本,明舉人長治栗應宏撰。」

五三九九　吾野漫筆十三卷　明許炯撰

浙江巡撫採進本(總目)。○《浙江省第十二次呈送書目》：「《吾野漫筆》十三卷,明許烱著,二本。」○《浙江採集遺書總録》：「《吾野漫筆》十三卷,刊本,明許烱撰。」

五四〇〇　俞仲蔚集二十四卷　明俞允文撰

浙江汪汝瑮家藏本(總目)。○《浙江省第四次汪汝瑮家呈送書目》：「《俞仲蔚集》二十四卷,明俞允文著，四本。」〇《浙江採集遺書總録》：「《俞仲蔚集》二十四卷，刊本，明崑山俞允文撰。」〇《兩江第一次書目》：「《俞仲蔚集》，明俞允文著，四本。」〇北京大學藏明萬曆十年程善定刻本，作《仲蔚先生集》二十四卷《附録》一卷。卷一題「吴郡俞允文著，徽郡程善定校」。各卷或題「程善定梓」。半葉九行，行十八字，白口，四周單邊。刻工：黄鏘刻、瀾、其、仁、将、德時刊、武、粦、済、鉉、閏、宏、鉞、淮、黄澗刻、黄錤、君。前有某氏序，缺首半葉。又嘉靖丙辰王世貞序，像、王世貞贊。後有吴郡張文柱後語，萬曆十一年癸未顧紹芳序，萬曆十年程善定《刻俞仲蔚先生集後序》。鈐有「曹氏巢南」印。《存目叢書》據以影印。中科院圖、社科院文學所、上圖、津圖、南圖、浙大亦有是刻。

〇《俞仲蔚文稿》不分卷，稿本，清金農跋。上圖藏。

天隱子遺稿十七卷　明嚴果撰　　**五四〇一**

浙江巡撫採進本（總目）。〇《浙江省第六次呈送書目》：「《天隱子稿》十七卷，明嚴果著，八本。」〇《浙江採集遺書總録》：「《天隱子遺稿》十七卷，刊本，明震澤嚴果撰。」〇蘇州大學藏明天啟崇禎間嚴氏悟澹齋刻本，題「震澤嚴果毅之著，華亭陳繼儒仲醇閲，同里葛一龍震甫參，靈巖朱廷佐南仲訂」。半葉八行，行十八字，白口，四周單邊。版心刻「悟澹齋」三字。前有山陰王思任序云：「先生子仲仁稍稍出枕中之寶，爲之編次較整，而厥孫汝泰、汝茂乃授之剞。」又云：「若使神宗時蚤見此書，弇州之駕豈能先毅之而驅哉。」知爲萬曆以後嚴氏家刻本。鈐「西圃」印。《存目叢書》據以影印。北大、湖北圖、南圖、臺灣「中央圖書館」亦有是刻。

汪山人集十八卷　明汪少廉撰　五四〇二

浙江孫仰曾家藏本(總目)。○《浙江省第四次孫仰曾家呈送書目》:「《汪山人集》十八卷,明汪少廉著,四本。」○《浙江採集遺書總録》:「《汪山人集》十八卷,刊本,明休寧汪少廉撰。」

大鄣山人集五十三卷　明吴子玉撰　五四〇三

安徽巡撫採進本(總目)。○《山東巡撫呈送第一次書目》:「《大鄣山人詩集》一本。」○吉林省圖書館藏明萬曆十六年黄正蒙刻本,五十三卷。題「新都吴子玉瑞穀著,廬陵郭子章相奎閲,江夏黄正蒙叔明校」。半葉十行,行二十字,白口,四周雙邊。前有長洲劉鳳序,王世貞序,萬曆十九年辛卯郭子章序,萬曆十六年戊子丁應泰元父序,萬曆十五年自序。丁序末有刻工:歙邑黄池刻。封面刻「茗上雕雲舘藏板」。《存目叢書》據以影印。浙圖、中共中央黨校、臺灣「中央圖書館」、美國國會圖亦有是刻。原北平圖書館藏一部,現存臺北「故宫」。○《吴瑞穀集》十六卷,明萬曆吴守中等刻本,八册。題「新都大鄣吴子玉著,陸海吴守中閲」。半葉十行,行二十字,白口,四周單邊。有劉鳳序,萬曆吴守中序。鈐「莚圃收藏」等印(參臺灣「中央圖書館」《善本書志初稿》)。

何翰林集二十二卷　明何良俊撰　五四〇四

兩淮鹽政採進本(總目)。○《兩淮商人馬裕家呈送書目》:「《翰林集》二十二卷,明何良俊,四本。」○中國社科院文學所藏明嘉靖四十四年何氏香嚴精舍刻本,二十八卷。題「華亭何良俊元朗」。半葉九行，行十七字，白口，左右雙邊。目録末及卷二十八末有牌記「嘉靖乙丑何氏香嚴精舍雕梓」二行。前有嘉靖乙丑冬莫如忠序，嘉靖四十五年丙寅皇甫汸序。卷末記刻工：「長洲吴曜書、黄周賢同刻」（卷一末）、「長洲吴曜書、陳益等同刻」（卷三末）、「長洲吴曜書、袁宸等同刻」（卷八末）、「長洲吴曜書、姚舜卿同刻」（卷九末）、「長洲吴曜書、袁宏等同刻」（卷十末）、「長洲吴曜書、何祥等同刻」（卷十一末）、「長洲吴曜書、何成德同刻」（卷十三末），餘卷不重録。版心記刻工：袁宸、姚舜卿、黄周賢、何成德、陳益、袁宏、張鳳。《存目叢書》據以影印。中科院圖、南圖、重慶圖、山東萊陽縣圖、臺灣「中央圖書館」亦有是刻。

芸暉館稿十四卷　明茅翁積撰　五四〇五

浙江巡撫採進本（總目）。〇《浙江省第十次呈送書目》：「《芸暉館稿》十四卷，明茅翁積著，五本。」〇《浙江採集遺書總録》：「《芸暉館稿》十二卷，刊本，明歸安茅翁積撰。」

兔園草六卷　明曹乾學撰　五四〇六

江蘇巡撫採進本（總目）。〇《江蘇省第一次書目》：「《兔園草》一本。」〇《江蘇採輯遺書目録》：「《兔園集》六卷，太倉曹乾學著，刊本。」

黄説仲詩草十八卷　明黄惟楫撰　五四〇七

浙江孫仰曾家藏本（總目）。〇《浙江省第四次孫仰曾家呈送書目》：「《黄説仲詩草》十七卷，明黄惟楫著，六本。」〇《浙江採集遺書總録》：「《黄悦仲詩草》十七卷，刊本，明黄維楫撰。」

被褐先生稿十七卷　明華善述撰　**五四〇八**

江蘇巡撫採進本(總目)。○《兩淮鹽政李呈送書目》:「《披褐稿》十七卷,明華善述,八本。」○中國社科院文學所藏明萬曆刻本,作《被褐先生詩文稿》十七卷,存卷一至六、卷十至十二、卷十六至十七共十一卷。題「無錫華善述撰」。半葉十行,行二十一字,白口,四周單邊。前有王世貞序,萬曆二十一年癸巳顧冶序。顧序末有「壬子秋日顧常卿書」一行,版心有刻工:何待聘刻、何待時刻。《存目叢書》據以影印。

童子鳴集六卷　明童佩撰　**五四〇九**

浙江汪汝瑮家藏本(總目)。○《浙江省第四次汪汝瑮家呈送書目》:「《童子鳴集》六卷,明童佩著,一本。」○《浙江採集遺書總録》:「《童子鳴詩集》六卷,刊本,明龍游童佩撰。」○《兩淮鹽政李續呈送書目》:「《明童佩集》六卷一本。」○天津圖書館藏明萬曆梁谿談氏天籟堂刻本,半葉十一行,行二十字,白口,左右雙邊。前有萬曆六年戊寅王世貞序,王穉登撰墓志銘。卷三、卷四、卷五末有牌記「梁谿談氏天籟堂雕」。卷内鈐「陳寅」等印。《存目叢書》據以影印。北圖、北大亦有是刻。○浙江圖書館藏抄本六卷二册,余紹宋跋。

松韻堂集十二卷　明孫七政撰　**五四一〇**

浙江孫仰曾家藏本(總目)。○《浙江省第四次孫仰曾家呈送書目》:「《松韻堂集》十二卷,明孫七政著,五本。」○《浙江採集遺書總録》:「《松韻堂集》十二卷,刊本,明太學生常熟孫七政撰。」

○《兩淮鹽政李呈送書目》：「《松韻堂》十二卷，明孫七政，五本。」○南京圖書館藏明萬曆四十五年孫朝肅刻本，作《刻孫齊之先生松韻堂集》十二卷。題「海虞孫七政著」。半葉九行，行二十字，白口，四周雙邊。前有萬曆二十九年辛丑李維楨序，序後有萬曆四十五年丁巳浦大治跋。又萬曆三十二年甲辰屠隆序，序後有「丁巳菊月孫男朝肅謹書于清暉館」一行。浦跋云：「今老矣，及覩其孫功甫取第歸，刻集竣，屬余識一二語。」知係萬曆四十五年常熟孫朝肅清暉館刻本。鈐「四庫坿存」印，丁氏八千卷樓物也。《存目叢書》據以影印。北圖、南師大、常熟市圖、日本内閣文庫亦有是刻。

王世周集二十卷　明王伯稠撰　**五四一一**

江蘇巡撫採進本（總目）。○《江蘇省第二次書目》：「《王世周集》四本。」○《江蘇採輯遺書目録》：「《王世周集》二十卷，崑山諸生王伯稠著，刊本。」○南京圖書館藏明萬曆刻本，作《王世周先生詩集》二十卷。題「玉峯王伯稠世周父著」。半葉九行，行十九字，白口，四周雙邊。前有萬曆十二年甲申王世懋序，張文柱序。鈐「崑山圖書館收藏印信」印記。《存目叢書》據以影印。

壯遊編三卷　明王叔承撰　**五四一二**

浙江巡撫採進本（總目）。○《浙江省第六次呈送書目》：「《壯遊編》一册，明王子幻著，四本。」○《浙江採集遺書總録》：「《吴越游集》七卷《北遊編》一册，刊本，明吴江王叔承撰。」

吴越游八卷　明王叔承撰　**五四一三**

浙江孫仰曾家藏本（總目）。○《浙江省第四次孫仰曾家呈送書目》：「《吴越游集》七卷，明王叔承著,六本。」○《浙江採集遺書總録》:「《吴越游集》七卷《北游編》一册,刊本,明吴江王叔承撰。」○《提要》云:「前六卷爲詩,無錫陳以忠所刻。後二卷爲雜文,烏程范應期所刻。」○《瀟湘編》二卷,王叔承撰,明萬曆刻本,南圖藏。

涉江詩選七卷　明潘之恒撰　五四一四

浙江孫仰曾家藏本(總目)。○《浙江省第四次孫仰曾家呈送書目》:「《涉江詩》七卷,明潘之恒著,三本。」○《浙江採集遺書總録》:「《涉江詩》七卷,刊本,明太學生歙縣潘之恒撰。」○臺灣「中央圖書館」藏明萬曆刻《鸞嘯集》十六卷十六册,潘之恒撰。包括:《蒹葭館詩》一卷《續草》一卷、《白榆社詩草》一卷、《東游詩草》一卷《續草》二卷、《冶城詩草》二卷、《黍谷詩草》二卷、《涉江詩》六卷(甲集四卷、乙集二卷)。半葉八行,行十六字,白口,四周單邊。版心下記刻工:黄伯茂。鈐「姜國翰印」、「元肅」、「黼堂」、「吴興劉氏嘉業堂藏書記」等印記。其中《涉江詩》有萬曆二十七年屠隆序,萬曆二十六年袁宏道序,萬曆二十八年梅守箕序,萬曆二十五年虞淳熙序,萬曆二十五年江盈科序,萬曆二十五年王穉登序,張敉(即張獻翼)跋(參該館《善本書志初稿》、《善本序跋集録》)。《嘉業堂藏書志》著録。日本東京尊經閣文庫藏萬曆刻本《鸞嘯集》,子目同,唯《蒹葭館詩草》三卷、《涉江詩》七卷,卷數稍異,當係增刻之本。其《涉江詩》卷數與《存目》合。日本東京内閣文庫有明萬曆三十年序刻本《涉江詩》七卷。○北京圖書館藏清順治刻《詩慰》内有《涉江集選》一卷,選詩七十七首。《存目叢書》據以影印。非足本也。

翏翏集四十卷　明俞安期撰　**五四一五**

浙江孫仰曾家藏本(總目)。○《浙江省第四次孫仰曾家呈送書目》:「《翏翏集》四十卷,明俞安期著,六本。」○《浙江採集遺書總録》:「《翏翏集》四十卷,刊本,明吴江俞安期撰。」○北京大學藏明萬曆刻本,卷一題:「東吴俞安期羨長著,晉陵鄒之麟臣虎校」。半葉九行,行十八字,白口,四周單邊。前有新都汪道昆序,吴國倫序,郭正域序。鈐「六合徐氏孫麒珍藏書畫印」、「孫麒氏使東所得」、「希齋所得善本」、「古柳郭氏珍藏」、「延古堂李氏珍藏」、「金生閣」、「南陵徐乃昌校勘經籍記」、「南陵徐氏」、「積學齋」、「徐乃昌暴書記」、「積學齋徐乃昌藏書」等印記。《存目叢書》據以影印。北圖、上圖、臺灣「中央圖書館」、日本東京内閣文庫亦有是刻。○清光緒《三餘書屋叢書》本四卷一册,丁氏八千卷樓舊藏(見《國學圖書館現存書目》)。

江山人集七卷　明江瓘撰　**五四一六**

浙江汪汝瑮家藏本(總目)。○《浙江省第四次汪汝瑮家呈送書目》:「《江山人集》七卷,明江瓘著,二本。」○《浙江採集遺書總録》:「《江山人集》七卷,刊本,明歙縣江瓘撰。」○北京圖書館藏明嘉靖刻本,題「明新都江瓘著」。半葉九行,行十九字,白口,左右雙邊。前有嘉靖三十五年丙辰朱曰藩序,嘉靖三十五年方弘靜序,嘉靖三十九年庚申王棻序,嘉靖三十五年汪道昆撰傳,汪道昆書。卷内鈐「洪氏寶藏」等印。《存目叢書》據以影印。

尚元草八卷咏物詩二卷　明姚究撰　**五四一七**

浙江巡撫採進本（總目）。○《浙江省第八次呈送書目》：「《元岳山人詩選》八卷《詠物詩》二卷，明姚究著，六本。」○《浙江採集遺書總録》：「《元岳山人詩選》八卷《詠物詩》二卷，刊本，明秀水姚究撰。」○《兩江第二次書目》：「《元岳山人詩稿》，明姚究著，四本。」

少嶽集四卷　明項元淇撰　**五四一八**

浙江巡撫採進本（總目）。○《浙江省第五次曝書亭呈送書目》：「《少嶽詩集》四卷，明項元淇著，四本。」○《浙江採集遺書總録》：「《少岳詩集》四卷，刊本，明光禄署丞秀水項元淇撰。」○北京圖書館藏明萬曆三年項元汴墨林山堂刻本，作《少嶽詩集》四卷。題「檇李項元淇子瞻撰，項元汴子京校」。半葉十行，行二十字，白口，左右雙邊。版心下刻「墨林山堂」。前有萬曆三年首夏朔皇甫汸序，萬曆三年仲弟篤壽序。後有萬曆三年季弟元汴後叙云：「乃今流悲夜壑，輟詠春池，爰惜遺稿之漸忘，思尚存之可緝，編次勒梓，以彰其志。」後叙末有「男德純謹書」一行。《存目叢書》據以影印。津圖有是刻殘本。

蛣蜣集八卷　明鄭若庸撰　**五四一九**

兩淮鹽政採進本（總目）。○《兩淮鹽政李呈送書目》：「《蛣蜣集》八卷，明鄭若庸，四本。」○北京圖書館藏明隆慶四年胡迪刻本，題「吴門鄭若庸著，新安胡迪校梓」。半葉九行，行十八字，白口，左右雙邊。前有隆慶四年庚午鄭存仁序，隆慶四年詹玄象撰傳。後有隆慶四年胡迪刻書跋。版心刻工：裴世壘刻。《存目叢書》據以影印。川大、日本東京尊經閣文庫亦有是刻。

北遊漫稿二卷　明鄭若庸撰　五四二〇

兩江總督採進本(總目)。○《兩江第二次書目》：「《北遊漫稿》，明鄭若庸著，二本。」○《北遊漫稿詩》二卷，上海圖書館藏清藍格鈔本。卷上題「吴郡鄭若庸輯，歙邑汪良迪輯」。半葉九行，行二十字。前有隆慶三年正月既望王錫爵《刻鄭山人北游漫稿序》云：「所爲文章有傳者，固在余篋中，至今以不見大全爲恨。一日山人甥文學歸子大顯持汪子良迪所鐫是編謁余求叙。」揆其文義，似爲詩文全集之叙。卷末又有新安汪良迪跋云：「詩歌雜文列爲五卷，彙而刻之。」知隆慶三年汪良迪所刻爲詩文合集五卷，上圖所藏鈔本即源於汪刻，唯僅其詩二卷耳。卷内鈐「梁清標印」、「蕉林藏書」等印記。考清標卒於康熙三十年，此本玄字缺筆，知係康熙鈔本。《存目叢書》據以影印。○《北遊漫稿文》三卷，天津圖書館藏明隆慶三年汪良迪刻本。題「吴郡鄭若庸著，歙邑汪良迪輯」。半葉九行，行十八字，白口，左右雙邊。卷下末附録贈文四篇。後有隆慶三年己巳汪良迪跋云：「嘉靖庚申(趙)王薨國亂，先生遂去鄴，出居清源。余適服賈于斯，又獲與先生連墻居，朝夕侍鉛槧，凡其撰述之稿，皆手自鈔録，積之盈篋。兹先生將南歸，余因盡出其近年以來北遊所作，間以一二吴中舊得者參焉，詩歌雜文列爲五卷，彙而刻之。」知係隆慶三年汪良迪刻於清源者，詩文凡五卷，此僅文三卷耳。鈐「嘉惠堂丁氏藏書之印」、「四庫坿存」等印記。《存目叢書》據以影印，與上圖鈔本合爲全帙，自較館臣所見僅詩集者爲完足也。

越草一卷　明沈明臣撰　五四二一

浙江范懋柱家天一閣藏本(總目)。○《浙江省第五次范懋柱家呈送書目》:「《越草》一卷,明沈明臣著,一本。」○《浙江採集遺書總録》:「《豐對樓詩選》四十三卷《越草》一卷,刊本,明太學生鄞縣沈明臣撰。」

豐對樓詩選四十三卷　明沈明臣撰　五四二二

浙江巡撫採進本(總目)。○《浙江採集遺書總録》:「《豐對樓詩選》四十三卷《越草》一卷,刊本,明太學生鄞縣沈明臣撰。」○《浙江省第四次汪汝瑮家呈送書目》:「《豐對樓詩選》四十三卷,明沈明臣著,十二本。」○浙江圖書館藏明萬曆二十四年陳大科、陳堯佐刻本,卷一題「甬句東沈明臣嘉則父著,從子沈九疇箕仲氏選」。半葉十行,行二十字,白口,四周雙邊。前有萬曆二十四年丙申仲冬廣陵陳大科《刻豐對樓詩選序》云:「遂稍次之,付諸剞劂,屬五羊太守陳堯佐領其事,殺青於夏五月,凡七閱月始訖。」版心刻工:刘傑刊、刘雲承、瑞華、黄紹奇、刘朝相、茂槐、張茂槐、梁本智、黄貴謙、熊立吾、林茂昇、茂芬、王德瑞、君聘、江思恩、余君爵、刘云鳳、康瑞貞、温汝倫、江曰芬、文明、彭紹賢、梁應堯、黄啓立、張杜、林健、王加良、刘云承、云鶴、黄啓正、余一龍、詹文明。卷内鈐「江東羅氏所藏」等印記。《存目叢書》據以影印。浙圖此本缺卷四十三,用北圖此刻補完。北圖本鈐「長樂鄭振鐸藏書印」等印記。故宫、上圖、天一閣文管所亦有是刻。○《沈嘉則詩選》十卷,明沈明臣撰,沈九疇輯,半葉九行,行十九字,白口,左右雙邊。上圖藏。按:《提要》云「屬其猶子九疇選定爲四百篇，今未見傳本」，疑即此十卷本。○《豐對樓文集》六卷，清沈光寧鈔本。南圖藏。○《丁艾集》一卷，沈明臣撰，明隆慶二年朱家法刻本。半葉九行，行十七字，白口，四周單邊。北圖、常熟市文管會藏。○《用拙集》一卷，沈明臣撰，明隆慶刻本。半葉九行，行十七字，白口，四周單邊。北圖藏。○《青溪集》一卷，沈明臣撰，明萬曆刻本。半葉九行，行十九字，白口，左右雙邊。天一閣文管所藏。○《蒯緱集》二卷，沈明臣撰，明刻本。半葉九行，行十七字，白口，四周單邊。北圖藏。

徐文長集三十卷　明徐渭撰　五四二三

兩江總督採進本（總目）。○《兩江總督高第三次進到書目》：「《徐文長集》八本。」○《江蘇省第一次書目》：「《徐文長三集》八本。」○《江蘇採輯遺書目録》：「《徐文長三集》二十九卷，山陰徐渭撰。」○《浙江省第四次孫仰曾家呈送書目》：「《徐文長集》三十卷，明徐渭著，五本。」○《浙江採集遺書總録》：「《徐文長文集》三十卷，刊本，明諸生山陰徐渭撰，袁宏道評點。」○手稿本，作《徐文長文集》，九峰舊廬藏。道光間春如居士、吴超及達受跋，録如次：「壬子夏王仲英自南屏歸，述六舟所藏徐文長手録文集，字體奇偉，真希世物也。余亟偕觀之，讀其文，想見其人。字雖隨意所録，而一種磊落之概，猶露於楮墨間也。春如居士澤長識。」「徐文長小楷書，以山陰杜氏所藏爲最，結體端正，筆意灑脱。此雖無意爲書，而字體數萬，一綫到底，所謂棵粒中具大千世界也。蒼勁姿媚，固天池本色，無庸再綴。壬子夏日仲英吴超觀於南屏寶素室並書。」「徐文長生於正德辛巳歲，卒於萬曆癸巳歲，年七十三歲。後有自撰墓志一篇，效韓昶之例。按乙丑是嘉靖四十四年，四十五歲，遭無妄之禍，當在囹圄中所作也。是書得於山陰市廛中，雖不經中筆，具大體勢，實爲道人手抄本無疑。道光三十年六月十日南屏六舟達受隨筆妙香文室。」(見《浙江文獻展覽會專號》)。○《天池雜稿》不分卷，稿本，天津圖書館藏。○臺灣「中央圖書館」藏明萬曆二十八年會稽商濬刻本，作《徐文長三集》二十九卷附《四聲猿》一卷。題「明會稽徐渭文長著，陶望齡周望校，謝伯美開美、商濬景哲、陳汝元起侯同校」。半葉九行，行二十字，白口，四周單邊。版心下記刻工：謝應科、徐尚、徐少、趙越、單升、施見山等。前有萬曆庚子春仲翰林院編修同郡陶望齡序云：「徐渭文長故有三集，行者《文長集》十六卷、《闕篇》十卷，藏者《櫻桃館集》若干卷。行者板既弗善，而渭没後，藏者又寖亡軼。予友商景哲及游渭時，心許爲彙刻之。及是嘆曰：吾曩雖不言，然不可心負亡者。遂購寫而合之，屬望齡詮次，授諸梓。……仍其始，名曰《文長三集》。」又陶望齡撰傳，袁宏道撰傳。鈐「陽湖陶氏涉園所有書籍之記」等印(參該館《善本書志初稿》、《善本序跋集録》)。中央民大、南圖、浙圖、華東師大亦有是刻。又有萬曆四十七年印本，商濬改爲商維濬。北圖、北大藏。○中國社科院文學所藏明萬曆四十二年鍾人傑刻本，作《徐文長文集》三十卷附《四聲猿》一卷。題「公安袁宏道中郎評點，門人閔德美子善校訂」。半葉九行，行二十字，白口，四周單邊。前有萬曆四十二年甲寅虞淳熙長孺父序。又黄汝亨序云：「鍾生瑞先，嗜異人，常三復其集，因得中郎帳中本，遂喜而校刻之。」正文後有陶望齡撰傳，次《四聲猿》。《四聲猿》前有鍾人傑引云：「因得中郎所點評者，圖而行之。」此本三十卷，較商刻二十九卷本篇目多寡及順序稍有不同，二十九卷本卷十二附有詞，此本則獨立爲卷十三，以下各卷依次後移，故爲三十卷。《存目叢書》據以影印。北圖、上圖、浙圖等多有是刻。○明刻本，作《徐文長文集》三十卷，袁宏道評點，行款版式同前本。北圖、上圖、南圖等多處藏。南圖另有明祁理孫手批本。○清道光二十六年南海潘氏刻本，作《青藤書屋文集》三十卷《補遺》一卷，《海山仙館叢書》之一。○民國二十八年商務印書館據《海山仙館叢書》本排印，收入《叢書集成初編》。○一九一一年石印本，作《青藤書屋文集》三十卷。復旦藏。○按：《提要》云：「渭所著有《文長集》、《闕篇》、《櫻桃館集》三種，鍾瑞先合刻之，以成此集。又有商濬所刻，題曰《徐文長三集》者，亦即此本。」此說倒先爲後。合刻三集者爲商濬，鍾瑞先（人傑）重刻之，增袁宏道評點耳，觀陶望齡、黄汝亨序可知也。

徐文長逸稿二十四卷　明徐渭撰　五四二四

江蘇周厚堉家藏本（總目）。○《江蘇省第一次書目》：「《徐文長逸稿》五本。」○《江蘇採輯遺書目録》：「《徐文長逸稿》二十四卷，徐渭撰，張世霖、王思任選。」○蘇州大學藏明天啟三年張維城刻本，卷一題「山陰張汝霖肅之父、王思任季之父評選，張維城宗之父較輯」。半葉九行，行二十字，白口，四周單邊。前有天啟三年癸亥張汝霖序云：「余孫維城蒐其佚書十數種刻之，而欲余一言以弁其端。」次青藤山人小像，次《徐文長自著畸譜》一卷，次目録、正文。《存目叢書》據以影印。北圖、上圖、南圖等多有是刻。○民國二十四至二十五年上海貝葉山房排印《中國文學珍本叢書》第一輯本。首都圖、津圖、上圖等藏。○《徐文長逸草》十卷，清徐沁輯，清初息耕堂鈔本，清張岱跋。天一閣文管所藏。○《徐渭集》四册，一九八三年中華書局排印本。收《徐文長三集》、《徐文長逸稿》、《徐文長逸草》三集及《四聲猿》、《歌代嘯》二雜劇，並輯《補編》一卷《附録》一卷。較爲完善。

朱邦憲集十五卷　明朱察卿撰　**五四二五**

江蘇巡撫採進本（總目）。○《江蘇省第一次書目》：「《朱邦憲集》四本。」○《江蘇採輯遺書目録》：「《朱邦憲集》十五卷，贈工部郎中松江朱察卿著。」○北京大學藏明萬曆六年朱家法刻增修本，十五卷附録一卷。卷一題「雲間朱察卿邦憲著，四明沈明臣嘉則校」。半葉九行，行十八字，白口，左右雙邊。前有嘉靖六年戊寅王世貞序云：「邦憲卒，亡何，其子家學、家賔、家教、家法等梓其遺詩文數百篇，而屬余序之。」又云：「邦憲所竆善友生曰沈明臣，玆集多其校讎。」卷十五末有男家法刻書識語，後題「不肖孫長世、長統重刻」。附録一卷收碑傳等。《存目叢書》據以影印。北圖、日本東京内閣文庫亦有是刻。福師大有殘本，缺卷十一，卷七至十抄配。臺灣「中央圖書館」亦有殘本，存卷一至十。

白陽集無卷數　明陳淳撰　**五四二六**

江蘇巡撫採進本（總目）。○《江蘇省第一次書目》：「《陳白陽集》二本。」○《江蘇採輯遺書目録》：「《陳白陽集》二册，長洲諸生陳淳著。」○《浙江省第四次汪汝瑮家呈送書目》：「《白陽集》不分卷，明陳淳著，二本。」○《浙江採集遺書總録》：「《白陽集》二册，刊本，明監生長洲陳淳撰。」

○北京大學藏明萬曆四十三年陳仁錫閲帆堂刻《陳沈兩先生稿》本，作《陳白陽集》十卷《附録》一卷。題「古吴陳淳道復父著，同郡錢允治功甫父校，從孫仁錫編」。半葉九行，行十九字，白口，四周雙邊。版心下刻「閲帆堂」。前有萬曆四十三年乙卯錢允治序，萬曆四十三年傅汝霖序，後有萬曆三十七年陳詩雅後序。據錢、傅兩序，知爲萬曆四十三年陳仁錫刻本。鈐「周璠之印」、「玉符」、「壽華盦」、「芙川聚好」、「蓉鏡過眼」等印記。是本寫刻甚精。《存目叢書》據以影印。南圖、浙大、山東祁縣圖、日本静嘉堂亦有是刻。

隆池山樵集二卷　明彭年撰　**五四二七**

浙江孫仰曾家藏本（總目）。○《浙江省第四次孫仰曾家呈送書目》：「《隆池山樵集》二卷，明彭年著，一本。」○《浙江採集遺書總録》：「《隆池山樵集》二卷，刊本，明長洲彭年撰。」○北京圖書館藏明刻本，作《隆池山樵詩集》二卷。題「句吴彭年著，太倉曹昌先、崑山張文柱仝校」。半葉九行，行十八字，白口，四周雙邊。前有王世貞序云：「今者觀察使巴蜀蹇公來蒞吾州，文酒之暇，屈指前喆，相與及兹事，乃亦慨然損二月俸，集良工與材，不改鑽而孔嘉之集成。」卷内鈐「蕉林藏書」印。封面書「大癡道人嗜古珍藏」一行。《存目叢書》據以影印。

止止堂集五卷　明戚繼光撰　**五四二八**

浙江孫仰曾家藏本（總目）。○《浙江省第四次孫仰曾家呈送書目》：「《止止堂集》五卷，明戚繼光著，四本。」○《浙江採集遺書總録》：「《止止堂集》五卷，刊本，明少保右都督登州戚繼光撰。」○明萬曆刻本，半葉九行，行十八字，白口，單白魚尾，四周雙邊。臺灣「中央圖書館」藏本存《横槊稿》三卷，前有萬曆十四年丙戌王世貞序。鈐「抱經堂」印。南京圖書館藏本存《横槊稿》卷中卷下兩卷。《明代版本圖録初編》有書影。○明鈔本四卷，上圖藏。○吉林省圖書館藏清光緒十四年山東書局刻本五卷。包括《横槊稿》上中下三卷、《愚愚稿》二卷。《横槊稿》後有《附録》一卷，補入《登盤山絶頂》等詩二十五首。封面篆題「明戚武毅公止止堂集五卷」，下署「後學順德李文田寫題」，後篆牌記「光緒十四年十二月山東書局謹依四庫館明本重刊」三行。次《四庫提要》一條。次《四庫館抽燬書目》一條：「《止止堂集》五本，查《止止堂集》係明戚繼光撰，集内『楊王啟運』一條、『宋瀛國公』一條皆有偏繆，應請抽燬。」次光緒十五年三月翰林院編修王懿榮《重刻明戚武毅公止止堂集叙》云：「光緒己卯、庚辰間，登州志局方纂《藝文志》，求戚武毅公此集不得，僅於其家得書一卷，乃後人所輯公詩十餘首及私傳數事，遂以著録，蓋强名集。後三四年，懿榮乃從翰林院署借得此集明刻五本，即乾隆間四庫館收録之底本也。中有『楊王啟運』一條、『宋瀛國公』一條，當時奏准抽燬。又末缺數葉，亦無從搜補。於是募工對臨一通，悉如原刻。謹以官本還署。又後三四年，……值山東書局方謀刻國朝以來海内未刻之書，爰舉此集郵介張公重刻之。」按：《愚愚稿》下卷第一條末有注云：「此下抽出應燬楊王啟運、宋瀛國公二條。」即《抽燬書目》所列二條。又按：此本係王懿榮從翰林院借鈔，亦存目諸書儲存翰林院之一證，或云儲武英殿，與事實未合。曩見大連圖書館藏孔尚任《節序同風録》鈔本四册，鈐「王懿榮印」，當亦王氏從翰林院借鈔者，皆人間罕傳之書也。《存目叢書》用吉林省圖是刻影印。山東圖、山東大、復旦、南開等多有是刻。近年中華書局排印標點本亦從此刻出。

句漏集四卷　明顧起綸撰　**五四二九**

浙江范懋柱家天一閣藏本(總目)。○《浙江省第五次范懋柱家呈送書目》：「《句漏集》四卷，明顧起綸著，二本。」○《浙江採集遺書總録》：「《句漏集》四卷，寫本，明蘇州顧起綸撰。」○北京圖書館藏明藍格鈔本，題「勾吴顧起綸著，錢塘洪楩編」。前有目録，首葉鈐「翰林院印」滿漢文大官印，又鈐「詩龕書畫印」、「詩里求人，龕中取友，我褱如何，王孟韋柳」、「曾在周叔弢處」等印。《存目叢書》據以影印。

赤城集三卷　明顧起綸撰　**五四三〇**

浙江范懋柱家天一閣藏本(總目)。○《浙江省第五次范懋柱家呈送書目》：「《赤城集》三卷，明顧起綸著，一本。」○《玄言齋集》二卷，顧起綸撰，明王問輯並評，明嘉靖三十二年奇字館刻本。天一閣文管所藏。○《澤秀集》七卷《總編》一卷，顧起綸撰，楊慎等評，洪楩輯，明嘉靖四十五年吴郡朱氏竹素齋刻本。卷一題「明無錫顧起綸著，同邑王問、李文麟、成都楊慎、長洲皇甫汸評選，錢唐洪楩編次」。卷末題「男祖源校梓」。半葉九行，行十八字，黑口，左右雙邊。版心下有刻工：何鑰、邵埴、何鎡、何詮、何鑑、何貞、何釗等。前有嘉靖四十五年丙寅田汝成序。次集評，次《總編》，次正文。《總編》末刻「吴郡閶門採槁朱氏竹素齋雕」兩行小字(見臺灣「中央圖書館」《善本書志初稿》)。

上圖有是刻卷一至三。○《昆明集》二卷，顧起綸撰，原北平圖書館藏明嘉靖三十四年昆明五華書院刻本一册，王重民《善本提要》著録，現存臺北「故宫」。

卯洞集四卷　明徐珊撰　五四三一

浙江汪汝瑮家藏本(總目)。○《浙江省第四次汪汝瑮家呈送書目》：「《卯洞集》四卷，明徐珊著，一本。」○《浙江採集遺書總録》：「《卯洞集》四卷，刊本，明知府餘姚徐珊撰。」○浙江圖書館藏明嘉靖二十四年刻本，題「餘姚三溪徐珊著，沅陵門人陳煦校」。半葉十行，行二十字，白口，左右雙邊。前有嘉靖二十三年甲辰胡鰲序，後有嘉靖二十四年乙巳計士元跋。鈐「韞輝堂記」印。《存目叢書》據以影印。

傅山人集三卷　明傅汝舟撰　五四三二

浙江范懋柱家天一閣藏本(總目)。○《浙江省第五次范懋柱家呈送書目》：「《傅山人集》三卷，明傅汝州著，一本。」○《浙江採集遺書總録》：「《傅山人集》三卷，寫本，明侯官傅汝舟撰。」○《傅山人集》七種十三卷，臺灣「中央圖書館」藏明萬曆刻本十二册。子目：《七幅庵》一卷、《吴遊記》一卷、《唾心集》二卷、《步天集》二卷、《英雄失路集》二卷、《拔劍集》三卷、《笠筱集》二卷。半葉八行，行二十字，白口，四周單邊。各集非一時所刻，版式不同。○《丁戊山人詩集》三種十四卷，日本東京内閣文庫藏明刻本。子目：《行己外編》十二卷、《粤吟稿》一卷、《嘹藝棄存》一卷。○《傅木虚集》八種十五卷，福建師大藏清光緒七年福州郭氏沁泉山館刻《明閩中高傅二山人集》本。子目：

《七幅庵草》一卷、《吴遊記》一卷、《拔劍集》三卷、《笠篌集》二卷、《唫心集》二卷、《步天集》二卷、《英雄失路集》二卷。上圖亦有是刻。

五四三三 包參軍集六卷 明包大中撰

浙江巡撫採進本(總目)。○《浙江省第五次鄭大節呈送書目》：「《包參軍集》六卷，明包大中著，二本。」○《浙江採集遺書總録》：「《包參軍集》，刊本，明參軍鄞縣包大中撰。」○《提要》云：「是集隨事立名，曰《薄游集》，曰《武夷集》，曰《歸來集》，曰《台鴈集》，各一卷，曰《東征漫稿》二卷。」○《東征漫稿》二卷，原北平圖書館藏明嘉靖三十六年刻本一册，題「四明包大中著」。半葉八行，行十八字。王重民《善本提要》著録，現存臺北「故宫」。

五四三四 滄漚集八卷 明張重華撰

江蘇周厚堉家藏本(總目)。○《江蘇省第一次書目》：「《滄漚集》四本。」○《江蘇採輯遺書目録》：「《滄漚集》八卷，華亭張重華著。」○中國科學院圖書館藏明萬曆間華亭張氏原刻本八卷八册。題「華亭張重華虞侯著」。半葉九行，行十九字，白口，四周單邊。版心上方刻「晴陽堂」，下有刻工：雲間孫訥刻、武林孫應科刻。前有豫章洪陽居士張位序云：「先梓八卷，名曰《滄漚集》。辛卯春，雲間沈生孺休來豫章，虞侯削櫝丐余序，余時苫居，未能應。夏五月，書再至，勉題數語云。」辛卯爲萬曆十九年，蓋即刻于是年。又姜寶序。又門生陳于廷《刻滄漚集小引》云：「小子不揣紕陋，曾任校字之職，刻成，將笥之南遊太學，印正天下賢豪長者。」次助梓姓氏，列閩中李開藻、徽州金元慶、徽州汪仲圭、華亭董志學、華亭鄭昭服、華亭徐坪等六人所助銀兩。次張重華識語云：「刻既成，廼録之，存盛心也。」《存目叢書》據以影印。山東圖、臺灣「中央圖書館」、日本内閣文庫亦有是刻。

栗齋文集十一卷　明金瑶撰　五四三五

安徽巡撫採進本(總目)。○《安徽省呈送書目》：「《栗齋文集》四本。」○《編修鄭交出書目》：「《栗齋文集》四本。」○上海圖書館藏明萬曆四十一年汪從龍等瀛山書院刻本，作《金栗齋先生文集》十一卷。半葉九行，行二十字，白口，四周單邊。總目後題「萬曆四十一年癸丑菊月刻于瀛山書院」，次列名：「外孫邑庠生汪從龍、汪時震、内姪國子生汪嗣志、外曾孫邑庠生汪鍾鼎、郡庠生汪鍾日、國子生汪繼美仝校梓。」前有萬曆四十四年丙辰范淶序云：「今其外孫汪從龍氏諸生梓所集於瀛山書院者十一卷。」後有萬曆四十四年汪從龍跋。范序後有刻工：黄奇刻。版心下記刻工：黄德聚、黄大年、黄清之、葉茂實、实、黄啓先、黄兆清、兆清、德聚、黄應星、元、惟、拱、正。鈐「餘姚謝氏永耀樓藏書」印。《存目叢書》據以影印。王重民《善本提要》著録原北平圖書館藏一部，鈐「翰林院印」，今存臺北「故宫」。日本内閣文庫亦有是刻。按：刻書人汪從龍，《四庫提要》誤爲江從龍。

檗菴集二卷　明汪禔撰　五四三六

編修汪如藻家藏本(總目)。○《江蘇採輯遺書目録》：「《祁門汪氏三先生集》十八卷《附》一卷，清汪宗豫輯，刊本。」内有《㜰庵集》二卷。○北京大學藏清康熙十八年刻《汪氏家集三種》本。題「祁門汪禔介夫著，同族後學懋麟蛟門選輯，裔孫宗豫武山校梓」。半葉十一行，行二十一字，黑口，四周雙邊。前有康熙十八年己未胡士著序，陳光華序。胡序云：「武山從敝笥中檢而付之剞劂，功不僅表章㜰菴已也。」是康熙十八年汪宗豫刻本。鈐「振綺堂兵燹後收藏書」等印記。《存目叢書》據以影印。山西大、大連圖、湖北襄陽圖亦有是刻。

湛然堂詩稿無卷數　明陳汝瑒撰 **五四三七**

江西巡撫採進本（總目）。○四川大學藏明崇禎陳邦綸刻本，不分卷。題「高安陳汝瑒席珍著，不肖男邦綸刻，會稽陳起元長公選」。半葉八行，行十八字，白口，四周單邊。前有崇禎十年丁丑春倪元珙序，後有陳起元後序。倪序謂「先生次胤源湛君傳先生學，先生歿，始擁臯會稽，思損苜蓿之俸以繡先生集」，知係崇禎十八年陳邦綸會稽刻本。鈐「華西協和大學圖書館」印記。《存目叢書》據以影印。

龜川詩集四卷　明董緒撰 **五四三八**

江西巡撫採進本（總目）。○《提要》云：「其子刑部尚書裕初刻於東莞，歲久版漶，其裔孫又爲重刻。」

田子藝集二十一卷　明田藝蘅撰 **五四三九**

浙江汪汝瑮家藏本（總目）。○《浙江省第四次汪汝瑮家呈送書目》：「《田子藝集》二十一卷，明田藝蘅著,八本。」○《浙江採集遺書總録》:「《田子藝集》二十一卷,刊本,明休寧教諭錢塘田藝蘅撰。」○《香宇集》三十四卷《拾遺》一卷,田藝蘅撰,明嘉靖刻本。半葉十行,行二十字,細黑口,四周雙邊。北圖、日本東京尊經閣文庫藏。

方建元詩集十二卷續集一卷　明方于魯撰　五四四〇

浙江孫仰曾家藏本(總目)。○《浙江省第四次孫仰曾家呈送書目》:「《方建元集》十四卷,明方于魯著,四本。」○《浙江採集遺書總録》:「《方建元集》十四卷,刊本,明歙縣方于魯撰。」○南京圖書館藏明萬曆家刻本,作《方建元集》十四卷《佳日樓詞》一卷《續集師心草》一卷。題「新都受光生方于魯著」。半葉八行,行十七字,白口,四周單邊。版心下刻「佳日樓集」。前有萬曆二十二年甲午梅守箕序,屠隆序,林兆珂序。卷尾附《方建元續集師心草》一卷,前有萬曆三十六年戊申子嘉樹識語云:「及《佳日集》梓行,而海内縉紳賢士幸不見辱。嗣而觸事興歌,遣譏寄慨。……痛念手澤,忍敢湮沉,鐫附《佳日集》後。」知前集爲生前刻,《師心草》則身後子嘉樹萬曆三十六年增刻。《存目叢書》據以影印。社科院文學所、上圖亦有是刻。

石西集八卷附崇禮堂詩一卷　明汪子祜撰　附明汪伯薦撰　五四四一

編修汪如藻家藏本(總目)。○《江蘇採輯遺書目録》:「《汪氏集》十八卷,刊本。」内有《石西集》八卷。○南京圖書館藏清康熙十八年汪宗豫刻本,題「祁門汪子祜受夫著,同族後學耀麟叔定選輯,五世孫宗豫武山校梓」。半葉十一行,行二十一字,黑口,四周雙邊。前有康熙十八年吴綺序,康熙十八年族後學耀麟序，康熙十八年陳希昌撰《傳》，壬子自序。後附《崇禮堂詩》一卷，題「祁門汪伯薦士倩著，男宗豫武山較梓」。前有康熙十八年陳希昌撰《士倩先生傳》。《存目叢書》據以影印。北圖亦有是刻。又北大、山西大、大連圖、湖北襄陽圖藏康熙十八年刻《汪氏家集三種》本，亦即是刻。

石盂集十七卷　明汪坦撰　**五四四二**

兩江總督採進本（總目）。○《兩江第二次書目》：「《石盂集》，明汪坦著，四本。」○中國科學院圖書館藏明萬曆刻本，題「鄞汪坦仲安著」。半葉九行，行二十字，白口，左右雙邊。刻工：宋、葉、朱、順、文、蔡、戴、阮、夏。有萬曆十四年丙戌屠隆序。包背裝，四册。北圖有殘本，存卷十一至十四。○清徐氏煙雨樓鈔本，十四卷。天一閣文管所藏。

石門詩集一卷　明高瀔撰　**五四四三**

福建巡撫採進本（總目）。○《福建省呈送第六次書目》：「《石門詩集》。」○《提要》云：「一名《霞居集》。」又云：「瀔詩向未付梓，流傳俱屬鈔本。」○清鈔本一卷，江西圖藏。○北京師大藏清道光二十一年刻本，作《石門集》七卷。題「明侯官高瀔宗呂著，邑後學郭柏蒼蒹秋編，郭柏薌合亭校」。半葉九行，行十八字，白口，左右雙邊。前有道光二十一年郭柏蒼序云：「傳之以待論者。」又林向哲序，林棒序。《存目叢書》據以影印。北圖、山西大、東北師大等亦有是刻。○清光緒七年福州郭氏沁泉山館刻《明閩中高傅二山人集》本，作《石門集》七卷。福建師大藏。

東厓遺集二卷　明王襞撰　五四四四

浙江汪汝瑮家藏本(總目)。○《浙江省第四次汪汝瑮家呈送書目》:「《東厓先生集》二卷,明王襞著,二本。」○《浙江採集遺書總録》:「《東厓先生集》二卷,刊本,明泰州王襞撰。」○《兩江第一次書目》:「《東厓集》,明王襞著,二本。」○南京圖書館藏明萬曆刻崇禎重修本,作《新鐫東厓王先生遺集》二卷附《新刻王心齋先生奏疏類編》一卷《别傳類編》一卷。半葉九行,行十九字,白口,四周雙邊或單邊。中共中央黨校藏明萬曆刻明崇禎至清嘉慶遞修本,作《新鐫東厓王先生遺集》二卷。卷上題「秣陵焦竑弱侯父校正,閩門人林訥公敏父仝校,三塘後學程泮子芹父梓行,男王之詮存遺,侄孫王元鼎編輯,曾孫王翹林、王翹楚參閱」。前有原序,目録,凡例。凡例末署「萬曆辛亥春上丁日猶烏居士謹識」。次像、贊、祭文等。卷上始爲《年譜紀略》。卷下末列門人名氏,凡百數十人。後有嘉慶二十三年跋云:「先祖心齋公遺集,前明百餘年間凡六刻板,合一菴公、東厓公集珍藏於士大夫之家者多矣。至我朝四庫館中曾加採録,傳益廣焉。顧板藏後嗣者(八世裔孫方遐及煌舊藏板于家),年久頗多殘缺,遺書亦漸散失,爰懷述典而忘之懼,購遺板,考藏書,修補其鈌漏,謹完其舊。」此嘉慶二十三年裔孫修補《心齋》、《東厓》等集之跋語。《東厓遺集》仍萬曆舊板,凡補板多左右雙邊,其四周雙邊者當是原刻。原定爲清刻本,今更正。《存目叢書》據以影印。○南京圖書館藏鈔本,作《東厓遺集》二卷附《心齋類編》二卷,四册。○清宣統二年東台袁氏排印本,作《明儒王東厓先生遺集》二卷首一卷,與《明儒王心齋先生遺集》合訂。内蒙圖藏。

僦寮集一卷　舊本題古杭月堂宗賢撰　**五四四五**

浙江巡撫採進本（總目）。〇《浙江省第十一次呈送書目》：「《僦寮集》，明釋宗賢著，一本。」〇北京圖書館藏清李氏研録山房鈔本二卷，題「古杭月堂宗賢著」。半葉十一行，行二十四字，緑格，白口，左右雙邊。版心下印「東武李氏研録山房校鈔書籍」雙行小字。無序跋。鈐「李瓚煜印」、「硯録山房藏書善本」等印記。《存目叢書》據以影印。〇厦門市圖書館藏清鈔本二卷，半葉十一行，行二十二字。

松菊堂集二十四卷　明孫鏊撰　**五四四六**

浙江孫仰曾家藏本（總目）。〇《浙江省第四次孫仰曾家呈送書目》：「《松菊堂集》二十四卷，明孫鏊著，六本。」〇《浙江採集遺書總録》：「《松菊堂集》二十四卷，刊本，明餘姚孫鏊撰。」〇上海圖書館藏明萬曆三十八年張垣刻本，作《端峰先生松菊堂集》二十四卷。題「東越孫鏊著」。半葉九行，行十八字，白口，左右雙邊。前有萬曆三十八年楚郢門下晚學生張垣序云：「垣遇忝國士，獲竊窺其家學，謹繡梓人，公之文苑。」《存目叢書》據以影印。

鄭京兆集十二卷外集二卷　明鄭心材撰　**五四四七**

浙江巡撫採進本（總目）。〇《浙江省第五次曝書亭呈送書目》：「《鄭京兆集》十二卷《附録》二卷，明鄭心材著，十本。」〇《浙江採集遺書總録》：「《鄭京兆集》十二卷，刊本，明治中海鹽鄭心材撰。」〇《提要》云：「是其爲其壻項臯謨所校。」又云：「其《外集》别題曰《葬録》。」〇日本東京尊經閣文庫藏明萬曆四十三年刻本，作《鄭京兆文集》十二卷首一卷附《葬録》二卷。

冬谿集二卷　明釋方澤撰　**五四四八**

浙江巡撫採進本(總目)。○《浙江省第六次呈送書目》:「《冬谿集》二卷,明釋方澤著,二本。」○《浙江採集遺書總録》:「《冬谿内集》二卷《外集》二卷,刊本,明釋嘉善方澤撰。」○《提要》云:「上卷爲《外集》,下卷爲《内集》。以詩爲外,以文爲内。」○明隆慶五年刻本,作《冬谿外集》二卷《内集》二卷末一卷。日本東京尊經閣文庫藏。臺灣「中央圖書館」藏是刻,存《冬谿外集》二卷《續稿》一卷。題「檇李釋方澤著,平湖陸光祖校選」。半葉九行,行十九字,白口,雙白魚尾,左右雙邊。前有張之象序,隆慶三年已未彭輅《冬谿外内集序》,隆慶四年曹大章序,隆慶五年辛未陸光祖《刻冬谿禪師集序》。卷下尾題下有寫工刻工:長洲吴曜書,陳益、鄭國祥、林朝祖等刻。鈐「吴興劉氏嘉業堂藏書記」等印(參該館《善本書志初稿》)。

徐花潭集二卷　明嘉靖中朝鮮生員徐敬德撰　**五四四九**

浙江巡撫採進本(總目)。○《浙江省第十二次呈送書目》:「《徐花潭集》二卷,明朝鮮徐敬德著,一本。」○《浙江採集遺書總録》:「《徐花潭先生集》二卷,知不足齋寫本,明高麗生員徐敬德撰。」

右明代中

四庫存目標注卷五十四

滕州　杜澤遜　撰

集部五

别集類四

滄海披沙集十三卷　明泌水王朱珵堦撰　**五四五〇**

江蘇巡撫採進本（總目）。○《江蘇省第二次書目》：「《滄海披沙集》六本。」○《江蘇採輯遺書目録》：「《滄海披沙集》十三卷，泌水王珵堦著，刊本。」

芝堂遺草七卷　明葉朝榮撰　**五四五一**

福建巡撫採進本（總目）。○《福建省呈送第五次書目》：「《芝堂遺草》四本。」○福建師大藏明萬曆刻本，存卷一至三。題「福清桂山葉朝榮著，男向高校輯」。半葉十行，行十九字，白口，四周雙邊。前有南昌劉曰寧序,萬曆三十四年丙午朱國楨序,葉向高《刻芝堂遺草述》。朱序云:「少宰臺山公刻《蒼霞草》行於世,復理尊公桂山先生遺文梓之。」則係萬曆三十四年葉向高刻本。鈐「葉向高印」、「千古文章」二印。蓋家藏原印本,惜已佚去四卷。《存目叢書》據以影印。

四遊稿六卷　明趙志皐撰　**五四五二**

浙江巡撫採進本(總目)。○《浙江省第六次呈送書目》:「《四遊稿》六册,明張位著,三本。」○《浙江採集遺書總録》:「《四遊稿》六卷,刊本,明大學士南昌張位撰。」按:進呈目與《提要》撰人不合,未知孰是。○《趙文懿公文集》四卷《附録》一卷,趙志皐撰,明崇禎趙世溥刻本。半葉九行,行二十字,白口,四周單邊。中科院圖、天一閣文管所藏。

朱秉器集八卷　明朱孟震撰　**五四五三**

浙江汪汝瑮家藏本(總目)。○《浙江省第四次汪汝瑮家呈送書目》:「《朱秉器集》八卷,明朱孟震著,八本。」○《浙江採集遺書總録》:「《朱秉器集》八卷,刊本,明山西巡撫副都御史新淦朱夢震撰。」○《兩江第一次書目》:「《朱秉器集》,明朱孟震著,八本。」○《江西巡撫海第三次呈送書目》:「《朱秉器集》八本。」○《提要》云:「此集文四卷、詩四卷,爲張九一所選録。」○臺灣「中央圖書館」藏明萬曆刻《朱秉器全集》本,作《朱秉器文集》四卷、《朱秉器詩集》四卷。文集題「新淦朱孟震著,武昌吴國倫、新蔡張九一選」。半葉九行,行十八字,白口,四周單邊。詩集題「新淦朱孟震著,武昌吴國倫、新蔡張九一、晉江黄克晦、維揚柳應芳、臨川朱元芳選」。半葉九行,行十六字。

《全集》前有汝南張九一序，版心有刻工：盧陵肖亮刊、盧陵蕭亮刻。詩集有任瀚叙，萬曆十三年乙酉張九一叙，萬曆十六年戊子吴國倫序，萬曆十二年甲申陳文燭序，萬曆十八年庚寅袁應祺序。鈐「陽湖陶氏涉園所有書籍之記」等印（參該館《善本書志初稿》）。北大、中科院圖、上圖等亦有是刻。

穀城山館文集四十二卷　明于慎行撰　**五四五四**

山東巡撫採進本（總目）。○《山東巡撫呈送第一次書目》：「《穀城山館文集》十八本。」○《穀城山館詩集》二十卷，明萬曆三十二年自刻本。題「東阿于慎行著，門人臨邑邢侗、門人秋浦楊日森仝校」。半葉九行，行十八字，白口，四周單邊。前有葉向高序云：「謝病歸，優悠林壑者嬴十稔，……僅以其所爲詩如干卷梓之吴會間。屬余以滿考道阿城，謁先生於家，先生出以示余，使序焉。」又邢侗序云：「先生時年正六十，……比以一編馳示小子侗，曰此余平生所爲韻語也，子其爲我校之紀之。」慎行生嘉靖二十四年乙巳九月二十九日，卒於萬曆三十五年丁未十一月二十二日，年六十三。邢序云「時年正六十」，則付梓於萬曆三十二年甲辰。清華、中科院圖、津圖、復旦、重慶圖、臺灣「中央圖書館」均有是刻。《四庫全書》收録。○《穀城山館詩集》二十卷《文集》四十二卷，明萬曆三十五年周時泰南京刻本，總名《穀城山館全集》。《詩集》題「東阿于慎行著，門人邢侗校，門人郭應寵編」。《文集》題「東阿于慎行著，北海董可威校，門人郭應寵編」。半葉九行，行二十字，白口，四周單邊。前有葉向高全集序云：「此《于文定公集》也。歲甲辰，余過穀城，公出其所梓詩，命余序之。余謂公文何不以傳。公曰力不任梓耳。余至白門，以告太學生周時泰。時泰請任斯役。公乃裒其生平所著作，删定釐次。蓋又更兩歲而始寄余，時丁未初夏也。未幾，而余與公同被綸扉之命，同入都。而公有末疾卧邸中，不旬日逝矣。逝之日，時泰適告成事，以公集來，並其詩合刻之。公猶反覆繙閱，刊訛摘謬，仍以一帙示余。余讀未數行，忽報公目已瞑也。」即此可知《詩集》以萬曆三十二年甲辰于氏自刻本爲初刻，至三十五年周時泰重刻於金陵。《文集》則萬曆三十五年周時泰金陵刻本爲初刻，其後慎行之子于緯重刻之。周刻《詩集》另有葉向高、邢侗、陸樹聲三序。周刻本北大、南開、南圖、臺灣「中央圖書館」等有藏。上圖藏本有清查慎行、查岐昌跋。○《穀城山館文集》四十二卷，明萬曆于緯刻本。北京圖書館藏本題「東阿于慎行著，門人郭應寵編，北海董可威、都門李本緯、天中李時馥校，男于緯重梓」。半葉九行，行十八字，白口，四周單邊。版心刻工：仲、世、春、正、信、史、宋、君、吴、焦、刘、進等。鈐「畢際有載積氏藏書」、「畢盛鉅耳豫藏書」等印記。按：畢際有，康熙間山東淄川人，盛鉅其子也。父子皆好藏書，蒲松齡館其家三十餘年，情誼甚篤。《存目叢書》據以影印。此刻與于氏自刻《詩集》合印，大連圖書館亦有一部。康熙間又合《詩集》、《文集》、《穀山筆麈》十八卷、《讀史漫録》十四卷彙印爲《穀城山館全集》九十四卷，山東圖書館藏，楊氏海源閣故物，合裝一楠木匣，蓋鐫「于文定公所著書」、「詩文集、筆麈、讀史漫録」、「海源閣楊氏珍藏」，隸書，極精雅。

龐眉生集十六卷　明于慎思撰　**五四五五**

山東巡撫採進本（總目）。○《山東巡撫呈送第一次書目》：「《龐眉生集》四本。」○山西運城市圖書館藏明萬曆二十七年東阿于氏家刻本。題「東阿于仲子愼思著」。半葉九行，行十八字，白口，四周單邊。前有萬曆二十七年己亥母弟愼行《刻龐眉生集叙》云：「及行歸田，頗多暇日，乃從子綮索之，又復散佚，於殘編斷簡中定其可讀者若干首，付綮梓之家塾。」卷十六爲「宋體樂府」十六首、「元體樂府」十九首。《存目叢書》據以影印。上圖亦有是刻。社科院文學所本殘存四卷一册。

程幼博集六卷　明程大約撰　于愼行選　**五四五六**

浙江孫仰曾家藏本（總目）。○《浙江省第四次孫仰曾家呈送書目》：「《程幼博集詩文》共六卷，明程大約著，六本。」○《浙江採集遺書總録》：「《程幼博集》六卷，刊本，明新安程大約撰。」○《圜中草》二卷，程大約撰，明萬曆二十七年刻本。日本東京内閣文庫藏。

雲東拾草十四卷附録一卷　明韓世能撰　**五四五七**

浙江孫仰曾家藏本（總目）。○《浙江省第四次孫仰曾家呈送書目》：「《雲東拾草》十四卷，明韓世能著，六本。」○《浙江採集遺書總録》：「《雲東拾草》十四卷，刊本，明禮部侍郎長洲韓世能撰。」○《提要》云：「是集爲所自編，没後二十年，其子逢祐乃刊行。」

玉恩堂集九卷附録一卷　明林景暘撰　**五四五八**

浙江孫仰曾家藏本（總目）。○《浙江省第四次孫仰曾家呈送書目》：「《玉恩堂集》十卷，明林景暘著，十本。」○《浙江採集遺書總録》：「《玉恩堂集》十卷，刊本，明南京太僕寺卿華亭林景暘撰。」○《江蘇省第二次書目》：「《玉恩堂集》五本。」○《江蘇採輯遺書目録》：「《玉恩堂集》十卷，太僕寺卿松江林景暘著,刊本。」○浙江圖書館藏明萬曆三十五年林有麟刻本,作《玉恩堂集》十卷。題「雲間林景暘紹熙甫著」。半葉九行,行二十字,白口,左右雙邊。前有王錫爵序,張以誠序,杜士全序。又萬曆三十五年丁未孟冬男有麟序云:「廼釐其篇什,訂其魯魚,付之梓人,藏之家塾。」卷十爲「附刻碑文誌狀」,即《存目》所謂《附録》一卷。《存目叢書》據以影印。日本内閣文庫亦有是刻。原北平圖書館藏一部,殘存四卷,現存臺北「故宫」,王重民《善本提要》著録。上圖亦有殘帙。

醒後集五卷續集一卷附京省次五卷　明盧維禎撰　**五四五九**

福建巡撫採進本(總目)。○《福建省呈送第六次書目》:「《醒後集》。」○首都圖書館藏明萬曆三十二年至三十三年自刻三十八年續刻本,作《醒後集》五卷(卷二缺)《續集》一卷。題「水竹居士著」。半葉十行,行二十字,白口,四周雙邊。前有薛士彦序云:「左司徒瑞峰先生既致部事歸,歸而又十餘年,始裒其生平所撰著文若詩,付之剞劂,命之曰《醒後集》。」卷一末列名:「萬曆甲辰歲仲冬長至日乙酉文魁壻游禹圖、戊子文魁姪奎仝校,國子生姪燠、郡庠生姪國烘仝梓。」卷四末列名:「萬曆乙巳歲仲夏夏至日癸卯文魁姪春蕙、庚子文魁姪化鰲仝校,國子生姪孫莛、邑庠生外姪張龍衮仝梓。」卷五末列名:「萬曆乙巳歲仲冬長至日乙酉文魁壻游禹圖、癸卯文魁姪春蕙仝校,國子生表姪沈九河、邑庠生姪孫之麟仝梓。」《醒後續集》末列名:「萬曆庚戌歲仲夏夏至日邑庠生門人林必可、文昌舘生孫壆、邑庠生姪孫欽文、邑庠生姪孫顯文仝梓。」《續集》末有跋。正續集皆自刻,諸子姪參校,例得列名而已。《中國古籍善本書目》定正集爲「萬曆三十三年沈九河等刻」,是僅據卷五末列名,未審卷一卷四末列名,欠妥。《存目叢書》據以影印。

五四六〇　朱文懿文集十二卷　明朱賡撰

浙江巡撫採進本(總目)。《浙江省第三次書目》:「《朱文懿公集》十二卷,明朱賡著,八本。」○《浙江採集遺書總録》:「《朱文懿公集》十二卷,刊本,明大學士山陰朱賡撰。」○《江蘇省第一次書目》:「《朱文懿集》八本。」○《江蘇採輯遺書目録》:「《朱文懿集》十二卷,東閣大學士長興朱賡著。」○湖北省圖書館藏明天啟刻本,作《朱文懿公文集》十二卷。題「光禄大夫柱國少保兼太子太保吏部尚書文華殿大學士贈太傅謚文懿朱賡著」。半葉九行,行二十字,白口,左右雙邊。前有王思任序。《存目叢書》據以影印。北大、上圖、浙圖等亦有是刻。又有天啟刻清康熙五十七年朱之㮣重修本,北大、津圖、南圖藏。又有天啟刻清康熙五十九年乾隆二十年補刻本,增《補遺》一卷,一九七〇年臺北文海出版社據以影印,《明人文集叢刊》之一。其底本當係臺灣「中央圖書館」藏《朱文懿公全集》本。

五四六一　王文端集十四卷　明王家屏撰

山西巡撫採進本(總目)。○《山西省呈送書目》:「《王文端公集》十四卷。」○《江西巡撫海第一次呈送書目》:「《王文端集》八本。」○北京大學藏明萬曆四十年至四十五年刻本,作《王文端公詩集》二卷《奏疏》四卷《尺牘》八卷。題「山陰對南王家屏著,定襄門人傅新德校」。半葉十行,行二十字,白口,四周雙邊。《奏疏》前有沈珣序。《詩集》前有萬曆四十年盛以弘序云:「令子荀、龍昆弟裒遺集，漸次付梓，詩稿始殺青。」《尺牘》前有萬曆四十五年韓爌序云：「《王文端公尺牘》凡八卷，既成刻矣。」知係陸續刻成。《存目叢書》據以影印。北圖、上圖、津圖亦有是刻。○《復宿山房集》四十卷，王家屏撰，明萬曆魏養蒙刻本。半葉十行，行二十字，白口，四周雙邊。北圖、人民大學、南圖等藏。《提要》云「《千頃堂書目》作《復宿山房集》，凡四十卷，今未見傳本」，即此集也。

溪山堂草四卷　明沈思孝撰　**五四六二**

浙江汪汝瑮家藏本（總目）。○《浙江省第四次汪汝瑮家呈送書目》：「《溪山堂草》四卷，明沈思孝著，四本。」○《浙江採集遺書總録》：「《溪山堂草》四卷，刊本，明都察院右都御史嘉興沈思孝撰。」○四川圖書館藏明萬曆刻本，題「繡水沈思孝純父著」。半葉八行，行十七字，白口，四周單邊。前有萬曆二十三年乙未湯顯祖序。版心刻工：錢應兆刻。寫刻甚工。鈐「秀埜艸堂顧氏藏書印」、「顧嗣立印」、「俠君」、「秀埜曾孫」、「宗道」、「泰曾」等印。《存目叢書》據以影印。

天遠樓集二十七卷　明徐顯卿撰　**五四六三**

浙江孫仰曾家藏本（總目）。○《浙江省第四次孫仰曾家呈送書目》：「《天遠樓集》二十七卷，明徐顯卿著，十二本。」○《浙江採集遺書總録》：「《天遠樓集》二十七卷，刊本，明吏部侍郎長洲徐顯卿撰。」○《江蘇省第一次書目》：「《天遠樓集》十二本。」○《江蘇採輯遺書目録》：「《天遠樓集》二十七卷，詹事府詹事吴縣徐顯卿撰。」○臺灣「中央圖書館」藏明萬曆刻本，題「吴郡徐顯卿公望著」。半葉九行，行十九字，白口，四周雙邊。白紙初印。鈐「抱經樓」、「劉承幹字貞一號翰怡」、「吴興劉氏嘉業堂藏書印」等印記。《存目叢書補編》據以影印。

五四六四　華禮部集八卷　明華叔陽撰

浙江巡撫採進本(總目)。○《浙江省第六次呈送書目》:「《禮部集》八卷,明華叔陽著,二本。」○《浙江採集遺書目録》:「《禮部集》八卷,刊本,明禮部主事無錫華叔陽撰。」○原北平圖書館藏明萬曆刻本,作《華禮部集》八卷。題「無錫華叔陽起龍著」。半葉八行,行十六字,白口,左右雙邊。前有嘉定徐學謨序云:「王廷尉與予同出學士公之門,而於儀部君爲外舅,將梓其集以傳,問序于予。」又兄仲亨序。刻工:何庸、何序、何士序刻。鈐「萬育之印」、「字弘正」、「萬育」、「弘正」等印記。現存臺北「故宫」,北圖有膠卷。《存目叢書》據以影印。臺灣「中央圖書館」藏一部,另有萬曆四年丙子七月既望李維楨序云:「此余友毘陵華起龍所爲文若詩,其婦翁中丞王公愛而傳之者也。」又外舅王世貞撰誄並序。又王世懋序云:「余兄痛惜之,爲索其遺詩文,僅得若干卷,梓之。」據諸序知係萬曆四年王世貞刻本。

五四六五　閒雲館集鈔六卷　明張位撰

兩江總督採進本(總目)。○《兩江第二次書目》:「《閒雲館集》,明張位著,六本。」○《提要》云:「是集據于愼行原序,有内外二編。今本乃其從子希載所選録,故名《集鈔》。」又云:「集刻於康熙九年。」○《閒雲館集》三十一卷,張位撰,明刻本。日本内閣文庫藏。○《閒雲館別編》八卷,張位撰,明萬曆二十五年清源刻本,八册,臺灣「中央圖書館」藏。半葉九行,行十八字,白口,左右雙邊。

子目:《經史格言》一卷、《諸子格言》一卷、《警心類編》四卷、《問奇集》一卷、《好生編》一卷。前有萬曆二十五年丁酉元旦鄉後學王命爵於東郡之體仁堂序云:「洪陽張先生曩居閒雲館,所撰次曰《經史》《諸子格言》及《警心》、《問奇》、《好生》諸編,爲卷有八。蓋先生師南雍時,崑山張君以門下士得受而卒業。兹刻之清源,而屬王生命爵以序。」

江岷嶽文集四卷　明江以東撰　**五四六六**

浙江巡撫採進本(總目)。○《浙江省第九次呈送書目》:「《江岷嶽文集》四卷,明江以東著,四本。」○《浙江採集遺書總録》:「《江岷嶽文集》四卷,刊本,明江西提學副使全椒江以東撰。」

鐘臺集十二卷　明田一儁撰　**五四六七**

福建巡撫採進本(總目)。○《福建省呈送第五次書目》:「《鐘台詩文集》六本。」○《兩淮鹽政李呈送書目》:「《鐘台集》十二卷,明田一儁,四本。」○故宫博物院圖書館藏明萬曆二十八年田元振刻本,作《鍾台先生文集》十二卷《附録》一卷。卷一題「劍南田一儁德萬父著」。半葉九行,行十八字,白口,四周單邊。前有晉江黄鳳翔序。目録前有銜名一葉:「賜進士第禮部左侍郎兼侍讀學士教習庶吉士掌翰林院事前纂修國史會典兼起居注編纂章奏管理誥勅經筵官贈尚書田一儁著,欽差提督軍務兼巡撫福建地方都察院右僉都御史同年金學曾閲發校梓,賜進士出身知延平府事同年陸志孝校正,大田縣知縣門生郭惟清編次。萬曆庚子歲春土穀旦。」卷末有萬曆二十八年庚子男元振、元應刻書跋。《存目叢書》據以影印。北大、日本東京内閣文庫亦有是刻,泉州市圖有殘本。○清康熙四十六年田士昭等刻本，書名卷數同前本。半葉九行，行十八字，白口，四周雙邊。南圖、福建圖、泉州圖、厦大藏。

大泌山房集一百三十四卷　明李維楨撰 **五四六八**

安徽巡撫採進本(總目)。〇《安徽省呈送書目》：「《大泌山房集》四十八本。」〇北師大藏明萬曆三十九年刻本，題「京山李維楨本寧著」。半葉十行，行二十一字，白口，四周單邊。前有萬曆三十九年門生張惟任序云：「集凡若干卷若干言，而諸校者附名集中，茲不具述。」次「校刻名氏」。版心寫工刻工：晉陵孟純禮寫刻、吴廷七十七歲刊(在卷六十一第三十葉)。卷八十、八十一、九十一、九十二、九十三均鈔配。《存目叢書》據以影印。北圖、上圖、浙圖等亦有是刻。〇《新刻楚郢大泌山人四遊集》二十二卷，李維楨撰，明徐善生刻本。北大、南圖藏。

劉聘君全集十二卷　明劉元卿撰 **五四六九**

江西巡撫採進本(總目)。〇《江西巡撫海第三次呈送書目》：「《劉聘君集》八本。」〇清康熙六十一年重刻本，北大藏。〇南開大學藏清咸豐二年重刻本，卷一題「吉劉元卿調甫氏著，門人三楚洪雲蒸、禾川周一濂編輯」。半葉九行，行二十二字，白口，四周單邊。前有康熙六十一年劉學愉序。又萬曆間原序若干。目次次行題「南溪義社重梓」。封面刻「咸豐二年重刊」、「家塾藏板」。《存目叢書》據以影印。東北師大、江西省圖亦有是刻。

不二齋文選七卷　明張元忭撰 **五四七〇**

浙江巡撫採進本(總目)。〇《浙江省第三次書目》：「《不二齋文選》七卷，明張元忭著，六本。」

○《浙江採集遺書總録》：「《不二齋文選》七卷，刊本，明左諭德山陰張元忭撰。」○湖北省圖書館藏明萬曆張汝霖、張汝懋刻本，作《張陽和先生不二齋文選》七卷《附》一卷。題「明山陰張元汴子蓋父著，吉水鄒元標爾瞻父選，男汝霖、汝懋校刻」。半葉九行，行二十字，白口，四周單邊。前有萬曆二十一年鄧以讚《刻張宫諭文集叙》，萬曆三十年鄒元標序，萬曆三十年吴達可序，萬曆三十一年周汝登序。鈐「徐弜誃藏閲書」印。《存目叢書》據以影印。上圖、遼圖、山東圖、浙圖亦有是刻。北圖藏是刻有張煌曾跋。○《張陽和先生不二齋稿》十六卷，明張元忭撰，羅萬化、朱賡輯，明萬曆張汝霖、張汝懋刻本。半葉九行，行二十字，白口，四周單邊。缺卷五卷六。浙圖藏。

粵草十卷蜀草七卷　明郭子章撰　五四七一

江西巡撫採進本(總目)。○《江西巡撫海第三次呈送書目》：「《蠙衣生蜀草》三本。」又：「《蠙衣生浙草》二本。」○北京大學藏明萬曆十八年周應鰲刻本，作《蠙衣生粵草》十卷《蜀草》十卷。題「泰和郭子章相奎甫著，莆陽鄒道元善長甫校」。半葉十行，行二十字，白口，四周單邊。前有萬曆十八年庚寅同邑周應鰲《蠙衣生粵蜀二草序》。《蜀草》卷四後有卷又四，故實有十一卷。《存目叢書》據以影印。北圖、中科院圖亦有是刻。原北平圖書館藏一部，卷端校者鄒道元一行已剷去，詳王重民《善本提要》。臺灣「中央圖書館」藏一部，校者亦被剷去，僅存「校」字，詳該館《善本書志初稿》。○《蠙衣生蜀草》十二卷《閩草》六卷《養草》三卷《留草》二卷，臺灣「中央圖書館」藏藍格舊鈔本十二册。玄字缺筆，曆字不避，蓋康雍間鈔本。○《蠙衣生養草》七卷，明刻本。半葉十行，行二十二字，白口，四周雙邊。中科院圖藏。

晉草九卷楚草十二卷家草七卷　明郭子章撰　**五四七二**

江西巡撫採進本（總目）。○《江西巡撫海續購書目》：「《晉草》《楚草》《家草》三種五本。」○中國科學院圖書館藏明萬曆刻本，作《蠙衣生浙草》十三卷《晉草》十二卷《楚草》十三卷《閩草》六卷《閩藩草》九卷《家草》八卷。半葉十行，行二十二字，白口，四周雙邊。

黔草二十一卷　明郭子章撰　**五四七三**

浙江汪汝瑮家藏本（總目）。○《浙江省第四次汪汝瑮家呈送書目》：「《黔草》二十一卷，明郭子章著，二十本。」○《浙江採集遺書總録》：「《黔草》二十一卷，刊本，明兵部尚書泰和郭子章撰。」○北京圖書館藏明萬曆刻本，作《蠙衣生黔草》二十四卷。原標二十一卷，卷八後有兩又八卷，卷九後有又九卷，實有二十四卷。卷一題「泰和郭子章相奎甫著，友人楊寅秋義叔甫校」。半葉十行，行二十二字，白口，四周雙邊。前有萬曆二十九年辛丑徐即登序，萬曆三十年丘禾實序。版心刻工：何世隆、曹文富、何世龙、張美、何世龍、何龙、任政、曾唯。餘多單字。《存目叢書》據以影印。臺灣「中央圖書館」有是刻殘本。○《蠙衣生傳草》二十二卷首一卷，河南許昌市圖書館藏明萬曆刻本。卷一題「泰和郭子章相奎甫著，門人建武劉伯靈叔夏、涂伯昌子期，同里蕭同試來獻校」。半葉十行，行二十二字，白口，四周雙邊。版心刻工：于文刻、劉寅刻。前有萬曆四十六年戊午汪宗訊序，萬曆四十年壬子自序，王世貞書，陳繼儒書。又男延識語云：「延因陳公書至，搜笥中王公書爲合刻之。」卷内鈐「孫氏萬卷樓印」朱文方印。《存目叢書》據以影印。○《青螺公遺書合編》三十五卷首一卷，郭子章撰，清光緒八年九世從孫郭子仁刻本。卷首爲《郭公青螺年譜》一卷，男孔延撰。上圖、北師大、東北師大、江西圖、南圖藏。○按：《提要》云又有《浙草》十六卷，未見。實則《蠙衣生浙草》二本見江西第三次目，館臣檢核未及耳。

李中丞文集二卷　明李淶撰　五四七四

江西巡撫採進本(總目)。○《江西巡撫海第二次呈送書目》：「《李中丞文集》二本。」○《提要》云：「康熙十年其里人易學實所刻。」

文潔集四卷　明鄧以讚撰　五四七五

江西巡撫採進本(總目)。○《江西巡撫海第三次呈送書目》：「《鄧文潔集》四本。」○《兩江第二次書目》：「《鄧文潔集》，明鄧以讚著，三本。」○《山西巡撫第二次呈進書目》：「《鄧文潔集》四本。」○《浙江省第四次汪啟淑家呈送書目》：「《定宇文集》六卷，明鄧以讚著，二本。」○《浙江採集遺書總録》：「《定宇文集》六卷，刊本，明吏部右侍郎新建鄧以讚撰。」○蘇州市圖書館藏明金陵周文光刻本，作《鄧定宇先生文集》四卷。卷一題「新建鄧以讚著，南昌劉曰寧輯，吉水鄒元標輯，宜興吴達可編，金陵周文光梓」。半葉八行，行十七字，白口，四周單邊。各卷末刻「金谿後學傅文兆校」一行。鈐「徐堅藏本」、「褱新館藏書記」、「鄧尉徐氏藏書」等印記。《存目叢書》據以影印。北圖、南圖、江西圖、川圖亦有是刻。○臺灣「中央圖書館」藏明萬曆三十一年吴達可江西刻本，作《鄧定宇先生文集》六卷。半葉八行，行十七字，白口，四周單邊。版心下記刻工：鄒邦治、姜全、尸學、天文等。前有萬曆癸卯（三十一年）吴達可序云：「余奉璽書出按江藩，……冬月巡方吉州，會年友南皋君于文江，譚及先生風範，因出遺稿視余。……因屬黄汪三令閲正而付之剞劂。」南皋即鄒元標。又萬曆癸卯季夏吉水通家侍教弟鄒元標爾瞻序。鈐「吴興劉氏嘉業堂藏書記」等印（參該館《善本書志初稿》、《善本序跋集録》）。中國社科院文學所、南圖、日本内閣文庫亦有是刻。〇臺灣「中央圖書館」藏明萬曆萬尚烈刻本，作《新輯文潔鄧先生佚稿》八卷。卷一題「後學廬陵劉日升、豫章涂宗濬、盱江左宗郢編，伯兄鄧以誥訂，後學同邑萬尚烈校梓」。半葉十行，行十八字，白口，左右雙邊。前有陶望齡序云：「遺文裁若干卷，皆敬齋君手定不誣而可傳者，景賢遂屬昌平守萬君刻而公之。」序末有「吴郡後學嚴澂書」七字，序首葉版心下有刻工：吉安彭佐刊。卷末有左宗郢跋云：「昌平守萬君，大雅士也，遂令庀工而鏤，以示同好焉。」卷内鈐「四明盧氏抱經樓藏書印」、「吴興劉氏嘉業堂藏書記」等印（參該館《善本書志初稿》、《善本序跋集録》）。《嘉業堂藏書志》著録是本，云較六卷本「增出五分之一」。浙大藏是刻一部，亦嘉業堂故物。〇明萬曆萬尚烈、何三畏等刻本，作《鄧文潔公佚稿》十卷。半葉九行，行十八字，白口，四周單邊。津圖、日本内閣文庫藏。

方初菴集十六卷　明方揚撰　　五四七六

浙江孫仰曾家藏本（總目）。〇《浙江省第四次孫仰曾家呈送書目》：「《方初菴集》十六卷，明方揚著，六本。」〇《浙江採集遺書總録》：「《方初菴集》十六卷，刊本，明杭州知府歙縣方揚撰。」〇山東省圖書館藏明萬曆四十年方時化刻本，作《方初菴先生集》十六卷。卷一題「新安方揚思善著，槜李門人賀燦然校」。半葉九行，行十九字，白口，左右雙邊。前有萬曆四十三年乙卯秋焦竑序，萬曆四十年賀燦然序。目録後有男時化識語，識語後有刻工：黄德新刻。卷末有吴國仕序。賀序云：「兹先生伯子輯先生遺稿，屬不佞校而授之梓。」《存目叢書》據以影印。中科院圖、上圖、吉大等亦有是刻。

陳如岡文集二卷　明陳大科撰　**五四七七**

兩江總督採進本(總目)。

賜餘堂集十四卷　明吴中行撰　**五四七八**

内府藏本(總目)。○《武英殿第二次書目》：「《賜餘堂集》六本。」○陝西省圖書館藏明萬曆二十八年吴亮、吴奕等刻本。題「晉陵吴中行子道著」。半葉十行，行二十字，白口，左右雙邊。前有萬曆二十八年兄可行序，萬曆二十七年己亥屠隆序，萬曆二十八年管志道序。管序後有戊子正月十八日羅振常手跋。《存目叢書》據以影印。北圖、北師大、江西圖、臺灣「中央圖書館」亦有是刻。○清乾隆五十八年刻本十四卷，另有《補遺》一卷。半葉十行，行二十字，白口，左右雙邊。中科院圖、中山大學、復旦、日本京都大學人文所藏。○清宣統元年刻本十四卷二册。南開藏。

鄒聚所文集六卷外集一卷　明鄒德涵撰　**五四七九**

浙江巡撫採進本(總目)。○《浙江省第六次呈送書目》：「《鄒聚所文集》六卷附《外集》一卷，明鄒德涵著，四本。」○《浙江採集遺書總録》：「《鄒聚所文集》六卷附《外集》一册，刊本，明按察使僉事高安鄒德涵撰。」○南京圖書館藏明萬曆鄒袠、鄒袞刻本，作《鄒聚所先生文集》六卷《易教》一卷《語録》三卷《外集》一卷。題「安成鄒德涵汝海父著，友弟劉元卿調父父選，弟德溥汝光父、德泳汝聖父、德濟汝楫父同校，不肖男袞、袠手輯」。半葉九行，行二十字，白口，四周單邊。前有從弟德泳序。《易教》前有萬曆二十七年己亥劉元卿序。《語録》前有萬曆六年戊寅門生艾而康序。版心刻工：宋允刻。卷内鈐「啟淑印信」、「新安汪氏」、「王金銛印」、「湛盧」、「湛盧藏書記」、「藹士父」、「八千卷樓丁氏藏書印」、「四庫坿存」等印記。《存目叢書》據以影印。

研山山人漫集一卷　明方旴撰　**五四八〇**

浙江孫仰曾家藏本（總目）。○《浙江省第四次孫仰曾家呈送書目》：「《研山山人漫集》，明方旴著，一本。」○《浙江採集遺書總録》：「《研山山人漫集》一册，刊本，明吳郡方大年撰。」

蒼耳齋詩集十七卷　明方問孝撰　**五四八一**

浙江孫仰曾家藏本（總目）。○《浙江省第四次孫仰曾家呈送書目》：「《蒼耳齋集》十七卷，明方問孝著，八本。」○北京大學藏明萬曆蔣之秀等刻本，卷一題「新都方問孝胥成甫著，男瀛公溟甫輯，洮陽蔣之秀本實甫、蒲坡張定徵懋訓甫選，覃懷楊初東元夫甫校」。半葉九行，行十八字，白口，四周單邊。前有于若瀛序云：「洮陽蔣本實、蒲坂張懋訓、覃懷楊元夫諸君子乃爲選校，捐俸授梓。」又萬曆二十五年丁酉董復亨序。卷内鈐「蒼巖山人書屋記」、「清芬閣藏書印」等印記。《存目叢書》據以影印。中科院圖、南圖、河南圖亦有是刻。

交翠館集十卷　明萬道光撰　五四八二

江西巡撫採進本(總目)。○《江西巡撫海第四次呈送書目》:「《交翠館集》一套四本。」○山西大學藏清乾隆四年志學軒重刻本十卷四册。卷一題「臨川蒼琅萬道光日章甫著,友人筆洞徐奮鵬自溟父、友人樗隱許召登賢予父、友人金昌周光啟懋我父校刻」。半葉九行,行十八字,白口,四周單邊。封面刻「交翠館集」、「乾隆四年重刊」、「志學軒藏板」。各卷卷端或題「交翠軒詩集」,或題「交翠軒文集」,或題「交翠軒集」,不一律。卷前有乾隆四年己未何桂《交翠亭序》,萬曆三十九年辛亥徐奮鵬《交翠亭詩賦序》,湯顯祖評,徐朝元敘,湯開遠序,萬曆四十三年乙卯許召登序,熊飛序,兄國清序,萬曆四十四年自序。末有曾孫從訓跋云:「因謀再鐫於伯叔兄弟,而是集於是乎梓。」《存目叢書》據以影印。

汪禹乂詩集八卷　明汪淮撰　五四八三

浙江孫仰曾家藏本(總目)。○《浙江省第四次孫仰曾家呈送書目》:「《汪禹乂集》八卷,明汪淮著,四本。」○《浙江採集遺書總録》:「《汪禹乂集》八卷,刊本,明休寧汪淮撰。」

巢雲軒詩集六卷續集五卷詩餘一卷　明吴宗儒撰　五四八四

安徽巡撫採進本(總目)。○《安徽省呈送書目》:「《巢雲軒詩集》二本。」

卓光禄集三卷　明卓明卿撰　五四八五

浙江汪汝瑮家藏本(總目)。○《浙江省第四次汪汝瑮家呈送書目》:「《卓光禄集》三卷,明卓明卿著，二本。」○《浙江採集遺書總録》：「《卓光禄集》三卷，刊本，明光禄寺署丞仁和卓明卿撰。」○南京圖書館藏明萬曆卓爾昌刻本，題「明儒林郎光禄寺珍羞署正仁和卓明卿澂父撰」。半葉八行，行十八字，白口，四周單邊。前有同里沈朝煥序，丙申（萬曆二十四年）同里胡胤嘉序，萬曆六年戊寅王世貞序，萬曆十二年甲申李維楨序，萬曆二十二年甲午屠本畯序，方應選序，馮夢禎撰傳，萬曆二十四年丙申卓爾康《凡例》。卷三末刻「男爾昌校刻」。當即萬曆二十四年刻本。寫刻工緻。《存目叢書》據以影印。○明萬曆苑西客舍刻本三卷三册。半葉八行，行十七字，白口，四周雙邊。首都圖書館藏。○清光緒二十三年錢塘丁氏嘉惠堂刻本，《武林往哲遺箸》之一。北圖、上圖等多處藏。南圖有丁氏朱印本三卷一册。

卓澂甫詩續集三卷　明卓明卿撰　五四八六

江蘇巡撫採進本（總目）。○《江蘇省第二次書目》：「《卓澂甫集》三本。」○《江蘇採輯遺書目録》：「《卓澂甫集》三卷，光禄寺卿仁和卓明卿撰，刊本。」○《卓澂甫詩集》九卷，臺灣「中央圖書館」藏明萬曆八年胡心得、沈修刻本。卷一題「西河卓明卿澂甫著，黄姬水、俞允文、黎民表、王寅、葉之芳同校，胡心得、沈修刻」。半葉九行，行十七字，白口，四周單邊。版心下刻「芳社洲刻」。版心又有刻工：余守、丁洪等。有萬曆六年俞允文序，萬曆六年王世貞序，萬曆八年葉之芳序，萬曆八年自序，王世懋序。鈐「結一廬藏書印」、「吴興劉氏嘉業堂藏書記」等印（參該館《善本書志初稿》）。南圖有是刻兩部，其一丁丙跋。○《卓澂甫詩續集》三卷，南京圖書館藏明萬曆崧齋刻本。

卷上題「西河卓明卿著，京山李維楨、鄣郡汪道貫、趙國毛文蔚校」。半葉九行，行十七字，白口，四周單邊。版心下刻「崧齋刻」或「崧齋」。前有萬曆十二年甲申李維楨序。《存目叢書》據以影印。

五四八七　廣譓堂集二十四卷　明樊山王朱翊鉦撰

兩淮鹽政採進本(總目)。○《兩淮鹽政李續呈送書目》：「《廣譓堂集》二十四卷，明朱翊鉦，十本。」

五四八八　梅雪軒詩稿四卷　明朱敬鎰撰

兩淮鹽政採進本(總目)。○《兩淮鹽政李呈送書目》：「《梅雪軒集》四卷，明朱敬鎰，四本。」○明萬曆二十七年朱誼漐刻本，作《梅雪軒詩稿》四卷。半葉八行，行十八字，白口，左右雙邊。南圖藏。○明萬曆三十二年朱誼漐、朱誼汜刻本，作《梅雪軒詩稿》四卷《飲酒詩》一卷。半葉八行，行十六字，白口，四周單邊。雲南大、內蒙圖藏。○明萬曆四十二年朱誼瀾刻本，作《梅雪軒詩稿》四卷。半葉十行，行二十字，白口，四周單邊。東北師大藏。該館《解題》云：卷首有朱誼瀾萬曆甲寅四十二年刻書牌子題識。頻陽喬復元書，金陵趙本立、范時泰等刻。四册。○武漢市圖書館藏明萬曆金陵蘭亭書坊王燦刻本，作《梅雪軒詩稿》四卷《飲酒詩》一卷。卷一題「關中朱敬鑉進父著稿，渭上南師仲子興訂正，郢中王廷詔遜美編閱，男朱誼漐孟恭甫蒐輯，豫章劉汝浹孟仁銓次，涇上汪元演希周對訛，金陵蘭亭書坊懷泉王燦刊行」。半葉八行，行十八字，白口，四周單邊。前有南師仲序，後有萬曆十七年男誼漐跋。《飲酒詩》十六首，有萬曆三十二年南師仲引，萬曆三十二年南居益跋。《存目叢書》據以影印。○北京圖書館藏明萬曆刻本，僅《梅雪軒詩稿》二卷二册。半葉八行，行十八字，白口，四周單邊。

樂陶吟草三卷　明姚舜牧撰　五四八九

浙江巡撫採進本（總目）。○《浙江省第六次呈送書目》：「《姚成庵文集》十六卷，明姚舜牧著，六本。」○《浙江採集遺書總録》：「《姚承庵文集》十六卷，刊本，明廣昌知縣烏程姚舜牧撰。」○《浙江省第十二次呈送書目》：「《姚承菴詩集》三卷，明姚舜牧著，三本。」○《浙江採集遺書總録閏集》：「《姚承菴詩集》三卷，刊本，明烏程姚舜牧撰。又名《樂陶吟草》。」○南京圖書館藏明刻本，作《樂陶吟草》六卷。卷一題「承菴姚舜牧著，男祚端、祚碩、祚敦、祚重、祚馴校」。半葉九行，行十八字，白口，四周單邊。前無序，卷六後有殘缺。前有八千卷樓主人手跋八行，内云「光緒壬午八月十二日得此册於青雲街考市文光堂書棚」。壬午爲光緒八年。鈐「八千卷樓藏書籍」、「四庫坿存」等印記。《存目叢書》據以影印。○《來恩堂草》十六卷，臺灣「中央圖書館」藏明萬曆末年刻天啟間增刻本，八册。卷一題「承菴姚舜牧著，男祚端、祚碩、祚敦、祚重、祚馴校」。半葉九行，行十八字，白口，四周單邊。版心題「姚承菴文集卷之幾」。封面刻「來恩堂文集」、「六經堂藏板」。卷前有朱長春序。鈐「拜經館」等印（參該館《善本書志初稿》）。首都圖書館藏明刻清康熙十二年姚淳顯補修本，作《來恩堂草》十六卷《樂陶吟草》三卷，二十册。北圖、清華僅《來恩堂草》十六卷。華東師大、湖南圖、湖北圖亦有不全本。復旦有《承菴詩集》三卷，康熙十二年癸丑刻本，六册。當即明刻康熙補修本之

《樂陶吟草》三卷。○《提要》云：「是集乃康熙癸丑其曾孫淳顯所刊。……據淳顯後序，所刊乃詩文全集。此本有詩而無文，豈佚其半耶。」按：浙江有進呈《姚承庵文集》十六卷，館臣檢核未周耳。

五四九〇

林初文詩選一卷　明林章撰

兩江總督採進本(總目)。○《兩江第二次書目》：「《林初文詩選》，明林章著，一本。」○中國科學院圖書館藏明崇禎元年林古度刻本，作《林初文先生詩選》一卷。題「福唐林章著，閩江吴三畏、句吴尤盛明選，白下胡宗仁校」。半葉九行，行十八字，白口，左右雙邊。前有萬曆三十五年丁未曹學佺序，萬曆丁未尤盛明序，崇禎元年男古度重刻識語。末有道光甲辰章綬銜手跋。鈐「章綬銜印」、「紫伯」等印。《存目叢書》據以影印。○《林初文詩文全集》十五卷，明天啟四年刻本。半葉八行，行十七字，白口，四周單邊。北圖藏。又明天啟四年刻崇禎印本，北大藏。○《林初文詩文全集》文十一卷詩八卷，明崇禎七年序刻本，日本内閣文庫藏。

五四九一

鬱儀樓集五十四卷　明鄒迪光撰

江蘇巡撫採進本(總目)。○《江蘇省第一次書目》：「《鬱儀樓集》八本。」○《江蘇採輯遺書目録》：「《鬱儀樓集》五十四卷，湖廣學政無錫鄒迪光著，刊本。」○明萬曆三十一年序刻本三十卷，臺灣「中央圖書館」、福建省圖藏。臺本題「梁谿鄒迪光彦吉父著」。半葉八行，行十六字，白口，四周單邊。前有萬曆三十一年癸卯五月既望自序，開頭云：「此集詩若文計三十卷。詩六卷，自己亥至壬寅三年内者。文二十四卷，自甲午至辛丑九年内者。總之歸田以來所作也。」鈐「四明盧氏拘經樓藏書印」、「吴興劉氏嘉業堂藏書記」等印。《嘉業堂藏書志》著録。臺灣「中央圖書館」《善本書志》亦著録，唯印鑒誤置五十四卷本下。○明萬曆三十二年序刻本五十四卷，版式行款同前本。北大、臺灣「中央圖書館」藏。臺《書志》云，是本有萬曆三十二年甲辰自序，較之三十卷本自序，僅開頭一段不同，此序改爲「計五十四卷，詩二十八卷，自癸巳至壬寅十年内者；文二十六卷，自甲午至辛丑九年内者」。卷内鈐「丁福保鑑藏經籍圖書」、「丁福保印」、「丁福保讀書記」、「吴興周氏珍藏善本」等印記（該館《善本書志初稿》以此本印鑒誤置三十卷本之下）。顧力仁先生函告：三十卷本與五十四卷本内容雖多雷同，但兩本字體完全不同，知五十四卷本並非三十卷本之增修補版，乃係完全重刊。北大本前有馮時可序，萬曆三十二年五月既望自序，《存目叢書》據以影印。○明萬曆三十二年序刻本五十六卷，原北平圖、日本内閣文庫藏。行款同前本。北平本現存臺北「故宫」，王重民《善本提要》著録云：「按自序及目録，是集凡五十六卷，此本卷第五十五爲書十四首，末四首闕，又卷第五十六全闕。」王氏又引萬曆三十二年自序云：「此集詩若文計五十六卷。詩二十九卷，自癸巳至壬寅十年内者。文二十八年，自甲午至辛丑九年内者。總之歸田以來所作也。」疑係就五十四卷本增刻詩一卷、文一卷修版而成，故自序唯改其卷數而已。《四庫提要》云「詩二十九卷、雜文二十四卷」，又與諸本不盡合。蓋屢屢改刻，故傳本卷數參差也。

石語齋集二十六卷　明鄒迪光撰　五四九二

兩江總督採進本（總目）。○《兩江第一次書目》：「《石語齋集》十本。」○《江蘇省第一次書目》：

「《石語齋集》四本。」〇《兩淮商人馬裕家呈送書目》：「《石語齋集》二十六卷，明鄒迪光，十四本。」〇北京圖書館藏明刻本，題「梁谿鄒迪光彦吉甫著」。半葉八行，行十六字，白口，四周單邊。前有目録，缺第一葉。《存目叢書》據以影印。臺灣「中央圖書館」藏一部，前有自序，鈐「吴興劉氏嘉業堂藏書記」等印。蘇州圖書館有二殘本。一存卷一至二十五。一存卷十三至十五、卷十九至二十、卷二十三至二十四。

五四九三　調象菴稿四十卷　明鄒迪光撰

兩江總督採進本(總目)。〇《兩江第一次書目》：「《調象菴稿》，明鄒迪光著，十五本。」〇《浙江省第六次呈送書目》：「《調象菴稿》四十卷，明鄒迪光著，十六本。」〇《浙江採集遺書總録》：「《調象庵稿》四十卷，刊本，明湖廣提學僉事無錫鄒迪光撰。」〇華東師大藏明萬曆刻本，題「梁谿鄒迪光彦吉父著」。半葉八行，行十六字，白口，四周單邊。前有李維楨序，湯顯祖序，萬曆三十六年自序。鈐「愚齋圖書館藏」印。《存目叢書》據以影印。北圖、北大、上圖亦有是刻。〇《始青閣稿》二十四卷，鄒迪光撰，明天啟刻本。半葉八行，行十六字，白口，四周雙邊。中科院圖、社科院文學所、上圖、無錫圖藏。按：《兩江第一次書目》有《始青閣稿》八本。《四庫總目》不載。〇《鬱提齋稿》八卷，鄒迪光撰，明萬曆十七年芙蓉官舍刻本。半葉九行，行十八字，白口，四周單邊。北大、日本内閣文庫藏。〇《天倪齋詩》十卷，鄒迪光撰，明萬曆二十六年梁谿鄒氏原刻本。半葉八行，行十六字，白口，四周單邊。前有萬曆二十六年自序。臺灣「中央圖書館」藏。

快獨集十八卷　明李堯民撰　**五四九四**

山東巡撫採進本（總目）。○《山東巡撫第二次呈進書目》：「《快獨集》六本。」○山東省圖書館藏明萬曆三十六年康丕揚刻本，作《雍野李先生快獨集》十八卷。題「濟水李堯民畊堯父著」。半葉九行，行十八字，白口，四周單邊。前有李維楨序，萬曆三十六年濟南陵縣門人康丕揚序，侯正鵠序。康序云：「《快獨集》者，雍野李先生所爲詩若文，余爲蒐輯而梓存之者也。」《存目叢書》據以影印。北圖亦有是刻。原北平圖書館藏一部，現存臺北「故宮」，王重民《善本提要》著録。○臺灣「中央圖書館」藏明刻本，作《雍野李先生快獨集》二十卷六册。題「濟寧畊堯李堯民著」。半葉八行，行十八字，白口，四周單邊。前有萬曆三十六年陝西道監察御史濟南古平原門人康丕揚序，李維楨序。卷一至六詩，卷七至二十文。鈐「滿城張氏藏書印」、「廷霖之章」、「吴興劉氏嘉業堂藏書記」等印（參該館《善本書志初稿》、《善本序跋集録》）。

征南草一卷　明王邦俊撰　**五四九五**

陝西巡撫採進本（總目）。○《陝西省呈送書目》：「《征南詩草》。」

林伯子詩草一卷　明林兆珂撰　**五四九六**

福建巡撫採進本（總目）。○《福建省呈送第六次書目》：「《林伯子詩草》。」

隅園集十八卷蹟川集八卷　明陳與郊撰　**五四九七**

浙江巡撫採進本（總目）。○《浙江省第四次汪汝瑮家呈送書目》：「《隅園集》十六卷。」○《浙江省第六次呈送書目》：「《薠川集》八卷，明陳與郊輯，二本。」○《浙江採集遺書總録》：「《隅園集》十八卷《黄門集》三卷《薠川集》八卷，刊本，明太常卿海寧陳與郊撰。」○北京大學藏《隅園集》十八卷，萬曆四十五年至天啟元年賜緋堂刻本，題「浙汜陳與郊廣野著」。半葉八行，行十九字，白口，左右雙邊。前有李維楨序。卷二、卷四、卷十二、卷十四、卷十五、卷十六末刊「萬曆丁巳賜緋堂刻」篆文一行。卷八、卷九末刊「萬曆戊午賜緋堂刻」篆文一行。卷十、卷十一末刊「萬曆己未賜緋堂刻」篆文一行。卷五、卷六末刊「泰昌庚申賜緋堂刻」篆文一行。卷十八末刊「天啟辛酉賜緋堂刻」篆文一行。卷内鈐「巴陵方氏碧琳琅館藏書」、「方功惠藏書印」、「方家書庫」等印記。《存目叢書》據以影印。故宫、雲南大學亦有是刻。北圖藏是刻缺卷十五。上圖亦有殘本。○上海圖書館藏《薠川集》八卷，萬曆四十六年至天啟元年賜緋堂刻本。題「浙汜陳與郊廣野著」。前有錢謙益序，天啟二年壬戌許令典序。半葉八行，行十九字，白口，左右雙邊。卷一、卷二末刊「萬曆戊午賜緋堂刻」篆文一行。卷三至卷七末刻「天啟辛酉賜緋堂刻」篆文一行。卷八第二十三葉以下佚去。卷内鈐「沈氏仲荐」、「承雅堂藏書」、「秀水王相」、「葉景葵印」、「武林葉氏藏書記」、「杭州葉氏藏書」、「卷盦六十六以後所收書」等印記。《存目叢書》據以影印。日本東京内閣文庫有《隅園集》十八卷（缺卷一卷二）《黄門集》三卷《薠川集》八卷，明萬曆天啟間賜緋堂刻彙印本。

去僞齋文集十卷　明吕坤撰

江蘇巡撫採進本（總目）。○《江蘇省第一次書目》：「《吕新吾文集》十本。」○《江蘇採輯遺書目録》：「《呂新吾文集》十卷，［刑部侍郎寧陵呂坤著，孫慎多等］刊本。」○《浙江省第八次呈送書目》：「《去僞齋文集》十卷，明呂坤著，十二本。」○《浙江採集遺書總録》：「《去僞齋文集》十卷，刊本，明刑部侍郎寧陵呂坤撰。」○《山東巡撫第二次呈進書目》：「《去僞齋集》十二本。」○《武英殿第一次書目》：「《呂全吾集》四本。」○故宫博物院藏明萬曆金陵王鳳翔刻本，作《新刻呂新吾先生文集》十卷，六册。卷端題「寧陵呂坤叔簡甫著」、「男知畏類編」、「金陵王鳳翔刊」。半葉十行，行二十字，白口，四周單邊。有喬胤序，萬曆四十五年朱國楨序。封面刻「刻寧陵新吾先生文集」、「石城王荆岑督刊」（參朱家溍《故宫藏禁燬書録》）。北圖、山西大、重慶圖亦有是刻。○北京大學藏清康熙三十三年呂慎多刻本，作《呂新吾先生去僞齋文集》十卷。題「寧陵呂坤叔簡甫著，孫男慎多重刊，慎高授梓，姪孫聲涓、振詮次，姪曾孫紹楨、姪伭孫前庚訂正，外曾孫魯楨、曾孫堉蔡之琪較閲，曾孫應菊藏板」。半葉十行，行二十字，白口，四周單邊。前有萬曆四十五年丁巳朱國楨序，王胤序，李之驥序。李序作於康熙十三年甲寅，内云：「先生蓋司寇先生之嗣孫也，時貽書於愚云：『先司寇文集刊之金陵者，板已殘毁，而字多差訛，魯魚帝虎，不可展閲。今復搆木授梓。』屬愚以序。」末有萬曆四十四年丙辰男呂知畏跋。封面刻「重刻大司寇新吾呂先生文集」、「本衙繩其居藏板」。《存目叢書》據以影印。中科院圖、津圖、山東圖等亦有是刻。○清道光七年刻本，作《呂新吾先生去僞齋文集》十卷，南開、北師大、上圖、華東師大等藏。○清光緒十五年雲南圖書館刻本。

五四九九

來禽館集二十九卷　明邢侗撰

浙江汪汝瑮家藏本(總目)。○《浙江省第四次汪汝瑮家呈送書目》:「《來禽館集》二十九卷,明邢侗著,十二本。」○《浙江採集遺書總録》:「《來禽館集》二十九卷,刊本,明陝西行太僕少卿臨邑邢侗撰。」○《兩江第一次書目》:「《來禽館集》十二本。」○明萬曆四十六年史高先襄陽刻本,二十九卷。題「濟南臨邑邢侗子愿甫著」。半葉九行,行二十一字,白口,四周單邊。版心下記刻工(詳下文)。有萬曆四十六年李維楨序,又李維楨《邢子愿小集序》,萬曆四十六年戊午婿史高先序。北師大、上圖、津圖、山西大學等藏。李國慶《明代刊工姓名索引》、臺灣「中央圖書館」《善本書志初稿》著録。○蘇州大學藏明萬曆四十六年史高先刻清康熙十九年鄭雍重修本,二十九卷。題「濟南臨邑邢侗子愿甫著」。版心刻工:黄岡李茂春刻、萬儒刻、江夏萬儒刊、万儒、吴大玉、貴、仪、文、閔、元、賢、潘、刘、位、余、礼、友、定、葵、明、宋、郑、春、隆、孟。前有李維楨序,萬曆四十六年戊午李維楨序,萬曆四十六年戊午史高先於襄序。後有崇禎十年丁丑外孫史以明跋,康熙十九年鄭雍跋。史序云:「會余有襄陽之役,薄俸可佐不給。……屬司李洪聲希、襄陽令王士完、南漳令李玉巒、穀城令張玉筍,參伍質證。……若乃字櫛句比,校讎編次,始終厥事,則棗陽諭陸敬叔。」襄陽、南漳、穀城、棗陽皆襄陽府屬縣,刻工則來自黄岡、江夏,是刻板於襄陽無疑。外孫史以明跋係爲崇禎十年重刻本作,王重民謂康熙間刷印時竄入此本。《存目叢書》據以影印。北大、清華、山東圖、南圖等多有是刻。○明崇禎十年版築居刻本,二十八卷。題「臨邑邢侗子愿甫著,河間范景文夢章甫閲」。半葉九行，行二十字，白口，四周單邊。版心下刻「版築居」。有崇禎十年范景文序，李維楨序，史高先跋，崇禎十年史以明跋。史以明跋云：「今丁丑留都書肆重梓以行。」是本文少一卷，王重民云「蓋曾合併一卷，非有殘缺也」（王重民《善本提要》）。中科院圖、遼大、山東大、湖北圖、西北師大藏有是刻。○清道光九年重刻本，二十九卷十二册。遼圖、東北師大藏。○清光緒十七年臨邑邢氏刻本，二十九卷十二册。北師大、南開藏。○《沵園集》五卷，邢侗撰，明天啟四年賜緋堂刻本。半葉八行，行十九字，白口，左右雙邊。北圖藏。又明刻本不分卷，半葉八行，行十九字，白口，左右雙邊。南圖藏。○《邢子愿雜著》不分卷，明刻本。上圖藏。

支子餘集五十二卷　明支大綸撰　**五五〇〇**

浙江汪汝瑮家藏本（總目）。○《浙江省第四次汪汝瑮家呈送書目》：「《支子餘集》四十九卷，明支大綸著，二十本。」○《浙江採集遺書總録》：「《支子全集》五十四卷，刊本，明奉新知縣嘉善支大綸撰。」吴慰祖曰：《總録》所舉子目卷數與《四庫存目》微有出入，且《總録》卷數實爲六十卷。《總録》又云其全集一名《華苹集》。○《提要》云：「凡《藝餘》十四卷、《政餘》八卷、《屯餘》八卷、《耕餘》八卷、《斆餘》二卷、《述餘》六卷，又《永陵編年史》四卷、《昭陵編年史》二卷，即所爲《世穆兩朝編年史》也。」○《支子藝餘》十四卷，明萬曆十二年序刻本。日本内閣文庫藏。○《支子政餘》六卷，明萬曆刻本。日本内閣文庫藏。○《支華平先生集》四十卷《附録》一卷，北京大學藏明萬曆四十七年清旦閣刻本。題「檇李支大綸心易父著」。半葉九行，行十九字，白口，四周單邊。版心下刻「清旦閣」。前有鄒迪光序,李日華序,陳繼儒序,唐時序。李序云:「先生歿且十年餘,諸嗣君合梓先生集。」又《藝餘》、《耕餘》、《政餘》、《斅餘》諸集序跋,均稱「舊序」。又馮盛世《記十餘集後》云:「其《藝餘》、《政餘》、《耕餘》、《斅餘》、《述餘》、《屯餘》已行世,而《聞餘》、《譚餘》、《課餘》、《圃餘》藏之家。」然則此集四十卷爲大綸歿後其子合諸集重編付梓者。前四卷詩,餘皆文。附録一卷爲墓銘行狀等。目録末有「明萬曆四十七年己未冬日男如璔輯」一行,蓋即刊於是年。《存目叢書》據以影印。上圖、津圖、南圖亦有是刻。

御龍子集七十七卷　明范守己撰　五五〇一

兩江總督採進本(總目)。○《兩江第一次書目》:「《御龍子集》,明范守己著,三十本。」○重慶市圖書館藏明萬曆十八年侯廷珮等刻本六種七十七卷,子目:《肅語》四卷、《天官舉正》六卷、《參兩通極》六卷、《瑣談》四卷、《曲洧新聞》四卷、《吹劍草》五十三卷。題「洧上范守己介儒著,寧夏侯廷珮、扶溝李時芳校」。半葉九行,行十八字,白口,四周單邊。末有李時芳跋,缺尾,内云:「逮敷文三晉,三晉士人見其帙率計日録已,以爲録既竟,未及見,奚録,傳終未廣也。于是藩臬諸公暨郡邑長威相與捐俸付剞劂氏,爲廣傳計,時芳以黯淺任校閱。」卷端有萬曆十八年朔方侯廷珮序云:「珮遂授之剞劂氏,俾壽梓以傳。」又萬曆十八年王道行序。鈐「九峰舊廬珍藏書畫記」、「綬珊六十以後所得書畫」等印記。《存目叢書》據以影印。原北平圖書館藏是刻一部三十册,現存臺北「故宫」,王重民《善本提要》著録。南圖亦有是刻。中科院圖有是刻公文紙印本,存《參兩通極》、《瑣談》、《曲洧新聞》、《吹劍草》。按：《提要》羅列子目，脱《瑣談》四卷，故卷數不合。

郢埜集十二卷　明范守己撰　**五五〇二**

浙江孫仰曾家藏本（總目）。○《浙江省第四次孫仰曾家呈送書目》：「《郢埜集》十二卷，明范守己著，四本。」○《浙江採集遺書總録》：「《郢埜集》十二卷，刊本，明司理洧川范守己撰。」

場居集二卷田居稿一卷河上稿一卷　明李化龍撰　**五五〇三**

直隸總督採進本（總目）。○《浙江省第五次曝書亭呈送書目》：「《田居稿》一卷，明李化龍著，一本。」○《浙江採集遺書總録》：「《田居稿》一册，刊本，明太子太保兵部尚書長垣李化龍撰。」○北京圖書館藏明萬曆刻本，作《李于田詩集》十二卷，包括《嵩下稿》一卷《中州稿》一卷《遼陽稿》一卷《田居稿》一卷《西征稿》一卷《河上稿》一卷《東省稿》一卷《都下稿》一卷《南都稿》二卷《場居稿》二卷。半葉八行，行十六字，白口，四周單邊。版心刻工：文光閶、李旺、程國楨、車大才、靳圣光、趙邦豸。前有萬曆三十三年乙巳黄克纘序，李維楨序，趙南星序。卷内鈐「毛晉之印」、「燕庭藏書」等印記。北大、北師大亦有是刻。

少室山房續稿十五卷　明胡應麟撰　**五五〇四**

浙江汪汝瑮家藏本（總目）。○《浙江省第四次汪汝瑮家呈送書目》：「《胡元瑞集》四種十五卷，明胡應麟著，六本。」○《浙江採集遺書總録》：「《胡元瑞集》十五卷，刊本，明舉人蘭溪胡應麟撰。」○《提要》云：「凡《兩都集》一卷、《蘭陰集》一卷、《華陽集》十卷、《養痾集》二卷、《青霞稿》一卷。

僅止五種。蓋《類稿》未出以前，隨作隨刊之本也。」○中國科學院圖書館藏明萬曆刻《少室山房稿》三十三卷，子目：《寓燕集》一卷、《還越集》一卷、《計諧集》一卷、《巖棲集》一卷、《邯鄲稿》一卷、《華陽集》十卷、《養痾集》二卷、《婁江集》二卷、《白榆集》三卷、《湖上稿》二卷。

郊居遺稿十卷　明沈懋學撰　**五五〇五**

安徽巡撫採進本(總目)。○《安徽省呈送書目》：「《郊居遺稿》四本。」○故宫博物院藏明萬曆三十三年何喬遠刻本，題「宣城沈懋學君典著，温陵何喬遠穉孝校，姪沈有嚴、沈有容、男沈有則輯」。半葉九行，行十八字，白口，四周雙邊。刻印頗精。前有葉向高序，萬曆三十三年何喬遠序。據何序，此本爲萬曆三十三年何喬遠刻於泉州者。《存目叢書》據以影印。北圖、浙大、湖南師大、臺灣「中央圖書館」亦有是刻。○清乾隆重刻本十卷四册。南圖藏。

快雪堂集六十四卷　明馮夢禎撰　**五五〇六**

浙江朱彝尊家曝書亭藏本(總目)。○《浙江省第五次曝書亭呈送書目》：「《快雪堂集》六十四卷，明馮夢禎著，二十本。」○《浙江採集遺書總録》：「《快雪堂集》六十四卷，刊本，明南京祭酒秀水馮夢禎撰。」○《江蘇省第一次書目》：「《快雪堂集》二十本。」○《江蘇採輯遺書目録》：「《快雪堂集》六十四卷，國子監祭酒秀水馮夢禎著。」○北京大學藏明萬曆四十四年黄汝亨、朱之蕃等刻本。題「秀水馮夢禎開之著」。半葉九行，行十八字，白口，四周單邊。前有萬曆四十四年丙辰顧起元序云：「今年夏秋間，伯氏驥子、仲氏鵷雛先後來白下，乃舉《快雪堂集》屬吾友黄貞父儀部校而行之，因醵同志捐貲以就其事。既成，二子謂起元宜有言。」後有朱鷺跋。《存目叢書》據以影印。臺灣「中央圖書館」《善本書志初稿》著録是刻，目録前有校刻名氏，列黄汝亨等三十三人。北圖、上圖、南圖、浙圖等多有是刻。

海門先生集十二卷　明周汝登撰　五五〇七

浙江朱彝尊家曝書亭藏本（總目）。○《浙江省第五次曝書亭呈送書目》：「《海門先生集》十二卷，明周汝登著，八本。」○《浙江採集遺書總録》：「《海門先生集》十二卷，刊本，明南京尚寶卿嵊縣周汝登撰。」○北京圖書館藏明萬曆張元忭等刻本，作《周海門先生文録》十二卷。卷一題「門人山陰錢經國、山陰張元憬、山陰張企之、山陰劉塙、剡城王繼晃校梓」。各卷列名不同，皆其門人。半葉八行，行十八字，白口，四周單邊。版心刻工：徐天祚抄、王道和刻、天祚抄、道和刻。前有陶望齡《海門先生文集序》，萬曆三十三年己巳鄒元標《東越證學録序》。陶序云：「其門人塙輩裒其答問之文刻之。」《存目叢書》據以影印。北大亦有是刻。

東越證學録十六卷　明周汝登撰　五五〇八

安徽巡撫採進本（總目）。○《安徽省呈送書目》：「《東越證學録》六本。」○《浙江省第五次范懋家呈送書目》：「《東越正學録》十六卷，明周汝登著，四本。」○《浙江採集遺書總録》：「《東越正學録》十六卷，刊本，明南京尚寶卿嵊縣周汝登撰。」○清華大學藏明萬曆刻本，作《東越證學録》十六卷。題「古剡周汝登著」。半葉九行，行十八字，白口，四周單邊。前有陶望齡序，萬曆三十三年乙已鄒元標序。陶、周兩序與前書兩序文同，唯陶序更題《海門先生證學録序》而已。鈐「豐華堂書庫寶藏印」等印記。《存目叢書》據以影印。上圖、遼大、陝圖、浙圖亦有是刻。○明萬曆刻本，作《東越證學録》二十卷。半葉九行，行十八字，白口，四周單邊。北圖、湖北圖、日本東京尊經閣文庫藏。

可菴書牘十卷　明張棟撰　五五〇九

兩江總督採進本(總目)。○《兩江第二次書目》：「《可菴書牘》，明張棟著，八本。」○清華大學藏明天啟元年徐洌刻本，作《張可菴先生書牘》十卷，二十一册。題「前文林郎兵科都給事中兵刑工三科左右給事中工科給事中新建縣知縣張棟稿」。半葉九行，行二十字，白口，左右雙邊。前有天啟改元文震孟序云：「牘稿向藏於家，其子貧不能付梓，徐孝廉仲容板行之。仲容，名洌。」又甲子吴安國序。《凡例》末署「同縣後學王焕如識」。封面有刻書識語，署「松塵軒藏板」。版心記寫工、刻工：長洲周肇基刻，吴縣姚可達書、長洲張惇刻、長洲尤汝鵬刻、張胤隆刻、長洲張士楙刻、長洲馮嗣昌刻、江寧王景成刻、上元栢志宸刻、上元栢志寰刻。鈐「豐華堂書庫寶藏印」等印記。《存目叢書》據以影印。○《四庫全書附存目録》顧廷龍先生手批：「同縣後學王焕如編，明天啟刊本八册八十五元，德友。天啟辛酉文震孟、甲子吴安國序。吴縣姚可達書、長洲周肇基刻。」

詹養貞集三卷　明詹事講撰　五五一〇

江西巡撫採進本(總目)。○《江西巡撫海第二次呈送書目》：「《詹養貞集》三本。」○《提要》云：「其集初刻於萬曆戊戌，凡文三卷、詩四卷。後詩集散佚，僅存文集。國朝乾隆庚申，其元孫道行重刊之,即此本也。」○山西大學藏明萬曆二十六年詹德象刻本,作《詹養貞先生文集》三卷。卷二題「豫章樂安養貞詹事講著,江左門人蘭嵎朱之蕃校,男德英、德威、德象、德政編次」。半葉十行,行二十字,白口,左右雙邊。前有萬曆二十六年戊戌馮夢禎《刻明府詹侍御遺集序》云:「此余同年兄詹明甫侍御遺集也,……迺其子太學生德象手自裒輯。」後有金陵門生朱之蕃跋云:「詹長公德象既刻先集有成,授蕃讀之。」初印清朗。卷内鈐「太原叔子藏書記」、「桐軒主人藏書印」、「悠閒居士」、「張」等印記。《存目叢書》據以影印。

片玉集四卷　明陳邦科撰　　　　五五一一

江西巡撫採進本(總目)。○《提要》云:「是集凡《閬瀛漫語》一卷、《言責要覽》一卷、《留臺疏稿》一卷、《聽花軒摘稿》一卷。……敖文禎作邦科墓誌云所著尚有《循良模範》、《辨問録》二書,今集中未見。」

梅谷集十八卷　明莊履豐撰　　　　五五一二

浙江巡撫採進本(總目)。○《浙江省第六次呈送書目》:「《梅谷集》十八卷,明莊履豐著,八本。」○《浙江採集遺書總録》:「《梅谷集》十八卷,刊本,明翰林院修撰晉江莊履豐撰。」○廣東省中山圖書館藏明萬曆二十四年江都知縣張寧刻本,作《梅谷莊先生文集》十六卷。題「温陵梅谷莊履豐著,座師定宇趙用賢選,年友王三陽閲,門人黄汝良編,楊光訓校,楊伯柯……同訂,男喬申輯」。半葉九行,行二十字,白口,四周雙邊。版心題「梅谷集」。前有萬曆二十四年丙申黄汝良序云:「會同門楊君汝若按節維揚,始成剞劂焉,役竣,楊君更授汝良,使爲序。」又楊光訓序。末有江都知縣張寧跋。此係楊光訓督鹺揚州時命江都知縣張寧校刻者。正文末有「明萬曆丙申冬江都梓」一行。《存目叢書》據以影印。

寶菴集八卷　明顧紹芳撰　五五一三

江蘇周厚堉家藏本(總目)。○《江蘇省第一次書目》:「《寶菴集》四本。」○《江蘇採輯遺書目録》:「《寶菴集》八卷,贊善太倉顧紹芳著。」○中國科學院圖書館藏明萬曆趙標刻本八卷《附録》一卷。題「吴郡顧紹芳實甫著」。半葉九行,行十八字,白口,左右雙邊。前有趙標刻書序。正文卷一首葉版心下記刻工:崑山唐伯誠刻。附録收墓誌、行狀。《存目叢書》據以影印。上圖亦有是刻。○臺灣「中央圖書館」藏明萬曆趙標刻本二十四卷《附録》一卷共八册。題「吴郡顧紹芳實甫著」。半葉九行,行十八字,白口,左右雙邊。卷一首葉版心下記刻工:崑山唐伯誠刻。卷一至八詩,卷九至二十四文,附録墓誌、行狀。前有萬曆四十年壬子長夏吴應賓序,馮琦刻三太史詩序,趙標刻顧先生詩集序。鈐「莚圃收藏」印(參該館《善本書志初稿》)。當即詩集之增刻本也。北圖、上圖、山東圖亦有是刻。《明代版本圖録》著録。○原北平圖書館藏明鈔本二十四卷六册。題「吴郡顧紹芳實甫著」。半葉九行,行二十字。王重民《善本提要》著録。現存臺北「故宫」。

瑞陽阿集十卷　明江東之撰　五五一四

兩江總督採進本(總目)。○《兩江第一次書目》:「《瑞陽阿集》,明江東之著,四本。」○明萬曆刻本,半葉九行,行十八字,無格。有圖。子目:《臺中疏草》一卷、《廷中疏草》一卷、《黔中疏草》一卷、《鎮沅紀略》一卷、《撫黔紀略》一卷、《家居小適》一卷、《山居小適》一卷、《鎮沅懷德録》一卷、《撫黔紀別録》一卷、《論定録》一卷。西北大學、安徽博物館藏。中科院圖存前三卷。○北京大學藏清乾隆八年東皋堂刻本。半葉十行，行二十一字，白口，四周雙邊。前有萬曆二十二年甲午余懋學序，萬曆甲午管志道序，萬曆甲午范淶序，《明史》本傳，沈思孝撰墓誌銘，萬曆四十五年丁巳郭子章撰墓碑，魏禧撰傳，吴綺序，從子世東序，男爾松序。又乾隆八年嗣孫洪等重刻序云：「因宗祠鼎新，家牒將次修補，洪等因取公集校讀而重鋟之。」知係家祠重刻本。寫刻頗精。《存目叢書》據以影印。北京師大、浙圖、華東師大等亦有是刻。○南開大學藏鈔本十卷八册。○臺灣「中央圖書館」藏鈔本十卷十二册。○中國社科院文學所藏日本舊鈔本七卷二册。○貴州圖書館據乾隆刻本誊印本五册。南開藏。

楊文懿集十二卷　明楊起元撰　五五一五

浙江巡撫採進本(總目)。○《浙江省第六次呈送書目》：「《楊太史家藏集》八卷，明楊起元著，四本。」○《浙江省第九次呈送書目》：「《楊文懿集》十二卷，明楊起元著，六本。」○《浙江採集遺書總録》：「《楊太史家藏集》八卷，刊本，明吏部侍郎歸善楊起元撰。題曰《續刻楊復所太史家藏集》。」○《江蘇省第一次書目》：「《楊太史家藏文集》四本。」○《江蘇採輯遺書目録》：「《楊太史家藏文集》八卷，吏部侍郎歸善楊起元著。」○天津圖書館藏明楊見晙等刻本，作《續刻楊復所先生家藏文集》八卷。正文首題「續刻楊復所先生家藏文集卷之一」，次題「門人趙厚編次，盧琦校閲，姪見昕訂正，男見晙發梓」，再次題「奏疏」，再次即《初補經筵恭勸聖學疏》。正文前有劉廷元《楊太史文集序》，《續刻楊復所太史家藏文集目録》。序有「兹刻也其以爲文章乎」語，知即刻書序。半葉九行，行十八字，白口，四周雙邊。版心留有墨丁。版心下方記字數及刻工。刻工：友、罗、文、宇、仁、人、褎、禹源、台、仝、工。寫刻頗精。《存目叢書》據以影印。北圖、故宫、南圖亦有是刻。○清華大學藏明楊見晙等刻本，作《重刻楊復所先生家藏文集》八卷。卷一首行刻「重刻楊復所先生家藏文集卷之一」。實則内容、行款、版式、字體、刻工及版心墨丁皆同，爲同版，唯卷端「續」、「重」二字異耳。中科院圖、上圖、臺灣「中央圖書館」亦有是刻。

松門稿八卷　明王庭譔撰　五五一六

浙江巡撫採進本(總目)。○《浙江省第九次呈送書目》：「《松門稿》八卷，明王庭譔著，四本。」○《浙江採集遺書總録》：「《松門稿》八卷，刊本，明翰林院修撰華州王庭譔撰。」○北京大學藏明萬曆四十一年汪學海刻本八卷《附録》一卷。卷一題「西京王庭譔敬卿著，古宛汪學海進甫編」。半葉九行，行十八字，白口，左右雙邊。前有盛以弘序云：「頃侍御畢公持斧按秦，……得是集，檄咸林郡守汪君付剞劂。」後有秦鄰晉後序，萬曆四十一年癸丑來臨跋。又萬曆四十一年王庭諫跋云：「直指畢公、郡伯汪公始求遺稿以傳焉。」《存目叢書》據以影印。臺灣「中央圖書館」藏是刻二。其一完好，有萬曆癸丑小歲日巡按陜西監察御史新都畢懋康序云：「予以按秦，幸及蒐逸，訪南林之捷末，探合浦之流英，因謀汪守，以成梓政。」鈐「迺圃收藏」印。其一殘存前四卷，鈐「梁清遠印」、

「吴興劉氏嘉業堂藏書記」等印。

孟雲浦集八卷年譜一卷附録一卷　明孟化鯉撰　五五一七

河南巡撫採進本(總目)。○《河南省呈送書目》：「《孟化鯉文集》十卷，明孟化鯉著，四本。」○臺灣「中央圖書館」藏明萬曆二十五年刻本，作《孟叔龍先生集》八卷《附録》一卷。正文首題「孟叔龍先生集卷一」。半葉九行，行十九字，白口，四周單邊。版心下記刻工：顧方、蘇近、趙應瑞、沈思恭、顧昉、胥大升、胥大樂、沈思恩、袁繼志等。前有萬曆二十五年丁酉年友弟汝上張維新刻序云：「余因命副墨，用公同志。」次刻集姓氏：「長安馮從吾仲好編次，汝上張維新憲周、西蜀黄輝昭素、聊城逯中立與權、西安周傳誦淑遠同校。」附録收楊東明撰墓誌(參該館《善本書志初稿》、《善本序跋集録》)。○中國社科院文學所藏明萬曆二十五年刻清康熙二年增修本，作《孟雲浦先生集》八卷《附録》一卷。行款同前本。前有萬曆二十五年丁酉張維新序，康熙二年癸卯毛際可《重刻雲浦孟先生集序》。目録後有刻集姓氏，較前本增門人、男、孫、曾孫、元孫、四世孫五十餘人。《存目叢書》據以影印。北圖、清華、中科院圖亦有是刻。按：《提要》云「首冠以《年譜》，其門人王以悟所編」。今未見。

梅園集二十卷　明沈一中撰　五五一八

浙江汪汝瑮家藏本(總目)。○《浙江省第四次汪汝瑮家呈送書目》：「《沈大若梅園集》二十卷，明沈一中著，四本。」○《浙江採集遺書總録》：「《梅園集》二十卷，刊本，明左布政使鄞縣沈一中撰。」

九芝集選二十卷　明龍膺撰　　**五五一九**

内府藏本（總目）。○《武英殿第一次書目》：「《九芝集選》二本。」○《綸灊集選》十一卷，明龍膺撰，北京大學藏明刻本。半葉九行，行十八字，白口，四周單邊。○《綸灊全集詩集》十九卷《文集》二十七卷《先集搜遺》一卷，明龍膺撰，清光緒十三年九芝堂刻本（見《南京大學中文舊籍目》）。湖南圖、中共中央黨校亦有是刻。湖南本《詩集》作十六卷。《存目叢書》影印中央黨校藏本《詩集》十四卷，各卷首行題「重刊綸灊詩集」，次行題「九芝集」，卷一至十二詩，卷十三套詞，卷十四詩餘、小令、雜曲。卷一書名後題「武陵龍膺著，東吴俞安期定，八世孫正楷仝男光炯、光邦編輯，姪雲翼、孫濟藩時霈、濟忠恕愚校」。

姑孰集二卷　明章嘉禎撰　　**五五二〇**

浙江巡撫採進本（總目）。○《浙江省第九次呈送書目》：「《姑孰集》二卷，明章嘉禎著，一本。」○《浙江採集遺書總録》：「《姑孰集》二卷，刊本，明大理寺丞德清章嘉禎撰。」○《南征集》二卷，明章嘉禎撰，明萬曆刻本。半葉八行，行十六字，白口，四周雙邊。浙圖、日本内閣文庫藏。

崇雅堂集十五卷　明鍾羽正撰　　**五五二一**

山東巡撫採進本（總目）。○《山東巡撫呈送第一次書目》：「《崇雅堂集》六本。」○湖南省圖書館藏明順治十五年丁耀亢刻本十五卷《附録》一卷。題「益都鍾羽正龍淵父著」。半葉十一行，行二十三字，白口，四周單邊。前有順治十五年高有聞序云：「有丁君野鶴者，……爰梓諸文公諸當代。」

又門人丁耀亢序云：「猶子一士中進士，貧不能梓。是歲以事入郡，再晤冢君，並搜遺詩雜著各一帙，同郡通政高公谷虛者亦出先生門下，有同志焉，亢遂覓梨棗。」封面刻「本衙藏板」。全書字體不一，卷十三全寫刻，與他卷不同。鈐「玉函山房藏書」印。《存目叢書》據以影印。北大亦有是刻。○清光緒五年昌樂閻湘蕙重刻本。山東圖、山東博物館藏。○清光緒三十三年益都鍾氏家塾刻本，十五卷《續集》一卷。山東圖、首都圖、清華、東北師大藏。○按：《提要》云「其門人高有聞、元野鶴編」，元乃丁之訛。

負苞堂稿九卷　明臧懋循撰　**五五二二**

浙江汪汝瑮家藏本（總目）。○《浙江省第四次汪汝瑮家呈送書目》：「《負苞棠集》十卷，明臧懋循著，二本。」○《浙江採集遺書總録》：「《負苞堂集》十卷，刊本，明國子監博士長興臧懋循撰。」○北京圖書館藏明天啟元年臧爾炳刻本，作《負苞堂詩選》五卷《文選》四卷。題「吴興臧懋循晉叔甫著」。半葉八行，行十八字，白口，四周單邊。封面題「臧晉叔先生手選負苞堂集」。《詩集》末有天啟元年辛酉臧爾炳識語云：「孤乃併府君文合付剞劂。文尤散逸不可稽，今亦第刻其存而自選者。」《存目叢書》據以影印。上圖亦有是刻。中科院圖僅存《文選》四卷。○清華大學藏清鈔本四册，書名卷數同前本。半葉八行，行十八字，無格。○一九五八年上海古典文學出版社排印本九卷一册。

農丈人文集二十卷詩集八卷　明余寅撰　**五五二三**

浙江巡撫採進本（總目）。○《浙江省第三次書目》：「《農丈人文集》、《詩集》，明余寅著，十二本。」

○《浙江採集遺書總録》：「《農丈人文集》二十卷《詩集》八卷，刊本，明太常寺少卿鄞縣余寅撰。」○首都圖書館藏明萬曆刻本。題「古鄞余寅僧杲著」，卷末或刻「書記周禮寫」五小字。無序跋。鈐「固學齋」、「北平孔德學校」等印記。《存目叢書》據以影印。北圖、南圖、中山大學等亦有是刻。《浙江文獻展覽會專號》著録張壽鏞藏是刻，有萬曆三十二年甲辰郭子章序，序末有「建邑楊材鐫」五字。臺灣「中央圖書館」《善本書志初稿》著録是刻兩部，其一爲嘉業堂舊藏，有郭子章序，版心下偶記刻工：建邑楊材鐫、朱天福等。其一爲徐時棟城西草堂、陶湘涉園、張乃熊芷圃舊藏。

楊道行集十七卷　明楊于庭撰　五五二四

浙江巡撫採進本（總目）。○《浙江省第四次孫仰曾家呈送書目》：「《楊道行集》十七卷，明楊于庭著，六本。」○《浙江採集遺書總録》：「《楊道行集》十七卷，刊本，明兵部郎中全椒楊于庭撰。」○原北平圖書館藏明萬曆二十三年季東魯、湯沐刻本三十三卷十册。卷一題「全椒楊于庭著」。半葉九行，行二十字，白口，四周雙邊。卷一至十七詩，卷十八至三十三文。卷十八以下有刻工：姜全、熊鵬等。前有萬曆二十三年全椒知縣樊玉衡序，萬曆二十三年吴嶽秀序，萬曆二十三年鄒觀光序，萬曆二十五年李維楨序，濟南門人季東魯序，湯沐跋。鄒序云：「道行之門人湯伯恩氏梓其所爲詩若文以傳。」季序云：「今年秋，先生適遊虎林而集成，東魯與錢塘湯令校付剞劂以傳。」湯序云：「今年適遊西湖之上，郡守季公及不佞見而奇之，彙爲集付之殺青以傳。」知係門人杭州知府季東魯、錢塘知縣湯沐刻於杭州者。鈐「蒼巖山人書屋記」等印。《存目叢書》據北圖藏膠卷影印。

原書現存臺北「故宫」。臺灣「中央圖書館」藏兩部，均三十三卷。其一完好，其一蟲蠹嚴重。其完整者卷十八至三十三版心下方記刻工：姜全、余加六、陳云十、陳云、翟才十、翟才、才十、余太、雇名一、翟名一、翟名、云九、南昌鄒天衢、豐城熊鵬等。（參該館《善本書志初稿》）北平本諸序外，此本多萬曆二十四年丙申古越門□馮㛃跋云：「□□□十帙，詩六而文四，詩刻於□□□□□□文尚有待。」然則前十七卷詩先刻，即季東魯、湯沐刊於杭州者。卷十八至三十三文則後來續刻，故前十七卷無刻工，後十六卷有刻工，版式微異也。以刻工出南昌、豐城推測，似後十六卷刻於江西。上圖、日本内閣文庫藏是刻均僅卷一至十七，《千頃堂書目》及《四庫存目》所據亦皆十七卷詩，益證前十七卷先刻成也。○明萬曆刻本，存《楊道行集》卷一至四、《續集》卷一至五。半葉九行，行十八字，白口，四周單邊。上圖藏。

青棠詩集八卷　明董嗣成撰　**五五二五**

浙江孫仰曾家藏本（總目）。○《浙江省第四次孫仰曾家呈送書目》：「《青棠集》八卷，明董嗣成著，四本。」○《浙江採集遺書總録》：「《青棠集》八卷，刊本，明禮部郎中烏程董嗣成撰。」○南京圖書館藏明刻本，作《青棠集》八卷。題「吴興董嗣成伯念父著」。半葉九行，行十八字，白口，左右雙邊。前有謝肇淛序，茅國縉撰傳。謝序云：「伯念既死，茅侍御薦卿兄弟念甥舅之好，爲葺其遺稿行之，而余爲序之。」嗣成卒於萬曆二十三年（據《明人傳記資料索引》），茅國縉字薦卿，則是本爲萬曆二十三年或稍後茅國縉等刻本。《存目叢書》據以影印。中科院圖、上圖、華東師大、臺灣「中央圖書館」亦有是刻。原北平圖書館藏一部，現存臺北「故宫」。

五五二六　鄒孚如集無卷數　明鄒觀光撰

浙江巡撫採進本（總目）。○《浙江省第十一次呈送書目》：「《鄒孚如集》，明鄒觀光著，四本。」○《浙江採集遺書總録》：「《鄒孚如集》六卷，刊本，明雲夢鄒觀光撰。」○《提要》云：「前無序目，版心亦不刊卷次，蓋未定之本。」○《古離别》一卷，明鄒觀光撰，明刻本。半葉八行，行十六字，黑口，四周雙邊。上圖藏。

五五二七　來復堂集二十五卷　明曾維綸撰

江西巡撫採進本（總目）。○《江西巡撫海第三次呈送書目》：「《來復堂集》十二本。」○武漢大學藏清乾隆九年曾廷試刻本，作《來復堂遺集》二十五卷。卷一題「神樂曾維綸惇吾手著，臨川李穆堂先生鑒定，六世孫廷試左車輯梓」。半葉八行，行二十一字，白口，四周單邊。前有乾隆五年李紱序，萬曆丁亥黄洪憲序，乾隆七年原越序，乾隆九年六世孫廷試序，乾隆九年侄孫廷賢跋。封面刻「乾隆九年甲子秋鐫」、「尊經閣藏板」。卷内鈐「篤素堂張曉漁校藏圖籍之章」朱文長方印。《存目叢書》據以影印。

五五二八　玉堂遺稿無卷數　明蕭良有撰

湖北巡撫採進本（總目）。○《湖北巡撫呈送第三次書目》：「《玉堂遺稿》八本。」○北京圖書館分館藏清鈔本一册，書衣題「玉堂遺稿卷二，明蕭良有著」。正文無大題，無撰人。半葉九行，行二十二字，無格。書中《初刻晴川會館約序》一文末署「萬曆十三年仲冬吉日郡人蕭良有以占甫書」，知爲良有集無疑。鈐「孫壯藏書印」等印記。《存目叢書》據以影印。

亦爲堂集四卷　明史孟麟撰　五五二九

江蘇巡撫採進本（總目）。○《江蘇省第二次書目》：「《史太僕集》五本。」○《江蘇採輯遺書目録》：「《史太僕集》四册，太僕寺卿宜興史孟麟著，刊本。」○《提要》云：「又一别本題曰《史太僕集》，所載亦同，蓋一書而再刻也。」

方衆甫集十四卷　明方應選撰　五五三〇

江蘇巡撫採進本（總目）。○《江蘇省第一次書目》：「《方衆甫集》四本。」○《江蘇採輯遺書目録》：「《方衆甫集》十四卷，華亭方應［選］著。」○南京圖書館藏明萬曆刻本，題「華亭方應選衆甫著」。半葉九行，行二十字，白口，四周單邊。版心寫刻工：沈及之寫並刻。前有董其昌序，《閩刻自序》。據自序知係福建刻本。《存目叢書》據以影印。日本東京尊經閣文庫有萬曆三十四年序刻本。

葛太史集五卷　明葛曦撰　五五三一

山東巡撫採進本（總目）。○《山東巡撫第二次呈進書目》：「《葛太史集》二本。」○清華大學藏清嘉慶八年德平葛周玉樹滋堂刻本，作《葛太史公集》五卷。題「明翰林院國史檢討經筵講官直起居注德平葛曦仲明著」。半葉九行，行二十一字，白口，四周雙邊。前有崇禎丙子姪如麟序，嘉慶八年玄孫周玉序,像。葛周玉序云:「康熙癸卯,先祖欽簡公始授梓,……先祖歿後,集板散失。……乾隆甲戌遊濟南,得黄氏藏本,乃見吾高祖集全編,迄今嘉慶癸亥才勉重刻。」《存目叢書》據以影印。山東博、南開、東北師大亦有是刻。

占星堂集十五卷　明唐文獻撰　**五五三二**

浙江孫仰曾家藏本(總目)。○《浙江省第四次孫仰曾家呈送書目》:「《占星堂集》十六卷,明唐文獻著,八本。」○《浙江採集遺書總録》:「《占星堂集》十六卷,刊本,明禮部侍郎華亭唐文獻撰。」○《武英殿第二次書目》:「《占星堂集》十本。」○北京大學藏明楊鶴、崔爾進刻本,作《唐文恪公文集》十六卷。題「華亭唐文獻元徵父著,門人楊鶴脩齡父、崔爾進漸逵父校梓」。半葉九行,行二十字,白口,四周單邊。版心題「占星堂集」,與《存目》合。前有孫承宗序。卷尾有嘉慶十九年春八世外從孫李林松手跋。《存目叢書》據以影印。○明萬曆四十三年唐允執刻本,作《唐宗伯公文集》十六卷。半葉九行,行二十字,白口,四周單邊。上圖、上海辭書出版社、日本尊經閣文庫藏。○清道光二十八年唐氏重刻本,作《唐文恪公集》十六卷《首》一卷,又名《占星堂集》。北大、上圖、南圖、山西大、東北師大、江西圖藏。

大雲集無卷數　明曹璜撰　**五五三三**

兩江總督採進本(總目)。○《兩江第一次書目》:「《大雲集》,明曹璜著,抄本,十本。」○《提要》云:「是集鈔本凡十册,前無序目,亦不分卷帙。」

中祕草三卷　明李沂撰　**五五三四**

湖北巡撫採進本(總目)。○《湖北巡撫呈送第三次書目》:「《中祕草》三本。」

尊拙堂文集十二卷　明丁元薦撰　**五五三五**

浙江巡撫採進本(總目)。○《浙江省第六次呈送書目》:「《尊拙堂文集》十二卷《附録》一卷,明丁元薦著,六本。」○《浙江採集遺書總録》:「《尊拙堂文集》十二卷《附録》一册,刊本,明尚寶司少卿長興丁元薦撰。」○北京圖書館藏清順治十四年丁世濬刻本十二卷《附録》一卷。題「故鄣丁元薦長孺甫著」。半葉八行,行二十字,白口,左右雙邊。前有順治十七年庚子表甥金鏡序云:「今冢孫世濬獨奮焉負荷,剞劂登梨。」又順治十七年孫男世濬跋。次刻集姓氏:「故鄣丁元薦長孺甫著,表甥金鏡金心甫、後學蔣宗魯公胤甫仝訂,男丁琬、丁瑀彙藏,丁琛、丁瑨仝編輯,冢孫世濬校梓,諸孫世鴻、景旦、景衡仝校。」鈐有「吴興劉氏嘉業堂藏書記」等印。《存目叢書》據以影印。北大亦有是刻。

永思齋文集六卷　明李日茂撰　**五五三六**

直隸總督採進本(總目)。○《直隸省呈送書目》:「《永思齋文集》六本。」

溟池集十六卷　明張文柱撰　**五五三七**

江蘇巡撫採進本(總目)。○《江蘇省第二次書目》:「《溟池集》四本。」○《江蘇採輯遺書目録》:「《溟池集》十六卷,崑山張文柱著,刊本。」○明嘉靖隆慶間刻《盛明百家詩》後編有《張文學集》一卷，張文柱撰。北圖、上圖等藏。

五五三八

容臺文集九卷詩集四卷別集四卷　明董其昌撰

兩淮馬裕家藏本（總目）。○清華大學藏明崇禎三年董庭刻本，題「華亭董其昌著，冢孫庭輯」。半葉八行，行十九字，白口，左右雙邊。前有崇禎三年庚午陳繼儒序。封面有董庭刻書咨語。陳序後有刻工：顧紹勳鐫。版心刻工：金泰卿寫、顧公彦刻。《存目叢書》據以影印。北圖、上圖、南圖、浙圖等亦有是刻。○明崇禎刻本，半葉八行，行十九字，白口，左右雙邊。南圖藏。○原北平圖書館藏明崇禎八年福建刻本，作《容臺文集》十卷《詩集》四卷《別集》五卷。題「華亭董其昌玄宰甫著，海上葉有聲君實甫較，冢男祖和、冢孫庭輯」。半葉八行，行十八字，白口，四周單邊。前有崇禎三年陳繼儒序，崇禎八年乙亥黄道周序，葉有聲序，後有沈鼎科後序。封面刻「重刻董宗伯容臺集」、「門人余昌會、余昌年敬梓」。黄序云：「曩在京師見《容臺集》，猶未甚備。近董長公來自閩中，以建寧固稱書窟，先生之轍存焉，因再鐫之，是爲建本。僕始得盡讀其文辭，與諸筆載諸編。」（參趙萬里《館藏善本書志》、王重民《善本提要》）。是帙現存臺北「故宫」。上圖、浙圖、甘肅圖亦有是刻，而《別集》作六卷，蓋又增刻一卷也。○臺灣「中央圖書館」藏民國三十三年福建陳氏闇樓朱絲欄寫樣待刻本，卷目同崇禎三年董庭本。半葉十行，行二十一字，紅口，四周雙邊。版心下端右側記「闇樓叢書」。第二册（文集卷二）爲朱印樣本，其餘爲鈔寫底本（參該館《善本書志初稿》）。○《四印堂詩稿》一卷，董其昌撰，稿本。上博藏。

竹素堂藏稿十四卷　明陳所藴撰　**五五三九**

浙江孫仰曾家藏本(總目)。○《浙江省第四次孫仰曾家呈送書目》:「《竹素堂稿》十四卷,明陳所藴著,五本。」○《浙江採集遺書總録》:「《竹素堂集》十四卷,刊本,明南京太僕寺少卿上海陳所藴撰。」○《兩淮鹽政李呈送書目》:「《竹素堂稿》十四卷,明陳所藴,四本。」○上海圖書館藏明萬曆刻本,存卷一至二、卷六至十四。卷一題「穎川陳所藴子有父著」。半葉九行,行十八字,白口,四周單邊。版心刻工:劉鳳刻。前有萬曆十九年辛卯王弘誨序,隸書上版,末有「新安汪徽書」五字。《存目叢書》據以影印。○《竹素堂續稿》二十卷,明萬曆三十三年刻本。半葉九行,行十八字,白口,四周雙邊。北大、上圖藏。○《竹素堂合併全集》,存卷一至卷二十三,明刻本。半葉九行,行十八字,白口,四周單邊。上圖藏。

青藜館集四卷　明周如砥撰　**五五四〇**

江蘇巡撫採進本(總目)。○《江蘇省第一次書目》:「《青藜館集》四本。」○《江蘇採輯遺書目録》:「《青藜館集》四卷,國子監祭酒即墨周如砥著,明崇禎壬午刊本。」○《兩淮鹽政李呈送書目》:「《青藜館集》四卷,明周如砥,四本。」○北京師大藏明崇禎十五年周爆刻本,作《周季平先生青藜館集》四卷。題「明即墨周如砥季平著,門人東蒙公鼎孝與較」。半葉九行,行十九字,白口,四周單邊。前有公鼎序,王思任序。後有崇禎十五年壬午男爆跋云:「敬壽梨棗。」卷内鈐「李氏序樂堂藏書圖記」、「李承祖印」、「繩武」等印記。《存目叢書》據以影印。北圖、上圖、南圖、即墨圖等亦有是刻。

五五四一　小山草十卷　明郝敬撰

浙江巡撫採進本（總目）。○《浙江省第四次汪汝瑮家呈送書目》：「《小山草》十卷，明郝敬著，三本。」○《浙江採集遺書總録》：「《小山草》十卷，刊本，明户科給事中京山郝敬撰。」○中國科學院圖書館藏明萬曆崇禎間郝洪範刻《山草堂集》内編本。首天啟三年癸亥季夏郝敬題辭。次正文首題「山草堂集第九」，二行題「小山草卷之一」，三行題「京山郝敬著，男洪範校」。半葉八行，行十八字，白口，四周單邊。版心下刻篇名。《存目叢書》據以影印。北圖、浙圖等亦有是刻。

五五四二　姜同節集八卷　明姜志禮撰

江蘇巡撫採進本（總目）。○《江蘇省第一次書目》：「《姜同節集》六本。」○又：「《姜奉常文集》五本。」○《江蘇採輯遺書目録》：「《姜奉常集》八卷，太常寺卿丹陽姜志禮著。」

五五四三　劉直洲集十卷　明劉文卿撰

浙江孫仰曾家藏本（總目）。○《浙江省第四次孫仰曾家呈送書目》：「《劉直洲集》十卷，明劉文卿著，五本。」○《浙江採集遺書總録》：「《劉直洲集》十卷，刊本，明兵部員外郎廣昌劉文卿撰。」○北京大學藏明萬曆唐國達刻本，作《新刻劉直洲先生文集》，存卷一至八。卷一題「明建武劉文卿著，秣陵焦竑、南昌劉曰寧校，男劉睦輯，書林唐國達刊」。半葉十行，行二十字，白口，四周單邊。封面刻「鐫建武劉直洲先生文集」、「金陵廣慶堂督刊」。正文前有萬曆四十二年甲寅焦竑序，蔡善繼序。

書衣有李盛鐸題簽並題記云：「劉直洲先生文集，存卷一至八，六册，明劉文卿撰，萬曆甲寅刊本，後三百十二年購於燕市。盛鐸記。」是帙紙已焦脆，不堪展閲。《存目叢書》據以影印。

吴繼疏集十二卷　明吴仁度撰　五五四四

江蘇巡撫採進本（總目）。按：殿本《總目》作「江西巡撫採進本」。○《江西巡撫海第四次呈送書目》：「《繼疎遺集》一套四本。」○南京圖書館藏清乾隆三十五年吴氏刻本，作《吴繼疏先生遺集》十三卷《首》一卷。卷一題「六世從孫廷相同姪康田編輯，同邑後學許惠校閲」。半葉十行，行二十一字，下黑口，四周雙邊。前有乾隆三十五年庚寅許惠《吴疏山先生家集總跋》云：「今族孫尚絅奉庭訓徧爲采輯，凡十七卷，復增以《繼疏遺稿》凡十三卷，且並附以《書山集》凡二十卷、《大身集》凡七卷、《疏山志略》凡十二卷、《疏溪家乘》凡十三卷，彙而授之梓。」《存目叢書》據以影印。中科院圖、浙圖亦有是刻。

葉玉成全集四卷附録二卷　明葉永盛撰　五五四五

浙江巡撫採進本（總目）。○《浙江省第九次呈送書目》：「《葉玉城全集》，明葉永盛著，四本。」○《浙江採集遺書總録》：「《葉玉城全集》四册，刊本，明御史涇縣葉永盛撰。」○《提要》云：「是集《雜文》一卷、《奏疏》三卷，爲其裔孫沃若等所刊。」又云：「末附《名宦録》一卷、《鄉會中式録》一卷。」○首都圖書館藏清道光十二年涇縣趙氏古墨齋刻《涇川叢書》内有葉永盛《浙鹺紀事》一卷《玉城奏疏》一卷。《浙鹺紀事》末有嘉慶五年趙紹祖跋。《玉城奏疏》末有嘉慶六年趙紹祖跋云：

「《疏草》三卷，老友葉屏垣(名必藩)以見寄，漫漶甚，不能盡校，爲取若干篇以問世。後得善本當更校之。」則二種刻於嘉慶五年至六年。《存目叢書》據以影印。北師大、上圖等亦有是刻。

李湘洲集十卷補遺一卷　明李騰芳撰　**五五四六**

湖北巡撫採進本(總目)。○《湖南省呈送書目》：「《湘洲集》十二本。」○南京圖書館藏清刻本，作《李宮保湘洲先生集》十二卷。卷一題「湘潭李騰芳子實著，弟馭芳、男宗岠編梓，後學過蒙掄、謝璠仝較，姪之□、之珍仝閲」。半葉九行，行二十字，白口，四周單邊。無序跋。前有家傳。卷内玄字缺末筆，曆作歷，知係清刻本。《存目叢書》據以影印。山西大學、湖南省圖、中科院圖、湖北財經學院皆有不全本。○《李宮保湘洲先生集》一卷，清鈔本，清朱脩跋。湖南圖藏。○清光緒二年湘潭李氏祠堂刻本，作《李文莊公全集》十卷。川圖、内蒙圖、遼大、蘇州圖藏。

關中集四卷　明余懋衡撰　**五五四七**

兩江總督採進本(總目)。○《兩江第二次書目》：「《關中集》，明余懋衡著，抄本，二本。」○北京圖書館藏明刻本，題「新安余懋衡著」。半葉十行，行二十字，白口，四周雙邊。字體版式似萬曆刻。《存目叢書》據以影印。

緑滋館稿九卷　明吴士奇撰　**五五四八**

江蘇巡撫採進本(總目)。○《江蘇省第二次書目》：「《緑滋館稿》二本。」○《江蘇採輯遺書目録》：「《緑滋館稿》九卷，山西督學新都吴士奇著，刊本。」○北京圖書館藏明萬曆刻本，作《緑滋館稿》九卷《緑滋館考信編》二卷《徵信編》五卷。均題「新都吴士奇無奇撰」。半葉九行，行十八字，白口，無直格，四周單邊。《考信》《徵信編》前有萬曆四十八年庚申李叔元序。《緑滋館稿》無序跋，版心記刻工：謝應科刊、傳春刊、毛世彬刊。卷内均鈐「桐城姚伯印氏藏書記」印。《存目叢書》據以影印。美國國會圖書館藏明刻清康熙修版印本，書名卷數同前本，有康熙二十八年吴之騄序，康熙十九年吴周甲跋，卷内涉及滿清避忌者皆已剷版。原北平圖書館亦藏一部，《考信》《徵信》共三册與《緑滋館稿》二册分開著録（均參王重民《善本提要》）。天津圖書館亦有萬曆刻清康熙修版印《緑滋館稿》九卷。

靈蘐閣集八卷　明湯兆京撰　五五四九

浙江孫仰曾家藏本（總目）。〇《浙江省第四次孫仰曾家呈送書目》：「《靈蘐閣集》八卷，明湯兆京著，六本。」〇《浙江採集遺書總録》：「《靈蘐閣集》八卷，刊本，明御史宜興湯兆京撰。」〇臺灣「中央圖書館」藏明萬曆末年原刻本，題「陽羨湯兆京伯閎父著，男啟煃輯」。半葉九行，行二十字，白口，四周雙邊。前有萬曆四十五年丁巳仲冬徐良彦序（缺第一葉）。鈐「四明盧氏抱經樓藏書印」、「吴興劉氏嘉業堂藏書記」等印。《存目叢書補編》據以影印。

西樓集十八卷　明鄧原岳撰　五五五〇

福建巡撫採進本（總目）。〇《福建省呈送第五次書目》：「《西樓集》，八本。」〇明萬曆三十九年鄧慶宷福建刻本，作《西樓存稿》十八卷。半葉九行，行十八字，白口，左右雙邊。上圖、日本内閣文庫藏。○明崇禎元年鄧慶寀江南刻本，作《西樓全集》十八卷《西樓詩選》二卷。題「閩中鄧原岳汝高著，門人韓日纘緒仲訂，仲子慶寀編次」。半葉九行，行十八字，白口，左右雙邊。前有萬曆三十九年辛亥秋日翁正春《鄧汝高先生西樓全集序》云：「其仲子慶寀，感人情之景哲，懼先業之淪光，乃發藏珠於故櫝，搜亡璧於他山。訪於杜氏之武庫，索於老子之柱下。記誦道邊之碑，繕録竈中之銘。殫心罷神，積日累月。凡得詩若干首，得文若干篇，合而名之曰《西樓全集》。西樓者，先生燃藜之所，不忘故也。集既成，請余序之，且授諸梓。」又云：「慶寀，余之壻也。」此初刻之序。又李維楨序，又舊序若干。又天啟七年四月八日林古度《重刻西樓全集序》云：「予既爲鄧道協序其所纂《家乘外集》，得因以奉揚其先觀察汝高先生之文名才品，羨慕其所刻先生《西樓存稿》。……不意道協家報近至，其樓居書板盡歸回禄。予聞之，不勝爲其慨惜。道協急取曩惠予本重刻。」又云：「特書道協所以初刻重刻，刻閩刻南，肩鉅艱辛之繇如此。」又謝肇淛撰傳。《西樓全集》後有崇禎改元仲子慶寀《重刻西樓全集跋》云：「從祖與大父寔有《耕隱集》，有《别駕集》，此《西樓存稿》，先大人之所作也。……是以勉壽梨棗，以板藏於家而書行於世。及就卑秩於鹺幕，量移參軍，戔戔小吏，得載父書以爲羔雁。……不意西樓近燬，藏書一空，而《耕隱》、《别駕》與先集皆化煨燼。……敬以三集，勉力拮据，盡付剞劂。……江南刻工，號勝他省，書成，視舊本爲精繕。」（參臺灣「中央圖書館」《善本書志初稿》、《善本序跋集録》。該館藏本無《詩選》）北大、中科院圖、上圖、南圖等皆有是刻。福建省圖書館藏明崇禎元年鄧慶寀江南刻鄧爾纘修版印本，題「閩中鄧原岳汝高著，門人韓日纘緒仲訂，孫男爾纘天士重刻」。「孫男爾纘天士重刻」一行係改刻。前有翁正春序，仲子慶宲跋，林古度序。《詩選》題「閩中鄧原岳汝高著，門人韓日纘緒仲選，孫男爾纘天士編次」。字體版式與《全集》同。《存目叢書》據以影印。臺灣「中央圖書館」《善本書志初稿》、王重民《善本提要》皆著録是刻。

繁露園集二十二卷　明董復亨撰　**五五五一**

直隸總督採進本（總目）。〇《直隸省呈送書目》：「《繁露園集》四本。」〇《兩江總督高第三次進到書目》：「《繁露園集》四本。」〇北京圖書館藏明萬曆四十年張銓刻本，題「陽平董復亨元仲父著，同郡張銓平仲父校」。半葉十行，行二十字，白口，四周雙邊。前有壬子（萬曆四十年）七夕張銓序，李維楨序。鈐「白岡山人」、「益浦張氏珍藏之印」等印記。《存目叢書》據以影印。北大、日本内閣文庫亦有是刻。

袁中郎集四十卷　明袁宏道撰　**五五五二**

兩江總督採進本（總目）。〇《兩江第一次書目》：「《袁中郎集》四種，明袁宏道著，十一本。」〇《武英殿第二次書目》：「《袁中郎全集》十本。」〇《浙江省第四次孫仰曾家呈送書目》：「《袁中郎集》二十四卷，明袁宏道著，十二本。」〇《浙江採集遺書總録》：「《袁中郎集》二十四卷，刊本，明吏部稽勳司郎中公安袁宏道撰。原題《梨雲館類定袁中郎集》。」〇山西大學藏明崇禎二年武林佩蘭居刻本，作《袁中郎全集》四十卷。目録作「鍾伯敬增定袁中郎全集」。卷一題「公安袁宏道著，景陵鍾悝定,嘉禾曹勳閲」。各卷閲者不同。半葉九行,行二十字,白口,四周單邊。前有雷思佩序,湯汝楫序。次《新刻鍾伯敬增定袁中郎全集緣起》云:「吴郡六集,嘉禾十集,各爲繡梓,不相統一,搆者憾焉。至金陵梨雲館哀集類編,便於採誦,然先生遺稿八卷未見梓行。今悉補入,以供世賞。時崇禎二年歲次己巳刻於武林之佩蘭居,殺青日在季秋甲申,後學陸之選平林識。」卷内鈐「閒田張氏聞三藏書」等印記。《存目叢書》據以影印。北大、上圖、南圖、浙圖等亦有是刻。○《袁中郎十集》十六卷,明周應麐輯刻本。半葉九行,行二十字,白口,左右雙邊。子目:《廣莊》一卷、《敝篋集》二卷、《破研齋集》三卷、《廣陵集》一卷、《桃園詠》一卷、《華嵩遊草》二卷、《瓶史》一卷、《觴政》一卷、《狂言》二卷、《狂言别集》二卷。北圖、上圖、南圖、浙圖等藏。○《袁使君集》十四種五十七卷,明萬曆三十三年刻本。半葉九行,行十八字,白口,左右雙邊。存十二種三十六卷:《錦帆集》四卷、《廣陵集》一卷、《桃園詠》一卷、《廣莊》一卷、《瓶花齋集》十卷、《解脱集》四卷、《華嵩遊草》二卷、《觴政》一卷、《破研齋集》三卷、《瓶史》一卷、《敝篋集》二卷、《袁石公遺稿》六卷。天一閣文管所藏。○《袁中郎先生全集》二十三卷,明萬曆刻本。題「石公袁宏道中郎撰」。半葉九行,行十九字,白口,四周單邊。版心下記刻工:新安黄應義刻。有萬曆四十七年畢懋康序,萬曆四十七年袁中道序。據中道序,此係中道編刻於新安者。鈐「會稽周氏鳳皇專齋藏」、「苦雨齋藏書印」等印記。北大藏(見王重民《善本提要》)。○《梨雲館類定袁中郎全集》二十四卷,明萬曆四十五年何偉然刻本。半葉八行,行十八字,白口,無直格,四周單邊。中科院圖、吉林省圖、山東大、浙圖等藏。山東大學本二十册四函。卷一題「公安袁宏道中郎著，衡陽何其謙仲益、仁和何偉然欲仙、古歙吴從先寧野閲」。各卷閲者除何偉然外均不同，計有蕪城王緣督經倩、湘潭張燧和仲，至興化袁學乾違一，四十四人。前有丁巳（萬曆四十五年）何偉然《類刻袁石公先生集紀事》，次「原序」十四篇，次目録六十四葉。卷内鈐「渠丘曹愚盦氏藏書」印。〇日本元禄九年（清康熙三十五年）刻本，書名卷數同前本。卷一題「公安袁宏道中郎著，衡陽何其謙仲益、仁和何偉然欲仙、古歙吴從先寧野閲」。半葉八行，行十八字，白口，無直格，四周單邊。内文各字下刻有片假名讀音。目録後有丁巳（萬曆四十五年）何偉然《類刻袁石公集紀事》，又「原序」十四篇（見臺灣「中央圖書館」《善本書志初稿》）。

按：此當係翻刻何偉然本。北大亦有是刻。〇明末南京周文煒大業堂刻本，書名卷數同前二本。卷一題「公安袁宏道中郎著，蕪城王緣都經倩、仁和何偉然欲仙、古歙吴從先寧野閲，南雍周文煒如山鐫」。半葉八行，行十八字，白口，無直格，四周單邊。封面刻「梨雲館類定袁中郎全集」大字兩行，兩行中間刻小字一行：「大業堂周如山刊」。目録前有「原序」十二篇（參臺灣「中央圖書館」《善本書志初稿》）。山東大學藏是刻，封面中間大字刻「袁中郎全集」，右側刻「梨雲館類定」，左下方刻「大業堂重梓」，右下方鈐「醉耕堂藏板」朱文方印。與臺灣「中央圖書館」本不同。此係翻刻何偉然本，行款字體版式相近。唯各卷於閲者之後增「南雍周文煒如山鐫」，又改卷一閲者「衡陽何其謙仲益」爲「蕪城王緣督經倩」，卷八閲者「衡山何其謙仲益」爲「安國伯雄」，卷十四閲者「湖州吴寵錫承之」爲「湘潭周楷伯孔」。餘卷閲者均同。卷前亦有丁巳何偉然類刻紀事。人民大學、上圖、津圖、重慶圖等亦有是刻。○《袁中郎先生全集》二十四卷，清道光九年培原書屋重刻本十六册。遼圖藏。○《袁中郎全集》二十四卷，清同治八年袁照刻本(見周越然《書書書》)。○《瀟碧堂集》二十卷《瓶花齋集》十卷《解脱集》六卷，明刻本。半葉七行，行十六字，白口，四周單邊。上圖藏。○《瀟碧堂集》二十卷，明萬曆三十六年袁氏書種堂刻本。題「石公袁宏道中郎撰，麻城李長庚酉卿閱」。半葉九行，行十八字，白口，四周單邊。前有雷思霈序，序後有刻工：吴郡章鏞刻。目録後刻「萬曆戊申秋勾吴袁氏書種堂校梓」。各卷末刻「門人徐景鳳元輝參訂、袁叔度無涯初校、吴士冠相如手書」(見沈津《哈佛燕京善本書志》)。北圖、上圖、南圖、浙圖等亦有是刻。○《瀟碧堂續集》十卷，明刻本。半葉九行，行十八字，白口，四周單邊。北大、南開、山東圖、南圖等藏。○《瓶花齋集》十卷，題「石公袁宏道中郎撰，麻城陳以聞無異閱」。半葉九行，行十八字，白口，四周單邊。前有曾可前序。序後有刻工：吴郡章鏞刻。目録後刻「萬曆戊申冬勾吴袁氏書種堂校梓」。卷一至五、七至九末刻「門人袁叔度無涯校梓、吴士冠相如手書」。卷六末刻「門人袁叔度無涯校梓」。卷二末又有刻工：旌邑李光遠刻。卷四末又有刻工：旌邑郭騰聚刻(見沈津《哈佛燕京善本書志》)。北圖、上圖、南圖、浙圖等亦有是刻。民國二十三年上海時代圖書公司嘗據是刻影印。○民國元年抱殘守闕齋影印明寫本。書名卷數同前本。復旦、遼圖、川圖藏。○《解脱集》四卷，明萬曆三十八年袁氏書種堂刻本。題「石公袁宏道中郎撰，西陵陳以聞無異閱」。半葉九行，行十八字，白口，四周單邊。前有萬曆二十五年虞淳熙序，江盈科序。目録後刻「萬曆庚戌春勾吴袁氏書種堂校梓」。卷一至三末刻「門人袁叔度無涯校梓」。卷四末刻「門人袁叔度無涯校梓、吴士冠相如手書」。卷一末又有刻工：旌邑李光遠鐫(見沈津《哈佛燕京善本書志》)。北圖、上圖、山東圖、浙圖等亦有是刻。按：王重民《善本提要》著録北大藏萬曆刻本四卷，題「柞林袁宏道中郎撰，緑蘿江盈科進之校」。未知版刻異同。○《錦帆集》四卷，明刻本。半葉九行，行十八字，白口，左右雙邊。河南圖藏。

○《錦帆集》四卷《去吴七牘》一卷。明萬曆三十七年袁氏書種堂刻本。題「石公袁宏道中郎撰，西陵陳以聞無異閲」。半葉九行，行十八字，白口，四周單邊。前有江盈科序。目録後刻「萬曆己酉秋勾吴袁氏書種堂校梓」。卷一至三末刻「門人袁叔度無涯校梓、吴士冠相如手書」。卷四末刻「門人袁叔度無涯校梓」。據江序，袁中郎萬曆二十三年乙未宰吴，明年以病乞歸，越二年書成，友人方子公裒次付梓，中郎自標《錦帆集》。則初刻當在萬曆二十六年(參沈津《哈佛燕京善本書志》)。北圖、上圖、山東圖、浙圖等藏。按：王重民《善本提要》著録北大藏萬曆刻本四卷，題「公安袁宏道中郎著，太倉曹子念以新校」，卷末題「勾吴袁叔度無雅甫重校於城南蘭若」。未知版刻異同。

○《敝篋集》二卷，明萬曆袁氏書種堂刻本。題「石公袁宏道中郎撰，西陵陳以聞無異閲」。半葉九行，行十八字，白口，四周單邊。前有江盈科序。序後有刻工：吴郡章鏞刻。每卷末刻「門人袁叔度無涯校梓、吴士冠相如手書」。卷上末又有刻工：旌邑李光遠鐫。據江序，中郎令吴二年，移病乞歸，友人方子公從敝篋中得其詩一編，裒次付梓，題曰《敝篋集》(見沈津《哈佛燕京善本書志》)。中郎令吴在萬曆二十三年乙未，則此集初刻在萬曆二十四年丙申。袁叔度又重刻之也。○《袁中郎文鈔》一卷,明刻本。半葉八行,行二十字,白口,左右雙邊。上圖藏。○《鐫袁中郎未刻遺稿》二卷,明刻《三袁先生集》本。半葉九行,行二十字,白口,四周單邊。北圖、上圖、福建圖、湖北圖、湖南圖藏。○《中郎全集詩》十二卷,清錦峰書屋藍格鈔本六册。臺北「故宫」藏。○《袁中郎全集》六卷六册,劉大杰校編,一九三五年上海時代圖書公司排印本。○《袁宏道集箋校》,錢伯誠箋校,一九八一年上海古籍出版社排印本。

游燕集二卷小草齋稿一卷　明謝肇淛撰　五五五三

安徽巡撫採進本(總目)。○《安徽省呈送書目》:「《謝在杭集》一本。」○《提要》云:「案黄虞稷《千頃堂書目》,肇淛有《小草齋詩集》三十卷、《文集》二十八卷,又《續集》二卷。此二集乃集中之二種,非完帙也。」○《小草齋集》三十卷,明刻本,缺卷十九至二十三。半葉九行,行十八字,白口,左右雙邊。清鄭杰題識。鈐「黄任之印」、「莘田氏」、「晉安何氏珍藏」、「鄭氏注韓居珍藏記」、「鄭杰之印」、「一名人杰字昌英」、「沈氏祖牟藏書」等印。福建省圖藏。傅增湘藏一部,缺數卷(見《藏園訂補郘亭目》)。○《小草齋集》三十卷《續集》三卷,僅卷十九至二十三爲明刻本,餘皆據明刻本抄配。明刻本題「陳留謝肇淛著,友人孫昌裔校」。半葉九行,行十八字,白口,左右雙邊。明刻五卷鈐「鄭氏注韓居珍藏記」、「還讀廬藏書記」、「游思竹素堂」等印。卷二十三末有鄭杰識:「嘉慶二年又六月望後選閲。」下鈐「鄭杰之印」。鈔配者無印記。《存目叢書》據以影印。○清謝章鋌重刻本,書名卷數同前本。有李維楨、張獻翼、王穉登、邢侗序(見《續四庫提要》)。○《小草齋文集》二十八卷,明天啟刻本。卷一題「陳留謝肇淛著，東海徐𤊹選」。半葉九行，行十八字，白口，左右雙邊。前有天啟六年丙辰葉向高序云：「今讀方伯在杭謝公《小草齋集》，則庶幾矣。公詩體裁聲調酷似唐人，凡爲唐詩者無能過公，已有别梓。兹集二十八卷，皆文。」蓋即刻於天啟六年。末附曹學佺撰墓誌，徐𤊹撰行狀。江西省圖藏。《存目叢書》據以影印。日本内閣文庫藏是刻缺前三卷。〇《小草齋集》存卷四至六壹册，舊鈔本。福建省圖藏。〇《小草齋續集》三卷，明刻本一册，半葉九行，行十八字，白口，左右雙邊。福建省圖藏本鈐「鄭氏注韓居珍藏記」、「注韓居」、「沈氏祖牟藏書」等印。福師大、日本内閣文庫亦有是刻。〇《小草齋集》十一卷《烏衣集》一卷，明謝氏小草齋鈔本，清楊用霖、陳祖謙跋。半葉九行，行十八字，黑口，左右雙邊。北圖藏。〇《下菰集》六卷，謝肇淛撰，明萬曆刻本。半葉九行，行十八字，白口，左右雙邊。北圖藏。日本内閣文庫藏萬曆二十五年序刻本，當係同版。《續修四庫提要》著録萬曆刻本云：首有萬曆丁酉（二十五年）東海友人屠隆緯真序。卷一首題東海屠隆閲，卷二首題東海臧懋循選，卷三首題延陵吴稼竳選，卷四首題太原王穉登選，卷五首題南陽鄧原岳選，卷六首題潁川陳宏己選。〇《居東集》六卷，明刻本。半葉九行，行十八字，白口，左右雙邊。華東師大、南圖藏。〇《東方三大賦》一卷，謝肇淛撰，明萬曆刻本，有圖。北圖藏。

芙蓉館集二卷　明楊一葵撰　五五五四

浙江孫仰曾家藏本（總目）。〇《浙江省第四次孫仰曾家呈送書目》：「《芙蓉館集》二卷，明楊一葵著，二本。」〇《浙江採集遺書總録》：「《芙蓉館集》二卷，刊本，明漳浦楊一葵撰。」

旭山集十六卷　明金忠士撰　**五五五五**

浙江孫仰曾家藏本（總目）。○《浙江省第四次孫仰曾家呈送書目》：「《旭山集》十六卷，明金忠士著，八本。」○《浙江採集遺書總録》：「《旭山集》十六卷，刊本，明右僉都御史延綏巡撫宿松金忠士撰。」

石伯成詩稿四卷　明石九奏撰　**五五五六**

直隸總督採進本（總目）。○《直隸省呈送書目》：「《石九奏詩集》四本。」○《半園集》不分卷，明石九奏撰，清康熙十六年曾孫石珽、石珵刻本。半葉九行，行二十字，黑口，四周單邊。前有宋師祁、陳淳序。收詩一百三十五首。石家莊市圖藏（參《北京圖書館館刊》一九九九年三期）。

水明樓集十四卷　明陳薦夫撰　**五五五七**

福建巡撫採進本（總目）。○《福建省呈送第五次書目》：「《水明樓集》四本。」○《山東巡撫第二次呈進書目》：「《水明樓集》一本。」○首都圖書館藏明萬曆刻本，題「閩中陳薦夫幼孺著，年弟陳一元泰始選」。前有萬曆四十三年乙卯曹學佺序。《存目叢書》據以影印。北圖藏一部有一九五六年鄭振鐸跋，見《西諦書跋》。津圖、華東師大、福建省圖等亦有是刻。按：薦夫字幼孺，《四庫提要》誤作幼儒。

折腰漫草八卷　明華善繼撰　**五五五八**

浙江孫仰曾家藏本（總目）。○《浙江省第四次孫仰曾家呈送書目》：「《折腰漫草》八卷，明華善繼著，二本。」○《浙江採集遺書總録》：「《折腰漫草》八卷，刊本，明永昌通判無錫華善繼撰。」○南京圖書館藏明刻本，卷一至六首行均題「華孟達詩稿」，卷七至八首行題「折腰漫草」。次行題「無錫華善繼撰」。半葉九行，行十八字，白口，左右雙邊。前有王世貞序。卷一、卷四版心刻工：長洲尤泰宇刻。《存目叢書》據以影印。按：《提要》云《折腰漫草》刻於萬曆甲午（二十二年）。此本卷六有萬曆甲辰（三十二年）、戊申（三十六年）、己酉（三十七年）詩，均在甲午後。《千頃堂書目》著録「華善繼《孟達集》十二卷，又《詩集》十四卷，又《折腰漫草》八卷」。此本前後書名不同，頗疑爲兩殘集之配本。

五五五九　奉使稿無卷數　明朱之蕃撰

兩江總督採進本（總目）。○《兩江第二次書目》：「《奉使稿》，明朱之藩著，二本。」○《提要》云：「第一册爲《奉使朝鮮稿》，前詩後雜著，之蕃作也。第二册爲《東方和音》，朝鮮國議政府左贊成柳根等詩也。」○上海圖書館藏明萬曆刻本，作《奉使朝鮮稿》一卷，明朱之蕃撰，《東方和音》一卷，朝鮮柳根等撰。半葉九行，行十八字，白口，四周雙邊。前後葉碼相連，計一百五十五葉。卷端題「奉使朝鮮稿」，下題「江左朱之蕃著」。版心上題「奉使稿」。第九十葉首行題「東方和音」，下題「朝鮮國議政府左贊成柳根著」。柳根詩後有朱之蕃跋云：「東國西垌柳君迓于江上，相從往返，和章遂爾成帙，爰並梓以貽同好。諸君所和，隨其多寡，附存於後，以紀一時共事之情，傳之有永云耳。」後即附刻議政府領議政柳永慶等朝鮮官員詩。然則此係當時朱之蕃刻本。版心刻工：南京張邯刊。《存目叢書》據以影印。○《雨山編》一卷《紀勝詩》一卷《咏物詩》一卷,朱之蕃撰,明刻本。日本内閣文庫藏。

清暉館集二卷　明謝廷諒撰　五五六〇

兩江總督採進本(總目)。○《兩江第二次書目》:「《清暉堂稿》,明謝廷諒著,二本。」

薄遊草十五卷　明謝廷諒撰　五五六一

浙江巡撫採進本(總目)。○《浙江省第六次呈送書目》:「《薄遊草》六卷,明謝廷諒著,四本。」○《浙江採集遺書總録》:「《薄遊草》十五卷,刊本,明順慶知府金谿謝廷諒撰。」○上海圖書館藏明萬曆刻本二十四卷,題「九紫謝廷諒友可著」。半葉八行,行十七字,白口,左右雙邊。前有萬曆三十一年癸卯湯賔尹序,萬曆三十一年胡國鑑序。《存目叢書》據以影印。○《縫掖集》十八卷,謝廷諒撰,明萬曆三十五年葉長坤刻本,缺卷二至四。半葉九行,行十八字,白口,左右雙邊。首都圖藏。

自愉堂集十卷　明來儼然撰　五五六二

浙江巡撫採進本(總目)。○《浙江省第十二次呈送書目》:「《自愉堂集》十卷,明來儼然著,四本。」○《浙江採集遺書總録》:「《自怡堂集》四卷,刊本,明主事浙江來儼然撰。」○中國社科院文學所藏明萬曆四十七年來復、來臨刻本,作《自愉堂集》十卷。題「關中來儼然望之甫著」。文集六卷,半葉九行,行二十字。詩集四卷,半葉九行,行十九字。白口,左右雙邊。版心刻工:信、忠、休、加、中。詩文刻工同，知係同時刻。前有公鼐序，萬曆四十七年己未米萬鍾序。文集末有校輯名氏：「門人張名立、……梁希淵仝校閱，不肖男復、臨、恒、蒙彙輯。」又萬曆四十七年男復跋。《存目叢書》據以影印。中央民大有是刻殘存六卷。按：《提要》云「是集凡文四卷詩六卷」，誤，當作文六卷詩四卷。

駱台晉文集八卷　明駱日升撰　**五五六三**

福建巡撫採進本（總目）。○《福建省呈送第六次書目》：「《駱台晉文集》。」○福建省圖書館藏明崇禎刻本，作《駱先生文集》八卷。卷一題「温陵駱日升著，男奎曙輯，孫忠胤、忠明、忠懋較」。半葉八行，行十八字，白口，四周單邊。前有天啟御撰祭文，崇禎四年辛未莊毓慶序，劉同升序，較文門人姓氏。劉序云：「先生子奎曙及諸孫，能世其家，以所刻先生集屬予爲序。」則係家刻之本。《存目叢書》據以影印。清華亦有是刻。

尚友堂集二卷忠諫遺稿一卷　明林秉漢撰　**五五六四**

福建巡撫採進本（總目）。○《福建省呈送第六次書目》：「《尚友堂詩文集》。」

元（玄）居集九卷附哀榮録一卷　明李春熙撰　**五五六五**

福建巡撫採進本（總目）。○《福建省呈送第六次書目》：「《元居詩文集》。」○《江西巡撫海第四次呈送書目》：「《元居集》一套三本。」○江西省圖書館藏清乾隆二十六年徐時作重刻本，作《玄居集》十卷《首》一卷附《榮哀録》一卷。題「閩綏安李春熙皞如甫著，男嗣玄齋沐較，邑後學徐時作筠亭重訂」。半葉九行，行二十一字，白口，四周單邊。前有乾隆二十六年辛巳季冬月徐時作《重刻玄居集叙》云：「《玄居集》，吾邑前明李皞如先生所著，子又玄刻以傳世者也。」又云：「茲集流傳未久，旋遭兵燹失板。」又云：「予又恐先生茲集久而湮没失傳，因與廣文心齋陳先生細爲校訂，捐資付梓。」則係乾隆二十六年徐時作重刻本。卷首一卷爲舊序，内有崇禎十四年辛巳男嗣玄《刻先居玄居集序》，知初刻在崇禎十四年。《榮哀録》三葉附於卷九末。卷十爲墓誌銘等。故正文實九卷。《存目叢書》據以影印。

蟄菴日録四卷　明顧起元撰　五五六六

兵部侍郎紀昀家藏本（總目）。○《浙江省第四次孫仰曾家呈送書目》：「《嬾真草堂集》十卷《文》三十卷，明顧起元著，十六本。」○《浙江採集遺書總録》：「《嬾真堂詩集》二十卷《文集》三十卷，刊本，明吏部右侍郎江寧顧起元撰。」○北京圖書館藏明天啟崇禎刻《顧太史編年集》十五卷，子目：《遯園漫稿》四卷《蟄菴日録》四卷、《雪堂隨筆》五卷、《銷夏小品》一卷、《金陵卧遊六十咏》一卷。其《蟄菴日録》題「江寧顧起元太初著」。半葉八行，行十八字，白口，四周單邊。前有天啟四年自序。《存目叢書》據以影印。中科院圖僅有《雪堂隨筆》四卷。日本尊經閣文庫有《雪堂隨筆》五卷《金陵卧遊六十咏》一卷。○《嬾真草堂集詩》二十卷《文》三十卷，明萬曆四十六年自序刻本。題「江寧顧起元太初著，弟顧起鳳羽王校」。半葉九行，行十八字，白口，四周單邊。前有萬曆四十六年戊午冬日自序。鈐「劉承幹字貞一號翰怡」、「吴興劉氏嘉業堂藏書印」等印記（見臺灣「中央圖書館」《善本書志初稿》)。日本内閣文庫亦有是刻。○《顧太初先生詩選》二卷，傅振商選，明崇禎刻本。半葉八行，行二十字，白口，四周單邊。中科院圖藏。

槜全集七卷附録一卷　明王畿撰　**五五六七**

福建巡撫採進本(總目)。○《福建省呈送第五次書目》：「《槜全集》八本。」○明刻本，作《槜全集》六卷。日本東京尊經閣文庫藏。○清華大學藏清乾隆二十四年王宗敏刻本，作《慕蓼王先生槜全集》八卷。題「六世從孫宗敏爾博重刊」。半葉八行，行十九字，白口，四周單邊。前有乾隆二十四年郭賡武重刻序，乾隆二十四年王宗敏重刻序，施邦曜序，王觀光序，張燮序(原序)，乾隆二十四年王世濬序，趙珽序，吕圖南序。末有男尚諏跋，孫昌纘跋，次男尚諧跋。封面刻「乾隆己卯年重鐫」。《存目叢書》據以影印。福建圖、泉州圖、上圖、復旦、南圖等亦有是刻。

大旭山房集一卷　明鄧渼撰　**五五六八**

江西巡撫採進本(總目)。○《江西巡撫海第二次呈送書目》：「《大旭山房集》一本。」○《提要》云：「《千頃堂書目》有渼《留夷館集》四卷、《南中集》四卷、《紅帛集》四卷，不載此集，殆偶未見歟。」○明崇禎五年刻本，作《大旭山房文稿》二卷《大旭山房集》一卷《南中集》六卷《留夷館集》四卷《紅泉館集》四卷《甬東集》一卷《春草樓集》一卷《澥水集》一卷《薊門奏牘》六卷《南中奏牘》十六卷，計十種四十二卷。日本東京尊經閣文庫藏。臺灣「中央圖書館」《善本書志初稿》著録明萬曆至天啟間豫章鄧氏刻本，包括《南中集》、《留夷》、《紅泉》、《澥水》、《春草》、《薊門》六種十二卷，半葉九行,行十八字,白口,左右雙邊。版心下記刻工:周明、堯大、高中、葉顯、鄭利、劉耀、謝行、游見、游邱、趙太、周華、七如、高如、高吉、朱國佐、國佐、高冲、劉允等。《南中》有馮時可序,《留夷》有萬曆三十六年戊申自序,《紅泉》有萬曆四十六年戊午自序。鈐「太原叔子藏書記」、「桐軒主人藏書印」、「吴興劉氏嘉業堂藏書記」等印。《嘉業堂藏書志》著録爲萬曆刻本。中科院圖有《留夷館集》四卷,萬曆刻本,行款、版式同。蓋皆鄧氏陸續付梓,尊經閣本則後來彙印者也。○《大旭山房文集》一卷,清乾隆鈔本。半葉九行,行二十二字,白口,四周單邊。中科院圖藏。按:《紅泉館集》「泉」字《四庫提要》誤爲「帛」。

五五六九　百花洲集二卷　明鄧雲霄撰

江蘇巡撫採進本(總目)。○《江蘇省第一次書目》:「《百花洲集》二本。」○《江蘇採輯遺書目録》:「《百花洲集》二卷附《金華元夕詩》七頁,廣西右參政東莞鄧雲霄著,刊本。」○北京大學藏明萬曆刻本,作《百花洲集》二卷《燃桂稿》二卷《越烏吟》一卷《秋興集》一卷。其中《百花洲集》題「長洲令東莞鄧雲霄著」。半葉九行,行十八字,白口,左右雙邊。前有萬曆三十五年丁未錢允治序。次校刻姓氏:「處士錢允治、門人陳允培、張桂芳、張魚藻、陳元素、張桂芬。」後有萬曆三十五年丁未陳元素跋云:「先生既被徵去,迺忽緘寄二三子《百花洲集》二卷,則皆所謂六年長洲令詩,因屬小子爲校而梓之,以示不忘長洲云。」據此可知係萬曆三十五年陳元素等長洲刻本。《存目叢書》據以影印。《燃桂》以下三種,半葉九行,行十八字,白口,四周雙邊。似非同時所刻。○明萬曆三十六年衛拱宸刻本，作《百花洲集》二卷《京華元夕詩》一卷。半葉九行，行十八字，白口，左右雙邊。有刻工。北圖、清華藏。

解弢集一卷　明鄧雲霄撰　**五五七〇**

兩淮鹽政採進本（總目）。○《兩淮鹽政李續呈送書目》：「《解弢集》二卷，明鄧雲霄，一本。」○北京圖書館藏明刻本，作《漱玉齋類詩》三卷《初吟草》一卷《解弢集》一卷。半葉九行，行十八字，白口，左右雙邊。其中《解弢集》題「嶺南鄧雲霄玄度甫著」。前有小序。《存目叢書》據以影印。○《鄧玄度詩選》十卷，張萱選，明崇禎八年刻本。半葉八行，行十六字，白口，四周雙邊。川圖藏。○《漱玉齋文集》存卷一卷二，鄧雲霄撰，明崇禎刻本。半葉八行，行十六字，白口，四周雙邊。北圖藏。○《漱玉齋文集》三卷，鄧雲霄撰，清乾隆十八年鄧明鏡等刻本。半葉十行，行二十字，白口，四周雙邊。中山大學藏。

一齋詩集十三卷　明陳第撰　**五五七一**

福建巡撫採進本（總目）。○《福建省呈送第二次書目》：「《一齋詩集》四本。」○《提要》云：是集凡《粵草》一卷、《寄心集》六卷、《五岳遊草》六卷。據原序，尚有一集名《塞曲》，此集不載。○福建省圖書館藏明萬曆會山樓刻《一齋集》本。《兩粵遊草》一卷，半葉八行，行十八字，白口，四周雙邊。前有萬曆二十九年辛丑沈有容《合刻塞曲粵草序》云：「往戊戌春，季立先生過余海壇，以《薊門塞曲》示余，録藏之。今辛丑春，先生自粵歸，復過余嘉禾，檢其篋中，得《兩粵遊草》，余又手録。將合而梓之。」則此集爲萬曆二十九年沈有容刻本。《寄心集》六卷，題「閩中陳第季立著，京兆焦竑弱侯校」。半葉十行，行二十一字，白口，左右雙邊。前有萬曆三十九年辛亥自序云：「老將就木，付之剞劂。」蓋即萬曆三十九年自刻本。《五嶽遊草》七卷，題「閩中陳第季立著，男祖念校」。半葉十行，行二十一字，白口，左右雙邊。前有萬曆四十四年丙辰自序，男祖念序。據兩序知係萬曆四十四年自刻本。版心刻工：張元刊、楊我、李少、宗、自。卷内鈐「閩縣陳寶琛捐藏」、「烏山圖書館珍藏」等印記。《存目叢書》據以影印此三種。津圖亦有是刻。厦門大學有《兩粤遊草》明刻本，行款同《一齋集》本。社科院文學所有《寄心集》明萬曆三十九年刻本，行款同《一齋集》本。蓋皆《一齋集》單本。○清康熙刻《一齋先生集》本，有《兩粤草》一卷、《薊門塞曲》一卷。湖北省圖藏(見《叢書廣録》)。○清道光二十八年會山堂刻《一齋集》本，有《五嶽遊草》七卷、《粤草》一卷、《薊門塞曲》一卷、《寄心集》六卷。復旦、清華、山西大、北圖分館藏。○民國十八年石印本，僅《五嶽遊草》七卷一册。東北師大藏。

緱山集二十七卷　明王衡撰　五五七二

浙江汪汝瑮家藏本(總目)。○《浙江省第四次汪汝瑮家呈送書目》：「《緱山集》二十七卷，明王衡著，十二本。」○《浙江採集遺書總録》：「《緱山集》二十七卷，刊本，明編修太倉王衡撰。」○《兩江第二次書目》：「《王緱山集》，明王衡著，八本。」○《兩淮商人馬裕家呈送書目》：「《緱山集》二十七卷，明王衡，十二本。」○《江蘇採輯遺書目録》：「《緱山集》二十七卷，編修太倉王衡著。」○吉林省圖書館藏明萬曆刻本，作《緱山先生集》二十七卷。卷一題「太倉王衡辰玉甫著，男時敏校」。半葉九行，行十八字，白口，四周單邊。前有丙辰（萬曆四十四年）陳繼儒序，萬曆丙辰婁堅序，唐時升序，丁巳（萬曆四十五年）元夜高出序。唐序云：「余是以與子柔稍加刪削，付之梓人。」子柔，婁堅字。則是本爲萬曆四十四年唐時升、婁堅刻本。鈐「巴陵方功惠柳橋甫印」、「碧琳琅館珍賞」、「鹽山劉千里藏書」、「劉駒賢印」等印記。《存目叢書》據以影印。北圖、上圖、南圖、浙圖等亦有是刻。朱家溍云故宮藏是刻另有丁巳陸廣明序，丙辰馮時可序（《故宮藏禁燬書録》）。○明刻本，作《緱山先生集》二十七卷。半葉九行，行十八字，白口，四周單邊。上圖、天一閣文管所藏。

許鍾斗集五卷　明許獬撰　**五五七三**

浙江孫仰曾家藏本（總目）。○《浙江省第四次孫仰曾家呈送書目》：「《許鍾斗文集》五卷，明許獬著，二本。」○《浙江採集遺書總録》：「《許鍾斗文集》五卷，刊本，明編修同安許獬撰。」○《江蘇省第一次書目》：「《許鍾斗文集》二本。」○《江蘇採輯遺書目録》：「《許鍾斗文集》四卷，翰林院編修同安許獬著，秀水馮［洪］夢錫校刊。」○明萬曆三十九年李光縉刻本，作《許鍾斗文集》五卷。半葉十行，行二十字，白口，四周單邊。北圖、北大、中科院圖、社科院歷史所藏。○遼寧省圖書館藏明萬曆四十年洪夢錫等刻本，作《許鍾斗文集》五卷。題「同安許獬子遜甫著，秀水洪夢錫嘉名甫校」。半葉九行，行十九字，白口，四周單邊。前有李光縉序，蔡獻臣序。《存目叢書》據以影印。北圖、上圖、南圖、川圖等亦有是刻。按：臺灣「中央圖書館」藏明嘉靖四年刻《革朝遺忠録》前有民國三十三年琴城趙式手跋，云嘗於蘭州見《許鍾斗集》四庫進呈本。○《叢青軒集》六卷，許獬撰，明崇禎十三年許鏞刻本。半葉九行，行十八字，白口，左右雙邊。清華、上圖、浙圖等藏。

劉練江集七卷附録一卷　明劉永澄撰　**五五七四**

編修程晉芳家藏本（總目）。○北京圖書館分館藏清乾隆間五世孫潁刻本，作《劉練江先生集》八卷。前有《劉職方公年譜》一卷，五世孫潁編。後有《離騷經纂注》一卷，劉永澄撰。正文題「弟永沁輯録，五世孫潁重編」。半葉十行，行十九字，白口，左右雙邊。前又有史傳及崇祀録。年譜末云「大清乾隆十五年崇祀無錫道南祠」。目録後有五世孫潁刻書識語。卷内鈐「周氏涣農」印。《存目叢書》據以影印。南開、復旦、遼圖、南圖等亦有是刻。山東省圖藏清興讓堂刻本，封面中刻「劉練江先生集」，右上刻「山陰劉念臺先生、長洲文湛特先生同輯」，左下刻「興讓堂藏版」。卷内鈐「晚學齋」小印。與北圖分館本同版。清華、北大亦有是本。遼圖本題求仁堂藏板，未知異同。

葉子詩言志十二卷　明葉秉敬撰　**五五七五**

浙江巡撫採進本（總目）。○《浙江省第十二次呈送書目》：「《葉子詩言志》九卷《迺徇編》三卷，明葉秉敬著，三本。」

元凱集五卷　明陳勳撰　**五五七六**

福建巡撫採進本（總目）。○《福建省呈送第五次書目》：「《元凱詩文集》五本。」○《江蘇省第二次書目》：「《元凱集》八本。」○《江蘇採輯遺書目録》：「《元凱集詩》六卷《文》八卷，户部郎中福州陳勳著，刊本。」○南京圖書館藏明天啟二年吕純如刻本，作《陳元凱集》五卷。卷一題「三山陳勳著」。半葉八行，行二十字，白口，四周單邊。版心刻工：趙邦贇刻。前有董應舉序云：「其集則其同年吕益軒梓之以傳。」又天啟二年吕純如《刻陳元凱集序》。鈐「左鼓右旗山人」、「肖嵒圖書」等印記。《存目叢書》據以影印。日本内閣文庫亦有是刻。社科院文學所有殘本三册。○《陳元凱先生文集》十四卷，明刻本。北圖分館藏。○《提要》云：「《福建通志》載《元凱集》四十卷。此本僅文三卷、詩二卷，然首尾完足，初非有闕。集爲其同年吕純如所刻，或經純如選定耶？」按：江蘇進呈十四卷本，館臣檢核未周，故亦不之及。今北圖尚有明刻留存。至引《福建通志》云四十卷，當係「十四」誤倒。

白榆集二十卷　明屠隆撰　**五五七七**

江蘇巡撫採進本（總目）。○《江蘇省第一次書目》：「《白榆集》六本。」○《江蘇採輯遺書目録》：「《白榆集》二十八卷，禮部儀制司郎中鄞縣屠隆著。」○明刻本，作《白榆集》二十卷。半葉九行，行二十字，白口，四周單邊。中科院圖、南開、山西大、遼圖、湖南圖藏。○明萬曆二十二年程元方刻本二十八卷。半葉九行，行十八字，白口，左右雙邊。北圖、社科院文學所、上圖、天一閣文管所、湖南師大藏。○浙江圖書館藏明萬曆龔堯惠刻本二十八卷。卷一題「東海屠隆緯真著，太末龔堯惠梓行」。半葉九行，行二十字，白口，四周單邊。前有萬曆二十八年庚子丁應泰序，萬曆二十八年程涓序。詩八卷，文二十卷。鈐「周氏涣農」印。《存目叢書》據以影印。北大、上圖、南圖等多有是刻。

由拳集二十三卷　明屠隆撰　五五七八

内府藏本(總目)。○《浙江省第四次汪汝瑮家呈送書目》:「《由拳集》二十三卷,明屠隆著,十二本。」○《浙江採集遺書總録》:「《由拳集》二十三卷,刊本,明禮部儀制司郎中鄞縣屠隆撰。」○《安徽省呈送書目》:「《由拳集》十本。」○中央民族大學藏明萬曆八年馮夢禎刻本。卷一題「東海屠隆長卿著」。半葉九行,行十九字,下細黑口,左右雙邊,間四周單邊。前有萬曆八年沈明臣序云:「馮太史開之謂前刻稍纇,乃取而與沈太史君典删定之,增新者十之六,更名曰《由拳集》,……開之更取付剞劂,屬予序。」末有門人彭汝讓跋。版心刻工:秀水朱恒寫,朱仁刻、秀水朱仁刻、章華、夏云。《存目叢書》據以影印。首都圖、中山圖、山東圖、浙圖等亦有是刻。復旦藏一部有徐時棟跋。又有馮夢禎刻重修本,北大、上圖、南大等藏。又有馮夢禎刻世錦堂重修本,北大、南圖、安徽圖等藏。○明克勤齋余碧泉刻本。半葉九行,行十九字,白口,四周單邊。有眉欄。王重民《善本提要》著録北大藏本,云封面刻「書林克勤齋余碧泉重梓」,卷末有牌記「克勤齋余碧泉刊行」。清華、中科院圖、社科院歷史所、浙圖、重慶圖亦有是刻。○明刻本,半葉十行,行二十字,白口,四周單邊。吉林省圖、南圖、浙圖等藏。○《栖真館集》三十一卷,屠隆撰,明吕胤基輯,明萬曆十八年吕氏栖真館刻本。半葉九行,行十九字,白口,左右雙邊。中共中央黨校、上圖、南圖、浙圖、湖北圖藏。又明萬曆刻本,半葉九行,行十九字,白口,四周單邊。北大、故宮、河南圖、福建師大藏。○《屠長卿集》十九卷,明萬曆刻本。半葉十行,行二十字,白口,四周雙邊。紹興魯迅圖書館藏。

北圖有殘本。○《屠緯真集》四十二卷，明天啟四年蘇文韓輯刻《皇明五先生文雋》本。半葉九行，行二十字，白口，左右雙邊。浙圖、貴州圖、臺灣「中央圖書館」、臺灣中研院史語所藏。○《園居雜詠》一卷，屠隆撰，稿本。清錢儀吉、顧莼、劉逢禄、王開運、何紹基等跋。中科院圖藏。

玉茗堂集二十九卷　明湯顯祖撰 **五五七九**

兩江總督採進本（總目）。○《兩江第一次書目》：「《玉茗堂集》，明湯顯祖著，二十四本。」○《浙江省第四次孫仰曾家呈送書目》：「《玉茗堂詩集》十八卷，明湯顯祖著，十六本。」○《浙江採集遺書總録》：「《玉茗堂詩集》十八卷，刊本，明遂昌知縣臨川湯顯祖撰。」○《武英殿第二次書目》：「《玉茗堂詩集》十二本。」○遼寧大學藏明天啟刻本，作《玉茗堂全集》四十六卷。文十六卷、詩十八卷、賦六卷、尺牘六卷。半葉七行，行十八字，白口，四周單邊。無序跋。《存目叢書》據以影印。北大、上圖、南圖等多有之。臺灣「中央圖書館」《善本書志初稿》著録三部，其二部有天啟元年韓敬《玉茗堂全集序》。沈津《哈佛燕京善本書志》著録殘本，亦有韓序。又臺灣「中央圖書館」三部中，一部封面刻「竹林堂梓」、「姑蘇原本」，字體與另兩部微異，《書志初稿》疑係翻刻本。恐是康熙阮峴重刻。○清康熙三十三年阮峴刻本，書名卷數及行款版式與前本同。中科院圖、吉林省圖、華東師大等藏。《山東省圖書館藏海源閣書目》著録一部，缺詩集，封面刻「竹林堂梓」。○明崇禎刻本，作《獨深居點定玉茗堂集》三十卷。半葉九行，行二十字，白口，四周單邊。包括賦集四卷、詩集十三卷、文集七卷、尺牘六卷。中科院圖、山東圖、復旦、浙圖等藏。臺灣「中央圖書館」《善本書志初稿》

著録是刻一部,題「臨川義仍湯顯祖著,甄胄天羽沈際飛選」。有崇禎九年丙子温陵陳洪謐叙,崇禎丙子蘇郡沈際飛叙。據其總目,賦、詩、文、尺牘四集三十卷外,尚有傳奇集,包括《牡丹亭》、《紫釵記》、《邯鄲夢》、《南柯夢》各二卷,故此集全帙當爲三十八卷。唯臺本傳奇四種亦有目無文。○清康熙十八年癸酉刻本,作《玉茗堂全集》三十八卷十二册。復旦藏。○《玉茗堂文集》十卷,明萬曆刻本。半葉九行,行十八字,白口,四周單邊。山東圖藏。○《臨川湯顯祖紅泉逸草》一卷,明萬曆三年李大晉刻本。半葉八行,行十七字,白口,四周雙邊。南圖藏。一九六〇年中華書局上海編輯所據以排印,與《問棘郵草》合訂。○《臨川湯若士先生玉茗堂尺牘》六卷《絶句選》二卷,明萬曆四十六年湯開遠刻本。半葉七行,行十八字,白口,四周雙邊。北圖、湖北社科院藏。○《湯海若問棘郵草》二卷,明徐渭評,明刻本。半葉九行,行二十字,白口,四周單邊。北圖、上圖、南圖、浙圖等藏。一九五八年古典文學出版社據以影印。一九六〇年中華書局上海編輯所據以排印,與《紅泉逸草》合訂。○《玉茗堂集選》十五卷,明帥機等輯,明萬曆三十四年周如溟刻本。半葉九行,行十八字,白口,左右雙邊。清華、故宫、南京師大、天一閣文管所藏。○《玉茗堂集選》二十四卷,明帥機等輯,明刻本。半葉九行,行十八字,白口,四周雙邊。山東大學藏。文登縣圖書館存卷一至十四、卷十七至二十三。清姚新山校。○《玉茗堂詩集》十六卷,清刻本八册。南開藏。○《翠娱閣評選湯若士先生小品》二卷,明丁允和、陸雲龍輯,明崇禎崢霄館刻本。北圖、上圖、湖北圖等藏。○《湯若士稿》一卷,明陳名夏輯,明末陳氏石雲居刻《國朝大家制義》本。北圖藏。○《湯若士文鈔》一卷，明李賓輯，明末刻本，北大、浙圖、湖北省博等藏。○《湯義仍詩》九卷，清初鈔《淵著堂選十八家詩》本。雲南大學藏。○《湯義仍尺牘》一卷，明馬睿卿編，清刻本。首都圖藏。○《湯義仍先生集》二卷，清胡亦堂輯，清康熙十九年夢川亭刻《臨川文獻》本。北圖、中科院圖、北大藏。○民國二十四年上海大道書局排印本，作《湯若士全集》，文十六卷、尺牘六卷、賦六卷、詩十八卷，平裝四册。東北師大藏。○一九六二年中華書局上海編輯所排印本，作《湯顯祖集》四册。一、二册詩文集，徐朔方箋校。三、四册戲曲集，錢南揚校點。一九七三年上海人民出版社新一版。一九七八年上海古籍出版社單獨出版《湯顯祖戲曲集》二册。一九八二年上海古籍出版社單獨出版《湯顯祖詩文集》二册、《湯顯祖戲曲集》二册。○一九九八年北京古籍出版社排印本，作《湯顯祖全集》四册，徐朔方箋校。後出轉精。

五五八〇

適適齋鑑鬚集七卷　明陳玉輝撰

福建巡撫採進本（總目）。○《福建省呈送第六次書目》：「《適適齋詩文集》。」○《浙江省第十一次呈送書目》：「《適適齋鑑鬚集》七卷，明陳玉輝著，四本。」○《浙江採集遺書總録》：「《適適齋鑑鬚集》七卷，刊本，明御史惠安陳玉輝撰。」○山西大學藏清康熙十一年刻本，卷一首行題「陳先生適適齋鑑鬚集卷之一」，次行題「明惠安陳玉輝達卿父著」。次題男龍墀等五人同較，孫鼎美等十六人、曾孫宗淮等八人仝編。半葉九行，行二十二字，白口，四周單邊。前有康熙十一年壬子安丘曹申吉序，康熙十一年潘超先序等。《存目叢書》據以影印。中科院圖藏康熙刻本，當係一版。

五五八一　薛文介公文集四卷　明薛三省撰

江蘇巡撫採進本（總目）。○《江蘇省第一次書目》：「《薛文介集》四本。」○天津圖書館藏明崇禎刻本，題「甬東薛三省魯叔著」。半葉九行，行二十字，白口，四周雙邊。前有淩義渠序，據此序可知刻於崇禎後期。《存目叢書》據以影印。上圖、中央民大亦有是刻。○《天谷山人集》十卷，薛三省撰，明末刻本。半葉九行，行十八字，白口，左右雙邊。社科院文學所、吉大、南圖、天一閣文管所藏。

五五八二　叢桂軒集二卷　明吴大經撰

浙江朱彝尊家曝書亭藏本（總目）。○《浙江省第五次曝書亭呈送書目》：「《蕠桂軒詩》二卷，明吴大經著，一本。」○《浙江採集遺書總録》：「《蕠桂軒詩》二卷，刊本，明常熟吴大經撰。」○北京圖書館藏明萬曆刻藍印本，作《蕠桂軒詩》二卷。題「海虞吴大經元常甫著，天池山樵嚴澂道徹選，同邑魏浣初仲雪甫評，織里錢希言簡栖氏校」。半葉九行，行十九字，白口，四周單邊。前有嚴澂序，萬曆四十五年丁巳錢希言序，萬曆四十五年金定禮序，萬曆三十一年吴大經序。《存目叢書》據以影印。○《在原咏》一卷附《題贈》一卷，吴大經撰，明萬曆刻本。半葉七行，行十五字，白口，四周單邊。北圖藏。

五五八三　蟋蟀軒草無卷數　明劉士驥撰

山東巡撫採進本（總目）。○《山東巡撫第二次呈進書目》：「《蟋蟀軒稿》八本。」○北京圖書館分館藏明刻本，作《蟋蟀軒草》四卷。題「濟南劉士驥允良甫著，長清張其孝仲慕甫校」。半葉九行，行二十字，白口，四周單邊。書分元、亨、利、貞四卷，不標卷次。前有萬曆四十八年庚申秋日華亭張鼐序，臨邑年弟李若訥序。李序云：「允良没，其子爲輯其笥稿而棗梨之。」蓋萬曆末至天啟間家刻本。開卷第二首詩《重輯内閣藏書有述》内有六句云：「何期二百年，屢遭回禄殃。遂使右文代，祕籍多散亡。存者委塵埃，半充蠹魚腸。」頗可見萬曆間内府藏書狀况。《存目叢書》據以影印。○清嘉慶七年序刻本四册，首都圖藏。山東圖有清刻本八册，未知版同否。

四然齋集十卷　明黄體元撰　**五五八四**

兵部侍郎紀昀家藏本（總目）。○湖北省博物館藏明萬曆自刻本，作《四然齋藏稿》十卷。題「上海黄體仁長卿父譔，門人王偕春子與父校」。半葉九行，行二十字，白口，四周單邊。前有黄體仁序，萬曆三十六年戊申門人徐光啟序。後有門人王偕春跋，姪仲訥跋。卷内鈐「慈谿畊餘樓藏」、「慈谿畊餘樓」、「馮氏辨齋藏書」等印記。湖北省圖有複印本，《存目叢書》更據影印。按：此即《存目》之書，《四庫提要》誤作者黄體仁爲黄體元。臺灣「中央圖書館」亦有是刻。

樊致虚詩集四卷　明樊良樞撰　**五五八五**

兩淮鹽政採進本（總目）。○《提要》云：「是編凡《匡山社集》一卷、《二山草》三卷。」又云：「《二山草》中又附以其叔儁、弟尚燝、良檻、子重鵬等次和之作。」○《兩淮鹽政李續呈送書目》：「《匡山社集》一卷《二山草》三卷，明樊良樞，四本。」

峽雲閣存草七卷後存草七卷　明魏濬撰　**五五八六**

福建巡撫採進本(總目)。○《福建省呈送第六次書目》:「《峽雲閣詩鈔》。」

隆德堂詩文稿二卷　明魏純粹撰　**五五八七**

直隸總督採進本(總目)。

蒉言六卷　明余懋孳撰　**五五八八**

兩江總督採進本(總目)。○《兩江第二次書目》:「《蒉言》,明余懋孳著,抄本,三本。」○臺灣「中央圖書館」藏明萬曆三十七年刻本,題「新安余懋孳舜仲著,雲間張鼒世調閱」。半葉九行,行十九字,下黑口,四周雙邊。前有黄汝亨序,戴九玄序。又萬曆三十七年己酉自序云:「龍山諸生間取而災之木。」卷内鈐「吴興劉氏嘉業堂藏書記」印。眉上有兩人先後批注,係余氏後人,所注余氏先人事蹟多可取。各卷閲者「張鼒世調」多被挖去。一九九八年五月二十七日觀。《存目叢書補編》據以影印。

皆春園集四卷　明陳完撰　**五五八九**

兩淮鹽政採進本(總目)。○《兩淮鹽政李呈送書目》:「《皆春園集》四卷,明陳完,四本。」○南京圖書館藏明萬曆刻本,卷一題「通郡海沙陳完著」。半葉九行,行十八字,白口,左右雙邊。前有萬曆十五年丁亥湯顯祖序,萬曆十五年姚海循序,萬曆十五年袁隨序,後有盧純後序。湯序云:「已而其從子思受君來言曰,且傳矣,因以予言爲端云。」按《江蘇藝文志·南通卷》:陳大益,字思受,萬曆十一年貢生,任壽昌縣令,有《宜春閣集》,當即其人。則是本爲萬曆十五年陳大益刻本。卷内鈐「漢鹿齋藏書印」、「綬珊六十以後所得書畫」、「九峰舊廬珍藏書畫之記」、「艸艸亭藏」、「黄裳藏書」、「黄裳鑑藏」、「黄裳珍藏圖書印記」、「黄裳藏本」、「黄裳」、「黄裳容氏珍藏圖籍」、「黄裳珍藏善本」等印記。前有黄裳手跋：「三馬路中市有忠厚書莊，主人袁氏，年甚青，人亦和諧，爲北估中巨擘，頗能識書，亦頗能收書，然其書價則至昂，幾不能還價。余與之交易不多，然所獲諸書，則皆頗精。此《皆春園集》爲九峰舊廬舊藏本，亦明人别集中罕見之本，撫印極佳，入手新若未觸，係余初購書袁氏所獲也。後得嘉靖本《雅音彙編》、内鈔本《麒麟閣》，價都昂而書則都罕見也。渠尚有開花紙印《敬業堂集》、明刻《百川學海》等，皆精，以論價未合未能購也。今日天雨早歸，展書及此，聊記書耑。三十八年五月十六日裳。」下鈐「黄」「裳」白文連珠印。《存目叢書》據以影印。

達觀樓集二十四卷　明鄒維璉撰 **五五九〇**

江西巡撫採進本(總目)。○《江西巡撫海第三次呈送書目》：「《達觀樓集》四本。」○吉林省圖書館藏乾隆三十一年刻本，卷一題「豫章鄒維璉德輝甫著」。半葉十行，行二十一字，白口，左右雙邊。封面刻「乾隆三十一年重梓」、「龍岡藏板」。正文前有乾隆三十二年丁亥蔣士銓序，乾隆四十一年宋犖序，自序，又舊序，傳，官服像，吴甘來像贊等。《存目叢書》據以影印。首都圖、津圖、山西大、復旦等亦有是刻。○清道光二十六年江西四始堂重刻本。山東圖、南圖、川圖等藏。

掃餘之餘三卷附歸涂閒紀一卷　明劉錫元(玄)撰 **五五九一**

浙江巡撫採進本(總目)。○《浙江省第十一次呈送書目》：「《掃餘之餘》，明劉錫元著，四本。」

○《浙江採集遺書總録》：「《掃餘之餘》四册，刊本，明按察使長洲劉錫元撰。」○《掃餘之餘》三卷，河南省圖書館藏明末刻本，題「頌帚居士劉錫玄玉受父撰」。半葉八行，行二十字，白口，四周雙邊。無序跋。遇明帝提行。不避清諱。《存目叢書》據以影印。浙圖亦有是刻。○《黔南十集》十三卷，劉錫玄撰，中央民大藏明末刻本，半葉八行，行二十字，白口，四周雙邊。子目：《黔南學政》一卷附《辛酉科武試録》一卷、《黔南軍政》一卷、《黔南尺牘》一卷、《存黔約略》一卷、《圍城日録》一卷附《十景圖》一卷、《圍城襍録》一卷、《圍城警策》二卷、《歸涂閑紀》一卷、《機緣預逗》一卷、《圍城夢卜》一卷。《存目叢書》影印其《歸涂閑紀》一卷。該卷題「長洲劉錫玄玉受父撰」。北圖、湖南圖亦有《黔南十集》，明天啟刻本，行款版式同，子目略異，見《中國古籍善本書目》叢部。○《方朔明心内篇》一卷《外篇》一卷《襍篇》一卷《掃餘之餘》一卷，劉錫玄撰，河南圖藏明末刻本。半葉八行，行二十字，白口，四周雙邊。○《頌帚居士戒草》一卷，劉錫玄撰，明萬曆四十五年自刻本，行款版式同前書。北圖藏。○《頌帚二集》二卷，劉錫玄撰，明萬曆刻本，半葉八行，行二十字，白口，四周單邊。重慶圖藏。○《頌帚三集》二卷，劉錫玄撰，明萬曆刻本。半葉八行，行二十字，白口，四周雙邊。北圖藏。

湛園集十卷　明程正己撰　五五九二

山西巡撫採進本（總目）。○《山西省呈送書目》：「《湛園録》十卷。」吴慰祖曰：舊鈔本進呈書目作《湛原集》。

太古堂集二卷　明高宏(弘)圖撰　五五九三

山東巡撫採進本(總目)。○《山東巡撫第二次呈進書目》:「《太古堂集》二本。」○北京圖書館分館藏清乾隆刻本,題「膠州高宏圖硜齋著,仁和後進沈廷芳荻林訂,族孫高敬業直夫纂,同里後學法坤厚黄裳校」。半葉十行,行二十一字,白口,四周單邊。前有乾隆二十六年辛巳沈廷芳序,乾隆二十六年法坤厚序。均爲編集作。《存目叢書》據以影印。○《太古堂遺編》十四卷,高弘圖撰,清鈔本。半葉八行,行二十字,白口,左右雙邊。

泊水齋文鈔三卷　明張慎言撰　五五九四

山西巡撫採進本(總目)。○《山西省呈送書目》:「《泊水齋文鈔》一卷。」○《提要》云:慎言著《悔草》、《泊水詩文集》,皆已散落。○北京圖書館分館藏清康熙三十九年張茂生刻本,作《泊水齋文鈔》三卷。題「陽城張藐山先生著,後學張茂生較梓」。半葉九行,行二十字,白口,左右雙邊。前有康熙三十九年庚辰陳廷敬序云:「張公伯珩搜録其遺文,伯珩令子茂生鋟版行世。」《存目叢書》據以影印。山西省圖、山西祁縣圖亦有是刻。○山西大學藏鈔本三卷三册。從康熙本出。○《泊水齋詩集》六卷,明崇禎十四年刻本。半葉七行,行十八字,白口,四周單邊。開封市圖藏。原北平圖藏一部,現存臺北「故宫」。○《勺水庵詩集》一卷,張慎言撰,明崇禎刻本。半葉七行,行十八字,白口,四周單邊。清王鐸批點,近人王獻唐跋並題詩。北圖藏。○《虎谷詩集》五卷,張慎言撰,明末刻本。半葉十一行,行二十一字,白口,左右雙邊。山西省文物局藏。○民國排印《山右叢書初編》本,作《泊水齋文鈔》三卷《詩鈔》五卷。北圖、上圖等多有之。

妙遠堂集四十卷　明馬之駿撰　五五九五

兩淮鹽政採進本(總目)。○《兩淮鹽政李呈送書目》:「《妙遠堂集》四十卷,明馬之駿,十二本。」○明萬曆刻本,作《妙遠堂詩集》十四卷。半葉九行,行十八字,白口,四周單邊。湖北省圖藏一部存卷一至九。○上海圖書館藏明天啟七年刻本,作《玅遠堂全集》四十卷。正文首題「玅遠堂詩天集」,次題「新野馬之駿仲良著,古歙汪逸遺民閱」。各卷閱者不同。半葉八行,行十七字,白口,四周單邊。全書依千字文分四十卷,前列訂閱姓氏張劍光等四十人。無序跋。鈐「王培孫紀念物」印。《存目叢書》據以影印。臺灣「中央圖書館」《善本書志初稿》著録是刻一部,正文卷一(天卷)題「新野馬之駿仲良著,古歙汪逸遺民閱」。各卷閱者不同。前有天啟七年丁卯冬日江寧顧起元序云:「仲良與其兄宗伯時良先生,纘成家學,崛起一時,同舉進士。……宗伯痛甚鴒原,情深鴈序,裒其遺草,板而行之。」知係天啟七年馬之騏刻本。序末刻「金陵徐登督刊」。卷内鈐「秀水莊氏蘭味軒收藏印」、「吴興劉氏嘉業堂藏書記」等印。《嘉業堂藏書志》亦著録。原北平圖書館藏殘本,存「往」字至「霜」字卷,即後二十一卷,見趙萬里《北平圖書館善本書志》。湖南省圖、河南南陽圖亦有殘帙。○清康熙二十九年庚午陶然齋重刻本。有馬之駿孫女壻彭始博序云:「往者寇躪中州,中州典籍散失,《妙遠堂集》版雖無存,尚有印本藏之遺老敗壁間,今猶得之,爲之摹刻。」河南新野縣檔案館藏(參《中國文物報》一九九七年六月二十五日《新野發現〈妙遠堂集〉雕刻本》一文)。

東極篇無卷數　明文翔鳳撰　**五五九六**

浙江巡撫採進本(總目)。○《浙江省第十次呈送書目》:「《東極篇》,明文翔鳳著,一本。」○《浙江省第四次孫仰曾家呈送書目》:「《南極篇》十七卷《皇極篇》二十七卷,明文翔鳳著,十二本。」○《浙江採集遺書總録》:「《南極篇》十七卷《皇極篇》二十七卷《東極篇》四卷,刊本,明光禄寺少卿三水文翔鳳撰。」○《文太青先生全集》五十三卷,明萬曆刻本。半葉九行,行二十字,白口,四周單邊。子目:《皇極篇》二十七卷、《南極篇》二十二篇、《東極篇》四卷。《存目叢書》據遼圖藏本影印其《東極篇》。中科院圖、南圖、臺灣「中央圖書館」等亦有是刻。○明刻本,作《東極篇》不分卷,存二册。所採較前本詩作多且雜,編刻時間不同。半葉九行,行二十字,白口,四周單邊。臺灣「中央圖書館」《善本書志初稿》著録。○《南都新賦》一卷,文翔鳳撰,明萬曆四十八年刻本。半葉九行,行二十字,白口,四周單邊。鈐「閩中徐惟起藏書印」、「謝道承印」、「又紹氏」、「閩中謝又紹鑑藏經籍圖史之章」、「大通樓藏書印」、「龔少文收藏書畫印」等印記。福建省圖藏。○《紫庭草》一卷,文翔鳳撰,明刻《三子小草》本。半葉九行,行二十字,白口,左右雙邊。北圖藏。○《竹聖𥶓吟草》一卷,文翔鳳撰,清鈔本。半葉八行,行二十八字至三十一字,無格。北圖藏。

文太青文集二卷　明文翔鳳撰　**五五九七**

陝西巡撫採進本(總目)。○《陝西省呈送書目》:「《太青文集》。」○《提要》云:「此本爲其七代孫三捷所手鈔。」○江西省圖書館藏鈔本,作《文太青先生文集》二卷。題「西極文翔鳳著」。半葉九行，行十六字，無格。前有崇禎五年壬申陸雲序。遇明朝不提行，亦不避清諱，疑係民國鈔本。《存目叢書》據以影印。

慧閣詩八卷　明陳翼飛撰　五五九八

浙江巡撫採進本（總目）。○《浙江省第十一次呈送書目》：「《慧閣詩》，明陳翼飛著，四本。」○《浙江採集遺書總録》：「《慧閣詩》九卷，刊本，明閩縣陳翼飛撰。」

漆園卮言二十四卷　明莊起元撰　五五九九

浙江巡撫採進本（總目）。○《浙江省第八次呈送書目》：「《漆園卮言》十七卷，明莊起元著，十四本。」○《浙江採集遺書總録》：「《漆園卮言》十七卷，刊本，明太僕寺少卿武進莊起元撰。」○中國人民大學圖書館藏明萬曆刻本十七卷。半葉九行，行二十字，白口，四周單邊。版心刻工：越肖湯仁刊、肖山湯仁寫刻。前有萬曆四十三年乙卯夏黄汝亨序，萬曆四十年壬子楊守勤序，萬曆四十二年甲寅徐學聚序。《存目叢書》據以影印。北圖、故宫亦有是刻。

銅馬編二卷　明楊德周撰　五六〇〇

浙江巡撫採進本（總目）。○《浙江省第七次呈送書目》：「《銅馬編》二卷，明楊德周著，二本。」○《浙江採集遺書總録》：「《銅馬編》二卷，刊本，明知州楊德周撰。」○原北平圖書館藏明崇禎刻本二卷二册。題「古董楊德周齊莊父著」。半葉九行，行十八字，白口，左右雙邊。有余文龍序，崇禎七年費道用序。鈐「四明盧氏抱經樓珍藏」印。又鈐「翰林院印」「滿漢文大官印」。書衣有「乾隆三十八年十一月浙江巡撫三寶送到銅馬編壹部計書貳本」長方木記。即進呈四庫館原本。現存臺北「故宫」，北圖有膠卷，《存目叢書》據以影印。○民國二十五年四明張氏刻《四明叢書》第四集本。

許靈長集無卷數　明許光祚撰　五六〇一

浙江巡撫採進本（總目）。○《浙江省第六次呈送書目》：「《許靈長集》，明許光祚著，二本。」○《浙江採集遺書總録》：「《許靈長集》二册，刊本，明推官錢塘許光祚撰。」

無欲齋詩鈔一卷　明鹿善繼撰　五六〇二

直隸總督採進本（總目）。○《直隸省呈送書目》：「《無欲齋詩鈔》一本。」○湖北省圖書館藏清刻本，題「范陽鹿善繼伯順父著」。首行書名下注「成雲洞定本」。半葉八行，行二十一字，白口，四周雙邊。寫刻甚精。鈐「無用書生」、「四田畊夫」、「文惠家風」、「長生吉羊」等印。《存目叢書》據以影印。湖北省圖又有乾隆五十五年庚戌重刻本，已抽燬二葉。石洪運先生以二本相校，知此本尚係初刻未抽燬之本。清華大學有清康熙四十九年庚寅刻本一卷一册，當與湖北省圖未抽燬本同版，故卷内玄字缺末筆，真字不缺筆。廣東中山圖亦有康熙原刻本。○清乾隆五十五年重刻本，已抽燬二葉。湖北省圖藏。南開、東北師大、華東師大等亦有清刻本，未知爲初刻重刻。○清道光四年刻本。南圖、湖南圖藏。○清活字印本，華東師大藏。○北京圖書館分館藏舊鈔本。○《無欲齋詩草》七卷一册，清刻本，東北師大藏。○《無欲齋詩草》一卷，清鈔本。半葉六行，行十八字。吉大藏。○《鹿忠節公集》二十一卷，清刻本。半葉九行，行二十字，白口，四周雙邊。大連圖、安徽圖、湖北圖、浙大、武大等藏。○《鹿奉常集》二十一卷，上海圖書館藏清鈔本。半葉九行，行十八字，紅格。○《鹿伯順十五種認真草》三十六卷又一種一卷，鹿善繼撰，明崇禎刻本。半葉九行，行二十字，白口，四周單邊。子目見《中國古籍善本書目》叢部。清華、上圖藏。○《鹿忠節公認真草》十五卷，鹿善繼撰，清鹿傳霖輯，清鹿傳霖鈔本，存六卷。半葉九行，行二十字，無格。北師大藏。子目見《中國古籍善本書目》叢部。

明德堂文集二十六卷　明呂維祺撰　五六〇三

浙江巡撫採進本(總目)。○《浙江省第六次呈送書目》：「《明德先生文集》二十六卷，明呂維祺著，十二本。」○《浙江採集遺書總録》：「《明德先生文集》二十六卷，清康熙初子兆璜編刊本，明兵部尚書新安呂維祺撰。」○《山東巡撫第二次呈進書目》：「《明德堂集》十六本。」○《武英殿第一次書目》：「《呂明德堂文集》十二本。」○南京圖書館藏清康熙二年呂兆璜等刻本，作《明德先生文集》二十六卷《制藝》一卷附清張鼎延《新安定變全城記》一卷、清施化遠等《明德先生年譜》四卷。半葉十行，行二十一字，白口，左右雙邊。前有清順治九年壬辰張鼎延序，目録，校正門人姓氏，義例。義例末署「癸卯(康熙二年)仲秋日璜沐手敬識」。《制藝》後有康熙二年呂兆璜《刻慎獨堂文集後跋》。次《年譜》四卷，末云：「癸卯……五月，諸門人與子璜、琳刻先生全集於淮南，《孝經本義》……《文集》二十六卷及先生年譜、忠節録行世。」末有題名：「男兆璜、兆琳，侄兆瑜、兆琚，孫賁恒、履恒、謙恒、復恒，曾孫繼曾、緒曾較梓。」《存目叢書》據以影印。上圖、祁縣圖、福師大、南通圖亦有是刻。山西大學有是刻乾隆印本。

逸園新詩一卷詠懷詩一卷　明耿志煒撰　五六〇四

陝西巡撫採進本（總目）。○《陝西省呈送書目》：「《逸園詩》。」○浙江圖書館藏明崇禎刻本，僅《逸園新詩》一卷。題「有郃耿志煒朋夫著，男□□伯良訂」。半葉八行，行十八字，白口，四周雙邊。前有練國事序，崇禎五年壬申丁仕俊序，李可植跋，崇禎六年自叙。鈐「長興王氏詒莊樓藏」印。《存目叢書》據以影印。

文敏遺集三卷　明李國楷撰　五六〇五

直隸總督採進本（總目）。○《直隸省呈送書目》：「《李國楷文集》三本。」○北京圖書館藏清康熙七年李霨刻本，作《李文敏公遺集定本》二卷《附録》一卷。題「高陽續溪李國楷著，男霨輯訂，孫男其凝、其恕校刻」。半葉九行，行二十字，白口，四周單邊。前有順治己亥男霨述略。康熙戊申男霨又述云：「剞劂告成，遡其始末，並識歲月如此。」末有附録一卷，收墓誌銘、墓表、墓碑。《存目叢書》據以影印。○北京圖書館分館藏清鈔本，作《李文敏公文集定本》三卷。○按：國楷號續溪，《四庫提要》及《明人室名別稱字號索引》皆誤爲「績溪」，當據原書署題及胡世安撰《墓表》訂正。

豐麓集七卷　明吳兆璧撰　五六〇六

江西巡撫採進本（總目）。○《江西巡撫海續購書目》：「《豐麓集》二本。」

博望山人稿二十卷　明曹履吉撰　五六〇七

安徽巡撫採進本（總目）。〇《安徽省呈送書目》：「《博望山人集稿》八本。」〇首都師大藏明崇禎十七年曹臺望、曹臺岳等刻本，題「當塗曹履吉元甫著」。半葉九行，行十九字，白口，左右雙邊。前有崇禎元年陳繼儒序，莆陽宋鈺序。後有崇禎十七年甲申次男臺岳撰《行略》云：「此府君遺稿也，……與兄臺望、弟臺觀、臺繁、臺珪議，勉開此一集付剞。」又葉烶跋。《存目叢書》據以影印。北圖、北師大亦有是刻。〇清康熙中刻本，作《博望山人稿》詩六卷文十四卷，六册。上圖藏。王培孫故物。

蘧園集十卷　明顧簡撰　五六〇八

浙江巡撫採進本（總目）。〇《浙江採集遺書總録》：「《蘧園集》十卷，刊本，明舉人歸安顧簡撰。」

白下集十一卷　明黄姬水撰　五六〇九

兩江總督採進本（總目）。〇《兩江第二次書目》：「《白下集》，明黄姬水著，三本。」〇原北平圖書館藏明萬曆刻本十一卷三册，題「吴郡黄姬水著」。半葉十行，行十九字，白口，左右雙邊。王世貞序云：「甲戌春二月余入領太僕，過淳父，是時淳父病矣，而强起納拜，曰：『夫余殆已矣，敢以不朽累子。』尋嗚咽不能竟。蓋又三月而淳父没。其息嘉賓、嘉芳以其所著集請曰：先子志也。」則此序作於萬曆二年，其付梓當在是年或稍後。又嘉靖三十六年自序。卷内鈐「長白毓本務旃父讀書印」印記。是帙現存臺北「故宫」，北圖有膠卷，《存目叢書》據以影印。

高素齋集二十九卷　明黄姬水撰　**五六一〇**

江蘇巡撫採進本(總目)。○《江蘇省第一次書目》:「《高素齋集》四本。」○《江蘇採輯遺書目録》:「《高素齋集》二十八卷,長洲黄姬水著,刊本。」○祁縣圖書館藏明萬曆刻本二十八卷四册。題「吴郡黄姬水著」。半葉十行,行十九字,白口,左右雙邊。前有萬曆四年丙子皇甫汸序,張獻翼序。據書前目録,二十八卷爲全本。《存目叢書》據以影印。中科院圖有殘本,存卷二十一至二十八。復旦亦有殘本。

黄淳父集二十四卷　明黄姬水撰　**五六一一**

浙江汪汝瑮家藏本(總目)。○《浙江省第四次汪汝瑮家呈送書目》:「《黄淳父集》二十四卷,明黄姬水著,六本。」○《浙江採集遺書總録》:「《黄淳父集》二十四卷,刊本,明長洲黄姬水撰。」○廣東中山圖書館藏明萬曆十三年顧九思刻本,作《黄淳父先生全集》二十四卷。題「吴郡黄姬水著,壻顧九思編,男嘉芳輯」。半葉十行,行十九字,白口,左右雙邊。版心刻工:顧子美、甫言、文元、郭泰原、張文元刊、吴應元、子登、朱子浄、子静、章右之、右之、文台、子秀、錢世英刊。卷二十四末附馮時可撰傳。卷内鈐「孔繼涵印」、「葒谷」等印記。《存目叢書》據以影印。北圖、中科院圖、上圖、上海辭書出版社、内蒙古大學亦有是刻。按:是書編者顧九思,《四庫提要》誤爲顧大思,當據萬曆本正。

元(玄)蓋副草二十卷　明吴稼竳撰　**五六一二**

浙江孫仰曾家藏本(總目)。○《浙江省第四次孫仰曾家呈送書目》:「《元蓋副草》二十卷,明吴稼澄著,八本。」○《浙江採集遺書總録》:「《元蓋副草》二十卷,刊本,明雲南通判孝豐吴稼澄撰。」○明萬曆三十四年刻本二十卷《目録》二卷。半葉十行,行十九字,白口,左右雙邊。上圖藏。民國五年十二世從孫昌碩雍睦堂影印萬曆三十四年刻本。《存目叢書》用吉林省圖藏雍睦堂影印本影印。該本卷一題「吴興吴稼澄翁晉著」。前有民國五年諸宗元序云:「乙卯之夏,吾居京師,大索於市估,無以應。久之而得滿城張氏藏本,易以重值,歸諸缶廬。」又民國五年莫永貞序。封面有「丙辰三月吴氏雍睦堂用家本校印」識語。末有十二世孫吴昌碩跋。原序則有萬曆三十四年丙午臧懋循序,吴夢暘序。

皆非集二卷附一枝軒吟草二卷　明萬達甫撰　附萬邦孚撰　五六一三

浙江鄭大節家藏本(總目)。○《浙江省第五次鄭大節呈送書目》:「《皆非集》二卷附《一枝軒吟草》二卷,明萬達甫著,附萬邦孚著。」○《浙江採集遺書總録》:「《皆非集》二卷附《一枝軒吟草》一卷,刊本,明廣州參將鄞縣萬達甫撰,子邦孚撰。」○北京圖書館藏稿本,作《皆非集》一卷《法藏碎金》一卷,共一册。明萬邦孚跋。○原北平圖書館藏明萬曆家刻本,作《皆非集》二卷附《一枝軒吟草》一卷。《皆非集》題「四明純初居士萬達甫著,男邦孚校,侄邦寧書」。《一枝軒吟草》題「萬邦孚汝永甫著,弟邦寧汝本甫校」。半葉九行,行十八字。有萬曆四十五年屠本畯序及行狀、傳、誄(見王重民《善本提要》)。是册現存臺北「故宫」。○浙江圖書館藏清萬世標刻本,書名卷數同萬曆本。《皆非集》題「四明萬達甫純初著,男邦孚校,孫泰訂,曾孫斯同編,玄孫世標梓」。《一枝軒吟草》題

「四明萬邦孚汝永著，男泰訂，孫斯同編，曾孫世標梓」。半葉九行，行十八字，白口，四周單邊。全書前有萬曆四十五年丁巳屠本畯序。《存目叢書》據以影印。按：此本字體版式酷似萬曆版，曾孫斯同、玄孫世標及孫斯同、曾孫世標顯係後來增刻，疑爲萬曆刻曾孫世標修版印本，惜不能比對耳。津圖亦有是刻。○浙江圖書館藏張氏約園鈔本一册，書名，卷數同前二本，從萬世標本出。

瞿冏卿集十四卷　明瞿汝稷撰　**五六一四**

江蘇巡撫採進本（總目）。○《江蘇省第一次書目》：「《瞿冏卿集》六本。」○上海圖書館藏明萬曆三十九年南京貴州道監察御史張養正刻本，正文十四卷《附》一卷。題「明太僕少卿海虞瞿汝稷元立甫著，監察御史眉州張養正冏思甫梓，友人周汝登、陳禹謨、嚴澂、弟汝説、男式耒、姪式耜參校」。目録末有「已酉舉人姪瞿允孚函中校刻」一行。前有萬曆三十九年辛亥季冬吉日南京貴州道監察御史舊屬下生張養正序。又萬曆辛亥冬日高攀龍序云：「眉山張公鴻屼，先生所鑒也，果爲名御史，其不爽於是非類此。公刻先生集而徵序攀龍，故爲之明其學。」又萬曆三十九年曹學佺序。後有葉向高撰墓誌銘，錢謙益撰傳，嚴澂跋。高序行書上板，首葉版心記刻工：上元段經刻。《存目叢書》據以影印。臺灣「中央圖書館」亦有是刻。中科院圖有殘本，存卷一至四。

梅顛稿選二十卷　明周履靖撰　**五六一五**

兩江總督採進本（總目）。○《兩江總督高第三次進到書目》：「《梅顛稿》二本。」○北京大學藏明刻本，作《梅顛稿選》二十卷。卷一題「長水周履靖逸之父著，雲間陳繼儒仲醇父選」。半葉八行，行十九字,白口,四周單邊。前有陳繼儒序。又錢應金序云:「先生著述滿千卷,悉已行世。諸子恐其汗漫,復求眉公先生定爲此選。」卷内鈐「吴氏藏書之印」、「吴琪之印」、「柘館」等印記。○《螺冠子詠物詩》二十六卷《茶歌》一卷《酒詠》一卷,周履靖撰,明萬曆三十三年葉如春刻本。半葉八行,行十八字,白口,四周單邊。北圖藏。○《野人清嘯》二卷,周履靖撰,明萬曆金陵荆山書林刻本。半葉九行,行十八字,白口,四周單邊。北大藏。

雅尚齋詩草二集二卷　明高濂撰　　五六一六

浙江汪汝瑮家藏本(總目)。○《浙江省第四次汪汝瑮家呈送書目》:「《雅尚齋二集》二卷,明高濂著,二本。」○《浙江採集遺書總録》:「《雅尚齋二集》二卷,刊本,明仁和高濂撰。」

甬東山人稿七卷　明吕時撰　　五六一七

浙江巡撫採進本(總目)。○《浙江省第五次范懋柱家呈送書目》:「《甬東山人稿》七卷,明吕時著,三本。」○《浙江採集遺書總録》:「《甬東山人稿》七卷,刊本,明布衣鄞縣吕時臣撰。」○原北平圖書館藏明萬曆九年瀋府勉學書院刻本,存卷一至卷四。題「古鄞吕時中父」。半葉十行,行二十字,白口,四周單邊。版心上刊「瀋府勉學書院刻」。前有萬曆九年辛巳中元日澹如居士序云:「予慨然,遂命梓于勅賜勉學書院。」序後有「勳父」、「叢正山房」二木記。卷内鈐「蒼巖山人書屋記」、「蕉林藏書」等印。書存臺北「故宫」,北圖有膠卷,《存目叢書》據以影印。○浙江圖書館藏鈔本,存卷一至卷四。○明嘉靖隆慶間刻《盛明百家詩》後編内有《吕山人集》一卷《續集》一卷。吕時臣撰。北圖、上圖等藏。

李山人詩二卷　明李生寅撰　**五六一八**

浙江范懋柱家天一閣藏本（總目）。○《浙江省第五次范懋柱家呈送書目》：「《李山人詩集》二卷，明李生寅著，二本。」○《浙江採集遺書總録》：「《李山人詩集》二卷，刊本，明鄞縣李生寅撰。」○原北平圖書館藏明萬曆刻本，作《李山人詩》二卷二册。題「鄞李生寅賔父著，蔡學用子行校，楊承鯤伯翼選」。半葉九行，行十八字，白口，左右雙邊。前有萬曆十年春月鄞縣知縣楊芳序，萬曆十一年屠隆序。書存臺北「故宫」，北圖有膠卷，《存目叢書》據以影印。

復初集三十六卷　明方承訓撰　**五六一九**

庶吉士戴震家藏本（總目）。○北京圖書館藏明萬曆刻本，作《方鄈邮復初集》三十六卷，存卷一至十四、卷二十至三十六。題「新安方承訓撰」。半葉十一行，行十九字，白口，四周單邊。卷内鈐「長白敷槎氏堇齋昌齡圖書印」等印記。《存目叢書》據以影印。

玩畫齋雜著編八卷　明姚翼撰　**五六二〇**

浙江汪汝瑮家藏本（總目）。○《浙江省第四次汪汝瑮家呈送書目》：「《玩畫齋雜著編》八卷，明姚翼著，八本。」○《浙江採集遺書總録》：「《玩畫齋雜著編》八卷，刊本，明學博嘉興姚翼撰。」○北京圖書館藏明隆慶萬曆間自刻本，題「歸安姚翼著，友人施箕、門人沈位、茅翁積選校」。半葉九行，行十八字，白口，四周單邊。前有隆慶元年沈位序。卷内録文至萬曆。鈐「伯繩祕笈」、「虚靜齋」等印記。《存目叢書》據以影印。

性靈稿二卷　明朱師孔撰　**五六二一**

浙江巡撫採進本(總目)。○《浙江省第六次呈送書目》:「《性靈稿》二卷,明朱師孔著,二本。」○《浙江採集遺書總録》:「《性靈稿》二卷,刊本,明貢生新安朱師孔撰。」

石秀齋集十卷　明莫是龍撰　**五六二二**

江蘇巡撫採進本(總目)。○《江蘇省第一次書目》:「《石秀齋集》三本。」○《江蘇採輯遺書目録》:「《石秀齋集》十卷,華亭貢生莫是龍著。」○臺灣「中央圖書館」藏明萬曆三十二年外孫潘煥宸刻本十卷十册。題「華亭莫雲卿廷韓父著」。半葉九行,行十九字,白口,左右雙邊。前有萬曆甲辰六月既望外孫潘煥宸明廷《刻石秀齋集引》云:「不肖爰承未竟之志,付之剞劂。」又張所敬撰小傳。潘序版心下有刻工:姑蘇郭秀刻。卷内鈐「獨山莫棠」、「楚生第三」、「獨山莫氏藏書」、「銅井寄廬」、「吴興劉氏嘉業堂藏書記」等印。一九六八年該館據以影印,爲《明代藝術家集彙刊》之一種,附莫是龍《畫説》一卷,取自明萬曆刻《寶顏堂秘笈》,又增編目次,昌彼得撰叙録(參《嘉叢堂藏書志》、《增訂蟫菴群書題識》、臺灣「中央圖書館」《善本書志初稿》)。○北京圖書館藏清康熙五十五年曹炳曾城書室刻《雲間二韓詩》本,題「華亭莫是龍廷韓著,海上曹炳曾巢南輯,姪曹一士諤廷、男曹培廉敬三校」。半葉十一行,行二十一字,白口,四周單邊。版心刻「城書室」。《雲間二韓詩》前有康熙五十六年唐孫華序。又康熙五十五年曹炳曾序云:「既竣,合題曰《雲間二韓詩》。」《存目叢書》據以影印。所謂二韓者，莫是龍字廷韓，顧斗英字仲韓。斗英著《小菴羅集》六卷。上圖、吉大、南圖等亦有是刻。○《刻莫廷韓遺稾》十六卷，莫是龍撰，日本内閣文庫藏明萬曆三十年序刻本（見日本《京都大學人文科學研究所漢籍目録》）。按：《千頃堂書目》有「《莫雲卿遺稿》十四卷」，盧文弨校改爲「《莫廷韓遺稿》十六卷」，與内閣文庫本合。《四庫提要》云：「《明詩綜》載有《莫廷韓遺稿》，不著卷數。」内閣文庫本未見，「稾」字疑當作「稾」。

段黄甫詩稿無卷數　明段黼撰　五六二三

兩江總督採進本（總目）。○《兩江第二次書目》：「《段黄甫集》，明段黼著，二本。」

汪遺民詩一卷　明汪逸撰　五六二四

兩江總督採進本（總目）。○《提要》云：「皆與馬時良、仲良兄弟倡和之作。首載《友聲敘》一篇，爲内黄司迺疆作，稱《友聲》兩卷。……是其詩本編入《友聲集》中，此本乃録出逸詩，別爲一卷耳。末附汪以俊詩二首。」○《兩江第二次書目》：「《友聲詩》，明汪逸著，抄本，一本。」○《北笥存稿》一卷《斷腸詩》一卷《山夏詩》一卷《燕再》一卷，北京大學藏明萬曆刻本四册。半葉九行，行十八字，白口，四周單邊。王重民《善本提要》著録云：原題「華屏汪逸遺民父著」，每卷末題校閲姓氏，《北笥存稿》末題「社友西陵來斯行道之、雲間朱本洽叔熙、新野馬之駴時良、吴門王晉亦房同閲」。《斷腸詩》末題「女弟秦淮鄭如英無美、金昌李同心蘭生、長安閻宛容若爲、廣陵蔡彬清卿同校閲」。《北笥存稿》有萬曆四十四年馬之駴序。《斷腸詩》有萬曆四十四年王留、馮國英兩序。《山夏詩》有萬曆四十五年潘之恒序。《燕再》有萬曆四十七年周詩雅序。

環翠堂坐隱集選四卷　明汪廷訥撰　**五六二五**

安徽巡撫採進本(總目)。〇《安徽省呈送書目》:「《坐隱集》一本。」〇南京圖書館藏明萬曆三十七年汪氏環翠堂刻本,作《坐隱先生全集》十八卷。半葉十三行,行二十字,白口,四周單邊,無直格。子目:《坐隱先生訂碁譜》二卷、《題贈》三卷、《坐隱先生集》十二卷、《坐隱園戲墨》一卷。寫刻甚工緻,版心下刻「環翠堂」。《集》十二卷題「新都汪廷訥昌朝著」。前有朱賡序,萬曆三十七年己酉朱之蕃序,萬曆三十六年曹學佺序,萬曆二十五年梅友竹序。卷十二末刻「萬曆戊申歲春二月男道長百拜謹録,後學程大中、金應宿全校」。《戲墨》一卷末刻「萬曆己酉夏四月浴佛日小汪子道長泰符氏書於嚶鳴館」。下刊「汪道長印」、「泰符氏」二木記。又刻「星源詹國禮督鐫,古歙黄應組繡梓」二行。次有《坐隱園清賞》一葉,末刻「坐隱先生漫書於環翠堂」一行。再次有萬曆三十七年蕭和中跋,萬曆三十六年王之機跋,均爲《集》作。則《集》、《戲墨》皆其子道長手寫,《清賞》爲廷訥手寫,黄應組刻版。全書前有《坐隱圖》共六面連成一幅長圖,繪刻甚精。此《全集》十八卷《存目叢書》據以影印。北圖、北大等亦有是刻。

笑拙墅稿一卷　明金建中撰　**五六二六**

浙江汪汝瑮家藏本(總目)。〇《浙江省第四次汪汝瑮家呈送書目》:「《笑拙墅稿》一卷,明金建中著,一本。」〇《浙江採集遺書總録》:「《笑拙墅稿》一册,刊本,明海陽余建中撰。」

古雪齋近稿一卷　明朱多熲撰　**五六二七**

浙江孫仰曾家藏本(總目)。○《浙江省第四次孫仰曾家呈送書目》:「《古雪齋近稿》,明朱多熲著,一本。」按:明宗室多字輩第三字從火,則穎字當作熲。○《浙江採集遺書總録》:「《古雪齋近稿》一册,刊本,明宗室豫章朱多熲撰。」

蓀堂集十卷　明吴文奎撰　**五六二八**

浙江孫仰曾家藏本(總目)。○《浙江省第四次孫仰曾家呈送書目》:「《蓀堂集》十卷,明吴文奎著,八本。」○《浙江採集遺書總録》:「《蓀堂集》十卷,刊本,明大學士新都吴文奎撰。」○北京圖書館藏明萬曆三十二年吴可中等刻本,卷一至八題「新都吴文奎茂文甫著,友人程涓巨源甫閲」。卷九卷十閲者改爲「叔子可晉集」。前有李維楨序云:「茂文没而後,其友程巨源與其子康侯茂才兄弟始集而傳之。」又盛稔序。又萬曆三十二年甲辰程巨源序云:「諸子伯時、康侯、季常、蓀倩輩緝其遺稿,凡百餘卷,付之剞劂。」版心刻工:黄應彬刻、黄應淳刻、黄新元刻。《存目叢書》據以影印。日本内閣文庫亦有是刻。

江臯吟一卷　明劉師朱撰　**五六二九**

浙江孫仰曾家藏本(總目)。○《浙江省第四次孫仰曾家呈送書目》:「《江臯吟》,明劉師朱著,一本。」○《浙江採集遺書總録》:「《江臯吟》一册,刊本,明廬江郡丞河翔劉師朱撰。」

潘象安詩集四卷　明潘緯撰　五六三〇

浙江孫仰曾家藏本(總目)。○《浙江省第四次孫仰曾家呈送書目》:「《潘象安集》四卷,明潘緯著,四本。」○《浙江採集遺書總録》:「《潘象安集》四卷附《琴操》一卷,刊本,明武英殿中書歙縣潘緯撰。」○南京圖書館藏明萬曆刻本,題「新安潘緯著,南明汪道昆伯玉甫彙選,潁陽許國維楨甫批評,嶺南歐大相用孺甫校」。半葉九行,行十八字,白口,左右雙邊。前有萬曆十九年許國序,萬曆九年汪道昆序,歐大相序,萬曆二十四年孫慎行撰傳,鮑應鰲撰傳。版心刻工:黄國忠刻、黄伯茂、黄守言。卷内鈐「潘涵之印」、「若淵」等印。《存目叢書》據以影印。重慶圖、徽州地區博物館亦有是刻。○明嘉靖至萬曆刻《盛明百家詩》内有《潘象安集》一卷。北圖、上圖等藏。

白雲集七卷　明陳昂撰　五六三一

浙江巡撫採進本(總目)。○《浙江省第六次呈送書目》:「《白雲集》六卷,明陳昂著,二本。」○《浙江省第十一次呈送書目》:「《白雲集》七卷,明陳昂著,二本。」○《浙江採集遺書總録》癸集下:「《白雲集》六卷,刊本,明莆田陳昂撰。」又閏集:「《白雲集》六卷,寫本,明莆田陳昂撰。」○湖北省圖書館藏明萬曆四十六年宋珏刻本七卷《附録》一卷。題「莆陽陳昂爾瞻著,同邑宋珏比玉校」。半葉九行,行十九字,白口,左右雙邊。前有萬曆四十六年戊午宋珏《重刻白雲集題詞》,萬曆四十一年癸丑馬之駿序,鍾惺《白雲先生傳》。卷内鈐「休寧汪季青家藏書籍」、「古香樓」、「濮洙之印」、「黄岡劉氏紹炎過眼」、「黄岡劉氏校書書堂藏書記」等印。《存目叢書》據以影印。首都圖、北大亦有是刻。北圖藏是刻有清翁同書跋。○明刻本七卷，半葉八行，行二十字，白口，四周單邊。中國社科院文學所所藏，存卷一至四。該所《善本書目》著録云：「吴秉志編，明萬曆四十六年刊本，二册。」按：據崇禎十三年林古度刻本序「予友吴能尚又合《孫太初詩》刊於閩」之語，此乃崇禎間吴秉志福建刻本。○上海圖書館藏清初汪森裘杼樓鈔本七卷《附録》一卷。卷一題「莆陽陳昂爾瞻著，綏安徐中恒叔亨較，吴秉志能尚編」。半葉八行，行二十字，黑格，白口，四周雙邊。版心下印「裘杼樓」三字。鈐「心賞齋」、「西堂藏書畫印」等印記。《中國古籍稿鈔校本圖録》收録。《四庫全書附存目録》顧廷龍先生手批：「休寧汪氏裘杼樓鈔本六卷。」卷數微異。按：裘杼樓鈔本當源於吴秉志刻本。○原北平圖書館藏明崇禎十三年林古度、周錫圭等刻本七卷《附録》一卷。題「莆陽陳昂爾瞻著，會稽周錫圭禹錫訂」。半葉九行，行十九字。有崇禎十三年葉益蓀序，崇禎十三年林古度序，萬曆四十一年馬之駿序，鍾惺撰傳，萬曆二十二年自序。林序云：「先生詩各體俱備，一没遂散失焉，僅留此五言六卷於予手。庚戌攜入燕，與鍾伯敬謀梓之以傳。伯敬醵諸同寅金，刊於大行署中。板置署，反似官物，不得廣行。而其同里宋比玉復得七言律十二首，復醵金刊於南都，比玉没而板遺失。歷今三朝，歲丁丑，西粵滕伯倫明府又抄宋氏本，而獨力梓於秦淮，甫卒業而攜之官入蜀。予往往遺憾焉，因亦購宋氏本，謀欲重新之。越東周禹錫先生，與予同好，夙加稱賞，共翻前板。李周生不生欣然合力，遂命剞劂，資猶未足，一旦聞於葉雁湖民部，樂爲成之。予友吴能尚又合《孫太初詩》刊於閩。計此刻合前有五板在世。」（參王重民《善本提要》）此帙二册，現存臺北「故宫」。○清順治三年左楨鈔本十卷。南圖藏。

黄元(玄)龍詩集八卷附尺牘二卷　明黄奂撰　五六三二

浙江巡撫採進本(總目)。○《浙江省第七次呈送書目》:「《黄元龍詩集》一册《小品》二册,明王奂著,三本。」按:王乃黄之誤,浙人黄、王二字同音。○《浙江採集遺書總録》:「《黄元龍詩》一册《小品》二册,刊本,明歙縣黄奂撰。」○北京圖書館藏清康熙刻本,作《黄玄龍先生詩集》十卷《小品》四卷。題「新安黄奂玄龍著,弟偰于升訂」。半葉九行,行二十字,白口,四周單邊。前有康熙十二年癸丑吴綺序。卷内玄字缺末筆。《存目叢書》據以影印。按:《小品》包括《尺牘》二卷、《醒言》一卷、《偶載》一卷。後二者又以《黄元龍小品》二卷之名入《存目》子部雜家類。

張太初集八卷　明張汝元撰　五六三三

浙江孫仰曾家藏本(總目)。○《浙江省第四次孫仰曾家呈送書目》:「《張太初集》八卷,明張汝元著,二本。」○《浙江採集遺書總録》:「《張太初集》八卷,刊本,明江陰張汝元撰。」按:江陰乃江寧之誤。○《修褉閣稿》二卷,臺灣「中央圖書館」藏明萬曆十七年秣陵張氏自刻本一册。題「秣陵張汝元太初撰,黄應登徵甫、馬大壯仲履校」。半葉七行,行十七字,白口,四周單邊。前有大鄣山人吴子玉序,自序。末刻「萬曆己丑季夏殺青竟」。分體詩集。鈐「汪魚亭藏閲書」、「振綺堂兵燹後收藏書」、「愛日館收藏印」、「曉霞」、「徐鈞印」、「長林愛日」、「愛日館金石書畫印」、「曉霞藏本」、「希逸讀過」等印記(見該館《善本書志初稿》)。

吾野詩集五卷　明黃克晦撰　**五六三四**

福建巡撫採進本（總目）。○《福建省呈送第五次書目》：「《吾野詩集》八本。」○復旦大學藏清乾隆二十五年黃隆恩等刻本，作《黃吾野先生詩集》五卷。卷一題「男伯穎于達、伯英于選、伯羽于逵、姪孫浤曾録本，五世孫象潛起生校刊，六世孫隆恩帝錫、七世孫廷瑶樹侯增刻」。半葉九行，行十九字，白口，四周雙邊。前有湯時可序，陳亮采序，天啟二年翁應祥序，乾隆二十五年陳科捷《增刻吾野黃先生詩序》，乾隆二十五年方翀《增刻吾野黃先生詩集序》。後有乾隆二十五年六世孫隆恩跋云：「繼復得永春族人抄傳真本，因爲參互校定，增入舊刻，而重梓之。」然則所謂增刻乃增訂重刻之意。卷内鈐「吴興劉氏嘉業堂藏書記」等印。《存目叢書》據以影印。厦門市圖、日本内閣文庫亦有是刻。福建省圖有殘本。

夢草堂稿十二卷　明胡鎮撰　**五六三五**

浙江孫仰曾家藏本（總目）。○《浙江省第四次孫仰曾家呈送書目》：「《夢草堂集》十二卷，明胡鎮著，五本。」○《浙江採集遺書總録》：「《夢草堂詩集》十二卷，刊本，明歙縣胡鎮撰。」

程仲權詩集十卷文集十二卷　明程可中撰　**五六三六**

浙江巡撫採進本（總目）。○《浙江省第四次孫仰曾家呈送書目》：「《程仲權詩集》十卷《文集》十二卷，明程可中著，五本。」○《浙江採集遺書總録》：「《程仲權詩集》十卷《文集》十二卷，刊本，明休寧程可中撰。」○《安徽省呈送書目》：「《程仲權集》四本。」○浙江圖書館藏明程胤萬、程胤兆刻本，作《程仲權先生詩集》十卷《文集》十六卷。題「新都程可中仲權甫著」。半葉九行，行二十字，白口，左右雙邊。前有董復亨序。後有子程胤萬、程胤兆跋云：「近得借資密交，畢事梨棗。」《文集》十六卷，第十四卷詩餘，十五卷北曲，十六卷南曲。《存目叢書》據以影印。南圖、臺灣「中央圖書館」、日本内閣文庫亦有是刻。

豐正元集四卷　明豐越人撰　五六三七

浙江巡撫採進本（總目）。〇《浙江省第七次呈送書目》：「《豐正元詩》四卷，明豐越人著，二本。」〇《浙江採集遺書總録》：「《豐正元詩》四卷，刊本，明鄞縣豐越人撰，同邑屠本畯選定。」〇北京圖書館藏明天啟七年豐建刻本，作《豐正元先生詩》四卷。題「古鄞正元豐越人著，田叔屠本畯選，男建、植椿仝彙校」。半葉八行，行二十字，白口，四周單邊。前有晉江張維機序，山陰錢受益序。後有天啟七年丁卯秋男建跋。《存目叢書》據以影印。

甜雪齋集二十卷　明單思恭撰　五六三八

兩江總督採進本（總目）。〇《兩江第一次書目》：「《甜雪齋集》，明單思恭著，抄本，四本。」〇北京大學藏明刻本，僅存《甜雪齋文》卷一至九。半葉八行，行十八字，白口，四周單邊。〇南京圖書館藏清鈔本，存《甜雪齋詩》卷一至三，《甜雪齋文》卷一至八，共十一卷。題「廣陵單思恭惠仍著，同社楊允升贊皇閲」。半葉八行，行十八字，無格。《詩》前有戊辰秋楊允升《鋟甜雪齋詩文集序》。後有壬戌秋日松菴手跋，末鈐「虚齋」、「小延年室」二小印，跋内言及光緒州志，則爲民國十一年跋。《存目叢書》據以影印。

梅禹金集二十卷　明梅鼎祚撰 五六三九

安徽巡撫採進本（總目）。○《安徽省呈送書目》：「《梅禹金集》六本。」○又：「《鹿裘石室集》八本。」○《江蘇省第一次書目》：「《鹿裘石室集》十六本。」○《江蘇採輯遺書目録》：「《鹿裘石室集》六十五卷，宣城梅禹金著。」○日本内閣文庫藏明萬曆十一梅氏鹿裘石室刻本，作《梅禹金詩草》二十卷，包括《與玄草》八卷《予寧草》八卷《庚辛草》四卷。半葉九行，行十七字，白口，左右雙邊。版心下刻「鹿裘石室」，間有刻工：涇川徐禎刊、徐禎刊。前有萬曆十一年十月朔安陸友人劉紹恤《梅禹金詩草序》。《與玄草》目録題「宣州司理閩黄師顔、宣城令豫章詹事講同栞」，正文題「宣城梅鼎祚禹金撰」，有萬曆七年己卯朱孟震序，萬曆六年戊寅從叔守箕季豹題辭，萬曆戊寅自序於鹿裘石室。《予寧草》目録題「司封氏嶺南周光鎬、職方氏會稽史元熙閲雕」，正文題「宣城梅鼎祚禹金撰」，有萬曆十一年癸未八月朔友人嶺南歐大任序，萬曆八年庚辰從叔守箕題辭，萬曆庚辰自序於玄白堂。《庚辰草》目録題「侍御史西蜀張一鯤雕行」，正文題「宣城梅鼎祚禹金撰」，有萬曆九年辛巳蜡月望日友弟沈懋學君典序，從叔梅守箕題辭，萬曆十年壬午自序（自序版心下有刻工：徐禎刊）。《存目叢書補編》據以影印。臺灣「中央圖書館」亦有是刻。○《鹿裘石室集》六十五卷，梅鼎祚撰，明天啟三年梅氏玄白堂刻本。半葉九行，行十八字，白口，左右雙邊。凡詩二十五卷、文二十五卷、書牘十五卷。山西大學、中科院圖、原北平圖、美國國會圖有全本。北大、湖北圖、中山圖、臺灣「中央圖書館」有殘本。《嘉業堂藏書志》、王重民《善本提要》、臺灣「中央圖書館」《善本書志初稿》著録。中科院本卷一題「宣城梅鼎祚禹金著，同邑湯賓尹嘉賓訂」。三集末均題「男士都、出桃男士好編次」。前有天啟癸亥李維楨序，天啟三年癸亥湯賓尹序，天啟四年吴伯與序，天啟三年高維岳序，各小集原序。總目末刻「天啟癸亥歲春玄白堂雕」二行。《四庫禁燬書叢刊》據以影印。

五六四〇　牒草四卷　明趙宦光撰

直隸總督採進本（總目）。○《提要》云：「前兩卷題曰《寒山藏》，而以《牒草》爲子目。一卷題曰《附録》。又一卷題曰《牒草》卷之八。」○《直隸省呈送書目》：「《寒山藏》三本。」

五六四一　益齋存稿一卷　明翁正春撰

兩淮鹽政採進本（總目）。○《提要》云：「其子煊、熯録之，附編宋翁卷《西巖集》後，疑爲卷之後裔也。」○《兩淮鹽政李續呈送書目》：「《西巖集》一卷，宋翁卷，一本。」

五六四二　謝耳伯詩集八卷文集十六卷　明謝兆申撰

福建巡撫採進本（總目）。○《福建省呈送第五次書目》：「《謝耳伯文集》八本。」○天津圖書館藏明崇禎玉樹軒刻本，作《謝耳伯先生初集》十六卷《全集》八卷。半葉九行，行十八字，白口，左右雙邊。《初集》、《全集》封面均刻「玉樹軒藏板」。《初集》卷一題「閩綏安謝兆申耳伯著，晉安周之夔章甫、同邑黄弼君贊、黄開先申甫較」，前有崇禎十三年庚辰曹學佺序，莆田李宗著序，崇禎十三年周之夔序，末有男元跋。周序云：「次公英子能讀父書，珍藏遺稿，……夔倡綏安諸賢分任剞劂，僅成《初集》。」則《初集》爲崇禎十三年周之夔等刻本。《全集》題「閩綏安謝兆申耳伯著」。前有黄居中序，蓋又刻於《初集》之後。《初集》皆文，《全集》皆詩。《存目叢書》據以影印。北大、上圖、浙圖、福建師大等亦有是刻。

雪浪集二卷　明釋洪恩撰　**五六四三**

兩江總督採進本（總目）。○《兩江第二次書目》：「《雪浪集》，明釋洪恩著，一本。」○湖南圖書館藏明萬曆釋通澤刻本，題「雪浪菴比丘洪恩著，門弟子通澤校刻」。半葉九行，行十八字，白口，四周單邊。前有萬曆二十六年戊戌劉覲文序。鈐「湘鄉王氏秘籍孤本」等印記。《存目叢書》據以影印。北圖藏是刻有清宋犖批校並跋。中科院圖藏殘本，存上卷。○《雪浪續集》不分卷一册，明萬曆四十六年管覺僊刻本。題「明雪浪菴釋洪恩著」。半葉八行，行十七字。有萬曆四十三年沈顥序，萬曆四十六年管覺僊跋。原北平圖書館藏（參王重民《善本提要》）。現存臺北「故宫」。

空華集二卷飲河集二卷止啼集一卷石頭菴集五卷　明釋如愚撰　**五六四四**

兩江總督採進本（總目）。○《兩江第二次書目》：「《愚公集》，明釋如愚著，四本。」○重慶圖書館藏明萬曆刻本。《空華集》二卷，題「石霜山僧如愚著，武陵龍膺選，剡溪周汝登校」。前有萬曆三十年壬寅于若瀛序云：「公更有《石頭菴集》行於世。」又萬曆二十五年丁酉袁宏道序，萬曆二十一年癸巳張民表序。《飲河集》二卷，題「石霜山僧如愚著」。前有萬曆二十九年辛丑周應賓序，萬曆二十五年丁酉阮自華序,序後有「秣陵徐應選督刻」一行。《石頭菴集》五卷,題「石霜山僧江夏如愚著」。前有郭正域序,傅新德序,萬曆二十九年辛丑湯賓尹序,萬曆二十七年己亥顔素和序,曹學佺序。傅序後有「秣陵徐應選督刻」一行。湯序云:「往故愛其《飲河》、《空華》諸刻,尋貽近作,快然讀之。」則《飲河》、《空華》二集至晚在萬曆二十九年已刊行。又萬曆二十九年祝世禄題辭云:「其徒刻之,名《石頭集》。」知《石頭集》刻於萬曆二十九年。《止啼齋集》一卷,題「石霜山僧如愚著,公安袁宏道選,夷陵劉戡之校梓」,無序跋。各集半葉九行,行十八字,白口,左右雙邊。《存目叢書》據以影印。中科院圖僅有《止啼齋集》一卷。臺灣「中央圖書館」有《飲河集》、《空華集》、《石頭菴集》,皆嘉業堂故物。○《石頭菴寶善堂詩集》五卷,臺灣「中央圖書館」藏明萬曆三十四年劉戡之南京刻本三册。題「金陵碧峰寺僧江夏如愚著,夷陵毘耶居士劉戡之校梓」。半葉九行,行十八字,白口,左右雙邊。前有曹學佺序,傅新德序,郭正域序,萬曆二十九年祝世禄序,萬曆二十七年顔素序,萬曆二十九年湯賓尹序,萬曆三十四年劉戡之《刻石霜和尚寶善堂詩文集序》。傅序末刻「秣陵徐應選督刻」。嘉業堂故物(參該館《善本書志初稿》)。按:《提要》云:「據自序,最後有《寶善堂集》,今亦未見。」當即是集也。

幻華集二卷　明釋斯學撰　**五六四五**

浙江孫仰曾家藏本(總目)。○《浙江省第四次孫仰曾家呈送書目》:「《幻華集》二卷,明釋斯學著,一本。」○《浙江採集遺書總録》:「《幻華集》二卷,刊本,明釋海鹽斯學撰。」

嬾園漫稿五卷　明王寰洽撰 **五六四六**

浙江巡撫採進本(總目)。○《浙江省第四次孫仰曾家呈送書目》：「《嬾園漫稿》五卷，明王寰洽著，六本。」○《浙江採集遺書總録》：「《嬾園漫稿》五卷，刊本，明貢生亳州王寰洽撰。」○《安徽省呈送書目》：「《王嬾園集》四本。」○明崇禎元年王玄樞刻本六册，中科院圖書館藏。題「譙國王寰洽仁子甫著」。前有崇禎元年季秋日顧起元序云：「因少爲論次，屬文學使板而行之。」次嚴有容序，顧起元撰墓誌，張鼎撰墓表。末有孫養粹跋，男玄樞紀略。正文半葉九行，行十八字，白口，四周單邊。○清初刻本，作《重刻王仁子先生嬾園遺稿》六卷。半葉八行，行十九字，白口，左右雙邊。前四卷詩，後二卷文。福建師大藏。

檀雪齋集四十卷　明胡敬辰撰 **五六四七**

内府藏本(總目)。○《武英殿第一次書目》：「《檀雪齋集》十六本。」○上海圖書館藏明刻本，存卷一、卷七至二十二、卷二十六至二十九，共二十一卷。題「東越胡敬辰著」。半葉八行，行十九字，白口，四周單邊。前有王鐸序，陳際泰序，朱天麟序，崇禎元年胡敬辰序。陳序云：「已刻者二百卷，未刻者又復倍之。」前有總目，至四十卷止，與《存目》同。書末有黄裳跋云：「甬估林喬梁挾殘書數十種來滬，以高直歸余。中有此本，刊刻至精，而罕傳，余亦不忍捨去，卒挾之歸，亦記卷尾。計存卷一、卷七之二十二、卷二十六之二十九，凡廿一卷。癸巳四月初一日小雁記。」又云：「千頃堂未著録，罕傳可知。此集未必刻於一時。」鈐「黄裳小雁」、「艸艸亭藏」、「來燕齋」、「黄裳藏本」等印記。《存目叢書》據以影印。北圖僅存卷一，鄭振鐸舊藏。

白雪堂詩一卷　明李嵩撰　**五六四八**

直隸總督採進本(總目)。○《直隸省呈送書目》：「《白雪堂詩》一本。」○中科院圖書館藏明末刻本，作《白雪堂詩稿》一卷。題「廣川李嵩影石甫著，屬下吏萊陽董嗣璞、新喻晏日喬、巴江孫明孝、南昌萬元吉仝閱」。半葉八行，行二十字，白口，四周單邊。印本漫漶。前有萬元吉序云：「因謀於同事董長白、晏季復、孫首百共集而梓之。」首鈐「翰林院印」滿漢文大官印，猶進呈四庫原本。一九九八年五月二十日觀。按：董嗣璞，《提要》誤作董嗣樸。

赭留集一卷　明黃文煥撰　**五六四九**

福建巡撫採進本(總目)。○《提要》云：「舊附刻《陶詩析義》後。」○《福建省呈送第五次書目》：「《陶詩析義》二本。」

嶽歸堂集十卷　明譚元春撰　**五六五〇**

兩淮鹽政採進本(總目)。○《兩淮鹽政李呈送書目》：「《嶽歸堂集》十卷，明譚元春，一本。」○山東省圖書館藏明萬曆刻本，作《嶽歸堂合集》十卷。題「景陵譚元春友夏著」。半葉八行，行十八字，白口，四周單邊。前有萬曆四十七年己未自序，蔡復一序，李維楨序，朱之臣序，鍾惺序，茅元儀序。《存目叢書》據以影印。北圖亦有是刻。湖南圖存卷一至五。臺灣「中央圖書館」《善本書志初稿》著録明崇禎三年庚午刻本四卷六册，書名及行款同，未知版刻異同。

譚友夏合集二十三卷　明譚元春撰　**五六五一**

安徽巡撫採進本(總目)。○《安徽省呈送書目》:「《譚友夏集》六本。」○上海圖書館藏明崇禎六年張澤刻本,作《新刻譚友夏合集》二十三卷附張澤《旨齋詩草》一卷。題「竟陵譚元春友夏著,長洲徐汧九一、古吴張澤草臣評」。半葉九行,行二十字,白口,四周單邊。前有崇禎六年癸酉初秋張澤序,癸酉自序。《旨齋詩草》題「吴郡張澤草臣著,松陵潘一桂未公選」。有張溥序,崇禎元年朱隗雲序,賀裳序,許重熙序,錢栴序,戊辰朱衮序,顧夢麟序,丁卯潘一桂序,崇禎元年祝謙吉序。《存目叢書》據以影印。北圖、山東圖、南圖、浙圖等亦有是刻。○臺灣「中央圖書館」藏覆刻明崇禎六年張澤刻本,書名卷數及行款版式同,唯字體、斷版不一致。○臺灣「中央圖書館」藏舊鈔本,作《譚友夏合集》二十三卷附《未刻詩文》一卷《旨齋詩草》一卷,十六册。從崇禎六年張澤刻本出,唯多出鵠灣未刻古文、嶽歸堂未刻詩。未刻詩文前有崇禎十一年戊寅李明睿《譚友夏遺集序》,崇禎十二年己卯曾文饒序,崇禎戊寅譚元聲《先兄未刻詩文小引》(參該館《善本書志初稿》)。

譚子詩歸十卷　明譚元春撰　**五六五二**

江西巡撫採進本(總目)。○《江蘇省第一次書目》:「《譚子詩歸》四本。」○《江蘇採輯遺書目録》:「《譚子詩歸》十卷,竟陵舉人譚元春著,刊本。」○首都圖書館藏明末嶽歸堂刻本,作《郊菴訂定譚子詩歸》十卷。題「竟陵譚元春友夏著,東海黄家鼎爾調閲」。半葉八行,行十八字,白口,四周單邊。版心刻有「嶽歸堂」三字。前有朱之臣序,李維楨序,鍾惺序,自序。《存目叢書》據以影印。

北大、上圖、南圖等亦有是刻。○《譚友夏詩集》十一卷附李瑞和《學夫詩》一卷。臺灣「中央圖書館」藏明末刻本。題「竟陵譚元春友夏著，古閩李瑞和寶弓閱」。半葉九行，行二十字，白口，四周單邊。卷一四言，卷二樂府，卷三五言古，卷四七言古，卷五五言律，卷六七言律，卷七五言排律，卷八七言排律，卷九五言絶，卷十六言，卷十一七言絶。此集較《譚子詩歸》多七言律詩一卷，餘同（參該館《善本書志初稿》）。○《嶽歸堂未刻詩》不分卷，明崇禎河抱堂刻本。半葉八行，行十八字，白口，四周單邊。上圖藏。○《鵠灣集》九卷《遇莊》一卷，譚元春撰，明末刻本。半葉九行，行二十字，白口，左右雙邊。湖北省圖藏。

寸碧堂稿二卷　明汪膺撰　**五六五三**

内府藏本（總目）。○天津圖書館藏清康熙刻《鈍翁全集·鈍翁續稿》本，作《寸碧堂詩集》二卷《外集》一卷。題「長洲汪膺元御甫」。半葉十行，行十九字，黑口，四周單邊。《存目叢書》據以影印。上圖、復旦、南圖等亦有是刻。

此觀堂集六卷　明羅萬藻撰　**五六五四**

江西巡撫採進本（總目）。○《江西巡撫海第三次呈送書目》：「《此觀堂集》四本。」○《江蘇省第一次書目》：「《此觀堂集》一本。」○《江蘇採輯遺書目録》：「《此觀堂集》四卷，臨川進士羅萬藻著。」○遼寧省圖書館藏清乾隆二十一年躍齋刻本十二卷。題「臨川羅萬藻文止甫著，侄光孚子乘手録，重姪孫金龍斐成校閱，重侄孫克武勳成參訂」。半葉九行，行二十字，白口，左右雙邊。前有某氏序，缺尾。目録後有吴堂撰傳。封面刻「乾隆丙子冬月重鐫」、「躍齋家藏」。據目録，十二卷之外，另有《遺編》一卷，此本有目無文。《存目叢書》據以影印。山東圖、江西圖、北圖分館、清華亦有是刻。

五六五五

編蓬集十卷後集十五卷　明唐汝詢撰

浙江巡撫採進本（總目）。○《浙江省第十一次呈送書目》：「《酉陽山人編蓬集》十卷，明唐汝詢著，四本。」○《浙江採集遺書總録》：「《酉陽山人編蓬集》十卷，刊本，明華亭唐汝詢撰。」○《安徽省呈送書目》：「《編蓬集》八本。」○臺灣「中央圖書館」藏明萬曆間原刻本，作《酉陽山人編蓬集》十卷《後集》十五卷。卷一題「雲間唐汝詢仲言父著，友人張希曾唯卿父校」。各卷校者不同。《後集》卷一題「華亭唐汝詢仲言父著，舊許孫織錦伯闇父校」。各卷校者亦不同。前集半葉九行，行二十字，白口，四周單邊。《後集》半葉九行，行十八字，白口，四周雙邊。前、後集字體不同。前集前有萬曆三十三年乙巳許維新《報唐仲言書》。《後集》前有萬曆四十六年戊午長洲劉錫玄序，李維楨引，萬曆三十六年戊申兄汝諤《仲言弟編蓬集後序》。鈐「吴興劉氏嘉業堂藏書記」等印（參該館《善本書志初稿》）。北圖、日本内閣文庫亦有是刻。○南京圖書館藏明萬曆刻清乾隆二十四年唐元素重修本，書名卷數及卷端著校人同。前有李維楨序，萬曆二十六年戊戌兄唐之屏君公父序（陸齊賢書），萬曆三十六年戊申兄唐汝諤士雅序（唐道孚書），萬曆三十三年許維新《報唐仲言書》，乾隆二十四年六世從孫元素金照《重訂編蓬集略》。《後集》前有萬曆四十六年戊午臘月既望劉錫玄序云：「有《編蓬集》行世，諸名人爲作序。頃且行其《後集》而問序不佞。」又李維楨小引，小引後有

「白下吴天祥刻」小字一行。唐元素《重訂略》云：「素於是决意重脩，即將《編蓬》原板清查，其中遺失者十之三，破壞者十之八。爰付梓人，缺者補，壞者修，閲三月而工竣。」卷内鈐「木樨香館范氏藏書」、「石湖詩孫」等印。《存目叢書》據以影印。浙大亦有是刻，嘉業堂舊藏第二部，《嘉業堂藏書志》著録。

國門集一卷國門乙集一卷　明凌濛初撰　五六五六

浙江巡撫採進本（總目）。○《浙江省第七次呈送書目》：「《國門乙集》一册《國門集》一册，明凌濛初著，二本。」○《浙江採集遺書總録》：「《國門乙集》一册《國門集》一册，刊本，明吴興凌濛初撰。」

貞元子詩草無卷數　明項穆撰　五六五七

浙江孫仰曾家藏本（總目）。○《浙江省第四次孫仰曾家呈送書目》：「《貞元子詩草》，明項穆著，一本。」○《浙江採集遺書總録》：「《貞元子詩草》一册，刊本，明松江項穆撰。」

綺詠一卷綺詠續集一卷　明汪汝謙撰　五六五八

安徽巡撫採進本（總目）。○《安徽省呈送書目》：「《綺詠》二本。」○安徽博物館藏明崇禎四年刻本，僅《綺詠續集》一卷。半葉八行，行十八字，白口，四周單邊。○清光緒十二年錢唐汪氏長沙刻《叢睦汪氏遺書》本，作《綺詠》一卷《續集》一卷。《存目叢書》據首都圖書館藏本影印。

棲老堂集一卷　明殷仲春撰　五六五九

浙江巡撫採進本（總目）。○《浙江省第十二次呈送書目》：「《棲老堂集》，明殷仲春著，一本。」

○《浙江採集遺書總録》：「《棲老堂詩集》一卷，刊本，明嘉興姚仲春撰。」

上生集八卷　明秦舁撰　**五六六〇**

浙江巡撫採進本（總目）。○《浙江省第十一次呈送書目》：「《上生集》八卷，明秦舁著，三本。」○《浙江採集遺書總録》：「《上生集》八卷，刊本，明諸生常州秦舁撰。」○《江蘇藝文志・無錫卷》：「《錫山秦氏詩鈔》前集卷七收其詩三十四首。《錫山秦氏文鈔》卷二收其文一篇。」

自娱齋詩集二卷　明黄應徵撰　**五六六一**

兩江總督採進本（總目）。○《兩江第二次書目》：「《自娱集》，明黄應徵著，二本。」

天啟宫中詞一卷　明陳悰撰　**五六六二**

浙江巡撫採進本（總目）。○《提要》云：「《靜志居詩話》述徐昂發之言，以爲本秦徵蘭撰，悰攘而有之。徵蘭字楚芳，亦常熟人也。」《江蘇藝文志・蘇州卷》：「秦蘭徵，名亦誤作徵蘭，字楚芳，一字元芳，清常熟人，諸生。」著作有《天啟宫詞》、《天啟宫中詞》、《熹廟拾遺雜詠》。實一書而異名。○《浙江省第四次吴玉墀家呈送書目》：「《熹廟拾遺》一卷。」○《浙江採集遺書總録》：「《熹廟拾遺百詠》一卷，倦圃寫本，明秦元方撰。」吴慰祖曰：「原不署名，《總録》據枕流子跋，謂元方撰，考《禁書總録》全燬類列有此書，亦作元方撰。」○清初刻本，作《天啟宫中詞》一卷《雪舫集》一卷，明陳悰撰。半葉九行，行十九字，白口，四周單邊。二册（見北圖善本目）。《藏園訂補郘亭書目》著録傳增湘藏清康熙寫刻本，九行十九字，白口，四周雙闌。邊闌不同，未知版刻之異，抑記載偶疏。○天津圖書館藏清康熙四十一年梅壑散人鈔本。正文首題「天啟宫詞百詠」，次題「西沙陳悰次杜甫著」。半葉八行，行約十五字，黑口，四周雙邊。前有陳悰《天啟宫詞引》。末有手跋三則。一曰「楳壑散人借録於天乙閣」。一曰「康熙壬午鈔於秋彝齋」。均鈔書者筆。第三則謂「《天啟宫詞百詠》，《四庫》附書目載」云云，則係乾隆以後人筆。卷内鈐「張氏少虞」、「荆石山房」、「自莊嚴堪」等印。《存目叢書》據以影印。按：查士標號梅壑散人，是否其人待考。○清乾隆吴騫刻本。杭世駿序之云：琴川秦秀才楚芳，發憤時事，搜輯舊聞，嘗爲宫詞百首。是詞爲同邑陳悰所竊，向有鏤板，吴中徐編修大臨已辨明之。海昌吴君葵里復得元本，重加刊定，而正其注之不可解者。邑子盜竊，名氏湮没者幾百載，得大臨而乃顯，又五十年而葵里復表章之（參《晚明史籍考》）。○北京圖書館藏清鈔本，書名著者同存目。半葉九行，行十九字，無格。清魏錫曾校，清周星詒批注並跋，清翁同龢跋。一册。○北京圖書館藏清鈔《明季野史彙編・酌中志餘》本，書名著者同存目。○清光緒崇文書局刻《正覺樓叢刻・酌中志餘》本，作《天啟宫詞》一卷，陳悰撰。北圖、上圖、南圖等藏。○清嘉慶十三年虞山張海鵬刻《宫詞小纂》本，作《天啟宫詞》一卷，秦蘭徵撰，收入《借月山房彙鈔》。中科院圖、浙圖藏。民國九年上海博古齋影印張刻《借月山房彙鈔》本。○民國二十六年商務印書館據《借月山房彙鈔》排印《宫詞小纂》本，《叢書集成初編》之一。○清嘉慶十六年海虞瞿氏鐵琴銅劍樓刻《啟禎宫詞合刻》本，作《天啟宫詞》一卷，秦蘭徵撰。北圖、上圖、南圖等藏。○山東省圖書館藏清鈔《啟禎宫詞》本，作《天啟宫詞》一卷，陳悰撰。○清楊復吉編《昭代叢書新編》稿本，作《天啟宮詞》一卷，陳悰撰。中科院圖藏。○清道光十三年吳江沈氏世楷堂刻《昭代叢書》丁集新編本，書名著者同前本。北圖、上圖、南圖等藏。○清管庭芬輯鈔《一瓻筆存》本，作《天啟宮詞》二卷，秦徵蘭撰。津圖藏。○清然松書屋鈔《賜硯堂叢書未刻稿》本，作《天啟宮詞》一卷，陳悰撰。上圖藏。○北京大學藏清鈔本，作《天啟宮詞百詠》一卷，陳悰撰。與王譽昌《含星別集》二卷（即《崇禎宮詞》）合二册。李盛鐸舊藏。○北京師大藏清鈔本，作《天啟宮詞》一卷，秦徵蘭撰。與《崇禎宮詞》、《弘光宮詞》合一册。鈐「王崇煥」、「藹唐讀過」等印（見《北師大善本目》）。○浙江圖書館藏清鈔本，作《天啟宮中詞百詠》一卷，陳悰撰。與唐宇昭《擬故宮詞》一卷合二册。○南京圖書館藏清鈔本，甘煦跋。○蘇州圖書館藏清長洲張炳翔寫本。○天一閣文管所藏清鈔本，作《熹廟拾遺雜詠》一卷《天啟宮詞》一卷。駱兆平先生函告：此二種合一册。《熹廟拾遺雜詠》卷首有「崇禎癸未歲冬日江南小臣自序」，但不署名。卷末有枕流子跋，云「我虞秦元方氏所作也」。《天啟宮詞》無序跋，題「江南小臣著」，內容與《熹廟拾遺雜詠》相同，唯文字稍有差異，《雜詠》注在詞前，《宮詞》注在詞後，可謂同書之不同傳本。一九六四年購得，入藏天一閣。○北京圖書館藏清鈔本，作《熹廟拾遺雜詠》一卷，秦徵蘭撰。半葉十行，行二十一字，綠格，白口，四周單邊。清李文田校。一册。○北京大學藏清鈔本，作《熹廟拾遺雜詠》一卷，秦元方撰，一册。李盛鐸舊藏。○四川省圖書館藏清鈔本，作《熹廟拾遺雜詠》一册，明陳悰述。○民國丁祖蔭輯刻《虞山叢刻》本，作《天啟宮詞》一卷，秦蘭徵撰。附丁祖蔭《校語》一卷。北圖、上圖、南圖等藏。丁祖蔭跋略云：《天啟宮詞》一百首,常熟秦蘭徵楚芳撰。世有誤爲陳悰作者,《四庫存目》沿之。《浙江採集遺書丁集》作《熹廟拾遺百詠》一卷,有崇禎癸未自序,不署名。枕流子跋云「爲秦元方所作」。辛亥長夏傳寫既竟,並勘各本字句之同異,别而録之。世行之《啟禎合刻》本,避忌字句多所點竄,蓋不足據以考證也。謝國楨曰:「至常熟丁祖蔭刊《虞山叢刻》本,搜集尤爲詳備,前有杭世駿序、秦楚芳詩序節略、枕流子跋,並爲校語及跋於後。《天啟宫詞》要以此本爲最詳矣。」(參《晚明史籍考》)

曲澗遺稿十五卷　明孫奎撰　**五六六三**

江蘇巡撫採進本(總目)。〇《江蘇省第一次書目》:「《曲澗遺稿》四本。」〇《江蘇採輯遺書目録》:「《曲澗遺稿》十五卷,盱江諸生孫奎著,刊本。」

齋志齋集十卷　明陳泰交撰　**五六六四**

浙江孫仰曾家藏本(總目)。〇《浙江省第四次孫仰曾家呈送書目》:「《齋志先生集》十卷,明陳泰交著,二本。」〇《浙江採集遺書總録》:「《齋志先生集》十卷,刊本,明秀水陳泰交撰。」〇《提要》云:「其子鋐所刻。」

玩梅亭詩集二卷　明柴惟道撰　**五六六五**

兩江總督採進本(總目)。〇《兩江第二次書目》:「《玩梅亭稿》,明柴惟道著,二本。」〇北京圖書館藏明刻本,作《玩梅亭集稿》二卷。題「江陽白巖山人柴惟道」。半葉十行,行十九字,白口,四周雙邊。前有目録,無序跋。《存目叢書》據以影印。

五六六六　叢桂堂全集四卷詩集四卷　明顔廷榘撰

福建巡撫採進本（總目）。○《福建省呈送第六次書目》：「《叢桂堂詩文集》。」○天津圖書館藏清初刻本，僅《叢桂堂全集》四卷。題「閩永春顔廷榘範卿甫著，同郡後學王命岳伯咨甫校，孫堯撰孝叙甫、曾孫胤鏕幼鞏甫輯」。半葉八行，行二十字，白口，四周雙邊。卷内玄、泫、胤、弘字均不避。鈐「宛平王氏家藏」、「慕齋鑒定」等印。《存目叢書》據以影印。上圖亦有是刻。按：《提要》云「其孫堯撰、曾孫鏕始搜輯遺篇」，據清初刻本，當作「曾孫胤鏕」，《提要》脱「胤」字。

五六六七　蕪園詩集六卷　明葛徵奇撰

浙江巡撫採進本（總目）。○《浙江省第六次呈送書目》：「《葛光禄集》十二卷，明葛徵奇著，一本。」○《浙江採集遺書總録》：「《葛光禄集》六卷，刊本，明光禄寺卿海寧葛徵奇撰。」○清光緒海昌羊氏傳卷樓粤東刻《海昌叢載》本，作《蕪園詩集鈔》一卷。北圖、北大、上圖等藏。

五六六八　吴非熊集八卷　明吴兆撰

《四庫總目》未載，今據《四庫全書附存目録》增。○《浙江省第六次呈送書目》：「《新安二布衣詩》八卷，明吴兆、程嘉燧著，二本。」○《浙江採集遺書總録》：「《新安二布衣詩》八卷，刊本，明休寧吴兆、歙縣程嘉燧撰，國朝新城王士禎選。」○清康熙四十三年新安汪洪度刻《新安二布衣詩》本，四卷。北圖、上圖、南圖等藏。○《吴山人詩》三卷，吴兆撰，清鈔本，包括《金陵稿》二卷、《游閩稿》一卷。中國社科院文學所藏。○《吴非熊詩》二卷，清鈔本。津圖藏。

隴首集一卷　明王與允(胤)撰　**五六六九**

山東巡撫採進本(總目)。○清康熙刻《王漁洋遺書》本,題「前監察御史王與胤著,侄刑部尚書王士禛較」。半葉十行,行十九字,黑口,左右雙邊。前有陳允衡序,清康熙二年錢謙益序。後附史傳墓銘等。錢序云:「從子士禛刻其遺詩四十餘章,皆奉使關隴之作。」則是集初刻於康熙二年。是本題刑部尚書王士禛,考士禛康熙三十八年十一月遷刑部尚書,四十三年七月降三級調用。蓋士禛官北京時重刻之本。《存目叢書》據余藏本影印。《遺書》本各館多有之,後印。

瑶光閣集十三卷　明黄端伯撰　**五六七〇**

江西巡撫採進本(總目)。○《江西巡撫海第四次呈送書目》:「《瑶光閣集》二本。」○《兩江第一次書目》:「《瑶光閣集》,明黄端伯著,四本。」○《浙江省第十一次呈送書目》:「《瑶光閣集》十三卷,明黄端伯著,三本。」○《浙江採集遺書總録》:「《瑶光閣集》十三卷,刊本,明推官鄱陽黄端伯撰。」○江西省圖書館藏清乾隆四年黄祐刻本,作《瑶光閣集》十二卷《外集》二卷《明夷集》一卷。題「新城黄端伯元公先生著,臨川李紱巨來先生定,新城後學黄祐啟彬編次」。半葉九行,行二十一字,白口,左右雙邊。前有乾隆四年己未李紱序,乾隆四年黄祐《重刻瑶光閣集序》。據黄序,知係乾隆四年黄祐丁嫡母艱里居時所刊。《存目叢書》據以影印。北圖、吉大、山西大、南圖亦有是刻,多不全。○《瑶光閣詩集》四卷《文集》五卷《詩文新集》四卷。臺灣「中央圖書館」藏明崇禎刻本四册。題「簫曲山人黄端伯元公著」。半葉九行,行二十字,白口,四周單邊。前有自序。鈐「明武康駱氏泳初堂藏書之印」、「駱弘珪印」、「字仲謀」、「駱弘珪」、「鄞六一山房董氏藏書」、「六一山房藏書」、「吴興劉氏嘉業堂藏書記」等印記(參該館《善本書志初稿》)。津圖亦有是刻。

涂子一杯水五卷　明涂伯昌撰 五六七一

江西巡撫採進本(總目)。○《江西巡撫海第三次呈送書目》:「《涂子期集》五本。」○中國社科院文學所藏清康熙四十五年涂見春刻本,作《涂子一杯水》五卷。題「江西涂伯昌著,男見春、孫來泰、大懋彙輯重梓」。半葉八行,行十七字,白口,四周單邊。前有崇禎十年丁丑陳繼儒序,陳際泰序,黄端伯序,崇禎十一年戊寅楊思本序,涂學郯序,崇禎十年丁丑春自序,崇禎十七年甲申春又自序,又自序,康熙四十五年男見春重刻序。《存目叢書》據以影印。上圖、江西圖亦有是刻。

敬亭集十卷補遺一卷　明姜埰撰 五六七二

兩江總督採進本(總目)。○《兩江第一次書目》:「《敬亭集》,明姜埰著,四本。」○北京大學藏清康熙刻本八册。正文十卷。前有《姜貞毅先生自著年譜》一卷,又男安節、實節撰《府君貞毅先生年譜續編》一卷。正文後有《補遺》一卷《附録》一卷。卷端有像,題「不肖次男實節泣血敬摹」。年譜後正文前有黄周星序,錢澄之序,自序。附録後有錢澄之撰《姜貞毅先生元配董孺人遷葬墓誌銘》,康熙十九年庚申魏禧撰《姜貞毅先生副室王孺人墓誌銘》。《存目叢書》據以影印。上圖亦有是刻。中科院圖存卷一至四。山東省圖藏一部,清王懿榮鈔補,清張鵬程跋。○清光緒十五年山東書局刻本,作《姜貞毅先生敬亭集》十卷《補遺》一卷《附録》一卷共四册。卷前有年譜。山東圖、南圖、江西圖、南開等藏。

更生吟無卷數　明高名衡撰　**五六七三**

山東巡撫採進本(總目)。○《山東巡撫呈送第一次書目》:「《更生吟》一本。」

章格菴遺書五卷　明章正宸撰　**五六七四**

福建巡撫採進本(總目)。

鶴和篇三卷　明閔仲侗撰　**五六七五**

江蘇周厚堉家藏本(總目)。○《江蘇省第一次書目》:「《鶴和篇》三本。」○《江蘇採輯遺書目録》:「《鶴和篇》三册,南中閔仲侗著。」

花王閣賸稿一卷　明紀坤撰　**五六七六**

兵部侍郎紀昀家藏本(總目)。○南京圖書館藏清乾隆九年紀容舒鈔本一册,題「景城紀坤」。有曾孫紀容舒識語,程晉芳、翁方綱、周永年跋,徐松題簽,丁丙跋。首鈐「翰林院印」滿漢文大官印,即紀昀進呈四庫原本。又鈐「好學爲福之齋」及丁氏印記。《善本書室藏書志》著録。○吉林大學藏清嘉慶四年紀氏閱微草堂刻本,題「景城紀坤」。半葉九行,行二十一字,白口,四周單邊。前有乾隆四十一年翰林院編修四庫全書纂修官翁方綱序。後有乾隆九年紀容舒跋,周永年跋。卷内鈐「硯圃」、「研樵」、「養春室」等印。《存目叢書》據以影印。津圖、南圖亦有是刻。○山東省圖書館藏清嘉慶九年樂叙堂刻本一册,題「景城紀坤著,七世孫樹寳校」。半葉九行,行十九字,白口,四周雙邊。版心刻「嘉慶九年十月樂叙堂重雕本」。寫刻。前有韓崶題詞，翁方綱序。鈐「臣圭禮」、「健符曾觀」等印記。清華、南大、中山圖亦有是刻。○清同治三年刻本，作《花王閣賸稿遺稿用韻合編》二卷，清崔士元校。東北師大藏。○清光緒順德龍氏刻《知服齋叢書》朱印本一册，北大藏，李盛鐸故物。○清光緒五年定州王氏謙德堂刻《畿輔叢書》本。○民國二十六年商務印書館據《畿輔叢書》本排印，收入《叢書集成初編》。○清鈔本一册。川圖藏。○清末鈔本一册。吉林省圖藏。

雅似堂文集十卷詩集三卷　明文德翼撰　五六七七

浙江巡撫採進本（總目）。○《江蘇省第一次書目》：「《求是堂文集》八本。」○《江蘇採輯遺書目録》：「《求是堂文集》十八卷，嘉興推官德化文德翼著。」○北京大學藏明末刻本，作《雅似堂文集》十卷《詩集》一卷《訟過録》一卷。半葉八行，行十八字，白口，四周單邊。前有自序，無年月。鈐「北平孫氏硯山齋圖書」印記。《存目叢書》據以影印。南開亦有是刻。○清順治刻本，作《雅似堂文集》十卷。半葉九行，行二十一字，白口，四周雙邊。中科院圖藏。南京圖書館有《雅似堂集》八卷八册，清初刻本（見《國學圖書館現存書目》）。二集内容待核。

文嘻堂詩集三卷　明朱芾煌撰　五六七八

浙江巡撫採進本（總目）。○《浙江採集遺書總録》：「《文嘻堂詩集》三卷，刊本，明郎中無錫朱芾煌撰。」○復旦大學藏清康熙三十七年紫陽書院刻本，題「濡須江漁朱芾煌玉瑠著」。半葉九行，行十八字，白口，左右雙邊。寫刻頗精。前有康熙三十七年戊寅宋犖序，康熙三十四年乙亥尤侗序。後有康熙三十七年孫男端跋。宋序云：「今吴郡學博朱君端恭輯其先王父駕部公所爲《文嘻堂詩》若干卷，將鏤版行，再拜以序請余。」朱端跋云：「今遲至數十年，始得宋漫堂大中丞、尤悔菴太史兩先生序而行之。」封面刻「紫陽書院藏板」。卷内鈐「劉承幹字貞一號翰怡」、「吴興劉氏嘉業堂藏書印」等印記。《存目叢書》據以影印。北圖、北京市文物局亦有是刻。中國社科院文學所藏本附有朱端《寸知齋詩集》二卷。

心遠堂集二十卷　明王永積撰　**五六七九**

江蘇周厚堉家藏本（總目）。〇《江蘇省第一次書目》：「《心遠堂集》四本。」〇《江蘇採輯遺書目録》：「《心遠堂集》二十卷，兵部職方司郎中無錫王永積著。」〇浙江圖書館藏清初刻本，作《心遠堂遺集》二十卷六册。題「錫山王永積稺實著，男淑高、洸高仝校」。半葉九行，行二十字，下黑口，四周雙邊。無序跋。鈐「汪啟淑印」、「訒菴」等印。《存目叢書》據以影印。

野獲園集二卷　明歐陽鉉撰　**五六八〇**

江西巡撫採進本（總目）。〇原北平圖書館藏明崇禎刻本，正文卷端題「野獲園詩」，版心題「野獲園集」。半葉八行，行十八字，白口，四周單邊。正文次行題「螺川歐陽鉉著」。有畢懋康序，崇禎十一年章曠序，熊人霖序，夏永清序，自序。畢顯謨跋，章曠跋。王重民《善本提要》著録，書存臺北「故宫」，北圖有膠卷，《存目叢書》據以影印。

文齋文集十一卷　明余祚徵撰　**五六八一**

浙江鮑士恭家藏本(總目)。○《浙江省第四次汪啟淑家呈送書目》:「《忠貞文齋公文集》十一卷,明余祚徵著,二本。」○《浙江採集遺書總録》:「《忠貞文齋公文集》十一卷,刊本,明推官永豐余祚徵撰。」

雲樵文集八卷　明程士鯤撰　**五六八二**

江西巡撫採進本(總目)。○《江西巡撫海第二次呈送書目》:「《雲樵文集》八本。」

羅溪閣韻語無卷數　明董養河撰　**五六八三**

山東巡撫採進本(總目)。○《山東巡撫呈送第一次書目》:「《羅溪閣韻語》一本。」

畫響無卷數　明李永昌撰　**五六八四**

浙江巡撫採進本(總目)。○《浙江省第六次呈送書目》:「《畫響》,明李永昌著,四本。」○《浙江採集遺書總録》:「《畫響》四册,刊本,明李永昌撰。」○遼寧省圖書館藏明刻本,存貞集一卷。題「黄海李永昌周生著,同里吴繼鼎無象較」。半葉七行,行十四字,白口,四周單邊。字體似崇禎間刻本。《存目叢書》據以影印。

采菊雜咏一卷　明馬宏衜撰　**五六八五**

江西巡撫採進本(總目)。○北京圖書館分館藏清順治十一年毛氏汲古閣刻本。半葉八行,行十六字,白口,四周單邊。前有甲午馬宏衜引,後有甲午盟弟王咸跋,社弟毛晉跋。自引云:「付殺青而未敢，託毫素以聊宣，漫拈短册，郵致同盟，肯惠教言，迺真好我。」甲午爲順治十一年，當即刻於是時。寫刻甚精，凡九版。《存目叢書》據以影印，誤爲明末刻本。按：此係明崇禎至清順治間毛氏汲古閣刻《群芳清玩》零本。《群芳清玩》北圖、中科院圖、北大、上圖、臺灣「中央圖書館」均有藏。原北平圖藏一部，現存臺北「故宫」。○民國二十四年至二十五年上海中央書店排印《國學珍本文庫》第一集本。北圖、上圖等藏。

射堂詩鈔十四卷　明吳夢暘撰　五六八六

浙江巡撫採進本(總目)。○《浙江省第六次呈送書目》：「《射堂詩鈔》十四卷，明吳夢陽著，四本。」○《浙江採集遺書總録》：「《射堂詩鈔》十四卷，刊本，明歸安吳夢暘撰。」○南開大學藏明刻本，題「歸安吳夢暘允兆甫著」。半葉九行，行十八字，白口，左右雙邊。版心下刻「射堂」。有附録一卷。末有陳繼儒跋。卷内鈐「實甫氏」等印。《存目叢書》據以影印。北大藏一部，見王重民《善本提要》。臺灣「中央圖書館」、日本内閣文庫亦有是刻。

誠齋文集二卷附西銘問答一卷　明施璜撰　五六八七

安徽巡撫採進本(總目)。○《安徽省呈送書目》：「《誠齋文集》三本。」

榴館初函集選十二卷　明楊思本撰　五六八八

江西巡撫採進本(總目)。○《江西巡撫海第四次呈送書目》：「《榴館初函》一套六本。」○安徽省圖書館藏清康熙十三年楊日升刻本十卷，題「黎陽楊思本因之著，西昌黎元寬博菴、晉安魏憲惟度、盱江張世經孟常選評，門侄孫日升集虚編輯，侄孫日鼎太容校訂」。半葉八行，行二十字，白口，四周雙邊。前有康熙十三年甲寅孫日升序，康熙十三年姪孫日鼎序。又張世經序云：「集虚於戎馬生郊、蠹魚厭腹之後，多方搜輯，什襲珍藏，復付梓人。」《存目叢書》據以影印。北圖、上圖、南圖等亦有是刻。

東江集鈔九卷別集一卷　明沈謙撰　**五六八九**

浙江巡撫採進本（總目）。〇《浙江省第七次呈送書目》：「《東江集鈔》九卷《別集》一卷，明沈謙著，三本。」〇《浙江採集遺書總録》：「《東江集鈔》九卷，刊本，國朝仁和沈謙撰。」〇北京大學藏清康熙十五年沈聖昭、沈聖暉刻本，作《東江集鈔》九卷《附録》一卷。卷一題「仁和沈謙去矜著，門人潘雲赤夏珠、男聖昭弘宣較」。半葉十行，行二十字，白口，左右雙邊。前有陸圻序，順治十二年乙未毛先舒序，順治九年壬辰祝文襄序。《附録》爲應撝謙撰傳，毛先舒撰墓誌銘，于懋榮撰像贊，沈聖昭撰行狀。沈謙卒於康熙九年，《附録》諸文均作於康熙九年或稍後。末有沈聖昭刻書跋，亦作於沈謙卒後。北京圖書館本又有《別集》五卷，計詩餘三卷、散曲二卷。《存目叢書》先借印北大藏本，又用北圖藏本配補影印。浙圖藏本亦無《別集》。〇臺灣「中央圖書館」藏鈔本，僅《東江別集》五卷一册。卷一題「仁和沈謙去矜著，門人俞士彪季瑮、姪聖清叔義較」。各卷較者不同。半葉十行，行二十字（參該館《善本書志初稿》）。〇民國八年姚景瀛排印本，僅《東江別集》五卷《外集詩》一卷共一册。北圖、上圖、江西圖藏。

彈劍草無卷數　明陳邦儀撰　**五六九〇**

江蘇巡撫採進本(總目)。

樂府一卷　明周道仁撰　**五六九一**

浙江孫仰曾家藏本(總目)。○《提要》云：「原附於所刊孫一元《太白山人稿》後。」按：明崇禎十二年周道仁刻《太白山人漫稿》八卷，《四庫》著録，唯《提要》誤爲「湖州周伯仁所刻」。○北京圖書館藏明崇禎嶷如館刻本，題「吴興周道仁以脩甫著，同社張奞冠日訂」。半葉八行，行十八字，白口，四周單邊。版心刻「嶷如館」。前有崇禎十一年戊寅四月周道仁序。《存目叢書》據以影印。

王冠九文集無卷數　明王業撰　**五六九二**

江西巡撫採進本(總目)。

仁節遺稿無卷數　明陶琬(琰)撰　**五六九三**

江蘇巡撫採進本(總目)。○《江蘇省第二次書目》：「《陶仁節稿》一本。」○《江蘇採輯遺書目録》：「《陶仁節稿》一册，崐山陶琰著，抄本。」○《仁節先生集》十六卷四册，明陶琰撰，男陶甄校正，清潘道根鈔本。中國社科院歷史所藏(詳《明清稀見史籍叙録》)。

七十二候詩一卷　明顧德基撰　**五六九四**

浙江孫仰曾家藏本(總目)。○《浙江省第四次孫仰曾家呈送書目》：「《東海散人集》五卷，明顧德基著，四本。」○《浙江採集遺書總録》：「《東海散人集》五卷，刊本，明松江顧德基撰。」○《東海散人集》六卷，明顧德基撰，上海圖書館藏清順治四年毛氏汲古閣刻本。半葉十行，行十八字，白口，左右雙邊。子目：《于役草》一卷、《海雲樓七十二候詩》一卷、《虎林游》一卷、《來鶴軒草》一卷、《松風樓稿》二卷。○北京圖書館藏清初鈔本，作《詠七十二候詩》一卷。題「海虞顧德基用晦甫」。半葉八行，行二十字，藍格，四周單邊。鈐「鐵琴銅劍樓」、「瞿氏鑒藏金石記」等印記。《存目叢書》據以影印。○按：館臣所據孫仰曾呈本實爲《東海散人集》，唯取其中《七十二候詩》一卷入《存目》，餘則排斥於《四庫總目》之外。

繡佛齋草一卷　明馮元鼎妻陳氏撰　五六九五

兩淮鹽政採進本（總目）。○《兩淮鹽政李續呈送書目》：「《繡佛齋草》一卷，明陳氏，一本。」○《提要》云：「康熙初，其孫刑部侍郎甦爲刊行之。」《歷代婦女著作考》引《台州經籍志》：「孫再來司寇梓行，有王光承、鄒祗謨序。」

祝子遺書四卷附録一卷　明祝淵撰　五六九六

浙江巡撫採進本（總目）。○浙江圖書館藏清茹實齋鈔本，作《祝子遺書》六卷。題「海昌祝淵開美」。半葉十行，行二十四字，白口，四周單邊。版心印「茹實齋」。後有己亥六月子乾明刻書跋。前有蔣銘項手録《祝子遺書目録》。眉上有蔣銘項迻録鍾文烝校及沈善登、沈善經校。鈐「蔣銘項印」等印記。《存目叢書》據以影印。○南京圖書館藏清鈔本，作《祝子遺書》六卷。佚名批校。○民國六年知非樓刊本，作《祝子遺書》五卷首一卷末一卷，二册。上圖藏。○《月隱先生遺集》四卷,明祝淵撰,清餐霞軒鈔本,清陳敬璋校。半葉九行,行二十三字,黑格。上圖藏。○《月隱先生遺集》四卷《外編》二卷,民國烏程張鈞衡刻《適園叢書》第一集本。北圖、上圖等藏。○《月隱遺稿鈔》一卷,清光緒海昌羊氏傳卷樓刻《海昌叢載》本。北圖、上圖等藏。

徵古堂類稿十八卷　明陳文濤撰　五六九七

湖北巡撫採進本(總目)。○《湖北巡撫呈送第三次書目》:「《徵古堂類稿》四本。」

虋中草一卷蜀中草一卷　明董應揚撰　五六九八

江蘇周厚堉家藏本(總目)。○《江蘇省第一次書目》:「《虋中草》一本。」○《江蘇採輯遺書目録》:「《虋中草》一册,常州董應揚著。」

采芝堂集十六卷　明周益祥撰　五六九九

浙江巡撫採進本(總目)。○《浙江省第九次呈送書目》:「《采芝堂集》十六卷,明陳益祥著,八本。」○《浙江採集遺書總録》:「《采芝堂集》十六卷,刊本,明侯官陳益祥撰。」○北京大學藏明萬曆四十一年侯官陳氏家刻本,正文首題「陳履吉採芝堂文集卷之一」,次題「侯官陳益祥著,從叔鳴鶴校,從弟仲溱編,男弘祖、紹祖、繩祖、昂,孫有能、湏飭、湏純、昶、湏震、湏立、湏勛、湏約同輯」。半葉九行,行十八字,白口,左右雙邊。前有萬曆四十一年菊月徐𤊹序云:「從父汝翔校讎詳定,厥孫希孝壽梓。」次行狀、墓誌、傳、舊序、誄、挽詩。首葉鈐「翰林院印」滿漢文大官印,即進呈四庫原本。又鈐「蓺風過眼」、「繆荃孫藏」、「蓺風堂藏書」等印記。卷十六鈔配,弘字不避,有繆荃孫印,殆爲民初鈔補。《存目叢書》據以影印。按：著者陳益祥，《總目》作周益祥，恐誤，當依原書改。

五七〇〇　西溪百詠二卷　明釋大善撰

浙江巡撫採進本（總目）。○《浙江省第三次書目》：「《西溪百詠》，明釋大善著，一本。」○《浙江採集遺書總録》：「《西溪百詠詩》一册，寫本，明釋大善撰。」○南京圖書館藏明崇禎刻本，作《和西溪百詠》二卷附《福勝庵八詠》一卷《曲水庵八詠》一卷《梅花十詠》一卷。半葉八行，行十九字，白口，四周雙邊。○清光緒八年丁氏八千卷樓刻本二卷，收入《武林掌故叢編》第十集。題「虚閒道人大善著」。前有崇禎庚辰自序，黄鼎平題詩。《西溪百詠》後附有《福勝庵八詠》、《曲水庵八詠》、《梅花十詠》。後有光緒六年庚辰丁丙跋云：「今與《横山遊記》、《南漳子》同付剞劂。」則刊於光緒六年。前有牌記「八千卷樓丁氏刊」，封面爲光緒壬午孟春綷平署簽，蓋光緒八年刊成。《存目叢書》用人民大學藏本影印。○按：大善號虚閒道人，《提要》誤爲虚閒道人。

五七〇一　石屋山居詩一卷　題曰石屋禪師撰

浙江巡撫採進本（總目）。○《浙江省第十一次呈送書目》：「《石屋山居詩》，明釋石屋著，一本。」○《浙江採集遺書總録》：「《石屋禪師山居詩》一册，刊本，明釋石屋撰，門人至柔編。」○《提要》云：「前爲山居各體詩，後附偈頌九十首。首署參學門人至柔編，新安吴明春校正。」○《石屋和尚住嘉興當湖福源禪寺語録》一卷《山居頌》一卷，元釋至柔編，元刻本一册。半葉十行，行二十字，黑口，左右雙邊（《北圖善本書目》）。《藏園群書經眼録》著録《石屋和尚住嘉興福源禪寺語録偈頌》二卷,元刊本,行款版式同北圖本,前有沙門來員序,後有元旭撰塔銘,字撫松雪,刊刻頗精。丁丙《善本書室藏書志》著録《石屋和尚住嘉興福源禪寺語録偈頌》二卷,元刊本,題「參學門人至柔編」,前有沙門來員序,後有元旭撰《塔銘》云「師諱清珙,字石屋,蘇之常熟人也,生於宋咸淳八年,元至正壬辰示寂,壽八十有二」。有「古香樓」、「休寧汪季青家藏書籍」、「周春」、「松靄」、「花溪查氏」諸印。丁氏此本後歸江南圖書館,《江蘇第一圖書館覆校善本書目》著録元刊本二册是也。不知今尚在南京圖書館否。○明洪武刻本一册,北圖藏。書名卷數及行款版式同北圖元刻本。《北圖善本書目》此册亦定爲元刻。《中國古籍善本書目》定爲洪武刻本。○《石屋和尚山居詩》一卷《偈頌》一卷,臺灣「中央圖書館」藏明洪武刻本二册。題「參學門人至柔編」。半葉十行,行二十字,大黑口,雙魚尾,四周單邊。末有另紙補鈔明洪武十五年靈隱寺住持釋豫章來復序,洪武九年石屋禪師塔銘。又某氏手跋云:「壬子新秋在申,有書賈携朱脩伯舊藏鈔本,得以補足。」卷内鈐「曹溶私印」、「花溪查氏」、「曾藏查又聲家」、「烏程張氏適園藏書印」、「石銘珍藏印」、「莚圃收藏」等印記(參該館《善本書志初稿》)。○《石屋和尚山居詩》一卷《石屋和尚住嘉興當湖福源禪寺語録》一卷《石屋和尚塔銘》一卷,復旦大學藏明弘治二年林竹坡刻本。半葉十行,行二十字,黑口,四周單邊。《語録》門人至柔編。《塔銘》釋元旭撰。○南京圖書館藏明刻本,作《石屋禪師山居詩》一卷《偈讃》一卷《語録》一卷。題「參學門人至柔编,新安吴明春校正」。半葉九行,行十八字,白口,四周單邊。前有洪武十五年景德靈隱禪寺釋豫章來復序。《語録》後有沙門元旭《石屋禪師塔銘》,末題「洪武九年歲在丙辰秋九月九日」。《存目叢書》據以影印。按：王重民《善本提要》著録明萬曆刻《歷代帝王曆祚考》，題「新安吴繼安康侯甫編輯，吴明春伯生甫考正，孫用之爾行甫校閲」，有萬曆二十九年繼安兄繼裘後序，即刻於是年。則南圖此本題「新安吴明春校正」者，亦萬曆間刻本，相其長方宋體字，亦相脗合。臺灣「中央圖書館」亦藏是刻，無《語録》，鈐「吴興劉氏嘉業堂藏書記」等印，有光緒二十六年角虎子手跋三則。北大藏是刻亦無《語録》。○明萬曆四十三年潘是仁輯刻《宋元詩四十二種》本，作《石屋禪師山居詩》六卷。半葉九行，行十九字，白口，四周單邊。有刻工。北圖、上圖、山東圖、青島博、臺灣「中央圖書館」藏。○明萬曆四十三年潘是仁刻天啟二年重修《宋元詩六十一種》本。北圖、甘肅圖、青海圖等藏。○復旦大學藏明刻本，作《石屋禪師山居詩》六卷。半葉九行，行十九字，白口，四周單邊。此與潘刻未知異同。○上海圖書館藏清康熙汪氏摛藻堂鈔本，作《石屋禪師山居詩》六卷。半葉十行，行十九字，黑格。○北京圖書館藏清鈔本，作《石屋禪師山居詩》一卷。半葉十行，行二十字，無格。《嘉業堂藏書志》著録舊鈔本，書名卷數同，首有洪武壬戌釋來復序，後有《石屋塔銘》，鈐「南昌彭氏」、「知聖道齋藏書」、「遇者善讀」、「唐栖朱氏結一廬圖書記」、「朱學勤印」、「修伯」、「結一廬主」等印。未知與北圖本是一是二。○清康熙三十三年顧嗣立秀野草堂刻《元詩選初集》本，作《山居詩》一卷。前有顧嗣立撰小傳云：「清珙，字石屋，常熟温氏子。首參高峰，後嗣法于及菴信禪師，住當湖之福源。……至正間，朝廷聞其名，降香幣旌異，賜金襴衣。壬辰秋示寂。所著有《石屋詩》。」○按：《元詩選》收入《四庫全書》及《四庫全書薈要》，非罕傳之書，而館臣於别集類《石屋山居詩》一卷,竟未考得其作者年代里貫及行事,亦失之眉睫也。又按:洪武九年九月九日沙門元旭撰《塔銘》云:「師諱清拱,字石屋,蘇之常熟人也。俗姓温,母劉氏。生之夕有異光,實宋咸淳八年壬申也。……至正間,朝廷聞師名,降香幣以旌異,皇后賜金袖衣,人皆榮之,師澹如也。至正壬辰秋七月廿有一日示微疾,閲二月中夜與衆訣,……壽八十有一。……師之上堂法語,山居偈頌,其徒至柔刊行於世,且以師之行狀徵予銘之。」據此可知,至柔刊刻《語録》《偈頌》約在明洪武九年。北圖藏元刻本及丁丙《藏書志》、傅增湘《經眼録》著録之元刊本,殆皆洪武或明前期刻本之誤,原因似爲《塔銘》末「洪武九年歲在丙辰秋九月九日」十三字被刊落。未驗原本,書此備考。

右明代下